· 南京大学数字经济与管理学院年度报告 ·

REPORT ON

CHINA'S ECONOMIC GROWTH QUALITY 2025

中国经济增长质量发展报告

人工智能赋能经济高质量发展

Artificial Intelligence Enables High Quality Economic Development

《中国经济增长质量发展报告》编委会◎编

任保平　师　博　巫　强　钞小静　郭　晗　魏　婕◎等著

2025

中国经济出版社
CHINA ECONOMIC PUBLISHING HOUSE
北　京

图书在版编目（CIP）数据

中国经济增长质量发展报告．2025：人工智能赋能经济高质量发展／《中国经济增长质量发展报告》编委会编．--北京：中国经济出版社，2025．4．-- ISBN 978-7-5136-8168-1

Ⅰ．F124

中国国家版本馆 CIP 数据核字第 2025J9J089 号

责任编辑　贺　静
责任印制　李　伟
封面题字　任保平
封面设计　华子设计

出版发行　中国经济出版社
印 刷 者　河北宝昌佳彩印刷有限公司
经 销 者　各地新华书店
开　　本　710mm×1000mm　1/16
印　　张　42
字　　数　602 千字
版　　次　2025 年 4 月第 1 版
印　　次　2025 年 4 月第 1 次
定　　价　98.00 元
广告经营许可证　京西工商广字第 8179 号

中国经济出版社　**网址** http://epc.sinopec.com/epc/　**社址** 北京市东城区安定门外大街 58 号　**邮编** 100011
本版图书如存在印装质量问题，请与本社销售中心联系调换（联系电话：010-57512564）

目　录

第一篇　人工智能赋能经济高质量发展理论篇

第二篇 人工智能赋能经济高质量发展实践篇

0 经济增长质量指数测度

0.1 2023年中国经济增长质量指数及其排序

当今世界正经历百年未有之大变局，我国经济已由高速增长阶段转向高质量发展阶段，正处在转变发展方式、优化经济结构、转换增长动力的攻关期。党的二十届三中全会提出："高质量发展是全面建设社会主义现代化国家的首要任务。"面对新的形势和任务，我国必须坚持贯彻新发展理念，进一步全面深化改革，继续完善各方面体制机制，推动高质量发展稳中有进。人工智能作为通用性最广泛的关键共性技术，不仅是当今世界最前沿的引领技术，也是替代性最强的颠覆性技术。随着以人工智能为核心的新一轮科技革命迈入拓展期，进一步推动高质量发展迫切需要新一代人工智能等重大创新添薪续力。发展人工智能对于我国经济结构转型升级、构建现代化经济体系具有长远战略意义，也将为实现高质量发展提供重要支撑。现阶段，中国经济建设迈进实现中国式现代化的新征程，更要坚持以推动高质量发展为主题，提升国民经济素质、优化经济结构、提高经济效率、改善经济增长的生态可持续性、增强经济韧性、完善经济增长的福利与成果分配，推动经济实现质的有效提升和量的合理增长。

0.1.1 经济增长质量测度的指标体系构建

高质量发展既是中国式现代化的本质要求，又是推进中国式现代化的路径选择。在新发展阶段，必须实现由注重经济增长数量向注重经济增长质量的转变（任保平，2018），坚持质的有效提升和量的合理增长有机统一的高质量发展，形成经济增长的新源泉、新动力。基于我国经济发展环境和条件变化，经济增长质量评价体系的构建应当从新时期高质量发展的本质属性出发，反映高质量发展的理论内涵，符合高质量发展的实践要求，并结合指标的代表性和可获得性等方面综合考虑，在高质量发展的理论和实践互动中不断丰富与优化，为形成各区域更为全面、准确的经济增长质量评价奠定坚实基础，并为新时代探索高质量发展新路径提供科学依据。

本章遵循《中国经济增长质量发展报告（2024）》所构建的基本理论框架，从国民经济素质、经济增长的结构、经济增长的效率、经济增长的生态可持续性、经济增长的韧性以及经济增长的福利变化与成果分配6个维度，对2023年中国各省、自治区、直辖市的经济增长质量状况进行考察。同时，依据原有指标体系的基本逻辑，本章顺延《中国经济增长质量发展报告（2024）》指标体系的方面维度，结合2023年地方数据的可获得性，形成了涵盖6个方面维度36个基础指标的中国经济增长质量的评价指标体系（见表0－1）。

表0－1　中国经济增长质量的评价指标体系

方面维度	分项维度	基础指标	计量单位	指标属性		
				正向指标	逆向指标	适度指标
国民经济素质	基础素质	传统基础设施建设水平	千米/万平方千米	√		
		新型信息基础设施建设水平	个	√		
	能力素质	国家财政性教育经费/财政支出	%	√		
		科学研究与开发机构R&D项目数	个	√		
		计算机、通信和其他电子设备制造业现金流比率	%	√		
	创新素质	人均高技术产业发明专利数	件	√		
		规模以上工业企业开发经费/新产品销售收入	%		√	
		技术市场成交额/GDP	%	√		
	数字化素质	每百万人互联网宽带接入端口数量	万个	√		
		企业拥有网站数	个	√		
		信息技术服务收入/GDP	%	√		

续表

<table>
<tr><th rowspan="2">方面维度</th><th rowspan="2">分项维度</th><th rowspan="2">基础指标</th><th rowspan="2">计量单位</th><th colspan="3">指标属性</th></tr>
<tr><th>正向指标</th><th>逆向指标</th><th>适度指标</th></tr>
<tr><td rowspan="6">经济增长的结构</td><td rowspan="2">产业结构</td><td>产业基础能力高级化</td><td>%</td><td>√</td><td></td><td></td></tr>
<tr><td>产业链现代化</td><td>—</td><td>√</td><td></td><td></td></tr>
<tr><td rowspan="2">投资消费结构</td><td>投资结构</td><td>%</td><td>√</td><td></td><td></td></tr>
<tr><td>消费结构</td><td>%</td><td></td><td>√</td><td></td></tr>
<tr><td>金融结构</td><td>金融机构人民币存贷款余额/GDP</td><td>%</td><td>√</td><td></td><td></td></tr>
<tr><td>经济开放结构</td><td>外资开放度</td><td>%</td><td>√</td><td></td><td></td></tr>
<tr><td rowspan="3">经济增长的效率</td><td rowspan="3"></td><td>包含数据要素的全要素生产率</td><td>%</td><td>√</td><td></td><td></td></tr>
<tr><td>高技能劳动生产率</td><td>%</td><td>√</td><td></td><td></td></tr>
<tr><td>信息化资本生产率</td><td>%</td><td>√</td><td></td><td></td></tr>
<tr><td rowspan="5">经济增长的生态可持续性</td><td rowspan="2">资源消耗</td><td>单位 GDP 能耗</td><td>万吨标准煤/亿元</td><td></td><td>√</td><td></td></tr>
<tr><td>单位 GDP 电耗</td><td>亿千瓦时/亿元</td><td></td><td>√</td><td></td></tr>
<tr><td rowspan="3">环境治理</td><td>工业固体废物综合利用率</td><td>%</td><td>√</td><td></td><td></td></tr>
<tr><td>PM2.5 平均浓度</td><td>微克/立方米</td><td></td><td>√</td><td></td></tr>
<tr><td>生活垃圾无害化处理率</td><td>%</td><td>√</td><td></td><td></td></tr>
<tr><td rowspan="6">经济增长的韧性</td><td rowspan="2">抵御恢复</td><td>人均 GDP</td><td>元</td><td>√</td><td></td><td></td></tr>
<tr><td>市场潜力</td><td>亿元/万人</td><td>√</td><td></td><td></td></tr>
<tr><td rowspan="2">适应调整</td><td>存货周转率</td><td>%</td><td>√</td><td></td><td></td></tr>
<tr><td>外贸依存度</td><td>%</td><td></td><td>√</td><td></td></tr>
<tr><td rowspan="2">重组转型</td><td>财政科学支出占比</td><td>%</td><td>√</td><td></td><td></td></tr>
<tr><td>高技术产业主营业务收入占比</td><td>%</td><td>√</td><td></td><td></td></tr>
<tr><td rowspan="5">经济增长的福利变化与成果分配</td><td rowspan="3">福利变化</td><td>每万人医疗机构床位数</td><td>张</td><td>√</td><td></td><td></td></tr>
<tr><td>人均拥有公共图书馆藏量</td><td>册</td><td>√</td><td></td><td></td></tr>
<tr><td>养老保险覆盖率</td><td>%</td><td>√</td><td></td><td></td></tr>
<tr><td rowspan="2">成果分配</td><td>城乡收入泰尔指数</td><td>—</td><td></td><td>√</td><td></td></tr>
<tr><td>劳动报酬在初次分配中所占比重</td><td>%</td><td>√</td><td></td><td></td></tr>
</table>

0.1.2 经济增长质量指标解释、数据说明与权重生成

本章采用的数据来自 CEIC 数据库、EPS 数据库、国泰安数据库及《中国统计年鉴》《中国城市统计年鉴》《中国科技统计年鉴》《中国高技术产业统计年鉴》《中国环境统计年鉴》《中国火炬统计年鉴》，以及 2023 年各地区统计年鉴、2023 年各地区统计汇编以及统计公报等；由于数据标准，暂未包括港、澳、台地区，并考虑到相关统计数据的缺失和特殊性，西藏虽列入统计但未进入排序。截至定稿日期，部分省份统计年鉴暂未出版，省份年鉴中的个别指标存在缺失，由于选取的测算数据是截面数据，对缺失数据使用时间序列趋势方法进行填充。由于缺失的数据极少，整体上数据集质量较高，可以认为，根据此数据集测算得出的经济增长质量测度结果可信度、准确度以及现实符合度相对较好。

0.1.2.1 指标的说明及处理

（1）正向、逆向指标的去量纲化处理方法

$$\text{正向指标}:\frac{x_{ij}-\min\limits_{1\leqslant i\leqslant n}x_{ij}}{\max\limits_{1\leqslant i\leqslant n}x_{ij}-\min\limits_{1\leqslant i\leqslant n}x_{ij}} \quad (0-1)$$

$$\text{逆向指标}:\frac{\max\limits_{1\leqslant i\leqslant n}x_{ij}-x_{ij}}{\max\limits_{1\leqslant i\leqslant n}x_{ij}-\min\limits_{1\leqslant i\leqslant n}x_{ij}} \quad (0-2)$$

（2）基期、真实 GDP 测算

对于真实 GDP 的测算，以 2000 年作为基期，根据历年《中国统计年鉴》中的国内生产总值指数（上年 =100）来计算定基 GDP 指数，即计算各个时期环比指数的连乘之积来求得以 2000 年为基期的定基指数。用名义 GDP 除以 GDP 平减指数（2000 年 =100）得到真实 GDP 的值。其中，GDP 平减指数的环比指数公式为：

$$\text{GDP}\,D_t=\frac{\text{GDP}_t}{\text{GDP}_{t-1}\cdot\text{GDP}I_t} \quad (0-3)$$

（3）各维度具体指标的说明及测算

第一，国民经济素质。经济增长质量的国民经济素质维度由基础素质、能力素质、创新素质和数字化素质 4 个分项维度构成。首先，在基础素质方面，考虑到传统基础设施建设是经济稳定增长的重要抓手之一，而新型信息基础设施建设不仅是数字经济时代贯彻新发展理念和落实新科技

革命的成果体现，也是提升经济社会高质量发展水平的重要基础保障和国家数字化转型的必要前提。因此，本章选取传统基础设施建设水平和新型信息基础设施建设水平共同反映国民经济素质下的基础素质水平，其中新型信息基础设施建设水平以5G基站数作为其衡量指标。其次，在能力素质方面，国民经济的能力素质是经济增长质量提升的关键因素，对经济的高质量发展具有全面的推动作用。本章选取国家财政性教育经费占财政支出的比重，科学研究与开发机构R&D项目数，计算机、通信和其他电子设备制造业现金流比率，来衡量能力素质水平。再次，在创新素质方面，考虑到高技术产业是推动经济增长质量提升的关键引擎，本章选取人均高技术产业发明专利数、规模以上工业企业开发经费占新产品销售收入比重、技术市场成交额占GDP比重，来衡量创新素质水平。最后，在数字化素质方面，数字化素质是地区在数字化领域能力水平的反映，不仅促进了新业态的形成和传统产业的转型升级，也推动了经济向更高效、智能和可持续的方向发展。因此，本章选取每百万人互联网宽带接入端口数量、企业拥有网站数、信息技术服务收入占GDP比重，来衡量数字化素质水平。

第二，经济增长的结构。经济增长的结构维度由产业结构、投资消费结构、金融结构和经济开放结构4个分项维度构成。区别于已有研究常采用产业结构合理化和产业结构高级化指数度量产业结构优化水平，本章参考张虎等（2022）、任保平和豆渊博（2021）的研究成果，在高质量发展的时代背景和中国式现代化的实践要求下，从产业基础能力高级化和产业链现代化两个方面入手对地区产业结构进行测度评估。其中，以战略性新兴产业主营业务收入占制造业比重对产业基础能力高级化进行度量，并采用张倩肖和段义学（2023）的三步式方法对产业链整合水平进行测算，以产业链整合水平表征产业链现代化。

此外，本章选取第三产业投资比重衡量的投资结构和居民食品消费支出比重衡量的消费结构共同反映经济增长的投资和消费结构，选取金融机构人民币存贷款余额占GDP的比重度量经济增长的金融结构，选取实际利用外商直接投资占GDP的比重衡量外资开放度表征经济开放结构。

第三，经济增长的效率。经济增长的效率维度由包含数据要素的全要素生产率、高技能劳动生产率和信息化资本生产率3个基础指标构成。区别于现有研究选用的相关指标，本章围绕人工智能发展的时代背景，在计算全要素生产率时，将数据要素、劳动要素与资本要素同时纳入生产函数，集中刻画信息化资本与高技能劳动力等要素的生产效率。具体来说，高技能劳动力生产率以各地区高技术产业主营业务收入除以高技能劳动力数量来衡量，其中，高技能劳动力数量由各地区金融业，教育业，信息传输、计算机服务和软件业，科研和技术服务业从业人员总数测算得到；信息化资本生产率以各地区信息技术服务收入除以信息资本存量来衡量，其中，信息资本存量来自计算机、软件和通信设备行业的资本存量。包含数据要素的全要素生产率测算则参考钞小静等（2023）的研究，以 GDP 作为产出变量，以物质资本存量、就业人员数和数据要素使用作为投入变量，并采用潜在产出法中比较常用的 DEA - Malmquist 生产率指数方法计算得到。

第四，经济增长的生态可持续性。经济增长的生态可持续性维度由资源消耗和环境治理两个分项维度构成。中国式现代化是人与自然和谐共生的现代化，新时代我国生态文明建设从实践到理论都发生了历史性、转折性、全局性变化。绿色发展或生态文明建设的要义，就是要解决好人与自然和谐共生问题。而经济增长的生态可持续性是衡量一个地区经济活动与自然环境和谐共存能力的重要指标，它不仅关乎当前的经济发展质量，更影响到未来世代的福祉。在资源消耗方面，资源消耗水平反映了经济增长对自然资源的依赖程度和利用效率，本章选取城市能源消费总量占 GDP 的比重、全社会用电量占 GDP 的比重共同表征地区资源消耗水平；在环境治理方面，环境治理能力体现了一个地区对环境问题的应对和管理能力，本章选取工业固体废物综合利用率、PM2.5 平均浓度和生活垃圾无害化处理率测度地区环境治理能力。

第五，经济增长的韧性。参考刘晓星等（2021）的做法，本章基于适应性韧性视角，将经济韧性分为冲击前、冲击中和冲击后三个时期，并分别从其对应的抵御恢复、适应调整和重组转型三个阶段展开对经济增长韧性的具体评价。在抵御恢复阶段，选取人均 GDP 和市场潜力测度经济受到冲击前的抵御能力。其中，市场潜力由社会消费品零售总额与地区总人口的比值来度量。在适应调整阶段，选取存货周转率、外贸依存度度量经济受到冲击时的调整能力。其中，存货周转率具体用各地区上市公司的存货周转率平均值进行测算。在重组转型阶段，选取财政科学支出占比和高技术产业主营业务收入占比表征经济受到冲击后的更新再组织能力。

第六，经济增长的福利变化与成果分配。经济增长的福利变化与成果分配维度由福利变化和成果分配两个分项维度构成。本章选取每万人医疗机构床位数、人均拥有公共图书馆藏量和养老保险覆盖率表征经济增长的福利变化情况；选取城乡收入泰尔指数和劳动报酬在初次分配中所占比重衡量经济增长的成果分配状况，并参考王少平和欧阳志刚（2007）的研究成果度量城乡收入差距的泰尔指数。

0.1.2.2 方面维度、分项维度及基础指标的权重确定

为保证评价结果的可比性，本章以投影寻踪模型初步识别结合遗传算法优化的集成方法评价新时期中国经济增长质量的状态和特征，以最大化地体现各地区经济增长质量的差异。

目前，已有研究主要运用主成分分析法和熵权法等传统评价方法对评价指标体系中的子指标进行合成测算，但传统评价方法除了其自身的局限外，在处理高维数据时也难以避免会出现数据信息失真和评价结果稳定性下降的问题。而投影寻踪模型是一种用来分析和处理非线性与非正态高维度数据的统计分析工具，可以从不同角度寻找最大限度反映数据特征和充分挖掘信息的最优投影方向，能够克服高维数据所造成的不利影响。投影寻踪模型是基于降维的手段计算投影的特征值，将高维空间映射到低维空间上，寻找一种能反映出高维数据信息的模型。在众多评价类模型中，它在稳健性、抗干扰性和准确性方面都较优异（Huber，1985；Friedman，1987；Bickel et al.，2018）。但模型的求解过程可能涉及复杂的优化问题，需要使用遗传算法、模拟退火算法等智能优化算法来求解。因此，本章使用基于遗传改进的投影寻踪模型对2023年中国经济增长质量进行测度。

在对数据进行标准化处理的基础上，投影寻踪模型的计算过程如下所示。

第一步：构造投影指标函数。

投影寻踪模型将高维数据投影到一维线性空间，设 a 为 m 维单位投影向量，$a = (a_1, a_2, \cdots, a_m)$，则 x_{ij} 的一维投影特征值 z_i 可表示为：

$$z_i = \sum_{j=1}^{m} a_j^* x_{ij}, i = 1, 2, \cdots, n \tag{0-4}$$

第二步：构造目标函数。

构造投影目标函数：

$$Q(a) = S_z D_z \tag{0-5}$$

其中，$Q(a)$ 为投影目标函数，值越大越好。

S_z 为投影值 z_i 的标准差：

$$S_z = \sqrt{\frac{\sum_{i=1}^{n}(z_i - E_z)^2}{n-1}} \tag{0-6}$$

D_z 为投影值 z_i 的局部密度：

$$D_z = \sum_{i=1}^{n}\sum_{i=1}^{n}(R - r_{ij})u(R - r_{ij}) \tag{0-7}$$

其中，E_z 为投影特征值 z_i 的均值；R 为局部密度窗口半径，R 一般取值 αS_z，α 可取值为 0.100、0.010 或 0.001，r_{ij} 为两两投影特征值间的距离，$r_{ij} = |z_i - z_j|$；$u(\cdot)$ 为单位阶跃函数，当 $R \geqslant r_{ij}$ 时函数取值为 1，否则函数值为 0。

第三步：优化投影方向。

通过求得投影指标函数的最大化估计最佳投影方向，本研究中结合遗传算法对 a_j 进行优化，寻找最优投影方向。

$$\max Q_a = S_z D_z \tag{0-8}$$

$$\text{s.t.} \sum_{j}^{m} a_j^2 = 1, (a_j > 0) \tag{0-9}$$

其中，s. t. 为约束条件，采用遗传算法优化求解其最大值。

第四步：根据最佳投影方向值 a_j 计算各指标的投影值 z_i，投影值是各评价指标的最佳投影方向与标准值的加权，在本章中，z_i 的值越大，表示 2023 年度各地区经济增长质量越高。

为了在保证测算结果动态可比的同时最大化各地区经济增长质量的差异，本章首先对基础指标数值进行标准化处理，然后运用 Python 软件采用基于遗传改进的投影寻踪法确定各方面维度、分项维度及基础指标的权重。2023 年使用投影寻踪法得到的各基础指标的赋权值如表 0-2 所示。

表 0－2　2023 年使用投影寻踪法得到的各基础指标的赋权值

方面维度	分项维度	基础指标	权重	方面维度	分项维度	基础指标	权重
国民经济素质	基础素质	传统基础设施建设水平	0.045	经济增长的生态可持续性	资源消耗	单位 GDP 能耗	0.136
		新型信息基础设施建设水平	0.237			单位 GDP 电耗	0.066
	能力素质	国家财政性教育经费/财政支出	0.041		环境治理	工业固体废物综合利用率	0.227
		科学研究与开发机构 R&D 项目数	0.199			PM2.5 平均浓度	0.133
		计算机、通信和其他电子设备制造业现金流比率	0.149			生活垃圾无害化处理率	0.170
	创新素质	人均高技术产业发明专利数	0.192	经济增长的韧性	抵御恢复	人均 GDP	0.232
		规模以上工业企业开发经费/新产品销售收入	0.073			市场潜力	0.223
		技术市场成交额/GDP	0.112		适应调整	存货周转率	0.136
	数字化素质	每百万人互联网宽带接入端口数量	0.159			外贸依存度	0.173
		企业拥有网站数	0.229		重组转型	财政科学支出占比	0.254
		信息技术服务收入/GDP	0.082			高技术产业主营业务收入占比	0.104
经济增长的结构	产业结构	产业基础能力高级化	0.146	经济增长的福利变化与成果分配	福利变化	每万人医疗机构床位数	0.119
		产业链现代化	0.330			人均拥有公共图书馆藏量	0.056
	投资消费结构	投资结构	0.107			养老保险覆盖率	0.157

续表

方面维度	分项维度	基础指标	权重	方面维度	分项维度	基础指标	权重
经济增长的结构	投资消费结构	消费结构	0. 043	经济增长的福利变化与成果分配	成果分配	城乡收入泰尔指数	0. 249
	金融结构	金融机构人民币存贷款余额/GDP	0. 285			劳动报酬在初次分配中所占比重	0. 037
	经济开放结构	外资开放度	0. 144				
经济增长的效率		包含数据要素的全要素生产率	0. 123				
		高技能劳动生产率	0. 071				
		信息化资本生产率	0. 141				

0. 1. 3　2023 年各地区经济增长质量测度结果及其排序

0. 1. 3. 1　各地区经济增长质量综合测度结果

考虑到测算结果的精确性和科学性，采用遗传算法对投影寻踪模型的测算结果进行优化并寻找最优解。遗传算法是一种模拟自然选择过程的搜索启发式算法，它通过模拟生物进化过程中的选择、交叉（杂交）和变异机制来逐步迭代解决问题，从而在复杂的搜索空间中寻找最优解或满意解。具体地，首先将投影寻踪模型得到的初步结果作为初始种群；其次根据适应度函数评估每个个体的表现，并通过选择操作保留表现较好的个体进入下一代；再次通过交叉操作生成新个体，增加种群多样性；最后通过变异操作引入随机变化，防止过早收敛于局部最优解。经过多轮迭代后，最终得到更加准确可靠的经济增长质量测度结果及其排序。表 0 – 3 展示了经遗传算法优化后的 2023 年中国各省份经济增长质量测度结果及其排序。

表 0 – 3　2023 年中国各省份经济增长质量测度结果及其排序

省份	经济增长质量指数	排名	省份	经济增长质量指数	排名
北京	3. 4765	1	天津	2. 5461	6
广东	3. 4204	2	山东	2. 4009	7
上海	3. 3824	3	重庆	2. 3330	8
浙江	2. 9579	4	安徽	2. 3294	9
江苏	2. 8038	5	福建	2. 2922	10

续表

省份	经济增长质量指数	排名	省份	经济增长质量指数	排名
四川	2.2653	11	海南	1.6571	21
湖北	2.1454	12	吉林	1.6129	22
湖南	1.9607	13	广西	1.5403	23
河南	1.9399	14	甘肃	1.4231	24
江西	1.8823	15	云南	1.3785	25
河北	1.7832	16	山西	1.3632	26
辽宁	1.7418	17	内蒙古	1.3091	27
黑龙江	1.7209	18	新疆	1.3064	28
陕西	1.6924	19	宁夏	1.2479	29
贵州	1.6594	20	青海	1.1891	30

如图0－1所示，2023年中国各省份经济增长质量指数的均值为2.0254。其中，北京以3.4765的指数值位居全国第一，而青海则以1.1891的指数值排在末位，二者相差2.2874，北京的经济增长质量是青海的2.92倍。其中，40%的省份经济增长质量指数高于均值，而60%的省份经济增长质量指数低于均值，中位数为1.8328，也低于全国平均水平。从整体排名来看，中国经济增长质量在地区间存在显著的不平衡不充分现象，这种不平衡主要体现在地理区位和资源禀赋、政策支持和开放程度、教育和科技水平以及产业结构的差异性上。具体来说，2023年中国经济增长质量测度结果排在前7位的省份依次是北京、广东、上海、浙江、江苏、天津和山东，这些省份均位于东部地区。前7位省份的经济增长质量指数平均值为2.9983，表明这些省份在经济增长方面具有显著优势。相比之下，排在后7位的依次是甘肃、云南、山西、内蒙古、新疆、宁夏和青海，这些省份均位于中西部地区，其经济增长质量指数平均值为1.3168，明显低于排名前7位省份和全国平均水平。这表明中西部地区的经济增长质量水平相对较低，存在较大的提升空间。

从我国东中西空间区域来看，2023年东部地区经济增长质量综合指数较高、发展较好且稳定在全国前列，展现出较高的发展水平和稳定性。东部沿海地区凭借其优越的地理位置和便利的交通条件，吸引了大量投资和人才，构建了完善的产业链和市场体系。在改革开放初期，东部地区便享

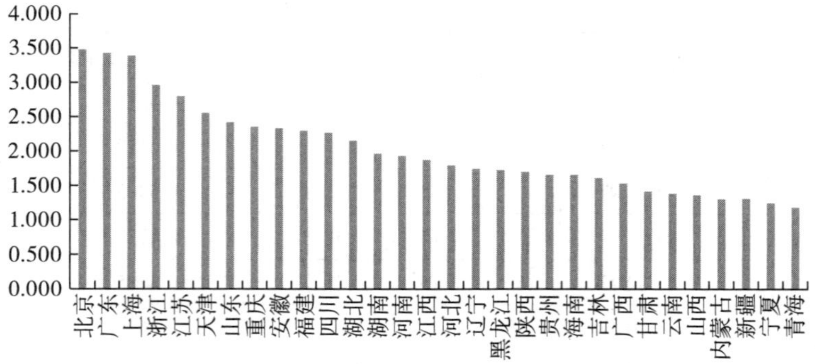

图 0－1　2023 年中国各省份经济增长质量测度结果

受到了政策红利，吸引了大量外资和技术，为经济的快速增长注入了强劲动力。此外，东部地区拥有丰富的教育资源和强大的科技创新能力，为企业提供强有力的技术支持和人才保障，使得产业结构更加多元化和现代化，高新技术产业和服务业的比重较高，经济增长动力强劲。与此相比，中西部地区由于地理位置较为偏远，资源开发难度较大，经济发展相对滞后。尽管近年来国家政策扶持力度加大，但由于基础薄弱，中西部地区发展速度仍然较慢。中西部地区的创新能力也相对较弱，传统产业比重较大，面临较大的转型升级压力。从长期来看，东部地区的比较优势和先发优势不断巩固，而欠发达地区则更多地面临后发劣势，难以实现经济发展的快速追赶。中部地区的经济增长质量指数介于东部和西部之间，虽然高于西部地区，但与东部发达地区相比仍存在一定差距。西部地区的经济增长质量水平普遍较低，特别是在新疆、宁夏、青海等地，经济增长质量指数较低，反映出这些省份在经济发展过程中面临的挑战较大。东部地区与中西部地区之间存在的显著发展差距，不仅阻碍了中西部地区的经济增长质量提升，也不利于全国范围内的经济均衡发展和区域协调战略的实施，最终影响到国家整体经济更高质量的发展和全面建设社会主义现代化国家目标的实现。中国各省份的经济发展存在明显的不平衡现象，为了进一步缩小区域间经济增长质量差距，促进全国范围内的经济高质量发展，应当加强区域协调发展，通过实施区域重大战略和区域协调发展战略，推动中西部地区加快发展，缩小与东部地区的差距；各地区应根据自身资源禀赋和发展特点，发挥比较优势，推动产业升级和经济结构优化；国家应加大政策支持力度，对经济增长质量较低的地区，特别是西部地区，加大财政、税收等政策支持力度，促进其快速发展；推动创新驱动发展，鼓励科技创新和技术进步，提高全要素生产率，推动经济高质量发展。

0.1.3.2 各地区经济增长质量子系统测度结果

基于上述投影寻踪模型结合遗传算法优化的集成方法，进一步测度 2023 年中国各省份经济增长质量的 6 个子系统水平，结果如表 0-4 所示。

表 0-4 2023 年中国各省份经济增长质量子系统测度结果及其排序

省份	国民经济素质	排名	经济增长的结构	排名	经济增长的效率	排名	经济增长的生态可持续性	排名	经济增长的韧性	排名	经济增长的福利变化与成果分配	排名
北京	0.693	4	0.903	1	0.251	1	0.631	5	0.692	2	0.306	10
天津	0.498	8	0.480	5	0.109	15	0.612	9	0.489	9	0.358	6
河北	0.462	10	0.234	15	0.080	26	0.437	22	0.279	20	0.291	15
山西	0.239	23	0.191	23	0.110	14	0.350	27	0.268	22	0.206	27
内蒙古	0.170	28	0.095	30	0.013	30	0.415	24	0.323	17	0.294	14
辽宁	0.276	22	0.228	18	0.181	4	0.306	29	0.325	16	0.425	2
吉林	0.174	27	0.241	13	0.080	25	0.483	19	0.259	25	0.376	4
黑龙江	0.163	29	0.223	20	0.083	23	0.450	21	0.278	21	0.525	1
上海	0.560	6	0.772	2	0.236	2	0.655	3	0.777	1	0.383	3
江苏	0.869	2	0.245	12	0.147	7	0.624	6	0.618	4	0.300	12
浙江	0.789	3	0.399	7	0.166	5	0.663	1	0.609	5	0.333	7
安徽	0.439	11	0.386	8	0.093	19	0.612	8	0.554	6	0.244	21
福建	0.516	7	0.229	17	0.099	18	0.658	2	0.516	7	0.275	18
江西	0.331	18	0.229	16	0.137	9	0.488	18	0.398	14	0.300	13
山东	0.627	5	0.363	9	0.157	6	0.550	12	0.424	10	0.280	16
河南	0.387	15	0.237	14	0.081	24	0.523	15	0.410	11	0.302	11
湖北	0.439	12	0.211	21	0.105	16	0.558	10	0.511	8	0.320	8
湖南	0.439	13	0.199	22	0.087	22	0.553	11	0.403	13	0.280	17
广东	1.125	1	0.617	3	0.197	3	0.644	4	0.629	3	0.208	26
广西	0.325	20	0.124	29	0.137	8	0.489	17	0.242	27	0.223	23
海南	0.218	25	0.141	27	0.092	20	0.620	7	0.322	18	0.264	19
重庆	0.419	14	0.469	6	0.125	10	0.549	13	0.404	12	0.367	5

续表

省份	国民经济素质	排名	经济增长的结构	排名	经济增长的效率	排名	经济增长的生态可持续性	排名	经济增长的韧性	排名	经济增长的福利变化与成果分配	排名
四川	0.468	9	0.559	4	0.120	11	0.456	20	0.350	15	0.313	9
贵州	0.332	17	0.300	10	0.111	13	0.529	14	0.254	26	0.135	29
云南	0.225	24	0.147	26	0.103	17	0.498	16	0.263	23	0.144	28
陕西	0.358	16	0.291	11	0.088	21	0.425	23	0.311	19	0.219	24
甘肃	0.330	19	0.224	19	0.115	12	0.412	25	0.234	28	0.108	30
青海	0.142	30	0.166	24	0.061	29	0.371	26	0.230	29	0.218	25
宁夏	0.207	26	0.140	28	0.072	28	0.305	30	0.261	24	0.263	20
新疆	0.292	21	0.154	25	0.077	27	0.332	28	0.213	30	0.237	22

国民经济素质指数排在前10位的省份依次是广东、江苏、浙江、北京、山东、上海、福建、天津、四川和河北，国民经济素质指数平均值为0.661；国民经济素质指数排在后10位的省份依次是新疆、辽宁、山西、云南、海南、宁夏、吉林、内蒙古、黑龙江和青海，国民经济素质指数平均值为0.211。排在前10位省份的国民经济素质指数平均值是排在后10位省份的3.133倍，表明国民经济素质指数在中国各省份之间的分化差异较大。国民经济素质指数排名第一的广东在2023年的国民经济素质指数值为1.125，而排名倒数第一的青海在2023年的国民经济素质指数值为0.142，前者是后者的7.923倍。从经济增长的国民经济素质维度中指标的具体含义来看，排名靠前的省份经济运行的基础素质、能力素质和创新素质占有量较高且其结构状态相对合理，使得这些地区的国民经济素质指数较高，能够充分实现对经济的高质量发展的基础支撑作用。而排名靠后的省份经济体系中推动经济向更高层次发展的基础设施和创新能力还有待加强，尤其需要加强创新要素和数字化要素的投入以提升地区的创新能力和产业竞争力。

经济增长的结构指数排在前10位的省份依次是北京、上海、广东、四川、天津、重庆、浙江、安徽、山东和贵州，经济增长的结构指数平均值为0.525，表明这些省份在2023年经济增长的结构发展水平较高；经济增长的结构指数排在后10位的省份依次是湖北、湖南、山西、青海、新疆、云南、海南、宁夏、广西和内蒙古，经济增长的结构指数平均值为0.157。排在前10位省份的经济增长的结构指数平均值是排在后10位省份的3.344倍，表明经济增长结构发展水平较高的省份与落后省份存在着较大的差距。总体来看，那些在经济增长的结构排名中表现优异的省份，其经济结构布局更为合理高效，而那些排名相对靠后的省份则迫切需要对经济增长的结构进行调整和优化。具体来看，首先，排名靠前的省份在产业布局上更为均衡，第二产业和第三产业的比重较高，特别是在高附加值制造业和服务业方面发展迅猛。相比之下，排名靠后的省份产业分布不均，对单一产业的依赖性过强，这限制了其经济增长的结构的优化进程。其次，经济增长的结构指数排名靠前的省份，如北京、上海、广东等，投资与消费的动力较为充沛，金融服务业的规模和水平也相对较高；而排名靠后的省份，如山西、青海、新疆等，其投资效率亟待提升，消费市场活力不足，新型金融业态如数字金融的发展也相对滞后。最后，排名靠后的省份由于经济外向度和外资利用效率较低，限制了经济开放结构的进一步优化和升级，进而影响了这些省份经济结构的转型和增长质量的提升。

经济增长的效率指数排在前10位的省份依次是北京、上海、广东、辽宁、浙江、山东、江苏、广西、江西和重庆，经济增长的效率指数平均值为0.173，表明这些地区经济增长效率较高；经济增长的效率指数排在后10位的省份依次是陕西、湖南、黑龙江、河南、吉林、河北、新疆、宁夏、青海和内蒙古，经济增长的效率指数平均值为0.072。排在前10位省份的经济增长的效率指数平均值是排在后10位省份的2.403倍。在经济增长的效率指数中，排名靠前省份主要集中在东部地区，而中西部地区则相对较少。东部地区的全要素生产率和高技能劳动力生产效率处于较高水平，注重在经济生产中要素投入的高级化和产出的高效率，相较于中西部地区具有明显优势。与中西部地区相比，东部地区在科技创新领域展现出更强的实力，数字经济的发展势头迅猛，信息化资本的生产效率尤为显著。具体而言，北京、上海和广东等东部沿海发达地区，由于其优越的地理位置、先进的基础设施、强大的创新能力和高效的市场机制，经济增长效率较高。这些地区吸引了大量投资，拥有丰富的人才资源和多元化的产业结构，尤其是金融、科技和服务业的发展，为经济增长提供了强劲动力。相比之下，陕西、黑龙江和青海等中西部地区，受限于自然条件、历史背景和相对较弱的工业基础，经济发展的效率较低。此外，政府政策的倾斜、投资环境的优劣以及教育和技术水平的差异也是造成这种分化的重要因素。

经济增长的生态可持续性指数排在前 10 位的省份依次是浙江、福建、上海、广东、北京、江苏、海南、安徽、天津和湖北，经济增长的生态可持续性指数平均值为 0. 628；经济增长的生态可持续性指数排在后 10 位的省份依次是黑龙江、河北、陕西、内蒙古、甘肃、青海、山西、新疆、辽宁和宁夏，经济增长的生态可持续性指数平均值为 0. 380。排在前 10 位省份的经济增长的生态可持续性指数平均值是排在后 10 位省份的 1. 653 倍。在经济增长排名靠后的省份中，西部地区占据多数，反映出西部地区在实现生态可持续性方面尚未形成明显的增长优势，而这主要源于地理条件限制、经济发展水平较低、基础设施建设滞后、创新能力不足、政策支持力度不够以及人才流失严重等多方面原因。西部地区多山地、高原和干旱区，自然条件恶劣，生态环境脆弱，容易受到破坏且恢复难度大；经济基础薄弱，产业结构单一，主要以资源型产业为主，这种依赖资源的经济发展模式往往伴随着高能耗、高污染的问题；同时，交通、通信等基础设施建设相对滞后，制约了区域经济的发展和外部投资的引入；科技研发投入相对较少，创新能力较弱，缺乏先进的环保技术和管理经验。虽然国家出台了一系列针对西部地区的扶持政策，但在实际实施过程中，政策的落实和执行力度可能存在不足。此外，由于经济发展水平和生活条件的限制，西部地区面临严重的人才流失问题，高素质人才的缺乏进一步制约了当地的科技创新和生态保护能力；部分地区对生态环境保护的重视程度不够，公众环保意识较为薄弱，缺乏积极参与生态保护的社会氛围。因此，西部地区只有从多个方面入手，综合施策，才能逐步改善现状，进一步实现经济增长的生态可持续性。

经济增长的韧性指数排在前 10 位的省份依次是上海、北京、广东、江苏、浙江、安徽、福建、湖北、天津和山东，经济增长的韧性指数平均值为 0. 582，表明这些省份在有效应对不确定性冲击、抵御化解经济风险中具有良好表现；经济增长的韧性指数排在后 10 位的省份依次是黑龙江、山西、云南、宁夏、吉林、贵州、广西、甘肃、青海和新疆，经济增长的韧性指数平均值为 0. 250。排在前 10 位省份的经济增长的韧性指数平均值是排在后 10 位省份的 2. 328 倍。经济增长的韧性指数反映了一个地区在应对不确定性冲击和抵御经济风险方面的能力。上海、北京、广东等省份之所以排名靠前，主要是因为其强大的经济实力、完善的产业体系和较高的创新能力。这些省份拥有丰富的金融资源和先进的科技水平，能够更好地应对市场波动和经济周期的变化。此外，政府的政策支持和有效的宏观调控也是提升经济韧性的重要因素。相比之下，黑龙江、山西、云南等地经济增长的韧性指数较低，与产业结构单一、资源依赖性强、创新能力不足等因素有关。这些省份在应对外部冲击时，往往缺乏足够的缓冲机制和应对策略，导致经济波动较大。因此，提高经济韧性需要从优化产业结构、增强创新能力和完善政策环境等方面入手。

经济增长的福利变化与成果分配指数排在前 10 位的省份依次是黑龙江、辽宁、上海、吉林、重庆、天津、浙江、湖北、四川和北京，经济增长的福利变化与成果分配指数平均值为 0. 371；经济增长的福利变化与成果分配指数排在后 10 位的省份依次是安徽、新疆、广西、陕西、青海、广东、山西、云南、贵州和甘肃，经济增长的福利变化与成果分配指数平均值为 0. 194。排在前 10 位省份的经济增长的福利变化与成果分配指数平均值是排在后 10 位省份的 1. 912 倍。在经济增长的福利变化与成果分配指数中，除安徽和广东属于东部地区外，其余排名靠后的省份均为中部和西部地区，这表明我国部分中西部省份在福利改善和成果共享方面相较于东部省份仍有较大提升空间。经济增长的福利变化与成果分配指数反映了一个地区在经济发展过程中，居民福利改善和收入分配公平性的情况。排名靠前的省份可能得益于其在社会保障体系建设、公共服务提供以及收入分配调节等方面取得了较好的成效。这些省份的政府可能更加注重民生投入，通过提高最低工资标准、完善医疗保障体系、增加教育投入等方式，有效提升居民的生活质量和幸福感。而相比之下，安徽、新疆等排名靠后的省份，在福利改善和成果共享方面仍有较大的提升空间。这可能与其经济发展水平相对较低、产业结构单一、就业机会有限等因素有关。此外，中西部地区在基础设施建设、教育资源分配、医疗服务等方面也可能存在一定的短板，影响了居民的整体福利水平。因此，要缩小东西部地区之间的差距，需要进一步优化资源配置，加大对中西部特别是贫困地区的支持力度，完善再分配机制，促进区域协调发展。

0.1.4 2023年各省份经济增长质量测度结果与其增长数量结果排序的对比

根据2023年各省、自治区、直辖市经济增长质量测度结果的排名，本章采用各省份的真实GDP作为其经济增长数量的衡量指标，列出2023年各省份经济增长质量测度结果和经济增长数量测算结果的排序及其差异，如表0－5所示。

表0－5 2023年各省份经济增长质量测度结果和经济增长数量测算结果的排序及其差异

省份	经济增长质量排名	经济增长数量排名	增长质量与数量之差	省份	经济增长质量排名	经济增长数量排名	增长质量与数量之差
北京	1	20	－19	河北	16	7	9
广东	2	1	1	辽宁	17	12	5
上海	3	11	－8	黑龙江	18	14	4
浙江	4	4	0	陕西	19	21	－2
江苏	5	2	3	贵州	20	26	－6
天津	6	16	－10	海南	21	28	－7
山东	7	3	4	吉林	22	23	－1
重庆	8	19	－11	广西	23	17	6
安徽	9	13	－4	甘肃	24	27	－3
福建	10	9	1	云南	25	22	3
四川	11	6	5	山西	26	24	2
湖北	12	8	4	内蒙古	27	18	9
湖南	13	10	3	新疆	28	25	3
河南	14	5	9	宁夏	29	30	－1
江西	15	15	0	青海	30	29	1

从表0－5中关于2023年各省份经济增长质量与经济增长数量排序对比可以看出，经济增长质量排序显著高于经济增长数量排序的前5位分别是：北京（高19位）、重庆（高11位）、天津（高10位）、上海（高8位）、海南（高7位），说明这些省份都保持了高水平的经济增长质量，经济增长质量较经济增长数量更具优势，实现了经济增长质量领跑经济增长数量的优势。但若经济增长数量排名过多低于经济增长质量排名，也显示

出这些地区在追求高质量经济发展的同时，可能面临着增长速度放缓的挑战。经济增长质量排序显著低于经济增长数量排序的前 5 位分别为河北（低 9 位）、河南（低 9 位）、内蒙古（低 9 位）、广西（低 6 位）、辽宁和四川（低 5 位），说明这些省份经济增长数量较经济增长质量发展较好，经济增长数量较有优势，而经济增长质量亟须提高。此外，2023 年我国各省份经济增长质量与经济增长数量存在不一致性，这种经济增长数量与经济增长质量的差距依旧普遍存在，在参与排名的省份中，6.7% 的省份经济增长质量指数排名等于经济增长数量排名，在经济增长质量和经济增长数量上都表现出较好的平衡性，这些省份在推动经济发展的过程中，既注重了增长速度，又兼顾了增长质量，实现了经济的快速发展和高质量发展的良性互动；36.7% 的省份经济增长质量指数排名高于经济增长数量排名，表明这些省份在经济发展的同时关注经济增长中的质量；56.6% 的省份经济增长质量指数排名低于经济增长数量排名，这些省份在追求经济增长速度的同时，可能需要更加关注经济增长的质量和效益，推动经济社会的高质量发展。

总体来看，2023 年中国各省份在经济增长质量和经济增长数量上的表现呈现出多样化的特点。一些经济发达省份在保持高质量经济发展的同时，面临着增长速度放缓的挑战；而一些中西部省份则在追求经济增长速度的同时，需要更加关注经济增长的质量和效益。未来，各省份需要根据自身实际情况，制定合适的发展战略和政策措施，以实现经济增长速度和质量的协调发展。

0.1.5 2022 年与 2023 年各省份经济增长质量测度结果变动情况

依据本章对《中国经济增长质量发展报告（2024）》所构建指标体系的顺延，本章从国民经济素质、经济增长的结构、经济增长的效率、经济增长的生态可持续性、经济增长的韧性及经济增长的福利变化与成果分配 6 个维度对 2023 年各省份经济增长质量进行测算，并根据测算结果对全国 30 个省、自治区、直辖市进行排序。考虑到评价方法的变更和评价结果的可比性，本章使用基于遗传改进的投影寻踪法对 2022 年各省份经济增长质量重新进行测算，而后基于 2022 年和 2023 年各省、自治区、直辖市经济增长质量测度结果排名，列出 2022 年、2023 年中国各省份经济增长质量测度结果排序变动及差异（见表0－6），借此考察全国各省份经济增长质量的总体发展变动态势。

表0－6　2022年、2023年中国各省份经济增长质量测度结果排序变动及差异

省份	2022年经济增长质量测度结果排名	2023年经济增长质量测度结果排名	进步名次	省份	2022年经济增长质量测度结果排名	2023年经济增长质量测度结果排名	进步名次
北京	1	1	0	河北	17	16	1
广东	4	2	2	辽宁	13	17	－4
上海	2	3	－1	黑龙江	19	18	1
浙江	3	4	－1	陕西	18	19	－1
江苏	5	5	0	贵州	20	20	0
天津	7	6	1	海南	25	21	4
山东	6	7	－1	吉林	16	22	－6
重庆	8	8	0	广西	27	23	4
安徽	15	9	6	甘肃	23	24	－1
福建	10	10	0	云南	29	25	4
四川	12	11	1	山西	22	26	－4
湖北	9	12	－3	内蒙古	26	27	－1
湖南	11	13	－2	新疆	24	28	－4
河南	14	14	0	宁夏	30	29	1
江西	21	15	6	青海	28	30	－2

由表0－6可以发现，2022年和2023年经济增长质量测度结果排名靠前的省份大部分相同，以东部发达省份为主，除安徽外，经济增长质量测度结果排名前12位的省份基本没有出现较大的变动和调整，即上海、浙江、北京、广东、江苏、重庆、天津、四川、山东、湖北、福建。此外，经济增长质量测度结果排名前5位省份连续六年经济增长质量居于前5位，即北京、广东、上海、浙江、江苏，这意味着这些省份经济增长质量水平较高且保持着较好的稳定性。总体来看，我国地方经济增长质量测度结果在2022年和2023年表现出相对的稳定性，各省份经济增长质量的水平在两年间变动不大。相比2022年，2023年经济增长质量测度结果提升幅度最显著的前5位省份分别是安徽（提升6位）、江西（提升6位）、海南（提升4位）、广西（提升4位）、云南（提升4位）。其中，安徽进步显著

主要归功于其在2023年经济增长的结构、生态可持续性和福利变化与成果分配方面维度的提高；江西进步显著主要依靠其在2023年经济增长的效率和福利变化与成果分配方面维度的提高；海南进步显著主要依靠其在2023年经济增长的结构、效率和韧性方面维度的提高；广西和云南的进步分别依靠其在2023年经济增长的效率和国民经济素质方面维度的提高。

而2023年经济增长质量测度结果排名下降幅度最明显的5个省份分别为吉林（下降6位）、辽宁（下降4位）、山西（下降4位）、新疆（下降4位）、湖北（下降3位）。吉林排名下降的主要原因在于经济增长的国民经济素质和效率方面排名靠后且在两年间存在较为明显的排序下降情况，但其在福利变化与成果分配方面取得较大进步。其中，吉林排名下降的主要因素在于现有产业结构限制了经济的多元化发展，导致经济增长的质量和持续性不足；以及过度依赖传统制造业，新兴产业发展和企业创新动力不足。因此，吉林要实现更高质量发展，应当加大对新兴产业的支持力度，优化产业结构，同时精准定位城市经济功能，重点发展文旅产业和现代服务业，打造优势产品的对外输出能力，优化产业生态建设，服务好中小企业发展。辽宁排名下降的主要原因是经济增长的国民经济素质和生态可持续性方面评价指数降低，但不可忽视其在经济增长的韧性方面的进步。辽宁经济发展相对滞后的原因在于，首先，产业结构单一且老化，长期以来依赖重工业和资源型产业，导致经济抗风险能力弱；其次，技术创新能力不足，新兴产业发展缓慢，难以形成新的经济增长点；再次，人才流失严重，高素质人才向经济更发达的地区流动，影响了本地的创新和发展；最后，体制机制改革滞后，市场活力未能充分释放。为此，辽宁应加快产业结构调整，推动传统产业升级改造，大力发展高新技术产业和现代服务业，培育多元化的经济增长点；同时，应注重生态保护与可持续发展，实现绿色发展。山西排名下降的主要原因是经济增长的生态可持续性、韧性和福利变化与成果分配方面指数有所下降，但值得注意的是，其在经济增长的效率方面略有改善。山西经济发展相对滞后的原因主要在于产业结构单一，过度依赖煤炭等传统能源产业，导致经济抗风险能力弱，环境压力大；此外，创新能力不足、人才流失严重、基础设施相对落后是制约其发展的重要因素。为推动经济高质量发展，山西应加快产业结构调整与升级，积极培育新兴产业，如新能源、新材料、信息技术等产业，减少对传统能源的依赖。同时，加大科技创新投入，提升自主创新能力，吸引和培养高端人才，为经济发展提供智力支持；完善基础设施建设，优化营商环境，提高对外开放水平，吸引更多外部投资和技术合作，从而促进山西经济转型升级，实现可持续发展。新疆排名下降的主要原因是经济增长的结构、生态可持续性和福利变化与成果分配方面评价指数降低。湖北排名下降的主要原因是经济增长的结构和效率方面评价指数降低，应当进一步提高自主创新能力，发挥其在半导体和高新技术方面的竞争优势。

根据2023年各省、自治区、直辖市经济增长质量方面维度测度结果的排名情况，列出2023年经济增长质量方面维度测度结果中排序变动较大的省份，具体情况如表0－7所示。

表0－7　2023年中国各省份经济增长质量方面维度测度结果排序变动情况

项目		下降较明显的5个省份					上升较明显的5个省份				
国民经济素质	地区	辽宁	吉林	黑龙江	重庆	甘肃	贵州	河北	湖北	福建	云南
	2022年	10	15	24	9	15	25	17	19	12	29
	2023年	22	27	29	14	19	17	10	12	7	24
	差值	－12	－12	－5	－5	－4	8	7	7	5	5
经济增长的结构	地区	内蒙古	黑龙江	湖南	山西	新疆	四川	贵州	安徽	天津	江西
	2022年	19	10	14	17	19	15	21	16	12	20
	2023年	30	20	22	23	25	4	10	8	5	16
	差值	－11	－10	－8	－6	－6	11	11	8	7	4
经济增长的效率	地区	湖北	吉林	福建	内蒙古	河北	江西	广西	四川	山东	海南
	2022年	5	14	10	23	20	20	17	17	9	22
	2023年	16	25	18	30	26	9	8	11	6	20
	差值	－11	－11	－8	－7	－6	11	9	6	3	2
经济增长的生态可持续性	地区	黑龙江	辽宁	贵州	江西	新疆	重庆	天津	安徽	湖北	浙江
	2022年	8	18	5	11	21	25	16	15	17	7
	2023年	21	29	14	18	28	13	9	8	10	1
	差值	－13	－11	－9	－7	－7	12	7	7	7	6
经济增长的韧性	地区	青海	河北	重庆	四川	陕西	上海	海南	辽宁	福建	北京
	2022年	18	10	3	8	16	13	29	24	11	5
	2023年	29	20	12	15	19	1	18	16	7	2
	差值	－11	－10	－9	－7	－3	12	11	8	4	3

续表

项目		下降较明显的5个地区					上升较显著的5个地区				
经济增长的福利变化与成果分配	地区	贵州	陕西	湖南	甘肃	山西	福建	安徽	江西	山东	吉林
	2022年	18	13	7	20	19	27	29	21	23	10
	2023年	29	24	17	30	27	18	21	13	16	4
	差值	-11	-11	-10	-10	-8	9	8	8	7	6

从表0-7中可以看出，在国民经济素质维度中，2023年上升幅度最显著的5个省份分别是贵州（上升8名）、河北（上升7名）、湖北（上升7名）、福建（上升5名）、云南（上升5名），而2023年经济增长的国民经济素质维度指数值下降幅度最明显的5个省份分别是辽宁（下降12名）、吉林（下降12名）、黑龙江（下降5名）、重庆（下降5名）、甘肃（下降4名）。整体上看，2022—2023年各省份国民经济素质指数的排名变动较大，表明各省份的国民经济素质正在持续改善和增强。排名相对靠后的省份需要重点关注基础素质和能力素质的提升，并且增加对研发活动的资金投入，鼓励创新思维和技术突破，以促进科技进步和产业升级；此外，在数字化能力培养方面，必须紧跟人工智能时代的发展潮流，充分利用人工智能技术和数据资源将其作为经济发展的新动力，促进地方经济向更高层次发展，从而为区域经济的高质量增长奠定坚实基础。

在经济增长的结构维度中，2023年上升幅度最显著的5个省份分别是四川（上升11名）、贵州（上升11名）、安徽（上升8名）、天津（上升7名）、江西（上升4名），而2023年经济增长的结构指数值下降幅度最明显的5个省份分别是内蒙古（下降11名）、黑龙江（下降10名）、湖南（下降8名）、山西（下降6名）、新疆（下降6名）。从整体来看，经济增长的结构维度的排名在2022—2023年变动较大，四川和贵州作为西部省份，2023年经济增长的结构排名进步较快，表明其在经济结构调整和优化方面取得积极进展。而内蒙古、黑龙江、湖南、山西与新疆经济增长的结构排名明显下滑，产业结构有待进一步调整优化，需加大对高新技术产业的支持力度，为传统产业升级赋能；同时，鼓励投资向基础设施、生态环保和公共服务等领域倾斜，以提高投资收益并促进经济的可持续发展；此外，提高居民收入、优化消费环境等措施，可以进一步激发消费潜力，为经济增长注入新的活力。

在经济增长的效率维度，2023 年上升幅度最显著的 5 个省份分别是江西（上升 11 名）、广西（上升 9 名）、四川（上升 6 名）、山东（上升 3 名）、海南（上升 2 名），而 2023 年经济增长的效率指数值下降幅度最明显的 5 个省份分别是湖北（下降 11 名）、吉林（下降 11 名）、福建（下降 8 名）、内蒙古（下降 7 名）、河北（下降 6 名）。江西作为中部省份，2023 年经济增长的效率排名进步较快，上升了 11 名，而湖北在同一时期经济增长的效率排名却出现了明显的下滑，亟须提高地区的数据要素集聚能力，加强数据基础设施建设，提升数据处理和分析能力，增加高级人力资本要素的投入，支持信息化资本的高效运用。

在经济增长的生态可持续性维度，2023 年上升幅度最显著的 5 个省份分别是重庆（上升 12 名）、天津（上升 7 名）、安徽（上升 7 名）、湖北（上升 7 名）、浙江（上升 6 名），而 2023 年经济增长的生态可持续性指数值下降幅度最明显的 5 个省份分别是黑龙江（下降 13 名）、辽宁（下降 11 名）、贵州（下降 9 名）、江西（下降 7 名）、新疆（下降 7 名）。从整体来看，各省份经济增长的生态可持续性维度在 2022—2023 年的变动较大，变动幅度基本保持在 7 左右。与 2022 年相比，2023 年重庆、天津、安徽、湖北与浙江经济增长的生态可持续性维度排名上升，表明这些省份在经济发展过程中更加重视生态的可持续性发展，在推动绿色发展、加强环境保护和促进资源高效利用方面取得了积极进展。相比之下，黑龙江、辽宁等地区经济增长的生态可持续性指数排名下降，其应将绿色发展作为推动经济增长的核心理念，确保经济发展与生态环境保护相协调，应更加注重资源的合理利用和环境的保护，避免过度开发和环境污染，推动高品质生态环境与经济高质量发展之间的良性互动，确保地区的生态可持续发展。

在经济增长的韧性维度，2023 年上升幅度最显著的 5 个省份分别是上海（上升 12 名）、海南（上升 11 名）、辽宁（上升 8 名）、福建（上升 4 名）、北京（上升 3 名），而 2023 年经济增长的韧性指数值下降幅度最明显的 5 个省份分别是青海（下降 11 名）、河北（下降 10 名）、重庆（下降 9 名）、四川（下降 7 名）、陕西（下降 3 名）。具体而言，东部沿海地区如上海、海南的经济增长的韧性排名显著提升，而西部和中部的一些地区如青海、重庆的经济增长的韧性排名明显下降，表明这些地区在抵御经济不确定性冲击并在冲击后进行及时经济恢复再组织能力方面存在显著差异。经济增长的韧性排名靠后的地区，应着力优化和升级产业结构，加大科技创新投入，培育新的经济增长点。

在经济增长的福利变化与成果分配维度，2023 年上升幅度最显著的 5 个省份分别是福建（上升 9 名）、安徽（上升 8 名）、江西（上升 8 名）、山东（上升 7 名）、吉林（上升 6 名），而 2023 年经济增长的福利变化与成果分配指数值下降幅度最明显的 5 个省份分别是贵州（下降 11 名）、陕西（下降 11 名）、湖南（下降 10 名）、甘肃（下降 10 名）、山西（下降 8 名）。2022—2023 年，中国各省份在经济增长的福利变化与成果分配维度的排名变动显著，这反映了地区间经济发展和社会福利分配的差异。与 2022 年相比，2023 年福建、安徽、江西、山东与吉林经济增长的福利变化与成果分配指数排名显著提升，这得益于这些地区在提高居民收入、改善公共服务和促进社会公平等方面的有效政策。相比之下，贵州、陕西、湖南、甘肃与山西的排名有所下降，可能与这些地区在经济转型、产业升级和社会政策调整中遇到的挑战有关，需要进一步完善社会基本福利设施和保障制度，并优化地区收入分配情况。

0.1.6 2023 年中国经济增长质量测度结果的评价结论与建议

高质量发展强调的是经济发展的质量和效益，而非单纯的速度和规模。它要求我们在保持经济稳定增长的同时，更加注重经济结构的优化升级，注重创新驱动和绿色发展，注重社会公平和民生改善。从 2023 年中国各省份经济增长质量指数的计算与分析中可以看出，我国各省份的经济增长质量在稳步提升，经济增长质量的各个维度都基本呈现出稳定增长的态势。从整体来看，2023 年各省份国民经济素质对经济发展有着显著的基础支撑作用，经济结构逐步完善，经济增长的效率提升，经济增长的韧性增强，并在经济增长的生态可持续性和福利水平与成果分配方面取得较大的进步。分地区来看，区域间经济增长质量仍然表现出不平衡的发展现状，地区间的经济发展不协调问题依旧突出；从测度结果来看，东部地区的经济增长质量普遍高于中西部地区。分维度来看，各地区在经济增长质量各维度发展的侧重点有所不同，但均有亟待改善的薄弱之处。高质量发展是一个长期而艰巨的任务，但也是全面建设社会主义现代化国家的首要任务。在新时代新征程，随着国内外环境的深刻变化，中国经济也面临一系列新的挑战和机遇，为更好地坚持推进中国经济高质量发展和经济增长质量的稳中有进，根据2023年中国经济增长质量的多维测度结果，本章提出如下政策建议。

（1）着力培育国民经济素质，夯实高质量发展基础支撑

新型基础设施建设和创新能力是国民经济素质的重要组成部分，也是国民经济素质促进经济更高质量发展的关键途径。基础设施是经济社会发展的重要支撑，其现代化对于构建新发展格局、实施扩大内需战略以及保障国家安全至关重要。构建现代化基础设施体系，特别是新型信息基础设施建设，对于经济社会数字化转型具有基础性作用。新型信息基础设施作为经济社会发展的信息“大动脉”，对于推进新型工业化、构建现代化产业体系、培育新质生产力具有重要支撑作用。首先，应加快5G网络部署，制定全国统一发展规划，明确目标和时间表，加大财政投入，支持运营商实现全覆盖，并鼓励地方政府降低企业运营成本；其次，推动工业互联网平台建设，选择重点行业建立行业级平台，促进产业链协同创新，通过政府购买服务为企业提供云资源和服务，加强与国际先进标准的对接。随着新一代信息通信技术的发展，新型基础设施的功能和类型更加多样，体系结构更加复杂。新型基础设施建设因其规模大、外部性强、上下游关联范围广，加之网络效应、平台效应和赋能效应，从而具有很强的乘数效应。并且，新型基础设施作为“准公共物品”具有较强的外部性，能够发挥刺激市场需求、带动传统产业智能化改造的作用。因此，应充分发挥新一代信息技术的牵引作用，推动新型基础设施与传统基础设施融合发展，强化资源共享、空间共用、互联互通；同时，加强面向服务对象的需求分析，推进精细化管理，丰富优质服务供给，提升人性化服务水平。此外，需要统筹点线面网、城市农村、东中西、沿海内陆、发达地区与落后地区、国内与周边国家、国内与国际等，做好总体规划与专项规划的衔接，避免重复建设，补齐短板，提升发展质量效益；聚焦关键领域和薄弱环节，提高新型信息基础设施的供给质量和效率，发挥基础设施的协同效应。

高质量发展是全面建设社会主义现代化国家的首要任务，应以服务国家战略需求为导向，加快实施创新驱动发展战略，打好高水平科技自立自强的主动之战，为经济社会发展提供新动能。在全球科技竞争日益激烈的现阶段，坚持自主创新、推动关键核心技术突破以及加快战略性新兴产业

和未来产业的布局发展是推动经济高质量发展的重要途径。政府应持续增加对基础科学研究的财政支持，特别是那些具有长远影响和潜在应用价值的领域，通过设立国家实验室、研究中心等机构，集中资源进行重大科学问题的研究。同时，政府应鼓励企业和社会资本参与基础研究投资，形成多元化的研发投入体系；简化科研项目审批流程，减少不必要的行政干预，为科研人员提供更加宽松自由的工作环境；建立健全知识产权保护机制，加大对知识产权和原始创新的保护力度，提高侵权成本，确保创新成果能够得到合理回报，激发企业和人才的原始创新动力；构建全国性的知识产权和科技成果保护、推广和交易的信息平台，为科技成果的创造、转让和转化提供更加及时精准的供求信息，加快成果对接和转化；加强国际合作与交流，引进国外先进技术和管理经验，促进国内科技创新水平的提升。促进有为政府和有效市场的更好结合，政府通过税收优惠、财政补贴等方式激励企业加大研发投入，支持中小企业开展技术创新活动；充分发挥市场在资源配置中的决定性作用，以市场为纽带，把研究开发、中介服务、风险投资、产品转化等不同类型的机构链接在一起，推动创新链、产业链、资金链、人才链深度融合；建立产学研合作平台，促进高校、科研院所与企业之间的紧密协作，加速科技成果向现实生产力转化；鼓励大型企业设立研发中心，增强自主创新能力；加快推进战略性新兴产业和未来产业的发展，探寻新的增长动能和发展路径；重点扶持新能源、新材料、生物医药、信息技术等领域的发展，制定专项规划和配套政策，引导社会资源向这些产业集聚；加大对相关基础设施建设的投资力度，如建设高标准产业园区、数据中心等，为企业提供优质服务保障；密切关注全球科技发展趋势，提前布局量子信息、人工智能、深海空天等前沿技术领域；设立专门基金用于支持高风险但可能带来巨大变革潜力的技术研发项目；在战略性新兴产业和未来产业发展中强化正向激励，建立试错容错机制，大力营造鼓励创新、宽容失败、敢闯敢试的创新文化与发展环境。

（2）推动区域协调发展，优化高质量发展空间布局

中国经济进入新常态以来，发展质量和效益成为衡量经济增长的重要指标。在此背景下，区域协调发展已经上升为国家战略，旨在通过缩小地区发展差距，提升全国经济的整体竞争力。区域协调发展是实现全面建设社会主义现代化国家的重要基础。它不仅能够优化资源配置，提高资源利

用效率，为经济高质量发展提供强有力的支撑，还有助于缓解地区间的发展不平衡问题，促进社会公平正义，增强国家的凝聚力和稳定性。

优化区域功能布局，促进各地区协同发展。应当通过顶层设计，明确各区域功能定位和发展重点，根据各地区的资源禀赋和发展基础，制定差异化的产业发展策略，促进东中西部地区优势互补、协同联动。首先，鼓励高新技术产业在东部地区集聚发展，继续发挥东部沿海地区的开放优势，加强与国际高标准经贸规则的对接，推动制度型开放。其次，支持中部地区加快城市群和经济圈建设，打造内陆开放型经济发展高地，强化高水平对外开放的战略腹地功能，形成若干支撑保障能力强的通道枢纽和要素集聚能力强的开放平台。再次，西部地区发挥比较优势，发展特色产业和现代农业，坚持把发展特色优势产业作为主攻方向，因地制宜发展新兴产业，加快产业转型升级，在推动共建“一带一路”高质量发展中发挥更大作用，构筑向西开放重要支点。最后，东北部地区加强地区内协调联动，加大与深远腹地开放合作力度，提升面向东北亚国际合作水平，同时继续发挥粮食基地、能源基地的作用，建设开放合作平台。此外，应注意推动跨区域合作平台的建设，如长江经济带、粤港澳大湾区等国家战略区域；强化区域内城市群之间的联系与合作，促进资源共享和优势互补。

全国统一大市场是推动中国经济高质量发展的重要支撑，它不仅能够促进资源的优化配置和市场效率的提升，还能够增强国家的国际竞争力和创新能力。加快构建全国统一大市场，促进要素自主有序地合理流动，应当消除地方保护主义，打破地区间的行政壁垒，禁止地方政府对本地企业进行不合理的补贴或保护，坚持完善公平审查制度，确保市场竞争公平。对于劳动要素的流动，要完善社会保障制度，建立全国统一的社会保障体系，保障劳动者在不同地区流动时的基本权益；促进就业信息共享，建立更高标准和更有效的全国性就业服务平台，提供实时的招聘信息和职业培训服务，帮助劳动者更好地适应市场需求；放宽户籍限制，破除低技能劳动力在区域间自由流动的制度障碍，推动人才自由流动，鼓励高层次人才向中西部地区和东北地区流动，缓解东部地区的人才过剩问题。对于资本要素的流动，应持续深化金融改革，推进银行业、证券业和保险业的市场化改革，提高金融服务效率；设立专项基金，为中小企业提供低成本的融资渠道，解决其融资难的问题。对于数据要素的流动，搭建国家级的数据交易平台，促进数据的流通和交易，释放数据的经济价值；制定统一的数据标准和格式，便于不同系统之间的数据交换和整合；也要制定严格的数据安全法规，保护个人隐私和企业机密，防止数据泄露和滥用。

（3）以智提质，增强高质量发展新优势

人工智能作为引领新一轮科技革命和产业变革的战略性技术，不仅具有溢出带动性很强的“头雁”效应，而且对经济发展正在产生全方位、全链条、全周期的深刻影响。加快发展新一代人工智能，是促进新质生产力发展、完善现代化产业体系和形成国际竞争新优势的重要力量，也对于促进我国经济高质量发展具有重要的战略意义。

新一代人工智能与实体经济深度融合是中国经济转型升级和现代经济体系建设的必然之路。在经济增长的效率方面，人工智能的广泛应用极大地提高了制造业的生产效率，优化了工业发展中要素投入结构，在降低企业成本的同时改善了企业的劳动生产率。对于企业而言，应加强生成式人工智能的应用，推进人机协作，以人工智能图像生成、代码生成、智能管理的能力赋能企业的生产、研发和运营等环节，在优化企业生产流程、提高研发和创新能力的同时，降低企业的经营成本。人工智能能够通过机器学习算法对历史数据进行分析，为企业提供基于大数据的决策建议。具体而言，人工智能可以通过分析消费者的购买历史、浏览行为等信息深入了解其需求和偏好，这使得企业能够提供更加个性化的服务和产品推荐；电商平台可以根据用户的浏览记录为其推荐相关商品；旅游网站可以根据用户的搜索历史为其定制旅行计划。基于对消费者的深入了解，人工智能可以帮助企业制定更有效的营销策略。企业在应用人工智能的过程中也需要关注员工培训，为员工提供必要的技术适应培训，使其能够理解和运用新的人工智能工具，将人工智能和人的优势结合起来。对于政府而言，在政府内部流程管理和服务方面，政府可以成立行业管理机构，统筹梳理人工智能相关的算力、数据、算法等资源，确保政策、资源分配和行业标准的一致性。同时，政府应推动人工智能技术与公共服务深度融合，如智能审批系统、自动化办公流程等，提高政府服务效率和透明度；还应加强人工智能领域的人才培养，打造多层次人才培养平台，为科技和产业发展夯实人才支撑。在城市服务和公共治理方面，政府可以利用人工智能技术提升城市管理水平。例如，通过智能交通系统优化交通流量，减少拥堵；利用智能安防系统提高公共安全水平；以及通过智能环保系统监测环境质量，保护生态环境。这些措施不仅提高了城市运行效率，也提升了居民的生活品质。基于此，应加强新一代人工智能和实体经济更深层次的融合，从而推动经济更高质量发展。

（4）完善福利分配，惠及经济发展成果

经济高质量发展和现代化建设成果应更多更公平地惠及全体人民，不断促进人的全面发展和社会的整体进步。在发展中保障和改善民生是经济高质量发展的重大任务。推动高质量发展，要在做好做大“蛋糕”的同时，进一步分好“蛋糕”，着力解决好就业、分配、教育、医疗、住房、养老、托幼等民生问题，多谋民生之利、多解民生之忧。

第一，加强社会保障体系建设，需要扩大社会保险覆盖范围，确保所有劳动者都能享受到基本的养老、医疗、失业和工伤保险，提高社会保障待遇水平，减轻居民因疾病、失业等风险带来的经济压力；同时，建立多层次的社会保障体系，包括基本保险、补充保险和商业保险，满足不同收入群体的需求。第二，优化税收制度，实施更加公平的税收政策，通过累进税率缩小收入差距，对高收入者征收更高的所得税；简化税收体系，降低税收征管成本，提高税收效率；扩大增值税抵扣范围，减轻企业税负，促进企业投资和创新；加快构建初次分配、再分配、三次分配协调配套的基础性制度安排，提高居民收入在国民收入分配中的比重，提高劳动报酬在初次分配中的比重，形成中间大、两头小的橄榄型分配结构。第三，加大教育投资力度，提高教育质量。首先，增加对教育的公共投资，特别是对农村和贫困地区的教育投资，确保每名儿童都能接受公平而优质的教育；其次，改革教育体系，提高教育质量，培养创新能力和实践能力，以适应人工智能时代经济高质量发展的需要；最后，鼓励终身学习，提供在职培训和继续教育的机会，提高劳动力的技能和适应性。第四，促进就业和创业。其一，创造更多的就业机会，特别是为年轻人、妇女和残疾人提供就业服务与职业培训；其二，支持中小企业和创新型企业的发展，为创业者提供资金、技术和政策支持；其三，改善劳动市场灵活性，保护劳动者权益，同时减少不必要的劳动市场管制。第五，加强医疗卫生服务，提高公共卫生服务水平，普及基本医疗服务，减少因病致贫的现象，推动医疗资源下沉，改善农村和偏远地区的医疗服务条件；同时，鼓励医疗技术创新，提高医疗服务效率和质量。第六，提高住房保障水平，加大对低收入家庭的住房补贴和公租房建设力度，解决住房困难问题，合理调控房地产市场，防止房价过快上涨，保持房地产市场的稳定和健康发展，鼓励发展租赁市场，提供多样化的住房选择。

推动城乡融合发展对于缩小发展差距、惠及发展福利、深化经济高质量发展具有重要意义。它不仅有助于优化资源配置，促进农村经济发展和农民增收，为城市提供更广阔的发展空间和市场需求，还能促进社会公平和稳定，缩小城乡差距，实现共同富裕。具体而言，应当加快中小城市和特色小镇的发展，提高其对人口和产业的承载能力，通过新型城镇化进程，促进城乡融合发展，缩小城乡发展差距。同时，加大对农村基础设施的投入，改善农村交通、水利、电力等条件，提高农村居民生活质量，推动城市基础设施向农村延伸，实现城乡基础设施互联互通。鼓励城市产业向农村转移，支持农村发展特色产业和现代农业，通过产业链条延伸，实现城乡产业互补和协同发展。此外，建立健全城乡统一的社会保障体系，提高农村教育、医疗、文化等公共服务水平，通过公共服务均等化，缩小城乡差距。坚持推进农村土地制度改革，允许农民将承包地经营权抵押融资，增加农民财产性收入；同时，探索宅基地所有权、资格权、使用权“三权分置”，保障农民权益。最后，完善以县域为重点统筹推进城乡融合发展的机制和政策，推动城乡产业、基础设施、公共服务建设等发展。发挥乡村作为消费市场和要素市场的重要作用，增强城乡经济联系，畅通城乡经济循环。

0.2 中国数字经济发展指数构建及测度：2012—2023年

数字经济是指以数据资源作为关键生产要素、以现代信息网络作为重要载体、以信息通信技术的有效使用作为效率提升和经济结构优化的重要推动力的一系列经济活动。数字经济发展速度之快、辐射范围之广、影响程度之深前所未有，正在成为重组全球要素资源、重塑全球经济结构、改变全球竞争格局的关键力量。党的十八大以来，党中央高度重视发展数字经济，将其上升为国家战略。2023年作为全面贯彻落实党的二十大精神、二十届三中全会精神的重要之年，也是深入实施数字中国战略的重要推动之年，具有重大意义。党中央、国务院始终将数字中国建设摆在突出位置，予以高度重视，习近平总书记更是多次针对数字中国建设作出重要指示批示，为数字中国的发展指明了方向。在习近平新时代中国特色社会主义思想的引领下，各地区各部门积极行动，认真贯彻落实数字中国战略部署，采取一系列有力措施，不断夯实数字中国的发展基础。通过加强数字基础设施建设、推动数字技术创新、完善数据要素市场等多方面的努力，切实提高了数字中国的发展质量。在发展过程中，各地区各部门始终坚持全面统筹发展和安全，一方面，积极推动数字技术在经济社会各领域的广泛应用，促进数字经济与实体经济深度融合，激发经济发展新动能；另一方面，高度重视数字安全保障，加强网络安全防护能力，建立健全数据安全管理制度，确保数字中国建设在安全稳定的环境中推进。同时，积极开展数字领域的国际合作，以高水平的对外开放为契机，加强与世界各国在数字经济、数字技术、数字治理等方面的交流与合作，不断拓展数字中国的国际市场空间，提升我国在全球数字领域的影响力和话语权，从而有力地促进我国经济社会的高质量发展，使得数字中国发展呈现出良好的态势。我国数字经济规模已经从2012年的11.2万亿元增长至2023年的53.9万亿元（位居世界第二），11年间规模扩张了3.8倍，年均增长率达到了15.35%；而同时期中国GDP增长1.43倍，GDP年均增速为6.1%，数字经济规模增速比GDP增速年均高出9.25个百分点。2023年数字经济规模同比增长7.39%，高于同期GDP名义增速2.76个百分点，占GDP比重达42.8%。面对数字经济如此快速的增长，相对科学准确地测算数字经济发展的状况就显得尤为重要，目前国内外学者对数字经济的测度进行了诸多有益的尝试，本章在此基础上，从数字基础设施、数字产业、数字消费、数字创新和数字社会5个维度构建数字经济发展指数的指标体系，测算2012—2023年中国省域数字经济指数，通过基尼系数及核密度估计方法考察我国省域数字经济发展的区域差异和动态演进特征，并对江苏省数字经济发展提出建设重点以及进行比较分析。

0.2.1 文献评述

综观国内外理论，近年来数字经济领域研究成果丰硕，众多学者对数字经济发展进行了多方面的研究。本章的关注点之一是对中国数字经济的评价与测算。在国家层面，夏炎等（2018）以信息和通信技术（ICT）产业作为数字经济内核，构建了非竞争型就业投入占用产出模型，并采用支出法 GDP 核算了中国数字经济的规模；许宪春和张美慧（2020）通过对 2007—2017 年的中国数字经济增加值与总产出等指标进行测算，比较了中国与美国和澳大利亚的数字经济增加值与总产出的规模；陈梦根等（2022）基于数字经济核算框架，利用中国投入产出表等数据，从生产法和支出法两个角度对中国数字经济规模进行了测算。在省域层面，刘军等（2020）从信息化发展、互联网发展和数字交易发展 3 个维度构建了中国分省份数字经济评价的指标体系，并采用 NBI 指数权重确定方法进行赋权；王军等（2021）采用数字经济发展载体、数字产业化、产业数字化以及数字经济发展环境四个一级指标构建了省级数字经济发展水平评价指标体系，并使用熵值法赋予权重；李雪等（2023）构建了包括数字基础设施、数字产业发展、数字创新能力、数字应用水平和数字治理能力等 5 个维度的省级数字经济发展评价指标体系，运用主成分分析法对中国各省份的数字经济发展水平进行了综合评价。在城市层面，赵涛等（2020）采用互联网普及率、相关从业人员情况、相关产出情况、移动电话普及率以及数字普惠金融发展指数四个方面的指标，通过主成分分析法进行了城市层面的数字经济综合发展指数的测度；徐维祥等（2022）从数字基础设施、数字产业发展、数字创新能力以及数字普惠金融 4 个维度构建了城市层面的数字经济发展水平评价体系，并且使用熵权 - TOPSIS 二元综合评价方法进行赋权；曾繁华等（2023）以中国 285 个地级市为研究对象，从数字经济基础、数字经济应用、数字经济创新和数字经济环境 4 个维度构建了城市数字经济发展评价指标体系，采用因子分析法对城市数字经济发展水平进行了测算和排名。

与已有研究相比，本章的创新之处在于吸收现有文献衡量数字经济发展的合理维度，综合现有数字经济评价体系，在此基础上紧密结合中国当下数字经济发展的实际状况，纳入能够表征其发展态势的指标。从中国现实国情出发，通过评估与数字经济发展紧密关联的各类要素，同时考量数字经济发展带来的社会层面变化，进而构建一个相对完整且科学的测算体系。借助该体系测度 2012—2023 年中国数字经济发展指数，分析数字经济总体发展水平和分维度发展水平。运用基尼系数与核密度估计方法考察我国省域数字经济发展的区域差异和动态演进特征，并针对江苏省数字经济发展提出重点建设方向以及进行比较分析。需要说明的是，鉴于数字经济内涵极为丰富，本章构建的指标体系难以穷尽我国数字经济发展的所有层面，仅能在一定程度上反映数字经济发展状况，对其发展态势做出基本的判定与衡量。

0.2.2 数字经济发展指数评价的指标体系建立

0.2.2.1 数字经济发展指数的指标体系构建

(1) 评价维度

由于数字经济发展迅速以及测度标准不统一等诸多因素，不少机构及学者都提出了很多侧重点不同的测算方法。本部分对国内外已有的数字经济测度方式进行了梳理，以期结合现有研究成果，为测算做好准备。

在国际数字经济相关指数的指标体系研究方面，欧盟从 2014 年起发布了《欧盟数字经济与社会指数报告》和数字经济与社会指数（DESI），DESI 刻画欧盟各国数字经济的发展程度，该指数的指标体系包括各国宽带接入、人力资本、互联网应用、数字技术应用和公共服务数字化程度五个主要方面。美国商务部数字经济咨询委员会提出衡量数字经济的四部分框架：一是各经济领域的数字化程度，二是经济活动和产出中数字化的影响，三是实际 GDP 和生产率等经济指标的复合影响，四是监测新出现的数字化领域。经济合作与发展组织从投资智能化基础设施、创新能力、赋权社会和 ICT 促进经济增长与增加就业岗位 4 个维度提出了一个具有国际可比较性的数字经济指标体系。中国社会科学院金融研究所、国家金融与发展实验室以及中国社会科学出版社联合发布的《全球数字经济发展指数报告（TIMG 2023）》提出的全球数字经济发展指数（TIMG）由 4 个一级指标、12 个二级指标以及 24 个三级指标构成。一级指标包括数字技术、数字基础设施、数字市场以及数字治理 4 个维度。在数字技术一级指标下设研发产出、人力资本、创新水平等二级指标；在数字基础设施一级指标下设普惠性、便捷性和安全性等二级指标；在数字市场一级指标下设需求侧、供给侧、国际市场等二级指标；在数字治理一级指标下设数字政府、经济与社会环境、政治与法律环境等二级指标。

在国内数字经济相关指数的指标体系研究方面，中国信息通信研究院构建的数字经济指数考虑了数字经济发展必要的基础条件、数字产业化、产业数字化以及数字经济对宏观经济社会带来的影响，并且选取了许多具有中国特色的指标，是一个相对而言大而全的指数。赛迪顾问中国数字经济指数将数字经济划分为基础型、资源型、技术型、融合型和服务型，对全国31个省级行政区域进行测算。腾讯联合京东、滴滴、携程等企业的行业数据构建了“互联网+”数字经济指数，该指数采用对比法，下设技术、产业、创新创业、智慧民生4个分指数，共涵盖一级指标14个、二级指标135个，指标内容涉及行业广泛，数据资源丰富。财新智库构建的中国数字经济指数采用对比法，主要关注数字经济对整个社会效率提升的能力，包括生产能力、融合程度、数溢出能力、全社会利用能力4个部分。琶洲智库构建的琶洲数字经济指数（PDEI）主要包含了经济基础水平、数字基础设施、科研创新水平、产业数字化水平、企业数字化水平、数字化治理水平6个维度的具体评价内容。

以上测算数字经济指标体系的不足之处在于，欧盟和美国商务部提供的框架对于我们构建中国的评价体系虽有借鉴意义，但不可照搬。经济合作与发展组织并未选取固定的样本国家进行全面的数据采集，也没有汇集成总的指标，并未对世界各国的数字经济发展情况做出对比和评价。在中国信息通信研究院构建的指标体系中，有些指标是当下的热点，但是不一定有长期观测的可持续性和代表性。赛迪顾问中国数字经济指数的亮点在于反映了数字经济在服务领域的渗透情况，但存在数据来源不稳定、无法国际可比的缺陷。腾讯“互联网+”数字经济指数的不足之处在于，对于宏观层面如信息基础设施以及传统制造业的数字化转型等内容几乎没有涉及。财新智库则没有充分考虑数字经济在消费、社会和创新三个方面的影响。琶洲智库对外部环境因素以及地区差异考量不足。

2023年，中央提出“2522”的数字中国建设方案，如图0-2所示，涵盖了数字经济、数字技术创新、数字生态、数字治理等丰富内容。借鉴数字中国建设方案，我们在现有研究的基础上，强调更全面地衡量数字经济的构成方面，分别从数字基础设施指数、数字产业指数、数字消费指数、数字创新指数、数字社会指数五个方面的维度对数字经济发展情况进行测度，得出中国2012—2023年的数字经济指数。

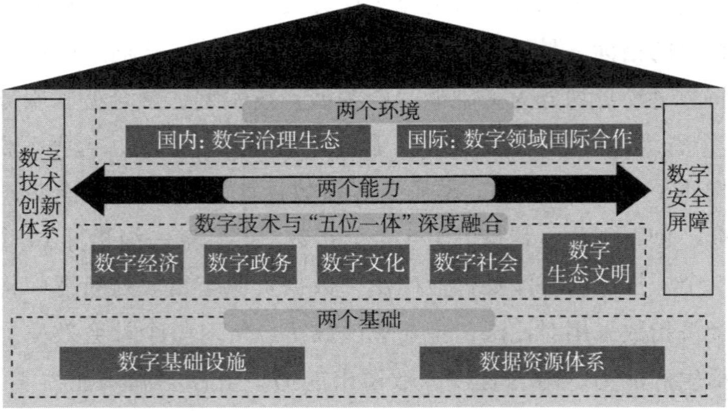

图 0－2　数字中国建设整体框架

资料来源：《数字中国发展报告（2022 年）》。

①数字经济基础设施指数

数字基础设施建设是支撑中国数字经济时代新动能的基础网络，会给中国经济发展带来重大发展机会。数字基础设施与传统基础设施、新型基础设施虽有显著区别，但也有千丝万缕的联系。传统基础设施主要由三大部分组成，即以铁路、公路、水利等公共基础设施建设为重点的基础设施建设（盛磊、杨白冰，2020）。数字基础设施则是以有关信息科技等相关技术为核心的基础设施建设，新型基础设施涵盖范围更广，包括交通运输领域、教育领域、物联网、信息技术等方面的新型基础设施建设（徐宪平，2021）。简而言之，数字基础设施建设是新型基础设施建设的重要组成部分，主要包括通信网络基础设施、数据与计算设施以及融合基础设施。基础设施发挥的关键生产要素作用就是提供可供其他生产要素便捷流动的路径，传统基础设施代表有形的“路”，而数字基础设施则代表无形的“路”，通过将大量的数据快速准确地传输，增加知识传输密度与互动程度，拓宽数字技术应用广度，降低资源错配程度，创造更大的经济价值。数字基础设施是数字经济发展的基础，因此我们选择网络基础设施普及水平和数字基础设施服务能力进行测度。

②数字经济产业指数

数字经济产业具有显著的溢出效应，代表了 5G、大数据、集成电路、云计算、人工智能、区块链等新一代数字技术的发展方向和最新成果（张于喆，2018）。中国信息通信研究院将数字产业分为两个部分，分别是数字产业化和产业数字化，这种划分方法获得了学界较为广泛的认可。数字经济产业具有技术密集型、高渗透性、先导性和战略性、不确定性四个主要特征（王俊豪、周晟佳，2021）。我们认为正是这些特征组成了数字经济特有的溢出效应，具体则表现为数字产业化和产业数字化。数字产业化是指为产业数字化发展提供数字技术、产品、服务、基础设施和解决方案，而产业数字化是指应用数字技术和数据资源为传统产业带来的产出增加和效率提升，是数字技术与实体经济的融合，信息技术本身可以作为融合实体经济与虚拟经济的媒介，让虚拟经济更好地服务于数字经济。基于此，本研究将从数字产业化和产业数字化两个方面衡量数字经济产业发展水平。

③数字经济消费指数

数字经济消费是拉动经济增长三驾马车之一的“消费”的重要组成部分，将持续助力我国经济增长。2023 年，我国最终消费支出对经济增长的贡献率为 82.5%，拉动 GDP 增长 4.3 个百分点。数字经济相比于传统消费，具有释放消费潜力和驱动消费升级的作用（卫思谕，2022）。数字经济释放消费潜力表现在可以打破传统消费的时空界限，疫情之下，接触型消费受到较大冲击且恢复较慢，中小微企业、个体工商户和服务业领域面临较多困难，转变接触型消费模式、提高非接触型消费的份额就显得尤为重要。数字经济背景下，释放新时代消费者的消费潜力、推动线上线下消费有机融合、注重绿色健康消费和大力发展服务消费显得非常重要（任保平等，2022）。数字经济驱动消费升级表现为，可以缩短供应链，大大降低商品的生产运输成本与价格，在相同的条件下可以获得质量更优或者数量更多的产品。同时，这一消费形态使供需更加匹配，长尾理论在数字经济时代得到更充分的验证，汇聚大量较小的市场需求可以创造巨大的市场规模。基于此，我们将数字经济消费分为数字金融和数字经济消费两个子维度。

④数字经济创新指数

数字经济创新是我国能否顺利完成产业转型升级与成为创新型强国的关键。在《中国制造 2025》中将创新摆在制造业发展全局的核心位置，强调要推动跨领域跨行业协同创新，突破一批重点领域关键共性技术，促进制造业数字化、网络化、智能化，走创新驱动的发展道路。数字创新会给后发国家创造技术机会窗口、市场机会窗口和制度机会窗口三个发展窗口期（柳卸林等，2020）。技术机会窗口是指数字创新将带来新的技术突破，每个技术重大变迁的时代都会带来难得一遇的发展机会，几次工业革命带来几个不同国家的飞速发展。市场机会窗口是指由于技术的变化，数字创新会大大提高用户的参与度，赋予每个市场参与个体创新机会。制度机会窗口是指后发国家在面对技术创新带来的商业模式与经济形态转变时，由于改革成本与既得利益规模较低，制度变革的动力更强。因此，我们用创新投入和创新产出测度数字经济创新水平。

⑤数字经济社会指数

数字经济社会是经济发展惠及我国大多数人民的具体体现和推动现代化发展的必然要求。数字经济带来人民生活方式的变化往往体现在社会的各个方面。随着我国社会主要矛盾转化为人民日益增长的美好生活需要和不平衡不充分的发展之间的矛盾，数字技术的应用既显示出数字化生活的广阔前景，也成为人民创造美好生活的重要手段（人民日报，2021）。人民对于美好生活的向往越强烈，对于高质量的社会服务就更迫切，需要社会服务更智能化，政府服务更便民，医疗服务更可靠，交通服务更快捷，信息服务更安全。因此，对于数字经济社会水平，我们用政府服务、网民规模、信息响应速度三个方面维度进行衡量。

（2）数字经济指标体系的构建

现有研究依据对于数字经济的不同侧重点和发展方向构建指标体系，而本章依据前文所述的五个方面评价维度，建立了涵盖 11 个分项维度，32 个基础指标的指标体系，如表 0 – 8 所示，参考钞小静和任保平（2011）的研究方法。

从数字经济基础设施指数来看，数字基础设施建设可以分为网络基础设施普及水平和数字基础设施服务能力两个方面。网络基础设施普及水平由每百人移动电话数、长途光缆线路密度、人均拥有域名数、人均拥有网站数、人均互联网用户宽带接入端口 5 个基础指标构成；数字基础设施服务能力则主要由人均 IPv4 地址数、固定宽带下载速率、互联网宽带接入用户 3 个基础指标衡量。

从数字经济产业指数指标的选择来看，产业指数由数字产业化和产业数字化2个分项维度构成。数字产业化包括人均软件业务收入、人均软件产品收入、信息化企业数3个基础指标；产业数字化则包括每百人使用计算机数、每百家企业拥有网站数、农村接入宽带用户、两化发展水平4个基础指标。

数字消费是指消费市场针对商品的数字内涵而做出的消费，因此数字经济消费指数的测度主要包括数字金融普惠指数和数字经济消费2个指标，其中数字经济消费指标由电子商务销售额、电子商务采购额和有电子商务活动的企业数占比3个基础指标构成。

数字经济创新指数的测度由创新投入和创新产出2个分项维度构成。创新投入包括每十万人口高等学校平均在校人数，人均高技术产业研究与试验发展经费支出，高技术产业研究与试验发展经费投入强度，人均信息传输、软件和信息技术服务业人数4个基础指标；创新产出包括人均软件业务出口、人均信息技术服务收入和有效发明专利数量3个基础指标。

数字经济社会指数由政府服务、网民规模、信息响应速度3个分项维度构成。政务服务关系着国家治理现代化，是很重要的惠民工程的组成部分，包括人均分省（.CN）域名数和人均分省（.中国）域名数两个基础指标。网民规模则包括移动互联网用户和移动互联网接入流量2个基础指标。信息响应速度则由忙闲时加权平均首屏呈现时间、忙闲时加权平均视频下载速率2个基础指标构成。

表0-8 中国数字经济指数构成一览

方面维度	分项维度	基础指标	单位	指标属性
数字经济基础设施指数	网络基础设施普及水平	每百人移动电话数	部	+
		长途光缆线路密度	千米/平方千米	+
		人均拥有域名数	万个	+
		人均拥有网站数	万个	+
		人均互联网用户宽带接入端口	万个	+
	数字基础设施服务能力	人均IPv4地址数	万个	+
		固定宽带下载速率	Mbit/s	+
		互联网宽带接入用户	万户	+

续表

方面维度	分项维度	基础指标	单位	指标属性
数字经济产业指数	数字产业化	人均软件业务收入	万元	+
		人均软件产品收入	万元	+
		信息化企业数	家	+
	产业数字化	每百人使用计算机数	台	+
		每百家企业拥有网站数	个	+
		农村接入宽带用户	户/元	+
		两化发展水平	—	+
数字经济消费指数	数字金融	数字金融普惠指数	个	+
	数字经济消费	电子商务销售额	亿元	+
		电子商务采购额	亿元	+
		有电子商务活动的企业数占比	%	+
数字经济创新指数	创新投入	每十万人口高等学校平均在校人数	人	+
		人均高技术产业研究与试验发展经费支出	亿元	+
		高技术产业研究与试验发展经费投入强度	%	+
		信息传输、软件和信息技术服务业人数	人	+
	创新产出	人均软件业务出口	美元	+
		人均信息技术服务收入	元	+
		有效发明专利数量	项	+
数字经济社会指数	政府服务	人均分省（.CN）域名数	个	+
		人均分省（.中国）域名数	个	+
	网民规模	移动互联网用户	人	+
		移动互联网接入流量	万（GB）	+
	信息响应速度	忙闲时加权平均首屏呈现时间	s	–
		忙闲时加权平均视频下载速率	Mbit/s	+

0.2.2.2 指标处理与数据说明

在数据来源方面，考虑到数据的可获得性和可靠性，我们收集的数据时间起点为2012年，我们认为各省、自治区、直辖市数字经济发展指数涉及32个基础指标。由于是面板数据，有些年份的数据存在缺失，我们用插补法处理了部分缺失值，整体来说，该数据集质量较高，根据此数据集得出的数字经济指数可信度相对来说也比较高。对于一些可能因为绝对数量影响测度的指标，我们进行了处理，如用该指标当年的数据比该地区当年的常住人口数等。其中，移动互联网用户，每百人移动电话数，人均拥有域名数，人均拥有网站数，人均 IPv4 地址数，人均互联网用户宽带接入端口，长途光缆线路密度，互联网宽带接入用户，人均软件业务收入，人均软件产品收入，每百人使用计算机数，每百家企业拥有网站数，电子商务销售额，电子商务采购额，有电子商务活动的企业数占比，每十万人口高等学校平均在校人数，信息传输、软件和信息技术服务业人数，人均信息技术服务收入，移动互联网接入流量来源于历年《中国统计年鉴》。固定宽带下载速率来源于中国宽带发展联盟。数字金融普惠指数来源于北京大学数字金融普惠中心。人均高技术产业研究与试验发展经费支出、高技术产业研究与试验发展经费投入强度和有效发明专利数量来源于国家统计局。人均分省（. CN）域名数和人均分省（. 中国）域名数来源于中国互联网信息中心。忙闲时加权平均首屏呈现时间和忙闲时加权平均视频下载速率来源于中国宽带联盟。

在进行指数计算之前，我们对数据进行了处理，原因如下：第一，基础指标数据呈现出严重偏态，为减轻极端值对评价结果的不利影响，本章节对所有基础指标 5% ~95% 分位数以外的观测值进行缩尾处理；第二，为消除各指标量纲的影响，采用如下所示的极差标准化方法对所有基础指标数据进行无量纲化处理：

$$\text{正向指标 } x_j: x_{ij} \mid \text{无量纲} = \frac{x_{ij} - \min(x_j)}{\max(x_j) - \min(x_j)} \times 100 \quad (0-10)$$

$$\text{逆向指标 } x_j: x_{ij} \mid \text{无量纲} = \frac{\max(x_j) - x_{ij}}{\max(x_j) - \min(x_j)} \times 100 \quad (0-11)$$

0.2.2.3 基础指标和方面维度权重的确定

本章采用主观赋权和客观赋权相结合的方法，对我国数字经济发展进行更加准确和系统的判断与评价。一方面，在测度基础指标的权重时，使用熵权法进行客观赋权，熵权法是根据指标变异性的大小来确定客观权重的一种方法。若某个指标的信息熵越小，就表明指标值的变异程度越大，提供的信息量越多，在综合评价中能起到的作用越大，其权重也就越大；

反之，权重也就越小。另一方面，充分考虑数据的特征，由于各分项维度均较为重要，对方面维度和分项维度采取等权处理，选择主客观结合的算法以体现较强的适应性和科学性。中国数字经济指数各指标权重值如表 0－9 所示。

表 0－9　中国数字经济指数各指标权重值

方面维度	权重	分项维度	权重	基础指标	权重
数字经济基础设施指数	0.200	网络基础设施普及水平	0.625	每百人移动电话数	0.053
				长途光缆线路密度	0.244
				人均拥有域名数	0.045
				人均拥有网站数	0.592
				人均互联网用户宽带接入端口	0.066
		数字基础设施服务能力	0.375	人均 IPv4 地址数	0.561
				固定宽带下载速率	0.257
				互联网宽带接入用户	0.182
数字经济产业指数	0.200	数字产业化	0.429	人均软件业务收入	0.407
				人均软件产品收入	0.454
				信息化企业数	0.139
		产业数字化	0.571	每百人使用计算机数	0.145
				每百家企业拥有网站数	0.372
				农村接入宽带用户	0.399
				两化发展水平	0.085
数字经济消费指数	0.200	数字金融	0.250	数字金融普惠指数	0.064
		数字经济消费	0.750	电子商务销售额	0.419
				电子商务采购额	0.442
				有电子商务活动的企业数占比	0.075
数字经济创新指数	0.200	创新投入	0.571	每十万人口高等学校平均在校人数	0.081
				人均高技术产业研究与试验发展经费支出	0.397
				高技术产业研究与试验发展经费投入强度	0.155
				信息传输、软件和信息技术服务业人数	0.367
		创新产出	0.429	人均软件业务出口	0.461

续表

方面维度	权重	分项维度	权重	基础指标	权重
数字经济创新指数	0.200	创新产出	0.429	人均信息技术服务收入	0.328
				有效发明专利数量	0.211
数字经济社会指数	0.200	政府服务	0.333	人均分省（.CN）域名数	0.167
				人均分省（.中国）域名数	0.833
		网民规模	0.334	移动互联网用户	0.244
				移动互联网接入流量	0.756
		信息响应速度	0.333	忙闲时加权平均首屏呈现时间	0.163
				忙闲时加权平均视频下载速率	0.837

0.2.3 2012—2023 年中国数字经济发展指数的测度

0.2.3.1 中国各地区数字经济发展的总指数测度结果

（1）2012—2023 年中国数字经济指数测算结果分析

我们首先根据计算得到各个基础指标的相应权重，进一步根据方面维度的综合权重，计算出中国各省份和地区的数字经济指数。2012—2023 年中国各地区数字经济指数如表 0－10 所示，2012—2023 年全国平均数字经济指数及其增长率如图 0－3 所示，2012—2023 年各地区平均数字经济指数及其增长率如图 0－4 所示。

从表 0－10 和图 0－3 中可以看到，2012—2023 年中国平均数字经济发展指数由 5.059 攀升至 23.919，增长 4.73 倍，年均增长率为 14.9%，可见中国数字经济发展整体速度较快，并且增速呈现出逐渐放缓的趋势。并且，中国信通院《中国数字经济发展研究报告（2024 年）》核算的中国数字经济规模 2023 年是 2016 年的 238.5%，而本章测度的数字经济发展指数 2023 年是 2016 年的 242.3%，两组数据测算结果十分接近，能够相互印证。

从表 0－10 和图 0－4 中可以看到，东部地区的平均指数从 2012 年的 9.044 增长到 2023 年的 36.086，增长了 3.99 倍，年均增长率为 13.7%；中部地区的平均指数则从 2012 年的 4.002 增长到 2023 年的 21.758，增长了 5.44 倍，年均增长率为 16.9%；西部地区的平均指数从 2012 年的 2.519 增长到 2023 年的 16.670，增长了 6.62 倍，年均增长率为 18.7%；东北地区的平均指数从 2012 年的 4.053 增长到 2023 年的 16.682，增长了 4.12 倍，年均增长率为14.4%。12年来，东部地区的数字经济发展的绝对值遥遥领先于中西部和东北地区，但是东部地区和东北地区年均增长率均低于全国年平均值，数字经济指数越低的地区增长率越高，这说明中西部地区数字经济发展具有后发优势，增长潜力较大。值得注意的是，分地区数字经济发展态势与格局同国民经济发展的区域分布特征相似。

中国信通院《中国数字经济发展研究报告（2024年）》核算结果显示，2023年中国数字经济规模最高省市为广东、江苏、山东、浙江、上海、福建。中国信通院核算的数字经济规模具有总量属性特征，而本章构建的数字经济发展指数更偏向于人均发展水平，因此在我们的测算结果中北京和上海的数字经济发展水平更高，剔除两大直辖市后排序基本一致。此外，表0-11中2023年南京大学数字经济发展指数与中国信通院数字经济规模排名同样非常相近。

表0-10　2012—2023年中国各地区数字经济指数

地区	2012年	2013年	2014年	2015年	2016年	2017年	2018年	2019年	2020年	2021年	2022年	2023年
北京	15.628	18.077	21.379	29.383	27.064	31.084	37.798	41.839	45.874	50.818	55.068	62.285
天津	5.240	6.363	7.431	8.339	9.013	10.348	12.076	14.088	15.903	17.654	19.573	20.961
河北	4.386	5.745	6.741	7.815	9.442	11.685	13.448	15.381	17.172	19.343	20.952	22.517
上海	10.122	12.122	15.002	17.123	23.143	21.399	23.505	26.769	29.401	33.408	37.544	46.278
江苏	13.249	15.034	15.582	17.935	19.462	22.023	24.681	27.525	30.227	32.973	36.311	41.219
浙江	10.711	11.931	12.692	14.819	16.230	18.572	21.211	24.015	25.925	28.776	32.185	36.213
福建	6.869	7.082	7.839	9.302	10.665	18.615	20.377	22.430	23.068	24.784	26.742	28.933
山东	8.426	10.270	11.499	13.443	15.927	18.564	21.002	21.639	23.772	27.018	30.306	34.507
广东	13.273	15.848	17.709	19.725	22.278	26.096	30.389	35.405	38.360	42.644	46.992	52.857
海南	2.535	3.141	4.060	5.226	6.144	7.409	8.556	9.844	10.952	12.387	13.840	15.090
东部平均	9.044	10.561	11.993	14.311	15.937	18.580	21.304	23.893	26.065	28.980	31.951	36.086
山西	3.039	3.590	4.289	5.244	6.061	7.470	8.981	10.180	11.335	12.888	14.278	15.402
安徽	3.859	4.993	6.450	8.416	9.603	11.418	13.766	15.666	17.657	20.017	21.781	24.102
江西	3.548	3.970	4.713	6.322	7.030	8.869	10.680	12.471	14.223	16.173	17.685	19.370
河南	4.470	5.696	6.992	8.865	10.300	12.269	14.476	16.222	18.301	20.767	22.923	25.559
湖北	4.918	5.805	6.859	8.265	9.398	11.168	13.163	15.348	17.010	19.138	21.169	23.265
湖南	4.179	4.860	5.921	7.092	8.423	10.282	12.555	14.523	16.644	18.820	20.629	22.852
中部平均	4.002	4.819	5.871	7.367	8.469	10.246	12.270	14.068	15.861	17.967	19.744	21.758

续表

地区	2012年	2013年	2014年	2015年	2016年	2017年	2018年	2019年	2020年	2021年	2022年	2023年
内蒙古	2.413	3.100	3.860	4.860	5.710	7.498	8.173	9.470	10.784	12.380	13.509	14.482
广西	2.702	3.252	4.214	5.070	6.142	7.642	9.900	12.142	14.250	16.205	18.176	20.028
重庆	3.713	4.423	5.515	6.826	8.106	9.847	11.412	12.925	14.556	16.650	19.319	20.400
四川	4.404	5.901	7.350	9.581	11.140	13.631	15.486	17.963	20.476	23.092	25.844	28.055
贵州	1.991	2.568	3.502	4.721	5.916	7.182	8.642	10.129	11.696	13.525	15.304	16.951
云南	2.593	3.236	3.917	5.066	6.047	7.472	9.255	10.902	12.511	14.100	15.332	16.862
西藏	0.953	1.556	2.273	2.991	3.788	5.025	5.479	6.086	6.757	7.623	8.286	8.810
陕西	3.901	4.852	5.936	7.053	8.517	10.211	11.913	13.646	15.213	16.923	18.637	20.436
甘肃	1.935	2.484	3.259	4.315	5.131	6.614	7.965	9.482	10.769	12.259	13.597	14.703
青海	1.946	1.842	2.098	3.456	4.312	5.431	6.698	7.931	9.120	10.491	11.739	12.344
宁夏	1.563	2.153	3.120	4.011	4.854	6.164	7.400	8.372	9.539	10.693	11.892	12.818
新疆	2.111	2.626	3.441	4.405	4.894	6.031	7.114	8.498	9.619	11.161	12.686	14.147
西部平均	2.519	3.166	4.040	5.196	6.213	7.729	9.120	10.629	12.108	13.759	15.360	16.670
辽宁	5.712	6.637	7.657	8.740	9.169	10.558	12.055	13.384	14.646	16.370	18.053	20.111
吉林	2.994	3.601	4.472	5.303	6.061	7.490	8.599	9.719	11.012	12.361	13.686	15.162
黑龙江	3.453	3.863	4.373	5.229	6.016	7.603	8.843	10.196	11.218	12.402	13.620	14.774
东北平均	4.053	4.700	5.501	6.424	7.082	8.550	9.832	11.100	12.292	13.711	15.119	16.682
全国平均	5.059	6.020	7.101	8.675	9.871	11.796	13.729	15.619	17.354	19.479	21.537	23.919

表 0-11 2023 年数字经济发展指数与数字经济规模排名比较

排序	南京大学数字经济发展指数（2023 年）	排序	中国信通院数字经济规模（2023 年）
1	北京	1	广东
2	广东	2	江苏
3	上海	3	山东
4	江苏	4	浙江
5	浙江	5	上海
6	山东	6	福建
7	福建	7	北京
8	四川	8	湖北
9	河南	9	四川
10	安徽	10	河南

资料来源：《中国数字经济发展研究报告（2023 年）》。

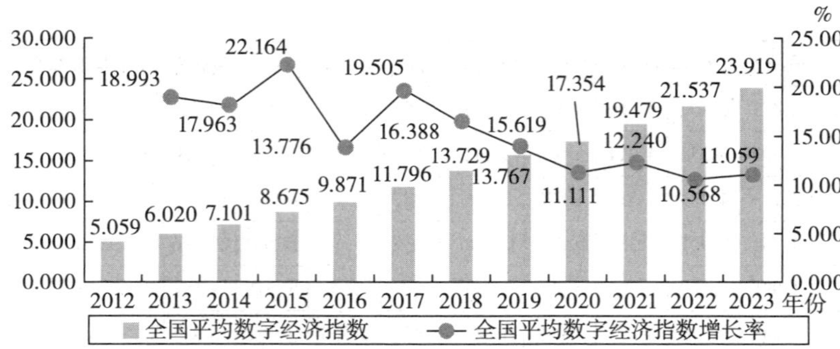

图 0－3　2012—2023 年全国平均数字经济指数及其增长率

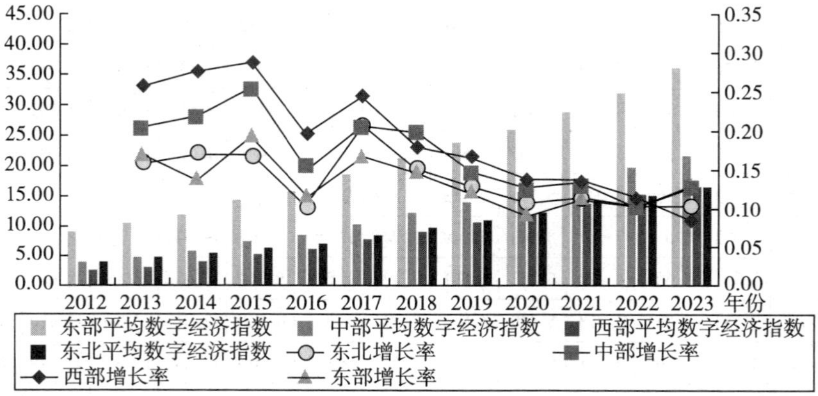

图 0－4　2012—2023 年各地区平均数字经济指数及其增长率

（2）中国数字经济发展区域差异分析

利用基尼系数法，我们测度了 2012—2023 年全国及四大区域数字经济指数的总体基尼系数、区域内基尼系数、区域间基尼系数及其贡献率，测度结果如表 0－12 所示。

表 0－12　2012—2023 年全国及四大区域数字经济指数基尼系数及其贡献率

年份	G	G_w				G_{nb}						G_z/%		
		东部	中部	西部	东北	东—中	东—西	东—东北	中—西	中—东北	西—东北	区域内	区域间	超变密度
2012	0.372	0.258	0.149	0.087	0.213	0.413	0.411	0.571	0.141	0.273	0.249	18.187	77.389	4.425
2013	0.358	0.251	0.094	0.144	0.213	0.395	0.410	0.546	0.143	0.242	0.251	18.579	76.481	4.940
2014	0.332	0.247	0.097	0.133	0.196	0.364	0.392	0.504	0.140	0.223	0.218	19.306	75.401	5.293
2015	0.318	0.261	0.096	0.121	0.174	0.344	0.396	0.477	0.136	0.212	0.183	20.257	74.154	5.589

续表

年份	G	G_w				G_{nb}						G_z/%		
		东部	中部	西部	东北	东—中	东—西	东—东北	中—西	中—东北	西—东北	区域内	区域间	超变密度
2016	0.299	0.237	0.098	0.099	0.168	0.330	0.394	0.449	0.132	0.198	0.155	19.935	74.074	5.991
2017	0.277	0.206	0.088	0.080	0.157	0.314	0.379	0.423	0.121	0.183	0.137	18.996	74.598	6.406
2018	0.272	0.215	0.085	0.078	0.155	0.298	0.377	0.412	0.133	0.183	0.132	19.666	73.738	6.597
2019	0.264	0.215	0.080	0.073	0.155	0.287	0.373	0.396	0.136	0.177	0.126	20.188	72.760	7.053
2020	0.255	0.214	0.080	0.066	0.155	0.273	0.366	0.379	0.142	0.175	0.122	20.697	71.469	7.834
2021	0.250	0.213	0.079	0.152	0.065	0.266	0.370	0.364	0.172	0.147	0.120	20.882	71.009	8.110
2022	0.249	0.212	0.079	0.155	0.065	0.266	0.365	0.364	0.168	0.146	0.122	21.073	70.639	8.288
2023	0.260	0.223	0.083	0.071	0.157	0.281	0.374	0.382	0.148	0.174	0.124	21.040	70.744	8.216
均值	0.292	0.229	0.092	0.105	0.156	0.319	0.384	0.439	0.143	0.194	0.162	19.900	73.538	6.562

注：G、G_w、G_{nb}、G_z 分别表示总体基尼系数、区域内基尼系数、区域间基尼系数、贡献率。

图 0－5 刻画了样本期间全国层面及四大区域数字经济指数的基尼系数变动趋势，如图 0－5 所示，2012—2023 年全国数字经济指数的基尼系数从 0.372 减少至 0.260，年均降幅为 2.7%。这一结果表明中国数字经济发展的空间分异总体呈下降态势。从四大区域内部的空间分异程度来看，东部地区的区域内分异程度最大（样本期间东部地区基尼系数均值为 0.229），其次是东北地区（样本期间东北地区基尼系数均值为 0.156），西部和中部地区的区域内分异程度较小（样本期间西部和中部地区基尼系数均值分别为 0.105 和 0.092）。从变动趋势来看，东中西部和东北地区基尼系数均呈下降的趋势，其中中部地区基尼系数的下降幅度最大，其次是东北地区，西部地区基尼系数下降幅度最小，且西部地区基尼系数呈现出先上升后下降再上升又下降的波动趋势，但总体变化幅度不大。以上结果表明，中国数字经济发展存在明显的空间分异特征，总体来看，全国数字经济发展的均衡性在逐步提高，各区域内部的数字经济发展差距在逐渐缩小，尤其是东部和东北地区。

图 0－6 刻画了 2012—2023 年中国数字经济指数区域间基尼系数的变动趋势，如图 0－6 所示，整个样本期间内东部与东北地区间的基尼系数均值为 0.439，分异程度最大，空间分异程度依次缩小的分别是东部与西部、

东部与中部、中部与东北、西部与东北，中部与西部地区间的分异程度最小。从变动趋势来看，六个区域间的空间分异程度除中部与西部之外均呈缩小态势，其中东部与东北地区间的基尼系数下降幅度最大，样本期间内基尼系数减小幅度为0.189，西部与东北地区间基尼系数下降速度最快，年均降幅达到6.4%，东部与西部间的基尼系数下降幅度最小，年均降幅为1%，而中部与西部间的基尼系数呈现出先下降后上升再下降的趋势。

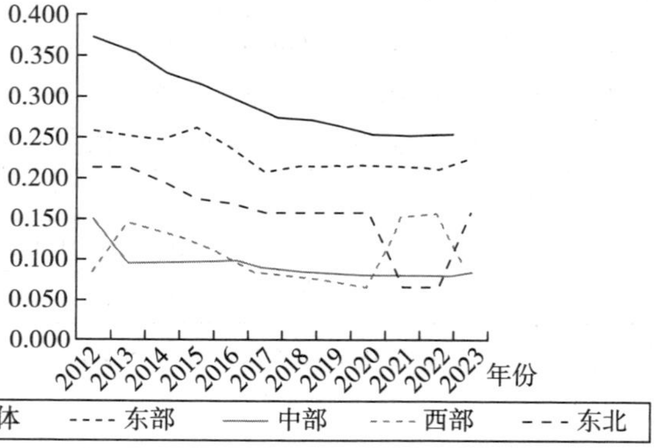

图0－5　2012—2023年全国及四大区域数字经济指数基尼系数

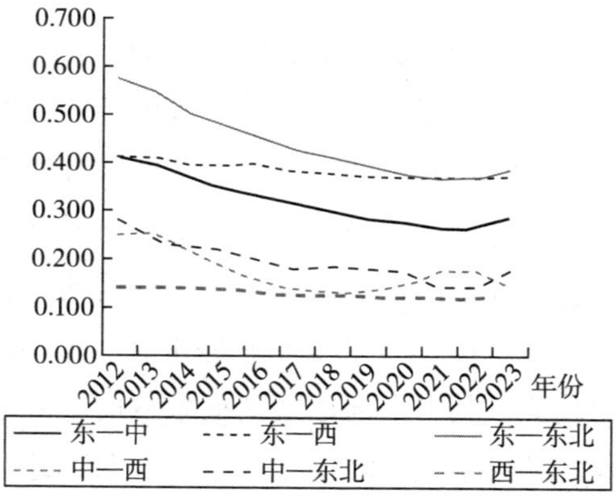

图0－6　2012—2023年中国数字经济指数区域间基尼系数

图0－7刻画了2012—2023年基尼系数各分解项对总体基尼系数的贡献率变动趋势，如图0－7所示，区域间分异程度对总体空间分异程度的贡献率最大，呈轻微下降的变化趋势；其次是区域内分异的贡献率，样本期间区域内分异程度对总体分异程度的贡献率变动幅度较小；超变密度对总体分异程度的贡献率最小。以上结果表明，区域间的分异程度是数字经济发展空间分异的主要来源，其次是区域内分异，超变密度即数字经济发展在不

同地区之间的交叉重叠程度，对数字经济发展空间分异的贡献率最小。

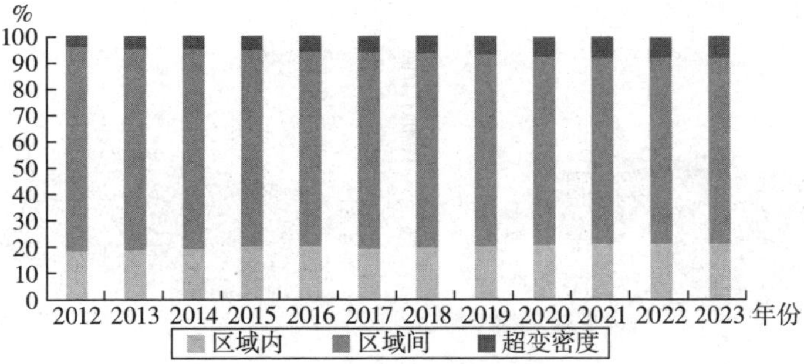

图 0 -7　2012—2023 年空间分异来源的贡献率

（3）中国省域数字经济发展的动态演进

使用核密度估计方法刻画中国省域数字经济发展的动态演进特征，图 0 -8 至图 0 -12 分别刻画了全国层面、东部地区、中部地区、西部地区和东北地区数字经济发展的动态演进趋势。

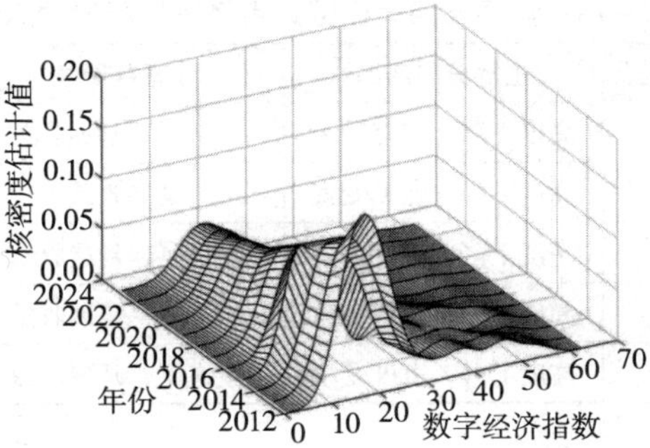

图 0 -8　2012—2024 年全国数字经济发展动态演进

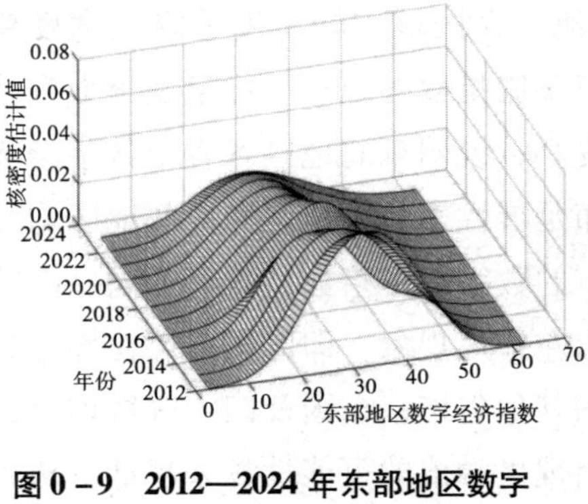

图 0 -9　2012—2024 年东部地区数字经济发展动态演进

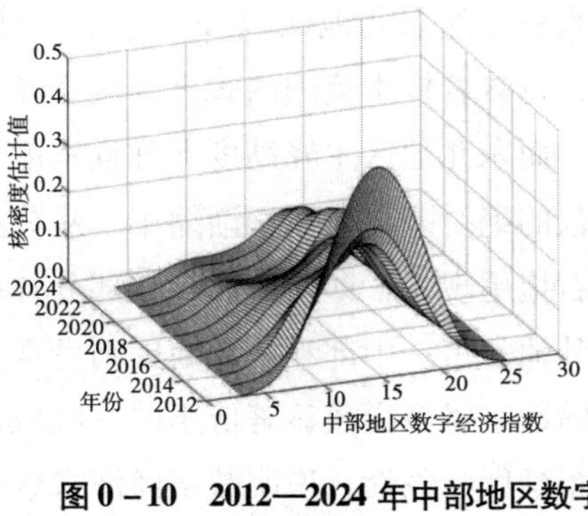

图 0 -10　2012—2024 年中部地区数字经济发展动态演进

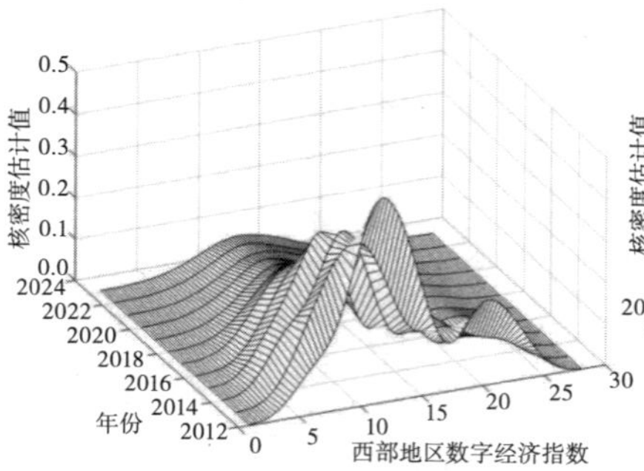

图 0-11　2012—2024 年西部地区数字经济发展动态演进

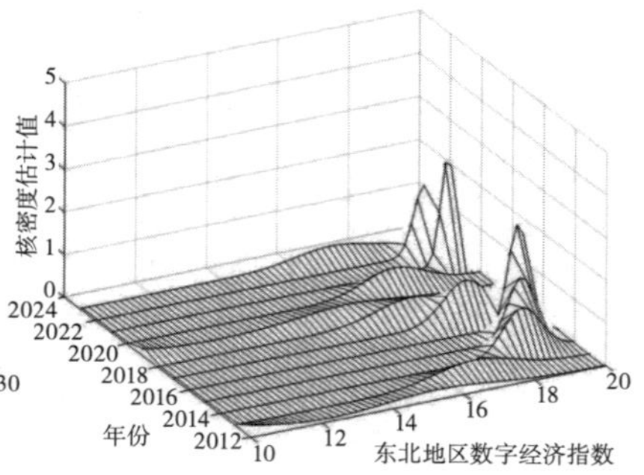

图 0-12　2012—2024 年东北地区数字经济发展动态演进

我们重点关注相应密度曲线的分布位置、主峰分布形态、分布延展性和波峰数目等关键属性，以此来分析数字经济发展的演进特征（见表 0-13）。

表 0-13　全国及四大区域数字经济发展的动态演进特征

区域名称	分布位置	主峰分布形态	分布延展性	波峰数目
全国	右移	高度下降，宽度变大	右拖尾，延展收敛	单峰或双峰
东部	右移	高度下降，宽度变大	延展收敛	单峰
中部	右移	高度下降，宽度变大	左拖尾，延展收敛	单峰或双峰
西部	右移	高度下降，宽度变大	右拖尾，延展收敛	单峰或双峰
东北	右移	高度上升，宽度变小	左拖尾，延展收敛	单峰

从分布位置来看，全国及四大区域的分布曲线均呈现出不同幅度的右移趋势，说明全国各地区的数字经济发展均处于上行轨道。从主峰分布形态来看，除东北地区以外，全国及其他三大区域主峰高度下降且宽度变大，意味着样本范围内省市的数字经济发展指数的绝对差异呈现出上升趋势，而东北地区主峰高度上升且宽度变小，说明东北地区各省市数字经济指数的绝对差异正在逐渐缩小。从分布延展性来看，全国和西部地区均存在右拖尾现象，即区域内存在部分省市的数字经济指数显著高于同一区域内其他省市；中部和东北地区则呈现出左拖尾现象，即区域内存在部分省市的数字经济指数显著低于同一区域内其他省市；全国及四大区域均存在分布延展收敛性，说明数字经济指数出现极端值的可能性越来越低。从波峰数目来看，全国和西部地区在考察初期均呈现出多峰形态，到考察末期

均逐渐演变为单峰形态，说明这些区域内部的两极分化特征在整体上趋于弱化，区域内差异化程度逐渐降低。

0.2.3.2 中国各地区数字经济发展的分项维度指数测度结果

2012—2023年中国各地区数字经济发展分项维度指数测算结果如表0-14所示，图0-13和图0-14分别展示了2012—2023年全国平均数字经济分项维度指数的变化趋势及其增长率。在全国层面，从5个分项维度指数的数值可以看出，5个分项维度指数均呈逐年增长的趋势，从增长率的变化趋势来看，2012—2023年5个分项维度指数的增长率均有不同程度的下降，说明增速逐渐变缓。具体分析5个分项维度，2012—2023年，首先是数字经济社会指数的增长幅度最大，从4.288增长至41.081，增幅接近10倍，并且可以看到该指数在2016年后的增长势头越发强劲，年均增长率高达23.9%。其次增幅较大的是数字经济消费指数，从2.023增长至16.296，年均增长率为21.9%。再次是数字经济基础设施指数，从4.581增长至21.914，年均增长率为15.4%。最后是数字经济创新指数和数字经济产业指数在5个分项维度中波动幅度较小，数字经济创新指数从5.623增长至15.978，年均增长率为9.9%；数字经济产业指数从8.781增长至24.326，年均增长率为9.7%。结合数值大小和年均增长率的变化来看，我国数字经济发展呈现出应用层强于基础层的特点，也就是说，作为数字经济发展基础动力来源的数字经济产业和数字经济创新，其发展滞后于数字经济基础设施的建设，而作为数字经济应用成果的数字经济消费与数字经济社会，发展得明显更加迅速。这一现象是多种因素导致的结果，一方面，在数字经济产业和数字经济创新方面，无论是芯片、存储器，还是先进数字制造技术在制造业中的使用，如协同机器人、工业互联网等，仍与发达国家存在明显差距，除了自身差距之外，近年来西方国家对中国技术进步的遏制和打压使得我国在数字经济产业和数字经济创新领域的发展速度趋缓；另一方面，在数字经济消费和数字经济社会方面，随着我国互联网技术的发展以及移动互联网的普及，再加上中国庞大的市场，消费和社会领域的数字化及便民化得到快速发展。

表0-14　2012—2023年中国各地区数字经济发展分项维度指数

地区	分项维度	2012年	2013年	2014年	2015年	2016年	2017年	2018年	2019年	2020年	2021年	2022年	2023年
东部平均	数字经济基础设施指数	8.519	9.494	10.717	15.400	14.398	16.644	21.653	23.973	25.880	28.222	30.718	31.223
	数字经济产业指数	16.573	18.497	19.538	21.332	22.735	24.721	26.439	29.215	30.770	33.408	35.173	38.125
	数字经济消费指数	4.693	6.553	8.986	10.315	12.082	13.647	15.215	17.066	18.523	20.962	25.574	31.526
	数字经济创新指数	9.954	11.961	12.559	13.380	16.325	15.534	17.147	18.721	20.632	23.034	24.940	31.939
	数字经济社会指数	5.481	6.301	8.166	11.128	14.145	22.351	26.067	30.492	34.523	39.276	43.351	47.616
中部平均	数字经济基础设施指数	3.027	3.608	4.037	5.562	6.579	8.057	10.190	12.178	14.194	16.380	18.599	19.374
	数字经济产业指数	7.454	8.512	9.749	11.357	12.444	14.233	16.481	17.848	19.466	21.219	22.436	24.185
	数字经济消费指数	1.167	2.401	3.561	4.674	5.266	5.658	6.599	7.191	7.742	8.897	9.448	11.760
	数字经济创新指数	4.319	5.049	5.377	5.622	5.879	6.363	6.862	7.803	8.675	9.582	10.461	11.531
	数字经济社会指数	4.043	4.524	6.628	9.621	12.179	16.920	21.218	25.322	29.230	33.757	37.777	41.941
西部平均	数字经济基础设施指数	2.374	2.896	3.383	4.487	5.381	6.784	8.616	10.434	12.178	14.251	16.171	16.499
	数字经济产业指数	3.683	4.501	5.310	6.323	7.313	8.554	9.816	10.991	11.925	13.291	14.763	15.764
	数字经济消费指数	0.490	1.420	2.413	3.558	4.355	4.187	4.509	4.975	5.486	6.184	6.954	8.265
	数字经济创新指数	2.694	3.214	3.312	3.501	3.669	4.244	4.172	4.570	5.095	5.502	5.858	6.378
	数字经济社会指数	3.352	3.799	5.783	8.112	10.348	14.876	18.486	22.174	25.854	29.564	33.054	36.442

续表

地区	分项维度	2012 年	2013 年	2014 年	2015 年	2016 年	2017 年	2018 年	2019 年	2020 年	2021 年	2022 年	2023 年
东北平均	数字经济基础设施指数	3. 394	4. 126	4. 920	5. 921	6. 742	7. 980	9. 885	11. 625	13. 443	15. 267	17. 292	17. 624
	数字经济产业指数	5. 849	6. 915	8. 049	8. 686	8. 924	9. 978	10. 577	10. 539	10. 640	11. 430	12. 059	12. 860
	数字经济消费指数	0. 967	1. 494	2. 018	2. 691	2. 835	2. 979	3. 653	3. 974	4. 234	4. 602	5. 236	6. 728
	数字经济创新指数	5. 513	6. 151	6. 121	5. 925	5. 781	5. 960	5. 801	6. 641	7. 121	7. 761	8. 299	10. 066
	数字经济社会指数	4. 541	4. 816	6. 396	8. 897	11. 128	15. 855	19. 244	22. 718	26. 022	29. 492	32. 712	36. 132
全国平均	数字经济基础设施指数	4. 581	5. 281	6. 024	8. 354	8. 653	10. 327	13. 249	15. 254	17. 111	19. 269	21. 442	21. 914
	数字经济产业指数	8. 781	10. 026	11. 024	12. 368	13. 437	15. 006	16. 542	18. 153	19. 339	21. 135	22. 570	24. 326
	数字经济消费指数	2. 023	3. 273	4. 717	5. 870	6. 877	7. 406	8. 284	9. 207	10. 007	11. 323	13. 277	16. 296
	数字经济创新指数	5. 623	6. 675	6. 966	7. 333	8. 383	8. 462	9. 036	9. 961	10. 996	12. 166	13. 141	15. 978
	数字经济社会指数	4. 288	4. 845	6. 775	9. 453	12. 003	17. 778	21. 534	25. 519	29. 320	33. 502	37. 256	41. 081

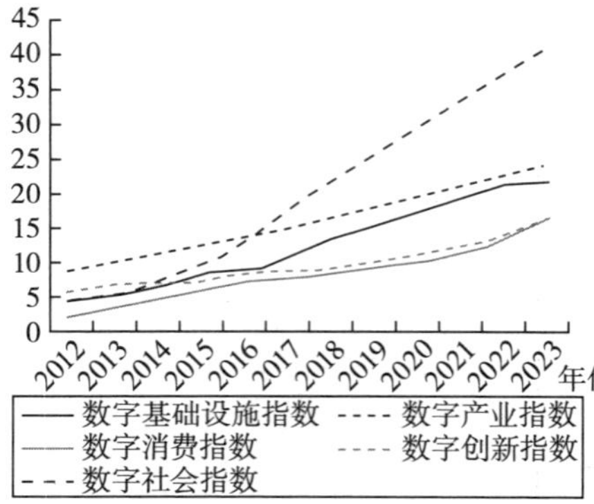

图 0-13 2012—2023 年全国平均数字经济分项维度指数

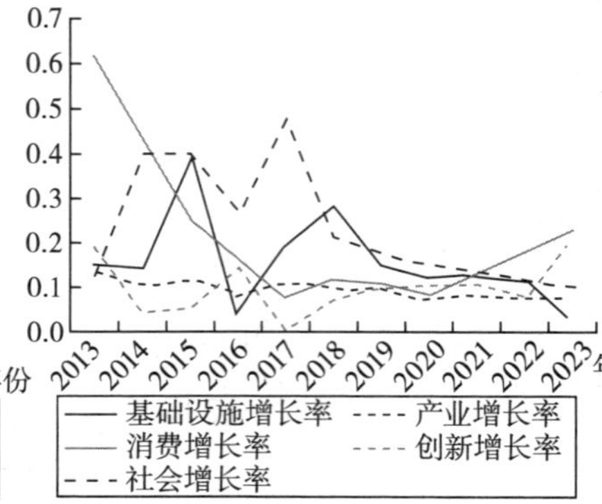

图 0-14 2012—2023 年全国数字经济分项维度指数增长率

图 0-15 至图 0-19 展示了 2012—2023 年 5 个分维度指数分地区的变化趋势。

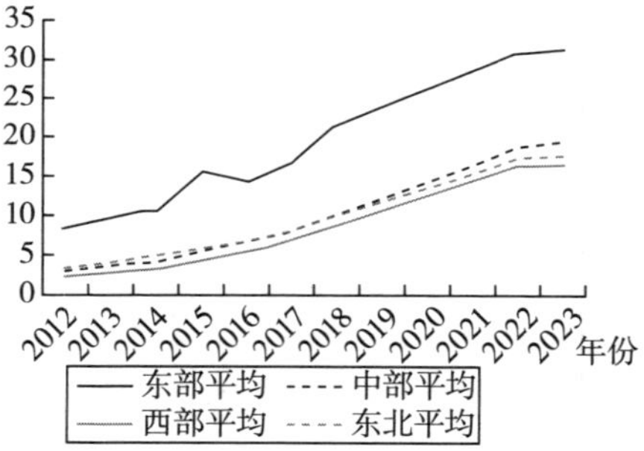

图 0-15 数字经济基础设施指数分地区变化趋势

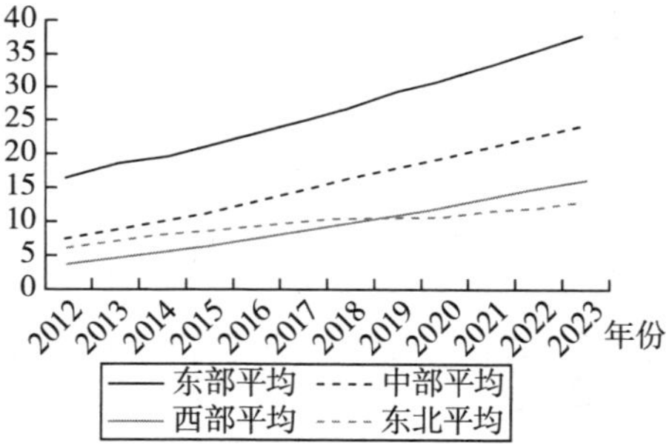

图 0-16 数字经济产业指数分地区变化趋势

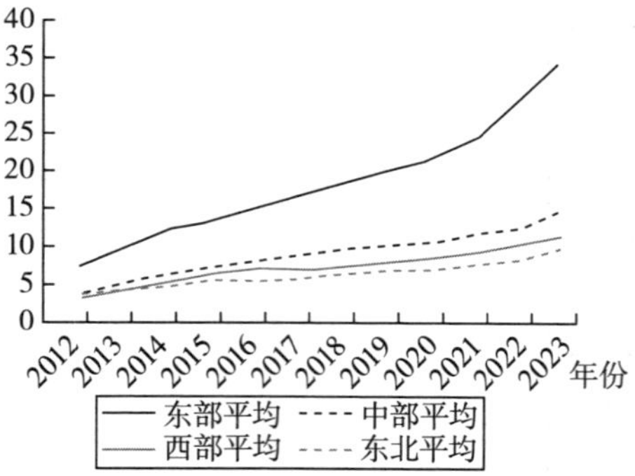

图 0-17 数字经济消费指数分地区变化趋势

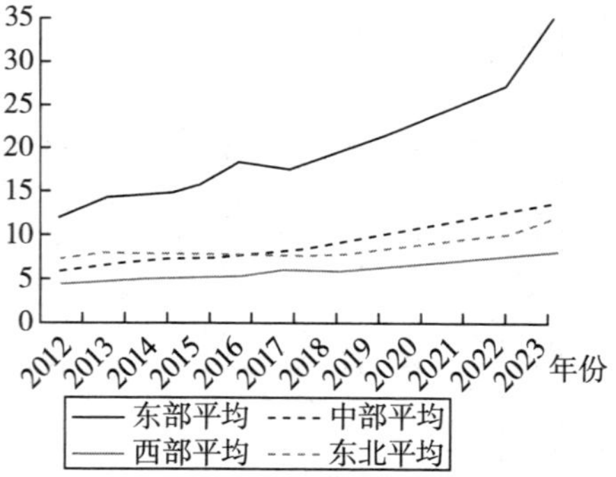

图 0-18 数字经济创新指数分地区变化趋势

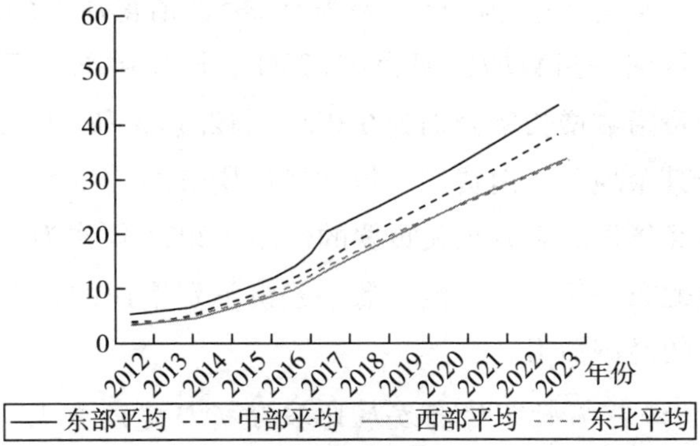

图0－19　数字经济社会指数分地区变化趋势

首先，我们关注各地区间的数字经济分项维度表现的异质性。对于东部地区而言，在数字经济基础设施、数字经济产业、数字经济消费和数字经济创新4个维度方面，其得分均明显领先于其他地区，在数字经济社会指数方面，东部地区与其余各地区的发展差距较小。中部地区的各维度表现仅次于东部地区，在数字经济产业方面，中部地区的得分能够与西部地区和东北地区拉开明显差距，在其余4个维度方面，中部地区与西部地区和东北地区的差异不大。在2017年之前，东北地区在各个分维度上的表现具备优势，但随着时间的推移，东北地区逐渐呈现出被西部和中部地区超越的趋势，特别是数字经济产业维度。对于西部地区而言，在数字经济创新维度，西部地区与其余地区仍有较明显的差距，在数字经济基础设施方面，西部地区的表现与其余地区的差异较小，在数字经济产业、数字经济消费和数字经济社会方面，西部地区有追赶并超越其余地区的趋势。

其次，我们关注各个分维度在不同地区表现的异质性。2012—2023年，各个地区的5个分项维度指标均呈现出波动中攀升的态势。在数字经济产业指数和数字经济创新指数方面，各个地区的增速较为缓慢且地区增速之间的差异较小，两个指数在各个地区平均年增速的标准差分别为0.039和0.038。在数字经济基础设施指数方面，中部地区与西部地区的增速高于东部地区和东北地区，整体增长速度较快且各地区增速差异较小，标准差为0.040。在数字经济社会指数方面，各个地区的表现差异最小，平均年增速的标准差为0.022。在数字经济消费指数方面，各个地区间的增速差异较大，平均年增速的标准差为 0.085。值得注意的是，2023 年东部地区数字经济消费指数增长率为 21.23%，同年中部、西部和东北地区的数字经济消费指数增长率分别为 6.02%、12.14% 和 12.48%。东部地区增速明显大于其余地区，消费作为拉动经济增长的“三驾马车”之一，其需求的增加对经济发展起着至关重要的作用，2023 年作为遭遇 3 年疫情冲击后经济恢复的第一年，东部地区数字经济消费增速的提高能够说明东部地区具备良好的经济活力。

0.2.3.3　江苏省数字经济发展比较分析与建设重点

2012—2023 年江苏省数字经济发展指数由 13.249 升至 41.219，年均增速达 11.3%，2014—2023 年全国排名均稳定保持在第四位。值得注意的是，2017 年党的十九大以来江苏省数字经济发展水平与上海市发展差距开始缩小并被赶超，发展指数绝对值差距在 2023 年增至 5.059。在此期间，江苏数字经济发展水平相较于浙江的优势由 2.538 加大至 5.006。“十四五”期间，应进一步巩固和放大江苏在国家现代化建设全局中的先行优势，快速推进数字技术攻坚突破和应用探索，助力经济发展质量变革、效率变革、动力变革，破局的重点在于缩小与北京、广东和上海之间的数字经济发展差距。

数字经济发展分维度指数显示（见表 0－15），排名前四位的省市中，江苏数字经济发展（括号内数字为江苏省分维度指数与该维度最高省市的绝对差距）的比较优势主要在于数字经济产业指数与数字经济社会指数，均居第二位，江苏省产业数字化、数字产业化以及数字化的政府服务、网民规模与信息响应速度均领先于北京和上海。为了深化数字经济赋能高质量效应，江苏省应以“上云用数赋智”行动为牵引，强化“智改数转”，以制造业为主战场，打造数据驱动的创新应用场景，加快制造业、服务业、农业数字化转型升级，推进“专精特新”企业数字化转型，不断提升江苏在全球产业链、供应链、价值链中的位势和能级，巩固和扩大数字经济发展的优势；同时，强化数字经济社会建设，持续提升社会服务智能化，促进政府服务更便民、医疗服务更可靠、交通服务更快捷、信息服务更安全。

值得关注的是，江苏省的数字经济基础设施指数、数字经济消费指数与数字经济创新指数均滞后于北京和上海，其中数字经济基础设施指数甚至低于浙江。“十四五”期间，江苏省应从以下方面着手：第一，集中力量提升网络基础设施普及水平与基础设施服务能力，增加知识传输密度与提高互动程度，拓宽数字技术应用广度，降低资源错配程度，创造更大的经济价值；第二，在完善高品质商品和服务供给的同时，促进金融科技与电子商务的高质量发展，打破国内大循环的堵点和痛点，推动数字经济消费稳健增长；第三，完善创新激励制度尤其是知识产权司法保护制度，激发人工智能、芯片、工业互联网等关键领域的突破性创新，促进数字经济与实体经济深度融合，为走创新驱动的发展道路创造技术条件。

表 0－15　江苏省数字经济发展分维度指数比较

地区	数字基础设施指数	数字经济产业指数	数字经济消费指数	数字经济创新指数	数字经济社会指数	总指数	总指数排名
北京	78.472	57.361	51.663	82.734	41.196	62.285	1
广东	26.451	56.320	61.450	54.973	65.092	52.857	2
上海	42.173	32.089	66.066	51.703	39.359	46.278	3
江苏	27.673 (50.799)	57.086 (0.275)	32.733 (33.333)	38.198 (44.536)	50.405 (14.687)	41.219 (21.066)	4
浙江	30.488	49.734	25.506	28.193	47.145	36.213	5

0.2.4　结论与政策建议

根据2012—2023年中国数字经济发展指数的测算结果，可以得到以下几点结论。第一，中国数字经济发展整体速度较快，并且增速呈现出逐渐放缓的趋势。东部地区数字经济发展的绝对值遥遥领先于中西部和东北地区，但是东部地区和东北地区年均增长率均低于全国年平均值，数字经济指数越低的地区增长率越高，这说明中西部地区数字经发展具有后发优势，增长潜力较大。第二，中国数字经济发展存在明显的空间分异特征，但区域内分异程度整体上呈现出逐步缩小的态势。在区域间分异程度方面，东部与东北区域间的分异程度最大，中部与西部区域间的分异程度最小，六个区域间的空间分异程度除中部与西部之外均呈缩小态势。区域间的分异程度是数字经济发展空间分异的主要来源。第三，核密度估计结果显示，在全国层面上，我国数字经济指数出现极端值的可能性越来越低，并且区域内的两极分化特征在整体上趋于弱化，区域内差异化程度逐渐降低。第四，5个分项维度指数均呈现出波动中攀升的态势，但作为数字经济发展基础动力来源的数字经济产业和数字经济创新，其发展滞后于数字经济基础设施的建设，而作为数字经济应用成果的数字经济消费与数字经济社会，发展得明显更加迅速。

依据以上结论，提出以下几点建议。

首先，对于我国数字经济发展应用层强于基础层的表现，应该努力做到数字基础技术创新与数字经济应用协调发展。如果数字基础技术的发展长期处于滞后状态，那么数字技术的应用不仅走不远，而且走不稳。二者的协调发展需要政府、企业与研究机构等各方面的共同努力，政府、企业与科研机构应该建立更加科学的技术转化体系，加强产学研用一体化融合，加快数字经济创新成果转化周期，提供更高质量的社会服务，让人民充分体会到发展红利。

其次，区域间差异是我国数字经济发展空间分异的主要来源，因此应致力于缩小区域间的分异程度。第一，对于各个区域内部，应立足各地区优势，打造特色发展路径。东部地区应当凭借自身的区位和基础优势等不断提升自身的经济发展水平和对外开放水平来继续保持数字经济发展的良好趋势；中、西部地区应充分发挥资源丰富、要素成本低和市场潜力大的优势，继续巩固和完善数字经济基础设施建设；东北地区具有建设现代产业体系的良好工业基础和产业链条，应当以科技创新推动产业创新，以产业升级构筑新的竞争优势，同时数字经济的发展离不开人才的支撑，东北地区应加大人才振兴的政策支持力度，为自身引进人才、留住人才。第二，对于各区域之间，应优化空间布局，增强区域协同联动。东西部地区应当以“东数西算”等重大工程为抓手，促进二者之间的数字经济联系，中部地区应该更积极保持与东部地区的发展联动性，更好为东部和西部的发展提供桥梁作用；此外，应加快培育统一的数据市场，促进数据要素跨区域自由流动，立足国内大循环，加强区域间的协同合作。

0.3 中国人工智能发展水平测度

在数字化时代的发展浪潮下，人工智能作为前沿技术，对全球的经济增长和社会变革起着关键作用。近年来，受益于国家政策的支持、资本和人才的驱动，我国在人工智能领域取得了显著进展，部分技术已达到世界领先水平，成长为人工智能创新超级大国。但与发达国家相比，我国人工智能发展水平还存在一定的差距。因此，中国顶层规划人工智能发展至关重要，而了解我国的人工智能发展水平和特征是走好人工智能发展长征路的第一步，可增强优势，补齐短板。本章构建了两层五维的人工智能发展水平评价指标体系，采取熵权法对我国人工智能发展水平进行测度，并根据测度结果深入分析空间相关性、区域差异性等特征，推动我国人工智能产业的稳定增长和可持续发展。

0.3.1 人工智能发展水平指标体系的建立

0.3.1.1 指标体系构建

本章借鉴马光威等的研究中关于指标体系构建的思路，拟定人工智能发展水平测度的构建框架为“二层五维”，其中“二层”是指一级、二级指标，“五维”是指产业基础、技术成果、成果应用、行业资产和研究载体5个维度。

第一，产业基础是指该地区人工智能发展的产业背景，反映该地区的经济环境、政策环境和创新环境等。一个地区的产业基础是人工智能产业发展的基石，也是促进科技创新的保障，产业基础的强弱直接影响到人工智能技术的发展潜力和速度。

第二，技术成果是指人工智能技术的直接成果，包括论文、专利等。技术成果不仅是人工智能发展的物化指标，更是引领创新驱动发展的直接动力和理论基石，代表着人工智能技术的发展方向。技术成果的数量与质量反映了一个地区人工智能发展水平的技术实力。

第三，成果应用是指人工智能技术从理论到实践的技术转化与变现情况，包括技术的引进、消化、改造等。实践是理论引领发展的现实趋向，技术成果只有应用到行业建设与发展中去，实现产智融合，才能真正做到技术为行业发展赋能，发挥技术成果的现实价值。

第四，行业资产是指该地区人工智能企业的数量、规模、资产存量等，企业是人工智能发展的重要载体，人工智能企业的规模与活力是人工智能技术商业潜力和发展动力的关键指标。

第五，研究载体是指人工智能领域的研发机构、研究人员、设备资源等软硬件实力，反映出创新主体的人员布局与科研设备等投入情况，是人工智能发展的重要支撑与不竭动力。

本章基于数据的可获得性和指标的适用性原则，在一级指标的基础上建立19个二级指标，研究数据来源于历年《中国科技统计年鉴》《中国工业统计年鉴》等。本章构建中国人工智能发展水平测度指标体系，如表0－16所示。

表0－16 中国人工智能发展水平测度指标体系

一级指标	二级指标	单位
产业基础（A_1）	地区生产总值（B_1）	亿元
	第二、第三产业占比（B_2）	%
	行业从业人数（B_3）	万人
技术成果（A_2）	有效专利数（B_4）	件
	转让专利数（B_5）	件
	引入专利数（B_6）	件
	发表科技论文（B_7）	篇
	出版科技著作（B_8）	种
成果应用（A_3）	新产品开发项目数（B_9）	项
	技术改造经费支出（B_{10}）	万元
	购买境内技术经费支出（B_{11}）	万元
	境外技术消化吸收经费支出（B_{12}）	万元
	引进境外技术经费支出（B_{13}）	万元
行业资产（A_4）	人工智能企业数（B_{14}）	家
	人工智能行业资产存量（B_{15}）	亿元
	人工智能行业利润总额（B_{16}）	亿元
研究载体（A_5）	R&D人员数量（B_{17}）	人
	智能消费设备产值（B_{18}）	亿元
	智能生产设备产值（B_{19}）	亿元

0.3.1.2 测度方法选择

本章采用熵权法测度中国人工智能发展水平指数。熵权法是一种基于信息熵原理的客观权重确定方法，通过衡量各指标的变异程度确定其在综合评价中的权重。该方法能够客观地反映各指标在综合评价中的重要性。

熵权法的基本思路是根据指标变异性来确定客观权重的。信息熵是衡量系统无序程度的度量值，当某指标信息熵越小，表明该指标变异程度越大，提供的信息量越多，在综合评价中能起到的作用越大，其权重也就越大。具体方法如下。

（1）数据标准化

对各个指标的数据进行标准化处理，以消除不同量纲和量级对评价结果的影响，x_{ij}为第 i 行第 j 列的数据，记标准化后的值为 r_{ij}，由于本章中指标均为正向指标，可以通过以下公式计算：

$$r_{ij} = \frac{x_{ij} - \min(x_j)}{\max(x_j) - \min(x_j)} \quad (0-12)$$

其中，$\max(x_j)$ 和 $\min(x_j)$ 分别为第 j 个指标的最大值和最小值，当 $r_{ij}=0$时，取值 0.0001。

（2）计算指标熵权

首先，定义第 j 个指标的熵权，公式如下：

$$e_j = -k\sum_{i}^{m} p_{ij}\ln p_{ij} \quad (0-13)$$

其中 p 值为

$$p_{ij} = \frac{r_{ij}}{\sum_{i}^{m} r_{ij}} \quad (0-14)$$

常数 k 为

$$k = \frac{1}{\ln m}(k > 0) \quad (0-15)$$

其次，确定信息效用值 d_j：

$$d_j = 1 - e_j \quad (0-16)$$

最后，确定熵权 w_j：

$$w_j = \frac{d_j}{\sum_{j}^{n} d_j} \quad (0-17)$$

其中，n 为指标个数。

（3）对各省人工智能发展水平进行综合测度

$$F_j = \sum_{j=1}^{n} w_j r_{ij} \quad (0-18)$$

0.3.2 中国人工智能发展整体水平和特征

0.3.2.1 测度结果

基于数据的可获得性，本章选取除港澳台外31个省份的人工智能发展水平的相关数据，数据来源于历年《中国工业统计年鉴》《中国科技统计年鉴》等。人工智能发展水平一级、二级指标权重计算结果如表0-17所示。

表0-17 人工智能发展水平一级、二级指标权重

一级指标	总权重	二级指标	权重
产业基础	0.0987	地区生产总值	0.0222
		第二、第三产业占比	0.0064
		行业从业人数	0.0701
技术成果	0.1870	有效专利数	0.0332
		转让专利数	0.0446
		引入专利数	0.0671
		发表科技论文	0.0226
		出版科技著作	0.0195
成果应用	0.4096	新产品开发项目数	0.0515
		技术改造经费支出	0.0301
		购买境内技术经费支出	0.0734
		境外技术消化吸收经费支出	0.1564
		引进境外技术经费支出	0.0982
行业资产	0.1550	人工智能企业数	0.0549
		人工智能行业资产存量	0.0607
		人工智能行业利润总额	0.0394
研究载体	0.1498	R&D人员数量	0.0334
		智能消费设备产值	0.0605
		智能生产设备产值	0.0559

注：结果均保留四位小数。

由此可见，成果应用对整体发展水平的贡献最大，为0.4096，技术成果次之，为0.1870，可见技术创新引领和驱动人工智能行业的发展，而技术落地、产智融合更是促进产业稳步提升的关键一环。紧接着，本章利用得出的指标权重对31个省份的人工智能发展水平进行综合测度，测度结果如表0-18所示。

表0-18 各省份人工智能发展水平综合测度结果

省份	产业基础	技术成果	成果应用	行业资产	研究载体	总得分
广东	0.0976	0.0777	0.2447	0.1550	0.1421	0.7170
江苏	0.0595	0.1498	0.1840	0.0793	0.1151	0.5877
上海	0.0193	0.1143	0.2971	0.0175	0.0270	0.4752
浙江	0.0323	0.0886	0.0855	0.0449	0.0648	0.3161
山东	0.0255	0.0606	0.0625	0.0188	0.0380	0.2054
北京	0.0155	0.0966	0.0168	0.0220	0.0244	0.1753
福建	0.0204	0.0209	0.0648	0.0173	0.0259	0.1493
四川	0.0220	0.0434	0.0201	0.0222	0.0270	0.1347
湖北	0.0175	0.0546	0.0237	0.0142	0.0215	0.1315
安徽	0.0176	0.0320	0.0330	0.0192	0.0281	0.1299
湖南	0.0181	0.0341	0.0272	0.0166	0.0200	0.1160
河南	0.0222	0.0312	0.0145	0.0145	0.0240	0.1064
江西	0.0183	0.0170	0.0192	0.0243	0.0210	0.0998
重庆	0.0152	0.0267	0.0272	0.0138	0.0169	0.0998
陕西	0.0117	0.0446	0.0114	0.0118	0.0140	0.0935
河北	0.0120	0.0225	0.0187	0.0066	0.0134	0.0732
辽宁	0.0099	0.0314	0.0160	0.0070	0.0088	0.0731
天津	0.0104	0.0200	0.0091	0.0080	0.0107	0.0582
广西	0.0086	0.0145	0.0193	0.0058	0.0065	0.0547
山西	0.0116	0.0147	0.0077	0.0041	0.0060	0.0441
云南	0.0083	0.0103	0.0123	0.0071	0.0055	0.0435
吉林	0.0050	0.0151	0.0151	0.0032	0.0029	0.0413
内蒙古	0.0072	0.0063	0.0185	0.0029	0.0028	0.0377
黑龙江	0.0025	0.0216	0.0049	0.0020	0.0031	0.0341
贵州	0.0064	0.0077	0.0062	0.0050	0.0039	0.0292
甘肃	0.0045	0.0065	0.0053	0.0028	0.0023	0.0214
新疆	0.0053	0.0052	0.0054	0.0016	0.0022	0.0197
宁夏	0.0050	0.0018	0.0044	0.0027	0.0019	0.0158
青海	0.0040	0.0007	0.0002	0.0040	0.0016	0.0105
海南	0.0014	0.0026	0.0009	0.0014	0.0007	0.0070
西藏	0.0041	0.0002	0.0000	0.0011	0.0000	0.0054

注：结果均保留四位小数。

0.3.2.2 结果分析

本章对我国人工智能发展水平的测算结果进行分析。首先，对人工智能综合发展水平的总体测算结果进行横向对比，总结我国人工智能发展水平的现状及特点；其次，从5个一级指标入手，依据测算结果深入分析我国人工智能发展水平的特征。

（1）总体布局特征

由图0-20可知，我国的人工智能发展呈现出区域不平衡、东高西低的布局特征，不同省份人工智能发展水平呈现出我国各省份人工智能发展水平测度结果的阈值区间为［0.0055，0.7170］。广东的人工智能发展水平领先第一，处于阈值上限，江浙沪一带长三角地区紧随其后，紧接着是山东、北京两地，均在0.15以上；而相比之下，有12个省份的综合值在0.05以下，西藏地区居第31位，处于阈值下限，人工智能发展水平有较大落差。

（2）六大行政区分析

为实行党政军一体化管理，中华人民共和国于1949年10月将所有省份划分为东北、华北、华东、中南、西北和西南六大行政区。本章将31个省份按照六大行政区分类，各行政区人工智能发展水平如图0-20所示。由此可见，华东地区的人工智能发展水平整体上领先于其他地区，中南地区的广东位列第一，其他省份较为一般，而西北地区的人工智能发展水平最低，与其他地区差距较大。北京、上海等一线城市，以及长三角、珠三角等城市群在人才、技术、资本等方面具有显著优势，形成我国人工智能产业发展的核心区域，而不同地区间的产业基础、政策环境、人才储备等存在较大差异，导致区域间发展水平不平衡，形成了东高西低的整体布局。

同时，区域协同效应具有重要影响。虽然华东地区在不同城市间发展不均衡的问题仍然突出，但其得益于各省市之间在经济实力、人才储备、创新产出、基础设施建设以及企业引领等多方面的协同配合，可不断增强整体实力和核心竞争力，推进人工智能产业的稳步前进；相比之下，西南、西北等地区由于地理偏远，协同效应更难实现。

中南	西南	西北	华东	华北	东北
广东	贵州	甘肃	安徽	北京	黑龙江
广西	四川	宁夏	福建	河北	吉林
海南	西藏	青海	江苏	山西	辽宁
河南	云南	陕西	江西	天津	内蒙古
湖北	重庆	新疆	山东		
湖南			上海		
			浙江		

图 0-20　六大行政区人工智能发展水平热图

（3）分维度分析

成果应用对整体发展水平的贡献最大，为 0.4096，技术成果次之，为 0.1870，可见技术创新引领和驱动人工智能行业的发展，而技术落地、产智融合更是促进产业稳步提升的关键一环。

行业资产、研究载体分别位列第三、第四，得分分别为 0.1550 和 0.1498，产业基础位居第五，得分为 0.0987，这说明虽然产业基础为人工智能产业发展提供了必要的支撑，但人工智能产业的发展不仅仅依赖于产业基础，还需要多方面的支持和配合（见图 0-21）。

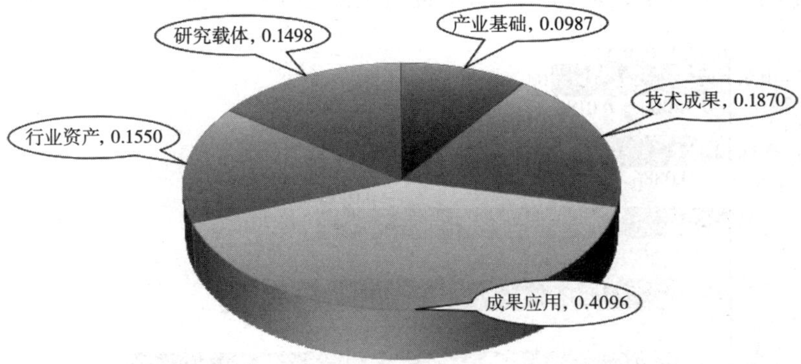

图 0-21　一级指标权重

由图 0-22 可知，新疆、宁夏、青海、海南和西藏得分均在 0.02 以下，在 5 个维度均表现较差，在人工智能发展水平上发展相对滞后的地区，发展深度和创新活力都远不及其他地区，需要更多的政策支持和资源投入以促进人工智能产业的发展。相比之下，广东、江苏、上海、浙江、山东的总得分均在0.2以上，综合得分是落后地区的10倍以上，发展出现两极化。

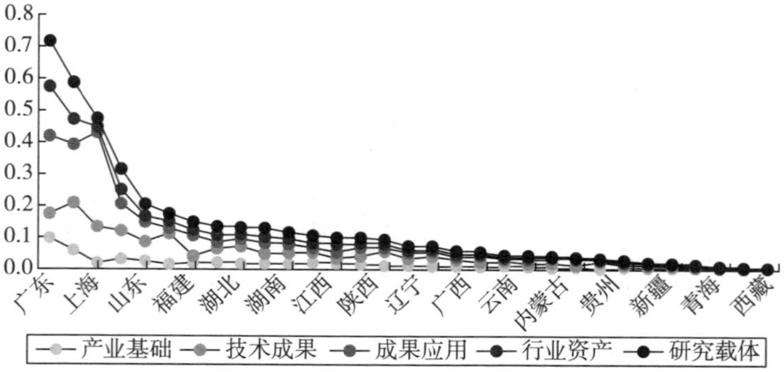

图0－22　人工智能发展水平五大维度评价结果

如图0－23所示，广东、江苏、上海、浙江和山东的人工智能发展水平较高，综合值均在0.2以上。它们在产业基础、技术成果、成果应用、行业资产、研究载体5个维度上都有较高的水平，这意味着这些省份具有较为完善的产业链、较好的政策环境、较强的经济基础和较高的研发投入，能够吸引和培养大量高技术人才，从而推动人工智能行业高质量发展。以上五省市尤其在技术成果和成果应用上有卓越的表现，因此本章先从这两个维度着手，对高水平城市进行定点分维度分析。

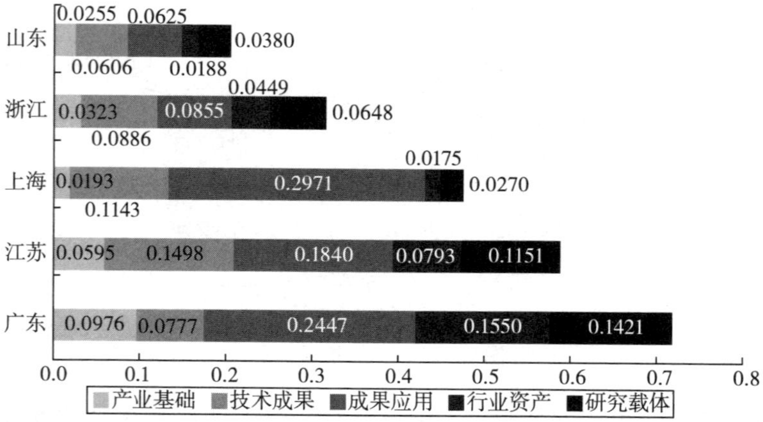

图0－23　人工智能高水平城市测度结果

①技术成果和成果应用方面

由图 0－24 和图 0－25 可知，在技术成果和成果应用方面，广东、江苏、上海、浙江均位列前五，表明这些地区在人工智能领域具有较强的创新能力和较高的技术转化效率。

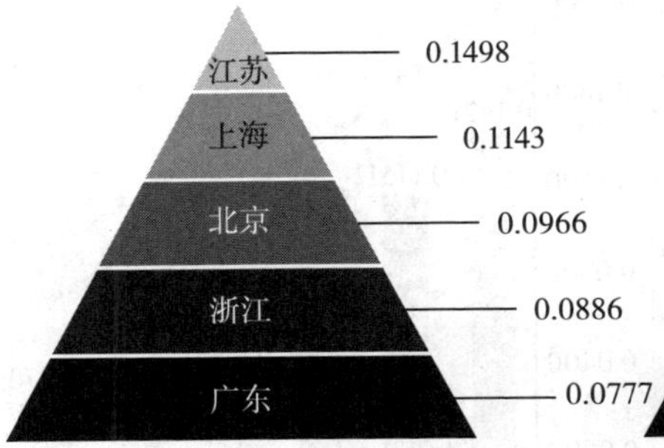

图 0－24 技术成果得分排列

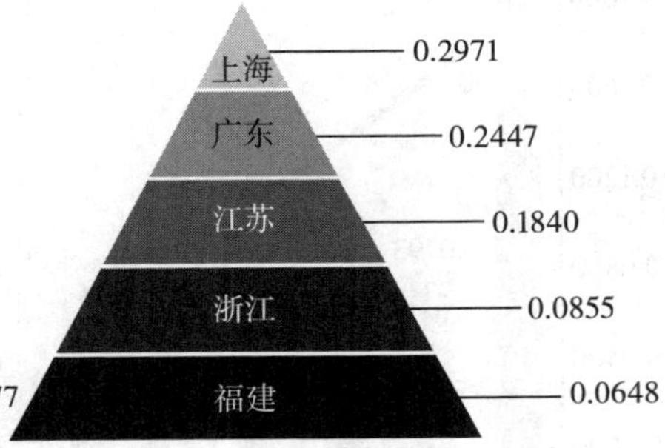

图 0－25 成果应用得分排列

在技术成果方面，江苏稳居第一，得分为 0. 1498，这得益于其在产业政策支持、科技创新资源和人才资源等方面的综合优势，江苏拥有 172 所高校，其中 16 所高校的 48 个学科进入国家“双一流”建设行列，为科技创新提供了强大的人才支持。江苏的教育投入对 GDP 的比值远高于欧美水平，体现了科教兴国、人才强国的发展战略。

在成果应用方面，上海占据领先地位，得分高达 0. 2971。上海着力构建从理论体系到行业应用的人工智能创新体系，多层次创新平台启动建设，创新成果覆盖基础层、技术层和应用层各个方面。上海市政府高度重视人工智能产业发展，出台了一系列政策鼓励支持人工智能产业的创新和应用，开放应用场景，搭建供需平台。上海凭借国际化的优势，吸引了大量国内外人工智能企业在此扎根，推动了人工智能技术的快速发展和广泛应用，为上海的人工智能成果应用提供了更广阔的平台和更多的合作机遇。

②行业资产和研究载体方面

在行业资产和研究载体维度上（见图 0－26、图 0－27），广东、江苏、浙江均分别位居第一、第二、第三。广东在行业资产上的得分为 0. 1550，在研究载体上的得分为 0. 1421，为断层第一；江苏、浙江位列其后，在行业资产的得分分别为 0. 0793 和 0. 0449，在研究载体上的得分分别为 0. 1151 和 0. 0648。这三个省份在人工智能行业的企业数量、资产存量、利润总额等指标表现突出，在科研人员储备、设备资源等科研条件方面具备强大的硬实力，反映出广东、江苏、浙江在人工智能产业的集聚效应和经济实力，在人工智能领域的投入和产出均达到了领先水平，为人工智能产业的发展提供了坚实的基础和有力的支撑。

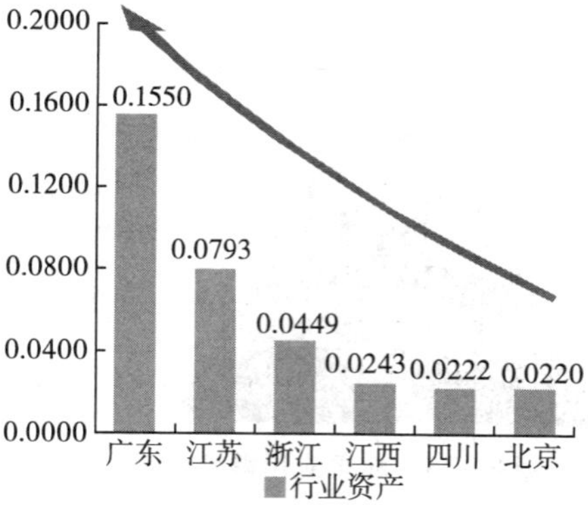

图 0－26 行业资产得分排列

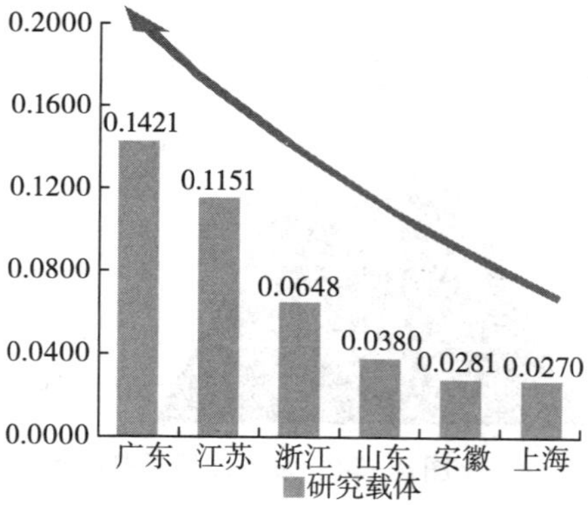

图 0－27 研究载体得分排列

长三角和珠三角城市群在人才、技术、资本等方面有显著优势，形成了我国人工智能产业发展的核心区域，形成了完整的人工智能产业链和企业集群，也在人才引进、财政研发投入等方面提供了良好的政策环境。

③产业基础方面

由图 0－28 可知，产业基础得分在 0.0200 以上的共有 7 个省份，且前 4 位的排序与研究载体指标排序相同，均为广东、江苏、浙江和山东，其中广东、江苏、浙江三省得分分别为 0.0976、0.0595 和 0.0323，和其他省份存在较大差距，尤其是广东遥遥领先，为断层第一，据查阅可知，广东已连续多年 GDP 总量位居全国第一，强大的经济实力为该地区人工智能产业发展提供了坚实的财政支持和市场规模。

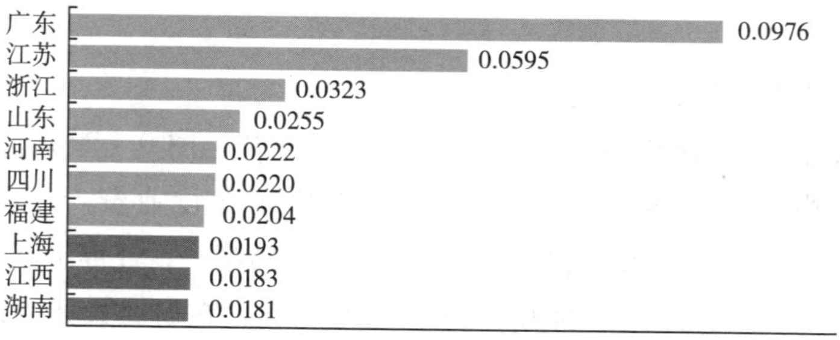

图 0－28 产业基础得分排列

广东、江苏、浙江的第二产业和第三产业均非常发达。在长三角、珠三角城市群中，第二产业的制造业为人工智能提供了广阔的应用场景，而第三产业的服务业则为人工智能技术提供了丰富的数据资源和创新动力，产业多元化为人工智能的发展提供了良好的基础。

0.3.3 中国人工智能发展水平的空间特征

0.3.3.1 空间相关性的测度——莫兰指数

(1) 全局莫兰指数

本章为检验中国区域人工智能水平发展的空间特性，采用莫兰指数，定义如下：

$$Moran'I = \frac{\sum_{i=1}^{n}\sum_{j=1}^{n} w_{ij}(Y_i - \bar{Y})(Y_j - \bar{Y})}{S^2 \sum_{i=1}^{n}\sum_{j=1}^{n} w_{ij}} \qquad (0-19)$$

其中，$S^2 = \frac{1}{n}\sum_{i=1}^{n}(Y_i - \bar{Y})^2$，$\bar{Y} = \frac{1}{n}\sum_{i=1}^{n} Y_i$，$Y_i$表示第 i 地的测度结果，n 为区域总数，w_{ij}为空间权重矩阵。

本章采用经济地理距离嵌套矩阵，该矩阵适用于经济往来频繁的空间实体，如区域共同体和城市群，对经济关系的动态变化较为敏感，能够衡量由于贸易关系、政策实施等产生的人工智能发展水平的空间效应。

根据定义，$Moran'I$ 取值范围为［-1，1］，当 $Moran'I > 0$，表示地区间测度结果呈正相关，即高值与高值相邻、低值与低值相邻；当 $Moran'I < 0$，表示地区间测度结果呈负相关，即高值与低值相邻；当 $Moran'I = 0$，表示人工智能发展水平的空间分布是随机的，不存在空间自相关。

(2) 局部莫兰指数

全局莫兰指数只能从整体上把握数据的空间自相关性，并不能对某个区域人工智能发展水平的空间聚集性进行识别，因此，还需要借助局部莫兰指数解决该问题。局部莫兰指数定义如下：

$$I_i = \frac{(x_i - \bar{x})}{S^2}\sum_{j=1}^{n} w_{ij}(x_j - \bar{x}) \qquad (0-20)$$

如果 I_i为正数，表示区域 i 的高值被周围地区的高值所包围，或区域 i

的低值被周围地区的低值所包围；如果 I_i 为负数，则表示区域 i 的低值被周围地区的高值所包围，或区域 i 的高值被周围地区的低值所包围。

0.3.3.2 中国人工智能发展水平的空间相关性

本章采用经济距离嵌套矩阵，且地理距离是以各省份间公路交通的指标测算的，因此海南省指标取值为0。数据采用上文得出的31个省份5个一级指标得分和总得分结果。全局莫兰指数输出结果如表0－19所示。

表0－19 全局莫兰指数输出结果

Variables	I	$sd(I)$	z	p
测度结果	0.022	0.007	7.688	0.000***
产业基础	0.007	0.008	4.814	0.000***
技术成果	0.041	0.007	11.021	0.000***
成果应用	0.020	0.008	7.085	0.000***
研究载体	0.012	0.008	5.917	0.000***
行业资产	0.007	0.009	4.607	0.000***

注：***表示在1%的水平上显著。

由表0－19可知，5个一级指标与总得分的 *Moran'I* 值均大于0，且在1%的水平上显著，因此拒绝原假设，中国各省份人工智能发展水平在空间分布上具有明显的空间相关性，即中国各省份人工智能发展水平的空间分布并非相互独立变化的，而是存在地区间的空间溢出效应。

从整体人工智能发展水平来说，水平较高的省份相对地趋于和高水平省份相靠近，水平较低的省份相对地趋于和滞后省份相靠近。在产业基础、技术成果、成果应用、研究载体和行业资产5个维度方面，各省份也表现出类似的空间特征。

表0－20为我国31个省份局部莫兰指数下空间聚集情况。由表0－20可知，在第一象限（高—高聚集）和第三象限（低—低聚集）出现了省份聚集，说明我国各省份人工智能发展水平呈现出"高高低低"的聚集特征。大多数东部省份，如山东、北京、江浙沪长三角城市群，位于"高—高"聚集区域，依靠自身人工智能发展高水平辐射带动了发展水平相对一般的邻近省份，形成了良好的产业生态。而大多数西部省份，如西藏、青海、新疆等，位于"低—低"聚集区域，这些省份人工智能产业的发展水平都相对较低，缺少高水平的龙头城市带动，由于地理位置较为偏僻，区

域协同性较差，不便于进行合作互动。

表 0-20 基于各省份测度结果的局部莫兰指数空间聚集情况

第二象限	第一象限
安徽、海南、河北、河南、黑龙江、吉林、江西、辽宁、山西、天津、湖南	北京、福建、江苏、浙江、山东、上海、湖北
第三象限	**第四象限**
甘肃、广西、贵州、湖北、内蒙古、宁夏、青海、陕西、四川、西藏、新疆、云南、重庆	广东

0.3.4 中国人工智能发展水平区域差异分析

0.3.4.1 Dagum 基尼系数

基尼系数是衡量一个国家或地区内部收入或财富分配不平等程度的统计量，本章采用的 Dagum 基尼系数是传统基尼系数的升级，不仅可以衡量总体人工智能发展水平的不均衡程度，还可以将这种不均衡分解为组内差异、组间差异和超变密度。其中，组内差异反映各地区内部的差异，组间差异反映各地区之间水平的差异，超变密度反映各地区交叉重叠现象，体现相对差距情况。

将 31 个省份按照六大行政区分类，分析中国人工智能发展水平测度结果和 5 个一级指标的区域差异情况。基尼系数及其贡献率计算结果如表 0-21 所示。

表 0-21 基尼系数及其贡献率

变量	基尼系数				贡献率/%		
	总体	组内（G_w）	组间（G_b）	超变密度（G_t）	组内（G_w）	组间（G_b）	超变密度（G_t）
测度结果	0.565	0.078	0.393	0.093	13.853	69.653	16.494
产业基础	0.465	0.062	0.301	0.101	13.415	64.783	21.803
技术成果	0.524	0.075	0.324	0.125	14.372	61.762	23.866
成果应用	0.667	0.097	0.493	0.078	14.563	73.804	11.632
研究载体	0.604	0.087	0.386	0.130	14.459	63.977	21.563
行业资产	0.605	0.083	0.416	0.105	13.801	68.829	17.370

由表 0-21 可知，人工智能发展水平测度结果的总体基尼系数为

0.565，表明区域间人工智能发展水平存在较高的不均衡特征，组内基尼系数为0.078，贡献率仅为13.853%，而组间基尼系数为0.393，贡献率高达69.653%，表明各行政区域内人工智能发展水平较为均衡，大部分差异来自各行政区域间。

同样地，在产业基础、技术成果、成果应用、研究载体、行业资产5个维度上，不均衡程度均较为显著，且主要来自各行政区域间的差异。其中，成果应用维度不均衡程度最高，说明在技术落地和产智结合方面区域差异性明显。研究载体和行业资产的不均衡情况相似，相比之下产业基础的不均衡情况最低。

0.3.4.2 区域内差异性分析

如表0-22所示，中南地区的组内基尼系数最高，为0.558，说明该行政区内各省份不平衡程度最大。中南地区包括广东、广西、海南、河南、湖北、湖南，其中广东“一枝独秀”，其测度结果总得分为0.717，其整体人工智能发展水平不仅在中南地区成为“领头羊”，从全国来看也是遥遥领先，为断层第一；湖北、湖南、河南的测度结果分别为0.1315、0.1160和0.1065，为全国第11、第13、第14位，三省人工智能发展水平相似；而相比之下，广西、海南的总得分分别为0.0548和0.0069，尤其是海南省，位于全国倒数第二，与高水平城市落差较大。

表0-22 测度结果组内基尼系数

区域	东北	中南	华东	华北	西北	西南
组内（G_w）	0.162	0.558	0.338	0.291	0.426	0.421

西北、西南地区的基尼系数相似且均较高，分别为0.426和0.421。西北地区包括陕西、甘肃、宁夏、青海和新疆，陕西的测度结果得分为0.0935，位于全国人工智能发展水平的腰部位置，该省在人工智能发展上有一定的基础，但与领跑省份相比还有很大的上升空间，是人工智能发展的“追赶者”；相比之下，其他四省区总得分均在0.0300以下，在人工智能发展上还处于起步阶段，发展较为滞后。

西南地区包括四川、重庆、云南、贵州、西藏，四川和重庆的人工智能发展水平较为领先，总得分分别为0.1347和0.0997，而西藏仅为0.0055，为全国人工智能水平的最后一位。因此，西南地区的人工智能水平存在一定的区域差异，但四川和重庆作为该地区的“领头羊”，对整个区域的发展可以起到一定的推动作用。尽管四川和重庆在西南地区表现突出，但与沿海地区相比，在资源、人才等方面仍处于劣势状态，因此川渝两地需要形成优势互补，通过资源共享、协同发展，共同推动西南地区的人工智能产业发展。

华东地区组内基尼系数为0.338，表明该地区内部各省份之间在人工智能发展水平上具有一定的不均衡性，但相对于西北、西南、中南地区来说，这种不均衡性较小。华东地区是人工智能发展水平的“高—高”聚集地区，江、浙、沪三地的得分分别位居第二、第三和第四，长三角城市群是全国人工智能产业发展的“领跑者”，山东、福建、安徽、江西四地虽稍显落后，正处在人工智能发展的追赶阶段，但从全国范围来看，也有一定的发展潜力和竞争力。因此，华东地区的人工智能发展对于推动区域经济的转型升级和科技创新具有重要意义。

华北地区和东北地区组内基尼系数分别为0.291和0.162，这两个行政区内部发展不均衡程度较小。京津冀地区作为华北地区的核心，拥有较为完善的工业基础和科研资源，整体发展水平表现较好。而东北地区始终以重工业为主，整体人工智能发展水平有待提升，近年来大力推进新型工业化，进行产业转型升级，对高素质劳动力需求较高。

0.3.4.3 区域间差异分析

区域间差异性是不均衡程度的最主要来源，如表0-23所示，华东地区和西北地区与其他地区的差异较大，出现高低两极化趋势。华东地区中山东、江浙沪长三角城市群在人工智能领域位列领先地位，人工智能区域聚集效应明显，在人才环境、经济环境、政策环境等多方面资源禀赋优势显著，在人工智能领域的发展起步早、发展快，处于我国人工智能发展水平的第一梯队，华东地区综合实力领先于其他各区，相比之下，与其他各区的区域间差异均较为显著。

西北地区人工智能发展水平的综合实力处于我国人工智能发展领域的末位，与其他地区相比，西北地区地理位置偏远，经济发展水平较低，产业结构存在较大差异，直接影响了在人工智能领域的科研投入和产业应用，在政策支持、人才教育等方面相对落后，限制了人工智能技术的研发与创新。因此，西北地区的人工智能发展水平远远滞后于其他地区，与其他地区的区域间差异较为显著。

表0－23　测度结果组间基尼系数

地区	东北	中南	华东	华北	西北	西南
东北	0.000	0.667	0.715	0.348	0.421	0.388
中南	0.667	0.000	0.511	0.558	0.758	0.623
华东	0.715	0.511	0.000	0.552	0.794	0.642
华北	0.348	0.558	0.552	0.000	0.550	0.402
西北	0.421	0.758	0.794	0.550	0.000	0.529
西南	0.388	0.623	0.642	0.402	0.529	0.000

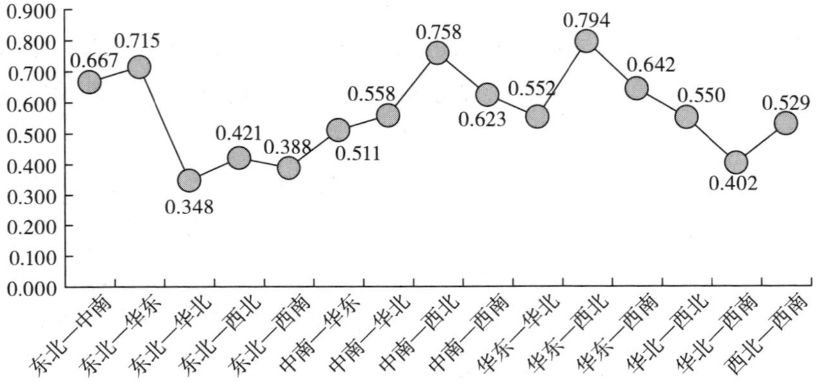

图0－29　测度结果组间基尼系数

如图0－29所示，华东地区与西北地区的组间基尼系数为0.794，是所有区域间差异中最大的，中南地区与西北地区的组间基尼系数为0.758，其区域间差异位列第二。华东地区在人工智能发展上居于领先地位，特别是长三角城市群，在人工智能技术创新和产智结合方面具有较强的竞争力和较高的发展水平，同时，中南地区的广东是人工智能领域的佼佼者，其测度结果排名第一，珠三角城市群形成了良好的人工智能产业生态，带动了中南地区的科技创新和产业发展；而相比之下，西北地区是全国范围内人工智能发展水平最为落后的地区，与人工智能领域实力较强的华东地区和中南地区相比区域间差异显著，需要更多的政策支持和资源投入，以促进该地区人工智能产业的发展。

东北地区与华东地区的组间基尼系数为0.715，区域间差异位列第三；东北地区与中南地区的组间基尼系数为0.667，区域间差异位列第四。东北地区作为传统的重工业基地，在人工智能产业发展水平上相对较低，其产业结构单一，经济发展水平相对较低，信息化基础设施建设和人工智能设施设备情况不容乐观，与华东地区、中南地区存在显著差距。东北地区亟须转型，从传统的重工业基地向数字化、智能化产业迈进。

东北地区和华北地区的组间基尼系数为 0.348，区域间差异是最小的。但京津冀地区在资本和国际合作方面表现突出，创新生态系统完善且富有活力，具有很大的发展潜力和产业竞争力。因此，京津冀地区作为华北地区的核心，为华北地区人工智能产业的发展提供了驱动力和可能性。

0.3.5 结论与建议

0.3.5.1 结论

在总体布局方面，我国人工智能发展水平呈现出“东高西低”的区域不平衡特征。广东、江苏、浙江、上海等省市在人工智能发展领域位居领先地位，人工智能企业、研发机构、高端人才等资源在东部地区聚集，形成了以长三角、珠三角为代表的人工智能发展高地，形成了良好的产业生态；湖北、湖南、安徽等中部地区目前人工智能发展水平较为一般，但具备一定的基础，具有较强的发展潜力；而西藏、新疆、青海等西部地区发展相对滞后，处于人工智能发展的起步阶段。

在发展驱动力方面，技术创新和成果应用是推动人工智能行业发展的关键因素。在 5 个一级指标中，技术创新和成果应用对整体发展水平的贡献最大，可见科技创新是第一生产力；而技术落地、产智融合是推动人工智能从理论研究走向实际应用、实现社会价值的关键步骤。

在空间特性方面，人工智能发展水平存在明显的空间正相关性，大部分省份均呈现为“高—高”聚集和“低—低”聚集。同时，在产业基础、技术成果、成果应用、行业资产和研究载体 5 个维度上，也呈现出“高高低低”的聚集特征，存在地区间的空间溢出效应。在人工智能领域，技术、资本、人才等资源在地理空间上的集聚和扩散，使得龙头省份发挥了辐射作用，协同促进邻近省份的人工智能发展。而相比之下，“低—低”聚集的欠发达地区出现了缺乏“领头羊”的现象。

在区域差异性方面，我国人工智能发展水平存在较高的不均衡程度，且主要来源于区域间的差异性。中南地区区域内差异最为显著，而华东地区、西北地区与其他地区的区域间差异较大。华东地区人工智能发展综合实力强大，在全国范围内遥遥领先，产业升级速度快，对高新技术的需求和应用更为迫切；而西北地区整体水平最低，地理位置偏远，传统产业占比较高，转型升级压力较大，与其他地区相比发展相对滞后，产生了较大的落差。

0.3.5.2 建议

第一，东部地区加强产业升级与创新，继续加大研发投入，以长三角、珠三角为依托集聚全球科技创新资源，巩固加强其在人工智能领域的领先地区。中部地区应提升区域竞争力，加强高端人才培养，通过与东部地区合作，引进先进的技术和管理经验，促进人工智能产业发展。西部地区如西藏、新疆等，国家应加大政策扶持力度，根据地域性特色和优势，因地制宜发展人工智能特色产业，如农业、旅游业等。

第二，加强技术研发，促进产智融合。加大对人工智能产业的科研支持力度，重视高科技研发人才的培养，提高技术创新的硬实力；促进科研机构和高新企业的交流合作，加快技术成果的实践应用。

第三，充分发挥龙头省份的带头作用，促进区域内均衡发展。加强政策引导，鼓励龙头省份发挥领跑作用，尤其在中南地区，鼓励广东通过技术共享、人才培训等方式，带动周围地区的发展，缩小与其他省份之间的发展差距；加强对广西、海南等省份的政策支持和资源投入，减少高科技人才流失，推动产业转型升级，促进传统产业不断向数字化、智能化产业迈进。

第四，优化区域合作机制，促进区域间的均衡发展。建立健全区域合作交流机制，促进资源的合理流动和优化配置。对于华东等人工智能高水平地区，鼓励其利用自身优势，辐射带动中西部地区的发展，同时，继续加大科技投入力度，不断为人工智能发展注入新动能；对于西北地区等落后区域，应加强基础设施建设，推动传统产业转型升级，加大人才引进政策力度，有效促进中国人工智能发展的区域均衡，实现可持续发展。

0.4 2023年江苏省数字经济发展指数及其排序

0.4.1 2023年江苏省数字经济发展指数构建及地级市排序

本章在江苏省13个地级市层面上构建2023年数字经济发展指数，通过苏南、苏中、苏北三地区间与三地区内部的比较分析，揭示江苏省数字经济发展情况。

参考任保平等（2023）对省级层面数字经济发展水平的测度方法，本章从数字经济基础设施、数字经济融合应用、数字化创新能力和数字经济发展环境四个方面，采用熵权法构建2023年江苏省地级市层面的数字经济发展指数。本章构建的指标体系包含4个一级指标，8个二级指标，13个三级指标（见表0-24）。

表0-24 江苏省数字经济发展指数指标体系

综合指标	一级指标	二级指标	三级指标	单位
数字经济发展指数	数字经济基础设施	固定基础设施	互联网宽带接入用户数	万户
		移动基础设施	移动电话年末用户数	万户
	数字经济融合应用	数字产业化	电信业务总量	万元
		服务业数字化	数字普惠金融指数	—
	数字化创新能力	创新投入	信息传输、软件和信息技术服务业占就业人口比重	%
			规模以上工业企业R&D经费支出占GDP比重	%
			科学研究和技术服务业人数占就业人口比重	%
		创新产出	发明专利授权数	项
			技术市场交易额占GDP比重	%
	数字经济发展环境	人才环境	教育经费占GDP比重	%
			普通高校在校人数	人
		应用环境	居民可支配收入占人均GDP比重	%
			居民人均交通通信支出占消费支出比重	%

本章数据来源于江苏省各地级市《城市统计年鉴2023》、郭峰等（2020）依托北京大学数字金融研究中心和蚂蚁金服集团编制的《中国数字普惠金融指数2022》、国泰安数据库。由于获取的数据在数量级和量纲上存在差异，本章选取线性最大—最小值极差标准化的去量纲处理方法，

具体如下：

$$x'_{ij} = \frac{x_{ij} - \min\limits_{1 \leq i \leq n} x_{ij}}{\max\limits_{1 \leq i \leq n} x_{ij} - \min\limits_{1 \leq i \leq n} x_{ij}} \tag{0-21}$$

式（0－21）中，x_{ij} 表示获取的原始指标数据，x'_{ij} 表示经过去量纲标准化后的指标数值，$\min x_{ij}$ 表示第 i 个评价对象第 j 个指标的最小值，$\max x_{ij}$ 表示第 i 个评价对象第 j 个指标的最大值。

本章基于熵权法确定指标权重，熵权法的核心思想是如果数据的离散程度越大，熵值就越小，该指标提供的信息量就越大，对整体评价体系的影响就越大，权重就越大。该方法在给指标赋权时不受主观因素的影响，评价结果客观、准确、科学。具体步骤如下。

假设有 n 个研究对象，m 个评价指标，则 x_{ij}（$i=1$，2，…，n；$j=1$，2，…，m），表示第 i 个评价城市的第 j 个评价指标，对这个矩阵正向化得到：

$$\boldsymbol{X} = \begin{bmatrix} x_{11} & \cdots & x_{1m} \\ \vdots & \ddots & \vdots \\ x_{n1} & \cdots & x_{nm} \end{bmatrix} \tag{0-22}$$

利用式（0－1）进行去量纲化处理，得到标准化矩阵：

$$\tilde{\boldsymbol{X}} = \begin{bmatrix} \tilde{x}_{11} & \cdots & \tilde{x}_{1m} \\ \vdots & \ddots & \vdots \\ \tilde{x}_{n1} & \cdots & \tilde{x}_{nm} \end{bmatrix} \tag{0-23}$$

再按以下公式建立偏离度矩阵 $\boldsymbol{P}$：

$$\boldsymbol{P}_{ij} = \frac{\tilde{x}_{ij}}{\sum\limits_{i=1}^{n} \tilde{x}_{ij}} \tag{0-24}$$

得到：

$$\boldsymbol{P} = \begin{bmatrix} p_{11} & \cdots & p_{1m} \\ \vdots & \ddots & \vdots \\ p_{n1} & \cdots & p_{nm} \end{bmatrix} \tag{0-25}$$

计算各指标的熵值 e_j，将标准信息熵控制在［0，1］内：

$$e_j = -\frac{1}{\ln(n)}\sum_{i=1}^{n}(P_{ij}\ln P_{ij}) \quad (0-26)$$

计算差异系数得到信息效用值，将信息效用值归一化，获得各指标权重 w_j：

$$w_j = \frac{1-e_j}{\sum_{j=1}^{m}(1-e_j)} \quad (0-27)$$

按照这一方法，本章得到的江苏省数字经济发展指数指标权重如表0-25所示。

表0-25 江苏省数字经济发展指数指标权重

一级指标	三级指标	权重
数字经济基础设施（权重：0.250）	互联网宽带接入用户数	0.589
	移动电话年末用户数	0.411
数字经济融合应用（权重：0.250）	电信业务总量	0.623
	数字普惠金融指数	0.377
数字化创新能力（权重：0.250）	信息传输、软件和信息技术服务业占就业人口比重	0.388
	规模以上工业企业 R&D 经费支出占 GDP 比重	0.066
	科学研究和技术服务业人数占就业人口比重	0.137
	发明专利授权数	0.353
	技术市场交易额占 GDP 比重	0.056
数字经济发展环境（权重：0.250）	教育经费占 GDP 比重	0.326
	普通高校在校人数	0.402
	居民可支配收入占人均 GDP 比重	0.121
	居民人均交通通信支出占消费支出比重	0.151

本章将无量纲化的指标值与各个指标权重进行乘积并求和，最终得到2023年江苏省各地级市数字经济发展水平分项维度指数值、数字经济发展指数值和排序值，具体结果如表0-26所示。

表0-26 2023年江苏省各地级市数字经济发展指数及其排序

城市	数字经济基础设施	排名	数字经济融合应用	排名	数字化创新能力	排名	数字经济发展环境	排名	数字经济综合发展指数	排名
南京	0.738	2	0.782	2	0.942	1	0.766	1	0.807	1
无锡	0.465	3	0.543	3	0.298	3	0.275	10	0.395	3
徐州	0.452	4	0.218	6	0.106	11	0.618	2	0.348	4
常州	0.200	7	0.390	4	0.247	4	0.300	8	0.284	6
苏州	0.866	1	0.936	1	0.474	2	0.505	3	0.695	2
南通	0.432	5	0.318	5	0.115	10	0.287	9	0.288	5
连云港	0.063	11	0.052	12	0.119	8	0.439	6	0.168	8
淮安	0.065	10	0.073	11	0.118	9	0.396	7	0.163	9
盐城	0.237	6	0.129	10	0.129	7	0.481	4	0.244	7
扬州	0.096	8	0.194	7	0.083	12	0.105	13	0.120	13
镇江	0.047	13	0.189	8	0.155	6	0.253	11	0.161	10
泰州	0.081	9	0.170	9	0.157	5	0.161	12	0.142	12
宿迁	0.048	12	0.035	13	0.049	13	0.440	5	0.143	11

图0-30直观地展示了江苏省数字经济发展指数的排名情况。结果显示，南京排名第1，具体数值为0.807，苏州排名第2，具体数值为0.695，这两座城市差距较小且相较于省内其他地级市呈现出显著的领先态势，均属于江苏省数字经济发展的头部城市。

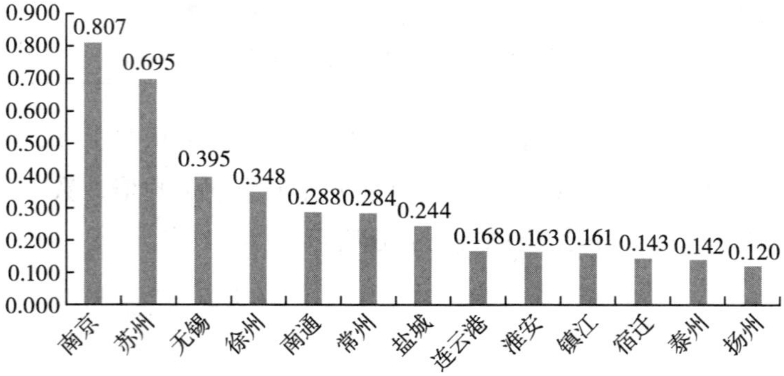

图0-30 2023年江苏省各地级市数字经济综合发展指数排名

江苏省数字经济发展排名第3的地级市是无锡，具体数值为0.395，相比头部两市差距明显。江苏省数字经济发展排名第四至第七的城市依次为徐州、南通、常州与盐城，具体数值依次为0.348、0.288、0.284、0.244。上述五座城市间差距较小，构成江苏省数字经济发展的中部梯队。

江苏省数字经济发展排名第八至第十三的城市依次为连云港、淮安、镇江、宿迁、泰州与扬州，具体数值依次为0.168、0.163、0.161、0.143、0.142和0.120，这六座城市间数字经济发展水平差距并不明显，同属于省内数字经济发展尾部梯队。

接着，本章按照表0－24中一级指标来分别测算江苏省各地级市的数字经济发展水平。从数字经济基础设施维度来看，排名第一的地级市是苏州，排名第二的是南京，二者大幅领先省内其他城市。排名第三至第十三的城市依次是无锡、徐州、南通、盐城、常州、扬州、泰州、淮安、连云港、宿迁和镇江。图0－31汇报了2023年江苏省各地级市数字经济基础设施维度上的排序和具体测算结果。

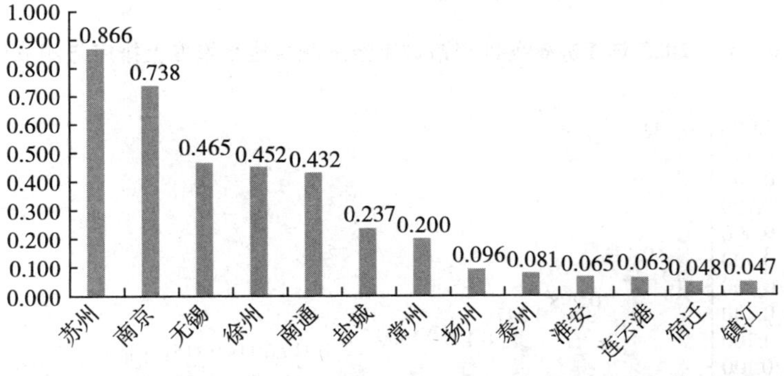

图0－31　2023年江苏省各地级市数字经济基础设施维度上排序与测算结果

从数字经济融合应用维度来看，苏州与南京分列省内第一、第二，与数字经济基础设施维度排序相一致，并且同样均大幅领先省内其他城市，属于第一梯队。排名第三至第十三的城市依次是无锡、常州、南通、徐州、扬州、镇江、泰州、盐城、淮安、连云港和宿迁，图0－32汇报了2023年江苏省各地级市数字经济融合应用维度上的排序和测算结果。

从数字化创新能力维度来看，南京位列省内第一，显著领先于省内其他地级市。一方面，南京的高校和科研机构众多，为数字化创新提供了丰富的人才资源，南京在大力推进国家重大科研项目的同时推动产学研深度合作，建立科技镇长团和“百校对接计划”等工作机制，重点促进成果转化。另一方面，南京积极引进全球数字服务商，吸引企业落户并提供一系列发展扶持，鼓励企业开展创新项目，进一步促进了城市数字化创新能力的提升。苏州的数字化创新能力指数排名第二，相较于省内其他地级市具有一定优势。排名第三至第十三的城市依次是无锡、常州、泰州、镇江、盐城、连云港、淮安、南通、徐州、扬州和宿迁，图 0－33 汇报了 2023 年江苏省各地级市数字化创新能力维度上的排序和测算结果。

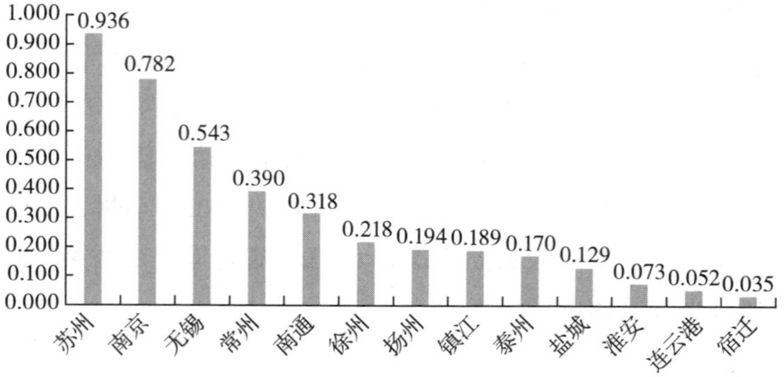

图 0－32　2023 年江苏省各地级市数字经济融合应用维度上排序与测算结果

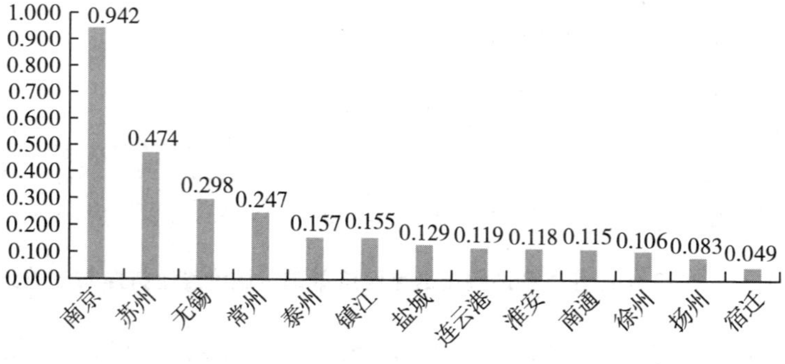

图 0－33　2023 年江苏省各地级市数字化创新能力维度上排序与测算结果

从数字经济发展环境维度来看，南京排名第一，显著领先于省内其他地级市。不同于其他维度的测算排名，在发展环境维度上，徐州排名第二、苏州排名第三。排名第四至第十三的城市依次是盐城、宿迁、连云港、淮安、常州、南通、无锡、镇江、泰州和扬州，图 0－34 汇报了 2023 年江苏省各地级市数字经济发展环境维度上的排序和测算结果。

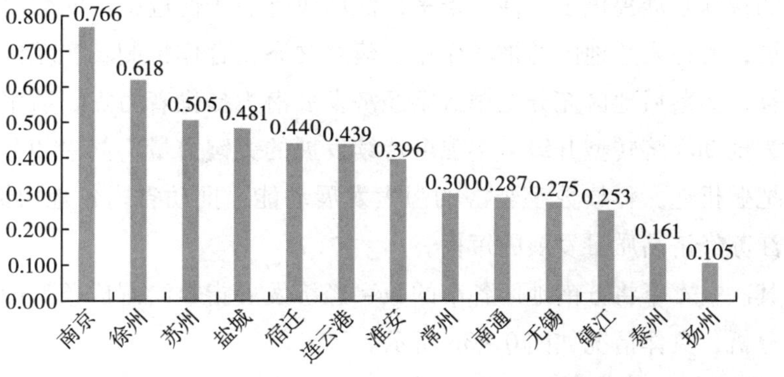

图 0－34　2023 年江苏省各地级市数字经济发展环境维度上排序与测算结果

0. 4. 2　2023 年江苏省三大地区数字经济发展比较分析

根据江苏省各地级市的地理位置，本章将 13 个地级市分为苏南、苏中和苏北三大地区，其中苏南地区包括南京、苏州、无锡、常州、镇江五市，苏中地区包括南通、泰州、扬州三市，苏北地区包括徐州、盐城、连云港、淮安、宿迁五市。

首先，本章计算三大地区 2023 年数字经济发展指数均值，并绘制条形图进行对比分析，具体情况如图 0－35 所示。

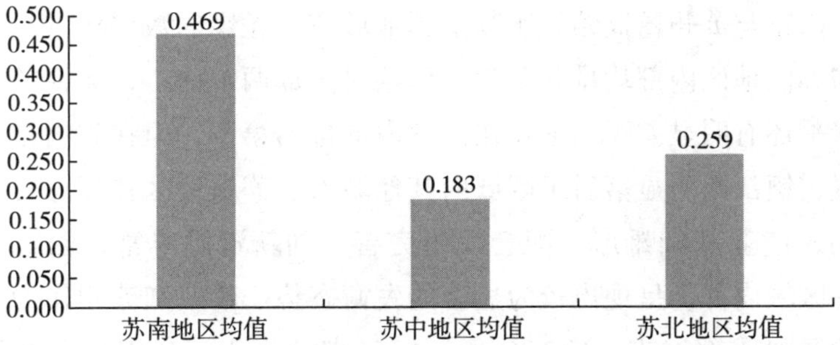

图 0－35　2023 年苏南、苏中、苏北数字经济发展指数均值

从图 0－35 中可以看出，苏南地区数字经济发展指数均值为 0. 469，苏中地区数字经济发展指数均值为 0. 183，苏北地区数字经济发展指数均值为 0. 259。苏南地区相对于苏中和苏北地区，数字经济发展情况遥遥领先，苏北地区相对苏中地区有着微弱优势。当前，江苏省数字经济发展仍呈现出“南强北弱”的特征，苏南地区发展起步早，具备雄厚的经济基础，在人才储备、产业结构、科技创新能力等方面具有显著优势，为数字经济的快速发展提供了条件。未来，江苏应进一步促进区域间数字经济协同发展，发挥发达地区的带动作用，建立常态化合作机制，实现区域间优势互补，为落后地区充分挖掘数字经济发展潜力提供着力点。数字经济已然成为推动经济转型升级、实现可持续发展的关键力量，苏中和苏北地区需要把握机遇，释放数字经济的强大发展动能，推动省内各地协同共进，补齐江苏经济高质量发展的短板。

其次，本章将苏南地区各市的数字经济发展指数绘制成条形图，进行对比分析，具体情况如图 0－36 所示。

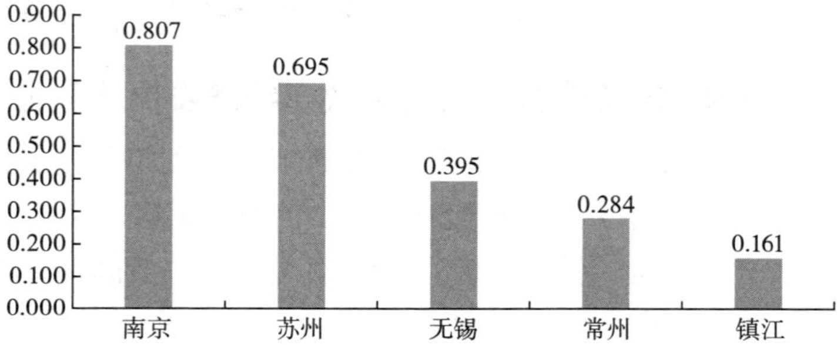

图 0－36　2023 年苏南地区地级市数字经济发展指数

从图 0－36 中可以看出，苏南地区各市之间数字经济发展情况存在较大差异，南京与苏州遥遥领先于苏南其他城市。无锡的数字经济发展虽然在省内与苏南地区内部均排名第三，但相对头部两市而言，无锡的数字经济发展水平还有明显差距。常州在区域内部排名第四，但在省内排名属于中部位置，镇江则明显落后于区域内其他城市。苏南地区在江苏省内发展程度最高，产业基础雄厚，配套设施完善，创新资源丰富，创新人才集聚，但在区域内部仍呈现出较为显著的失衡态势。南京和苏州作为全省数字经济发展的头部城市，应充分发挥辐射带动作用，利用自身在技术创新、人才储备等方面的优势，加强区域内交流协作，带动无锡、常州、镇江数字经济协同发展，弥合区域内各城市的数字经济发展差距，实现苏南地区数字经济整体发展水平的跃升。

再次，本章将苏中地区各市的数字经济发展指数绘制成条形图，进行对比分析，具体情况如图 0－37 所示。

从图 0－37 中可以看出，南通在苏中地区内部数字经济发展情况最好，具体数值为 0. 288，明显领先于其他两市；泰州相对扬州具有微弱优势，

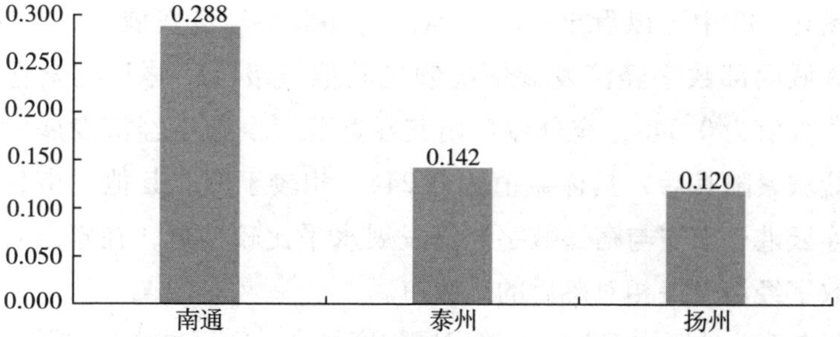

图 0－37　2023 年苏中地区各市数字经济发展指数

两市数字经济指数数值分别为 0.142 与 0.120。与苏南地区相比，苏中三市之间数字经济发展较为均衡，但是三市数字经济发展水平在省内相对落后，发展水平最高的南通仅在省内排名第五。苏中各市需要进一步利用区位优势，对接外部资源，把握好数字经济的发展机遇。南通毗邻省内苏州、省外上海，两市均为数字经济发展的优势地区。南通应积极推动跨江融合发展，利用沿江沿海资源，承接上海、苏州数字产业外溢，加强在人才、产业、技术层面的交流与合作，为自身数字经济发展注入强大动力。扬州是南京都市圈的重要成员，而南京是省内数字经济发展的领头羊。泰州积极推进与无锡的工业园区建设和产业园区共建，加强与苏南地区的产业关联，在协同发展方面具有良好基础；未来应继续放大优势，进一步加强两市之间的数据共享与协同研发平台，达成两市数字经济迅速发展的双赢局面。扬州应积极推动两市创新合作，对接南京的创新平台与产业资源，实现数字经济发展水平的跃升。

最后，本章将苏北地区各市的数字经济发展指数绘制成条形图，进行对比分析，具体情况如图 0－38 所示。

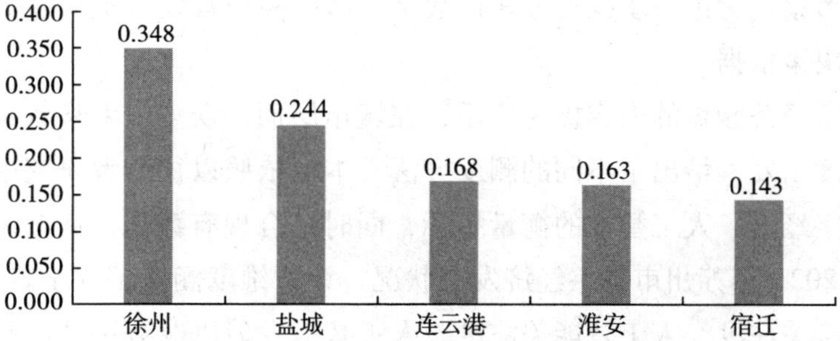

图 0－38　2023 年苏北地区各市数字经济发展指数

从图 0－38 中可以看出，苏北地区内部数字经济发展存在一定差距。徐州在区域内部数字经济发展情况领先其他地级市，并且在全省排名第四，具体数值为 0.348，充分体现出其在苏北地区数字经济发展中的中心地位；盐城紧随其后，具体数值为 0.244，相较于苏北其他三市具有一定优势。连云港、淮安与宿迁数字经济发展水平比较接近，在省内与区域内均属于数字经济发展相对落后的地级市。

徐州在苏北地区内部数字经济发展程度最高，在区域内拥有最为丰富的创新资源和坚实的产业基础，珠山数字经济产业园是徐州数字经济发展的重要载体。一方面，苏北地区应充分发挥徐州的区域核心作用，以徐州辐射带动苏北其他城市数字经济发展，推动产业园区交流与协作，实现资源对接、优势互补；另一方面，苏北地区应加强与苏南地区的联动，积极开展合作共建，推动人才交流与数据共享，缩小苏南苏北的数字鸿沟，利用数字技术赋能经济发展，以数字经济为抓手缩小与省内发达地区的差距。

0.5　2023 年苏州市及其区县数字经济发展指数与情况分析

0.5.1　苏州市数字经济发展概况

本章核算苏州市及其区县的数字经济发展指数，并深入分析其发展状况。在苏州市层面，依据现有多维指标体系，对 2023 年全国地市数字经济发展的多维状况进行核算，进而探讨苏州市在其中的位次以及增长等显著特征。对于苏州市周边区县，则构建多维评价体系，用以计算其数字经济发展情况，并针对不同维度展开全面对比与深入分析。综合上述两个方面的内容，旨在从多维度、多视域对苏州市数字经济发展情况进行全面而深入的考察，为进一步推动苏州市数字经济的高质量发展提供有力的理论支持与决策依据。

数字经济涵盖的内容极为广泛，在城市层面，众多学者从数字经济的不同维度出发，给出了不同的测度方法。本章依照以往学者研究中构建的各类数字经济、人工智能的衡量指标，同时结合现有数据，从全国层面深入考察 2023 年苏州市数字经济发展状况。评价维度涵盖了数字普惠金融、数字经济关注度、人工智能关注度、人工智能发展以及数字经济政策支持等多个方面，具体指标的来源与构建方法如表 0－27 所示。

表0－27 苏州市数字经济发展指标参考来源与构建方法

指标类型	参考来源	指标年份	构建方法
数字普惠金融指数	郭峰等（2020）	2023	依托北京大学数字金融研究中心和蚂蚁金服集团编制的《中国数字普惠金融指数2023》
数字经济、人工智能关注度	黎新伍（2022）	2023	统计全国358个城市的“数字经济”和“数字化”以及“人工智能”的每日百度指数、资讯指数的年平均值，以衡量各城市的数字经济关注度
人工智能发展	王林辉（2022）	2023	根据天眼查企业公开数据，整理人工智能企业数据库。识别企业文本，当企业经营范围涉及芯片、图像识别、计算机视觉、语音识别、传感器等与人工智能相关的关键词时，将该企业识别为人工智能企业，从而获得城市人工智能企业存量数量和人工智能水平
数字化政策强度	金培振等（2019）、韩永辉等（2017）	2023	整理283个城市政府工作报告，提炼出数字经济发展的关键词，从而构建数字经济政策的关键词典并计算数字经济词频与文本总词频的比值作为数字化政策强度的衡量指标
数字经济发展	任保平等（2024）	2023	从数字经济基础设施、数字经济融合应用、数字化创新能力和数字经济发展环境四个方面，构建2023年江苏省地级市层面的数字经济发展指数

根据表0－27呈现的参考来源和构建方法，对苏州市的相关数据进行收集整理，进而得到表0－28。表0－28主要涵盖了数字普惠金融、数字经济关注度、人工智能关注度、人工智能发展以及数字化政策强度数字经济发展6个一级指标，以及在此基础上进一步细分的12个数字经济发展二级指标。通过这些指标，可以清晰地了解苏州市在各个方面的表现情况，包括其在全国的排名以及增长率等相关指标。

表0－28 2023年苏州市数字经济发展相关测度指标

一级指标	二级指标	指标值	高于全国均值/%	全国位次	江苏位次	年增长率/%
数字普惠金融	总指数	351.7200	18.160	7	2	3.81
	覆盖广度	384.0500	19.480	9	2	4.12
	使用深度	304.3500	20.330	9	2	5.67
	数字化程度	331.0700	10.160	9	3	－0.28

续表

一级指标	二级指标	指标值	高于全国均值/%	全国位次	江苏位次	年增长率/%
数字经济关注度	年搜索指数	147.0600	195.520	11	2	-14.49
	年资讯指数	3125.5500	614.500	5	1	-1.06
人工智能关注度	年搜索指数	246.9200	162.760	9	2	20.35
	年资讯指数	251052.0800	554.220	9	2	720.93
人工智能发展	人工智能企业存量	38050.0000	549.210	12	2	31.67
	人工智能水平	10.5500	48.810	12	2	2.68
数字化政策强度	政府数字经济词频	0.4986	61.407	25	3	25.61
数字经济发展	苏州市数字经济指数	0.6950	—	—	2	—

从整体来看，苏州市数字经济发展情况在江苏省排名第2位，与分维度省内排名较为一致。从数字普惠金融维度来看，苏州市的总指数达351.7200，位居全国第7、江苏第2，超出全国均值18.16%，年增长率为3.81%。这表明苏州在数字普惠金融领域处于全国领先行列，于省内竞争力亦颇为强劲，仅低于南京市，且保持着稳健的增长态势。从分指数来看，覆盖广度指标值为384.0500，高于全国均值19.48%，排名全国第9、江苏第2，年增长率为4.12%，这意味着苏州数字普惠金融服务的覆盖范围持续拓展，在省内的表现仅次于排名第1的城市。使用深度指标值为304.3500，高于全国均值20.33%，排名全国第9、江苏第2，年增长率为5.67%，充分显示出苏州居民和企业对数字普惠金融服务的运用越发深入，使用频率不断攀升，应用场景也日益增多，对其依赖和利用程度较高。数字化程度指标值为331.0700，高于全国均值10.16%，排名全国第9、江苏第3，然而年增长率为-0.28%，虽整体数字化程度在全国平均水平之上，但在省内排名相对靠后且出现负增长，这或许是由于其他城市数字化转型步伐加快，或者苏州在数字普惠金融技术创新与应用升级方面遭遇瓶颈，亟待加大研发投入以突破技术障碍，提升数字化水平。

从数字经济关注度来看，数字经济的市场关注度较高但渐趋平稳以致增长动能不足。苏州市民众和企业对数字经济的关注度远高于全国平均，数字经济在苏州社会经济生活中占据重要地位，年搜索指数和年资讯指数分别排名全国第11和第5、江苏第2和第1。苏州在数字经济资讯方面领先全国，于省内更是独占鳌头，是重要的资讯产生与传播源头，这与苏州活跃的数字经济市场、众多企业创新实践及积极政策推动紧密相关。虽然苏州在数字经济领域前期成果斐然，吸引了大量关注，但随着市场渐趋平稳，需挖掘新亮点以维持关注度，反映到指标上，年增长率分别为-14.49%和-1.06%，呈下降态势，提示苏州需关注资讯传播时效性与吸引力，不断创新以保持影响力。

相比数字经济，苏州在人工智能关注度方面保持迅猛增长势头。人工智能年搜索指数为246.9200，是全国均值的1.6倍，排名全国第9、江苏第2，年增长率为20.35%。这表明苏州对人工智能的发展热度高且增长迅猛，得益于其在人工智能领域的积极布局与快速发展。苏州大力推动人工智能与制造业等传统产业融合，众多企业积极探索人工智能在生产、管理等环节的应用，引发各方对人工智能技术的广泛探索与高度关注。例如，苏州智能制造企业纷纷引入人工智能技术以提升生产效率与产品质量，吸引企业内部员工、行业从业者及研究人员等。年资讯指数为251052.0800，是全国均值5.5倍，排名全国第9、江苏第2，年增长超7.21倍，呈现出爆发式增长。这与苏州在人工智能领域的快速发展息息相关，政府大力支持，吸引众多企业和科研机构入驻，项目合作、技术突破、产业活动频繁，从而产生大量资讯，推动资讯指数大幅上扬。

人工智能发展的指标也印证了上述人工智能关注度的结果，表明了苏州在该领域的先发优势。一方面，人工智能领域企业存量为38050.0000家，超全国均值5倍以上，排名全国第12、江苏第2，年增长率为31.67%。苏州人工智能企业数量众多，在省内仅次于南京市，且增长迅速，表明产业发展迅猛，吸引大量企业集聚，形成一定规模。苏州良好的经济基础、丰富的人才资源及优惠产业政策等，为企业发展创造了有利条件。同时，苏州积极实施创新驱动发展战略，不断优化创新创业生态，吸引众多科技企业落户，推动了人工智能企业存量的增长。例如，通过实体化运营苏州科技商学院，强化科创企业家培养，吸引了更多人才投身人工智能领域创业，促进了企业数量的增加。2023年，苏州新增科创项目超1

万个，为人工智能企业的发展提供了源源不断的创新动力。另一方面，人工智能水平指数为10.5500，高于全国均值48.81%，排名全国第12、江苏第2，年增长率为2.68%。苏州人工智能发展水平高于全国平均，在省内仍有一定优势且保持增长。这表明苏州在人工智能基础研究、高端人才集聚、产业应用、技术转化等方面取得了一定成效。这得益于苏州加快推进高水平科技自立自强，不断为转型升级注入新动能，在人工智能领域也注重产业技术攻坚突破。例如，苏州获批筹建国家新一代人工智能公共算力开放创新平台，为人工智能技术研发提供了强大的算力支持。此外，苏州积极推动人工智能与实体经济的深度融合，在智能制造、智能医疗、智能交通等领域开展了一系列应用示范项目，加速了人工智能技术的落地转化，提高了产业的智能化水平。

在数字化政策强度方面，政府数字经济词频指数为0.4986，高于全国均值61.407%，排名全国第25、江苏第3，年增长率为25.61%。苏州市政府对数字经济的政策提及频率较高，且增长迅速，但在全国排名较为靠后，在省内也有提升空间。这说明苏州政府已经意识到数字经济的重要性，并在政策层面积极推动，但与其他数字经济发达城市相比，在政策的系统性、创新性等方面还需要进一步加强。从市政府工作报告中可以看出，苏州出台了一系列政策措施支持数字经济发展，如数字化改革“1+6”实施方案等，但在政策宣传、政策与市场需求的精准对接等方面可能还存在不足，导致政策词频排名相对靠后。苏州在政策执行过程中，需要进一步加强与企业的沟通和互动，了解企业实际需求，确保政策能够真正落地生根，发挥最大效应。

0.5.2 苏州市各区县数字经济发展指数的构建

本节从县层面考察2022年苏州市内部数字经济发展情况及其差异，参考任保平等（2023）对省级层面数字经济发展水平的测度方法，加入了对人工智能企业的考量，从数字经济基础设施、数字经济融合应用、数字化创新能力和数字经济发展环境四个方面，采用熵权法构建2022年苏州市区县层面的数字经济发展指数。本章构建的指标体系包含4个一级指标，9个二级指标，14个三级指标（见表0-29）。

表 0-29 2022 年苏州市区县数字经济发展指数指标体系

综合指标	一级指标	二级指标	三级指标	单位
数字经济发展指数	数字经济基础设施	固定基础设施	固定互联网宽带接入用户数	万户
		移动基础设施	移动电话年末用户数	万户
			5G 用户年末用户数	万户
	数字经济融合应用	数字产业化	电信业务总量占 GDP 比重	%
		服务业数字化	数字普惠金融指数	—
		产业智能化	人工智能企业数	家
	数字化创新能力	创新投入	信息传输、软件和信息技术服务业占就业人口比重	%
			规模以上工业企业 R&D 经费支出占 GDP 比重	%
			科学研究和技术服务业人数占就业人口比重	%
		创新产出	发明专利授权数	项
	数字经济发展环境	人才环境	教育经费占 GDP 比重	%
			普通高校在校人数	人
		应用环境	居民可支配收入占人均 GDP 比重	%
			居民人均交通通信支出占消费支出比重	%

本节城市层面数据来源于《苏州统计年鉴 2024》《中国数字普惠金融指数 2023》。鉴于获取的数据在数量级和量纲上存在差异，本章选取线性最大—最小值极差标准化的去量纲处理方法，具体如下：

$$x_{ij}' = \frac{x_{ij} - \min\limits_{1 \leqslant i \leqslant n} x_{ij}}{\max\limits_{1 \leqslant i \leqslant n} x_{ij} - \min\limits_{1 \leqslant i \leqslant n} x_{ij}} \tag{0-28}$$

其中，x_{ij} 表示获取的原始指标数据，x_{ij}' 表示经过去量纲标准化后的指标数值，$\min x_{ij}$ 表示第 i 个评价对象第 j 个指标的最小值，$\max x_{ij}$ 表示第 i 个评价对象第 j 个指标的最大值。

本章基于熵权法确定指标权重，熵权法的核心思想是如果数据的离散程度越大，熵值越小，该指标提供的信息量就越大，对整体评价体系的影响就越大，权重就越大。该方法在给指标赋权时不受主观因素的影响，评价结果客观、准确、科学。具体步骤如下。

假设有 n 个研究对象，m 个评价指标，则 x_{ij}（$i=1, 2, \cdots, n$；$j=1, 2, \cdots, m$），表示第 i 个评价城市的第 j 个评价指标，对这个矩阵正向化得到：

$$\boldsymbol{X}=\begin{bmatrix} x_{11} & \cdots & x_{1m} \\ \vdots & \ddots & \vdots \\ x_{n1} & \cdots & x_{nm} \end{bmatrix} \tag{0-29}$$

利用式（0－1）进行去量纲化处理，得到标准化矩阵：

$$\tilde{\boldsymbol{X}}=\begin{bmatrix} \tilde{x}_{11} & \cdots & \tilde{x}_{1m} \\ \vdots & \ddots & \vdots \\ \tilde{x}_{n1} & \cdots & \tilde{x}_{nm} \end{bmatrix} \tag{0-30}$$

再按以下公式建立偏离度矩阵 $\boldsymbol{P}$：

$$P_{ij}=\frac{\tilde{x}_{ij}}{\sum_{i=1}^{n}\tilde{x}_{ij}} \tag{0-31}$$

得到：

$$\boldsymbol{P}=\begin{bmatrix} p_{11} & \cdots & p_{1m} \\ \vdots & \ddots & \vdots \\ p_{n1} & \cdots & p_{nm} \end{bmatrix} \tag{0-32}$$

计算各指标的熵值 e_j，将标准信息熵控制在［0，1］内：

$$e_j=-\frac{1}{\ln(n)}\sum_{i=1}^{n}(P_{ij}\ln P_{ij}) \tag{0-33}$$

计算差异系数得到信息效用值，将信息效用值归一化，获得各指标权重 w_j：

$$w_j=\frac{1-e_j}{\sum_{j=1}^{m}(1-e_j)} \tag{0-34}$$

按照这一方法，本章得到的苏州市区县数字经济发展指数指标权重如表 0－30 所示。

表 0－30　2022 年苏州市区县数字经济发展指数指标权重

一级指标	三级指标	权重
数字经济基础设施（权重：0.250）	固定互联网宽带接入用户数	0.339
	5G 用户年末用户数	0.309
	移动电话年末用户数	0.352
数字经济融合应用（权重：0.250）	电信业务总量占 GDP 比重	0.179
	数字普惠金融指数	0.223
	人工智能企业数	0.598
数字化创新能力（权重：0.250）	信息传输、软件和信息技术服务业占就业人口比重	0.199
	规模以上工业企业 R&D 经费支出占 GDP 比重	0.103
	科学研究和技术服务业人数占就业人口比重	0.366
	发明专利授权数	0.333
数字经济发展环境（权重：0.250）	教育经费占 GDP 比重	0.179
	普通高校在校人数	0.473
	居民可支配收入占人均 GDP 比重	0.213
	居民人均交通通信支出占消费支出比重	0.136

将表 0－29 中各指标的去量纲化值与表 0－30 中得到的各个指标权重相乘并求和，最终得到 2023 年苏州市各区县数字经济发展水平分项维度指数值、数字经济发展指数值和排序值，具体结果如表 0－31 所示。

表 0－31　2023 年苏州市区县数字经济发展指数及排序

项目	城市	数字经济发展总指数	排名	数字经济基础设施	排名	数字经济融合应用	排名	数字化创新能力	排名	数字经济发展环境	排名
市辖区	中心城区①	0.965	—	1.000	—	1.000	—	0.978	—	0.882	—
	吴江区	0.251	2	0.142	2	0.289	2	0.136	3	0.437	1
县级市	昆山市	0.257	1	0.301	1	0.345	1	0.254	1	0.126	5
	常熟市	0.146	3	0.139	3	0.109	4	0.097	4	0.239	2

① 按照《苏州统计年鉴 2024》的统计口径，市区统计数据划分为全部市区与吴江区两部分，受限于数据可得性，我们将二者相减从而核算出姑苏区、吴中区、相城区、虎丘区、高新区、工业园区的总值，构成中心城区部分的统计指标，并由此构建苏州市中心城区数字经济发展指数，作为对部分样本下权重衡量偏误的纠正。

续表

项目	城市	数字经济发展总指数	排名	数字经济基础设施	排名	数字经济融合应用	排名	数字化创新能力	排名	数字经济发展环境	排名
县级市	张家港市	0.119	4	0.104	4	0.004	5	0.236	2	0.131	4
	太仓市	0.083	5	0.001	5	0.111	3	0.066	5	0.155	3

0.5.3 苏州市各区县2023年数字经济发展整体特点与概况

根据表0-31测算的数字经济发展总指数，在苏州市区县数字经济发展格局中，呈现出明显的梯度差异。其他区县的排名差异反映了各区县在数字经济领域不同的发展水平和竞争力。由于数据的可得性，并没有发布市区中心城区的数据，我们以中心城区相关指标之和加入指标构建，以其考虑整个苏州市所有地区的数字经济发展状况，并尽可能减少指标构建和计算过程中的偏误。由此，我们计算得到中心城区、吴江区两个市区层面，以及昆山市、常熟市、张家港市和太仓市四个周边县级市层面的具体指数。

2023年，苏州市中心城区在数字经济发展领域取得了突出成绩，形成了明显优势，包括建成区块链测评中心，新增国家级互联网骨干直联点，规上工业企业智能化改造全覆盖等举措覆盖数字基础设施构建、产业数字化变革、数字经济核心产业孵育、创新平台构筑以及数字化服务品质提升等多元维度。

高新区作为创新型科技园区，在发展数字经济中取得了突出成效。2023年，高新区数字经济核心产业增加值在地区生产总值中的占比达到23.4%，位列苏州市第二。高新区积极推进智改数转网联，实施大量智能化改造及数字化转型项目入选工业和信息化部智能制造优秀场景2个，获批全省首批、全市唯一的工业互联网安全应用先导区，省信息技术应用创新先导区，有6家数字经济特色产业园入选苏州市数字经济特色产业园遴选培育名录。在人工智能领域，高新区集聚了一批产业链上下游企业，全区拥有包括天准科技在内的5家人工智能上市企业，建有1个国际人工智能共创实验室、2个国家重点实验室、1个国家实验室网络、3个国家级企业研发机构。在算力算法领域，高新区集聚了中国移动云能力中心、中国科学院、工业和信息化部电子五所华东分所等一批重大平台，以及山石网科、启明星辰、中软国际等算力服务和应用重点企业45家，可提供算力服务能力位居全市前列，其中智算算力能力全市第一，占比接近77%。在学科培育方面，高新区拥有南京大学苏州校区的高层次研究和教学平台，在人工智能和数字经济领域开设了智能科学与技术学院、智能软件与工程学院、数字经济与管理学院等，建设高端控制与智能运维研发中心，为数字经济发展提供全面人才支持。正是得益于高新区等中心城区在数字经济领域的蓬勃兴起与卓越成就，苏州市中心城区才在全市数字经济发展格局中构建起了非常明显的优势主导地位。

此外，为更全面、深入地洞察苏州市数字经济在不同区域的发展全貌与内在逻辑，充分挖掘各区县数字经济发展的独特价值与潜在机遇，从而为苏州市数字经济的整体协同发展提供更为精准且具针对性的战略依据与决策参考，本节将进一步针对苏州市其他区县数字经济发展指数与特点展开深入且具体的剖析。

昆山市以0.257的数字经济发展总指数领先，位列第一，展现出强大的数字经济综合实力，也说明其出台的一系列政策成效显著，例如，元宇宙产业三年行动计划吸引了微软工业元宇宙应用中心等标杆项目落地，带动相关企业集聚，加速数字经济产业链完善。2023年，昆山市在数字经济核心产业增加值占地区生产总值比重达到23.3%，数字经济已成为推动经济增长的关键力量；同时，昆山市传统产业发达，通过“智改数转网联”，规上企业完成项目改造超1200个，新增国家级5G工厂4家、绿色工厂6家，推动传统产业向智能制造、服务制造转型，为数字经济融合应用提供了广阔场景；此外，众多省级院士工作站、工程技术研究中心等高端创新平台吸引大量高科技企业和顶尖人才，深时数字地球国际大科学计划总部落户更是带动了相关数字技术的前沿研发和广泛应用，不断提升其数字化创新能力，持续推动数字经济迈向更高层次。

吴江区以0.251的数字经济发展总指数紧随其后，排名第二。吴江区战略、环境与文化助力数字经济特色发展。吴江区数字经济发展独具特色，在区域战略协同方面，积极融入长三角一体化发展战略，加快建设长三角工业互联网创新示范基地，吸引腾讯云工业互联网江苏总部基地落户，加强与周边地区协同合作，实现资源共享、优势互补。据统计，全国首个工业数据资产登记城市节点落户吴江，长三角工业互联网创新示范园区入选工业和信息化部试点示范，彰显其在区域数字经济格局中的重要地位；营商环境优化成果突出，入选“政务服务线上线下融合和向基层延伸”国家试点，高效的政务服务吸引了众多数字经济企业入驻；其丰富的江南文化资源为数字经济发展注入新活力，如丝绸版权成果亮相米兰设计周和中法文化论坛，通过数字化手段提升传统文化产业附加值，推动数字文化创意产业发展，形成具有地域特色的数字经济发展模式。

常熟市数字经济发展总指数为 0.146，位居第三。常熟市产业升级、创新载体与区域合作推动数字经济发展稳步前行。常熟市持续推进产业转型升级成效显著，大力鼓励企业进行“智改数转网联”，完成“智改数转”项目 1100 个，新增工业机器人 5000 台（套），有效提升了工业数字化水平，为数字经济融合应用奠定了坚实基础；积极建设各类创新载体，建成产业创新基地 5 个、产业创新平台 108 个、企业研发载体 722 个，有力支撑数字化创新能力提升，促进企业与科研机构合作创新；同时，积极参与沪苏（州）同城化发展，加强区域协同合作，在数字经济领域实现资源共享，推动相关产业协同布局，获取更多发展机遇，不断提升自身数字经济发展水平，在区域数字经济发展中发挥着重要作用。

张家港市数字经济发展总指数为 0.119，排名第四，仍有较大提升空间。张家港市企业创新、产业调整与基础设施建设引领数字经济创新发展。张家港市数字经济发展呈现出积极态势。部分企业在数字化创新方面表现突出，如天兵科技获评“中国独角兽企业”，发挥引领示范作用，带动区域内企业数字化创新意识和能力提升，激发创新活力，促进数字经济创新生态形成发展；编制发布产业结构调整三年行动计划推动制造业高端化、智能化、绿色化发展，光束汽车取得国内道路机动车辆生产企业准入许可，带动汽车产业数字化升级，促进数字经济与传统产业深度融合；此外，加快推进铁路、过江通道、城区快速路等重点交通工程建设，提升区域互联互通水平，为数字经济发展提供更好的基础条件，吸引数字经济企业入驻，推动数字经济与其他产业协同发展。

太仓市数字经济发展总指数为 0.083，位列第五，数字经济发展相对滞后。太仓市对德合作、港口经济与创新资源培育驱动数字经济逐步提升。太仓市数字经济发展潜力逐步显现，借助对德合作优势积极引进德国先进数字技术和管理经验，AHK 学院揭牌、中德标准化合作创新中心投用等成果有效促进企业数字化水平提升，加速企业数字化转型进程。太仓港发展为数字经济带来机遇，获批全国智慧口岸建设试点，与上海港、宁波港实现双向“离港确认”，集装箱吞吐量 803.9 万标准箱、货物吞吐量 2.75 亿吨，外贸货物吞吐量首次突破 1 亿吨，带动航运物流领域数字化发展，为数字经济融合应用提供丰富场景；同时，积极入围国家创新型县（市）建设名单并加大科技投入，培育创新资源，为数字经济发展奠定了一定基础，虽然整体数字经济发展水平相对较低，但创新资源的积累为未来发展提供了潜力。

0.5.4 苏州市各区县数字经济发展指数的情况分析

本节在上一节基础上，针对二级指标的不同维度得分与排名，分维度对苏州市各区县数字经济发展情况进行分析。

0.5.4.1 数字经济基础设施分析

如图 0－39 所示，在苏州各区县数字经济基础设施发展格局中，昆山市排名第一，吴江区和常熟市分别排名第二和第三，但差距不大，张家港市略低于二者，排名第四，太仓市则排名第五。

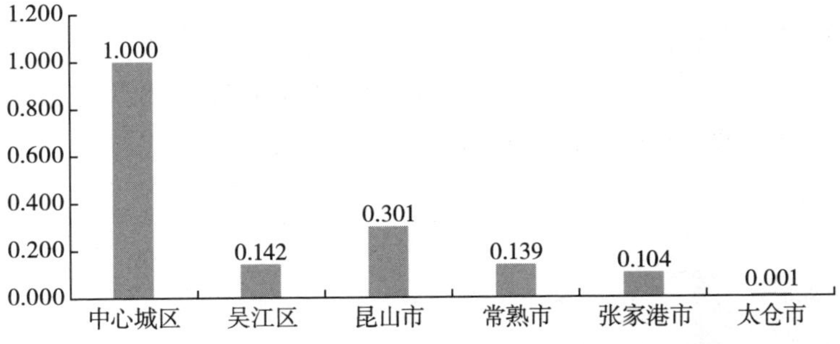

图 0－39 2023 年苏州市各区县数字经济基础设施指数

昆山市在数字经济基础设施建设上处于绝对领先地位，其在数字基础设施建设方面成果显著，作为全国百强县（市）首位，2023 年 GDP 总量高达 5140.6 亿元，财政收入充足，且在政策引导方面具有前瞻性，吸引了大量通信运营商和互联网企业加大基础设施投入。2023 年，沪光入选国家智能制造试点示范项目，持续推动 5G、千兆光网、移动物联网在全市的深度覆盖，已建成基站超过 2500 个，拥有多个大型数据中心，总机架数超过

5000 架。

吴江区、常熟市和张家港市同属追赶者行列。吴江区注重打造数字经济产业园区，在园区内优先布局高速网络和数据中心等设施。常熟市在“智改数转网联”战略推动下，企业对网络基础设施的需求促使运营商加快网络升级改造步伐，建成多个行业级工业互联网平台。但与昆山市相比，吴江区和常熟市在整体投入力度、网络覆盖广度和深度以及数据中心规模等方面仍存在差距。张家港市则在数字经济专项基础设施建设起步稍晚，5G 网络设施覆盖主要集中在城区和部分重点产业园区，数据中心建设规模较小，导致其数字基础设施发展落后。

太仓市与前四名区县间依然存在较大差距，除了经济体量上的差距，其数字经济发展起步较晚，数字经济基础设施建设滞后且覆盖范围有限，在培育构建全面且体系化的数字经济平台与载体方面相对落后，缺乏吸引和培育数字经济创新项目的有效支撑。此外，太仓市数据中心等设施建设相对落后，虽然政府也在推进相关工作，但在数字经济专项政策配套和资源投入力度与系统性方面，与昆山市等相比存在差距，这也影响了其数字经济基础设施建设的速度和质量。

0.5.4.2 数字经济融合应用分析

在数字经济融合应用方面，如图 0－40 所示，昆山市与吴江区依然排名前二位，太仓市排名第三且数值相比数字基础设施水平大幅上升，常熟市、张家港市被太仓市赶超，分别排名第四、第五。

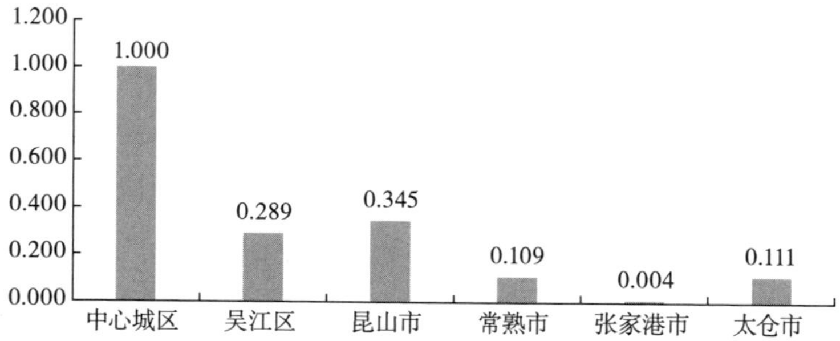

图 0－40　2023 年苏州市各区县数字经济融合应用指数

昆山市在数字经济融合应用方面处于领先，其经济实力雄厚，数字经济基础设施完善，推动数字经济与制造业深度融合成效显著，如纬创资通利用工业互联网平台，实现生产线数字化监控与管理，提高生产效率，还借助大数据分析和虚拟仿真技术助力产品研发。在服务业方面，昆山市发展数字物流，通过智能物流平台优化物流调度；数字金融领域也积极创新，为企业提供多元融资渠道。

吴江区在数字经济融合应用中排名第二且保持追赶态势，其围绕丝绸纺织等传统优势产业，积极搭建工业互联网平台，有效整合产业链上下游资源。通过这一平台，企业实现了生产协同、供应链管理和市场销售的数字化转型，推动产品向个性化定制方向发展，满足了消费者多样化需求，提升了产品附加值。在数字经济融合应用方面，吴江区注重发挥传统产业的基础优势，将数字化技术深度融入产业发展的各个环节，实现传统产业的转型升级，也在新兴数字产业领域不断探索布局，为数字经济融合应用的持续发展注入新动力。

太仓市在数字经济融合应用中排名第三，反超常熟市与张家港市。太仓市积极推动产业数字化转型，在高端装备制造、新材料等领域，企业加快数字化改造步伐，通过引入智能制造系统，实现生产过程自动化、智能化控制，提高生产效率和产品质量；在物流领域，利用物联网、大数据等技术，优化物流配送路径，提高物流运输效率和仓储管理水平。同时，太仓市注重数字经济与服务业的融合，发展数字金融、数字贸易等新业态，为经济发展注入新活力。其数字经济融合应用呈现出多点开花、稳步推进的态势，在部分领域取得了显著成效，逐步缩小了与前列城市的差距。

常熟市在数字经济融合应用中排名第四，其在数值上不足吴江区的一半。原因主要在于：其一，在产业数字化基础方面，吴江区产业呈多元化，新兴产业数字化程度高，为融合提供了广阔空间，而常熟市聚焦服装制造，产业结构单一，转型广度深度有限；其二，在创新生态系统上，吴江创新资源集聚，高端科研机构与金融资本助力技术研发和项目推广，常熟创新生态完备性不足，技术创新能力受限；其三，在区域协同与开放程度方面，吴江融入长三角一体化战略，协同效应显著，吸引外部资源，常熟区域合作集中于传统产业，数字经济领域协同不足；其四，在数据资源整合与应用能力上，吴江在数据整合、工业互联网平台建设方面领先，能深度应用数据，常熟数据应用范围有限，未充分发挥数据驱动作用，进而导致数字经济融合应用发展受限。

张家港市在数字经济融合应用中排名第五，其在数字经济融合方面被太仓市赶超，主要归因于其产业结构，张家港市以化工、冶金等重工业为主导产业，这些产业长期以来形成了较为固定的生产模式和产业链结构，对传统技术和设备的依赖程度较高，在向数字经济融合转型时，面临巨大的路径依赖挑战。例如，化工生产过程复杂且对安全性要求极高，数字化设备的引入不仅需要高额投资，还需要解决与现有复杂工艺流程的适配问题，这使得企业在短期内难以快速实现数字化转型，从而限制了数字经济在这些产业中的深度融合。

0.5.4.3　数字化创新能力分析

苏州各区县在数字化创新能力方面，如图 0－41 所示，昆山市排名第一，张家港市排名第二且与昆山市极为接近，吴江区和常熟市分别排名第三和第四，太仓市排名第五。

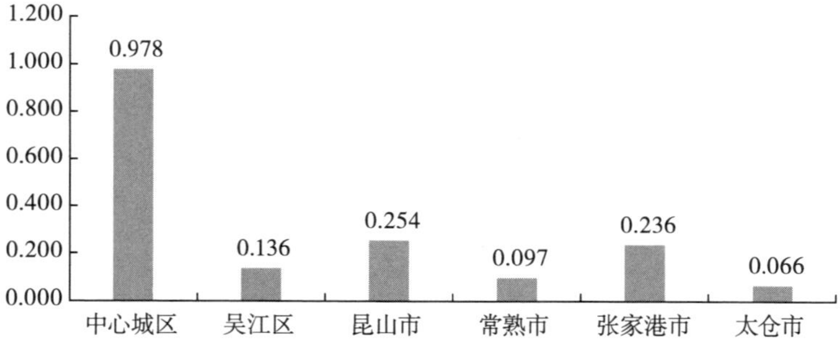

图 0－41　2023 年苏州市各区县数字化创新能力指数

昆山市在数字化创新能力方面排名第一，依然保持领先地位。昆山市通过实施元宇宙产业三年行动计划，吸引微软工业元宇宙应用中心等标杆项目落地，推动产业创新。众多企业在数字化创新方面表现优异，新增多家国家级 5G、绿色工厂，沪光入选试点示范项目，引进的 HPE（慧与）、甲骨文、金山云等数字经济头部企业，不仅带来了先进的技术和创新理念，还促进了本地数字经济产业生态的优化升级。同时，深时数字地球国际大科学计划获国务院批复立项、总部落户昆山，中科可控获批筹建国家新一代人工智能公共算力开放创新平台，省未来膜技术创新中心成功落户等，一系列高端创新平台的建设为数字化创新提供了坚实的科研支撑。此外，昆山在人才引育方面成效显著，新增国家级重大人才工程专家实现翻番，工研院获批国家引才引智示范基地，为数字化创新持续注入新的活力。

张家港市在数字化创新能力上排名第二，反超吴江区和常熟市。从产业结构来看，张家港市的重工业企业规模大、实力强，积累了雄厚资金，在规模以上工业企业 R&D 经费支出占 GDP 比重方面表现较好；相比之下，常熟市服装产业在科研创新投入和力度上不及张家港市。在创新资源集聚方面，张家港市通过外部合作和企业自主培养吸引技术人才，在科学研究和技术服务业人数占就业人口比重上有一定优势；而吴江区与常熟市在短期内在研发人员数量和质量上难以达到张家港市在重工业领域的积累。此外，张家港市政策对企业研发投入有激励作用，重工业企业有获取发明专利提升创新能力的动力；太仓市企业更侧重于数字化应用；常熟市服装企业侧重生产和销售渠道创新，在研发投入和发明专利方面不如张家港市。这些因素共同促使张家港市在数字化创新能力上大幅赶超。

吴江区排名第三，数字化创新活跃，潜力巨大。吴江区注重打造数字经济产业园区，通过在园区内优先布局高速网络和数据中心等设施，吸引了大量数字经济相关企业入驻，推动了区域数字经济的快速发展。例如，吴江积极推进工业互联网平台建设，建成多个行业级工业互联网平台，为传统产业数字化转型提供了有力支撑，提升了企业的数字化创新能力。同时，吴江依靠不断优化的创新生态，在创新生态建设方面持续发力，积极与高校、科研机构合作，加强产学研深度融合，促进创新资源的集聚与协同。例如，吴江与周边高校合作建立科研合作基地，共同开展数字技术研发项目，推动科技成果转化，为企业创新提供了技术和人才支持，在苏州各区县中展现出较强的创新活力和发展潜力。

常熟市排名第四，在“智改数转网联”战略推动下，常熟市企业对网络基础设施的需求促使运营商加快网络升级改造步伐，在一定程度上提升了网络质量，为数字化创新提供了更好的基础条件。此外，常熟市建成多个行业级工业互联网平台，推动了传统产业数字化转型，提高了企业生产效率和创新能力。例如，常熟服装城通过打造数字化平台，实现了线上线下融合发展，提升了产业的整体竞争力，在数字化创新方面取得了一定的成效，在苏州各区县中处于稳步发展且具有特色的地位。

太仓市位列第五，在产业结构方面，太仓市以传统制造业为主导，如高端装备、先进材料等产业虽有一定优势，但这些企业多聚焦于生产规模与成本控制，对数字化创新的重视程度不够，投入相对匮乏，不像昆山市那般积极布局元宇宙等新兴数字产业，缺乏前瞻性与主动性，在数字经济核心产业增加值占 GDP 比重等指标上表现不佳。在企业集聚效应上，与昆山市吸引众多数字经济头部企业不同，太仓市在吸引此类具有强大引领和带动作用的企业方面进展较慢，难以形成如昆山市般强大的数字经济产业集聚效应与创新氛围。在高端创新平台建设层面，相较于昆山市拥有多个高端创新平台，太仓市在这方面较为滞后，高端创新平台的缺失使其在数字化创新的科研支撑与技术源头创新能力上显得薄弱。在人才引育方面，尽管太仓市有所努力，但与昆山市相比，在吸引和培育数字化创新高端人才方面存在明显差距，昆山市新增国家级重大人才工程专家数量可观，工研院获批引才示范基地，而太仓市短期内难以达到类似的人才集聚水平，限制了数字化创新能力的提升。在创新生态系统构建上，太仓市也不够完善，产学研深度融合不足，与高校、科研机构合作不够紧密，无法像吴江区那样有效推动科技成果转化，企业在数字化创新中难以获取足够的技术、人才和资金支持，进而影响了整体数字化创新能力的发展。

0.5.4.4 数字经济发展环境分析

如图 0－42 所示，在数字经济发展环境指数排名中，各城市的表现与总指数排名存在差异。吴江区和常熟市超越昆山市位列前两名，太仓市和张家港市相对总指数排名有所变动，这主要受政府政策支持、数字基础设施建设、创新生态营造及区域发展重点等因素影响。

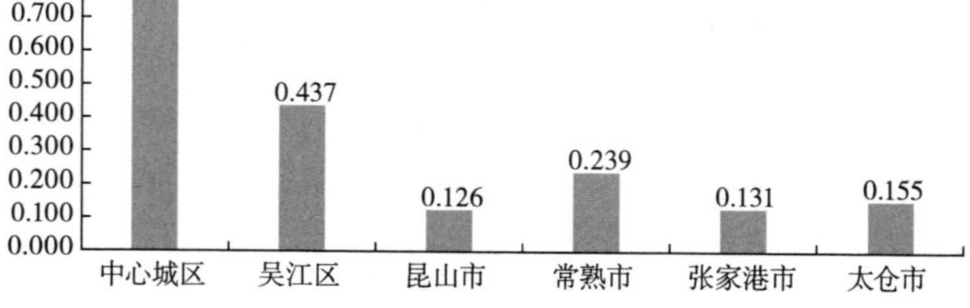

图 0－42　2023 年苏州市区县数字经济发展环境指数

首先，吴江区政策扶持力度大，积极落实数字经济政策，出台规划措施，通过资金支持推动工业互联网平台建设，吸引企业参与，还注重创新资源整合与集聚，加强产学研合作，优化创新生态，促进数字经济发展。常熟市传统产业规模大，如服装产业数字化转型需求迫切，促使政府加大数字基础设施投入，同时推动产业集群协同创新，建立产业联盟，加强企业间合作，改善了数字经济发展环境。其次，昆山市整体数字经济发展领先，但在数字经济发展环境方面，政策扶持和资源投入重点不够突出，如工业互联网平台建设投入针对性资源相对较少，且产业结构多元化导致数字经济资源分配分散，难以在关键指标上形成绝对优势。

此外，太仓市数字经济发展处于起步阶段，虽在人工智能领域有进展，但数字基础设施建设覆盖范围和服务能力有待提升，且以传统制造业为主导，数字化转型投入谨慎，在基础设施建设和创新生态构建方面投入不足。张家港市资源分配侧重传统重工业和港口经济，数字经济发展资源投入有限，数字基础设施和创新平台建设缓慢，在区域竞争中缺乏独特优势和差异化策略，政策吸引力和创新生态活力不足。

0.5.5 结论与建议

通过对苏州市在全国层面的数字经济发展情况，以及其下辖昆山市、吴江区、常熟市、张家港市和太仓市数字经济发展环境的分析，可以得出以下结论：总体而言，2023 年苏州市数字经济发展呈现出多维度特征。从全市来看，数字普惠金融处于全国前列且增长稳健，但数字化程度的年增长率为负；数字经济关注度高但增长动力减弱，而人工智能关注度发展迅猛，政策支持力度大且增长快，但全国排名有待提升。在区县层面，数字经济发展呈现出梯度差异。昆山市综合实力强，在基础设施、融合应用、创新能力等多方面表现突出；吴江区特色鲜明，以战略协同、营商环境和文化资源助力发展；常熟市稳步推进，产业升级与区域合作成效显著；张家港市积极发展，企业创新和产业调整初见成效；太仓市起步较晚但潜力逐步显现，对德合作与港口经济带来机遇。

由此，提出以下政策建议。

在全市层面，首先，加大技术创新投入，突破数字化程度提升瓶颈，立足现有产业基础与优势领域，保持覆盖广度和使用深度增长优势，提升整体数字普惠金融竞争力；其次，激发数字经济市场活力，挖掘数字经济新亮点，全面推动制造业的“智改数转网联”，加强人工智能与各产业深度融合，引导企业创新应用，持续提升数字经济发展水平；最后，强化政策制定与执行，增强政策系统性和创新性，加强政策宣传与企业需求对接，确保政策落地生效，以吸引更多数字经济企业和人才。

在具体区县层面，其一，高新区等中心城区，应紧扣高能级创新平台的规模化建设，加大对南京大学苏州校区等高层次创新平台的支持力度，围绕科技创新推动产业创新，精心打造优质产业发展生态，汇聚更多的具有创新活力与多元化应用场景的数字经济企业，完善数字经济产业链；其二，昆山市应巩固优势，持续加大数字经济基础设施投入，拓展应用场景，提升创新能力，加强区域合作引领发展，如进一步完善5G网络覆盖和数据中心建设，推动数字经济与传统产业深度融合；其三，吴江区应深化战略协同，利用区域优势和文化资源，推动数字经济与实体经济融合，如加强长三角一体化数字经济合作项目，提升数字文化创意产业影响力，引导数字化消费场景培育；其四，常熟市需要加速产业数字化转型，加强创新载体建设，积极融入区域数字经济发展格局，如加大对服装产业数字化转型支持、提升产业创新平台效能；其五，张家港市应克服产业结构转型难题，加大数字经济基础设施建设，引导企业数字化创新，如推动重工业企业数字化改造试点，加强数字经济创新资源引进；其六，太仓市应加快数字经济基础设施建设，提升数字经济融合应用水平，培育数字经济创新生态，如加大对数字基础设施建设投入、吸引数字经济头部企业入驻。

1 人工智能赋能高质量发展的战略思考

党的二十届三中全会明确提出“高质量发展是全面建设社会主义现代化国家的首要任务”（人民日报，2024）。2024 年，习近平总书记在《求是》杂志发表的第 11 期文章题目是《发展新质生产力是推动高质量发展的内在要求和重要着力点》。高质量发展是塑造竞争新优势的必由之路，人工智能作为新一轮科技革命和产业变革的核心驱动力，正推动数字经济算力升级，带来生产力的变革，培育产业发展和经济增长的新动能，打造全新的经济增长极，为我国高质量发展注入新的活力。大力推动人工智能的创新与应用，加速新质生产力的培育，是构建现代化经济体系、建设制造强国、实现高发展质量的关键抉择。当前我国经济发展进入新阶段，推动人工智能全面赋能高质量发展，是主动适应新一轮科技革命和产业变革的必然选择，也是实现中国式现代化的必然要求。

1.1 人工智能时代的新特征

中国数字经济发展已经进入人工智能新阶段。人工智能阶段将知识和数据作为新的生产要素、将“数据 + 算力 + 算法 = 服务”作为新的价值创造模式，在生产关系方面形成了一些新的特征。

1.1.1 人工智能时代生产力方面的新特征

人工智能时代价值创造的基本逻辑是：以算法和算力将数据转变为信息、信息转变为知识、知识转变为决策，在数据的自动流动中化解复杂系统的不确定性，从而催生出数字化、智能化和绿色化的新质生产力发展形态（米加宁等，2024）。从工具革命转向决策革命表明，“数据 + 算力 + 算

法 = 服务”成为人工智能时代新质生产力的新的价值创造模式，其中服务是指在“数据 + 算力 + 算法”这一核心技术体系的赋能下，深度融合劳动者、物理世界和数字世界并构建起智能生产生态，生态内经济主体出现大规模的决策革命、工具革命和生产要素革命，从而催生出新的“技术—经济范式”重构传统生产体系。具体来看，这种新的价值创造模式存在四种效应。一是长尾重构效应，通过互联网平台将个性化、碎片化的消费需求整合并分发给专业化的生产厂商，形成以规模化供给满足个性化需求的智能化服务模式。二是产品重构效应，通过消费互联网和产业互联网的对接，形成以消费需求变化为导向的新产品响应、设计、孵化、上市和更新的柔性化服务模式。三是决策重构效应，通过人工智能技术形成工业大脑并将其与知识劳动者相结合可以推动生产决策优化，从而降低生产成本、减少资源消耗以及降低市场冲击的不确定性。四是工具重构效应，工业互联网平台和人工智能技术的深度融合及其对传统生产工具的数字化、智能化和绿色化改造，引发生产力的劳动资料革命。而劳动资料不仅是人类劳动力发展的测量器，而且是劳动借以进行的社会关系的指示器（马克思、恩格斯，1972）。

1.1.2 人工智能时代生产关系方面的新特征

人工智能时代，数智化生产工具的规模化应用推动传统生产关系向以人机协同为主要特征的新型生产关系演进，人机协同主要表现为“人—机”“机—机”“人—机—人”三种生产关系。人机协同模糊了活劳动和物化劳动的边界关系，但并未改变活劳动创造价值的唯一论。正如马克思从“总体工人”的视角指出：“总体工人的各个成员较直接地或者较间接地作用于劳动对象……为了从事生产劳动，现在不一定要亲自动手；只要成为总体工人的一个器官，完成他所属的某一种职能就够了。”（马克思、恩格斯，2009）也就是说，“机器换人”“无人工厂”等发展现象只是人机协同对传统生产方式下体力劳动的智能化替代，其背后是对脑力消耗的智力型劳动的延展，更加强调人的创造性劳动。根据马克思的机器体系理论，机器只是“人的产业劳动的产物，是转化为人的意志驾驭自然界的器官或者说在自然界实现人的意志的器官的自然物质”（马克思、恩格斯，2009）。人工智能始终以人的意志作为根本遵循参与劳动创造需求的过程，其数据的训练、验证和测试以及算法模型的选择和改进均不能脱离劳动者而单独发挥作用，是人的过去创造性劳动的产物，人机协同的劳动过程仍然以劳动者为主体，特别是创造性劳动者。因此，人机协同表现出的三种新型生产关系的本质依然是“人—人”关系，与传统生产方式不同的是，此时的“人—人”关系的主体是创造性劳动者，突出复杂劳动的价值创造倍增性，并且生产活动的主导权逐渐由生产资料所有者转向掌握知识和技术的高素质人才。“人—机”“机—机”“人—机—人”这三种生产关系只是网络化生产方式的体现。网络化生产方式是基于现代网络技术、数字技术而发展的跨越时空的分工合作型生产模式，形成了从生产资料、生产设计、产品制造、产品管理到产品流通的集体协作型分工合作，从而将串型的生产过程转变为并列型的生产过程，使得生产组织关系更加平等化。这种网络化生产方式，从生产组织结构来看，由金字塔形的上下级命令关系转向网络化的部门合作关系；从生产组织关系来看，由竞争淘汰的仇视关系转向实现平等共赢的合作关系。

1.2 人工智能已成为中国高质量发展的重要赋能力量

2018 年 11 月，习近平总书记在中共中央政治局第九次集体学习时强调“人工智能是新一轮科技革命和产业变革的重要驱动力量，加快发展新一代人工智能是事关我国能否抓住新一轮科技革命和产业变革机遇的战略问题”（人民日报，2018）。随着新一代信息技术的快速发展，当今世界已经逐步迈入第四次工业革命，人工智能作为核心技术，近年来与大数据、互联网结合，发展迭代迅速，应用场景越发广泛，正在推动经济社会发生重大变革，深刻影响了国际竞争格局。我国为人工智能赋能高质量发展提供了良好的实践基础与政策基础。从政策基础来看，我国政府高度重视人工智能的全方位发展，注重顶层设计，推进技术创新与应用落地。2017 年 7 月，我国政府正式推出《新一代人工智能发展规划》，提出要发展人工智能新兴产业，推进产业智能化升级，打造人工智能创新高地（人民日报，2017），自此，发展人工智能正式被纳入国家战略。2021 年 3 月，《中华人民共和国国民经济和社会发展第十四个五年规划和 2035 年远景目标纲要》明确提到，要瞄准人工智能等前沿领域，实施一批具有前瞻性、战略性的国家重大科技项目。2022 年 7 月，科技部等六部门联合印发《关于加快场景创新以人工智能高水平应用促进经济高质量发展的指导意见》强调，要促进人工智能与实体经济深度融合，探索人工智能发展新模式新路径，以人工智能高水平应用促进经济高质量发展。2022 年 10 月，党的二十大报告强调，要构建新一代信息技术、人工智能、生物技术、新能源、新材料、高端装备、绿色环保等一批新的增长引擎。2023 年 12 月，中央经济工作会议做出明确要求，大力推进高质量发展，发展数字经济，加快推动人工智能发展。

在战略引导与政策支持下，我国加快对人工智能的发展布局，目前人工智能核心产业规模、企业数量不断扩大，以大模型为代表的创新成果不断涌现，应用渗透性增强，加速人工智能与实体经济的融合。从实践基础来看，人工智能作为数字发展的新阶段，离不开数据基础与算力基础的支撑。当前，我国的算力规模位居全球第二，凭借超大规模的数据资源优势、完善的数字基础设施，已经跃居全球人工智能发展的前列，加速迈向智能化时代，因此，人工智能有能力全面赋能高质量发展。同时，高质量发展必然需要人工智能的全面赋能。作为引领这一轮科技革命和产业变革的战略性技术，人工智能具有很强的“头雁”效应。从产业层面来看，人工智能实现新兴产业和传统产业协调发展，进入产业互联网时代，带来产业组织模式与结构的变革；从企业层面来看，人工智能推动企业改变生产模式、运营模式和商业模式；从技术层面来看，人工智能技术不断实现纵向迭代，增强技术的普适性和创新能力（任保平，2024）。人工智能技术的应用催生新产业、新业态和新模式，能够提高经济效率，优化经济结构，培育经济发展新动能，为高质量发展提供有力支持。从当前高质量发展的时代特征来看，必然需要人工智能的全面赋能；从人工智能的发展趋势和应用效果来看，其已成为中国高质量发展的重要赋能力量。

1.2.1 人工智能是推动世界经济发展的新趋势

当前，新一代人工智能技术不断突破，应用范围越发广泛，推动了创新速度加快，引领世界范围内的产业发生变革，带来生产力的整体跃升，推动世界经济发展步入全新的数智化发展阶段。首先，人工智能是未来经济发展的核心驱动力。当前，世界经济的增长已经从数量型转向效率型，技术水平与知识革新成为经济增长的新动力。要素的利用率和投入产出率越高，经济发展的质量就会越高，要素生产率的提高依赖于技术创新，人工智能作为新一代信息技术，通过突破性创新提升效率，已经成为世界经济增长的新动力。从宏观角度来看，生产力是决定国家经济繁荣的关键，人工智能技术能够提高生产力的质量，推动新质生产力的发展。人工智能技术可以改变原有的生产函数，实现生产要素的重新组合，把数字生产要素、生产条件通过新组合赋能生产体系，提升劳动者素质，智能升级劳动资料，拓展生产边界，成为未来经济发展的核心驱动力（任保平等，2023）。其次，人工智能正在重塑国际竞争新优势。大数据与人工智能技术结合的运用，正在推动传统大批量集中式的生产模式向网络化、智能化深刻转变，也成为全球经济发展的共同方向。智能制造、互联互通是世界工业发展的新趋势，正在持续推动企业创新发展，提升竞争力。人工智能技术的运用提升生产效率，促进了产业链供应链优化，提高了产品性能，满足了市场多元化、个性化需求，全面推动了经济效益的显著提升。智能制造催生的新产品和新服务，将重新塑造世界竞争的新优势，推动全球价值链向中高端迈进。最后，世界各国加快对人工智能的战略部署。美国相继颁布《国家人工智能研究和发展战略计划》《人工智能、自动化和经济》《人工智能白皮书》等一系列政策，推动技术创新与产业升级，通过实施一系列税收减免、研发资金支持等措施，确保美国人工智能系统研发继续处于领先地位。英国政府发布《在英国发展人工智能产业》报告，致力于构建智能制造生态系统，推动人工智能产业成为世界领导者。德国更是凭借其深厚的工业基础，将人工智能作为“工业 4.0”战略的核心内容，发布《联邦政府人工智能战略要点》。日本根据自身情况打造“智能制造系统”，提升产业竞争力，并强调国民生活智能化。这些具体的政策举措彰显了各国对人工智能的高度重视，也预示着人工智能引领全球迈向更加智能、高效、绿色的未来。

1.2.2 人工智能是高质量发展的重要推动力

人工智能技术的发展将带来新的技术、新的产品、新的模式、新的组织方式和新的竞争方式，重构传统经济体系，重塑传统产业生产模式，推动高质量发展。首先，人工智能技术推动高质量发展动力变革。创新是引领高质量发展的第一动力，人工智能加速了技术的创新与变革。人工智能一是具有深度学习和自我优化的能力，可以推动技术创新速度加快，应用周期缩短，提高研发创新效率；二是能够利用智能化系统识别设计原理中存在的问题，实现生产模式的创新，提升协同创新效率；三是具有跨界融合的特征，可以将现有的知识和信息进行重新组合，创造出新的价值。这种排列组合式创新能够提高创新能力，加速科学技术的发展，实现原创性技术的突破。因此，人工智能可以提升自主创新能力，为高质量发展持续提供新动能，人工智能技术也可以改变传统产业的生产业态，通过提高产能利用率升级传统动能，同时，我国拥有海量数据规模，与人工智能技术的结合应用能够激活需求，释放潜在动能。其次，人工智能技术能够推动效率变革。人工智能技术可以改变生产方式，优化配置结构，提高投入产出效率。一方面，人工智能可以借助大数据和云计算等，构建数字化的生产管理系统，提供更加精确的生产设计方案，降低交易成本；基于机器学习、深度学习，能够实时分析生产数据，实现智能化控制和决策，降低出错率，同时，降低人工耗费和生产成本，提高资源配置效率和资源利用率。另一方面，人工智能能够实现生产线的柔性化配置，人工智能利用智能视觉等系统，反馈生产资料的耗费情况以及供需的变化情况，调整生产方式，缩短生产周期，从根本上解决信息不对称的问题，提高信息流通效率。人工智能技术能够实现生产过程的快速调整，灵活适应市场多样化需求，自动匹配不同产品的生产需求，实现个性化定制，提高企业经营效率；另外，通过自动化控制和自动化运行，能提高全要素生产率；通过生产过程的可视化、可追溯，能提高服务效率。最后，人工智能技术能够推动质量变革。人工智能技术的运用可以突破产业发展的瓶颈，提高供给体系的质量。一方面，人工智能通过推动传统产业智能化升级转型提高供给质量。人工智能技术的应用可以提升产业全方位全链条智能化水平，提升现有产品和服务的质量，推动产业价值链高端化，重塑产业链的价值创造和竞争方式。同时，人工智能技术可以实现数据共享和信息流通，及时反馈需求，实现产业链上下游多主体之间的协同，优化产业布局。另一方面，人工智能技术能够推动数字产业化。人工智能产业作为战略性新兴产业，主要包括智能基础设施、智能信息及数据、智能技术服务、智能产品等四个方面，能进一步发展壮大数字经济核心产业。人工智能技术为数字产业的发展提供了强大的技术支撑，带来新的产品和服务，用新的商业模式带动数字产业的创新发展，提高了数字产业的附加值和竞争力，推动供给侧结构性改革。综上所述，人工智能是高质量发展的重要推动力。

1.2.3 人工智能已展现出对经济高质量发展的强大赋能作用

传统的经济发展依赖于人工操作和简单的自动化设备，存在着生产效率低下、资源利用不足、产业协同效应不足等问题。人工智能作为新一代通用性目的技术，具有渗透性、替代性、协同性和创造性技术—经济特征，通过与实体经济深度融合，深刻地改变了传统的生产模式和经济形态。首先，人工智能凭借其广泛的渗透性与生产各环节深度融合，变革经济生产组织方式。以大模型为代表的人工智能技术在知识记忆、指令理解、信息泛化、规划推理等方面的能力大幅提升，人工智能技术从解决特定领域的问题开始转向各个环节、各个领域。人工智能技术不断迭代，已经与生产的各个环节进行深度融合，推动生产环节以及产品的智能化，通过智能化、自动化生产线的应用，实现精细化管理。人工智能表现出全方位、多层次的渗透性，正在推动生产技术、组织方式、商业模式发生重大变革。其次，人工智能技术表现出较强的替代性，能实现对多个领域和岗位的自动化、智能化替代。人工智能技术的应用，能实现对生产过程中传统劳动要素的直接替代，也能实现对高强度、高难度劳动过程的间接替代。在人工智能发展的初期阶段，这种替代主要体现在对传统资本和体力劳动的替代方面，通过承担重复性、危险性的工作，减少对人力资本和体力劳动的需求。随着人工智能技术不断迭代发展，其在数据分析、决策支持、科学研究等领域的应用越发广泛，对于脑力劳动的深度替代作用日益凸显。人工智能使原本需要大量人力物力投入的复杂工作得以简化，这种替代不仅有助于优化要素投入结构，提高生产效率和经济效益，还将对就业结构和社会生活方式产生深远的影响，推动高质量就业。再次，人工智能呈现出明显的协同性，推动产业协同发展。人工智能技术的应用能够完成复杂的协同工作，推动研发设计、生产、流通以及服务各环节有机衔接，实现信息共享和多方协同工作，优化要素资源配置，减少生产要素的损耗。通过精准的数据分析和智能的决策支持，人工智能技术也能促进产业供应链优化，根据市场的变化和客户的需求，动态调整供应链的策略和计划，将生产和需求进行精准对接，增强制造业的灵活性。另外，通过构建智能制造生态系统，人工智能推动智能设备、传感器、控制系统与物联网实现互联互通，形成一个高度集成、协同工作的生产网络。最后，人工智能具有突出的创造性，这也是人工智能技术区别于其他信息技术独有的技术—经济特征，通过实现技术的自我进化和自我升级，推动产业的转型升级。人工智能通过机器学习与深度学习，能够有效降低研发成本，缩短产品的研发周期，推进技术创新。人工智能技术能通过强大的数据处理能力和算力，使得知识和数据的应用效果倍增，创造新价值和附加价值，重塑供给驱动力。同时，人工智能加快了企业适应新技术的速度，优化了企业根据市场需求迭代升级的能力，适应了供求结构的新变化。新一代人工智能与实体经济的融合将会促进产品的智能化、生产管理流程的智能化、企业制造流程的智能化，促进了产业转型升级，提升了经济的适应力与竞争力（任保平、宋文月，2019）。

1.3 人工智能赋能高质量发展的战略任务

我国要实现高质量发展，既要遵循世界经济发展的一般规律，更要走有中国特色的发展道路，应该利用人工智能技术实现对经济领域的全方面赋能，在产业结构和布局加快调整中抓住机遇，占得先机。利用人工智能赋能高质量发展的战略任务在于以下几个方面。

1.3.1 加快突破人工智能基础关键技术，为赋能高质量发展提供技术基础

2018 年 10 月，习近平总书记在中共中央政治局第九次集体学习时强调，“人工智能具有多学科综合、高度复杂的特征。我们必须加强研判，统筹谋划，协同创新，稳步推进，把增强原创能力作为重点，以关键核心技术为主攻方向，夯实新一代人工智能发展的基础”。要想抓住这一轮科技革命的先机，就要加强对关键核心技术的研究。因此，推进人工智能赋能高质量发展的战略任务之一就是加快对人工智能基础关键技术的突破性研究。一是要围绕算法、算力等大模型底层技术，进行深入研究与创新。我国的算力资源和算力规模都位于世界前沿，然而，目前我国智能算力的发展，特别是适用于大模型训练的算力，与全球算力发展趋势相比仍存在较大不足。从问世之后，大模型备受关注，成为引领人工智能技术发展的重点，只有拥有坚实的算力基础，才能实现大规模的数据处理，进行基础模型和行业大模型的预训练与推理；同时，需要更高级的算法处理更复杂的数据和任务。因为算力能够放大算法模型带来的突破，算力释放红利需

要算法模型的不断突破，所以算法模型的基础研究对于人工智能发展极为重要。围绕算法、算力等底层技术的研究，是推动人工智能技术创新的基础。二是要围绕算法、算力等大模型底层技术，加快推动智能芯片、大模型算法、开源框架等基础性关键核心技术和产品的突破。大模型的智算算力需求市场正在推动智能芯片的研发和创新，当前的智能芯片要具有高通用性、高效分布式计算，高效集群互联等新特性。目前，虽然我国的智能芯片在大模型推理方面表现相对出色，但在大模型训练方面仍显不足。我国的算力制约主要来自高性能芯片研发及产业生态发展不足，以及国外对我国高端芯片的出口控制。为此，我们需要集中优势资源，强化科研团队，优化研发环境，从芯片的底层架构设计入手，提升智能芯片算力水平，真正解决“卡脖子”的技术问题；在算法优化、数据处理、芯片研发、开源框架等领域，要加大投入力度，争取关键核心技术的重要突破；深入把握世界人工智能发展新趋势，加强机器学习算法、智算芯片、核心软件等关键核心技术攻关。三是要从场景和应用着手反哺底层技术发展。我国有着人工智能技术丰富的应用场景，要培育面向制造业场景的行业大模型，围绕数据采集、数据标注，构建高水平工业数据库，激发工业数据要素价值，储存和处理相关的工业数据，为制造业的各种应用提供数据支持；深入制造业的各个环节，研发超大规模人工智能模型，推动制造业的智能化发展。产学研用各单位应该以高质量数据为依托，聚焦场景和应用的创新需求，研究与场景和应用紧密结合的人工智能技术，并助力场景创新，不断将应用创新与市场需求相结合，合力促进我国人工智能创新生态建设。

1.3.2 推进人工智能与实体经济深度融合，为赋能高质量发展筑牢产业根基

数字经济与实体经济深度融合是形成新质生产力、推进高质量发展的主要途径，人工智能作为数字经济的新发展阶段，通过与实体经济的深度融合，可以提高产业基础能力和产业链现代化水平，实现高质量发展。因此，推进人工智能赋能高质量发展的战略任务之二就是推动人工智能与实体经济的深度融合。数字经济与实体经济深度融合本质上是数字技术和数据要素渗透实体经济的全过程，以数据要素与数字技术对实体经济进行改造。一是要加快推进产业数字化。充分运用数字技术，推动实体经济全要

素数字化转型，强化人工智能技术在产业体系全流程融合应用，推进融合深度从数字化到智能化迈进。具体来说，就是要将人工智能技术全面融入研发设计、生产管理、营销、服务等各个环节，提升各个环节的智能化水平。落地大模型等人工智能技术的应用，就是利用大数据处理、智能决策、自动化控制等技术，提高传统工业的生产效率、提升产品质量和服务水平。针对不同的产业特点和需求，利用人工智能技术对传统产业进行全方位、全链条智能化改造，实现产业链的智能化，推动传统产业转型升级。二是要推进数字产业化。数字经济的核心产业具有较强的产业韧性，要聚焦集成电路、关键软件等数字产业化战略前沿，就需培育新兴产业，重点关注智能制造业和智能服务业等领域，力求形成新的经济增长点，并加速建设具备国际竞争力的先进数字产业集群。对人工智能产业进行全方位支持、多路径探索。作为当前的战略性新兴产业，人工智能产业的发展状况直接决定了人工智能技术、产品和服务的质量，也决定了多元化应用的程度，要聚焦不同领域智能化转型升级的要求，就需对人工智能产业进行重点布局，重点关注人工智能基础层产业，消除技术研发和成果转化的障碍，推动建设未来产业先导区，推动重大战略性产业发展。三是要推进人工智能与实体经济相互促进。一方面，人工智能通过数据要素、资本要素、劳动要素、土地要素、知识要素和能源要素赋能，改变传统产业的生产流程，催生新的商业模式，创造更多的价值，推动产业转型升级；另一方面，产业发展通过提供大量的消费数据、工业数据和应用场景，为人工智能的技术研发和应用提供了发展环境，加速人工智能技术迭代与创新，促进科技自立自强。人工智能和实体经济之间形成了相互促进、共同发展的良性关系。总的来说，人工智能与实体经济的融合对于改造传统产业、带动新兴产业、催生新商业都有着重要意义，是建设现代化经济体系的重要支撑，以人工智能与实体经济深度融合为主线，是推进高质量发展的必然选择。

1.3.3 加快制造业智能化升级，为赋能高质量发展打造新引擎

制造业作为实体经济的基石，对于实现经济的高质量发展至关重要。进一步推动制造业向全面智能化转型，不仅有助于提升生产效率，还能显著增强国际竞争力，强化制造业在经济发展中的支柱作用和引领地位，有

力推动高质量发展。因此，推进人工智能赋能高质量发展的战略任务之三就是加快制造业的智能化升级。一是要开展人工智能赋能高质量发展的专项行动。面向对国民经济影响大、带动力强、数字化基础好的重点行业，需要开展人工智能赋能高质量发展专项行动，以加强供需对接、标准宣贯、应用推广，加快重点行业智能化升级。深化人工智能技术在产品设计、供应链管理、市场营销等制造业重点环节的应用，缩短研发周期，提高生产效率，利用人工智能技术实现制造业高质量发展。通过政府引导、市场主导的专项行动，培育开放创新的产业生态，致力于构建一个具备显著影响力的人工智能科技创新策源地，打造新兴产业的核心聚集地，发挥示范效应。二是重点打造智能产品和装备。通过充分发挥大模型在认知、交互和生成能力上的优势，推动高端装备、关键软件和智能终端的技术革新与升级，进而提升重点产品和装备的智能化程度。将“数字一代”的产品升级为智能网联产品，推动智能设备的广泛应用，为数字化转型做好设备支撑。加快对作业机器人、巡检机器人、智能检测等新型智能装备的布局，同时注意对关键工艺进行智能改造升级。注重在产品、装备，车间、工厂还有供应链运用数字孪生技术，加强数字技术、产品、装备供应链配套支撑，大力发展智能产品和装备、智能工厂、智慧供应链，为人工智能高水平赋能工业制造体系提供更多工具箱。三是提升制造业企业智改数转的水平。企业作为推动人工智能与制造业深度融合的微观主体，提升其智改数转的水平尤其重要。于制造业企业而言，人工智能与制造业的深度融合不仅可以加速新产品的开发速度，还将彻底改变原有的生产流程，在自动化前提下，实现全新的业务流程。企业应积极采用并推广新型传感、先进控制等智能技术组件，推动智能装备和软件的迭代更新，充分利用智能制造场景丰富的优势，积极推动数字车间、智能工厂和智能生产线的有序发展，实现生产方式的持续升级与优化；同时，深入实施智能制造工程，不断探索智能设计、生产、管理以及服务模式，实现智能升级。发挥制造业大型企业的引领作用，促进大中小企业在数字化转型与智能化改造过程中的深度融合与协同发展，实现我国从制造大国到制造强国的转变。

1.3.4 健全人工智能赋能高质量发展的支撑体系，为赋能高质量发展提供保障

当前，我国人工智能行业不仅缺乏统一的标准体系，阻碍整个产业规范化和规模化发展，也面临人才稀缺、产学研用之间融合不充分等问题，人工智能赋能高质量发展仍然需要政府做好顶层设计，因此，推进人工智能赋能高质量发展的战略任务之四就是健全人工智能赋能高质量发展的支撑体系。一是建立健全人工智能推进高质量发展的标准体系。要从政策和标准布局的角度，提高我国人工智能产业标准化和规范化程度，制定人工智能行业统一的标准体系，提高企业间的可操作性和兼容性，助力整个产业规范化和规模化发展。制定完善的政策法规体系，规范技术研发与应用行为，加强监管和评估，确保其安全、可靠、可控，并且推进全球范围内的政策与体系标准化统一。二是布局人工智能创新平台。积极倡导并支持各类创新主体构建技术创新中心、产业创新中心以及制造业创新中心等多元化创新平台，优化并推动人工智能领域的制造业创新中心、产业技术基础公共服务平台以及重点实验室的建设与发展。随着国际合作机制逐渐完善，通过推动跨国研究与合作项目，组建联合实验室与研究中心，推动人工智能的发展。三是强化人工智能开源生态建设。开源框架是人工智能的新范式，将科学家、工程技术人员和实践应用企业组合成开源创新生态社区。良好的开源生态不仅加速了人工智能技术的创新，而且推动了其在各个行业的广泛应用，同时解决了安全性稳定性等问题。因此，构建丰富多元、健康稳定、开放共享的开源生态对于人工智能赋能高质量发展至关重要。要持续完善开源基础设施建设、加快完善开源人才培养体系，持续推动开源社区、开源平台、开源项目发展。四是健全人工智能人才培养和国际合作机制。当前，我国人工智能的学科建设和人才培养已经有了一定的突破，然而与发达国家仍有一定的差距。一方面，要构建基础与应用结合的人才培养体系，构建标准化、多层次人才梯队；以产业需求为导向、以应用为驱动，针对基础理论、原创算法、高端芯片进行精准人才培养，致力于推动学科建设的深度融合与人才培养的创新模式。另一方面，积极推动高校、科研机构与人工智能领域的领军企业以及产业化基地建立紧密合作，深化产教融合，以实现产学研用的无缝衔接和高效整合；采取有效的激励机制，差异化引进高端人才；同时，积极开

展国际交流合作，通过联合培养项目、学术交流，跨国流动等引进高水平人才，安排专项资金用于人才引进，制定详细的政策方案，吸引人工智能高端人才。

1.4 人工智能赋能高质量发展的战略重点

我国经济发展正处在转变发展方式、优化经济结构、转换增长动力的攻关期，工业既是经济增长的主要引擎，也是技术创新的主战场，需要推进新型工业化高质量发展。走新型工业化道路，是我国加快构建新发展格局、着力推进经济高质量发展的内在要求。高质量发展是推进中国式现代化的首要任务，新型工业化是高质量发展的重要路径和动力源泉，要把高质量发展的要求贯穿新型工业化的全过程，就需要新一代人工智能技术的赋能。当前，推进人工智能赋能高质量发展的战略重点在于以下几个方面。

1.4.1 以人工智能和制造业深度融合为主线，推进人工智能赋能高质量发展

在推进高质量发展的过程中，制造业作为直接创造财富的部门，是实体经济的核心，也是数字经济与实体经济融合的重点领域，推动人工智能与制造业的深度融合，可以实现我国从制造业大国向制造业强国的转型。一是要在技术层面推动人工智能与制造业深度融合。人工智能技术与工业互联网的结合为制造业各应用环节提供了场景。通过人工智能技术与制造业技术的深度融合，提高制造业的研发创新效率和全要素生产率。二是要在产业层面推动人工智能与制造业深度融合。通过人工智能技术推进产业数字化和数字产业化的发展，延长产业链的同时推动产业链高端化、智能化，提升制造业在全球价值链体系中的分工地位，推动新产业经济增长点出现。三是要在企业层面推动人工智能与制造业深度融合。人工智能技术通过高效处理多领域知识信息，形成人机交互的新型创新模式，通过人工智能技术与企业生产过程全流程的深度融合，实现资源的高效配置，推动生产、产品、服务和管理的智能化升级，达到制造业在生产模式、运营模式、企业形态的根本变革。四是要在生态层面推动人工智能与制造业深度融合。构建深度融合的技术生态，运用人工智能技术将数据要素与劳动、资本、技术等其他生产要素相结合，构建数据驱动的全要素生态体系，推

动新质生产力的形成，实现创新生态化、生态协同化、协同创新化的生态深度融合。因此，以人工智能和制造业深度融合为主线是推进人工智能赋能高质量发展的战略重点之一。

1.4.2 以应用场景为牵引，推进人工智能赋能高质量发展

人工智能作为通用性目的技术，可以应用到自动驾驶、智能制造等诸多场景中，随着应用场景的不断拓展，其将在高质量发展中发挥更加重要的作用，同时，随着使用的增加，人工智能设备的平均成本下降，有利于人工智能技术的应用与普及，因此，以应用场景为牵引在推进技术创新迭代的同时，可以更好地赋能高质量发展。由于不同行业和领域对人工智能技术的需求各不相同，场景创新能够更精准地满足这些多样化需求，通过针对具体应用场景的创新，更有效地将技术研发成果转化为实际应用，能够激发市场活力，促进新业态和新模式的产生。人工智能技术与实体经济的深度融合能创造消费应用场景，更好地满足高质量发展中多类型多层次的消费需求，通过人工智能技术驱动，也能实现技术创新、基础设施、应用场景和商业模式的融合创新。当前，部分新型基础设施的投资项目应用不足，导致设备利用率低，无法带来有效发展，为避免这一问题，必须坚持深化供给侧结构性改革，以场景为牵引，以应用需求为导向，强调“建用并重、以用促建”，持续推动各类人工智能应用场景的开发、开放和创新，推进应用场景落地。另外，人工智能技术在具体应用场景中能够解决真问题、创造生产力，利用我国丰富的应用场景推进人工智能先进技术和优质产品加速升级，实现人工智能可持续发展，使人工智能技术在赋能高质量发展过程中实现价值释放和迭代演进。因此，以场景应用为牵引是推进人工智能赋能高质量发展的战略重点之二。

1.4.3 以智能制造为主攻方向，推进人工智能赋能高质量发展

智能制造能够明显帮助制造业提高质量和效益，实现降本增效，优化产业结构，在制造业面临转型升级的背景下，必须以智能制造为主攻方向。从数字技术、网络技术到人工智能，新一代信息技术与制造业的融合程度越来越深，范围越来越广，智能制造水平也在不断提升。ChatGPT 等生成式人工智能技术标志着弱人工智能正在向强人工智能发生转变，生成

式人工智能的广泛应用意味着传统数字技术与制造业的简单融合已经不能满足高质量发展的新需要，推动人工智能技术创新是向新一代智能制造转型升级的关键。从智能制造的发展演进中可以总结出三个基本范式，第一代智能制造是指数字化制造，依赖于数字技术与制造业技术的融合，实现生产过程从自动化到数字化的转型。第二代智能制造是“数字化＋网络化”制造，随着互联网技术的不断成熟，相比较数字化制造，“数字化＋网络化”制造使得产品的研发设计和生产等环节实现协同，进一步实现制造业的供应链、价值链集成，重塑制造业的价值链，制造系统的信息流和数据流联通，在服务方面实现从以产品为中心到以用户为中心的转变。随着人工智能技术呈现出深度学习、跨界融合、人机协同、群智开放、自主操控等新特征，与制造业技术深度融合形成了新一代智能制造，给生产方式、服务模式、产品都带来了彻底变革，极大地推动了新质生产力的发展。智能制造的三个范式并不是相互独立的，而是要实现并行推进、融合发展，当前我国智能制造相关主体、技术和产业发展水平不均衡，作为制造大国，要抓住这一轮科技革命的机遇，坚持需求牵引、创新驱动，利用人工智能稳步提升智能制造的整体水平，实现向制造强国的转型。因此，以智能制造为主攻方向是推进人工智能赋能高质量发展的战略重点之三。

1.4.4 构建高水平赋能工业制造体系，推进人工智能赋能新型工业化

一是要加快构建科技创新体系。推动科技创新是工业制造发展的关键，需要完善我国科技创新体系，创新生态系统。加强基础研究与应用研究的结合，夯实基础，攻克关键技术，赶超国际前沿发展的步伐；发挥市场作用，优化资源配置，提高科技成果的转化率；加快科技体制改革，推动科技创新实质化，实现政产学研用的协同创新；发挥企业微观主体作用，加大对人工智能创新技术的投入。二是要加快构建人才支撑体系。培养具有国际视野、掌握前沿技术的科技企业家，科技企业家是具备创新精神，敏锐洞察市场需求，并具有科学家的素质，洞察科学新发现的复合型人才；要激发企业家精神，采用激励制度从多层次多领域培养复合型人才；同时，健全人才保障机制，完善人才培养、使用、管理机制。三是要加快构建现代服务体系。传统制造业长期以产品利润为导向，与服务业相互分离。然而，要推动制造业向更高质量发展，关键在于构建现代服务型

制造体系。这一体系旨在拓展制造业的价值链，并推动其向高附加值产业链转变，实现转型升级；利用人工智能技术与产品研发、服务等环节深度融合，提高价值链精细化服务。四是要构建公开透明的人工智能监管体系。在推进人工智能发展过程中，严格遵循相关的法律法规、伦理准则和技术标准，实现涵盖人工智能算法升级、创新研发以及成果应用等各个环节的全方位监管；同时，对于数据滥用、侵犯个人隐私和违规垄断等不当行为，加大惩戒力度，以确保人工智能的健康发展。因此，构建高水平赋能工业制造体系是推进人工智能赋能高质量发展的战略重点之四。

1.5 人工智能赋能高质量发展的战略措施

新时代新征程，要深刻把握高质量发展的基本规律，积极主动适应和引领新一轮科技革命与产业变革，把建设现代化产业体系同发展人工智能技术有机结合，利用人工智能全方位赋能高质量发展。推动人工智能赋能高质量发展的战略措施在于以下几个方面。

1.5.1 加快实现高水平科技自立自强，做好人工智能赋能高质量发展的技术支撑

要在新时代抓住发展机遇，培育发展新优势，关键在于实现高水平科技创新，为人工智能赋能高质量发展提供技术支撑。第一，要加强人工智能基础研究。人工智能具有多学科综合、高度复杂的特征，需要对于重大科学问题进行前沿性布局，并提前对可能引领人工智能范式变化的理论和问题进行思考。不断推动跨学科的探索性研究，特别是推进大数据分析、高级机器学习和类脑智能计算等领域的基础理论与其他基础学科的交叉融合，解决更多的人工智能前沿科学难题。同时，注重基础研究和创新应用落地相结合。第二，持续加大对人工智能关键核心技术的攻关力度。应当将技术研究紧密融入国家的重要战略需求以及经济社会的发展目标之中，强化技术创新必须坚持以产业需求为导向，有组织地推进科研攻关，推进关键性颠覆性技术创新和成果转化，解决产业链供应链断点等关键技术领域“卡脖子”问题；发挥好新型举国体制优势，加强研判，统筹谋划，聚焦大语言模型、生成式人工智能等前沿领域，加强机器学习算法、智算芯片、核心软件等关键核心技术攻关；探索打造数据训练基地，研发超大规模人工智能模型，积极探索通用人工智能发展新路径。第三，构建开放协

同的创新体系。完善多元化主体参与、网络化协同研发、市场化运作管理的新型科技创新体系；建立以科技创新企业为主导，供应链、产业链、服务链和创新链深度融合的创新联合体，全面提升我国智能科技产业体系创新活力和创新能力；继续加大开放创新力度，强化国际协同创新和技术合作，促进开放式创新、平台化创新，实现创新资源共建共享。第四，加大对科技创新的支持力度。加大对科研机构和企业的支持力度，加大研发资金的投入。建立激励机制，包括直接提供资金和建立项目专项资金，鼓励推进人工智能研究，对企业人工智能的研究项目实施税收减免政策；同时，培养和引进高水平的科技人才，提升自主创新能力，在人工智能领域实现高水平科技自立自强。第五，培育人工智能的创新生态。要注意加强政府、产业界、学术界的协同合作，培育开放产业生态、打造多元化学术生态，推动创新生态发展；整合创新资源，贯通“硬件—系统—产业”链条，构建协同互补的人工智能创新生态，以增强我国人工智能产业的整体影响力；促进技术不断进步和产业快速升级，需要优化资源配置，集中人才与技术力量，以市场需求为导向，推动应用场景创新；致力于建设国家级开放创新平台，并强化共性技术平台的建设能力，助力中小企业在科技创新上取得突破；同时，不断完善人工智能领域的众创空间、孵化器等创业孵化体系，推动创新、创造生态持续优化。

1.5.2 适度超前建设算力基础设施，夯实人工智能赋能高质量发展的设施支撑

随着大模型等快速发展，对算力的需求急速增长，我国算力短缺的问题突出，对内存在智算中心算力规模不高、超算中心智能芯片性能不足、云计算中心成本较高等问题，对外存在高端算力产品禁售、核心算力芯片工艺被严重制约的问题。超前建设算力基础设施，能显著降低人工智能研发和应用成本，加速人工智能技术在生产过程与应用市场的普及，为智能化转型升级打下基础。第一，建立多层次数据开放体系。推动版权数据、公共数据机构以及互联网等平台有序开放数据，用庞大的数据库支撑人工智能技术研发，打破数据壁垒，夯实算力基础设施建设。同时，优化数据基础设施布局，加快数据流通基础设施建设，解决数据质量、数据流通、数据安全和数据融合等问题，更好地支撑算力和数据要素跨主体、跨类型、跨地域高效互联互通。增强企业的高性能算力供给，为实时分析工业

数据、应对业务需求、提高效率做好算力支撑，实现智能算力与通用算力的协同，另外，注重在工业企业将已有的知识经验转化为模型算法，形成共享的模型库、算法库，推动工业发展。第二，推进智能算力基础设施建设。智能算力基础设施是数据资源的基础，人工智能技术研发与应用需要超大规模的算力基础设施作为支撑。目前，算力提供主体在技术和架构方面存在差异，要加强智算中心建设，逐步提高算力设施国产化率，为大模型研究提供高性能计算资源和服务。在供给侧，要大幅度降低对于算力设备、数据获取、开发运营、设备维护的成本，推动高质量算力服务在中小微企业中的广泛应用；在消费侧，要降低算力使用门槛，提供易理解、易获取、易使用的算力公共服务，打造算力公共服务平台，开发算力网的应用；在服务侧，为推动算力资源的服务化进程，利用平台整合产业生态中的能力和资源，包括算力供给、应用开发、运营服务以及用户需求等，以实现更高效的算力服务效率。总体来说，适度超前建设算力基础设施，降低算力使用成本，有效释放数据价值，能够满足人工智能技术和产业应用对数据、算力急剧增长的需求，促进信息技术与工业技术在更高水平上实现融合发展。第三，优化算力基础设施的空间布局。当前算力基础设施建设存在着空间布局不均衡的问题，因此要统筹整合算力资源，加快形成全国一体化算力体系。注意推进农村和偏远地区的算力基础设施建设，构建统一的大数据信息平台。加强跨部门、跨地区协作，推动人工智能技术更广泛地应用，推动算力基础设施的区域协调发展。推动算力网建设，助力“东数西算”工程落地，实现数据中心、超算中心和智算中心的互联互通，建设枢纽级调度平台，实现算力的协同调度。为给技术研发和产业升级提供普惠算力，需要推动云、网、算等资源紧密融合，助力算力网络迈向全新的算网 3.0 阶段。

1.5.3 推进人工智能与实体经济深度融合，筑牢人工智能赋能高质量发展的产业支撑

高质量发展的着力点是实体经济，要深化人工智能技术的赋能作用，必须加快推进人工智能与实体经济的深度融合。第一，推进人工智能与企业的深度融合。加快推进企业的数改智转网联，强调企业作为微观主体在人工智能赋能中的关键地位，实现企业高质量发展。激励和保障企业进行人工智能的创新性研究，加快技术成果的实际应用与商业化进程。推动企

业的智能化转型升级，加快推进企业应用新型传感、先进控制等智能组件，推动智能装备与软件的更新迭代，打造智能服务。加大企业对智力资本的投入力度，吸引高水平人才，实现企业的技术突破，增加核心竞争力。合理控制研发、使用技术和设备的成本，协调企业在资金投入、经营规模与产出效益等方面的关系。同时，因企制宜地探索智能化升级道路，注意发挥龙头企业和重点企业的示范作用，对于广大中小微企业，要激发内生动力，逐步实现智能升级。第二，推进人工智能与产业的深度融合。以产业数字化和数字产业化协调发展，推进人工智能赋能高质量发展。首先，利用人工智能技术推动传统产业转型升级，加快新一代信息技术在制造业全行业全链条的应用，实现全产业链的智能升级，提高产业链的附加值和竞争力，实施“数字技术+高端智能制造”战略，推进制造业数字化转型。其次，从数字化、网络化、智能化的方向推进人工智能技术与传统产业深度融合，促进技术在工业产业的广泛渗透、深度应用，让智能制造成为工业发展的普遍形式。再次，注意服务业的智能化升级，探索柔性定制等制造服务融合新业态、新模式，发展服务型制造业。最后，促进数字经济核心产业加快发展。抢抓科技快速发展的机遇，加快建设战略性新兴产业集聚区，注重从技术到产业的转化，大力推动人工智能产业发展，打造数字经济竞争新优势。在人工智能的基础层产业，加大对于智能芯片和模型算法的投入力度，推进企业与科研平台的合作，加快研发与成果转化的过程，增加产业规模，推进人工智能基础层、技术层和应用层产业协同发展。第三，推进人工智能与实体经济生态融合。当前，我国人工智能与实体经济深度融合的生态孱弱，存在着缺乏研发人员、开发工具和资金投入不足、国内开发框架占比较低等问题，由于国外英伟达等公司智能产品生态完备，在一定程度上形成了垄断，为国内人工智能发展带来了阻碍。要推动人工智能与实体经济生态融合，一是要打造数据开放生态。推动各个行业和领域之间数据的联通，促进数据的开放与共享，用共享、共建的数据库为融合打下基础。二是要培育企业创新生态。从企业层面发挥引领作用，构建从基础研究到应用的全流程开放、协同的创新生态系统，推动企业的智能化转型升级。三是优化人工智能产业生态。加大对人工智能产业的建设力度，加大对于核心产业的资金支持力度，在产业基础层推进关键智能芯片的研发，在产业技术层搭建开源平台，形成完整的人工智能产业生态。健全生态融合体系，形成良好的人工智能与实体经济融合发展的生态环境。

1.5.4 加强顶层设计与战略规划，为人工智能赋能高质量发展提供战略支持

第一，强化政府顶层设计，制定相应的战略规划。要从国家层面明确各阶段的战略目标和重点任务，抓好人工智能赋能高质量发展的顶层设计、总体规划。立足全球人工智能发展的情况，在竞争格局中制定与我国实际情况相符的战略性安排，注意从国家层面统筹安排，推动人工智能的技术创新与应用落地，更好地赋能高质量发展。建立有效的激励体制，补齐关键核心技术短板。在具体的实施策略上，采取分步推进，从探索到试点再到普及，促进人工智能对工业各个层级的融合与发展。根据发展实践优化政策，通过加大资金扶持力度等政策引导人工智能相关建设。第二，制定人工智能赋能高质量发展的标准体系。为保证人工智能技术在高质量发展中的健康发展，需要建立健全的标准体系，包括基础共性技术、支撑技术与产品、关键领域技术、关键通用技术和伦理等重点工作的标准化体系建设。通过统一智能化产品和服务的市场准入与评价体系，有效规范人工智能技术的应用，保障公平竞争，促进产业健康、可持续发展。同时，注重推进国家标准和行业标准的协调建设，国家标准具有权威性和普适性，行业标准则是在国家标准的基础上，针对具体行业和领域进行的细化。在制定标准体系时，要将先进经验和我国实际情况相结合，注重科学性、前沿性、系统性、开放包容、共享性的协调统一，覆盖人工智能的全产业链，满足人工智能发展的多样化需求。第三，完善人工智能领域的保护与预警机制。一方面鼓励投入更多研发资源；另一方面能够确保创新成果得到合理的回报，加强人工智能专利的申请和审查流程，细化对人工智能产权的保护，包括对开源知识产权的保护等，对于侵犯人工智能专利和产权的行为，要进行严厉的打击。在应对人工智能技术的潜在风险方面，建立预警机制与风险管控体系；在网络安全、数据安全、科技伦理、就业促进等多个关键领域，建立风险防范机制，坚持安全和发展并重。强化人工智能行业和企业自律，引导人工智能产业健康发展。第四，建立全面的监管和治理机制。健全公开透明的人工智能动态监管体系，对人工智能算法设计、产品开发和成果应用全流程实施依法依规、包容审慎的监管机

制，适当合理的披露机制，完善与技术发展相适应的监管方式，推动形成公平合理、开放包容的国际人工智能治理规则。完善相关的法律法规，加快推进《中华人民共和国人工智能法》出台，建立合理的法律责任分担规则，明确问责机制，要求人工智能系统必须在算法和运行各个层面追溯问题来源，确保人工智能安全、可靠、可控。引导人工智能技术朝着有利于维护国家安全、促进社会进步和增进人民福祉的方向发展，确保人工智能发展向上向善。

1.5.5 构建高效协同保障体系，为人工智能赋能高质量发展提供全方位保障支持

制定和完善相关政策，构建高效协同的多类型保障体系，为人工智能赋能高质量发展提供有力的政策保障。第一，健全人才培养的支持体系，为人工智能赋能高质量发展提供人才保障。坚持培养与引用人才的措施并举，建立和完善适应人工智能产业发展的教育培训体系，完善高校学科体系，开设人工智能及相关领域的课程和培训项目，建立同人工智能技术与产业发展趋势相适应的人才培养体系；支持高校、科研院所、企业等围绕人工智能领域开展人才联合培养，实现产学研用一体化；制定对高端人才的引进政策，开辟专门渠道，重点引进机器学习、类脑智能计算的专业研究团队和高水平人才，加强与国际人才的交流合作；实行特殊政策，留住高水平人才，建立健全人工智能人才“引育留用”体制机制，强化人才支撑。第二，健全财税和金融支持体系，为人工智能赋能高质量发展提供资金保障。加大对智能制造、重点项目、重点科技的资金支持力度，实施特定的税收优惠和减免政策，减轻企业的税收负担，鼓励企业实现智能化转型；加大财政资金投入力度，发挥政府投资的引导作用，吸引社会资本，建立智能化的多元融资体系；引导银行等金融机构加大对先进智能制造项目的信贷支持力度，加强对中小型制造业企业的金融支持，创新融资模式和产品，支持新业态、新模式、新应用的发展，形成政府引导、社会参与的金融支持格局；加大财政资金投入力度，同时注重产业投资的有效性，对于人工智能研发、创新、应用以及企业、科研等机构建设进行合理安排配置，切实推动资金落地，利用投资实现人工智能的深度应用和供给侧结构性改革。第三，深化对外开放，加强国际交流，为人工智能赋能高质量发展提供环境保障。我国的发展与世界发达国家在人工智能技术方面还存

在一定的差距，坚持高水平对外开放，深化国际合作，以强化产业竞争力；同时，积极参与国际科技创新合作，借鉴国际先进经验，吸引外资与尖端技术，推动我国高质量发展和人工智能发展的国际化进程；积极推动开放互信的国际治理对话与合作，深化技术交流、知识共享与资源整合，加速关键核心技术的突破，推动产业链向全球价值链中高端迈进，进一步提升国际竞争力。面向未来，人工智能的发展与治理需要全球各国紧密合作，携手推动全球人工智能的稳健和安全发展。

第一篇　人工智能
赋能经济高质量发展理论篇

2 人工智能对经济学的影响和挑战

以 ChatGPT 为代表的认知大模型初步实现了向通用人工智能演进的“智慧涌现”，被公认为人工智能发展史上一次重大技术跃进，已渗透经济活动的生产、分配、交换和消费各个环节。生成式人工智能技术不仅挑战了现有经济理论，还会对经济产生深度影响。生成式人工智能技术发展对经济学研究范式、企业组织模式、信息不对称、鲍莫尔“成本病”、经济增长典型事实等传统经济理论产生了颠覆性冲击，也对劳动力市场、收入分配等产生了深度影响。为应对生成式人工智能对经济的影响和挑战，应注重隐私治理、知识产权保护和不平等治理，推动人工智能和经济社会平衡发展。

2.1 经济发展进入人工智能时代

经济增长理论研究表明，技术进步，特别是重大技术革命是驱动经济发展的可持续动力（Romer，1990；Aghion and Howitt，1992）。2022 年年底以来，以 ChatGPT 为代表的认知大模型初步实现了向通用人工智能演进的“智慧涌现”，其初步具备人类的通识及逻辑能力，被公认为人工智能发展史上一次重大技术跃进。在“大模型、大数据和大算力”的支撑下，生成式人工智能蓬勃发展。此后，全球各行各业开始投入对生成式人工智能的研究和应用探索。尤其在我国，生成式人工智能产品百花齐放，百度文心一言大模型、腾讯混元大模型、阿里通义千问大模型、字节跳动火山引擎大模型、Kimi 等语言大模型生态体系得到快速构建。同时，大模型技术在制造、零售、金融、医疗服务、互联网等行业的应用呈指数级增长。

人工智能技术具有了继蒸汽时代、电气时代、信息技术时代之后的第四次工业革命特征。

党中央、国务院高度重视发挥人工智能技术在高质量发展和现代化建设中的重要作用。2017 年 7 月，国务院发布《新一代人工智能发展规划》，部署构筑我国人工智能发展的先发优势，加快建设创新型国家和世界科技强国。2018 年 11 月，习近平总书记在主持中共中央政治局集体学习时指出“人工智能是新一轮科技革命和产业变革的重要驱动力量，加快发展新一代人工智能是事关我国能否抓住新一轮科技革命和产业变革机遇的战略问题”。2024 年 3 月的《政府工作报告》提出“深化大数据、人工智能等研发应用，开展‘人工智能 +’行动”。2024 年 6 月，习近平主席向 2024 世界智能产业博览会致贺信中指出：“中国高度重视人工智能发展，积极推动互联网、大数据、人工智能和实体经济深度融合，培育壮大智能产业，加快发展新质生产力，为高质量发展提供新动能。”2024 年 7 月，党的二十届三中全会《中共中央关于进一步全面深化改革、推进中国式现代化的决定》强调“完善推动新一代信息技术、人工智能等战略性产业发展政策和治理体系”。

生成式人工智能依托机器学习方法，通过处理巨量数据，构建神经网络模型，使之具有了决策、判断和预测能力（丁磊，2023）。随着大语言模型技术的爆发式发展，算力水平和数据呈指数化增长，生成式人工智能在处理文本、分析信息和逻辑推理方面的能力得到快速提升。例如，2024 年 9 月，OpenAI 发布的 01 大模型具有了多模态融合能力，能够同时处理文本、图像、音频、视频等不同类型信息，具有了对复杂世界的多维感知能力。生成式人工智能正向更具通用性的通用人工智能（Artificial General Intelligence，AGI）迈进。生成式人工智能不仅是一场技术革命，更是一场生产生活方式革命，将引发经济结构重大变革和思维模式改变，实现生产力的整体跃升。生成式人工智能的爆发式发展、AGI 的到来，将对经济、社会、国家治理、科学等重大的理论和现实问题产生显著影响（田国强、潘娜，2024）。

目前，生成式人工智能技术赋能研发、生产、供应链和营销等业务流程，促进生产率提升。生成式人工智能已深度融入企业业务流程改造，将生成式人工智能的文本、视频、代码等自动化生成能力与原有企业管理流程相融合，显著提升了组织效率，降低了成本。生成式人工智能和 AGI 技术革命正在重构生产、消费、交换和分配等经济活动各环节。生成式人工智能技术从微观到宏观各领域形成广泛而深刻的影响，催生了新技术、新产业、新模式，颠覆了传统经济理论许多基本命题，有必要对其进行深入研究。

本章的剩余部分安排如下：第二部分考察生成式人工智能的经济效应及其对传统经济学的颠覆性影响，第三部分探讨生成式人工智能对经济运行的深度影响，第四部分考察生成式人工智能经济治理，第五部分为本章结论。

2.2 生成式人工智能的经济效应及其对传统经济学的颠覆性影响

生成式人工智能技术对传统经济理论的影响主要包括以下几个方面：一是传统经济学研究更强调理论驱动的定量分析，而机器学习方法催生了数据驱动的研究范式；二是生成式人工智能技术挑战了建立在大规模制造基础上的传统企业组织模式，推动企业组织由科层制向自组织转变；三是大数据及生成式人工智能技术的发展，使市场主体获取市场运行的海量数据信息成本接近于零，打破了信息不对称假说；四是与传统自动化技术主要应用于制造业部门不同的是，生成式人工智能技术不仅影响制造业部门，也对服务业部门生产率产生显著影响，改变了 Baumol “成本病”假说；五是生成式人工智能技术对劳动力市场产生广泛影响，冲击了经济增长理论构建基础的“卡尔多事实”，经济增长理论模型的解释力受到挑战。

2.2.1 生成式人工智能与经济学研究范式的转变

随着大数据的广泛应用，产生了海量的文本、音频、视频等非结构化数据。由于大数据的高维度、非结构化特征，传统分析工具无法胜任，相反，数据科学和机器学习技术擅长处理此类数据。传统经济学研究更强调理论驱动的定量分析，而机器学习方法催生了数据驱动的研究范式（Mullainathan and Spiess，2017）。生成式人工智能赖以发展的机器学习算法，具有极强的预测能力，能够更好地刻画复杂经济系统运行特征和规律。传统经济学分析更注重变量之间的因果性识别，机器学习方法的核心是模型的预测能力，仅要求变量之间相关性即可。机器学习方法具备强大的预测和泛化能力，能够处理杂乱无章的高维、非结构化数据，构建新的变量，拓展了经济学研究领域。机器学习方法对高维、非结构化数据分析能力的提升，推动了数据驱动的经济学研究范式转变。

2.2.2 生成式人工智能与企业组织变革

传统产品经济时代，以流水线的大规模制造为特征，催生了科层制的企业组织模式。消费互联网时代以平台经济为特征，传统的大规模制造开始逐渐向大规模定制转变，相应地，企业组织模式开始由科层制向自组织转变（洪银兴，2020）。产业互联网和人工智能技术的发展，进一步加速了该趋势。人工智能技术不仅优化了产业链供应链，提高了资源配置效率，而且在促进产业数字化、网络化和智能化等方面形成新突破，进而及时调整优化生产供给决策（任保平、王昕，2024）。随着生成式人工智能深度赋能传统行业研发、生产、供应链、营销等环节，在产业链各环节积累的大量数据，为构建行业大模型奠定了基础。生成式人工智能技术的发展，基于数据分析和强大的预测能力，促进了研发效率、生产效率和供应链体系效率提升，使生产的灵活性得到显著提高。这将显著降低企业大规模定制的成本，加速企业管理科层制向自组织转变，推动企业组织变革。

2.2.3 生成式人工智能与市场信息不对称

信息不对称产生的交易成本通常是指产品在交换过程中发生的成本。交易成本的高低影响了资源配置效率，信息经济学、委托代理理论、机制设计理论讨论的基本命题是研究信息利用的有效性（田国强、潘娜，2024）。阿罗、德布鲁一般均衡理论论证的市场机制实现资源配置帕累托最优的重要前提是交易成本为零，不过，真实经济环境交易成本远大于零。大数据及生成式人工智能技术的发展，使市场主体获取市场运行的海量数据信息成本接近于零，降低了交易成本：一是有助于市场主体获取交易对象产品、信用水平等信息，降低企业搜寻成本；二是有助于市场主体获取海量交易对象产品价格、质量等方面信息，从而降低与交易对象的谈判成本；三是大数据技术有助于市场主体跟踪供应链流程信息，降低履约成本；四是交易行为、履约、信用水平等信息的公开透明，扭转了交易对象机会主义倾向。上述交易成本的显著下降，改变了信息不对称产生的交易成本假说。同时，通过大模型技术探寻经济规律，根据私人个体的偏好特征进行预测和精准推荐，进一步打破了信息不对称假说，改善了市场资源配置效率。

2.2.4 生成式人工智能与鲍莫尔“成本病”

Baumol（1967）通过总结经济结构转型规律，指出生产率快速增长的部门（农业和制造业），其在国内生产总值中的份额呈下降趋势，而生产率增长缓慢的部门（服务业）相对成本和价格将上升，份额也将增加。传统服务业通常呈现出生产消费同步、不可储存和不可贸易等特征，使标准化、专业化分工而导致的规模经济难以实现（江小涓，2011）。一些部门相对于其他部门生产率增长的差异，将会导致“成本病”，自动化同 Baumol“成本病”密切相关。部分学者实证检验结果也表明，服务业相对于制造业的生产率增长差距在扩大（Duarte and Restuccia，2010；庞瑞芝、李倩楠，2024）。

与传统自动化技术主要集中于制造业部门不同的是，生成式人工智能技术不仅影响制造业部门，也对服务业部门生产率产生显著影响。根据《中国新一代人工智能科技产业发展报告2023》，在三次产业中，与人工智能技术合作关系密度最高的是第三产业，占比达到75.49%，第二产业占比23.82%。生成式人工智能因其具有强大的自然语言与多模态信息处理能力，能够进行复杂的逻辑推理及迁移学习，实现对不同场景和不同数据模式的适配。生成式人工智能已广泛应用于智慧办公、智慧金融、智慧教育、智慧医疗、智慧城市、生物科技等服务领域，在通用大模型底座基础上，结合行业数据打造不断迭代的行业大模型，推动产业升级。生成式人工智能大模型的快速迭代及其在金融、教育、医疗、研发、零售等服务业部门的广泛应用，显著提升了服务业部门的生产率，改变了鲍莫尔“成本病”的理论假说。

2.2.5 生成式人工智能与经济增长典型事实

在 Solow（1956）平衡增长路径基础上，Kaldor（1961）通过总结经济增长数据和现象，提炼出典型事实，称为“Kaldor stylized facts”，主要包括：一是人均产出随着时间的推移保持持续增长；二是劳均资本持续增长；三是资本报酬率保持稳定；四是资本产出比保持稳定；五是资本收入份额和劳动收入份额在总体国民收入中保持稳定；六是经济增长率在不同国家之间差异较大。以“Kaldor stylized facts”为基础，经济学者构建理论模型解释经济增长内生机制，推动了经济增长理论发展（Romer，1990；Aghion and Howitt，1992；Aghion ，Benjamin ，Charles ，2017）。卡尔多事实也被看作长期经济增长的固定模式，不过，该模式从2000年开始明显瓦解，劳动生产率持续增长与人均收入停滞形成了新的对比，劳动收入在国民收入中的比率下降，原因在于自动化对劳动力的替代。

生成式人工智能作为自动化的新阶段，将进一步冲击卡尔多事实。传统的自动化主要替代体力劳动者，但生成式人工智能对规律性、重复性、标准化的脑力劳动者也具有较强替代性，将进一步降低劳动收入份额，提高资本在国民收入中的份额。随着生成式人工智能向AGI迈进，资本品价格持续下降，技术进步呈现出资本偏向性特征，复杂劳动力也将被人工智能所替代，国民收入份额进一步向资本所有者转移。人工智能时代，传统卡尔多事实的改变，将冲击传统经济增长理论模型的解释力。Solow经济增长理论表明，由于资本边际报酬递减规律的存在，资本将由高收入国家向低收入国家转移。AGI的发展将降低发达国家资本边际报酬递减规律造成的不利影响，改变传统资本流动方向，资本边际报酬递减规律在推动跨国经济增长收敛假说中的重要性受到挑战。

2.3 生成式人工智能对经济运行的深刻影响

生成式人工智能像蒸汽机、电力和信息技术一样，是典型的通用技术，必将驱动新的产业革命。与传统通用技术不同的是，生成式人工智能技术对劳动力的替代性更强，也会对收入分配格局产生不利影响。

2.3.1 生成式人工智能与通用技术

Bresnahan 和 Trajtenberg（1996）认为，通用技术是普遍的，随着时间的推移能够得到改进，并能够产生补充创新。工业革命以来，蒸汽机、电力和信息技术是典型的通用技术，引发了产业革命。这些新技术帮助我们突破种种能力限制，并引领我们进入新的领域。例如，蒸汽机催生了汽车、火车、飞机、现代船舶等交通工具的发明；电力催生了工厂自动化和大规模生产、家用电器的发明；信息技术推动了计算机、通信技术、互联网、电子商务等的发展。通用技术不仅推动了生产力的进步，而且催生了新的产业，创造了新的市场和新的企业组织。

自20世纪50年代开始，研究人员就已利用算法模拟人类进行创作，如利用隐马尔可夫模型、高斯混合模型、贝叶斯网络生成语音或时间序列数据，但受制于算力和数据资源，成果较为有限。2018年以来，基于Transformer架构的大语言模型开始涌现，OpenAI率先提出GPT-1模型，约有1.2亿个参数，Google于2019年提出的BERT模型，共有3.4亿个参数。在芯片算力突破和大数据支撑下，通过不断迭代，基于InstructGPT模型和人类反馈强化学习，2022年年底，OpenAI推出ChatGPT，引发了生成式人工智能面向大模型时代浪潮。紧接着，2023年，OpenAI提出了GPT-4，其参数量高达1.8万亿个，整体性能令人惊叹（车璐、张志强等，2024）。

生成式人工智能技术的应用场景十分广泛，具有通用技术特征。OpenAI首席执行官Sam Altman将人工智能分为五个等级：一级是聊天机器人，二级是推理工具，三级是代理，四级是创新者，五级是组织。目前，国内外主流大模型已达到人工智能一级水平，能够生成文本、视频、语音、图像等，赋能研发、制造、销售等环节。2024年9月，OpenAI发布的01大模型已具备人工智能二级水平，随着数据、算力、大模型技术的升级，人工智能技术正向三级AGI迈进。人工智能技术的通用性水平不断提升，对经济社会的影响日益广泛。

2.3.2 生成式人工智能与劳动就业

如果机器能做人类所做的事情，那么未来人类还会有工作吗？随着生成式人工智能技术的发展，人工智能已从知识阶段跨越至逻辑推理阶段，生成式人工智能具有了替代人类创造性工作的能力。生成式人工智能已渗透到各行各业，如商业、金融、制造业等。Frey等（2017）从三个维度（社交智慧、创造力、感知和操作）对702类工作岗位的计算机化概率进行了估计，认为47%的工作职业在未来20年将受到人工智能冲击。值得注意的是，生成式人工智能主要完成部分环节工作任务，对内容创作者提供辅助，完全替代工作很少。比如，产品研发领域的生成式设计工具，能够快速为产品提供多种备选设计方案，大幅缩短产品开发周期并提供更多创造性选择。生成式人工智能在替代现有工作任务之外，还会提升劳动者生产力。如果人工智能在某些任务上相较于劳动者存在效率过低和成本过高现象，那么劳动力的比较优势将仍然存在，就业机会将向人类具有比较优势领域集中。不过，长期来看，随着人工智能效率提升和成本降低，人类具有比较优势的领域将不断减少，在此背景下的经济模式有待探讨。人类历史上也曾经历过狩猎社会向农业社会，农业社会向工业社会的变迁，就业机会和经济模式发生了根本性转变。

生成式人工智能在替代现有工作任务之外，同传统通用性技术一样，还催生了新的工作岗位，如算法工程师、人工智能创意师、人工智能调校师等。人工智能在替代传统重复性、标准化、机械性劳动时，有助于将劳动者工作时间转向更具创造性的劳动。生成式人工智能技术对传统行业的改造也将催生新的岗位需求，如智慧医疗、智慧教育、智慧金融等。生成式人工智能技术的发展，将提升生产力，降低产品价格，提升产品需求，促进劳动就业增长。

2.3.3 生成式人工智能与收入分配

生成式人工智能技术对收入分配格局的影响，取决于生成式人工智能技术对不同群体劳动力的替代性和赋能性。与传统自动化技术主要替代简单劳动力不同，生成式人工智能技术对中等技能劳动力表现出较强的替代性。随着人工智能技术的发展，其对部分高技能劳动力会产生较强替代性，如金融分析师、软件分析师（洪永淼、史九领，2024）。从不同技能来看，生成式人工技能技术对情感需求、不易预测的低技能劳动力替代性较弱；因为中等技能劳动力工作具有较强的重复性、可预测性，所以生成式人工智能技术对其将产生较强的替代性，降低中等收入群体收入水平；高技能工作岗位的劳动者创造性较强，因此生成式人工智能对高技能劳动力的替代性较弱。总体来看，生成式人工智能技术对中等技能群体的替代性较强，将对收入分配产生极化效应。

随着生成式人工智能能够执行广泛的认知任务，降低了传统技能和经验价值，将会导致大规模失业和工资急剧下降（Korinek and Juelfs，2024）。当前，生成式人工智能主流应用形态——智能体（AI Agent），不仅能基于 LLM 进行任务推理，还具备记忆、规划和自我学习能力，能让机器像人一样思考和行动，自主调用工具完成复杂任务。人工智能在发展历程中，从最初的规则系统到后来的机器学习模型，再到具备自主性的智能体，技术演进不断推动着人工智能应用拓展边界（中国互联网信息中心，2024）。例如，2024 年百度上线的法律行业智能体——法行宝，不仅能提供法律咨询，还能撰写法律文书、案件分析、条文引用、赔偿计算等。随着角色、工具、行业类智能体应用的爆发，更多工作任务将被替代。

从行业来看，传统自动化技术主要替代制造业部门劳动力，生成式人工智能技术不仅替代制造业部门劳动力，而且对服务业部门劳动力产生极强的替代性，如翻译、行政人员、研发人员等。生成式人工智能作为新的通用技术，在短期内将对劳动收入份额和收入分配格局产生不利影响。

2.4 生成式人工智能经济治理

生成式人工智能在对经济社会发展产生广泛影响的同时，也存在消费者隐私、知识产权和不平等方面的风险。

2.4.1 生成式人工智能与隐私治理

信息经济学理论认为，消费者倾向于隐藏支付意愿，企业隐藏产品信息，消费者和企业之间的信息不对称将影响交易效率。随着大数据和人工智能技术的发展，企业收集、存储和使用消费者交易行为数据成本快速下降。依托生成式人工智能技术和大数据，企业能够预测消费者行为，降低了消费者隐私引起的信息不对称。不过，由于消费者交易数据的持久性、使用的不确定性特征，消费者隐私和数据安全风险真实存在。

随着数据存储成本的降低，个人交易行为、支付信息被数据化后，数据将被无限次重复使用，数据信息具有持久性。大量交易行为数据提升了数据市场价值，平台型企业倾向于过度收集数据，增加了信息泄露风险。例如，2024 年 6 月，黑客组织 ShinyHunters 在黑客论坛上以 50 万美元出售票务巨头 Ticketmaster 客户数据，数据总量高达 1.3TB，涉及 5.6 亿用户，包括用户全名、电话、地址、订单详情乃至信用卡关键信息。此外，数据在交易行为完成后，能够长期储存，关于未来数据的交易、使用，消费者难以控制，也增加了数据泄露风险。

生成式人工智能依托数据、算法和大模型技术，能够对个体交易行为进行预测和精准匹配，一方面提升了消费者福利水平，另一方面存在算法歧视。例如，平台企业通过大数据“杀熟”行为，可以获取消费者剩余。

在应对消费者隐私和数据安全方面，各国的监管实践存在较大差异。例如，欧盟倾向于将隐私和数据使用同“财产权”相联系，2018 年生效的《全面数据保护条例》要求数据处理必须在充分知情的前提下获得数据主体的明确同意，承认个人具有数据访问、使用、删除权利。2021 年 9 月实施的《中华人民共和国数据安全法》旨在支持数据开发利用和数据安全技术研究，鼓励技术创新和商业创新，强调数据分类分级保护制度，对重要数据进行严格管理。

2.4.2 生成式人工智能与知识产权保护

数据、算法和算力是生成式人工智能发展的基础，数据规模和质量决定了大模型的效果与性能。生成式人工智能训练数据集存在未经许可使用作品的风险。例如，2024 年 6 月，美国唱片业协会（RIAA）代表三家大型音乐出版商索尼音乐、环球音乐集团（UMG）以及华纳音乐，发起对音乐 AI 公司 Udio 和 Suno 的诉讼。该协会指控两家音乐 AI 公司使用唱片公司的录音来训练音乐 AI 大模型，并称它们在训练数据中“以几乎难以想象的规模”使用了受版权保护的音乐，使人工智能模型能够生成“模仿真实人类唱片质量”的歌曲。同时，生成式人工智能需要大量使用个人信息特征数据训练模型，如人脸识别信息、个人行踪轨迹、交易记录信息、医疗信息等。如果生成式人工智能大模型在数据训练过程中未经个人同意，擅自存储、传输和删除个人信息数据，那么将产生个人信息安全风险。

生成式人工智能通过机器学习，从大量数据中获取规律，生成文本、视频、音频等信息。传统的知识产权保护强调产权持有人许可使用模式，难以回应生成式人工智能大规模数据训练需求。由于生成式人工智能使用多类型和多种来源数据，如果采用传统知识产权保护模式，就会导致生成式人工智能数据训练许可成本过高、效率过低，制约大模型技术的发展（张涛，2024）。在实践中，为实现产权保护和促进人工智能技术创新发展之间的平衡，对于预训练数据知识产权保护，各国普遍采用例外条款或包容审慎监管框架。例如，2017 年 7 月，国务院发布《新一代人工智能发展规划》，指出“加强人工智能相关法律、伦理和社会问题研究，建立保障人工智能健康发展的法律法规和伦理道德框架”。

2.4.3 生成式人工智能与不平等治理

生成式人工智能将对劳动力市场产生冲击，产生对劳动力的替代效应和工作创造效应，不过，短期内替代效应将占据主导地位。生成式人工智能技术进步具有扩大收入差距的趋势，但最终结果如何取决于政府收入分配政策（陈斌开、徐翔，2024）。一是强化人工智能就业创造效应。生成式人工智能会对劳动力市场产生两个方面的影响，即就业替代效应和创造效应，关键在于哪种效应占主导（Acemoglu，Daron and Pascual，2020）。生成式人工智能在替代传统就业岗位的同时，也在创造新的岗位。通过强化人工智能产业化，引导互补性创新，可实现劳动力需求的扩张，降低对收入分配的不利冲击。二是提升劳动力人工智能素养。技术革命会对劳动力就业岗位和职业选择产生持久冲击，通过强化教育和培训，有助于促进劳动力在不同岗位和工作任务之间顺利转换。生成式人工智能在替代现有工作任务的同时，也会提升劳动力工作效率，使劳动力转移至更具创造性的工作中。在教育领域，应强化人工智能通识教育课程设计，使学生尽快掌握机器学习、数据分析等知识，为师生适应生成式人工智能时代创造有利条件；在劳动力市场，通过政府、企业和教育培训机构协同，开发标准化人工智能课程体系，促进劳动力适应新兴产业发展。三是税收调节与再分配。生成式人工智能技术的发展和对劳动力的替代效应，将引起劳动所得税收流失，对税制结构产生影响，导致收入分配差距扩大，需要进一步强化政府再分配和社会保障功能。四是调整社会保障体系。现有的社会保障体系基本以劳动者为中心，其失业保险、退休收入等方面与工作业绩挂钩（Korinek and Anton，2024），未来由于劳动力市场受到人工智能冲击，需要构建独立于工作的收入保障机制。

2.5 结论

继蒸汽时代、电气时代、信息技术时代之后，新一代的通用技术——人工智能，已成为影响产业变革的重要驱动力量，也对传统经济理论提出挑战。传统经济学研究更强调理论驱动的定量分析，而机器学习方法催生了数据驱动的研究范式。生成式人工智能技术不仅影响制造业部门生产率，也对服务业部门的生产率产生重大影响，改变了传统经济理论鲍莫尔“成本病”假说。生成式人工智能技术的发展，依据大数据的决策和预测能力，显著降低了企业大规模定制的成本，改变了大规模制造科层制组织模式，推动了企业组织模式由科层制向自组织的转变。大数据和生成式人工智能技术的发展，使市场主体获取市场运行的海量数据信息成本接近于零，降低了企业主体获取产品信息、信用水平、交易行为、履约能力等方面的交易成本，冲击了信息不对称假说。因生成式人工智能技术对劳动力市场的冲击，降低了劳动收入在国民收入中的份额，改变了卡尔多经济增长“典型事实”，降低了经济增长理论模型的解释力。

生成式人工智能依托大数据、大模型技术，能够对个体交易行为进行预测和精准匹配，一方面提升了消费者福利水平，另一方面存在算法歧视。生成式人工智能需要大量使用个人信息特征数据训练模型，如人脸识别信息、交易记录信息、信用水平等。如果生成式人工智能技术在大模型训练过程中，未经个人同意，擅自存储、传输个人信息数据，将产生个人信息安全风险。为应对生成式人工智能对经济的影响和挑战，应推动隐私治理、知识产权保护和不平等治理，为人工智能和经济社会平衡发展提供安全、可控、可靠的环境。

3 人工智能对世界经济的影响

当今世界已经逐步迈入以人工智能为核心的第四次工业革命，人工智能作为颠覆性数字技术，正在重塑全球经济的运行模式和发展格局。生成新一代人工智能技术的不断突破，正在引领世界范围内的产业结构发生变革，全球价值链向中高端迈进，带来生产力的整体跃升，推动世界经济发展步入全新的数智化发展阶段。在人工智能发展浪潮下，全球范围内经济增长的速度和质量不断突破，国际贸易格局不断改变，世界各国正加快对人工智能的战略部署，致力于通过人工智能技术成为世界领导者，重塑国际竞争新优势，也给世界范围内的经济发展带来了新的冲击，全方位影响了世界经济发展格局。

3.1 人工智能对世界经济增长的影响

人工智能作为新一代通用性目的技术，具有渗透性、替代性、协同性和创造性技术—经济特征（蔡跃洲、陈楠，2019），不仅改变了微观经济主体的运行规律，也改变了宏观经济增长的规律和运行周期，对世界范围内的经济增长带来影响。人工智能推动大量原本依赖人力资本的生产环节被智能化系统所取代，生产效率呈指数级增长，进而带动整个经济体的产出规模迅速扩大，世界经济的增量和增长速度显著提升。不少预测认为，人工智能能够直接为全球经济带来贡献，直接拉动全球 GDP 增长。人工智能带来了新的经济增长点，拓展了经济增长的空间，改变了世界范围内经济周期。从康德拉季耶夫周期来看，经济周期的波动源自科学技术推动的生产力发展，在传统产业逐渐面临发展制约的时候，人工智能作为颠覆性科学技术，以创新驱动经济发展，可以带来新一轮经济周期的繁荣（Erik, et al. , 2000）。

3.1.1 人工智能从供给侧拉动世界经济增长

从供给侧来看，人工智能通过实现对传统生产方式的变革，给世界范围内带来新的供给。当前，主要发达经济体在财政与货币政策的多番组合尝试下，需求刺激的可操作空间已被大幅压缩，而世界经济增长依旧疲软，其根源在于供给侧受到诸多限制，致使经济增长缺乏内生动力。从以往的工业革命经验来看，只有通过技术创新促进全要素生产率提高，才能带来持续的经济增长，以人工智能为核心的科技革命能够从根本上提高全要素生产率，缓解世界经济面临的供给侧约束。一方面，人工智能与劳动力之间正构建起一种深度协同的全新模式，能够对生产流程中那些具有高度重复性、规律性且操作步骤相对固定的常规性工作进行高效处理，大量的劳动力从这类烦琐且价值增值相对较低的常规性工作任务中解脱出来，聚焦于具有更高复杂性、不确定性以及创新性特征的非常规性生产工作之中，产生更大的价值创造，提高了边际效益（任保平、李培伟，2024）。从生产要素配置的视角来看，人工智能重组全球要素资源，有力地推动了生产要素在不同类型工作任务之间的优化重组与高效配置，分散于常规性与非常规性工作中的资源得以依据各自的比较优势进行更为合理的归集与整合，生产体系在资源利用效率层面实现了质的飞跃。根据摩尔定律和梅特卡夫定律，网络价值不断增长的同时，使用成本在不断降低，投入产出效率、资源配置效率不断提升。另一方面，人工智能技术能够使生产过程中的隐性生产经验更加便捷地转化为显性数据知识，并转化为具有非竞争性的知识资产，通过在不同生产环节、生产部门之间的传播，在更大范围内激发“干中学”效应，上升到整个行业甚至更大范围内的知识协同与创新，为世界范围内提升全要素生产率奠定了更加坚实的基础。

人工智能还具备独特的创造效应，带来新的经济增长空间，催生出全新的任务，拓展了生产边界。从世界经济层面来看，人工智能催生出的这些全新任务跨越了传统产业的界限，促进了不同产业之间的深度融合与协同发展，形成了以人工智能为核心的新型产业生态系统，带动了上下游相关产业的蓬勃兴起与联动发展，如人工智能芯片研发、大数据存储与处理、智能算法优化等产业的崛起，为世界经济的可持续增长提供了动力。

新一代人工智能作为知识生产元技术，能够颠覆已有的创新流程，作为“发明方法的发明”，在知识创新的源头层面引发了一场深刻的变革，重塑了世界经济增长的底层逻辑和动力源泉，成为驱动经济增长的关键力量。在以往的创新活动中，过多的知识存量反而加大了创新突破时面临的挑战，大量的既有知识需要梳理、甄别和整合，人工智能作为一种元技术，不仅能够对既有知识进行梳理、甄别、整合挖掘，还能够生产新知识（陈楠、蔡跃洲，2022）。人工智能能够优化存量知识的搜索过程，快速精准地定位到关键信息，同时识别和预测新知识组合的可能性，极大地提升了创新效率。创新效率的提升直接带动了整体技术水平的提高，新的技术成果又会渗透经济社会的各个领域，从而为宏观经济增长注入源源不断的动力。人工智能能够通过改进工艺流程、提升技术性能，实现技术创新并影响经济发展，甚至产生乘数效应。不过，也有学者指出，由于客观存在的“索洛悖论”，要想充分发挥技术“红利”，必须同步推动互补性创新性发展，且人工智能对生产率的重大影响尚需经历一个较长周期（罗良文等，2021）。

3.1.2 人工智能从需求侧推动世界经济增长

人工智能也能从需求侧为世界经济增长注入强劲动力。从消费来看，人工智能带来世界范围内消费总量的扩张。一方面，人工智能衍生的产品与服务，能够精准对接消费者多元需求，深度挖掘并激活潜在消费欲望，塑造全新消费动力机制，开拓出诸多前所未有的消费领域，通过拓展人机交互的便捷性与应用场景边界，利用智能化产品与服务，成功触发消费者购买决策，催生持续消费动力。另一方面，人工智能推动供需平衡的实现并提升消费质量，能够实现精准的生产规划与资源调配。消费活动的扩张与深化促使海量信息数据的生成与积累，借助人工智能对消费端的数据进行深度挖掘与解析，能够精准预测不同细分市场、不同消费群体在不同时期的需求变化趋势，为生产计划的动态调整提供前瞻性决策依据，确保生产与市场需求始终保持紧密对接。在此过程中，有效降低了产品搜寻成本，提高了供需对接效率（任保平、苗新宇，2021）。这种由生产端技术升级带动消费供给优化，进而借助消费数据反哺生产创新的双向互动机制，构建起良性循环体系，共同驱动消费需求在数量与质量维度实现协同提升。同时，人工智能催生出的智能产品在满足即时消费诉求的同时，也重塑了消费者对于产品的预期，催生出对未来产品迭代升级的需求，并逐步转化为消费潜力，为人工智能相关产业持续创新与规模化发展提供驱动力，进而在世界范围内有力推动消费需求总量的长期稳定增长与结构优化升级。

从投资的角度来看，人工智能直接改变了传统的投资结构，世界范围内的投资逐渐由传统物理基础设施向数字基础设施转型，以人工智能为依托的“新基建”投资具备独特优势，产生显著的乘数效应，且投资效率方面远超传统物理基础设施，能充分发挥以人工智能为载体的投资正外部性，确保世界范围内共享衍生的发展红利，构建起强大的投资驱动增长效应。人工智能带来了更多投资机会，包括大模型、算力、算法，这种人工智能芯片产生的爆炸式需求，带来了新的经济增长机会。人工智能带来的红利促使企业积极调整投资策略，显著扩大投资规模，直接带动了人工智能产业和相关产业的繁荣发展。另外，人工智能投资扩张对全球资本流动与资源配置产生了深远变革。人工智能产业展现出的高成长性和高回报率，吸引了全球资本加速汇聚，国际资本在不同国家和地区之间的流动更加活跃和频繁，各国依据自身的比较优势和资源禀赋调整产业布局与投资策略，这种全球范围内的资本重新配置与产业分工协作，极大地提高了资源的利用效率。各国在参与全球人工智能产业分工协作的进程中，通过国际贸易与投资等经济交往活动实现了资源的互补与优化利用，进一步推动了世界经济一体化进程与经济增长，在世界经济层面构建起了以人工智能为核心纽带的新型经济互动关系网络。

3.1.3 人工智能改变世界产业结构

每次科技革命都会催生出与新技术紧密相连的新兴产业，第一次工业革命推动了煤炭、机械等产业发展；第二次工业革命带动了电力、石油化工等领域的蓬勃发展；当下，人工智能重塑了世界产业格局，作为要素扩展型技术，趋向使要素于产业间流转，推动产业结构更迭（Poschke，2011）。一方面，人工智能相关产业正在不断壮大，涵盖了从基础的芯片研发、算法设计到应用层面等众多细分领域，各个产业相互关联、协同发展，形成了一个庞大而复杂的产业生态系统，基于技术特性与更多产业形成紧密联系，提高了产业在虚拟空间集聚水平。另一方面，人工智能推动传统产业的数字化、智能化转型，新产品、新业态、新模式不断涌现，凭借其对产业间数据要素流动的加速作用以及对知识溢出效应的促进作用，有力地推动各产业朝着高端化迈进，促使产业在技术水平、产品附加值、创新能力等多方面达成转型升级的目标。人工智能变革性地重塑了产业结构与生产模式，传统产业加速转型升级，新兴产业则依托人工智能技术的赋能迅速崛起，大量资源要素涌入这些具有创新活力与高附加值潜力的领域。

人工智能作为推动产业变革的核心力量，正全方位、多层次地促使产业从分离走向融合。从生产要素层面来看，人工智能打破了传统产业要素流动的局限，基于数据要素的流通与共享，实现全球范围内的产业资源整合与协同创新以及在世界范围内生产资源的最优配置，使原本分散于各产业的生产要素得以重新整合优化，形成全新的要素配置模式，从而推动产业之间的联系日益紧密，逐步走向融合发展的道路。在产业链整合方面，传统产业链条往往存在多个相对独立的环节，各环节之间信息传递不畅、协同效率低下；而人工智能促使各产业环节之间无缝衔接与协同运作，实现了产业链上下游企业之间的信息交互与深度协作，各产业环节紧密配合，极大地提高了整个产业链的运营效率与市场竞争力。在全球供应链管理层面，人工智能基于全球市场需求的智能化预测与优化功能，实现了供应链各环节的无缝衔接与高效协同，全球供应链的智能化整合，使得各国企业在生产、流通、销售等环节的联系更加紧密，形成了一个相互关联的全球产业网络，加速了经济一体化的步伐。人工智能推动产业分工持续精细化演进，产业结构得以不断优化调整，组织形态也更趋灵活高效，深刻重塑了全球经济的产业布局版图。

3.2 人工智能对世界经济格局的影响

从以往的工业革命来看，劳动生产率的提升会引发国际贸易格局的重大变化。世界贸易组织发布的报告估算，在普遍采用人工智能和生产率高速增长的乐观情境下，到 2040 年全球实际贸易增长率可能会增加近 14 个百分点，服务贸易的增长率将接近 18 个百分点。随着数字贸易地位的不断提升，数字平台已成为国际贸易的重要载体，基于数据要素产生的商品和服务已成为重要的贸易标的物，人工智能在推动贸易商品及服务价值链跨越地理空间、扩大国际贸易规模方面的作用越发明显。

3.2.1 人工智能对世界贸易格局的影响

人工智能驱动国际贸易方式发生变革，拉动国际贸易规模不断扩大。贸易成本一直是制约国际贸易发展的关键因素之一，人工智能能够降低营销、物流、仓储等多方面的出口固定成本，智能物流可以实现国际贸易运输、存储、包装、装卸等环节的一体化与层次化，使运输成本最小化。在国际市场上，买卖双方往往需要花费大量的时间和精力去寻找合适的交易对象，人工智能驱动的贸易平台可以快速而精准地匹配买卖双方，有效减少搜索成本和信息匹配成本，也可以提高贸易双方的沟通效率，降低国际贸易的风险，还可以改变传统贸易冗长烦琐的交易周期，使得跨境电商等贸易新业态成为经济增长的新引擎，带来国际贸易方式的多元化，为国际贸易注入了新的活力（杨仁发、郑媛媛，2023）。一方面，人工智能推动服务贸易转型。人工智能技术能够提高服务的即时性和精准性，通过在贸易、物流、金融等多个重大场景的应用推动服务运营高效化。在国际贸易数字化推进的过程中，产生了跨境电商、云服务、数字支付、大数据营销等服务，目前全球超半数的服务贸易已实现了数字化。同时，人工智能通过开发创新服务来培育需求，拓展了服务贸易的领域和边界，促进了出口制造业与现代服务业的深度融合，推动了出口生产的服务化转型。人工智能推动服务贸易向更高质量和更多元化方向发展，促使服务贸易在全球贸易格局中的地位和形态发生重要变化。另一方面，人工智能推动国际贸易产品多样化。随着人工智能技术在各个行业的广泛应用，世界范围内人工智能芯片的市场规模不断扩大，全球市场对于人工智能的硬件需求不断攀升，高性能服务器、大容量存储设备、智能终端设备等人工智能相关产品的需求在国际贸易间增长。与此同时，人工智能的发展推动了数据需求的激增，随着数据作为新的生产要素参与贸易出口，其使用和贸易模式发生了变革；数字服务贸易的快速发展带来了跨境数据流动的高速增长，对世界经济增长有明显的拉动效应，贸易数字化又进一步带来海量数据流动，成为推动数字贸易发展的新动能。

人工智能开辟了国际贸易发展新空间。从空间维度而言，人工智能打破了传统贸易基于地理区位的空间限制，赋予了贸易活动前所未有的灵活性与扩展性，贸易内容超越了实体货物的范畴，这种空间属性的转变极大地拓展了贸易的潜在市场空间，促进了全球贸易的普惠化与均衡化发展。

数字贸易在时空维度上的创新突破，直接转化为全球贸易便利化程度的显著提升。当前，各国政府正在积极推进电子化政务改革和跨境支付规则的统一等工作，以人工智能促进国际贸易的便利化，包括贸易流程简化、政策透明度提高、通关效率优化、跨境物流协同等多个层面，进一步增强了全球贸易的顺畅性与连贯性。更为重要的是，数字贸易对传统贸易交易区域与消费群体的拓展，为全球贸易开辟了全新的增长维度，促进了全球贸易网络的深度融合与拓展。通过人工智能实现精准营销，能打破传统贸易对消费群体的地域与阶层限制，带来更广阔的市场需求与盈利空间，进一步激发全球贸易的创新活力与内生动力（范鑫，2020）。

人工智能影响了国际贸易的规则，深刻重塑了国际贸易的格局。比较优势是国际贸易理论的核心概念之一，而人工智能正在以独特的方式重塑经济体的比较优势，促使国际贸易规则在诸多方面进行调整。人工智能重塑了国际贸易的主体结构。在以往传统贸易格局中，大型跨国企业凭借其雄厚的资金实力、广泛的全球销售网络与先进的生产技术，在国际贸易中占据主导地位。然而，随着人工智能技术的普及，中小企业借助人工智能驱动的数字平台，能够更精准地把握全球市场需求，突破地理限制与信息不对称的困境，以较低成本拓展国际业务，使得国际贸易主体呈现出多元化发展态势。在产业贸易格局方面，人工智能带动了新兴产业的蓬勃兴起，改变了全球产业间与产业内贸易的比例和流向，改变了传统产业与新兴产业之间的贸易互补关系与竞争态势。另外，人工智能重塑了国际贸易的地理格局。发达国家在人工智能技术研发和应用方面通常具有先发优势，在全球贸易中占据高端位置，发展中国家结合本国的产业优势，不断重塑自身在国际贸易中的竞争力。那些在人工智能研发、教育、基础设施建设等方面具有先发优势的国家和地区，如美国的硅谷地区、中国的一些科技发达城市等，正逐渐成为全球人工智能贸易的核心枢纽，吸引着全球范围内的人才、资本与技术资源汇聚，形成了以人工智能为特色的区域贸易集群；而一些发展中国家则通过承接人工智能相关的外包业务、提供数据标注等基础服务，积极融入全球人工智能贸易网络，在国际分工中谋求新的定位与发展机遇，从而推动了全球贸易地理格局的动态调整与演变（权衡，2022）。

3.2.2 人工智能对全球价值链的影响

人工智能有利于提高生产组织能力、延长和优化产业价值链、推动全球价值链由低端转向高端，同时能够深化国际分工，推动全球价值链的深度重构。

人工智能推动全球价值链升级。人工智能能够重塑产业链内的分工逻辑以及运作模式，通过产业间的功能互补与跨界协同，实现基于产业链的全球价值链的增值效应（阳镇等，2022）。人工智能与实体产业的融合发展提升了产业内的分工效率，促使传统产业链内部分工模式呈现出个性化与规模化的特征，原本较为单一的模块化与集成化产业链结构，如今能够被拆解细化为多个相互关联的产业链，催生出一个相互交织、协同共进的创新生态体系，在这个体系中，各环节相互交织、协同共进，产业链各节点之间的协同以及不同产业链的协作使产业附加值不断增加。同时，人工智能极大地变革了要素在价值创造过程中的参与形式，助力全球价值链迈向高端。传统要素参与全球价值链分工，大多聚集于低附加值环节，发达国家在技术密集型、知识密集型产业发展方面占有绝对优势。但人工智能时代，数据已成为全球价值链上的重要配置资源，能够积极推进全球价值链的深度整合，实现已有价值链体系的重构。传统价值链分工下的价值分配，多由处于价值链上游且掌控核心要素的企业所主导，这类企业居于价值链"微笑曲线"两端的高附加值区域，借此获得高额收益。而智能化生产与服务模式的兴起，正深刻重塑传统价值链分工的治理格局，有力促使各市场主体间的利益分配趋于均衡与公平，推动整个价值链生态朝着更公平、可持续的方向蓬勃发展。

人工智能能够推动全球价值链分工的深化与细化。人工智能打破了物理空间的边界限制，使得全球范围内的产业关联不再受地域局限，企业能够跨越国界更便捷地开展合作，进一步推动了分工的区域分离，为企业嵌入全球价值链生产提供了机会（Foster et al.，2018）。传统价值链传递过程中的交易与沟通成本较高，人工智能深度融入全球价值链组织研发、设计、生产、销售等各个分工环节，有效削减了各环节的成本冗余，提高了资源利用效率与产出效能，进而为全球价值链分工的进一步精细化、专业化提供了动力。人工智能催生出与产品价值链相并行的数字价值链，其核心产业通过拓展技术和服务的可贸易性，极大地提升了专业化程度，数字平台为全球价值链上双边或多边的匹配交易和价值创造提供了不可或缺的载体，通过数字平台聚集形成了低成本、高效率的生态系统，实现了范围经济和规模经济，提高了国际产业间的依赖程度，从而有力地推动了全球价值链分工演进的深化。人工智能加强了对生产网络中上下游产业部门的渗透融合，显著提高了产业关联程度，打破了行业间的信息壁垒；同时，创造了全球价值链分工新的节点，通过催生新兴业态以及创新传统产业的关联配套服务，细化了全球价值链分工，拓展了价值创造的环节与空间（何宇等，2021）。

人工智能推动全球价值链布局实现深刻调整。传统价值链分工链条相对冗长，上下游行业的利润空间被不断压缩，人工智能推动不同企业参与价值链分工创造，削弱了大型企业在价值链各环节的绝对垄断地位，为中小企业创造了更多参与价值链分工的契机，中小企业得以突破以往的进入壁垒，展现出独特优势，从而丰富了价值链的生态构成。这一变化促使不同国家或地区依据自身产业特色与创新能力，积极探索迈向价值链中高端的路径，摆脱低端锁定困境。在全球层面，这种变革引发了利益分配格局的深度调整，资源与收益不再过度集中于少数大型企业与发达地区，新兴力量在价值链中的崛起改变了传统利益分配格局，也有力地驱动了价值链分工的转型升级。跨国公司把传统产业各环节模块化，依成本最小化准则分布于相应国家与地区，这种全球价值链布局使发展中国家可凭低要素成本承接国际产业转移以加速工业化。随着人工智能的发展，新生产方式致使价值链各环节要素投入比例渐趋一致，人工智能技术成为决定各环节成本的关键要素，劳动力的重要性降低，发达国家原本的劳动力成本劣势随之减弱，而其技术创新优势得以彰显，诸多价值链环节因而极有可能加快向发达国家回流。直接引发全球生产要素格局的深刻变革与产业布局逻辑的重塑，对不同发展水平国家在全球产业价值链中的定位与竞争态势产生深远影响。与此同时，市场潜力和技术水平将取代成本，成为价值链布局的决定性因素，具备技术与市场优势的经济体，于吸引价值链布局时更具主导权，打破全球价值链中由大型跨国公司主导的既往模式，摆脱“低端锁定”状态，拥有丰富数据资源及新兴科技的优势企业能够在全球范围内优化布局，全球价值链分工的区位选择空间得到拓展，扩充了全球价值链分工在全球范围内的空间布局可能性。

3.2.3 人工智能对全球竞争格局的影响

前两次工业革命的经验表明，谁在工业革命中占得先机，谁就能在综合国力竞争中赢得优势。以人工智能为代表的新一代科技浪潮正在重塑全球竞争格局，抢占人工智能的发展优势，就是抢占国家在全球科技前沿领域的地位与话语权。人工智能从多个方面重塑国家竞争力，成为提高国际竞争力的重要力量，当前，人工智能已经成为大国竞争的焦点，各个国家重视人工智能的发展，不断抢占科技竞争的战略制高点，未来在全球范围内面临更高水平、更激烈的竞争。

从战略规划层面来看，各国竞相制定人工智能发展战略。从2015年开始，美国政府持续出台一系列规划，如《维护美国在人工智能领域领导地位》《国家人工智能研发战略极化》《美国人工智能时代：行动蓝图》，将人工智能提高到国家战略层面，从伦理法律、国家安全、技术研究与应用、资金安排等方面，全面部署人工智能领域的发展战略。从战略布局来看，美国投入大量资金用于技术创新，包括前沿算法研究，通过政策主导建立庞大的人工智能产业联盟，整合资源，强化行业标准制定权，巩固其在全球人工智能产业链中的领先地位。欧盟发布《人工智能合作宣言》，推动构建欧盟全范围的人工智能发展协调机制，《欧洲人工智能》《人工智能协调计划》进一步指定了人工智能发展方向，目前欧盟主要在全球人工智能伦理讨论中占据主导地位，在数据安全可信的人工智能发展方面具有独特优势。英国发布的《在英国发展人工智能》《人工智能领域行动》等，强调以产业创新为核心发展目标，建立起以人工智能引领全球科技产业发展的体系。日本发布的《人工智能技术战略》，提出了建设超智能社会，分阶段推动人工智能技术进步与产业协同发展。从2017年开始，中国将人工智能写入国家战略规划，《新一代人工智能发展规划》指出了人工智能的发展方向，当前不断深化大数据、人工智能等研发应用，开展“人工智能+”行动，加快形成以人工智能为引擎的新质生产力。

人工智能使竞争格局更加复杂多变。人工智能使得在该领域技术领先的国家，能够进一步巩固和拓展其优势，以美国为例，其在人工智能芯片研发、算法设计等基础技术方面长期处于世界前沿。英伟达等美国公司开发的高性能GPU，为深度学习算法提供了强大的计算能力，这些技术优势进一步转化为经济实力，可以巩固国家在科技方面的领先地位，推动了多个产业的智能化升级。中国在人工智能应用场景拓展方面成果显著，以人口规模巨大和丰富的应用场景为人工智能的发展提供了沃土，并且随着人工智能技术的持续发展，中国在全球经济格局中的地位也在不断上升。一国若在人工智能领域发展滞后，或受市场规模相对较小、技术转化效率较低等因素制约，会面临相对实力下降的局面，在全球政治经济格局中的话语权也会受到一定影响。同时，数据是人工智能的“燃料”，各国对于数据资源的争夺越发激烈。在跨境数据流动方面，各国纷纷出台政策保护本国数据安全和隐私，同时试图获取更多的境外数据。数据中心的分布也成为竞争的一个焦点，大型数据中心的建设需要大量的土地、能源和网络基础设施，涉及数据存储和处理的安全性，各国都在积极布局本国的数据中心，并且争夺在数据存储和处理领域的主导权。人工智能技术标准和监管规则的制定也成为各国竞争的关键领域。与此同时，在技术研发竞赛方面，各国纷纷投入巨额资金，大力支持人工智能相关的基础研究与应用开发，顶尖科研机构与企业纷纷聚焦于人工智能的核心技术难题，力求率先攻克技术瓶颈，实现重大技术突破，进而掌控人工智能技术发展的主导权。这种激烈的技术竞赛不仅推动了人工智能技术本身的飞速发展，也加剧了各国之间在科技实力上的竞争态势。人才争夺同样进入白热化阶段，各国纷纷出台政策吸引全球范围内的人工智能顶尖人才，高校也积极调整学科设置与培养模式，加大人工智能相关专业的建设力度，全力培养本土专业人才，这种竞争与合作的态势使得竞争格局更加复杂多变。在国际合作与竞争的舞台上，各国围绕人工智能的标准制定、知识产权保护以及市场准入等规则展开了复杂的博弈。一方面，各国试图通过国际合作分享人工智能发展的成果，共同应对全球性挑战；另一方面，在规则制定过程中极力维护自身利益，争取在全球人工智能产业格局中占据有利地位。这种合作与竞争交织的局面，进一步凸显了人工智能在大国竞争中的核心地位与关键意义。

3.3 人工智能给世界经济带来的挑战

3.3.1 人工智能的发展冲击劳动力市场

当前人工智能对世界经济最突出的影响便是对劳动力市场的冲击。从就业量来看，人工智能存在替代效应，凭借其强大的数据处理能力和精确的执行能力，能够替代重复性、规律性的岗位需求。目前来看，自动化技术的广泛应用在促进劳动生产率提高的同时，已经造成了失业率的明显上升，同时劳动者收入不断下降。与以往的技术进步不同，人工智能变革的速度、规模和深度都有所加深，不仅能够替代体力劳动，还能够进一步替代智力劳动，冲击许多以往未受技术影响的职业，人工智能的出现对劳动力的替代达到了一个过去无法比拟的速度和规模。人工智能同时具有溢出效应，不仅替代了传统劳动力，也创造了许多新岗位，产业规模提升创造了就业，人机协作领域涌现出众多新岗位，同时人工智能的发展催生出一系列新兴行业，新岗位的出现为人们提供了更广阔的职业发展空间和更高的收入潜力（Acemoglu and Autor，2011）。

人工智能的发展引发了就业结构的深刻变革，传统的劳动密集型产业向知识密集型和技术密集型产业转移，使得劳动力技能需求发生转变，人工智能对不同技能水平劳动者、不同行业的影响存在显著差异。人工智能对高技能水平的劳动者具有互补效应，对可编码和重复性的常规任务存在替代性，对高级认知和社会互动的非常规任务具有互补性，而对于中低技能劳动者则具有替代效应，低技能岗位相比高收入、高技能岗位，更容易为人工智能所替代。劳动密集型产业遭受了极大的冲击，目前以程式化、机械化操作任务为主，对技能要求相对较低的岗位，受到人工智能技术应用的冲击比较严重，不但减少了相关劳动者的收入，而且不可避免地造成劳动者失业。人工智能对中等技能人员的替代最为严重，削弱了劳动力成本的经济竞争优势，强化了就业空间极化现象（王林辉等，2022）。相较于农业和服务业，人工智能对就业的影响主要体现在制造业上，制造业更容易受到智能化冲击的影响。与传统的生产规模下行导致的周期性失业不同，人工智能导致的失业现象从本质上说是一种结构性失业，随着人工智能技术在各个垂直领域的不断推进，传统的低技能、单一技能岗位逐渐被淘汰，而对具备多学科知识融合能力和高级认知技能的复合型人才的需求急剧增加，劳动者面临技能快速更新换代的巨大压力。

人工智能也冲击了世界范围内的就业均衡，以往发展中国家凭借劳动力成本低这一优势，大力发展制造业，进而推动了经济繁荣。然而，随着人工智能技术的兴起，制造业生产模式发生了重大变革，可能致使全球制造业重新向发达经济体回流，而发达经济体凭借产品贸易，对欠发达经济体的就业产生替代效应。全球生产流程中的诸多“中间环节”会面临被淘汰的局面，进而加剧就业空间的极化现象。第四次工业革命背景下，可能呈现出“赢者通吃”的态势，原本的低劳动力成本优势已然转变，“人口红利”正逐步让位于“人才红利”。进一步而言，自然资源在经济竞争中的优势逐渐丧失，经济增长与知识、技术的关联越发紧密，且对知识和技术的要求日益提高。如今，知识与技术已跃升为构筑长期可持续竞争优势的核心要素，过去依赖自然资源等传统要素的发展模式已经改变，只有持续加大在教育、培训等提升劳动者素质方面的投入，不断提升劳动者素质，才能切实强化全球经济格局中的竞争实力。

3.3.2 人工智能的发展引发财富分化

人工智能嵌入导致的社会技能结构和人才供需之间的不平衡，无法平等地渗透到所有国家和地区，这种不平等与不对称扩大了人工智能造成的社会各产业间、群体间与阶层间在发展能力、资源占有程度与社会影响力等方面的失衡，因此人工智能可能会在世界范围内扩大贫富差距（阙天舒、张纪腾，2020）。人工智能作为一种具有偏向性特质的技术，对高低技能人群的影响呈现出明显差异，高技能劳动者凭借其较强的学习与适应能力，在劳动力市场中获取技能溢价；低技能劳动者因自身技能的局限性，在面对人工智能对传统工作岗位的冲击时，往往难以快速调整与适应，容易造成收入降低或陷入失业状态，加剧劳动群体内部的贫富差距，也会造成非常规与常规任务工资差距的扩大（陈琳等，2024）。对于企业来说，人工智能的研发与应用需要大规模的投入，面对不断增长的“创新租金”，少数公司获得了人工智能的收益，先进入者可能享有垄断地位，收益的分配越来越集中，但绝大多数企业的收入很少，也会导致企业间尤其是跨国企业间严重的不平等。大型科技公司凭借在人工智能和数据处理方面的先进能力，在行业内构筑起巨大竞争优势，成为经济力量中心，这进一步凸显了市场竞争的不平等，限制了中小企业成长，也可能抑制整个经济体的创新活力。

人工智能技术的发展也可能拉大国家之间的差距。先发国家凭借良好基础和丰富资源，在人工智能的浪潮中明显处于优势地位，随着技术的迭代加速容易造成“马太效应”，国家和区域间差距由此被拉大（张勤、仝宇，2024）。在资源方面，掌握高价值数据集的国家，在开发优质应用程序以及整合资源上更具优势，能够抢占发展先机。智能经济时代下产品定制化生产特点凸显，全球制造业有向发达经济体回流的趋势，这些国家和地区可通过产品贸易获取高额利润，实现经济快速增长，而对于主要依赖劳动力成本优势的发展中国家，非熟练劳动力被机器人大量替代，相对工资降低，以往靠劳动力转移实现快速发展的路径难以为继，经济增长面临较大冲击。人工智能自我学习和自我优化的背后是高昂的研发投入和大量数据处理能力的需求，只有资源雄厚的国家才能承担，这种特征在经济上导致了“马太效应”和巨大的数字鸿沟，加剧了世界范围内的不平等，资本丰富和技术先进的国家，能够投入更多资源用于人工智能的研发与应用，使领先的国家在人工智能领域进一步巩固优势，而资源较少的参与者则面临越来越大的挑战，拉大国家之间的差距。人工智能虽在初期可能会造成资源集中、加剧不平等，但长远而言，也推动了全球经济发展和技术进步，随着全球化深入、信息技术发展，先进技术会逐渐向全球扩散，弱势国家和企业可通过引进、模仿和自主创新提升技术水平与经济实力，推动更多国家参与全球经济活动，进而缩小与发达国家的差距，缓解不平等。

3.3.3 人工智能促使国际经济治理结构发生变革

人工智能的颠覆性创新给现有的国际经贸规则和国际治理格局带来了挑战，人工智能依赖海量数据的收集、存储、传输与分析，这一过程引发了诸多数据隐私与安全问题，其中包括数据被过度收集或非法收集的风险，数据中心或云端服务器面临违规操作、系统漏洞等安全隐患。在国家层面，关键领域的数据涉及国家安全核心利益，人工智能技术的发展使得这些数据面临更多的安全风险。跨国数据流动中的数据隐私与安全问题也涉及政治因素，不同国家对数据主权的界定和数据跨境流动的监管政策差异，可能引发国际关系紧张和贸易摩擦。人工智能技术本身的复杂性和快速发展使得数据隐私与安全的治理难度加大。同时，算法歧视问题依旧严峻，会进一步造成不公平，引发一些伦理问题。人工智能算法的黑箱特性难以确定数据在处理过程中是否存在隐私泄露风险以及如何进行有效监管，保证人工智能符合伦理道德也对社会公平正义构成了挑战。此外，生成式人工智能在运行过程中的决策结果不仅体现着机器本身蕴含的逻辑与意志，背后更交织着复杂的商业利益诉求，个体的判断与决策常常会不自觉地被算法所携带的价值取向干扰乃至主导，引发对人工智能伦理的深入思考。

随着技术的不断创新，新的攻击手段和安全漏洞也不断涌现，传统的安全防护技术和治理模式需要不断研发、更新数据隐私和安全技术与管理策略才能应对这些新兴威胁。

人工智能加速全球化进程，跨国信息流动与国际合作日益频繁，传统基于地理边界的治理模式面临巨大挑战。从产业链和供应链角度来看，人工智能依赖计算机硬件层、云计算平台以及各类基础辅助软硬件和应用场景。然而，当前硬件技术研发与生产、算法算力应用产品和拓展业务的发展态势不均衡，一些关键硬件技术可能被少数国家或企业垄断，在国际贸易摩擦或地缘政治紧张局势下，人工智能会对产业链的完整性和供应链的稳定性造成冲击。“算法黑箱”问题进一步导致其不透明性，进而致使外部难以理解与监督，尽管主权国家试图通过制定法律法规进行约束管理，但面对人工智能技术的快速迭代更新，这些规定难以及时且精准地应对，从而在一定程度上削弱了对人工智能有效监管的能力，使人工智能在发展过程中可能出现的风险难以得到有效遏制，进一步加剧了治理的难度与复杂性（谢新水，2023）。人工智能技术的快速发展远超传统监管框架的更新速度，世界范围内缺乏统一的人工智能监管协调机制，不同国家和地区的监管政策差异较大，这使得跨国企业在开展人工智能业务时面临复杂的合规环境，也为全球治理带来了协调上的困难，容易出现监管套利和治理空白的现象。

人工智能对国际治理带来了挑战。人工智能带来的诸多全球性重大挑战使得各国携手共进成为必然，然而，目前缺乏有效的国际合作和协调机制，各国仍然关注技术竞争，力求在确立人工智能技术的领先地位，标准制定、产业布局方面，积极主导国际标准的制定，将本国的技术理念与产业优势嵌入其中，从而在全球人工智能产业格局中拥有更大话语权与控制权。在技术转让过程中，转让方往往出于保护本国技术优势与经济利益的考量，对转让条件与范围设置重重限制；在知识产权保护方面，各国法律体系与保护力度的差异容易引发侵权纠纷；在市场准入环节，不同国家的准入门槛与监管要求各不相同，导致企业在拓展国际市场时面临重重阻碍。这些问题均会导致争端频发，给全球治理体系施加了巨大的压力。技术先进国家具有较强的风险应对能力；技术薄弱国家则因自身局限不仅难以有效应对风险，更在全球治理中无法有效发声，利益诉求常被忽视，危及全球治理的公正与有效。全球治理体系亟须革新，构建契合人工智能时代特性开放、协作且多元的新模式迫在眉睫。在此过程中，国际组织的角色越发关键，其可以通过倡导合作与共担责任，助力世界各国携手应对人工智能带来的挑战与机遇。当前，人工智能引发的治理主体转化效应已深度波及全球经济治理，加剧制度赤字，要增强治理的灵活性，提升治理的包容性和多样性，有助于制定更为全面和公正的全球政策，推动经济政策朝更可持续和公平的方向发展。

4 人工智能对经济发展的影响

2022 年 11 月，OpenAI 开发的人工智能大模型 ChatGPT 3.5 惊艳亮相，随后推出的 ChatGPT 4.0 将全球人工智能技术发展引领至全新阶段。ChatGPT 凭借其对自然语言和图像惊人的理解力及强大的内容生成能力，能够像“真正的人类”一般处理复杂场景任务（冯涛等，2023）。2023 年 11 月，OpenAI 宣称超级人工智能系统有望在未来十年内出现（Open AI，2023），这预示着人工智能大模型将重新塑造千行百业。近年来，中国《新一代人工智能发展规划》《关于加快场景创新以人工智能高水平应用促进经济高质量发展的指导意见》等文件相继出台，传递出我国高度重视人工智能发展应用的强烈信号。2024 年的《政府工作报告》提出“深化大数据、人工智能等研发应用，开展‘人工智能+’行动”，成为引领产业未来发展的重要指引。《中国互联网发展报告（2024）》中指出，2023 年中国人工智能核心产业规模接近 6000 亿元，拥有相关企业超过 4500 家，约占全球总数的 1/7，产业链覆盖芯片、算法、数据、平台、应用等上下游关键环节（中金研究院、中金公司，2024）。我国人工智能发展指数为 0.76，居全球第二位（郭朝先、方澳，2021），并成为世界人工智能发展最为活跃的国家之一，具备了人工智能发展的良好产业基础和政策支持体系。作为引领新一轮科技革命和产业变革的前沿技术，人工智能已经渗透到经济社会的各个领域，对宏观经济的整体格局、中观行业的转型发展、微观个体的行为模式均产生了重要的影响（程文，2021），不仅带来经济生产效率的提升、生产方式的颠覆和新兴产业的出现，还推动社会结构的重塑和生活方式的改变，对经济发展正在产生全方位、全链条、全周期的深刻影响。

4.1 人工智能影响宏观经济整体运行

“人工智能”的概念由 John McCarthy 等在达特茅斯会议上正式提出，但学者对其有着不同的理解，会议主要阐述了三种观点。一是认为人工智能是一种通用技术和方法，涵盖了机器学习、深度学习、自然语言处理、计算机视觉等多个领域，通过不断地突破和创新，并能够普遍使用成为技术动力（Brynjolfsson，Rock，and Syverson，2019；宋马林、王舒鸿，2013），改变人们的生活和工作方式，提高生产效率，促进经济发展。二是认为人工智能是对人的智能进行拓展和经济社会各领域的颠覆性变革。着重形成以人工智能技术为核心，与不同产业、场景深度融合，以实现智能制造、智能医疗、智能城市、数字经济等领域的“智能 +”发展（任保平、宋文月，2019）。三是从系统论的角度将人工智能视为复杂的信息系统，其子系统之间存在复杂而隐秘的信息联系（钟义信，2021），它可以优化信息系统的架构和功能，提供及时、准确的信息，并通过对数据的分析和挖掘，为信息系统提供更高效、智能的信息管理和决策支持（Andreas，Michael，2019）。这些观点彼此互补，共同展现了人工智能的多元性以及巨大的发展潜力。

在宏观经济学领域，消费、投资和出口被视为拉动经济增长的核心要素，其相互作用和动态变化对经济发展起着至关重要的作用。人工智能时代的到来充分激发了驱动经济增长的“三驾马车”——消费、投资、出口的巨大潜力，从而对社会总需求产生强大、持久的带动作用。

4.1.1 人工智能刺激消费增长

由于技术进步与消费需求存在双向互动关系，而人工智能自身是一种特定形式的技术进步，不仅自身在不断发展，还能够引发全社会技术进步（金晓彤、黄蕊，2017），因此，人工智能的持续发展势必带动消费需求的显著增加。首先，人工智能赋予产品全新价值，使消费体验更加个性化。通过对用户数据的深入分析和持续学习，智能产品能够精准地洞察用户的需求与偏好，进而为用户提供量身定制的服务，这种极具个性化的体验可极大地提高用户的满意度和忠诚度，从而有效激发用户的消费欲望。其次，人工智能提升产品的便捷性和智能化性能。智能汽车的自动驾驶功能、智能家居的远程控制功能等让人们的生活更加便捷高效。用户无须进行烦琐的操作，只需要通过语音指令或 App 即可轻松实现对设备的控制。这种便捷性和智能化程度的提升，使得智能产品在市场上备受瞩目与青睐。2019—2023 年，中国智能汽车销量从 0.04 亿辆增长至 0.12 亿辆，年复合增长率达 34.2%，略高于全球市场平均增速，进一步推动了消费需求的持续增长（观研报告网，2024）。最后，人工智能促进消费场景的多元化。随着虚拟现实（VR）、增强现实（AR）技术的不断发展，消费者能够借助智能设备体验到更为丰富多样的消费场景。比如，消费者可以利用 VR 技术体验在家中试穿衣服、参观博物馆等活动，通过 AR 技术在商场中获取商品信息、进行互动营销。这种多元化的消费场景为消费者带来全新的消费体验，极大地激发了消费者的消费热情。

4.1.2 人工智能推动投资规模扩张

工业化时代的科技进步主要落地生产领域，企业只能依据市场已有的价格信号和供求关系等进行经营决策，凭借部分信息推断和预测市场，进而规划自身的生产、供应与销售活动。因此，市场失灵现象在这一时期成为一种普遍状态。大数据、互联网与人工智能等的深度融合，重构了企业信息收集、加工及处理的技术范式，有效驱动企业步入自动化运营、智能化服务与决策的新维度，显著降低成本，提高生产效率，提升产品质量与服务水平，促使企业实现从传统制造向智能制造的转型。这种转型升级的迫切需求，一方面带动企业投资规模的扩大，另一方面促使企业加大对人工智能芯片、算法、数据等核心技术领域以及智能医疗、智能交通、智能教育等应用领域的投入与开拓力度。2023 年，中国数字化转型支出规模达 2.3 万亿元人民币，中国人工智能初创企业的风险融资额达到 2333.5 亿美元，位居世界第二（赛迪顾问，2024），不断增长的投资规模为产业转型升级提供了坚实的资金保障。此外，新基建是支撑新业态、新产业、新服务发展的战略性基石，其投资规模巨大，直接刺激投资需求的不断增长，从而带动相关产业的发展，创造大量就业机会，为经济的持续增长提供强大动力。第 53 次《中国互联网络发展状况统计报告》指出，2023 年年底，我国累计建成 5G 基站 337.7 万个，较上一年度新增 106.5 万个，全国 5G 移动电话用户达 8.05 亿户（中国国家互联网信息办公室，2024）。但中国 5G 基站仍存在需求缺口，这将吸引众多企业和投资者参与其中，进一步推动经济的可持续发展。

4.1.3 人工智能提升国际贸易竞争力

技术决定国际贸易发展是重要的基石概念和主流思想，无论早期的绝对优势理论、李嘉图的比较优势理论、技术差距贸易模型，还是近期的新贸易理论、贸易结构模型，都从理论上强调了技术对贸易开展的重要作用，认为技术差异是各国贸易分工和贸易发展的重要动因，人工智能的贸易效应是对技术影响贸易这一内涵的延伸，主要通过精准匹配供需、优化资源配置和创新贸易模式、拓宽市场渠道等方式推动一国价值链分工程度的提升（金泽虎、管俊，2024）。首先，人工智能可以帮助企业对出口市场进行精准的数据分析和预测，刻画出不同出口市场的消费者需求，以实现个性化定制和市场营销，提高出口产品的市场吸引力和竞争力；也可以帮助企业对出口市场的风险进行监测和预警，使其有预见性地采取风险应对措施，提高其在外部市场变化和突发事件中的应对能力。其次，人工智能技术能够精准监控和优化生产流程，动态调整和优化资源配置，提高产品质量和性能；实现智能物流管理，优化配送路线和运输方式；辅助海关进行风险评估和货物查验，加快通关速度，从而降低贸易成本，提高生产率。而生产率的提高有利于跨越出口贸易门槛，延长贸易关系的持续时间，提升出口韧性（Frey，Osborne，2017；李宏兵、唐莲、王岩，2024）。最后，人工智能驱动的数字营销是出口企业开拓国际市场的有力工具。借助大数据分析和机器学习算法，企业能精准定位目标客户群体，制定个性化营销策略（Mena，Karatzas，Hansen，2022）。跨境电商平台通过人工智能技术实现智能推荐、智能客服和智能物流等功能，提升用户体验、降低交易成本，使中小企业可快速进入国际市场，拓展销售渠道。2022 年，中国跨境电商进出口规模占全国货物贸易进出口总值的 4.9%，2023 年增至 5.7%，2024 年上半年，占比提升至 5.9%（新华社，2024），成为拉动外贸增长的新动能。

4.2 人工智能助推产业结构转型升级

经济发展是一个技术不断进步、产业不断创新和结构不断变化的过程，其关键在于如何促进产业结构在“一条从低收入农业经济一直到高收入工业化经济的连续频谱”上快速演进（林毅夫、付才辉、陈曦，2018）。新结构经济学理论指出，当一个经济体的产业结构与自身资源禀赋决定的比较优势相适应时，其生产成本将处于低位，竞争实力得以增强，所获利润与创造的社会剩余价值也会相应增加。伴随资源禀赋结构的变迁，该经济体的产业结构会逐步实现转型升级，在经济发展水平的频谱上持续向上移动（朱丹丹、付才辉、吕朝凤，2024）。人工智能以其强大的技术驱动力帮助各产业实现数字化、自动化、智能化，驱动要素禀赋结构深刻变革，以降低生产成本和运营管理成本，提高资本利用率，推动技术创新的扩散效应和协同效应，提升产品服务质量，加速我国产业结构转型升级。

4.2.1 优化传统要素禀赋结构，推动要素高效配置

在国家竞争优势理论的框架体系中，要素可分为初级要素与高级要素两大类。初级要素主要为劳动力，而高级要素涵盖物质资本、人力资本、金融支持以及技术等方面（Porter，2011）。与传统的初级要素不同，高级要素如人力资本和金融支持具有更高的能量密度，能够优化要素禀赋结构，从而推动经济结构转型升级（马中东、宁朝山，2020）。从改变初级要素结构来看，人工智能极大地提高了生产活动的自动化和智能化程度，智能系统和设备的应用能够精准高效地完成重复性、劳动强度大的工作任务，不仅能大幅提高生产效率和产品质量，还能显著降低生产对低技能劳动力要素的依赖，引发资本要素对劳动力要素的替代效应（Furman，Seamans，2019）。同时，随着人工智能的快速发展，众多新兴产业持续涌现，这些产业通常具有高附加值、高技术含量以及创新性强等特征，其发展增加了对高技能、高素质劳动力的用工需求，从而优化了劳动力结构（Budhwar，et al.）。从提高高级要素投入的能量密度来看，人工智能通过提升人力资本水平和金融投入质量推动经济结构的优化升级。一方面，人工智能驱动的在线学习平台、智能教育工具，可助力学习者加速知识获取与更新，提高人力资本知识积累速度，并经过长期的教育、培训和实践积累，掌握了复杂且先进的知识体系和专业技能，从而产生更高的价值。另一方面，人工智能通过提高金融支持质量，打通资金短缺部门和盈余部门间的资金流动渠道，进而成为经济发展的重要手段（张旭、赵颖智、蒋坦，2017）。人工智能驱动金融服务创新，如智能投顾、自动化贷款审批等，为企业定制个性化投资方案，帮助企业优化资金配置，提高资本的使用效率；人工智能利用大数据分析客户画像，通过深度学习算法分析宏观经济、行业市场动态等数据，更精准地评估企业项目成功的可能性和存在

的风险，预测市场走势，吸引高质量金融资本流向具有高发展潜力的领域，增强金融对经济发展的支持能量密度，实现产业结构的转变。

4.2.2 助力产业集群，引领新的产业变革

科技创新是经济结构转型升级的原动力。实践证明，技术创新能力突出的产业，其创新成果能快速实现市场化，进而展现出强大的市场需求适应活力。一旦产业发展迅猛且规模不断拓展，其市场竞争力与影响力就会随之提升。倘若产业具有显著的联动和波及效应，在技术的协同创新和推广下，有可能发展为产业集群，引领新的产业变革，最终促成产业结构和经济结构的根本性变革与升级（陈强远等，2024）。人工智能作为一种具有变革性的技术力量，正以其强大的数据处理能力、高效的模拟和预测、自动化的实验和研发流程以及智能协作和知识共享等优势，为城市和区域的智能化发展提供基础设施与服务环境，吸引生产要素和众多相关企业的集聚。马歇尔认为，来自生产过程中的企业、机构和基础设施在某一空间区域内的联系能带来规模经济和范围经济，也能带来一般劳动力市场的发展和专业化技能的集中，进而促进区域供应者和消费者之间增加相互作用、共享基础设施以及其他区域外部性（Philippe et al.，2017）。产业集聚使得企业之间的竞争更加激烈，促使企业不断加大技术创新和管理创新的投入，提高产品和服务的质量与附加值，推动产业朝高端化、智能化方向发展。在产业集群中，人工智能促使企业之间的信息交流和技术合作更加频繁，政府、高校、科研机构等各方资源的投入更加便利，助力提升区域的经济活力和竞争力。同时，人工智能促进区域间的产业转移和合作，促使发达地区将一些传统产业转移到欠发达地区，加强与欠发达地区在新兴产业领域的合作，实现产业的梯次转移和共同升级。

4.2.3 促进产业融合发展，加速完善现代化产业体系

现代化产业体系是一个复杂而多元的系统，涵盖了生产、流通、分配和消费等各个环节的有机整合，包括传统产业的稳固、战略性新兴产业的活力和未来产业的前瞻性布局。现代化产业体系完善与否直接关系到产业结构的转型升级和经济的可持续发展。人工智能作为当代最为前沿的关键共性技术，为我国现代化产业体系提供高精尖技术基础，并以前所未有的深度和广度渗透到产业体系的各个层面，成为驱动现代化产业体系完善的

关键引擎。人工智能与传统产业深度融合，推动传统产业迈向中高端的实质是建立传统产业发展的智能化模式，推动传统产业的转型升级和智能化发展，焕发传统产业的生机活力，主要表现为生产流程自动化与精细化控制、装备智能化、管理智能化、商业应用智能化、产品服务智能化和产业生态智能化六个方面的改变，从成本节约、效率提升、价值创造和集聚扩散等方面驱动传统产业转型升级（王钰、唐要家，2024）。人工智能技术与医疗、金融、交通等领域的深度融合，孕育出智慧医疗、智能金融、智能交通等新兴产业，赋能未来制造、未来信息、未来材料、未来能源、未来空间和未来健康等六个重点领域发展（工业和信息化部等七部门，2024），推动现代化产业生态构建，为经济发展注入新的活力。比如，在智慧医疗领域，人工智能技术深度嵌入智慧医疗体系，通过深度学习海量医疗影像数据，精准识别病症特征，辅助医生进行精准疾病诊断、制定个性化治疗方案，有效提升治疗效果与康复速度，全方位提高医疗服务质量与效率；同时带动了智能影像设备制造和医疗数据分析软件研发等相关产业的繁荣发展，形成稳定的产业链，增强了新型产业和未来产业整个产业集群的竞争力与抗风险能力，不断完善现代化产业体系。

4.3 人工智能重塑微观企业智能化发展格局

作为新一轮科技革命和产业革命的关键引领技术，新一代人工智能深入渗透至生产力各要素，为企业在技术体系、生产运营、组织变革以及服务营销等方面的转型升级注入多元能量，重塑企业的智能化发展格局（Gil et al.，2014）。

4.3.1 驱动智能研发，重塑企业技术创新体系

人工智能作为一种处于科技前沿的先进技术，为企业提供了强大的创新动力和技术支持，助力企业在多个关键领域实现突破。Tekic 等（2019）指出，数据、人才、技术是人工智能激发创新管理变革的驱动力。具体而言，人工智能既能凭借知识创造、自我学习、边界扩展及数据处理等实现技术突破，直驱企业产品和服务创新，又能通过促进知识溢出、调整人力资本结构以及优化创新要素配置等路径，间接对企业技术创新产生影响。首先，人工智能通过高效的数据处理与精准的需求洞察助力企业技术创新体系的变革。人工智能凭借大数据分析、机器学习、深度学习等前沿技

术，可迅速处理、训练、优化数据，从中提取出有价值的市场趋势、消费者需求等信息，精准挖掘潜在科学规律、风险及技术创新要点，为技术研发团队提供明确且具有前瞻性的创新方向，确保技术创新与市场需求紧密结合，避免盲目投入和资源浪费，提高创新的成功率和针对性。其次，实现智能研发，优化产品设计流程。传统的研发过程往往依赖人工经验和反复试验，耗时费力且效率低下；而人工智能的引入使得研发流程更加智能化和高效化，大幅缩短研发的周期和成本，并利用虚拟仿真技术对产品的结构、性能进行模拟和优化，加速产品推向市场的速度，增强企业在市场竞争中的时效性优势。最后，人工智能通过智能协作与知识共享，深度融入多领域技术，促进企业技术创新生态的构建与协同发展。人工智能打破不同部门、平台、系统和领域间的技术壁垒，推动企业内部之间、企业与外部之间的深度合作，通过智能协作平台，企业可以共享知识、技术和资源，共同攻克技术难题，开展联合创新项目，形成一个开放、协同、共赢的技术创新生态系统，拓展企业技术创新的边界和领域，提升企业技术创新体系的整体效能。

4.3.2　优化企业生产与运营流程，提高企业经营效率

在当今数字化浪潮下，人工智能深度嵌入企业生产与运营体系，通过对企业生产与运营全流程的精准把控和优化，重塑企业自动化与智能化生产格局，显著提升经营效率。在资源配置环节，人工智能利用先进的数据处理技术与精密智能算法，广泛汇聚并深度整合企业内外部的多元数据信息，深度分析人力、物力、财力等资源的特性和潜力，通过精准的量化评估与制定优化策略，确保各环节资源精准投入，实现资源要素的高效组合、产出效益的最大化，有力推动资源配置效率的进阶。在生产制造环节，智能生产系统借助计算机视觉、工业机器人技术及大数据分析，实现生产过程的高度自动化，并借助精准的监测系统，对生产线上的各环节予以严密追踪，涵盖设备运行状况、生产进度动态、产品质量情况等关键数据和信息。人工智能可以快速识别生产流程中的异常状况和产品质量问题根源，迅速做出智能决策，自动优化生产参数、工序流程和合理分配资源，切实保障生产活动的连续性与稳定性，实现生产运营从传统经验驱动向数据驱动的智能化转变。从供应链管理方面，人工智能能够敏锐捕捉市场需求的动态演变趋势、库存水平监控、物流配送优化等环节的整合，构

建起智能供应链体系。利用机器学习算法分析历史销售数据、市场趋势、季节因素以及突发事件影响等多源数据，企业能够更准确地预测产品需求，从而优化采购计划，减少库存积压与降低缺货风险。人工智能还能对物流路线进行实时规划与优化，根据交通状况、运输成本和交付时间要求等因素，选择最佳的配送路径和运输方式，提高供应链的响应速度和灵活性，增强企业在复杂市场环境下的运营韧性与竞争力，重构企业运营流程的效率边界。

4.3.3 推动企业组织模式变革，提升企业竞争力

正如著名管理学家彼得·德鲁克所言："预测未来最好的方式就是去创造它。"人类正在通过创造人工智能深刻地驱动着企业组织结构的变革。人工智能打破了传统的层级束缚，使企业组织形态更加灵活高效。一是推动组织结构更加扁平化。在信息革命到来之前，企业组织内部普遍采用金字塔模型，信息主要通过层级结构"自下而上"传递，决策则是"自上而下"推行，便于发挥规模效应。然而，近 20 年来，随着信息化、网络化以及数字化的不断推进，企业组织形态呈现出相对扁平化的趋势。人工智能技术的兴起和应用使其扁平化程度进一步扩大。人工智能能迅速处理海量内外部数据，实时监控和深度优化业务流程，信息得以跨越层级流通，从而打破以往层级森严导致的信息迟滞和决策延误，增强组织的灵活性与适应性，提升企业运营管理效率。二是引发组织管理的深刻变革。人工智能凭借先进技术深度挖掘海量内外部数据潜在价值，为企业在关键业务环节，如产品研发、市场营销、客户服务等方面，提供高精准、科学且具前瞻性的决策支持。人工智能的广泛应用推动企业管理从传统经验判断迈向数据驱动的智能化管理，实现管理效能质的飞跃。三是显著提升组织的协同性。在传统组织模式中，企业依据职能分工，导致"部门墙"与"数据墙"出现，严重妨碍信息流通及部门协作，降低企业整体运营效率与响应速度。而人工智能的应用则可以整合企业内部各类数据资源，破除数据孤岛，实现信息无缝衔接与实时共享。基于人工智能的智能协作平台能够强力促进企业内部各部门间的紧密协同与高效沟通，及时察觉业务流程问题，并快速整合各方资源协同解决，这不仅能有效降低因信息不对称、沟通不畅引发的协调成本和时间成本，优化企业内部运营流程，还能增强企业对市场动态变化的整体响应速度和协同应对能力，提升企业在复杂市场环境中的生存能力与竞争优势。

4.4 结论及建议

人工智能的出现对经济社会发展产生了巨大影响，未来即将成为经济发展的关键动力。本章主要从宏观、中观和微观分析了人工智能对经济发展的影响。从宏观经济发展来看，人工智能时代的到来充分激活了消费、投资与出口的巨大潜能，其对社会总需求发挥着强劲且持久的拉动效应，推动经济持续稳定发展。从中观产业结构的转型升级来看，人工智能以其强劲的技术推动力，驱动要素禀赋结构发生深刻转变，实现资源的优化配置，提高资源利用效率；同时，它有力地促进产业集聚与融合发展，推动产业迈向数字化、自动化和智能化，加速我国产业结构的转型升级进程。从重塑微观企业智能化发展格局来看，人工智能驱动智能研发，变革企业技术创新体系，优化企业生产与运营流程，推动企业组织模式变革，提升企业竞争优势。

因此，为了充分释放人工智能在经济发展中的潜力，政策的引导与支持至关重要。在宏观政策层面，政府应加强顶层设计，制定具有前瞻性和系统性的人工智能发展战略规划，明确发展目标与重点领域，统筹协调各方资源，为人工智能产业的长期稳定发展提供坚实的政策框架；同时，加大财政投入力度，设立专项基金，用于支持人工智能基础研究、关键技术攻关以及公共服务平台建设，缓解企业在研发初期的资金压力，提升整个产业的技术创新能力。

在人工智能与产业融合发展方面，针对中观产业结构的优化需求，政府应出台鼓励产业融合发展的政策措施，通过税收优惠、补贴等手段，引导传统产业与人工智能深度融合，激发企业应用人工智能技术进行转型升级的积极性。比如，对建设人工智能产业园区的地区，提供土地、资金等方面的支持，促进产业集聚效应的形成，打造具有国际竞争力的人工智能产业集群。

从微观企业扶持政策来看，应构建完善的企业创新生态系统。一方面，政府鼓励企业加大研发投入，对开展人工智能相关研发活动的企业给予研发费用加计扣除等政策优惠；另一方面，加强知识产权保护，完善相关法律法规，保障企业在人工智能技术创新过程中的合法权益，激发企业的创新活力。此外，政府通过开展针对性的人才培养计划和引进政策，为企业提供充足的人工智能专业人才，满足企业智能化发展的人才需求。

5 人工智能赋能中国式现代化

2016年4月19日，在网络安全和信息化工作座谈会上，习近平总书记进一步指出，“从社会发展史看，人类经历了农业革命、工业革命，正在经历信息革命，农业革命增强了人类生存能力，工业革命拓展了人类体力，信息革命则增强了人类脑力，带来生产力又一次质的飞跃”。人工智能作为以模拟、延伸和扩展人的智能为导向，进一步增强人类脑力、助推信息革命展开的战略性新技术，对于经济社会转型发展与中国式现代化具有重要意义。人工智能技术的发展与其在人们生产生活中的广泛应用，可为经济社会发展提供新机遇与新动能，也为中国式现代化建设带来新挑战。一方面，基于技术—经济范式这一基本逻辑，人工智能可助推“四化同步”的中国式现代化建设；另一方面，人工智能应用中存在的国家安全风险、资源环境与技术依赖性等问题也不容忽视。在现代化新征程中，如何充分利用人工智能技术，发挥科技向善作用，强化我国人才优势、产业优势与制度优势，为中国式现代化提供动能支持，已成为全面建成社会主义现代化强国的重要战略问题。

5.1 人工智能赋能中国式现代化的基本逻辑

人工智能技术作为新一轮科技革命的核心技术与关键动能，具有创造性、渗透性与协同性等技术—经济特征（耿子恒，2023），是推动经济社会转型发展的战略性技术，也是驱动中国式现代化的关键动力。基于技术—经济范式，人工智能可通过推动科学技术现代化、支持经济发展模式现代化与助力制度现代化，为中国式现代化提供有力支持。

5.1.1 以人工智能推动科学技术现代化

回顾全球现代化史，科技创新及与其相适应的新经济范式创造是国家现代化发展的逻辑起点与根本动力。结合中国式现代化发展现状，习近平总书记指出，“中国式现代化关键在科技现代化”（人民日报，2023）。人工智能作为新一代通用目的技术，在技术应用的广度、速度与深度等方面显著超越了传统通用目的技术，能够广泛且深入应用于科学技术领域，创新科技研发范式，引领科学技术快速发展，以科学技术现代化为中国式现代化提供强大动力。

美国学者布莱恩指出，技术在某种程度上一定是来自此前已有技术的新的组合（阿瑟，2014）。科学技术现代化作为以创新为核心的技术进化过程，与现存技术的储备和技术组合方式存在显著正相关，即现存技术储备越多，技术间的组合方式越多样，技术创新越频繁。在这一过程中，人工智能可通过促进跨学科融合实现重组式创新，推动科学技术现代化。借助人工智能的广泛利用，科研人员等可利用文本挖掘等技术提取跨学科、跨部门的技术交叉主题，推动不同领域部门进行技术合作，并借助算法等对创新组合进行筛选，整合各部门技术资源促进组合创新，以创新赋能科学技术现代化，为中国式现代化提供新动能。基于研发维度，人工智能作为一种通用的执行引擎，具有较高的渗透性，可通过在垂直领域纵向延伸，深入参与支持各学科领域研究并支持关键技术突破。以人工智能在生物制药领域的应用为例，《“十四五”医药工业发展规划》等宏观规划明确指出，依托人工智能等技术，通过对生物学数据挖掘分析与模拟计算，发展智能辅助决策知识模型和算法，提升新靶点与新药物发现效率，缩短研发周期，降低研发成本。在现代化新征程中，基于实现高水平科技自立自强的战略目标导向，可借助人工智能增强自主创新能力，通过创新研发范式、提升科技研发效率等，以科学技术现代化充分发挥信息革命潜力，助力社会主义现代化强国建设。

5.1.2 以人工智能支持经济发展模式现代化

现代化的一般经验表明，18 世纪中叶以来的每次技术革命，都会催生新的生产方式，以新的经济发展模式推动经济增长与国家现代化发展。面对信息革命快速发展带来的历史机遇，美国学者里夫金指出，由通信互联网、物流互联网与能源互联网构成的超级物联网的无边界覆盖，将导致零边际成本社会的形成，协同共享的经济模式将取代传统的经济模式（里夫金，2014）。在这一过程中，人工智能技术作为降低交易成本的关键技术，是构建零边际成本社会的重要支撑，可通过经济模式现代化促进经济社会转型发展，为加快实现中国式现代化提供技术支持。

基于零边际成本社会构想，人工智能等新技术集群的特殊属性可通过构建生产模型、优化生产计划、降低管理成本等，使生产的边际成本接近于零，促进协同共享的新经济模式形成，让更多民众共享发展成果。与新技术相适应的新范式创造，是经济发展模式现代化的基本内容，也是充分发挥新技术潜能、强化数字经济普惠性，推动中国式现代化的重要支撑。从人工智能技术推动零边际成本社会形成的具体路径出发，在产品生产环节，人工智能技术可构建完善与产品制造相适应的生产模型，借助工业机器人等实现生产链的自动化与智能化，降低生产过程中的劳动成本；通过生产计划的调整优化促进资源利用效率提升，减少不必要的原材料及能源损耗；通过智能系统进行生产物料与产品的实时追踪管理，降低管理成本等，从多个维度促进产品的边际成本下降，为零边际成本社会形成与发展提供技术支持。人工智能等技术的应用，既是信息革命的基本内容，也是推动经济模式创新、构建零边际成本社会的逻辑起点，可为经济发展模式现代化提供关键技术支持，对于经济社会转型发展与现代化建设具有重要意义。

5.1.3 以人工智能助力制度现代化

以制度现代化实现中国式现代化，是现代化建设的应有之义与必经之路。在这一过程中，人工智能可为推动中国特色社会主义制度完善发展与国家治理体系和治理能力现代化提供技术支持，通过助力制度现代化为中国式现代化提供重要保障。

基于国家现代化能力视角，可借助人工智能赋能治理能力建设，助力党的科学执政，更好发挥中国特色社会主义制度优越性，为中国式现代化提供重要保障。人工智能技术在治理维度的应用，能够强化政府数据采集与处理能力，通过对经济运行进行监测分析，对各部门进行合理统筹与科学管理，发挥各经济主体优势，提高治理整体性与系统化水平，提升公共服务能力。理论上，掌握充足信息并且能够实时进行演算的国家，能够做出一份完美计划，它可以和自主调节的市场一样完美（梅森，2017）。大数据与人工智能无疑是政府掌握信息并进行科学分析的关键技术支撑，对于提升国家治理体系和治理能力、助力制度现代化具有重要意义。从制度完善视角出发，人工智能在推动人们生产生活方式转变的过程中，也为现有制度调整或重新设计提供了契机。正如汽车替代马车成为主要交通工具，交通法规随之变革，人工智能技术支持下的自动驾驶汽车投入使用，也从现实需求维度促进了相关制度的建立健全。人工智能技术作为信息革命的核心内容，为经济社会转型发展带来新机遇，也为科学技术现代化、经济发展模式现代化与制度现代化提供重要技术支持，是加快实现中国式现代化的新动能。

5.2 人工智能赋能中国式现代化的机制

结合现代化的内涵要求与中国国情，中国式现代化创造了“四化同步”并联式现代化新道路，以多维度同步推进的高效现代化新范式实现了现代化的跨越式发展（任保平、张倩，2022）。“四化同步”是中国式现代化的关键特征，工业现代化、信息化、新型城镇化与农业现代化是中国式现代化的核心内容。“四化同步”的并联式现代化道路是基于中国特色国情制定的现代化基本战略，也是创造世所罕见的经济快速发展和社会长期稳定奇迹的重要保障。以人工智能赋能中国式现代化，也需要依据并联式的国家现代化战略规划，同步推进工业现代化、信息化、新型城镇化与农业现代化，为加快实现中国式现代化提供重要支撑。

5.2.1 人工智能助力工业现代化

现代化常被认为是以农业为主转向以工业为主的经济社会形态变迁过程，工业化既是现代化的核心内容，也是现代化的建设主线。随着我国工业规模不断扩大，工业占比持续提升，工业体系建立健全，逐渐实现从农业社会到工业社会的第一次现代化，进入以知识社会为导向的第二次现代化阶段，工业发展也呈现出相应的结构转变特征，进入工业占比较为稳定、产业结构持续优化、产业发展能力不断提升的工业现代化阶段（中国社会科学院工业经济研究所课题组等，2024）。以人工智能推动工业结构优化升级、增强产业竞争力、助力工业现代化，也成为现代化新征程中的基本战略要求与重要内容。

与以工业占比为代表指标的传统工业化相比，工业现代化是以产业结构优化为基本要求的工业高质量发展过程。工业产业结构优化升级即高级化、合理化发展，其中，工业产业结构高级化既包括生产率提升，也包括具有高技术含量与高附加值的产业占比提升；工业产业结构合理化即工业各部门间协调程度提升的过程。以人工智能助力工业产业结构优化，首先，可发挥人工智能在工业生产中的辅助作用，通过工业机器人等提高工业生产效率，为产业结构高级化提供效率支持。其次，人工智能产业作为战略性新兴产业，具有高技术含量与高附加值特征，其产业规模与就业规模的扩大，可通过提升高新技术产业占比助力产业结构高级化，也是工业结构升级的重要内容。最后，产业合理化作为要素投入结构和产出结果耦合程度的衡量指标，合理化水平提升即产业内各部门生产率水平差异缩小的过程（干春晖等，2011），而现有研究表明，人工智能能够显著提升企业全要素生产率，且对低技术企业全要素生产率的影响强于对高技术企业的影响（杜传忠等，2024）。因此，人工智能可通过企业全要素生产率的“包容性提升”，推动产业结构合理化与工业现代化。

5.2.2 人工智能促进信息化

各国现代化的一般经验表明，从机械化到电气化再到信息化，当传统经济范式潜力达到极限，新技术的引入可以使处于困境中的成熟工业重获生机，并扩大市场上已有技术的使用范围，新技术创造新产业，形成新经济范式，促进经济增长与国家现代化发展。例如，音频产品中的晶体管由于其便携性，在 20 世纪 50 年代开辟了巨大的新市场（佩蕾丝，2007），其发明与广泛应用推动了便携式电子设备发展，推动了信息革命形成与经济社会的信息化发展，为新一轮科技革命与产业革命奠定了基础。基于信息化发展的时代要求，人工智能作为推动信息革命的战略性技术，是我国信息化发展与现代化建设的关键动力。

从信息革命形成的一般规律出发，技术变革往往是以成批的彻底创新的形式出现的，即通过一组相互关联的、同类型的技术，更新整个生产体系，进而为各国现代化建设提供新动能。信息革命作为推进信息化的关键动力，是以晶体管和人工智能技术分别作为关键硬件基础与重要软件支撑的新一轮技术变革。只有将硬件基础与软件系统相结合，才能充分发挥信息革命潜力，促进新的技术—经济范式形成并扩散，进而以信息化加快实现中国式现代化。如果说晶体管等硬件设施是信息革命的起源，人工智能技术则是信息革命进一步扩散、推动经济社会实现信息化转型的战略性技术，对于中国式现代化具有重要意义。在信息化过程中，硬件设施的普及为数据要素采集奠定了重要基础，数据要素成为继土地、劳动与资本之后的又一重要生产要素，而人工智能技术作为自动化采集、处理、分析数据的关键技术，可在数据要素整合基础上辅助经济个体进行判断与决策，是促进数据有效利用与信息革命潜力充分发挥的战略性关键技术，对于信息革命进一步展开与信息化的不断推进具有重要意义。以智能烟雾传感器为例，烟雾传感器可实时监测环境中的烟雾浓度，而智能控制组件则通过数据处理识别烟雾类型并判断是否触发报警，设备的正常运行既需要硬件设施进行数据采集，也需要人工智能技术对数据进行处理分析，经济社会的信息化、智能化发展依赖于硬件与软件相结合的新技术体系。人工智能作为具有广泛应用与发展潜力的主导性通用目的技术，既是信息革命的核心内容，也是助推经济社会信息化发展的关键动力，还是中国式现代化的重要技术支撑。

5.2.3 人工智能推动新型城镇化

城镇化作为中国现代化进程中的基本问题，是现代化应有之义与基本之策，能够释放我国巨大消费潜力，并具有不可替代的融合作用，有利于促进工农和城乡协调发展（李克强，2012）。在现代化新征程中，以人工智能赋能城市规划设计、促进智慧城市建设、推进城乡融合发展等助力新型城镇化，也成为提升我国现代化水平的重要战略路径。

中国式现代化是既遵循现代化一般规律，又与基本国情相适应的现代化新范式，各地区的城镇化进程也因各自资源禀赋而具有地方特色。促进新型城镇化发展需要突出地方特色，因地制宜，以人工智能赋能城市规划设计，分类引导城镇发展。第一，人工智能作为城市规划设计的重要工具，可助力城市数据收集分析与资源统筹规划，为完成包括城市优势及问题的综合分析报告提供数据与算法支持，有利于找准城市功能定位并促进特色优势产业培育，优化城镇空间布局，以合理分工的现代化都市圈培育推动现代化建设。第二，基于以人为本的新型城镇化建设要求，新型城镇化可依托人工智能助推城市实现数字化、智能化改造。以人工智能促进智慧城市建设，可丰富人工智能应用场景，利用智能交通系统完善提供公共交通实时预报与智能交通路径规划服务；借助智能社区提高社区治安防控水平与管理水平；通过人工智能在城市管理领域的应用，从感知识别、事件核查处理与全程监管等多个维度提高城市管理效率与公共服务水平，以新型城镇化助力现代化强国建设。第三，在现代化新征程中，城镇化发展需要与乡村振兴相结合，借助人工智能促进城乡融合发展。在这一过程中，可利用智慧教育、智慧医疗等推动城镇公共服务向乡村覆盖，通过智能基础设施建设等推进城乡基础设施一体化，以人工智能赋能劳动力供需精准匹配，促进劳动力、资本、数据等生产要素双向流动，提高城乡资源配置效率，助力城乡产业协同发展，以城乡融合加快实现新型城镇化。

5.2.4 人工智能支持农业现代化

回顾中国式现代化历史征程，其创造性也体现为始终将农业现代化作为现代化建设基础，借助稳定的农业基本盘为农民就业提供基本保障，以兼顾发展与稳定的现代化新范式实现了经济快速发展与社会长期稳定的发展奇迹（张倩、任保平，2023），但受限于农业自然属性，相对于工业等领域现代化进程的快速推进，农业现代化发展相对滞后。在现代化新征程中，以人工智能支持农业现代化，既是中国式现代化的基本要求与重要内容，也是缓解现代化建设中不平衡问题、全面推进现代化强国建设的关键战略路径。

人工智能作为新质生产力的重要内容，可被用于改造和利用自然，通过改善农业生产条件、预防并应对自然灾害风险等支持农业现代化，推动中国式现代化建设。人工智能与农业机械相结合，可通过耕地、育苗、灌溉、采摘等作业机器人研制与广泛使用，借助智能农机进行实时监测管理，推动农业高效精细生产管控，促进农业生产效率提升，逐渐实现农业规模化、标准化与现代化发展。以人工智能应对限制农业发展的自然因素，依托于人工智能与大数据分析的自然灾害监测预警系统，能够对洪水、干旱、虫害等农业灾害进行准确识别与科学预测，并提供相应决策支持，减轻自然灾害对农业生产的负面影响；在应对自然灾害过程中，可借助无人机等自动化设备进行应急响应，利用机器学习算法等辅助应急预案制定与救灾资源调配，降低灾害损失，提高救灾效率，并对灾害损失等进行精准评估，为后续重建工作提供科学支撑。在现代化新征程中，以“农业大灾风险综合集成智能分析与决策研究”等为代表的新一代人工智能项目的开展与推进，可强化人工智能在农业发展中的积极作用，有效提升农业防灾减灾救灾能力，降低农业风险，为农业现代化发展与中国式现代化建设提供技术支持。

5.3 中国式现代化中人工智能利用的现实问题

2021 年 5 月，习近平总书记在中国科学院第二十次院士大会、中国工程院第十五次院士大会、中国科协第十次全国代表大会上指出，“科技是发展的利器，也可能成为风险的源头”。人工智能技术作为中国式现代化新动能，既是新机遇，也是新挑战。人工智能作为一种尚未完全成熟的新型技术，创新迭代的速度较快，具有极高的发展潜力，在逐渐改变人们生产生活方式的同时，也引致部分现实问题与风险，需要进一步建立并完善与其相适应的新规制，以科技向善为导向，充分发挥人工智能新动能作用，推进兼顾效率、稳定与公平的经济高质量发展，助力社会主义现代化强国建设。

5.3.1 国家安全风险

人工智能作为以大数据为关键基础，与互联网紧密相关的新算法，大数据的全面性、算法的复杂性与隐蔽性、互联网的开放性等，均导致人工智能技术存在应用风险，可能引发国家安全风险问题。党的二十届三中全会指出，“国家安全是中国式现代化行稳致远的重要基础”，并明确提出“加强网络安全体制建设，建立人工智能安全监管制度”。基于中国式现代化建设的基本要求，需要以保护国家安全为前提推动人工智能技术合理应用，正确处理网络安全和信息化发展间的关系，以完善公共安全治理机制为中国式现代化提供重要保障。

在人工智能应用过程中，数据作为人工智能模型训练及优化的燃料，是人工智能算法做出正确、合理决策的基础（任保平等，2022），在自动化采集并处理海量信息数据的过程中，存在数据泄露风险，在微观层面涉及侵犯个人隐私问题，在宏观维度也关系国家安全。此外，算法作为人工智能的核心，其复杂性、隐蔽性等属性是形成“算法黑箱”、算法漏洞等问题的重要原因，而无论是算法自身安全风险，还是算法被欺骗攻击风险，都导致人工智能应用中存在不可忽视的安全问题，如部分算法无法正确有效识别数据真伪，导致虚假内容创造与传播等。人工智能与互联网的深度融合，也为新型网络攻击提供了智能化、自动化工具，带来了新的网络安全威胁，国家网络安全问题的复杂性与艰巨性显著提高，后果也更加严重。

面对人工智能应用中存在的信息泄露、网络安全等影响国家安全与现代化建设的现实问题，可以建立健全人工智能安全监管制度为基本前提，以完善人工智能技术标准体系为关键路径，以设置人工智能技术监管部门为重要保障，加强人工智能安全管控。在这一过程中，可通过强制要求人工智能中的大模型算法等进行备案审核等，提高算法透明度，降低人工智能安全风险；积极开发人工智能治理技术，提高人工智能治理水平，以人工智能治理技术防范人工智能风险，提升人工智能技术安全性，以安全可靠的人工智能赋能经济高质量发展与中国式现代化建设。

5.3.2 资源环境问题

大自然是人类赖以生存发展的基本条件，中国式现代化作为人与自然和谐共生的现代化新范式，始终坚持人与自然和谐共生的绿色发展道路，站在人与自然和谐共生的高度谋划发展。而随着以 ChatGPT、文心一言等为代表的生成式人工智能不断发展，人工智能运行中的耗能、耗水及碳排放等资源环境问题，逐渐成为制约人工智能发展的重要现实问题，可能对中国式现代化造成不利影响。

人工智能的发展依托于数据中心的算力支持，一方面，以芯片等电子设备为基础的数据中心，设备耗电量相对偏高，并排放大量二氧化碳；另一方面，在人工智能不断训练、快速迭代的过程中，数据中心将产生巨大的发热量，需要以液冷降温等方法进行散热，能耗与水耗显著高于常规生产生活活动。2022 年，根据国际能源署发布的报告，数据中心、人工智能和加密货币行业电力消耗 460TWh 左右，约占全球电力需求总量的 2%，其中，计算占数据中心电力需求的 40%。为达到稳定的处理效率而提出的冷却要求同样占 40% 左右，20% 来自其他相关的 IT 设备。基于预测，2026 年，数据中心、人工智能和加密货币行业的电力消耗可能会翻一番，总用电量可能达到 1000TWh 以上①。联合国贸易和发展会议发布的《2024 年数字经济报告》也指出，2022 年，谷歌全球数据中心和办公室的总用水量为

---

① 资料来源于 International Energy Agency. Electricity 2024. IEA, Paris, 2024: 31。

56 亿加仑（约为 2120 万立方米）①。斯坦福大学人工智能研究所发布的《人工智能指数报告 2024》指出，2020 年，GPT－3在训练期间碳排放量达到 502 吨②，人工智能技术应用对资源环境具有显著影响。只有处理好人工智能技术应用与资源环境的关系，才能切实推进人与自然和谐共生的现代化建设。

基于现代化建设中的资源环境视角，可利用人工智能赋能新材料研发与新能源利用，以节能环保材料研发应用，降低电子设备耗能及散热问题，优化能源转换方式，提高能源利用效能，有效控制碳排放量，是降低人工智能能耗过大问题的关键。在此基础上，以东数西算为着力点的全国一体化算力网完善，可充分发挥区域比较优势，通过优化数据中心布局、提高算力资源利用水平、降低数据传输成本等，缓解人工智能应用中存在的资源环境问题，为人与自然和谐共生的中国式现代化提供重要支撑。

5.3.3 技术依赖性

中国式现代化是物质文明和精神文明相协调的现代化，物质文明和精神文明相协调是中国式现代化的重要特征，也是社会主义现代化强国建设的基本要求。而人工智能作为可模拟、延伸和扩展人的智能，辅助甚至代替人们实现多种功能的新技术，在推动经济社会快速发展的同时，也存在较为明显的技术依赖性问题，进而影响精神文明建设与现代化发展。第一，便利的人工智能技术具有弱化人们思考和判断能力的风险（陈潭、刘璇，2023）。利用 ChatGPT 等生成式人工智能，人们能够快速获取信息并生成问题解决方案，而忽略对问题的深入理解、思考与创新，形成思维惰性，将主动的学习、判断与决策等转化为被动行为，对自主性培养与创造力提升存在负面影响。第二，人工智能基于大数据提供的解决方案，往往过于强调标准答案而导致均一化思维，忽视多元化、个性化的解决方案，限制集体创造力发展，并可能对团队合作形成替代，减少团队互动交流，导致集体智慧缺失（刘蕾、张新亚，2024）。第三，人工智能算法可精准

① 资料来源于 United Nations Conference on Trade and Development. Digital Economy Report 2024: Shaping an Environmentally Sustainable and Inclusive Digital Future. United Nations Publication, New York. 2024:85。

② 资料来源于 Stanford Institute for Human－Centered Artificial Intelligence. Artificial Intelligence Index Report 2024. Stanford University, Stanford, CA, 2024:154。

识别用户偏好、引导用户行为，并基于用户反馈强化学习，形成自我强化的反馈机制，使得原有的偏见不断放大，加剧信息茧房效应，甚至导致部分用户群体出现技术成瘾症状（崔小燕、张长立，2023）。

新技术形成新动能，不仅创造新产业，也会引发新问题，为其他新技术提供新需求，以新技术不断涌现的正向循环促进经济社会发展。借助新技术缓解人工智能技术带来的技术依赖性问题，也成为技术发展与现代化建设的关键战略路径。一方面，可通过研发与人工智能具有相似功能的新技术，降低对人工智能的技术依赖性；另一方面，可完善与人工智能技术互补的区块链等技术，增强人工智能的可靠性与稳定性，促进人工智能健康发展，为中国式现代化提供有力科技支撑。

5.4 人工智能赋能中国式现代化的战略路径

科技具有两面性，其对经济社会的作用取决于人类如何利用科技。在现代化新征程中，如何利用人工智能，将其技术特征与我国国情相结合，发挥科技向善效应，强化其创新驱动作用、场景驱动作用与双轮驱动效应，成为全面推进社会主义现代化强国建设的重要战略问题。

5.4.1 强化人工智能技术的创新驱动作用

以人工智能赋能中国式现代化，其核心逻辑在于借助具有强溢出性的新通用目的技术引领新一轮技术革命，通过技术—经济范式推动经济模式现代化与制度现代化，为中国式现代化提供有力支持。在现代化新征程中，结合人工智能技术的技术特征与现代化建设的基本要求，需要强化人工智能技术创新驱动作用，促进人工智能融入国家创新体系，助力国家创新体系整体效能提升以及具有强大竞争优势的创新型国家建设，也为全面建成社会主义现代化强国提供重要支撑。

国家创新体系建立健全是中国式现代化发展的关键支撑与基本要求，将人工智能融入国家创新体系，是国家创新体系完善的重要内容，也是促进创新要素集聚、加强创新合作与推动创新成果转化的重要战略路径，有利于充分发挥科技对经济社会发展与现代化建设的引领作用，以人工智能赋能中国式现代化。在这一过程中，首先，可借助人工智能构建完善网络化的国家创新体系，以人工智能作为创新要素供需分析、创新短板精准识别、创新资源合理布局、创新政策评估的重要技术支撑，促进创新要素集聚与创新资源优化配置，通过人工智能在国家创新体系中的广泛利用强化其创新驱动作用，为中国式现代化提供创新动力。其次，以人工智能强化政府、企业与科研单位等创新个体关联，增强国家创新体系一体化能力，也是人工智能推动国家创新体系完善、赋能中国式现代化的重要战略路径。国家创新体系是包括多个创新主体的复杂系统，系统中存在的信息不完全及不对称问题，也对创新效能产生了不利影响，导致科研创新活动重复低效。以人工智能融入国家创新体系，可充分发挥人工智能在多领域的渗透性，将创新要素、创新个体等连接起来，一方面，提高知识信息传递效率，通过信息整合与知识共享缓解创新活动中存在的信息不完全及不对称问题，助力国家创新体系整体效能提升；另一方面，人工智能技术可为创新合作提供技术支持，通过合作机制优化、合作权益合理划分等促进高水平科技创新合作，进而通过国家创新体系完善赋能中国式现代化。最后，强化人工智能创新驱动作用、提升国家创新体系效能，关键在于推动创新成果转化，将科技创新切实转化为现实生产力。面对创新成果转化中存在的科研成果与市场需求错位问题和资金不足问题，可利用人工智能完善技术市场，促进供需匹配，助力创新链与产业链的精准对接，推动中国式现代化建设。在这一过程中，可借助人工智能进行创新产品市场需求分析、利用柔性制造打造创新样本并进行自动化质检与缺陷判定等，加快科研成果从样品到产品再到商品的转化，提升科研成果转化效率，为中国式现代化提供创新支持。

5.4.2 深化人工智能在产业链中应用的场景驱动作用

基于比较优势分析视角，我国具有产业体系完备、门类齐全的产业优势，为进一步强化我国产业优势，可以实数融合为着力点，推动人工智能在产业链中的深度应用，深化人工智能在产业链中应用的场景驱动作用，通过提高产业链效率、提升产业链竞争力、增强产业链韧性等，以产业链现代化助力中国式现代化。深化人工智能场景驱动作用，需要将人工智能切实应用于产业链中的现实场景，解决生产活动中面临的实际问题，以人工智能的高水平应用赋能中国式现代化。

首先，在产业链的产品研发设计、生产制造与销售等具体环节，可创新人工智能技术应用场景，深化其场景驱动作用，以人工智能与产业链的深度融合促进产业链效率提升。以制造业为例，以人工智能赋能产品研发设计场景，可通过设计素材生成等加快产品模型构建完善，并通过线上模拟应用识别设计缺陷，促进产品优化；在生产制造场景中，可利用工业机器人推动自动化生产，并借助智能设备互联管理等提高产业链效率；以人工智能赋能产品销售场景，可利用人工智能优化产品物流管理，通过产品物流追溯与机器人分拣等实现高效管理，并借助无人超市等新型场景促进销售模式创新。人工智能可通过产品生产管理等多个环节的自动化与智能化推动产业链现代化发展。其次，人工智能在产业链中应用场景的创新与扩展，既是实数融合的基本内容，也是赋能中国式现代化的重要战略路径。人工智能与产业链的深度融合，一方面可在产业链内促进上下游供需精准对接，推动优势互补、协同合作的现代化产业链形成，提升产业链竞争力；另一方面可借助人工智能促进柔性化生产，以个性化定制满足消费者的多元化需求，提高产品附加值，也可扩展企业经营范畴，充分发挥范围经济效应，多维度强化我国产业链优势，提升产业链竞争力，推动中国式现代化建设。最后，我国产业优势不仅体现在产业链效率或产业链竞争力等维度，也表现为较强的产业链韧性，即产业链具有较强的抗风险能力与自我修复能力。以人工智能应用场景创新为着力点，一方面，上下游企业可利用智能算法对国内外市场需求等进行预测分析，制定与市场需求相适应的生产决策，降低企业经营风险；另一方面，可借助模块化的智能制造等降低产业转型成本及风险，增强产业链韧性、强化我国产业优势，以兼顾效率与稳定的智能化产业链助力现代化建设。

5.4.3 发挥技术与制度协同创新的双轮驱动效应

高水平社会主义市场经济体制是中国式现代化的重要保障。以人工智能赋能中国式现代化，需要充分发挥有为政府与有效市场作用，以有为政府完善人工智能发展和管理机制，以有效市场促进需求导向的人工智能发展，以安全可靠的人工智能技术推动高水平社会主义市场经济体制构建，形成技术创新与制度创新间的正反馈机制，发挥技术与制度协同创新的双轮驱动效应，推动经济高质量发展与中国式现代化建设。

新技术需要新规制，推动人工智能技术的合理利用，一方面，需要有为政府建立健全数据、网络、算法等安全管理制度体系，完善人工智能技术标准体系，强化技术应用监管，防范技术风险，为人工智能健康发展提供制度保障；另一方面，需要结合人工智能基本特征与我国现实国情，对人工智能研发应用进行科学规划与合理布局，建立健全人工智能技术体系，并促进人工智能产业化发展，进而以安全、可靠的人工智能助力现代化建设。人工智能作为经济社会发展的新动能，其健康有序发展需要以与其相适应的制度创新为基本保障。相反，制度的缺位将导致技术的无序，二者存在相互依存、相辅相成的耦合协调关系，技术与制度协同创新是推动经济高质量发展与中国式现代化建设的重要内容。以有效市场支持人工智能发展，可通过竞争机制为人工智能技术创新提供有效激励，加速人工智能技术发展。熊彼特指出，有效市场要求企业必须进行新商品、新技术、新供应来源与新组织形式的竞争，进而掌握决定性的成本和质量优势，这种竞争冲击的并不是现存企业的盈利空间和产出能力，而是它们的基础和生命，这种竞争比所有其他方式都要有效（Schumpeter J. A.，1942）。有效市场中的竞争压力与规范的竞争机制，是人工智能技术不断创新、持续发展的重要动能。在充分发挥有为政府与有效市场作用、推动人工智能技术健康发展的基础上，需要进一步以人工智能技术推动制度创新、助力高水平社会主义市场经济体制构建，发挥技术与制度协同创新双轮驱动效应，赋能中国式现代化建设。一方面，利用人工智能技术对市场数据进行自动化采集、识别与分析，可及时发现行政性垄断堵点等问题，助力全国统一大市场构建完善。人工智能在反垄断、反不正当竞争等场景中的应用，有利于强化市场监管，为推动全国统一大市场完善提供有力技术支持，也是以新技术促进制度创新的重要内容。另一方面，可借助人工智能完善市场制度和规则，如利用神经网络与遗传算法等技术，推动水、能源、交通等领域价格改革，以人工智能技术结合历史数据促进定价机制优化，缓解传统定价方式导致的资源配置不合理问题，以制度创新为现代化建设提供重要支撑。人工智能赋能中国式现代化，需要发挥技术与制度协同的双轮驱动效应，以制度健全规范人工智能发展，以高效安全的人工智能助力社会主义现代化强国建设，以中国式现代化全面推进中华民族伟大复兴。

6 人工智能对经济增长质量的影响

人工智能作为第四次工业革命的通用性目的技术，具有显著的对非ICT技术的替代性、技术之间的协同互补性，以及通用技术的强渗透性、技术创新性和自适应性等特征，对经济增长有着关键的影响，深刻地变革了经济增长的条件、过程和结果。尽管大模型的突破，带动了人工智能技术加速迭代升级，使得技术的通用性和实用性进一步增强，但由于智能算力缺乏、智能人才短缺等条件的限制，加之应用场景有限，以及制度建设不完善等因素的制约，人工智能技术在驱动经济增长提升的过程中，也面临诸多风险与挑战。本章基于对人工智能技术特征与质量型经济增长范式的分析，讨论人工智能推动经济增长质量提升的具体机制以及面临的挑战，并提出针对性的实现路径。

6.1 人工智能技术特征与质量型经济增长范式

6.1.1 人工智能技术特征

人工智能是通过搭建用于存储、运算和控制模式的基础设施层、算法层与技术层，获取并使用数据进行机器学习或深度学习，模仿人类体力和智力能力的计算机科学技术。不同于常规计算机技术依据既定程序执行计算或控制等任务，人工智能技术具有生物智能的自学习、自组织、自适应、自行动等特征，目的是在某方面使机器具备相当于人类的智能。

作为第四次工业革命的通用性目的技术，人工智能不仅具有通用性目的技术的特征，还具有一定的自身特质。人工智能的主要特征如下。一是替代性，人工智能可以通过自动化、智能化设备替代体力劳动者，完成简单的重复性的劳动，还可以借助深度学习、自我学习等技术替代部分脑力劳动，替代脑力、创造性的活动。二是创造性，人工智能可以改变知识创新和技术创新的方式，提高知识技术创新的效率和成果转换水平，降低创新的成本和风险，还可以形成新产业、新需求、新商业模式，创造出新的就业岗位。三是渗透性，人工智能不仅与实体经济融合，影响设计、生产、流通、消费、售后等各环节，推动传统产业数智化转型，还会变革消费模式和生活方式，促进需求结构升级。四是协同性，人工智能通过与物联网、大数据等系统数字技术共同作用，优化生产、流通和消费过程，提升产业间的协同发展。五是自适应性，人工智能能够根据不同的环境条件和任务需求，自动调整其行为、资源分配和决策过程的能力，使得人工智能技术更加智能、灵活和高效。

随着人工智能技术的不断发展，逐渐形成了以智能传感和人工智能芯片硬件为核心的基础支撑层，以机器学习、深度学习和增强学习等人工智能算法及计算机视觉、智能语音、智能定位检测等应用技术为中间技术层，以制造、医疗、教育、金融、零售等行业应用为上层应用层的人工智能产业链（人工智能发展报告，2024）。人工智能的技术特征深刻全面地变革了经济增长方式与制度环境，微观层面，人工智能技术不仅改变企业的组织管理方式和投入产出效率，提升企业收益水平，还引起消费者消费体验和消费决策的优化。中观层面，人工智能不仅会变革产业关联方式，重塑生产网络，影响产业基础能力的现代化水平和产业链韧性，还会促进消费升级，优化内需和外需结构，助力形成国内大循环格局。宏观层面，人工智能技术为后发追赶型经济体突破技术锁定、跨越中等收入阶段、提高社会福利水平、实现可持续发展提供了技术支持。

6.1.2 质量型经济增长范式

质量型经济增长与数量型经济增长的本质不同，数量型经济增长是以要素投入，特别是投资驱动带来规模扩张，追求高速增长带来的经济增长总量的扩大；质量型经济增长是经济迈入中等收入阶段后，处于工业化中后期，在数量型增长的基础上，为避免中等收入陷阱，实现福利共享和绿色可持续的经济增长，强调以要素禀赋升级与技术进步为核心动力，以高水平对外开放、有效的市场和有为的政府为支撑条件，优化经济结构，提升经济增长效率与稳定性的经济增长范式。

具体来看，经济增长质量主要体现在三个方面。一是经济增长条件的质量，高质量的要素禀赋结构是支撑经济增长质量提升的基础，也是以人力资本与技术进步为代表的高端生产要素将逐渐替代传统生产要素成为经济增长的重要投入，还是经济增长质量的关键要素条件；同时，市场机制的有效性直接影响着要素配置效率，政府治理能力则是弥补市场失灵、释放制度红利的关键，因此，有效市场与有为政府对要素配置效率、经济结构优化和社会福利提升都有关键影响，是经济增长质量的重要制度条件。二是经济增长过程的质量，有别于数量型经济增长关注的规模扩张，质量型经济增长强调增长的效率、持续性和稳定性。经济增长效率的提升意味着要素配置效率的提高以及技术进步带来的规模报酬不变或递增，是实现经济可持续增长的关键。经济结构的协调优化是经济增长质量的内核，也是经济增长过程质量的重要体现，包括以传统产业转型升级和新产业不断发展为支撑的供给侧结构优化和以国内需求与国外需求协调发展为核心的需求结构升级。此外，对于后发转轨经济体来说，面对国际贸易格局的变化与后发优势的衰减，经济增长的稳定性也是质量型经济增长的关键特征。经济增长的稳定性源于全球价值链不断升级带来的产业链韧性，表现在经济风险防控能力、抵御冲击能力以及生产恢复能力等方面。三是经济增长的结果质量，有别于数量型经济增长的以高投入带来的高增速，质量型经济增长更关注经济增长的前景和后果，不仅强调经济增长的根本目标是人民生活水平的提升和社会福利的增进，要求实现城乡之间、区域之间的协调发展，以及兼顾公平和效率的收入分配制度，也关注经济增长的代价，降低能源消耗，加强生态环境保护是实现经济可持续增长的关键。

6.2 人工智能驱动经济增长质量提升的机制

人工智能技术作为关键的通用技术，会对经济增长的条件、过程和结果都产生深刻的变革影响，不仅会通过替代效应和创新效应优化经济增长的要素条件和制度条件，还会直接促进经济增长效率，提升经济增长潜力，通过变革产业关联方式和创新消费模式，全面优化经济结构，实现可持续的稳定经济增长。

6.2.1 人工智能对经济增长条件质量的影响

高质量的要素禀赋条件是支撑经济增长质量提升的关键，有别于数量型经济增长依靠的劳动力和能源等传统生产要素的大规模投入，质量型经济增长强调技术进步和人力资本的重要性，强调创新是经济增长的核心动力，能够有效地弥补传统要素红利衰减对经济增长的制约，实现规模报酬不变或递增，扩大生产可能性边界，实现可持续增长。与此同时，制度条件对要素配置效率有着重要影响，市场机制的有效发挥以及政府治理能力的现代化不仅有利于充分释放市场主体活力，还能化解市场失灵和政府失灵带来的效率损失。因此，人工智能不仅会通过要素替代与升级机制、技术创新和溢出机制改善经济增长的要素条件，还能通过优化市场和治理机制，促进市场机制的有效发挥和政府治理能力的提升，为经济增长质量提供有利的制度条件。

人工智能通过要素替代和升级机制，促进人力资本的积累，优化劳动力结构。人工智能不仅能够通过替代低技能劳动力的简单重复性劳动，有效缓解人口结构变动引起的传统要素红利衰减，还会在技术应用的过程中，通过干中学，形成学习效应，促进与之相适应的高技能劳动力的培养，培养具有科研能力和技术创新思维的高技能劳动力，全面提升人力资本水平。尽管在短期人工智能技术的替代效应会造成低技能劳动力失业的增加，但随着人工智能技术的渗透和广泛应用，其会变革生产、分配、交换和消费等经济活动，催生新产品、新产业，创造更多就业机会，提高总体劳动力就业水平。

人工智能通过技术创新和溢出机制，变革创新模式，优化创新过程，加快创新成果转化。人工智能会改变传统创新模式，重塑产学研协同创新机制。利用机器学习和深度学习，引入人机协同创新机制，通过科学知识生产的自动化，促进知识创新产出。人工智能通过仿真平台模拟真实创新流程、反复进行迭代试验，降低创新试错成本和创新风险，缩短创新周期，提高创新效率；此外，还可以通过数据分析和识别应用场景，精准匹配技术需求，并在产品测试阶段降低测试成本，促进创新成果转化。与此同时，人工智能优化了知识和技术的扩散机制，通过机器学习和深度学习，拓展知识创新领域和技术创新的适应性与协调性，进一步利用创新链和产业链的融合效应，加速知识创新溢出和技术扩散与再创新。

人工智能通过优化市场和治理机制，形成有效的制度条件。一方面，人工智能可以通过数据收集和信息分析能力，把握需求和供给的变动情况，分析预测市场的变动情况，形成灵活合理有效的价格机制，引导资源有效配置。同时，人工智能还有利于降低不确定性和交易费用，化解市场失灵问题，不仅通过数据分析和判断，有效识别个人成本与收益同社会成本与收益的偏差，限制负外部性造成的供给过剩以及正外部性引起的供给不足，化解外部性问题；还可以通过智能化模型分析，降低交易前的信息收集成本，促进交易双方的信息对称，简化交易流程，减少交易过程的谈判和协商成本，降低交易费用。另一方面，人工智能的预测、判断和决策能力有助于提高政府治理水平，缓解政府失灵。人工智能有助于为政府决策提供必要的信息支撑，通过数据分析和智能决策，提升政策制定的科学性、合理性和有效性，弱化政策实施的时滞性，优化政策评估体系和调整措施。同时，人工智能通过办公自动化和智能化，提高政府科层组织结构中信息传递的有效性和时效性，并推动人机协同，提升政务运行效率，优化市场营商环境。

6.2.2 人工智能对经济增长过程质量的影响

有别于数量型经济增长关注的经济增速，质量型经济增长强调以增长效率、结构优化以及增长的稳定性为支撑的增长的可持续性。经济增长效率不仅表现为传统生产要素产出效率的增加，更强调全要素生产率的提升。经济结构的优化既包括基于传统产业转型升级和新产业发展的产业结构的优化，也包括基于内需规模扩大和消费需求升级的需求结构升级。经济增长的稳定性内生于全球价值链升级带来的产业链韧性和产业基础能力现代化水平的提高。

人工智能不仅能减少资源错配，提高传统要素产出效率，还能通过促进技术进步与优化组织管理，提升全要素生产率。一方面，人工智能技术会直接提升传统要素的重置与产出效率。一是通过创造虚拟劳动替代人类劳动执行程序化任务，实现复杂任务的“智能自动化”；二是利用数据分析和智能算法，精准匹配市场供求，优化生产流程，实现智能供应链管理，提升部门间协同工作效率；三是人工智能有利于整合企业资源，降低企业监督管理成本，提高企业内部信息处理和传递效率，有利于打破信息壁垒，优化企业生产管理决策。另一方面，人工智能会通过与数据要素的结合，重塑生产函数，实现规模递增。人工智能不仅能凭借强大的渗透性和协同性，促进不同产业之间的融合，创造新的商业模式和产业生态，打破传统产业的边界，实现资源的共享和协同发展，还能推动各领域的技术创新，催生出新的生产技术、工艺流程和产品服务，全面提高全要素生产率。

人工智能通过产业升级与协同机制，重塑产业关联方式，构建现代化产业体系。首先，人工智能会变革传统产业关联方式。人工智能技术有利于促进不同行业之间的融合，打破传统产业的边界，逐渐由产业链向生产网络转变。人工智能在产业内部通过数据共享和协同设计，使产业链上下游企业之间的联系更加紧密，打破传统产业分工模式，整合各个环节的资源和技术，形成更加灵活和高效的产业关联。其次，人工智能有利于提高实体经济各环节效率。人工智能通过学习大量设计样例，利用生成设计和自动作图等应用技术促进创新设计方案的迅速产出，提高产品设计效率。通过端到端的深度智能化，人工智能有助于制造业实现柔性化和个性化定制生产，并通过应用机器视觉、模型虚拟环境等实现流水线柔性调度和精准组装，构建数字孪生工厂并运用机器学习算法，维护制造系统。人工智能通过数据分析，优化配送路线，有效提高配送效率，降低流通成本，通过深度学习和数据挖掘技术，预测用户购物偏好和需求，提供个性化服务。最后，人工智能为未来产业的培育和发展提供了技术支撑。以人工智能为核心的人工智能芯片研发、算法设计、机器学习平台开发等新产业的发展也为经济增长提供了新的动力，为未来产业发展提供了重要支撑。

人工智能通过需求升级和引致机制，优化消费体验，协调国内外需求，促进需求结构升级。人工智能不仅通过优化消费体验、改变消费习惯、完善消费决策，促进内需扩大，还会提高出口产品的技术复杂度，优化贸易条件，促进外需升级。首先，人工智能通过对大量消费者数据的分析，精准了解消费者的兴趣、偏好、行为习惯等，为消费者提供个性化的产品推荐和服务，扩大消费需求；同时，可以根据消费者的历史数据和行为模式，预测消费者的需求和购买趋势，优化消费决策。其次，人工智能技术的应用可以丰富消费体验，智能产品与服务产业会改变人们的生活方式和消费习惯，使得消费者能够享受到更加便捷、高效、安全的服务。例如，在出行领域，自动驾驶技术的发展将极大地改变人们的出行方式，提高道路安全性和通行效率；在医药健康领域，实时监测、预警提醒等服务改变了人们的生活方式。最后，在对外需求方面，人工智能通过数据分析和机器学习，挖掘国外市场需求，优化产品设计，助力企业生产更复杂、高精度的产品，提升产品技术复杂度和附加值，由中间产品出口为主向最终产品出口为主转变；同时，可以利用智能仓储管理，降低库存管理和贸易成本，并通过优化物流和通关流程，提高贸易的便利性。

人工智能通过增强产业链韧性机制，提高产业基础能力现代化水平，提升经济增长的内生稳定性。面临全球贸易格局的变化和后发优势衰减的约束，后发追赶型经济体经济增长的稳定性，源于持续的全球价值链升级带来的全球贸易分工地位的不断攀升，产业基础能力现代化水平以及以有效的防控风险、抵御冲击和及时生产恢复能力为特征的产业链韧性。

一方面，人工智能技术能够助力价值链升级。一是通过自动化和智能化的生产，提高生产效率和产品质量，通过优化生产流程，减少要素耗费，降低生产成本，提高产品价格竞争力；二是人工智能技术以知识资本的形式嵌入制造环节，会促进生产要素投入的重新组合，形成新型生产体系，从而增加企业在价值链上游的附加值，实现价值链攀升；三是通过实时监控供应链环节，实现精准预测和库存管理，提高供应链的可控性，降低供应链风险，提高企业在全球价值链中的协同能力并加快响应速度；四是人工智能技术因其自身的特点，对资本、高技能劳动力、品牌、营销网络和经营管理等有较强的虹吸效应，有助于创造新管理模式、培育自主品牌、提高产品核心竞争力，从而实现产品功能升级和价值链升级。另一方面，人工智能技术能够提高产业链韧性。人工智能不仅能凭借数据分析能力协助组织提高决策效率，降低决策成本与风险，还能依靠机器学习，减少经验判断偏差，提高生产运行的科学性和灵活性，提升产业风险防控能力。此外，人工智能还可以分析海量的历史销售和环球数据，构建产品需求预测模型，助力企业实时获取市场动态信息，结合数字孪生和仿真技术，模拟复杂产业链，制定精准化生产决策，降低库存积压风险；同时，在市场供应端，利用智能化监控和调配措施，提高营销的精准度，提升产业抵御冲击的能力。

6.2.3 人工智能对经济增长成果质量的影响

质量型经济增长的关键特征就是强调经济增长成果的共享和生态代价

的减小。人工智能技术的渗透性和协同性，会提高产出效率，实现经济总量的不断提升，提高社会总财富水平。与此同时，人工智能技术为共同富裕目标的实现提供了动力支持、协调机制与基础保障。人工智能赋能政府治理，不仅有利于优化收入分配制度，提高转移支付的有效性，实现精准扶贫，还有利于推进教育、医疗、基础设施建设等公共服务的均衡化发展，为欠发达地区和弱势群体提供有力保障。

与此同时，人工智能通过变革传统粗放型增长模式，提高资源的供需匹配度和监管效能，降低经济增长的生态成本。一是提升能源开采和利用效率，人工智能技术不仅可以通过与能源开采产业的深度融合，提高开采和冶炼的效率，降低污染与能耗，还可以变革传统粗放型生产模式，加快淘汰高污染、高耗能、高排放产业，促进传统高能耗产业转型升级。二是助力新能源的开发，结合卫星图像和传感器网络，推进能源生产、转化、利用等各个环节中现有技术的更新升级和新能源的研发与使用。三是助力生态环境保护和监测。人工智能的数据分析和算力模型有助于监管部门获得及时有效的生态环境数据，加大环境监管力度，倒逼经济绿色转型。

6.3 人工智能驱动经济增长质量提升面临的挑战

人工智能技术通过发挥替代效应、渗透效应、协调效应和创新效应，深刻地变革了生产方式和需求模式，对经济增长的条件、过程和结果都具有积极的促进作用，但也会产生就业极化、数字鸿沟以及能源消耗等问题，对经济增长质量的提升形成挑战。

人工智能在缺乏有效的智能化人力培育机制时会加剧结构性失业。尽管人工智能技术有助于提升经济增长条件质量，但是在此过程中，如果缺乏有效的就业保障和适应的人力资本教育培训模式，人工智能在替代低技术劳动力时，就会造成“技术性失业”。在制造业中一线操作工人数量会逐渐减少，能够操作和维护智能生产设备的技术人员需求不断增加；在服务业中对从事低技术含量的消费性服务业人员的需求会减少，对具备数据分析能力运营人员的需求会不断增加，这种传统就业结构的转变，会引起对低技能劳动的需求不足。与此同时，尽管随着人工智能技术的推广，会形成新产业、新业态，会创造新的就业岗位，但若缺乏有效的干中学培训机制和高技能人才的教育，就会导致与之相配的高技能劳动力供给不足，加剧结构性失业。

人工智能在缺乏有效数据产权制度和反垄断规制时会引起市场垄断。尽管人工智能技术有利于提高价格信号的有效性、降低不确定性和不完全性，但不容忽视的是，由于算法、数据和模型等技术壁垒较高，人工智能技术的规模经济和网络效应，会加剧平台经济的数据垄断行为，弱化该类市场的竞争程度。首先，人工智能的研发运营具有较高的资本和技术要求，资金和技术成本会造成人工智能领域进入高壁垒，出现诸多垄断行为。算法结构与预训练模型等核心技术往往被少数大型企业控制，造成该领域趋向于寡头化，形成算法共谋等限制竞争的行为。同时，具备成熟的大语言模型且在市场具有支配地位的大型科技企业通常会实施自我优待行为，限制具备市场支配地位的经营者对其他经营者的数据访问。其次，人工智能技术的规模经济和网络效应，会加剧平台经济的数据垄断行为，弱化该类市场的竞争程度。因此，在数据产权和反垄断监管等制度建设缺失时，人工智能技术造成的寡头垄断不仅会扭曲劳动资本要素的报酬结构，还会造成消费者福利损失。

人工智能赋能实体经济的水平受到数据质量、算法能力以及大模型的制约。首先，数据规模有限且质量和可靠性较弱，加之缺乏行业知识和高成本的预训练等，较高的技术和成本门槛会进一步限制工业大模型的开发和应用，模型应用的可靠性较差。其次，工业领域生产门类众多导致人工智能细分领域应用场景复杂、专业化程度高，工业数据高度碎片化，跨行业、跨场景数据壁垒严重，不利于人工智能大模型以及数据开发与算法的优化和训练等。再次，人工智能应用示范场景大多集中在超大型企业中，需要成熟的基础设施条件、巨大的前期投入以及大量的数据支撑，但大多数企业缺乏足够的资本支持人工智能基础设施的建立，造成人工智能在企业生产过程的融合程度有限。最后，人工智能的模型推理能力和泛化能力难以满足核心生产环节的精准度、稳定性和可靠性的要求。

人工智能引起的虹吸效应，会影响要素流动和产业布局，制约区域协调发展。对于大国经济而言，区域经济的协调发展是实现可持续发展的关键。尽管数字技术带来的产出和运输效率的提升，有利于促进区域产业分工与协作，突破要素资源的空间限制，发挥各地区比较优势，但人工智能技术对数字基础设施、智能化人力资本、数字产业以及组织管理等互补性要求高，发达地区具有显著的技术红利优势，因此，虽然人工智能技术的替代效应和产业升级效应等更适应发达地区的发展需求，但会削弱欠发达地区相对传统要素的比较优势，引起欠发达地区高技术劳动力和资本向发达地区转移，限制高技术密集型产业向欠发达地区转移，人工智能技术造成的虹吸效应还会限制区域协调发展，进一步限制欠发达地区的经济转型发展。

人工智能会造成“数字鸿沟”，扩大收入差距，对经济增长的成果质量造成不利影响。人工智能技术会引起技能偏向型技术进步，在增加高技能劳动者收入的同时，降低低技能劳动者收入，加剧不同技能水平劳动者的收入差距。同时，人工智能技术会提高资本回报，由于投入人工智能技术带来的高利润主要集中在拥有资本的企业和股东手中，普通劳动者获得的收益相对较少，工资不成比例地流向收入分配和技能供给的顶层与底层，会加大社会贫富差距。此外，人工智能技术的应用存在显著的行业差异和区域差异，会加剧区域之间和行业之间的收入差距，限制经济增长成果的共享性。

庞大数据分析和模型运行会造成较大能耗，对绿色低碳发展造成挑战。尽管人工智能可以通过变革传统粗放生产函数，降低企业生产的资源耗费，倒逼企业数智化、绿色化转型，但人工智能技术对经济增长的贡献建立在大量的数据和算法基础上，人工智能系统本身需要大量的计算资源，数据中心为了满足运算需求会消耗巨额的电力。当前，如大型语音模型 GPT－3 一次训练所需电量高达 1287 兆瓦时，GhatGPT 平均一天响应约 2 亿个请求，耗电量超过 50 万度。随着人工智能技术的发展，这种能源需求还在不断上升，间接导致碳排放增加，会对绿色低碳发展造成一定的挑战。此外，人工智能技术的发展需要与之相适应的服务器、芯片等硬件设备，硬件设备的更新会产生电子垃圾，对生态系统造成一定危害。

人工智能对经济增长质量的影响机制如图 6－1 所示。

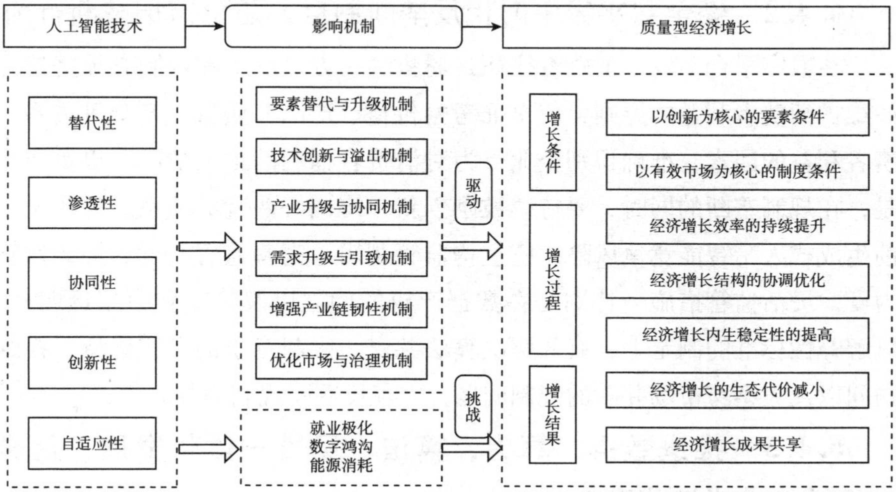

图 6－1　人工智能对经济增长质量的影响机制

6.4　人工智能驱动经济增长质量提升的实现路径

6.4.1　优化教育与就业保障制度，缓解人工智能技术造成的就业结构冲击

为缓解人工智能对就业结构的冲击，充分释放人工智能对就业的创造效应，一是健全就业培训机制，全面提升劳动技能水平。加大教育培训投资规模，依托高校和科研院所，设置相关专业和岗位，加强人工智能领域的人力资本积累，培养适应人工智能技术的高技术劳动力。二是注重人力资本在干中学中的积累效率。伴随生产自动化和智能化，未来的社会生产将更加需要智能化管理及高层次技术人员，企业在引入新的生产技术时，应积极组织员工参与技能培训，提高劳动技能水平，适应新的生产需求。三是完善失业保障制度并努力创造再就业机会。人工智能技术发展的起步阶段会使低技能劳动力面临失业和再就业的挑战，应继续完善失业保障制度，加大对弱势群体的生活补助力度，为其提供公共服务岗位，积极建立与企业的合作培训制度，创造再就业机会，并通过补贴手段鼓励其创新创业，引导其更适应人工智能等新兴产业，推动高新技术企业快速发展，并带动相关产业升级，从而创造更多就业机会。

6.4.2 健全数字经济时代反垄断制度，防范市场垄断行为

在数字平台市场，消费者往往是弱势的一方，反垄断规制必须坚持更好维护消费者利益的原则，应全面考察价格、产品、质量、安全等关系消费者利益的因素，准确识别企业行为对消费者福利的损失情况。更重要的是，在规制垄断的同时，要持续鼓励创新，协调好两者的关系。为防止目前生成式人工智能竞争风险，应重构监管逻辑，完善监管制度，加大监管力度，灵活监管措施，特别是在数据产权的确立以及算法和模型透明性、可解释性标准的制定上，有效解决算法共谋、限制竞争的自我优待、拒绝访问以及大型跨市场并购的规制问题，完善反垄断规制路径。

6.4.3 推进数据、算力、算法、场景一体化发展，促进人工智能技术迭代升级

第一，通过顶层设计，构架协同创新驱动平台，完善协同创新机制，建立产业基础共性技术研发和服务平台，特别是跨学科、大协作、高强度、开放式的协同创新基础平台。第二，积极鼓励企业在人工智能基础研究领域的创新和应用，推动人工智能基础技术和应用技术的发展，提高技术的稳定性、可靠性和精准度，促进技术产业化转型。第三，加快数据要素市场化改革，完善数据要素市场规则制度和标准体系建设，加强制造业领域的数据获取与整合，形成成熟的企业数据采集、集成、管理、分析产业链，实现数据的互联互通和有效利用。第四，进一步促进核心产品和技术的开发，推动算力发展，提高智算规模及其适用性、灵活性。第五，进一步拓展人工智能重点应用场景，从消费端向生产端延伸，提高人工智能赋能产业的效能。

6.4.4 加快人工智能与三次产业的深度融合，充分释放人工智能技术的增长动能

以实体经济为主体，积极发挥人工智能赋能实体经济的作用，一是根据制造业细分领域的生产特点，从研发设计、生产作业、仓储物流、营销服务及安全保障等环节，提高企业创新活力和产出效率，促进制造业转型升级。二是持续深化人工智能与服务业的融合，加快推进人工智能与金融、物流、科技、信息、商务服务等生产性服务业的深度融合，借助数字化、智能化技术改造，以新产业、新业态、新消费模式为支撑，促进消费

模式升级，扩大服务业需求。三是以人工智能技术驱动服务业与制造业融合发展，建立健全跨行业的协调发展机制，促进数据要素在行业间的共享与流动，推进制造业向“制造 + 服务”模式升级，实现制造业与服务业的耦合协同发展。

6.4.5 优化数字基础设施建设，增强区域协调发展的政策引导

为缓解数字鸿沟对欠发达地区发展的制约，首先，要着力推动欠发达地区数字基础设施建设，加快传统基础设施的数字化、智能化改造转型；其次，要加快构建全国一体化算力网络体系，优化算力资源布局和协同调度能力，形成区域协调发展的算力分布体系和算力结构格局；再次，通过构建数据中心、云计算、大数据一体化的新型算力网络体系，将东部地区的算力需求有序引导到西部，优化数据中心建设布局，促进东西部发展的协同联动；最后，各地区应充分发挥特色产业优势，实现优势互补，推动产业链拓展，做好各区域内部资源的整合、规划和布局，打造新发展格局，畅通国内大循环，推动后发地区发展。

7 人工智能产业集聚对制造业新质化的影响

7.1 引言

世界经济发展史表明，制造业是国民经济的主体，也是国家繁荣富强的基石。在现代化新征程中，中国推进经济高质量发展必须坚持以制造业高质量发展为重要着力点，推动制造业向高端化、智能化和绿色化发展，全面推进制造业新质化。制造业新质化是指制造业充分利用现代信息技术、人工智能等先进技术，将最新数智技术应用于研发、生产、制造、销售全过程，实现生产过程的智能化和自动化，推动制造业产业基础能力高级化，形成制造业新的“技术—经济范式”，并在数智技术推动下朝高技术、高附加值方向发展（任保平等，2024）。目前，在新一轮科技革命和产业变革背景下，全球数字经济发展已经进入人工智能时代。《人工智能发展报告（2024）》显示，全球人工智能产业保持高速增长态势，到2026年全球将有超过80%的企业使用或部署生成式人工智能技术。人工智能作为新一代信息技术，不仅具有一般ICT的基本技术—经济特征——渗透性、替代性、协同性，还具有“创造性”这一特殊特征（蔡跃洲、陈楠，2019），进而成为引致制造业产业链加速推进技术实数融合、生产实数融合和生态实数融合的新动能。然而，根据一般经济规律，只有当人工智能技术实现产业化发展并出现产业集聚现象时，才会形成新的生产方式，进而开启由其引领的新一轮产业变革进程（任保平、李培伟，2024）。党的二十届三中全会也指出：“完善推动新一代信息技术、人工智能、航空航天、新能源、新材料、高端装备、生物医药、量子科技等战略性产业发展政策和治理体系。”为此，系统研究人工智能产业集聚能否及何以赋能我国制造业新质化，并论证我国现有人工智能产业发展政策是否有效，成为学界当前亟待解决的重要理论与现实问题。

随着人工智能技术在企业发展中的持续渗透与融合，已有不少学者关注到了人工智能技术对企业发展的影响。吕越等（2020）研究发现，人工智能可以通过减少企业劳动力投入、提高企业生产率助力中国企业以更高水平融入全球价值链分工体系。孙早和侯玉琳（2021）基于熊彼特创新模型研究发现，目前人工智能发展可以有效促进传统制造业的全要素生产率提升。沈坤荣等（2024）则利用智能制造产业政策作为准自然实验，研究发现智能制造政策可以通过提高企业信息化能力、优化人力资本结构以及降低资金约束门槛提升企业全要素生产率水平，从而推动中国企业高质量发展。

然而，部分学者认为基于人工智能技术应用的新“生产率悖论”依然存在（Brynjolfsson and Collis，2019；程文，2021），人工智能作为一项新的通用技术依然未能跨越“生产率悖论”（陈楠、蔡跃洲，2022）。Branstetter 和 Li（2022）通过评估“中国制造 2025”政策的有效性，研究发现该政策使其对应的目标公司获得了更多的创新补贴，但在创新绩效和生产力提升方面均未得到显著改善。一个更具有说服力的解释是价值实现的滞后性（Agrawal，2021），即人工智能在发展初期由于资源配置扭曲机制及生产组织惯性可能并不能给制造业企业发展带来积极效应，但从长期和总体上看显著提升了企业 TFP（Wen and Zhao，2021；程文，2021；曹玉平、侯迎信，2024）。

以上文献并没有给予人工智能影响制造业企业发展一个确定性解释框架，一个重要原因是忽略了人工智能产业化发展进而形成产业集聚赋能制造业企业的经济效应。历次工业革命的历史经验表明，科技创新中蕴含的巨大价值创造只有通过产业化发展才能转化为生产力的提升，并在产业集聚机制作用下实现集中连片的生产力现代化转型，从而形成新的生产方式。袁歌骋等（2023）研究发现，数字产业集聚可以通过数据资本和技术溢出双重路径有效提高中国制造业企业的技术创新绩效。Forman 和 Goldfarb（2016）基于美国旧金山湾区样本得到了相似的研究结论。同时，党的二十大、党的二十届三中全会均明确指出，“打造具有国际竞争力的数字产业集群”，这成为中国以实体经济和数字经济深度融合促进制造业新质化的重要路径。在人工智能背景下，数字产业集群的核心是人工智能产业集群化发展，通过全面的“人工智能+”行动破解数字产业集群的“数据沉睡”“架构失调”“生态隔绝”的现实发展问题，从而打通实体经济和数字经济深度融合的通道桎梏。然而，目前学界尚未对人工智能产业集聚给制造业企业带来的经济影响做出翔实的论证，人工智能产业集聚能否推动制造业企业新质化进而实现高质量发展亟须进一步的经验证据。

本章首先基于全国工商注册企业数据识别人工智能企业，以此构建区县级人工智能产业集聚的衡量指标，并利用2015—2023年中国A股制造业上市公司的研究样本，实证考察了人工智能产业集聚对制造业企业新质化的总体影响、作用机制及异质性，并进一步论证了国家人工智能创新应用先导区这一产业发展政策实施的有效性及其与智能制造产业政策之间的协同性，从而为我国打造具有国际竞争力的人工智能产业集群及其加快推进制造业新质化提供了一定的政策启示。

本章主要的边际贡献有以下三点。第一，现有关于人工智能与制造业发展之间的研究，多关注于人工智能技术应用或智能制造相关产业政策对制造业高质量发展的影响（吕越等，2020；Wen and Zhao，2021；沈坤荣等，2024），缺乏对人工智能产业集聚影响的重点关注。而根据一般经济规律，从自然规律的认识和应用到形成新的生产力一般路径是通过科技创新的突破性进展及其产业化过程形成新的生产方式（任保平、李培伟，2024），也就是说，人工智能只有通过产业化发展进而形成产业集聚才能整体推进制造业新质化，从而实现制造业高质量发展。无论是制造业新质化，还是以制造业新质化推进制造业高质量发展，都需要以全要素生产率的极大提升作为核心指标（黄勃等，2023；任保平等，2024），为此，本章立足制造业企业新质化视角，识别地区人工智能产业集聚与企业ATP之间的因果关系，验证了人工智能产业集聚可以有效促进制造业企业ATP的极大提升。第二，以企业ATP提升的成因作为立足点，从企业技术变革、生产变革、组织变革三重路径，系统考察了人工智能产业集聚赋能制造业企业新质化的作用机制，深化了对人工智能发展经济效应的理解，并为人工智能何以破解新“生产率悖论”这一重要学界议题提供了相关佐证。第三，无论是在经验证据上还是在理论探索中，关于产业政策的有效性问题学界尚未具有广泛共识的结论（黄群慧、贺俊，2023），中国人工智能产业政策是否有效尚未得到一般性验证，为此，本章进一步利用“国家人工智能创新应用先导区”设立这一关键产业政策正面回应了我国人工智能产业政策是否有效的担忧，并将其基于微观层面的智能制造产业政策置于统一分析框架中，验证中国人工智能产业政策之间的政策协同效应，从而为中国继续推行人工智能产业政策增强信心，也为加快推进制造业新质化提供了重要的路径选择与政策启示。

7.2 理论分析与假说提出

人工智能产业集聚本质上属于专业化集聚模式，这种产业内企业集聚会产生劳动力蓄水池、中间投入共享和知识技术溢出的集聚经济（Marshall，1890），即形成马歇尔—阿罗—罗默（Mar）外部性的溢出效应。根据新经济地理学原理，产业专业化集聚可以通过规模报酬递增机制、市场垄断激励机制、知识技术扩散机制和信息不对称降低机制促进产业内企业创新和区域创新，并可能通过形成垂直生产结构促进生产要素在同行业企业间自由流动，从而改善要素投入扭曲，提高资源配置效率。为此，通过专业化集聚模式可以加速人工智能发展，并提高人工智能产业链供应链的上下游协同效应，从而以“链式”模式快速响应市场需求变化，加快人工智能场景创新及赋能制造业新质化。

目前，中国经济已经进入着力推进高质量发展的新阶段，其关键目标是实现制造业全要素生产率的极大提升，从而以新型工业化道路夯实中国式现代化的物质基础（任保平、李培伟，2024）。2024 年 1 月，习近平总书记在主持中共中央政治局第十一次集体学习时系统阐述了新质生产力的理论内涵和主要特征，强调新质生产力具有高科技、高效能、高质量特征，以全要素生产率大幅提升为核心标志。为此，全要素生产率的提升能够相对更完整、准确地捕捉制造业新质化的主要内涵（杨耀武、张平，2021；沈坤荣等，2024）。而全要素生产率的提升主要来自技术进步和资源配置效率提升，为此，本章进一步从技术变革（对应技术进步维度）、生产变革、组织变革（对应资源配置效率提升维度）三个角度分析人工智能产业集聚对制造业全要素生产率提升的作用渠道。

7.2.1 技术变革渠道

人工智能被称为“发明方法的发明”（Agrawala et al.，2019），是一种用于发现新知识的通用元技术，其近年来的突破式发展促使科学研究与技术发展的生产率得以显著跃升（陈楠、蔡跃洲，2022），进而变革传统科技创新模式。首先，从技术的本质来看，组合是新技术的潜在来源，新技术都是在已有技术的基础上发展起来的（阿瑟，2023），而以人工智能驱动的知识搜索技术和预测技术加速了这种技术组合，可能组合机会的数量产生爆炸性增长，甚至以指数模式增长，从而帮助企业跨越“知识负担”鸿沟，并更有效恰当地沿着市场需求创造出新技术。其次，从技术的演进来看，在数字经济背景下，数据、数字技术等数字经济发展要素正在向实体经济渗透、吸收与融合，进而形成数字创新机制。数字创新机制的基本逻辑是以人工智能和工业互联网为底层技术支撑，实现工业技术与数字技术的结合，激发制造业的潜在高附加值，从而形成实体经济数字化和数字经济实体化的叠加效应与乘数效应（洪银兴、任保平，2023）。显然，人工智能产业集聚发展形成的专业化集聚效应进一步加速了这种实体产业和数字产业的技术融合，而实数产业技术融合又会通过拓展企业知识宽度、提升技术创新质量以及开拓新兴技术领域大幅提升企业全要素生产率（Kim and Sohn，2020；黄先海、高亚兴，2023）。最后，从技术的应用来看，不同行业、不同规模的制造业企业需要的人工智能技术解决方案具有异质性，而在人工智能集聚区域内，存在大量的专业化人工智能服务提供商，可以根据企业的具体需求为企业提供定制化的技术解决方案，从而有助于企业更高效地应用人工智能技术，提高其技术创新的质量和速度。基于上述分析，本章提出以下假说。

假说1：人工智能产业集聚可以通过优化制造业企业技术创新能力并加速实数产业技术融合创新来推动制造业新质化。

7.2.2 生产变革渠道

制造业产能过剩问题的根源可以归结为企业“事前”生产能力构建与市场“事后”消化生产能力的偏离（林毅夫等，2010）。为此，化解产能过剩的根本路径是构建企业生产与市场消费之间的动态平衡机制，实现“产销合一”（黄卓等，2024）。具体而言：从生产侧来看，人工智能产业集聚可以为制造业企业提供因企制宜、因地制宜的智能制造解决方案，全面推进大中小企业实现柔性生产，从而在新型生产模式中兼顾规模经济和范围经济；从消费侧来看，消费者可以通过主动嵌入企业智慧平台介入生产流程，并根据自身个性化需求定制产品，从而创造有效需求，同时，制造业企业通过借助数据挖掘、深度学习等前沿方法对消费者行为信息进行实时分解，基于不同消费者偏好个性化推荐产品，在提升供给效率的同时增加客户黏性；从供需动态平衡来看，柔性生产模式与消费者地位转变并创造有效需求模糊了生产者与消费者之间的边界，并通过数字社区、平台等新型经济组织方式增强了两者之间的互动互联，极大地缓解了传统生产过程中“产消割裂”的困境（戚聿东、肖旭，2020；黄卓等，2024）。制造业企业化解产能过剩的过程本质上是化解要素投入扭曲、提高资源配置效率的过程，同时，产能利用率提升还可能反作用于企业提高从事研发活动的强度以及强化干中学效应，从而最终促进企业全要素生产率的提升（程俊杰、刘志彪，2015；任韬、张潇潭，2023）。基于上述分析，本章提出以下假说。

假说 2：人工智能产业集聚可以通过提高制造业企业产能利用率来推动制造业新质化。

7.2.3 组织变革渠道

数字经济时代，“智改数转”是制造业企业实现高质量发展的重要路径。“智改”是指企业通过智能化改造实现“机器换人”，并基于人工智能技术改变传统工业生产方式，构建起新型“人—机”生产关系，即生产模式变革。“数转”是指企业通过数字化转型实现生产、管理、运营和决策的信息化、数据化，使数据要素和数字技术从生产领域向组织架构、运营管理等企业发展全领域渗透融合，即组织模式变革。而人工智能产业集聚为加速企业数字化转型提供了底层技术支撑，具体而言：现有研究表明，制造业企业数字化转型的障碍多与技术可供性有关（马鸿佳等，2024）。例如，缺乏有效的转型技术颠覆（Mahmood et al.，2019）、较低的转型技术成熟度（Raj et al.，2020）均是制约制造业企业主动推进数字化转型的重要成因。而人工智能可供性作为一种独特的技术可供性，既具有一般技术可供性的基础潜能，又具有自我学习、自主性、强化性和自适应性等独特潜能（Zeba et al.，2021），特别地，自主可供性有利于企业实现降本增效和迭代创新，交互可供性有利于企业实时高效地收集、识别、评估和传递信息（马鸿佳等，2024），两者协同推进了企业数字化转型绩效。与此同时，较高的转型技术应用成本也是制造业企业主动推进数字化转型的重要制约因素（戴翔、杨双至，2022），而人工智能专业化集聚带来的产业内企业的市场竞争效应，可以降低制造业企业应用人工智能技术的成本，从而进一步加快数字化转型进程。现有文献表明，数字化转型可以通过优化人力资本结构、推动先进制造业和现代服务业融合发展以及提高资源配置效率等渠道促进企业全要素生产率提升（赵宸宇等，2021；涂心语、严晓玲，2022）。基于上述分析，本章提出以下假说。

假说3：人工智能产业集聚可以通过推进制造业企业数字化转型来推动制造业新质化。

7.3 研究设计

7.3.1 模型设计

为检验人工智能产业集聚对制造业企业新质化的影响，本章构造如下计量模型：

$$TFP_{it} = \alpha_0 + \beta AI\_IA_{ct} + \theta X_{it} + \delta_t + \varepsilon_i + \varphi_c + \omega_{ind,t} + \mu_{it} \quad (7-1)$$

其中，被解释变量 TFP_{it} 表示 i 企业在 t 年的全要素生产率；核心解释变量 AI_IA_{ct} 表示 c 区县在 t 年的人工智能产业集聚水平；X_{it} 表示企业层面的一系列控制变量，具体包括企业规模、企业年龄、股权性质、资产负债率、研发强度、两职合一、股权制衡度、成长能力；δ_t 和 ε_i 分别为时间固定效应和企业固定效应，用以控制不随时间变化的企业固有特征和不同年份里的宏观因素对模型估计的干扰；为进一步缓解遗漏变量偏差，本章进一步控制区县固定效应 φ_c 和“行业—年份”联合固定效应 $\omega_{ind,t}$；μ_{it} 为随机干扰项。为排除异方差和序列相关对回归结果的影响，本章对回归系数的标准误在企业层面进行聚类调整。在计量模型（7-1）中，本章重点关注估计系数 β，根据理论分析，本章预期 β 显著为正，即人工智能产业集聚可以有效推动制造业企业实现新质化。

7.3.2 变量选取

全要素生产率（TFP）：理论上，企业全要素生产率有多种测度方法

（余淼杰、解恩泽，2023）。然而，在实际应用中，OP 法、LP 法以及 GMM 法使用更为广泛。由于上述 3 种测度方法各有优劣，本章在基准回归中运用 GMM 法对企业全要素生产率进行测度。GMM 法的优点是能够缓解内生性和测量误差问题，并具有较好的一致性。为使本章研究结论更加稳健与可靠，本章将 OP 法和 LP 法作为稳健性检验中全要素生产率测算的替换方法。

人工智能产业集聚（*AI_IA*）：首先，参考王林辉等（2022）的做法，使用特征关键词提取法对全国工商注册企业中的人工智能企业进行识别，例如，当企业经营范围涉及机器学习、深度学习、神经网络、计算机视觉、知识突破、语言识别等与人工智能相关的关键词时，则将该企业识别为人工智能企业，并获取其所在区县的地理位置信息；其次，选择使用人工智能存续企业数量作为地区人工智能产业发展水平的衡量指标，限于数据可得性，本章进一步将其与全国人工智能存续企业数量的比值作为地区人工智能产业集聚发展水平的度量指标。为使本章研究结论更加稳健与可靠，在稳健性检验中本章使用人工智能新注册企业数量重新进行度量。

控制变量（*X*）：参考赵宸宇等（2021）、黄卓等（2024）的研究，本章选取以下控制变量，企业年龄（*Age*），使用企业上市年份加一并取对数衡量；企业规模（*Size*），使用企业资产总额并取对数衡量；股权性质（*Soe*），若为国有企业则赋值为 1，否则为 0；资产负债率（*Lev*），使用企业总负债与总资产的比值衡量；研发强度（*R&D*），使用企业研发人员数量并取对数衡量；两职合一（*Dual*），若董事长与总经理为同一人则赋值为 1，否则为 0；股权制衡度（*Shrcr*），使用企业前五大股东持股比例衡量；成长能力（*Growth*），使用企业资产总额的增长率衡量。

7.3.3 数据来源与描述性统计

本章选取 2016—2023 年中国 A 股制造业上市公司为研究对象。其中企业层面的数据主要来自国泰安（CSMAR）、万得（Wind）和上市公司年报，地区层面的数据来自全国工商注册数据、历年《中国城市统计年鉴》等。考虑到数据质量对回归结果的影响，本章还对样本数据做了如下处理：保留“正常上市”的上市公司，删除主要变量缺失、财务数据缺失严重的上市公司，删除样本期内经营年份小于 1 年的制造业上市公司，最终得到 11340 条原始企业—年度观测值。主要变量描述性统计如表 7－1 所示。

表 7－1 主要变量描述性统计

变量	变量名称	样本量	均值	标准差	最小值	最大值
TFP	全要素生产率（GMM 法）	11340	5.5900	0.6974	2.8601	8.8849
AI_IA	人工智能产业集聚	11340	0.0030	0.0043	0.0001	0.0259
Age	企业年龄	11340	2.1182	0.7675	0.0000	3.4657
Size	企业规模	11340	22.2340	1.1854	18.0083	27.6377
Soe	股权性质	11340	0.2445	0.4298	0.0000	1.0000
Lev	资产负债率	11340	0.3918	0.3616	0.0142	31.4667
R&D	研发强度	11340	5.6739	1.1582	1.3862	11.5409
Dual	两职合一	11340	0.3401	0.4737	0.0000	1.0000
Shrcr	股权制衡度	11340	53.2066	14.4021	9.5104	98.7800
Growth	成长能力	11340	0.1534	0.4037	－0.9613	18.3909

7.4 实证结果

7.4.1 基准回归结果

表 7－2 汇报了人工智能产业集聚对制造业企业全要素生产率影响的基准回归结果。其中，列（1）结果显示，在不加入任何控制变量且控制双向固定效应的情况下，*AI_IA* 的估计系数为 7.1748，并通过了 10% 置信水平下的显著性检验，初步表明人工智能产业集聚显著提升了制造业企业全要素生产率。列（2）加入区县固定效应，列（3）加入“年份—行业”联合固定效应，结果表明，*AI_IA* 的估计系数依旧显著为正，基准回归结果具备一定的稳健性。列（4）在上述基础上进一步加入企业规模、企业年龄等一系列控制变量，可以发现，*AI_IA* 的估计系数为 10.8013，且在 5% 的水平下通过显著性检验，由此说明 *AI_IA* 水平每增加 1 个单位，制造业企业 *TFP* 平均提升 10.8013。据此，本章认为，人工智能产业集聚对制造业企业新质化起到了促进作用。

表 7－2 人工智能产业集聚对制造业企业全要素生产率影响的基准回归结果

变量	*TFP*	*TFP*	*TFP*	*TFP*
	(1)	(2)	(3)	(4)
AI_IA	7.1748* (3.9892)	10.4229* (5.4248)	12.2005** (5.6075)	10.8013** (4.6764)

续表

变量	TFP (1)	TFP (2)	TFP (3)	TFP (4)
Constant	5. 5681 *** (0. 0121)	5. 5582 *** (0. 0165)	5. 5530 *** (0. 0171)	-2. 1454 *** (0. 4739)
控制变量	不控制	不控制	不控制	控制
年份固定效应	YES	YES	YES	YES
企业固定效应	YES	YES	YES	YES
区县固定效应	NO	YES	YES	YES
“年份—行业”固定效应	NO	NO	YES	YES
观测值	11340	11340	11340	11340
R^2	0. 8912	0. 8949	0. 9018	0. 9166

注：括号内数值为聚类稳健标准误，聚类层级至企业层面，下同；*、**和***分别为10%、5%和1%的显著性水平，下同；限于篇幅，控制变量的回归结果留存备索。

7. 4. 2 稳健性检验

为保证基准回归结果的可靠性，本章从替换关键变量、替换聚类层级、替换回归模型、内生性检验以及剔除部分样本等多个维度进行了一系列稳健性检验。

（1）替换关键变量

对于企业 *TFP* 的衡量替换，本章使用 OP 法、LP 法重新进行度量，并基于计量模型（7 - 1）重新进行回归。对于 *AI_IA* 的衡量替换，本章使用人工智能新注册企业数量与全国之比重新进行测算（*AINew_IA*），同时，本章参考姚加权等（2024）的做法，运用机器学习方法生成人工智能词典，并对上述制造业上市公司年报进行文本分析，进而构建了企业层面的人工智能指标（*AI*），即直接基于微观企业层面论证人工智能发展对企业全要素生产率的影响，以期完善基准结论的稳健与可靠。替换关键变量的稳健性检验结果如表 7 - 3 所示，可以发现，无论采用何种衡量指标，人工智能产业集聚对制造业企业新质化的推动均存在显著的积极效应，即基准研究结论是可靠且稳健的。

表 7-3　替换关键变量的稳健性检验结果

变量	*TFP_OP*	*TFP_LP*	*TFP*	*TFP*
	(1)	(2)	(3)	(4)
AI_IA	9.0857 ** (4.3344)	9.4548 ** (4.6904)		
AINew_IA			163.2530 *** (58.5145)	
AI				0.0184 *** (0.0061)
Constant	-2.8540 *** (0.4462)	-3.7782 *** (0.4770)	-2.1753 *** (0.4750)	-2.0844 *** (0.4740)
控制变量	控制	控制	控制	控制
固定效应	YES	YES	YES	YES
观测值	11340	11340	11340	11340
R^2	0.9381	0.9567	0.9165	0.9166

注：限于篇幅，表中固定效应均包括时间固定效应、企业固定效应、区县固定效应和“年份—行业”联合固定效应；括号内数值为聚类稳健标准误，聚类层级至企业层面；**、***分别为5%、1%的显著性水平。

（2）替换聚类层级

考虑到某些变量可能在更高维度上相关，本章首先将聚类层级从基准回归中的企业层面提升至行业层面、区县层面和城市层面。考虑到同行业同区县的企业干扰项很可能高度相关，本章进一步采用行业与区县层面的双向聚类标准误重新进行回归。替换聚类层级的稳健性检验结果如表 7-4 所示。显然，*AI_IA* 的回归系数依然显著为正，表明上述结论稳健。

表 7-4　替换聚类层级的稳健性检验结果

变量	*TFP*	*TFP*	*TFP*	*TFP*
	(1)	(2)	(3)	(4)
AI_IA	10.8013 * (5.6934)	10.8013 *** (3.7879)	10.8013 *** (2.0081)	10.8013 ** (4.4184)
Constant	-2.1454 *** (0.6101)	-2.1454 *** (0.6145)	-2.1454 *** (0.5997)	-2.1454 *** (0.5997)
控制变量	控制	控制	控制	控制
固定效应	YES	YES	YES	YES

续表

变量	TFP	TFP	TFP	TFP
	(1)	(2)	(3)	(4)
观测值	11340	11340	11340	11340
R^2	0.9166	0.9166	0.9166	0.9166

注：限于篇幅，表中固定效应均包括时间固定效应、企业固定效应、区县固定效应和“年份—行业”联合固定效应；括号内数值为聚类稳健标准误，聚类层级至企业层面；*、**、***分别为10%、5%、1%的显著性水平。

（3）替换回归模型

为缓解模型设定偏误，首先，在计量模型（7－1）中加入 *AI_IA* 变量的二次项（*AI_IAsquare*），以考虑是否存在非线性影响。其次，使用 Logit 计量模型重新进行回归，以考虑人工智能产业集聚是否可以有效提高企业全要素生产率提升的单位概率。Logit 模型要求被解释变量为二元变量，因此，本章将高于企业 *TFP* 中位数的样本赋值为 1，否则为 0。表 7－5 列（1）、列（2）汇报了上述回归结果。列（1）结果表明，当基准模型中加入 *AI_IA* 变量的二次项时，*AI_IA* 与 *AI_IAsquare* 均不显著，从而佐证了 *AI_IA* 与企业 *TFP* 之间尚未显现非线性关系，计量模型（7－1）的设定基本准确。从概率视角来看，列（2）汇报了 Logit 模型的回归结果，*AI_IA* 的回归系数在 1% 的置信度下显著为正，说明随着 *AI_IA* 水平的提高，其促进制造业企业 *TFP* 的概率也会增加。为直观地看出这种概率值的变化特征，本章同时汇报了 *AI_IA* 的方差偏效应。*Prob_AI_IA_SD* 的结果表明，*AI_IA* 水平每提高一个标准差（0.003），企业 *TFP* 提升的概率增加 18.42%。上述结论均表明本章的基准研究结论是可靠且稳健的。

（4）内生性检验

一方面，如果制造业企业的全要素生产率较高，意味着它们具有更高的生产效率和盈利能力，从而能够为人工智能产业提供更多的应用场景和市场需求，进而吸引人工智能企业在其附近布局，导致人工智能产业集聚，因此基准模型可能存在反向因果的内生性问题。另一方面，受数据和模型的限制，上述对人工智能产业集聚可能存在一定的测量误差问题，从而使人工智能产业集聚与影响企业全要素生产率的不可观测因素存在相关性，进而致使内生性问题的出现。为此，本章使用工具变量法对基准模型进行内生性处理。参考黄群慧等（2019）、柏培文和喻理（2021）的做法，本章使用1984年各地级市每百人固定电话数乘以全国互联网宽带接入用户增长率作为工具变量（*IV_Phone*），并使用两阶段最小二乘法重新进行回归。表7-5列（3）、列（4）汇报了上述回归结果。其中，由列（3）可以看出，*IV_Phone* 与 *AI_IA* 在统计意义上满足相关性假设；由列（4）可以看出，*AI_IA* 的估计系数为21.2549且显著为正，相较于基准回归系数明显偏大，且工具变量通过弱工具变量检验和不可识别检验，由此说明在缓解内生性问题后，人工智能产业集聚对制造业企业新质化的积极效应更大，即进一步验证了基准结论的稳健性。

表7-5　替换回归模型和内生性检验的稳健性检验结果

变量	*TFP*	*TFP*	*AI_IA*	*TFP*
	(1)	(2)	(3)	(4)
AI_IA	5.7025 (11.2451)	348.9038*** (72.0226)		21.2549** (10.5130)
AI_IAsquare	214.0146 (505.2025)			
Prob_AI_IA_SD		0.1842*** (0.0344)		
IV_Phone			0.0126*** (0.0009)	
Constant	-2.1454*** (0.6101)	-88.8889*** (14.1783)		
控制变量	控制	控制	控制	控制
固定效应	YES	YES	YES	YES
观测值	11340	11340	11340	11340
Kleibergen-Paap rk LM statistic				114.338 [0.0000]
Kleibergen-Paap rk Wald F statistic				186.490 {16.3800}
R^2或*Pseudo* R^2或*Centered* R^2	0.9166	0.4658	0.9687	0.1462

注：方括号内数值为p值；大括号内数值为Stock-Yogo弱工具变量检验10%显著性水平上的临界值；限于篇幅，表中固定效应均包括时间固定效应、企业固定效应、区县固定效应和“年份—行业”联合固定效应；括号内数值为聚类稳健标准误，聚类层级至企业层面；**、***分别为5%、1%的显著性水平。

（5）其他稳健性检验

第一，依次剔除直辖市重新进行检验，原因是这些省份更有可能受到金融、政策和基础设施等资源倾斜与支持，出现因强势耦合而产生的估计偏误。第二，为进一步缓解遗漏变量偏差，本章依次加入更多控制变量，包括托宾 Q 值、独立董事占比以及现金状况等。以上回归结果仍然稳健①。

7.5 机制检验与异质性分析

7.5.1 机制检验

前述研究为论证人工智能产业集聚促进制造业企业新质化提升提供了翔实的经验数据支撑，但还未对其中的“机制黑箱”进行识别检验。对此，根据理论部分的论述，本章从技术变革机制、生产变革机制和组织变革机制三个角度进行机制识别，同时，在识别策略上，参考江艇（2022）的研究，本章选择使用两步法对机制路径进行识别检验，模型如下：

$$TFP_{it} = \alpha_0 + \beta AI\_IA_{ct} + \theta X_{it} + \delta_t + \varepsilon_i + \varphi_c + \omega_{ind,t} + \mu_{it}$$

$$Mediator_{it} = \alpha_0 + \beta AI\_IA_{ct} + \theta X_{it} + \delta_t + \varepsilon_i + \varphi_c + \omega_{ind,t} + \mu_{it} \tag{7-2}$$

（1）技术变革机制

人工智能产业集聚可以通过优化制造业企业技术创新能力并加速实数产业技术融合创新来实现新质化。其中，在企业技术创新能力方面，本章使用企业发明专利申请数量的反双曲正弦值进行衡量（*Tech*）。反双曲正弦变换可以缓解专利数据的偏态分布问题对估计系数的影响。在实数产业技术融合方面，本章参考黄先海和高亚兴（2023）的做法：若企业发明申请专利的 IPC 主分类被识别为实体产业技术，并且其他 IPC 分类号中至少一项在任一层面被识别为数字产业技术，则定义该专利为企业的一项实数产业技术融合创新（*TechConv*）。其中，对 IPC 分类的识别依据为国家统计局发布的《关键数字技术专利分类体系（2023）》，实数产业技术融合专利数量依然进行反双曲正弦变换。利用计量模型（7－2）对上述机制进行识

① 受篇幅限制，回归结果未列出，如有需要可向作者索要。

别检验，回归结果如表7－6所示。表7－6列（1）、列（2）结果表明，人工智能产业集聚显著提高了企业的技术创新能力，并且技术创新方向已经呈现出实数产业技术融合态势，这为人工智能产业集聚推动制造业企业新质化提供了一个技术变革渠道的解释，即假说1得以验证。

（2）生产变革机制

人工智能产业集聚可以通过提高制造业企业产能利用率（*CU*）实现新质化。其中，在企业产能利用率方面，本章参考黄卓等（2024）的研究，选取SFA法对企业产能利用率进行测度，并使用更加符合现实的超对数生产函数形式，最终的*CU*被定义为企业当前实际产出与随机产出的期望值之比。利用计量模型（7－2）对上述机制进行识别检验，回归结果如表7－6所示。表7－6列（3）显示，*AI_IA*的回归系数为0.9625且显著为正，由此说明人工智能产业集聚可以有效助力制造业企业化解产能过剩危机，提高产能利用率，从而促进企业全要素生产率提升，即假说2得以验证。

（3）组织变革机制

人工智能产业集聚可以通过推进制造业企业数字化转型来实现新质化。其中，在企业数字化转型方面，本章参考赵宸宇（2021）的做法，对企业年报中的MD&A报告部分进行文本分析，主要包括数字技术应用、互联网商业模式、智能制造以及现代信息系统四个维度，并以其占MD&A报告文本总长度的比值作为企业数字化转型的衡量指标（*Digital*）。利用计量模型（7－2）对上述机制进行识别检验，回归结果见表7－6。表7－6列（4）显示，*AI_IA*的回归系数为0.0315且显著为正，由此说明人工智能产业集聚可以有效助力制造业企业推进数字化转型，实现组织结构优化，从而促进全要素生产率提升，即假说3得以验证。

表7－6　机制路径识别检验的回归结果

变量	*Tech*	*TechConv*	*CU*	*Digital*
	(1)	(2)	(3)	(4)
AI_IA	38.6947*** (13.9346)	19.9039* (11.5128)	0.9625** (0.4279)	0.0315** (0.0151)
Constant	－0.5833 (1.1362)	－2.5438** (1.0388)	0.4283*** (0.0512)	0.0001 (0.0014)

续表

变量	*Tech*	*TechConv*	*CU*	*Digital*
	(1)	(2)	(3)	(4)
控制变量	控制	控制	控制	控制
固定效应	YES	YES	YES	YES
观测值	11340	11340	11340	11340
R^2	0. 7911	0. 8289	0. 8565	0. 8464

注：限于篇幅，表中固定效应均包括时间固定效应、企业固定效应、区县固定效应和“年份—行业”联合固定效应；括号内数值为聚类稳健标准误，聚类层级至企业层面；*、**、***分别为10%、5%、1%的显著性水平。

7.5.2 异质性分析

(1) 规模属性差异

与大型企业相比，人工智能产业集聚形成的集聚效应对中小企业全要素生产率的提升可能存在更加明显的促进作用，原因在于：在人工智能产业集聚区域，共享的基础设施对于中小企业成本降低的效果更为显著。中小企业通常受制于自身规模和资金，难以独自承担建设和维护诸如大数据中心、高端实验设备等昂贵的基础设施，而通过产业集聚，它们可以低成本地共享这些设施，进而从共享基础设施中获得的边际收益更高。为此，本章采用企业资产总额作为分组变量进行异质性分析，即将高于总体中位数的样本划分为大型企业，反之，为中小企业。表 7 – 7 的回归结果表明，人工智能产业集聚赋能制造业企业高质量发展的积极效应主要存在于中小企业中，而大型企业由于自身规模和资金优势，往往不会受人工智能产业集聚水平的影响。

(2) 市场竞争差异

从创新激励方面来看，竞争激烈的市场环境会激励制造业企业进行创新以维持或获取更好的市场竞争地位（牛志伟等，2023），从而存在推进制造业企业积极与集聚区域内的人工智能企业进行合作创新的可能。考虑企业在市场竞争优势中的异质性，本章计算了各企业主营业务收入与行业主营业务收入合计的比值的平方累加值，即赫芬达尔指数，并按照行业中位数将所有的样本企业划分为高市场竞争优势企业和低市场竞争优势企业，从而进行分组回归。表 7 – 7 的回归结果表明，人工智能产业集聚赋能制造业企业新质化的积极效应主要存在于高市场竞争优势企业中，与预期相一致。

（3）人力资本差异

拥有高人力资本的制造业企业员工通常具有良好的教育背景和知识储备，能够更好地理解和吸收人工智能产业集聚带来的前沿知识和技术。例如，在一些高端装备制造企业中，工程师和技术人员具备深厚的数学、计算机科学等知识。当人工智能产业集聚地产生新的机器学习算法应用于质量控制时，这些高人力资本的员工可以迅速掌握其原理，并将其融入现有的生产系统中，有效提高企业全要素生产率。为此，本章采用企业硕博员工数量作为分组变量进行异质性分析，即将高于总体中位数的样本划分为高人力资本组企业，反之，为低人力资本组企业。表7－7的回归结果表明，人工智能产业集聚赋能制造业企业新质化的积极效应主要存在于高人力资本组企业中，与预期相一致。

表7－7　异质性检验的回归结果

变量	规模属性差异		市场竞争差异		人力资本差异	
	大型企业	中小企业	高市场竞争优势	低市场竞争优势	高人力资本组	低人力资本组
AI_IA	7.2414 (5.8226)	13.5024* (8.0991)	26.4105*** (6.7409)	4.4000 (5.9772)	10.4313* (5.5937)	12.1373 (7.9163)
控制变量	控制	控制	控制	控制	控制	控制
固定效应	YES	YES	YES	YES	YES	YES
观测值	5670	5670	5670	5670	5670	5670
R^2	0.9226	0.8641	0.9051	0.9479	0.9232	0.9255

注：限于篇幅，表中固定效应均包括时间固定效应、企业固定效应、区县固定效应和“年份—行业”联合固定效应；括号内数值为聚类稳健标准误，聚类层级至企业层面；*、***分别为10%、1%的显著性水平。

7.6　进一步讨论：基于人工智能产业政策视角

产业政策的有效性问题学界尚未具有广泛共识的结论。支持者从外部性协调等角度认为产业政策是不可或缺的；反对者基于人类认知局限性和激励机制的扭曲，认为产业政策是无效的；还有一些学者认为，产业政策是否必要并不是问题，产业政策的施政选择才是重要的问题。目前，关于“产业政策”的争论仅有很好的规范性理论，实证理论研究还相当缺乏

（余明桂等，2016）。为此，推进人工智能产业集聚是否需要相关产业政策支撑以进一步释放集聚效能对制造业企业新质化的促进作用，还需给予一定的经验证据。

本章首先对“国家人工智能创新应用先导区”这一产业政策展开论证。建设国家人工智能创新应用先导区是我国推进制造业智能化的重要举措，旨在因地制宜发展智能经济，持续推进人工智能与实体经济的深度融合发展。该产业政策起始于2019年5月，经工业和信息化部批复，全国首个人工智能创新应用先导区在上海浦东新区正式揭牌，截至目前，先导区数量已增至11个，这为当地制造业企业应用人工智能技术并实现“智改数转网联”提供了基础条件。冯婉昕（2024）研究发现，国家人工智能创新应用先导区政策显著增加了制造业企业的研发投入，并提高了制造业企业的全要素生产率；钟娟等（2024）则认为国家人工智能创新应用先导区政策为推动人工智能与实体经济深度融合、增强企业客户协调能力以及提升产业链供应链安全与韧性提供了重要助推力。基于此，本章在计量模型（7－1）中加入 DID_1（$= treat \times post$）项及其与 AI_IA 的交互项，其中 $treat$ 为企业所在地是否为先导区，若在先导区则赋值为1，否则为0；$post$ 为先导区设立时间，若设立当年及之后均赋值为1，否则为0。回归结果如表7－8所示。表7－8列（1）中的 $AI\_IA \times DID\_1$ 项的估计结果表明，在先导区的制造业企业所能受到的人工智能产业集聚赋能效应更加明显，由此佐证了国家人工智能创新应用先导区政策的有效性。

本章进一步从智能制造产业政策视角展开论证，并考虑其与国家人工智能创新应用先导区政策之间的协同效应，从而为完善中国人工智能产业政策提供翔实的经验证据。2015年3月9日，中国首次启动智能制造试点示范专项行动，并下发了《2015年智能制造试点示范专项行动实施方案》，旨在围绕流程制造、离散制造、智能装备和产品、智能制造业态新模式以及智能化管理和智能服务6个方面展开试点示范专项行动，试图通过试点示范作用初步形成智能制造体系。工业和信息化部于2016年、2017年、2018年继续开展了第二、第三、第四批项目试点，从而加快制造业智能化转型步伐。黄卓等（2024）研究发现，智能制造的实施通过促进制造业企业“产销合一”显著提升了企业产能利用率。曹玉平和侯迎信（2024）则进一步发现智能制造产业政策可以在总体上越大且在时序上越快地提升企业全要素生产率。参考前述做法，本章在计量模型（7-1）中加入 *DID_2* 项及其与 *AI_IA* 的交互项，回归结果如表 7-8 所示。表 7-8 列（2）的估计结果表明，*AI_IA* × *DID_2* 项系数为正但未通过显著性检验，由此说明智能制造产业政策对人工智能产业集聚促进企业全要素生产率的调节效应尚未显现，这可能与该产业政策主要从微观企业层面给予政策支撑，而对地区人工智能产业集聚的宏观促进效应较为乏力有关。为进一步论证产业政策之间的协同性，本章在计量模型（7-1）中进一步加入 *DID_1*、*DID_2*、*AI_IA* × *DID_1*、*AI_IA* × *DID_2* 及其三重交互项 *AI_IA* × *DID_1* × *DID_2* 重新进行回归。表 7-8 列（3）的估计结果表明，智能制造产业政策与国家人工智能创新应用先导区政策之间的协同效应尚未显现（*AI_IA* × *DID_1* × *DID_2* 项系数为正但未通过显著性检验）。

表 7-8　进一步分析的回归结果

变量	*TFP*	*TFP*	*TFP*
	(1)	(2)	(3)
AI_IA	6.8263 (4.9994)	10.8316** (4.7470)	7.0199 (5.0737)
AI_IA × *DID_1*	5.1926* (2.8740)		
AI_IA × *DID_2*		0.0782 (8.4358)	
AI_IA × *DID_1* × *DID_2*			5.5495 (7.3605)
Constant	-2.1202*** (0.4738)	-2.1471*** (0.4742)	-2.1230*** (0.4741)
控制变量	控制	控制	控制
固定效应	YES	YES	YES
观测值	11340	11340	11340
R^2	0.9167	0.9166	0.9167

注：限于篇幅，表中固定效应均包括时间固定效应、企业固定效应、区县固定效应和“年份—行业”联合固定效应；括号内数值为聚类稳健标准误，聚类层级至企业层面；*、**、***分别为 10%、5%、1% 的显著性水平。

7.7 结论与启示

本章以 2015—2023 年中国 A 股制造业上市公司为研究样本，实证考察了人工智能产业集聚对制造业新质化的总体影响、作用机制及异质性，并进一步论证了“国家人工智能创新应用先导区”这一产业发展政策实施的有效性，及其与智能制造产业政策之间的协同性。结果显示，人工智能产业集聚水平的提升促进了制造业企业新质化。在经过替换变量、内生性检验等多重稳健性检验后，该研究结论依然成立。机制分析显示，人工智能产业集聚通过优化制造业企业技术创新能力、加速实数产业技术融合创新、提高制造业企业产能利用率以及推进制造业企业数字化转型，进而推动制造业企业新质化。异质性分析表明，对于中小企业、高市场竞争优势企业以及高人力资本企业，人工智能产业集聚的新质化促进效应更为明显。进一步分析发现，国家人工智能创新应用先导区设立这一产业政策可以显著提高人工智能产业集聚的新质化促进效应，但基于微观层面的智能制造产业政策效果尚不明显，且智能制造产业政策与国家人工智能创新应用先导区政策之间的协同效应也尚未显现。

基于上述研究结论，本章得到以下政策启示。

第一，政府需要建立健全以推动人工智能产业集聚集群作为重要着力点的实体经济和数字经济深度融合制度。本章研究发现，人工智能产业集聚水平的提升可以有效促进制造业企业新质化。但人工智能产业能否集聚集群是一个复杂的发展过程，仅依靠市场力量可能收效甚微，故政府需要围绕人工智能产业集聚集群及其赋能制造业高质量发展构建政策保障体系以及完善制度激励。一方面，可以依托物理基础设施，遵循传统产业集聚形式构建人工智能产业园区；另一方面，加强线上虚拟平台开发，实现区域人工智能产业生态与发达城市产业生态对接，享受先发地区的知识溢出与技术扩散，实现落后地区人工智能产业的跨越式发展，从而打造具有国际竞争力的人工智能产业集群。

第二，企业应积极畅通“技术—生产—组织”三大变革渠道，为利用人工智能产业集聚赋能新质化提供机制保障。本章研究发现，人工智能产业集聚可以通过优化制造业企业技术创新能力、加速实数产业技术融合创新、提高制造业企业产能利用率以及推进制造业企业数字化转型，进而推动制造业企业新质化。为此，企业需要围绕“技术—生产—组织”三大变革进行匹配性人才引育和适应性制度建设，把握好新一轮数字经济发展背景下人工智能产业集聚的高质量发展赋能效应，并全面推进“智改数转网联”。同时，实数产业技术融合创新是人工智能时代技术创新的重要演进方向，企业需要积极利用人工智能技术的知识搜索、分析和预测能力，加快数字要素向实体产业渗透，并借由实体产业的场景创新赋能人工智能技术迭代升级，进而实现实体经济和数字经济的双向深度融合发展。

第三，扩大国家人工智能创新应用先导区设立试点，建构人工智能产业政策协同机制。本章研究发现，“国家人工智能创新应用先导区”这一产业政策可以显著提高人工智能产业集聚的新质化促进效应。为此，政府需要进一步扩大国家人工智能创新应用先导区设立试点，并以构建实数融合产业生态作为人工智能产业政策的关键目标。实数融合产业生态需要着力构建创新驱动发展机制、政策引导发展机制和产业协同发展机制，并通过布局新型基础设施锻造生态底座、构建数据基础制度激发数据要素价值创造、发挥核心节点企业局部影响力辐射生态全局发展以及非核心节点企业协同融入释放生态终端应用价值四重路径完善实数融合产业生态建设；同时，建构人工智能产业政策协同机制，全面释放中国特色产业政策优势。

8 人工智能产业的高质量发展

党的二十届三中全会对高质量发展赋予了前所未有的战略意义，《中共中央关于进一步全面深化改革、推进中国式现代化的决定》（以下简称《决定》）提出“高质量发展是全面建设社会主义现代化国家的首要任务”，进一步强调了新时代高质量发展的全局性和关键性，需要立足新发展阶段，贯彻新发展理念，探索、塑造和形成实现高质量发展的新动能和新优势（任保平、李培伟，2024）。人工智能是驱动科技创新革命、实现国家产业转型升级的重要动力，并在高速发展和迭代的过程中全方位融入国家生产生活的各个方面，《决定》同样将其界定为形成新质生产力的战略性前沿技术，并提出完善人工智能产业的发展政策和治理体系，建设人工智能产业、推动人工智能产业和经济的融合发展已经成为打造发展新动能的关键环节。人工智能作为颠覆性技术，其发展兼具继承性和革命性、独立性和开放性、普遍性和前瞻性的统一特征，仅依靠个别主体难以实现人工智能产业的全面发展，需要发挥举国体制，厘清高质量发展的实现机制，明确高质量发展的路径选择，推动人工智能产业的高质量发展。

8.1 人工智能产业高质量发展的现实需要

人工智能产业是以人工智能为关键核心技术，并与其他技术—经济模式相融合而形成的一种新型产业模式，人工智能产业发展、人工智能技术的普及作用于社会生产的各方面，在提高社会生产率的同时推进产业结构、劳动力结构的优化升级，更重塑了人类社会的生产、生活模式（阿格拉瓦尔等，2021），形成推动国家经济高质量发展的新动能，也催生出对人工智能产业高质量发展的现实需求。人工智能产业的高质量发展以人工智能为底层技术供给，以人工智能产业为发展基准模式，以人工智能产业发展形成的新动能为发展目标，最终形成经济高质量发展的新势能，这一过程需要厘清人工智能产业高质量发展的现实需求。

8.1.1 人工智能技术需要高质量发展

人工智能技术是人工智能产业的核心要素和技术支撑，而人工智能技术的底层支撑则是数字技术发展和数字经济浪潮下的大模型、大数据、大算力等核心要素，作为颠覆性前沿技术，实现经济高质量发展需要提升人工智能技术，实现人工智能技术的高质量发展。人工智能技术的发展面临创新动力不足、技术升级滞后，要素体系建设不完善，人工智能应用等现实需求。

一是人工智能技术的创新需求。人工智能技术具有复合性、融合性特征，大模型构建、深度学习算法优化、自然语言处理能力提升等底层技术的突破和改进，为人工智能的应用提供了更为多样的技术手段和工具，进而实现了人工智能技术的创新发展。当前，我国人工智能技术发展仍存在技术创新障碍，制约了人工智能技术的创新发展。首先是原始创新能力需求，企业技术生态缺乏。基础研究是人工智能研发创新、实现技术突破的基石，当前，我国仅有少数企业具备底层技术的自研能力，对原始技术创新的支持力度不足，人工智能技术发展难以摆脱对国外技术框架的依赖。其次是人工智能高端人才需求。高校与研究院所是人工智能人才输出的主要来源，然而我国人工智能教育起步晚、经验不足，人工智能专业劳动力和人工智能领域高端人才仍处于供给不平衡状态，一线人才严重稀缺，国内高校的人工智能教育对学术的学科交叉和创新能力培育仍显不足，教育体制难以兼顾各方面培育（赵志君、庄馨予，2023），人才供给不足、质量不高在一定程度上间接导致人工智能关键核心技术研发能力不足，限制了人工智能领域创新能力和核心竞争力的提升。最后是人工智能技术的多元融合创新需求。人工智能技术具有延伸性和扩展性，人工智能广泛应用的前提是人工智能技术的多元融合创新普及，高质量发展是全方面的统筹发展，因此也激发了人工智能技术发展过程中对多领域、多维度进行融合发展创新的需求。

二是人工智能技术的要素需求。数字经济时代，数据要素成为人工智能发挥作用的关键生产要素，人工智能大模型训练高度依赖高质量的数据，人工智能的决策反馈是通过算法对数据要素进行筛选审查得出的，数据要素的健康有序发展将会深刻影响人工智能技术的底层框架构建和技术应用，进而影响人工智能发展和应用水平。当前，我国数据要素发展水平仍存在不足，对人工智能技术的发展存在一定的制约。首先是培养全国一体化数据市场的需求。人工智能技术的发展离不开海量数据的训练，当前数据市场交易体系尚未成型，数据分级分类标准不够明确，人工智能企业开发过程中获取数据难度大，锻炼数据过程中的合法合规性难以界定，为人工智能技术的发展进步增加了数据障碍。其次是人工智能数据应用的安全需求。人工智能模型训练需要数据集，因此人工智能对于包括个人信息、商业信息等各类数据有着较高的需求，在提升人工智能发展水平的同时产生了一系列数据安全隐患，包括隐私数据过度收集、使用的风险，数据存储和泄露的风险、隐私数据的非法交易风险，都会引发一系列的人工智能安全问题，影响人工智能对高质量发展的正向促进作用。最后是人工智能技术下的虚假数据治理需求。人工智能技术发展水平的局限性决定了人工智能加工后的数据真实性不能得到完全保证，且人工智能对于数据信息真实性缺乏可靠的辨别手段，因此对人工智能时代数据虚假信息的监管和治理产生了新的需求。

三是人工智能技术的应用需求。人工智能技术的应用转化和产品落地是人工智能技术发展的关键环节，人工智能推动经济高质量发展需要人工智能技术和社会经济发展的广泛融合，也因此产生了一系列人工智能技术的应用需求。首先是人工智能技术应用培育的多样性和广泛性需求。当前，人工智能在医疗、交通、金融、物流等领域均有广泛运用，对于更广泛的其他产业领域缺乏有效探索和尝试，无法保证人工智能技术应用的协调发展和广泛普及，进一步增大了行业间发展鸿沟，也因此产生了对于人工智能技术开拓更多应用场景、应用领域的需求。其次是人工智能技术的应用成本、门槛调节需求。人工智能项目成本较高，人工智能高端人才产生的人力成本和数据获取使用的高门槛，增加了人工智能的行业应用壁垒，算力不足制约了企业对人工智能技术的应用，数据承载能力也制约了人工智能技术的落地。在部分传统产业企业以及缺乏转型升级能力的中小企业中，对人工智能的应用缺乏认知，同时缺少转型所必需的人力和技术资本，受制于产业链中靠后位置带来的巨大经营压力，该类企业难以承受人工智能技术下的智能化转型，滞后了企业发展的数字化进程。最后是人工智能技术的应用公平性需求。人工智能技术由底层算法、算力和数据组成，通过数据对人工智能模型以算法加以训练，进而形成可用的人工智能模型，然而在算法设定和构建的过程中，会存在因算法偏差和数据偏差引起的人工智能输出结果偏见，进而影响人工智能技术应用的公平性，也激发了对人工智能技术应用过程中的反馈和纠正体系、提升应用公平性的需求。

8.1.2 人工智能产业需要高质量发展

人工智能产业是指以人工智能技术为核心，涵盖研发、生产、应用和服务等多个环节的产业体系，人工智能产业包括人工智能技术开发、平台运行、数据供给和反馈等一系列人工智能产业链中的主体，是人工智能企业的组合，人工智能产业是国家人工智能发展的整体，人工智能产业的高质量发展需要基于单一产业，面向全产业链的视角考虑，实现国家产业体系的统筹发展。

一是人工智能产业的产业结构优化需求。在数智技术和数字经济的冲击下，全球正处于新一轮科技革命和产业变革的重要战略机遇期，人工智能则是引领新一轮产业变革的重要核心技术，人工智能产业成为战略性新兴产业中的关键组成部分，也是推动产业结构优化升级的重要力量。首先是以人工智能产业带动传统产业转型升级的需求。人工智能时代下，传统产业面临新兴产业和经济模式的挑战，具有转型升级的需求和动力，因此，以人工智能赋能传统产业，推进传统产业生产的智能化，成为产业发展的切实需求，人工智能产业本身无法进行加工创造，但通过人工智能产业和传统产业的融合发展赋能后，将极大地提升传统产业的生产运营效率，以人工智能产业带动传统产业成为实现人工智能产业高质量发展的切实需求。其次是以人工智能产业催生新产业、新业态和新模式的需求。人工智能技术的应用落地将深刻重塑传统经济活动的各个环节，催生新产业、新业态和新模式，又会通过人工智能产业与其他产业间的协同合作进而拓展出新的经济增长点，从而反向推动人工智能产业的高质量发展，形成协同发展的良性循环。最后是以人工智能产业带动产业链供应链重塑和优化的需求。人工智能与产业链供应链的融合发展，可以降低信息沿产业链供应链传递带来的滞后性，从而实现产业链供应链的高效互联与协同发展。我国是制造业大国，在全球制造业产业链中占有优势地位，智能制造是人工智能和制造业融合发展形成的热门领域，智能制造的形成发展将深刻影响制造业的全球分工布局，既是对我国制造业优势地位的挑战，也是实现我国制造业进一步升级、占领全球高端市场的机遇，更激发了人工智能产业高质量发展的长远需求。

二是人工智能产业的基础设施建设需求。人工智能产业的底层支撑是数据、算力和算法，人工智能产业的发展和延伸离不开配套基础设施建设的需求，实现人工智能产业的高质量发展要求数字基础设施的配套和完善，而人工智能产业的发展壮大也在助力相关基础设施的迭代升级，为数字经济的进一步发展提供了基础设施上的便利。首先是人工智能产业高质量发展带动数据基础设施升级的需求。数据要素是人工智能发展的关键要素，以人工智能产业赋能基础设施建设，智能化推进数据整合，弥合数字鸿沟，推动数据共享，加强数据应用，优化提升数据库和数据平台的智能化水平，有助于推动人工智能与产业结构升级的融合发展，同时为经济高质量发展提供有效的数据支撑。其次是人工智能产业高质量发展带动算力基础设施升级的需求。算力是新的国际环境下的重要竞争点，算力基础设施是算力竞争的重要保障，以人工智能产业赋能算力互联互通和统一调度，优化算力分配机制，以人工智能产业和算力体系建设的相互促进推动算力规范、算力升级成为新发展阶段下的新需求。

三是人工智能产业的国际合作开放需求。人工智能产业的发展兼具独立性和开放性特征，在本国发展水平的基础上独立自主建设人工智能产业的同时，扩大开放、深化合作，对于人工智能产业的创新发展至关重要。首先是抢占人工智能产业链的全球发展高地需要人工智能产业的高质量发展。中国人工智能市场正处于快速发展期，人工智能产业也在随着基础层、技术层投资热度不断上升而日益壮大，应用场景日趋多元，相较之下，世界人工智能市场也在不断扩展，具有巨大的市场潜力，中国人工智能产业要在全球发展布局中抢占发展高地，就需要加快人工智能产业的开发交流，在世界人工智能发展中，发出中国声音，提出中国方案。其次是人工智能国际标准的中国参与需要人工智能产业的高质量发展。人工智能产业正处于探索发展时期，还存在许多规则漏洞和不足之处，围绕人工智能治理和伦理道德等重大问题，国际社会在积极探索建立治理规范和处置方案，要想推动中国参与人工智能体系国际准则的制定，提升国家话语权，就需要中国人工智能产业的高质量发展。最后是人工智能产业的国际影响力需要中国人工智能产业的高质量发展。促进人工智能技术全球开放共享有利于全球产业升级，当前我国本土人工智能企业缺乏国际影响力，难以发挥我国强大人工智能市场、创新市场的优势，无法吸引全球创新资源的共创共享，改善我国人工智能产业的国际态势需要人工智能产业的高质量发展。

8.1.3 人工智能产业形成发展新动能需要高质量发展

作为未来发展和增长的重要布局，人工智能已成为新质生产力的重要引擎，人工智能技术革命及其与社会、经济发展的深度融合为助力新质生产力形成提供了重要驱动力，为全面赋能我国经济高质量发展提供了重要抓手。大力促进人工智能全方位、深层次融入实体经济，将人工智能产业培育成经济高质量发展的新动能，这一过程需要人工智能产业的高质量发展（郗胡平，2024）。

一是人工智能产业参与实体经济和数字经济深度融合的需求。实体经济和数字经济深度融合是进一步全面深化改革、推进中国式现代化的重要举措。实体经济和数字经济深度融合将从技术、资源禀赋、产业创新能力等方面提升我国经济发展水平，成为经济增长新动能的重要组成部分。人工智能产业凭借较高的兼容性和融合特征深刻影响实数深度融合进程的同时，也对其自身提出了高质量发展的现实需求。首先是发展数字经济对人工智能产业高质量发展的需求。人工智能是数字经济发展下的产物，随着人工智能技术的成熟和人工智能产业的壮大，人工智能成为推动数字经济发展的重要力量，在新发展阶段下，数字经济的全球竞争日益激烈，不仅需要人工智能发挥融合特性，助推数字经济产业的高质量发展，也对人工智能产业的高质量发展提出要求。其次是发展实体经济对人工智能产业高质量发展的需求。实体经济是国家经济发展的支柱，人工智能在实体经济运行的过程中充分发挥其对生产要素和生产流程的整合统筹优势，推动实体经济的生产运行过程实现智能化转型升级，使新兴技术与传统产业工艺、新兴产业和传统实体经济在相互推动作用过程中实现融合升级，形成实体经济发展的新动能，这一过程需要人工智能产业的高质量发展。最后是实体经济和数字经济的深度融合需要人工智能产业的高质量发展。人工智能对经济的改造升级作用不局限于单一的产业体系与经济模式，而是在持续拓展与发展实体经济和数字经济新空间的创新性发展理念，通过人工智能应用打通实数融合体系中的全过程，不断培育实数融合创新路径，进而形成实数融合发展的新动能，这一过程需要人工智能产业的高质量发展。

二是人工智能产业参与社会治理共享的需求。我国社会组织体系、社会组成规模以及社会互动关系都随着国家经济发展而不断壮大，巨大的社会规模极大地增加了社会事务的数量和社会治理的难度，人工智能产业的发展为我国的社会治理效能提升提供了新思路，对人工智能高质量发展提出了新的要求。首先是人工智能产业高质量发展带动社会治理能力提升的需求。我国的社会治理在不懈追求持续提升公共服务质量的同时，也注重在社会主义事业发展进程中，不断发现社会问题，并完善社会治理措施（刘力波等，2024）。人工智能产业的发展推动从多元、多维度、多视角探索社会治理途径，为实现分级分类建设新型智慧城市，打通信息壁垒提供条件，增加了人工智能高质量发展的需求。其次是人工智能高质量发展赋能政府理政能力提升的需求。人工智能产业有机地嵌入社会治理体系，可以加强行政事务的自我审查、自我纠正功能，重塑社会事务治理的行政互动，使政府在跨部门、跨地区的治理和协作中更高效地发挥规划、组织、协调等多方面作用，以差异化的社会治理服务更好地满足我国社会组成中不同主体的需求，为人工智能产业的治理体系融入化发展提供方向。最后是人工智能产业高质量发展提升国家安全治理的需求。当前国际政治局势复杂多变，热点事务、热点地区不断出现，并形成相互关联的连锁态势，国家安全治理挑战不断涌现，对国家安全治理能力提升的需求在不断增加，也进一步增加了人工智能赋能国家安全治理能力的需求，通过人工智能产业和国家安全治理体系相结合，增强风险评估能力、潜在风险预测预防能力、热点事件跟踪能力，完善国家安全监测的预警机制，实现国家安全监管的智能化，需要推动人工智能产业的高质量发展。

三是人工智能产业参与绿色节能优化的需求。人工智能产业基于数字基础设施建立，其运行所必需的大模型训练和算力基础设施运转会带来电力负荷和碳排放量的激增，人工智能产业也通过技术赋能和布局优化，提升能源使用效率，推动社会能源使用和布局不断优化。首先是人工智能产业高质量发展赋能能源分配智能化。人工智能帮助企业及时收集和处理各渠道信息，灵活协调和分配生产要素，缓解信息时效性与生产滞后性间的不对称问题，从而降低这一过程中对资源能源的损耗，通过人工智能产业赋能实现能源的智慧分配等，帮助企业实施错峰用电，从而减少能源消耗和碳排放。其次是人工智能产业高质量发展提升产业链绿色低碳化水平。人工智能产业通过产业链关联效应对产业链上游企业和下游企业的绿色化转型以中间产品和服务的形式实现相互促进，这一过程中，人工智能产业通过信息共享、基础设施共享等方式增强产业链关联度，从而促进绿色低碳水平提升（史丹、叶云岭，2023）。最后是人工智能产业的高质量发展推动产业设备更新。产业发展存在设备老旧、能耗巨大、降低企业生产率的问题，而企业为节约开支而降低设备更新频率，进而形成恶性循环。人工智能产业的高质量发展在企业转型过程中对企业的设备迭代提出了要求，而设备更新在提升企业生产率的同时，也更符合绿色低碳标准，降低了能源损耗，实现了良性循环。

8.2　人工智能产业高质量发展的实现机制

中国人工智能产业立足于数字经济和数字技术，人工智能产业的高质量发展，需要符合新发展阶段下经济高质量发展的现实需求和未来安排，并成为国家发展新动能的重要组成部分。推动中国人工智能产业高质量发展，需要构建一个兼具全面、协同、可持续的人工智能生态系统，需要贯彻新发展理念，遵循创新、协调、绿色、开放、共享的发展机制，实现人工智能产业的统筹发展，以及人工智能产业和经济发展现实需求的有机结合。

8.2.1　人工智能产业的创新发展机制

党的二十届三中全会的《决定》中提出构建支持全面创新体制机制，深入实施科教兴国战略、人才强国战略、创新驱动发展战略，统筹推进教育科技人才体制机制一体化改革，健全新型举国体制，提升国家创新体系整体效能。人工智能技术是国家重大引领技术，人工智能产业是国家前沿产业布局中的重要组成，需要明确人工智能产业的创新发展机制，推动人工智能产业的高质量发展。

一是人工智能产业的科技创新驱动机制。人工智能产业是技术密集型产业，其产业基础就是以新技术为代表的前沿数字技术，人工智能技术与传统产业具有高度相融性，带动了各产业的联动发展。人工智能技术具有集成创新能力，通过技术之间的组合实现创新发展。首先，建设完备的核心技术颠覆性突破攻关研发机制。突破人工智能核心技术瓶颈与补齐核心技术短板需要高校、研究所和全产业链共同合作攻关，构建人工智能产业技术研发体系，增加政府人工智能技术研发投入与补贴激励，培育良好的人工智能技术平台和反馈机制，以全产业推动、全链条研发的形式加快重大技术突破。其次，充分发挥人工智能产业的融合特征，推动多元场景的应用创新，加速多领域人工智能应用的攻关研发，实现人工智能产业的多元化发展。最后，完善重大科技突破和人工智能技术的联动机制，以重大科技突破驱动创新，以创新支撑和补充科技突破，加速二者的相互作用转化，推动人工智能产业的高质量发展。

二是人工智能领域人才的创新培养机制。创新是实现中国式现代化的强大动力，而创新主要来自教育体系优化、科技发展和人才培育与集聚，人才依旧是科技研发和攻关的主体，创新人才培养模式、优化人工智能领域人才队伍、吸引相关顶尖人才是人工智能产业发展的重要因素基础和发展动力。首先，加强人工智能产业和高校的培养联动机制。当前，国内设立人工智能专业的高校较少，教学资源和培养方案尚不健全，需要加强人工智能产业和高校学科教学的联动机制，构建学科交叉、产教联动的人工智能人才培养体系。其次，完善产业内的人工智能培训体系。人工智能产业内企业根据市场需求和行业发展构建人工智能技能与管理实践培训体系，并不断对人工智能技术进步作针对性的补充教育，进一步促进人工智能人才队伍的建设。最后，构建教育过程中的人工智能融入机制，加速人工智能技术融入通识教育和专业培训中，推动各教育阶段的教育智能化，提升基础教育水平，为人才培养提供人工智能环境。

8.2.2 人工智能产业的协调发展机制

协调发展是构建新发展格局、推进经济高质量发展的必要组成部分。人工智能产业的快速发展在为经济协调发展带来契机的同时，本身存在发展失调的现象。实现高质量发展同样需要实现人工智能产业对不同产业间的协调发展，进而实现全产业链与人工智能产业的深度融合；要通过实现人工智能产业的区域协调发展，进而实现各区域人工智能产业的联动式发展。实现协调发展，需要相应的机制建设加以保障。

一是构建人工智能产业的产业协调发展机制。人工智能产业的高质量发展离不开与其他产业的联动、融合发展，通过产业协调机制规范和促进人工智能产业与其他产业的互通，进而推动人工智能产业的高质量发展。构建产业链协调发展机制。将人工智能产业和其他产业的产业链进行融合绑定，通过对产业链进行融合改造，提升产业链运行发展过程中的运营运转水平，推动产业链智能化升级，降低产业链供应链中的信息不对称性，而对产业链的改造也将提升人工智能产业自身的多样化水平和应用场景供给能力。

二是人工智能产业的区域协调机制。人工智能产业不受实体要素、原材料和设备的限制，依托网络平台建设，人工智能产业较高的融合性使人工智能产品有较广的应用区间，受地域限制较小，保障不同区域间人工智能产业的协调发展成为产业高质量发展的重要组成部分；同时，区域经济环境和社会环境的差异化赋予人工智能产业差异化的发展方向与拓展空间，为人工智能产业提供更加丰富的样本和数据集合，进而提升人工智能模型的协调化发展水平和多样化应用场景，推动人工智能产业的高质量发展。

8.2.3 人工智能产业的绿色发展机制

绿色发展是高质量发展中的关键一环，实现绿色发展是一个全局性和系统性过程，外在约束条件变化或公共政策冲击均会成为破除粗放发展方式的诱因，以局部、短期和不连贯方式驱动绿色发展，但是，真正有效推动绿色发展的底层逻辑和长期动能仍是技术进步（周杰琦等，2023），人工智能产业作为新兴前沿产业，绿色发展在其实现产业高质量发展的过程中同样占据重要地位，而人工智能自身的产业特征和技术特性决定了其具有调节自身发展的能力，通过确立人工智能产业的绿色发展机制，推动人工智能产业的高质量发展。

一是构建人工智能产业绿色发展监管机制。人工智能产业作为新兴产业，尚存在监管体系不健全、监督机构缺失、监督力度不足的问题，构建人工智能产业的绿色发展监管机制，有利于提升该产业发展的绿色化水平。首先，制定人工智能产业绿色发展的技术研发机制，加强人工智能技术在环保监管上的应用，开拓人工智能技术的绿色环保应用场景，提升监管的智能化水平。其次，优化人工智能技术的评估反馈机制。构建人工智能的绿色发展评估体系，通过优化人工智能算法对绿色发展的成果进行分析评价，并反馈后续的整改举措，提升绿色发展的效率。最后，构建绿色发展的分析评价机制。借助人工智能平台，对人工智能产业内的绿色发展成果进行收集、分析和评价，构建人工智能产业内的绿色发展评价体系和对策库，实现人工智能产业的绿色发展。

二是构建人工智能产业的能源消耗调节机制。人工智能产业本身的能源消耗来自大模型平台、算力基础设施的电力消耗和周边产业使用人工智能参与运转消耗的能源。通过构建人工智能产业的能源消耗调节机制与能源协调体系，推动人工智能技术应用于人工智能产业的绿色发展。首先，构建人工智能产业的能源协调机制，对人工智能产业的模型训练、算力系统耗能进行收集统计和分析，通过人工智能技术构建相应算法，对人工智能产业的耗能进行合理调配，实现相同能耗下的运行效率提升。其次，优化人工智能产业融合产业的能耗协调机制。构建人工智能技术下的产业运转能耗智能化分配机制，对能源消耗进行错峰、错时的智能化分配，智能化提升人工智能产业融合产业的运转效率和绿色化发展水平。最后，构建智能化设备管理机制，对设备的开启关闭和运转能耗进行智能化管理，对设备的运行情况和设备能耗等级进行动态评估，对设备的不正常耗能情况和产能落后设备进行及时的研判和上报，降低设备老旧和故障造成的无谓损耗。

8.2.4 人工智能产业的开放共享发展机制

在全球化和数字化的大背景下，公平、公正、开放、包容、有序的国际环境是人工智能快速发展的重要前提，人工智能技术将全面赋能社会生活的各个方面，对于提升生产效率和发展水平有着重要而深远的意义。虽然人工智能产业具有广泛的国际分布，但国家间的人工智能产业缺乏交流互促，人工智能产业的国际交流需遵循适度有序原则，对人工智能产业的开放发展机制提出了更高的要求。人工智能产业的服务供给放开全民共享，有利于提高社会发展的数字化、智能化水平，提升人工智能产业的社会共创发展，同时需要机制体制建设加以规范引导。

一是人工智能产业的开放发展机制。人工智能产业内不同企业间的区别在于企业构建人工智能模型时采用的算法框架和训练模型时选用的数据，随着国际人工智能产业的发展不断涌现出不同的人工智能模型，实现人工智能产业的国际开放学习，将极大地提升人工智能产业发展的国际水平。首先，构建人工智能产业国际开放交流机制，对人工智能产业间的交流学习确定合规、有序的原则，将交流学习建立在友好互助的基础上。其次，完善国际人工智能产业的行业标准和技术准则制定机制。通过人工智能的国际化发展和人工智能产业的国际合作确定行业与技术标准，通过国际协商和合作共同确定人工智能发展过程中围绕数据跨境流动、人工智能治理等重大问题治理规则和规范，加快推进人工智能与行业融合发展标准体系的建立，推动国内行业规则规制国际化。最后，加强人工智能产业的国际伦理体系建设。对特定活动中人工智能对人类的取代程度做出明确的法律规范，建立明确的道德伦理准则，在技术应用中探索多样性的决策模型，寻找技术创新和伦理道德的平衡点，以确保人工智能的安全、可靠和可控应用。

二是人工智能产业的共创共享机制。人工智能产业的共享机制将人工智能以产品的形式向全社会共享，为社会发展提供智能化方案的同时，提升人工智能产业的社会影响力，为人工智能产业的长远发展提供了保障。首先，构建人工智能平台开放共享机制。通过明确规定人工智能的开放共享方式和范围，推动社会有序使用人工智能产品，对人工智能的功能做出合理限制，保证其使用限制在合理范围内。其次，完善人工智能产业的共创机制，建设人工智能共享平台，并开放一部分权限和模型构建，为分享者提供创造改进空间，通过共享人工智能模型成果，实现人工智能的共创发展。最后，优化人工智能共享体制下的治理机制。人工智能模型的开放共享伴随着虚假信息、人工智能模型滥用等社会问题，需要优化治理机制，切实做好人工智能知识普及和人工智能使用监管与纠察，防范因人工智能大范围使用而导致的社会问题，实现人工智能产业的积极正向发展。

8.3 人工智能产业高质量发展的路径选择

人工智能产业的高质量发展是构建发展新动能的重要组成部分，也是实现国家经济高质量发展重要组成和推动。实现人工智能产业的高质量发展，需要采取切实措施，优化路径选择，以推动人工智能产业的高质量发展。

8.3.1 优化人工智能产业要素建设

人工智能产业由数据、人才、基础设施等组成，要实现人工智能产业的高质量发展，需要推动人工智能产业的基础要素建设，采取切实举措推动各组成要素的高质量发展，进而实现人工智能产业的高质量发展。

一是提升数据要素发展建设水平。作为人工智能产业的核心要素，数据要素的重要性日益上升到国家层面。在人工智能产业的高质量发展过程中，数据作为一种虚拟要素，其独特的性质会影响人工智能产业的发展水平，同时带来信息安全等隐患，因此需要提升人工智能发展背景下的数据要素建设发展水平。首先，提升数据产业和市场化建设水平，推进数据交易的标准化和规范化，强化数据交易流程的制度安排，完善数据交易的监管制度，构建统一的数据要素市场。其次，完善数据标准。数据标准的建立需要政府机构、数据从业机构等联合协商，共同研讨，并对重点行业机构和应用场景领域实施数据标准的针对性实验，根据结果反馈不断整改。最后，加强数据安全和隐私保护举措，完善数据安全治理的顶层制度安排，建立多方协同的数据安全治理体系，推动数据安全保障技术的发展。

二是完善人工智能人才的培养体系。随着数字经济发展而形成的人工智能产业发展的首要驱动力是技术创新，其主要来源仍然是人工智能人才的研发推动，因此完善人工智能人才的培养体系，成本为人工智能产业发展的重要推力。首先，深化高等教育中新兴专业的教育体制改革，加强人工智能相关学科建设和专业设置，根据专业领域的学科特点设置交叉学科体系，培养具有人工智能领域研发能力的复合型人才，并加强产教融合，实现学科教育多元化发展。其次，完善人工智能产业人才激励政策，为符合标准的人工智能人才提供专项援助和政策补贴，为具有卓越贡献和突破的人才提供支持和激励，鼓励人才投入人工智能产业高质量发展的建设中。最后，构建人工智能人才吸引的全球战略，围绕人工智能领域发展前沿，积极引进全球高层次人才，依托高校、实验室以及企业的市场机制作用，加快对全球创新人才的引进。

三是完善人工智能基础设施建设。基础设施是人工智能发挥作用和拓展服务范围的基础，加强人工智能基础建设是人工智能产业实现高质量发展的重要前提。首先，完善和拓展既有基础设施，包括大数据中心、云计算中心及算力基础设施等，对落后设施进行迭代升级，保障数字基础设施为人工智能产业发展提供有力支撑。其次，加强新一代基础设施的超前布局，在现有数字基础设施建设过程中为未来发展提供升级和改造空间。最后，加快人工智能基础设施的科技研发和优化，拓宽人工智能产业发展的广度和深度，为人工智能产业的未来发展奠定基础。

8.3.2 加强人工智能产业法制法规建设

人工智能产业因其独特属性和特征，更容易在运行和发展过程中触犯法律法规或产生有悖于伦理道德的行为，因此实现人工智能产业的高质量发展，要加强人工智能产业的法律法规建设，规范人工智能行为和应用边界。

一是加强对人工智能产业的法律法规保护。首先，针对人工智能产业的数据安全加强法律法规建设。人工智能运行带来的大规模数据流动、聚合与分析蕴含巨大的数据安全风险，数据泄露和数据滥用不仅会造成人工智能产业的信息泄露和损失，也会造成用户隐私泄露等问题，因此需要加强人工智能产业数据安全法制建设，优化人工智能产业的数据环境。其次，针对人工智能产业的算法安全加强法律法规建设。人工智能具有超大参数规模、强大泛化能力及通用潜能等技术特性，在进一步推动人类社会生活方式变革的同时，也给算法安全带来核心算法滥用、算法可解释性流失、算法侵害归责困难等技术风险，需要对算法安全加以立法，优化人工智能模型的开发环境和算法保障。

二是加强对人工智能产业的法律法规限制。首先，针对人工智能产业的数据滥用加强法律法规限制。人工智能模型作用需要通过数据集加以训练，人工智能产业为保证模型训练效果，可能会采取非法手段采集数据，并产生不良后果，因此需要加强对人工智能产业数据收集和数据滥用的法律法规限制，保障数据主体权利。其次，针对人工智能的不当应用问题加强法律法规制约。人工智能具有适用环境多样、应用场景多元等特征，对于人工智能不适于或违禁适用的领域，需要出台法律法规明确禁止，填补法律空白。

三是加强对人工智能伦理的法律约束。首先，针对人工智能伦理问题制定明确准则。政府和相关行业组织应制定明确的人工智能伦理准则。准则构建应从人工智能伦理实际出发，保证人工智能主体伦理评价的普遍性、合理性与公平性，同时对伦理评价之外的内容进行保护，保障评价和处置准则的推广与适用，为人工智能的发展提供基本的道德规范。其次，通过立法将人工智能伦理准则转化为具有法律效力的法规，明确人工智能开发者、使用者和相关机构的法律责任，确保伦理准则在人工智能产业发展中得到切实遵守，对违反伦理准则的行为进行法律制裁，从而保障人工智能产业的伦理道德得到约束。

8.3.3 增强人工智能产业发展中的政府指导

人工智能产业作为国家重点发展的战略性前沿产业，其经济价值和战略意义已经超越普通数字产业，成为国家支撑培育的重点工程，因此，人工智能产业的高质量发展同样需要增强发展过程中的政府指导，顺应国家经济发展方向，形成推进经济高质量发展的新动能。

一是增强政府的政策支撑。政府政策的制定和规划将深刻影响人工智能产业发展的方向。首先，通过政策设计和战略规划明确人工智能产业的发展目标与路径。政府应制定清晰的人工智能产业发展战略规划，为人工智能产业的发展提供明确的方向和目标，引导产业有序发展。其次，应出台产业扶持和税收优惠、财政补贴政策，如对人工智能企业的研发投入给予税收减免，对建设数据中心、研发中心等给予资金支持，并设立人工智能产业发展专项资金，扶持关键技术研发、应用示范项目、初创企业等，推动产业链升级。最后，政府加强规划布局，牵头为人工智能产业发展提供便利，包括产业布局、应用场景布局及相关基础设施建设布局，为人工智能产业发展提供支持。

二是政府牵头营造产业生态。人工智能产业生态的形成牵涉多行业、多领域、多维度，是人工智能产业发展的高级形态，需要政府牵头发挥总领作用，居中协调，推动各方稳步推进。当前，中国产业发展的智能化生态集群还处于工业机器人阶段，涵盖完整的工业机器人生产、组装、配送、运转产业链，对于工业机器人的智能化升级仍在计划和筹备阶段，没有形成真正意义上的人工智能生态体系，需要政府牵头组织，通过筹备成立人工智能的研究机构，力争通过与高校、科研机构等合作，整合上下游人才，完善产业链关键环节，构建全域应用场景，建设全国一流人工智能产业集聚区，实现人工智能生态体系的进一步扩大与完善。

9 人工智能与企业高质量发展

人工智能技术的迭代更新带来企业要素配置和产业创新方面的深刻变革。现有研究尚未完全解决人工智能在“促进内生增长”与“引致索洛悖论”之间的理论分歧；也未从新质生产力培育视角，探索人工智能推动微观企业高质量发展的现实机制；更未从外生冲击视角，识别人工智能对企业高质量发展的因果效应。为此，本章将国家级新一代人工智能创新发展试验区作为外生冲击，从新质生产力发展的三大维度，探究人工智能推动企业高质量发展的内在机制，并评估人工智能在企业边界拓展中发挥的影响效果。研究表明：人工智能将有力驱动企业全要素生产率提升，推动企业高质量发展。机制分析表明，人工智能通过支撑技术革命性突破、加快生产要素创新性配置以及赋能产业深度转型升级，培育企业新质生产力发展动能，拓展企业高质量发展深度。同时，政府数字经济关注度促进了数据、算力、算法的融合跃升，进一步强化了人工智能的提质增效作用。此外，人工智能推动企业生产经营效率优化，实现企业地理边界与经营边界的有效拓展，持续拓展企业高质量发展的空间与行业广度。

9.1 人工智能与企业高质量发展研究背景

党的二十届三中全会强调，健全促进实体经济和数字经济深度融合制度。经济高质量发展与突破性变革离不开实体经济与先进生产力的耦合共生，推进实体经济和数字经济深度融合，是加快形成新质生产力发展的关键战略选择。其中，人工智能技术作为典型新兴数字技术，已成为驱动新质生产力发展的重要引擎。当前，人工智能技术迭代发展呈现出“多点突破”态势，以生成式人工智能为代表的颠覆式创新不断涌现，依托数据挖掘能力打破信息壁垒，促进供需精准匹配与资源高效流动，赋能生产要素创新性配置（Acemoglu & Restrepo，2018）；并借助多模态优势快速向多元生产场景渗透，驱动产业深度转型升级。

因此，在实践层面，对于微观企业而言，人工智能通过优化数据、算法和算力要素的组合跃升，展现出超越工业经济时代的技术能级（黄先海、高亚兴，2023；江小涓、靳景，2022），塑造了适应数字经济时代的组织范式（解学梅等，2024；戚聿东、徐凯歌，2024），为企业高质量转型发展提供了全新动能。

在理论层面，现有研究对于人工智能影响经济高质量发展的方向及具体路径进行了广泛探讨，其中不乏研究结论分歧之处。一方面，内生增长理论认为，技术进步有助于在不依赖外部动因的条件下推动经济持续增长，是实现经济高质量发展的决定性因素。人工智能作为新兴数字技术，具有不完全竞争特性与边际报酬递增特性，有助于企业形成核心竞争优势（解学梅、郭潇涵，2024），提升生产过程的投入产出效率（姚加权等，2024），助力企业发展动能转换。另一方面，索洛悖论指出，以人工智能等数字技术为代表的投入并未从微观层面带来企业价值创造能力的显著提升（程文，2021）。人工智能的通用技术属性是其价值产生的重要源泉。换言之，人工智能技术需要通过与企业生产流程、运营架构等形成长期、深度交叉融合，推动企业重构与企业再造，实现企业生产运营方式质变后，其价值创造潜能才得以真正释放。因此，人工智能价值创造的滞后性将导致短期实际回报与期望回报之间的较大鸿沟，外显为人工智能应用引致经济增长或下降的短期冲击。理论分歧的存在深刻反映了人工智能经济影响的高度复杂性，凸显了基于现实情境进行理论阐释与实证检验的必要价值。

总体而言，现有关于人工智能影响企业高质量发展的研究不仅未清晰评估人工智能在企业高质量发展中起到的关键作用，未能较好解决人工智能在“促进内生增长”或“引致索洛悖论”方面的理论分歧；而且尚未基于新质生产力培育的视角，厘清人工智能影响企业高质量发展的作用机制与现实路径；更未基于外生政策冲击的视角，准确识别人工智能创新应用与微观企业高质量发展之间的因果关系。事实上，科学评估人工智能对企业高质量发展的潜在影响，系统探索人工智能赋能企业高质量发展的内在逻辑，有助于回应当前研究分歧，进一步完善对人工智能发展支撑实体经济与数字经济深度融合的理论建构。

基于此，本章以国家级新一代人工智能创新发展试验区为准自然实验，基于2006—2023年A股上市公司面板数据，实证检验人工智能冲击对企业高质量发展的影响效果；并从新质生产力培育的具体维度，分类探索人工智能推动企业高质量发展的影响路径。此外，本章探讨了人工智能驱动企业高质量发展的经济后果，揭示人工智能将通过优化企业生产经营效率，实现企业经营边界与地理边界的有效拓展，持续拓展企业高质量发展的空间与行业广度。

本章具有以下研究贡献。一是在效应评估方面，不同于已有研究基于数字化或人工智能技术相关词频识别人工智能经济影响，本章依托外生政策构建准自然实验，识别人工智能创新应用对企业高质量发展的因果效应并评估其影响强度。本章认为，年报词频统计仅是对企业人工智能战略导向的量化，缺乏对人工智能创新发展实际情况的反映，且受到企业高质量发展水平的反向因果影响。基于政策冲击进行因果推断估计，可一定程度缓解人工智能效应的识别问题与内生性问题。二是在机制探索方面，本章聚焦新质生产力发展路径，试图厘清人工智能驱动技术革命性突破、生产要素创新性配置以及产业深度转型升级推动企业高质量发展的逻辑链条。本章认为，传统的技术创新与结构优化逻辑并未充分凸显新质生产力高科技、高效能、高质量特征，只有进一步从劳动要素及其组合的优化跃升入手，探索技术突破、要素配置与产业转型的多维具体驱动路径，才能真正揭示新质生产力发展背景下人工智能赋能企业发展的内在逻辑。

9.2 理论分析与研究假设

9.2.1 政策背景

抢占人工智能技术发展先发优势、加快建设创新型国家和世界科技强国，是我国在推动人工智能赋能经济高质量发展方面的重要战略方向。在此背景下，国家制定、颁布了一系列战略规划，以持续支持人工智能产业与技术创新发展。2017年7月，国务院印发《新一代人工智能发展规划》，在分析人工智能技术发展的战略态势基础上，明确了我国人工智能发展“三步走”的战略目标规划，提出到2030年，我国人工智能理论、技术与应用应总体达到世界领先水平，并成为世界主要的人工智能创新中心。为实现这一宏伟目标，2019年，科技部印发《国家新一代人工智能创新发展试验区建设工作指引》，标志着相关试点政策的正式启动。具体而言，该试点政策主要通过以下几个方面支持当地人工智能创新发展：一是依托政策支持，促进人工智能原始创新成果产出，提升人工智能技术自主创新水平；二是在实践中探索人工智能与经济高质量发展融合共生的典型模式，积累人工智能创新管理的现实经验，为进一步促进人工智能产业科技发展提供适宜性政策工具集合；三是发挥试验区“头雁效应”，通过在试验区打造人工智能创新高地，引领带动区域人工智能创新发展水平联动提升。基于上述战略规划与试点指引，科技部遵循“应用牵引、地方主体、政策线性、突出特色”的原则，自2019年至2021年分批次设立共计18个国家级新一代人工智能创新发展试验区（见表9-1）。这些试验区具有较深厚的产业禀赋与科创资源，软硬件支撑机制均较为完善，为当地人工智能创新发展提供了有利条件。

表9-1 国家级新一代人工智能创新发展试验区分批试点情况

年份与批次	城市
2019年第一批	北京市、上海市、天津市、深圳市、 杭州市、合肥市、湖州市（德清县）
2020年第二批	重庆市、成都市、西安市、济南市、广州市、武汉市
2021年第三批	苏州市、长沙市、郑州市、沈阳市、哈尔滨市

9.2.2 人工智能与企业高质量发展

企业全要素生产率反映了技术、管理、制度及人力资本等要素的优化配置与集成效能。提升全要素生产率是推动经济从依赖要素投入的数量型增长向依赖质量提升的内涵型增长转变的关键路径（陈健生、任蕾，2022），与高质量发展的本质方向高度一致（刘志彪、凌永辉，2020）。因此，提升企业全要素生产率不仅是企业实现高质量发展的基本途径，更是衡量企业发展质量的核心标准。

一是人工智能驱动企业内部规模经济，形成“增量”效应。随着智能应用场景的逐步落地和应用范围的不断扩展，人工智能技术正迅速渗透并深度融入企业生产的各个环节。一方面，人工智能的广泛应用实现了生产环节的自动化和智能化高度集成，从而促进企业生产产量增加。借助先进的智能算法和机器学习模型，人工智能不断改造传统生产任务并衍生出新的生产范畴（董直庆等，2023），持续优化企业生产流程，并刺激新产品市场需求，拓展生产规模，从而实现企业产量跃升。另一方面，人工智能依托数据驱动的决策简化了生产流程，优化了企业的成本结构。人工智能推动企业关键活动的实时化与透明化（黄勃等，2023），显著降低了企业的搜寻成本、运输成本、交易成本等多重运营开销，并减少了生产中的资源浪费，从而有效促进了产量的持续上升与生产能力的进一步扩展。

二是人工智能驱动企业外部规模经济，形成“提质”效应。随着人工智能技术的深度应用，多个企业集中发展，推动了产业链条的优化与提升。一方面，人工智能的应用使得共享辅助性生产资源与基础设施的潜力得到极大释放。人工智能技术进步使不同企业之间具备了行业融合的共同技术基础（史丹、孙光林，2024），自动化生产线、数据分析平台等生产要素在多个行业中实现无缝衔接与快速转换，提升了生产要素的通用性（刘艳霞，2022），推动了生产流程的精益化，从而提高了整体生产质量与企业运营效率。另一方面，人工智能加强了行业生产专业化与智能化，使企业减少了对简单劳动力的复杂培训。在技术飞跃的带动下，企业对高度专业化劳动力的需求愈加迫切。人工智能赋予了机器智能属性，能够替代部分人的劳动（姚加权等，2024），不仅提高了生产效率，还提升了生产过程中的精准度和创新性，从而有效提升了产品和服务的质量。基于以上分析，本章提出以下假说。

假说1：人工智能显著推动企业高质量发展。

9.2.3 人工智能推动企业高质量发展的路径

生产力的发展是推动社会发展的根本动力与决定力量。新质生产力由技术革命性突破、生产要素创新性配置以及产业深度转型升级催生，以全要素生产率提升为核心标志，已成为推动企业实现高质量发展质变的全新引擎。人工智能基于对技术、劳动力、资本等要素的高效配置与充分利用，显著提高了企业生产效率，极大地推动了企业生产力新质化进程，为企业高质量发展夯实了基础。具体而言，本章从催生新质生产力的三大路径探索人工智能赋能企业高质量发展的内在机制。

在技术革命性突破层面，人工智能借助其通用性优势，为突破式创新提供技术支撑，赋能企业高质量发展。一方面，人工智能可以通过深度学习与智能编排，实现技术创新需求痛点发掘与原始创新基础知识集成，为突破式创新提供智力支持。人工智能不仅拥有极强的逻辑推理与知识关联能力，能从海量数据与低密度信息中提取并学习多样化技术知识，还能借助数学建模与迭代训练，从工艺流程或业务流程中精确识别需求痛点（Liu et al.，2024）。此外，新兴的生成式人工智能还融合了自然语言表达，得以打破专业壁垒，促进知识在不同领域之间的流动融合，有助于构建即时可取的知识池，形成知识的泛化，为技术突破式创新夯实基础。另一方面，人工智能技术本身的持续适应性与自我参考性使其可以作为其他技术的内核，实现以增量开发推动传统生产技术突破（任保平、李培伟，2024）。人工智能技术形式与功能相分离的特征使得其他技术创新可以在现有人工智能技术基础上进行，而无须掌握和理解所有必要的事前能力，换言之，人工智能技术的积累为传统技术的质变式发展提供了全新突破口。

在生产要素创新性配置层面，人工智能凭借其数据挖掘能力，优化资源质量与要素结构，推动企业高质量发展。一是在劳动力要素配置优化方面，人工智能通过提升劳动力技能水平，有效优化了劳动力供给结构，改善了企业劳动投入效率。具体而言，企业引入人工智能应用将导致知识传统的任务分工结构发生剧变，打破劳动力技能供需稳态并创造出全新的劳动场景与生产任务，产生就业冲击倒逼劳动者优化技能结构以适应职业要求，从而系统性提升劳动要素投入质量（王林辉等，2024；Acemoglu & Restrepo，2022）。二是在资本要素配置优化方面，人工智能在支撑企业投资决策、降低非效率投资方面发挥独特作用，通过精准匹配资金供需，显著提高企业资本利用效率。基于对市场数据的分析挖掘与精准预测，人工智能不仅有助于提升企业库存管理能力、提升资金周转效率，而且能更有效地为企业识别长期投资机会，避免非效率投资，进一步提升了资本投入效率（李玉花等，2024）。

在产业深度转型升级层面，人工智能依托其多模态优势，融合企业转型具体场景，驱动企业高质量发展。一方面，人工智能技术以其智能化应用赋能传统产业高端化绿色化转型发展，推动企业内部转型进程。人工智能应用深刻改造了传统企业的产业基因与价值模式，加速了实体经济和数字经济之间的要素融合、技术融合与流程融合，进而推动企业摆脱传统要素密集型、污染密集型生产方式，并向新兴技术密集型、环境友好型发展模式转型升级，提升传统企业可持续发展能力（Fu et al.，2024）。另一方面，人工智能技术与服务的商用化将进一步促进智能化新业态涌现，为企业经营模式变革与竞争优势重塑提供具体方向，实现企业外部转型目标。人工智能新兴产业发展先进制造业与知识服务业的融合特性，使得三大产业之间的界限更加模糊，现代化产业体系中不同产业企业之间联系更为紧密，基于产业协同在企业间联动发展，推动智能化产业技术进步与规模经济实现，进一步为构建现代化产业体系夯实基础。基于以上分析，本章提出以下假说。

假说2：人工智能通过促进技术革命性突破、生产要素创新性配置以及产业深度转型升级，驱动企业高质量发展。

9.2.4 数字经济关注度的调节效应

人工智能本质上是一个“算法”的集合体（邢小强等，2021），其通过算法模拟和实现人类的智能行为。若没有数据与算力作为支撑，再精确的算法也只能是“无源之水、无本之木”。数字经济的蓬勃发展创造出海量数据，云计算提供了强大算力，因此，政府对数字经济与云计算的关注程度决定了数据体量与算力能力，二者与人工智能结合形成多元融合价值（洪银兴、任保平，2023），为企业全要素生产率提升提供了可能。

一是以“数据+算法”发挥资源配置优化作用。数字化时代，人工智能与数字经济作为驱动现代经济发展的核心引擎，正深刻重塑产业格局与企业资源配置模式。一方面，人工智能通过数据驱动的精准分析，为企业提供了更为精确的资源配置决策依据。通过大数据分析，人工智能技术能够实时采集并处理复杂的海量数据，洞察市场趋势、消费者偏好及生产动态，推进企业信息整合效率的提升（李健等，2022），从而为企业提供决策依据。另一方面，政府对数字经济的关注与人工智能技术的协同进步，极大地推动了企业资源配置的精细化与高效化。数据流通与算法提升的双轮驱动，使得企业能够避免劳动力、资本、技术等要素配置的盲目性（戚聿东、刘欢欢，2020），实时调整生产要素的配置，促进全要素生产率的提升。

二是以“算力+算法”发挥创新要素协同作用。随着数字化进程的加速，人工智能与云计算深度融合已成为推动创新驱动发展的核心引擎。一方面，云计算作为人工智能的基础设施，为企业提供了一个开放、共享、协同的创新平台。政府对云计算的关注与支持，直接催生了人工智能技术的跨越式发展。计算平台的普及与算力的迅速提升，为人工智能提供了更丰富的“数据基础”和更强劲的“算力引擎”（宋华、杨雨东，2022），使企业能够高效整合内外部创新资源，打破传统的部门界限。另一方面，人工智能与云计算的融合极大地增强了企业在创新决策中的精准性和敏捷性，从而最大化各创新要素的协同效应，减少资源浪费，提升全要素生产率。基于以上分析，本章提出以下假说。

假说3：政府数字经济关注度能够强化人工智能对企业高质量发展的促进作用。

9.2.5 人工智能与企业边界拓展

人工智能的经济效应对于企业长期发展具有深远影响，体现为企业经营结构与战略布局方面的深刻调整。其中，企业边界扩张不仅是塑造竞争新优势、实现业务高端化转型的内在体现（胡海峰等，2024），更具有引领区域内或行业内企业实现高质量协同发展的外在价值（范合君等，2023）。因此，进一步探讨人工智能对企业边界扩展产生的经济效果，对于深入认识人工智能对企业高质量发展的影响具有关键价值。本章分别剖析了人工智能对企业地理与经营边界扩展的影响效应。

一方面，人工智能推动企业高质量发展有助于扩展企业的地理边界，拓宽其生产经营的空间广度。具体而言，人工智能通过精准的市场预测与高效的供需匹配，使得供应链网络节点间关系更加紧密。在人工智能与其他数字化技术的协同作用下，节点企业间的分工协作、信息传递与知识溢出更为高效，进而以单企业生产活动专业化、多企业分工协作为特征，形成地方生产系统，从而有效提升了相关区域供应链网络的运行效率和响应速度，使得企业能够跨越更广阔的地理空间进行资源配置和市场拓展（Autor et al.，2020），实现地理边界扩张。另一方面，人工智能推动企业高质量发展还将有效扩展企业经营边界，拓宽其生产经营的行业广度。人工智能驱动的多元创新促进了企业产品和服务结构的多样化发展，通过形成企业集团内部的范围经济，实现了成本节约和效益提升。在人工智能的强大技术支撑下，企业的研发成功率得到了显著提升，强化了其供给系列产品的能力，使得企业能够更好地适应市场需求的变化，进而有助于企业拓展企业经营边界，在激烈的市场竞争中保持领先地位并实现可持续发展。

假说4：人工智能将进一步助力拓展企业地理边界与经营边界。

9.3 研究设计

9.3.1 数据来源

本章以2006—2023年中国A股上市公司样本为研究对象，数据来源于CSMAR数据库。为保证实证结果有效性，本章对数据进行了进一步处理。第一，本章剔除了研究窗口内ST、*ST、PT类上市公司样本；第二，剔除了金融行业的上市公司样本；第三，剔除了关键变量为缺失值的样本。最终得到43158个“公司—年度”观测值。

9.3.2 变量选取

被解释变量：企业全要素生产率（*LP*）。鉴于LP方法在测算企业TFP时样本损失量较少，能够较为精确地获得投入要素的一致有效性估计（何德旭等，2024），本章在主效应检验中采用LP法测算的企业全要素生产率作为企业高质量发展的代理变量，并在稳健性检验中采用FE法与OLS法测算的企业全要素生产率替换被解释变量进行重新回归。

核心解释变量：人工智能发展政策（*AI*）。本章以国家新一代人工智能创新发展试验区作为政策虚拟变量，反映企业所在地是否处于获批设立试验区的地级市。如果企业所在地在设立试验区，则当年及之后的时间取1，否则取0。

控制变量：相关的控制变量包括以下几种。一是总资产周转率（*ATO*）。企业的资金周转情况对企业的生产效率具有显著的正向影响（盛明泉等，2021）。本章用营业收入与平均资产总额的比值作为总资产周转率的代理变量。二是资产负债率（*Lev*）。本章选取资产负债率作为企业融资结构的代理变量（苏春等，2024）。三是现金流比率（*Cashflow*）。缓解现金流量约束将改变资本投入结构，从而促进企业进行设备改造升级，最终激励企业生产效率的提升（黄纪强，2022）。因此，本章选择经营活动产生的现金流量净额与总资产的比值作为现金流比率的代理变量。四是净资产收益率（*ROE*）。企业的盈利能力是影响企业生产效率的重要因素。参考刘伟东和佘溪水（2024）的研究，本章选取净利润与股东权益平均余额的比值作为净资产收益率的代理变量。五是股权集中度（*Top*1）。股权集中度对企业的生产效率具有显著影响（陈琳、李清，2024），本章选取第一大股东持股比例作为股权集中度的代理变量。

核心变量的描述性统计如表 9－2 所示。

表 9－2 核心变量的描述性统计

变量	变量定义	样本量	平均值	标准差	最小值	最大值
LP	企业全要素生产率	43158	8.3305	1.0736	4.2521	13.1064
AI	国家新一代人工智能创新发展试验区	43158	0.1889	0.3914	0.0000	1.0000
ATO	总资产周转率	43158	0.6710	0.5565	0.0033	12.3729
ROE	净资产收益率	43158	0.0367	0.0763	－1.8591	1.2848
Lev	资产负债率	43158	0.4359	0.2067	0.0071	1.9566
Cashflow	现金流比率	43158	0.0487	0.0752	－0.7443	0.8759
*Top*1	股权集中度	43158	0.3395	0.1500	0.0029	0.8999

9.3.3 模型构建

为研究国家新一代人工智能创新发展试验区政策对企业全要素生产率的影响，本章采用多时点 DID 模型进行回归分析，具体模型和变量定义如下：

$$LP_{it} = \beta_0 + \beta_1 AI_{it} + \beta \sum Control_{it} + \lambda_i + \mu_t + \varepsilon_{it} \tag{9-1}$$

其中，i 表示企业个体，t 表示年份。被解释变量 *LP* 为利用 LP 方法计算的企业全要素生产率。*AI* 为国家新一代人工智能创新发展试验区政策变量，本章对企业所在地级市当年是否受到国家新一代人工智能创新发展试验区政策冲击进行回归分析。*Control* 表示控制变量，λ 为行业固定效应，μ 为年份固定效应，ε 为模型的随机扰动项。

9.4 实证检验结果

9.4.1 平行趋势检验

为保证适用多时点 DID 模型所得实证结果的稳健性，本节采取平行趋势检验试验区设立前后是否符合平行变动趋势，结果如图 9 – 1 所示。平行趋势检验结果表明，在国家新一代人工智能创新发展试验区政策实施之前，回归系数均不显著，在政策实施后的第一期开始，回归系数显著为正。该结果表明该样本通过了平行趋势检验，即在政策实施前后存在不同的变动趋势。国家新一代人工智能创新发展试验区政策作为外生冲击，能够影响企业的生产效率，验证了本章实证结果的有效性。

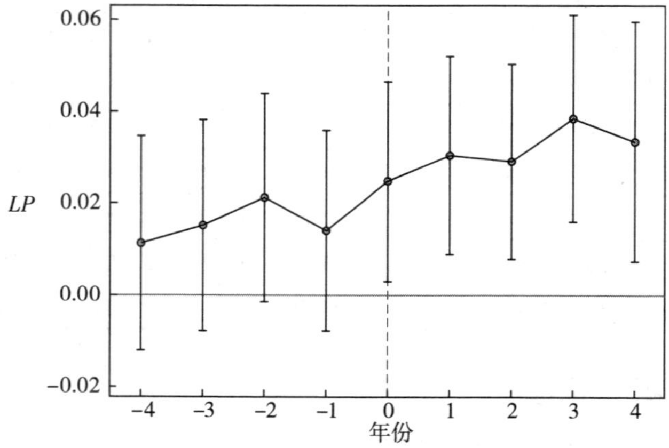

图 9 – 1　平行趋势检验

9.4.2 基准回归结果

国家新一代人工智能创新发展试验区政策冲击对企业全要素生产率影响的基准回归结果如表 9 – 3 所示。表中的所有回归结果均考虑了年份、个体等固定效应。基准回归结果表明，国家新一代人工智能创新发展试验区的设立能够显著提升企业全要素生产率。该实证结果验证了假说 1。

国家新一代人工智能创新发展试验区政策作为资源配置“看得见的手”优化市场的资源配置，推动企业通过人工智能技术创新提升生产效率。处于国家新一代人工智能创新发展试验区的企业可以享受政府的资金补贴、税收减免和人才引进等政策支持，创新成本的降低压缩了企业智能化转型的阵痛期，使企业在短时间内提升生产效率。至此，假说 1 得以验证。

表 9－3 基准回归

变量	(1)	(2)	(3)	(4)	(5)
	LP	*LP*	*LP*	*LP*	*LP*
AI	0. 0264 ***	0. 0303 ***	0. 0225 ***	0. 0221 ***	0. 0226 ***
	(3. 1342)	(3. 6449)	(2. 7941)	(2. 7460)	(2. 8054)
ATO	0. 8251 ***	0. 7792 ***	0. 7491 ***	0. 7466 ***	0. 7466 ***
	(118. 5927)	(111. 4411)	(110. 1853)	(109. 6812)	(109. 7546)
ROE		1. 0416 ***	1. 5889 ***	1. 5419 ***	1. 5209 ***
		(33. 5151)	(49. 6411)	(46. 9849)	(46. 2035)
Lev			0. 8723 ***	0. 8720 ***	0. 8702 ***
			(50. 3010)	(50. 3087)	(50. 2390)
Cashflow				0. 1922 ***	0. 1973 ***
				(6. 4146)	(6. 5905)
*Top*1					0. 2125 ***
					(7. 3976)
Constant	7. 7719 ***	7. 7637 ***	7. 3850 ***	7. 3793 ***	7. 3083 ***
	(1466. 5628)	(1484. 6552)	(813. 8947)	(809. 8114)	(552. 6348)
Year FE	Yes	Yes	Yes	Yes	Yes
Firm FE	Yes	Yes	Yes	Yes	Yes
Industry × Year FE	Yes	Yes	Yes	Yes	Yes
Observations	43158	43158	43158	43158	43158
R^2	0. 8910	0. 8940	0. 9010	0. 9010	0. 9010

注：括号内为 *t* 值；＊＊＊表示在 10% 的水平上显著。

9. 4. 3 安慰剂检验

为排除非政策因素的影响，本章构造伪实验组进行安慰剂检验。首先，随机生成 18 个伪试验区，构造虚拟的 *AI* 变量，并进行 500 次重复抽样，将其替代原解释变量进行回归，结果如图 9－2 所示。虚拟 *AI* 的回归系数在 0 附近呈现正态分布，这说明基准回归结果具有稳健性。

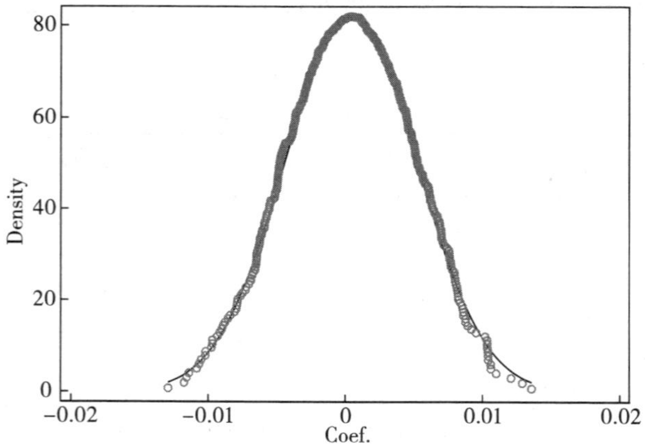

图 9-2　安慰剂检验

9.4.4　异质性稳健估计量检验

本章考虑到，处于政策试点区域的企业接受政策冲击的时间不一致，基于双重固定效应形式的估计结果可能存在严重的估计偏误。为此，本节将采用 Borusyak 等（2024）提出的异质性稳健 DID 估计量来纠正多时点 DID 模型存在的潜在偏差，结果如图 9-3 所示。由实证结果可以发现，在政策实施前，系数值并不能拒绝原假设，而在政策实施后，系数持续为正且拒绝原假设。这说明人工智能政策对企业全要素生产率具有持续的正向作用依然稳健。

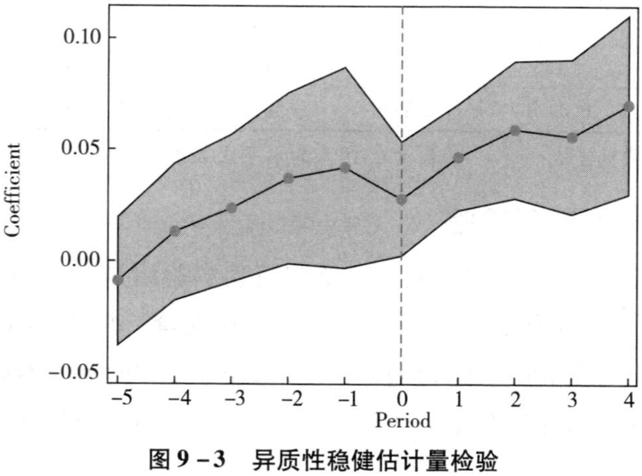

图 9-3　异质性稳健估计量检验

9.4.5 其他稳健性检验

首先，大范围股灾会对个股股价产生影响，可能掩盖人工智能政策对企业全要素生产率的影响。因此，本章剔除2015年的研究样本，使用剩余样本进行回归，结果如表9－4第（1）列所示，基准回归结果并未发生实质性改变。其次，本章将替换基准回归中的被解释变量，用FE算法和OLS算法计算企业全要素生产率，结果如表9－4第（2）列和第（3）列所示，基准回归保持稳健。最后，实验组的设立可能受到地理位置等因素的影响，这会造成样本选择偏误，从而导致回归误差。因此，本章选择PSM－DID模型对样本进行回归。将控制变量作为企业特征，按照1∶1有放回的最近邻匹配选取控制组样本，剔除匹配不上的样本，对匹配后样本重新进行回归。PSM－DID的回归结果如表9－4第（4）列所示，结果表明，在考虑样本选择性偏误后，结论依然成立。

表9－4 其他稳健性检验

变量	(1)	(2)	(3)	(4)
	LP	*FE*	*OLS*	*LP*
AI	0.0230*** (2.8226)	0.0194** (2.0467)	0.0181** (2.0122)	0.0280*** (3.0502)
Control	Yes	Yes	Yes	Yes
Constant	Yes	Yes	Yes	Yes
Year FE	Yes	Yes	Yes	Yes
Firm FE	Yes	Yes	Yes	Yes
Industry × Year FE	Yes	Yes	Yes	Yes
Observations	40916	43158	43158	33688
R^2	0.9020	0.9120	0.9110	0.9030

注：括号内为 *t* 值；***、**分别表示1%、5%的水平上显著。

9.5 机制检验

理论分析认为，基于新质生产力培育视角，国家新一代人工智能创新发展试验区政策与企业全要素生产率之间可能存在技术革命性突破、生产要素创新性配置、产业深度转型升级三种影响路径。因此，本章分别基于相关机制变量，对以上三种影响路径进行实证检验。

9.5.1 技术革命性突破路径

企业通过采用先进的人工智能技术，能够开发出具有市场竞争力的新产品或新服务，或者在现有产品和服务中引入颠覆性的创新。这一过程中，企业可能通过人工智能提高研发效率，降低研发成本，加速技术成果的转化。因此，人工智能创新发展试验区政策通过促进企业在技术研发上的投入，推动了企业的技术突破，进而提升了企业的全要素生产率。

本章参考胡山和余泳泽（2022）的研究，使用上市公司当年独立获得发明专利数量测度突破性创新（*Inn*），作为技术革命性突破的代理变量。该中介机制的检验结果如表9－5所示。结果表明，国家新一代人工智能创新发展试验区政策对企业突破性创新成果的增加具有显著的促进作用，企业突破性创新水平的提升进一步提高了企业全要素生产率。

表9－5　中介机制：突破性创新

变量	(1)	(2)	(3)	(4)
	Inn	*LP*	*Inn*	*OP*
AI	0.0017** (2.1552)	0.0192** (2.4416)	0.0019** (2.3474)	0.0219*** (2.7296)
Inn		0.3364*** (6.5834)		0.3202*** (6.3806)
Control	Yes	Yes	Yes	Yes
Constant	Yes	Yes	Yes	Yes
Year FE	Yes	Yes	Yes	Yes
Ind FE	Yes	Yes	Yes	Yes
Industry × Year FE	Yes	Yes	Yes	Yes
Observations	43143	43143	43131	43131
R^2	0.6460	0.8950	0.6500	0.9010

注：括号内为 *t* 值；**、***分别表示在5%、1%的水平上显著。

9.5.2 生产要素创新性配置路径

资本配置效率是指企业在资源配置上的优化程度，即如何更有效地将资本投入高回报的项目或领域。在人工智能创新发展试验区政策的推动下，企业可能通过引入人工智能技术提升其资本使用效率，优化生产流程、减少浪费并实现资源的最大化利用。其中，人工智能创新发展可以帮助企业实现更精准的市场需求预测、优化供应链管理和库存控制，从而提高资本的周转率和使用效率。维持企业的正常运营是提升企业生产效率的基础。

鉴于此，本章使用非效率投资程度作为企业资本要素配置（*Ine*）的代理变量，该中介机制的检验结果如表9－6所示。结果表明，国家新一代人工智能创新发展试验区政策对资本要素配置效率具有显著的提升作用，资本要素配置效率水平的提升又进一步提高了企业全要素生产率。

表9－6　中介机制：资本要素配置效率

变量	(1)	(2)	(3)	(4)
	Ine	*LP*	*Ine*	*OP*
AI	−0.0046** (−2.3893)	0.0185** (2.2344)	−0.0038* (−1.9017)	0.0213** (2.5153)
Ine		−0.1479*** (−6.3568)		−0.1434*** (−6.2100)
Control	Yes	Yes	Yes	Yes
Constant	Yes	Yes	Yes	Yes
Year FE	Yes	Yes	Yes	Yes
Firm FE	Yes	Yes	Yes	Yes
Industry × Year FE	Yes	Yes	Yes	Yes
Observations	38673	38673	38660	38660
R^2	0.1800	0.8960	0.2070	0.9020

注：括号内为 *t* 值；*、**、***分别表示在10%、5%、1%的水平上显著。

除资本配置效率外，技能配置效率也是影响企业全要素生产率的重要因素。技能资源的调整和优化可以帮助企业有效地培养、引进并合理配置符合技术发展需求的高技能人才。在人工智能创新发展试验区政策的推动下，企业可能通过引入人工智能技术和相应的人才培养计划，提升员工技能水平，优化技能结构，从而推动生产流程改进、创新能力提升，并实现资源的最大化利用。维持企业技能结构的合理性是提升企业生产效率和创新能力的关键基础。

鉴于此，本章借鉴诸竹君和王芳（2022）的研究，使用上市公司硕士及以上学历员工占比作为企业技能结构优化的代理变量（*Ski*），对其中介机制进行检验，结果如表9－7所示。结果表明，国家新一代人工智能创新发展试验区政策对技能结构优化具有显著的促进作用，技能结构优化又进一步提高了企业的全要素生产率。

表 9-7　中介机制：劳动力技能结构优化

变量	(1)	(2)	(3)	(4)
	Ski	*LP*	*Ski*	*OP*
AI	0.0261 ***	0.0157 **	0.0236 ***	0.0189 **
	(9.4462)	(1.9992)	(8.2578)	(2.3555)
Ski		0.1552 ***		0.1538 ***
		(10.7060)		(10.7122)
Control	Yes	Yes	Yes	Yes
Constant	Yes	Yes	Yes	Yes
Year FE	Yes	Yes	Yes	Yes
Firm FE	Yes	Yes	Yes	Yes
Industry × Year FE	Yes	Yes	Yes	Yes
Observations	43158	43158	43158	43158
R^2	0.8710	0.8960	0.8740	0.9010

注：括号内为 *t* 值；**、*** 分别表示在 5%、1% 的水平上显著。

9.5.3　产业深度转型升级路径

本章借鉴夏太彪等（2024）的研究，使用现金流量表中“购建固定资产、无形资产和其他长期资产支付的现金”与总资产之比来衡量对内转型升级（*Intr*），用现金流量表中“投资支付的现金”除以总资产来度量对外转型升级（*Extr*），检验结果如表 9-8 所示。结果表明，国家新一代人工智能创新发展试验区政策对企业对内转型和对外转型均具有显著的促进作用，而对内转型和对外转型的提升又进一步显著提高了企业全要素生产率。

对内转型通过改进生产流程、提高管理效率，能够显著提升企业的生产能力和创新水平；而对外转型则依托技术输出和市场开拓，推动企业与外部市场的深度融合，扩大市场占有率和资源利用效率。在国家新一代人工智能创新发展试验区政策的推动下，企业可能通过引入人工智能技术、优化内部资源配置以及加快外部市场布局，进一步实现对内、对外转型的协同效应，从而全面提升生产效率和竞争能力。至此，假说 2 得以验证。

表9-8 中介机制：企业对内转型及对外转型升级

变量	(1)	(2)	(3)	(4)
	OP	*Intr*	*LP*	*Extr*
AI	0.0011*** (3.3687)	0.0190** (2.3805)	0.0694** (2.2458)	0.0199** (2.3715)
Intr		3.3547*** (26.1073)		
Extr				0.0409*** (27.8035)
Control	Yes	Yes	Yes	Yes
Constant	Yes	Yes	Yes	Yes
Year FE	Yes	Yes	Yes	Yes
Firm FE	Yes	Yes	Yes	Yes
Industry × Year FE	Yes	Yes	Yes	Yes
Observations	43158	43158	38959	38959
R^2	0.8990	0.9030	0.5680	0.9040

注：括号内为 *t* 值；**、***分别表示在5%、1%的水平上显著。

9.6 进一步分析

9.6.1 调节效应检验

为验证国家新一代人工智能创新发展试验区政策与政府数字经济关注度的联动作用，本章参考杨刚强等（2023）的研究，选取《政府工作报告》中的数字经济政策词频占比作为政府数字经济关注度（*Gov*1）的代理变量。人工智能功能的实现需要依靠大量的数据以及算力设备，从算力的角度分析，本章选取《政府工作报告》中的云计算词频占比作为地方政府算力关注度（*Gov*2）的代理变量。该调节机制的检验结果如表9-9所示。结果表明，国家新一代人工智能创新发展试验区政策与地方政府数字经济关注度的联动对企业全要素生产率的提升具有显著的正向影响，国家新一代人工智能创新发展试验区政策与地方政府算力关注度的联动对企业全要素生产率的提升具有显著的正向影响。

一方面，地方政府的数字经济关注度强化了人工智能政策执行效果。当地方政府对数字经济关注度较高时，资源会向数字技术偏移，通过外部支持的方式降低企业技术转型成本，从而推动企业提升自身全要素生产率。另一方面，地方政府的数字经济关注度有助于营造良好的人工智能制度环境。地方政府通过强化知识产权保护，完善技术市场规则，进一步放大了人工智能政策优势，从而对企业全要素生产率产生积极作用。因此，假说3得以验证。

表9-9 调节机制检验

变量	(1)	(2)	(3)	(4)
	LP	*LP*	*LP*	*LP*
AI	0.0092 (1.0617)	-0.0321 (-1.5265)	0.0146* (1.6513)	-0.0343 (-1.6391)
*Gov*1	-0.0109** (-1.9832)	-0.0085 (-1.5774)		
AI × *Gov*1	0.0380*** (2.7519)	0.0277** (2.0228)		
*Gov*2			3.9828 (0.6203)	0.0671 (0.0106)
AI × *Gov*2			34.6271*** (2.7158)	38.3778*** (3.0413)
Control	Yes	Yes	Yes	Yes
Constant	Yes	Yes	Yes	Yes
Year FE	Yes	Yes	Yes	Yes
Firm FE	Yes	Yes	Yes	Yes
Industry × Year FE	No	Yes	No	Yes
Observations	43158	43158	42437	42437
R^2	0.895	0.901	0.898	0.903

注：括号内为 t 值；*、**、***分别表示在10%、5%、1%的水平上显著。

9.6.2 经济后果分析

为进一步分析国家新一代人工智能创新发展试验区政策对企业全要生产率影响的经济后果，本章从子公司的特征角度进行探讨。本章根据企业在非本地拥有的子公司数量构建子公司地理边界的代理变量（*Geo*）。除此之外，本章参考胡海峰等（2024）的研究，手工整理了上市公司子公司的经营范围。本章用上市公司披露的经营范围种类构建企业的子公司经营种类，设置子公司经营边界的代理变量（*Ext*），该变量的计算方式为子公司经营范围种类个数的年变化率，具体结果如表 9－10 所示，由此可知，国家新一代人工智能创新发展试验区政策对子公司的地理边界与经营范围扩张均具有显著的正向影响。

表 9－10　企业地理边界与经营边界扩展

变量	(1)	(2)	(3)	(4)
	Geo	*Geo*	*Ext*	*Ext*
AI	0.9704***	0.9331***	0.0186*	0.0207*
	(2.6695)	(2.5974)	(1.6940)	(1.8893)
Controls	No	No	Yes	Yes
Constant	Yes	Yes	Yes	Yes
Year FE	Yes	Yes	Yes	Yes
Firm FE	Yes	Yes	Yes	Yes
Industry × Year FE	Yes	Yes	Yes	Yes
Observations	41845	41844	37269	37269
R^2	0.706	0.708	0.125	0.126

注：括号内为 *t* 值；*、*** 分别表示在 10%、1% 的水平上显著。

9.7　结论与启示

充分释放人工智能发展效能，有效发挥人工智能“乘数效应”，赋能数字经济与实体经济深度融合，已成为推动经济高质量发展的重要任务之一。本章以国家级新一代人工智能创新发展试验区为准自然实验，探索人工智能对企业高质量发展的推动作用及机制，结论如下：首先，人工智能发展显著提升了企业全要素生产率，有力推进了企业高质量发展进程；其次，人工智能依托突破性创新、投资效率提升与劳动力技能结构优化以及产业发展水平提升，有效打通了技术革命性突破、生产要素创新性配置以及产业深度转型升级三条路径，有力促进了以新质生产力发展牵引企业高质量发展，拓展企业发展深度；再次，政府数字经济关注度促进了数据、算力、算法的融合跃升，进一步强化了人工智能的提质增效作用；最后，人工智能驱动的企业生产经营效率优化显著拓展了企业的经营边界与地理边界，实现了企业高质量发展在行业维度与空间维度间的扩散，持续拓展了企业发展广度。

本章的政策启示如下。一是推动数字经济与实体经济深度融合，重点打造智能驱动型企业生产效率提升体系。一方面，拓展企业生产经营模式智能化转型深度。积极推动人工智能技术嵌入生产制造工艺与业务流程中，聚焦智能化手段在促进先进制造业与现代服务业融合发展中的作用。依托“5G+工业互联网”赋能新一代人工智能技术应用，着力推进数字化管理、平台化设计、个性化定制、网络化协同、服务化延伸五大模式持续演进迭代。另一方面，引导企业组织管理模式智能化创新工作开展。发挥好生成式人工智能在解释与整合跨界知识、激发与拓展创新灵感等方面的特色优势，赋能企业内跨部门、跨领域交流合作机制，降低异质性知识交流“门槛”，强化共同创造知识能力，进而培育资源共享、价值共创的新型产业组织模式，最终实现企业资源优化配置、生产方式变革及价值提升。

二是发挥“人工智能+”微观赋能作用，聚焦构建以人工智能为核心的产业科技创新生态。一方面，强化“人工智能+科技创新”，应发挥新型举国体制优势，重点打造智能技术产学研用创新联盟。科学统筹政府、市场、社会等智能创新主体，加快构建起关键共性技术体系，加紧攻克通用大模型等关键智能技术，以国产智能大模型迭代升级为引擎，充分驱动创新链、产业链、资金链、人才链深度融合。另一方面，助力“人工智能+产业发展”，需依托现代化产业体系构建，充分发挥智能技术在产品服务创新、生产场景应用方面的优势，塑造相融相长、耦合共生、多元共建的数智产业生态，加快智能产业化进程。强化人工智能高端复合型人才的专业培养，促进智能化人才的有序流动与合理配置，形成智能科技创新、智能成果转化与智能产业升级的良性循环。

三是强化数智化政策联动协同，着力推进企业生产经营场景下算力基础与数智技术的紧密结合。首先，应加快新一代数据基础设施建设，为人工智能模型训练与应用提供高质量数据和算力基础。聚焦数据基础设施建设，统筹促进信息基础设施、算力基础设施与融合基础设施的协同建设，为企业智能应用构建起高速泛在、云网融合、智能敏捷、安全可控的数据与算力底座。其次，应完善保障数智化赋能企业发展的基础性制度，健全企业实体经济与数字经济深度融合的体制基础。在人工智能的投入端，应推动公共数据资源的安全有序开放共享，并建立起合规高效的数据要素市场流通体系，构建完整的数据链与数据生态，实现“万数互联”，为人工智能发展提供高质量的训练数据；在人工智能的产出端，应完善算法备案、分类分级与安全评估等监管举措，引导人工智能在培育企业发展新动能方面发挥积极作用。

四是打破数智要素流动的空间与行业障碍，积极赋能企业边界拓展，依托范围经济实现企业高质量发展。一方面，应着力联通“数据孤岛”，依托智能化进程实现企业地理边界拓展，驱动企业横向一体化。依托智能化管理系统，实现要素的精准匹配与即时协调，重塑企业组织形态，实现跨域企业组织形态扁平化、平台化、生态化，提升沟通效率。另一方面，应着力打破信息壁垒，推动生产经营场景数据与相应智能模型的融合匹配，借助智能化手段强化跨领域市场渗透水平，赋能企业纵向一体化。依托产业链上下游联动形成立体多维的产供销数据网络，探索全域全链全生态数据交互，拓展数智融合应用场景，并关注提炼各生产经营场景下核心功能需求，提高企业人工智能解决方案的通用性和延展性，提升数智要素融合价值创造能力。

10 人工智能发展的产业结构优化效应

10.1 引言

在数字技术经济发展的宏阔格局中，人工智能已跃升为驱动全球经济深度变革的核心引擎，其影响渗透至经济运行的每一环节，重塑产业架构和市场竞争模式，具体经济效应引起学界广泛讨论。得益于近年大模型涌现式发展和生成式人工智能技术应用，全球人工智能产业保持高速增长。据国际数据公司（IDC）预测，2024 年全球人工智能产业规模将达到 6233 亿美元，同比增长 21.5%。作为新一轮产业革命的关键支点，人工智能正在以重新域定的方式推进着技术的颠覆性改变。经济也会因人工智能这一新的技术体而改变自身结构，发生经济的重新域定，即已有的产业去适应新的技术体，从中提取、选择它们需要的内容，将其中部分零部件和新领域中的部分零部件组合起来，并在此过程中创造次生产业（阿瑟，2023）。人工智能已然深度融入实体经济的血脉，成为撬动产业升级、结构优化的关键杠杆，全方位重塑生产与服务范式，重构产业间的交互逻辑与协作生态。近年，中国人工智能产业呈现出迅猛的发展态势。截至 2023 年年底，我国人工智能核心产业规模接近 5800 亿元，已经形成了京津冀、长三角、珠三角三大集聚发展区，核心企业数量超过 4400 家，居全球第二位。我国人工智能基础设施占地规模位居全球第二位，其中智能算力占比超 25%，产业发展重点从软硬件单点技术突破向系统协同创新转变①。

① 资料来源于中国信息通信研究院。

随着人工智能的发展，产业结构优化将成为一个动态化、智能化、系统化的过程，旨在通过不断对产业内部各部门的智能化调整、升级和转型，实现产业结构的合理化和高级化，进而提高产业整体素质和竞争力，促进经济的可持续发展。产业结构合理化强调各产业部门之间协调发展，避免资源的闲置和浪费；产业结构高级化则注重产业结构从低水平向高水平演进，提升产业的附加值和技术含量。当前，国内外针对产业结构变迁开展的大量研究文献，一般将经济结构服务化界定为产业结构升级或产业结构高级化，并采用第三产业增加值占比（干春晖等，2011；郭凯明等，2020）或指标构建时赋予第二、第三产业增加值占比递增的权重（孙伟增等，2022）衡量产业结构升级程度。然而，单纯凭借服务业比重的提升判定产业结构实现了实质性变迁，或许并不严谨（徐朝阳、王韡，2021；张建华、程文，2019）。一方面，随着人工智能等新一代信息技术的广泛应用，各类新模式、新业态不断涌现，致使原本泾渭分明的三次产业界限渐趋模糊。诸多高端制造业与服务业在业务范畴、运营模式等方面相互交织渗透，难以精准界定，且已然存在生产性服务业这类制造业分工持续细化的产物。服务业比重的提升极有可能仅仅象征着产业分工的进一步深化，而非产业结构的质性优化升级，且可能存在过早去工业化的问题（王文、孙早，2017）。另一方面，随着服务业步入快速发展通道，其蕴含的巨大市场潜力极易吸引人工智能技术企业加速涌入。在资本逐利性驱使下，人工智能领域企业与制造业厂商的资本配置方向往往会发生明显偏移。出于对短期高额收益的追逐，它们更倾向于将资本集聚于服务业尤其是金融业这类回报周期相对较短、盈利预期更为可观的领域，容易导致资金脱实向虚、投机过度、泡沫积聚、风险增长（郭克莎，2019）。另外，考虑到服务业鲍莫尔“成本病”的存在，当服务业在国民经济中的占比过高时，由于该产业自身特性，人力成本等要素易持续攀升，却难以实现与之相称的生产率提升，进而可能拖累整体经济的生产率进步步伐。从宏观产业结构视角审视，过度偏重服务业资本投入还会滋生产业空心化风险。制造业作为实体经济的关键根基，一旦因资本大量抽离而发展迟滞，产业结构便会失衡，物质生产能力与创新转化能力下降，最终危及经济体系的稳健性与可持续发展潜能（师博、阮连杰，2024）。

因此，研究产业结构优化效应，有必要从制造业和生产性服务业产业协同集聚发展的新视角出发。已有文献聚焦到数字化、智能化时代下的生产性服务业集聚（吴思栩、李杰伟，2024）、制造业和服务业融合发展（胡乐明、杨虎涛，2022）、地理格局重塑（王林辉等，2022）等，还有学者关注到了产业协同集聚的经济效应（崔书会等，2019）和空间效应（张虎等，2017）。然而，鲜有文献以制造业和生产性服务业的产业协同集聚发展为新视角研究人工智能的产业结构优化效应。本章通过理论分析提出人工智能产业结构优化效应的相关假说，并采用实证方法进行验证，以期明确产业协同集聚发展模式、具体优化机制以及由此产生的协同效应，为人工智能发展的产业结构优化效应这一复杂动态过程提供理论支撑与实践指导。本章可能的边际贡献有三：一是以制造业和生产性服务业的产业协同集聚发展为新视角研究产业结构优化问题；二是从城市创新、知识产权保护等视角，为强化人工智能产业结构优化效应提供新路径；三是更进一步检验人工智能赋能产业结构优化的经济后果，为中国式现代化的实现提供理论依据。

10.2 理论分析与研究假设

10.2.1 人工智能发展的产业结构优化效应

从产业协同集聚的内涵来看，制造业与生产性服务业的紧密集聚并非简单的地理邻近，而是基于要素互补、知识共享以及创新协同等多维度的深度融合，人工智能发展在产业趋同、融合的过程中起到关键作用。制造业的引擎功能下沉表现为跨产业的制造—服务协同，需要具备关键领域的知识产权、核心技术和产业标准，将引擎功能通过服务业的形式得以承载和实现（胡乐明、杨虎涛，2022）。制造业企业能够借助人工智能技术，更加精准地对接生产性服务业提供的各类专业化服务，控制制造环节。通过智能算法搭建的供应链协同平台，制造业企业可实时获取物流、仓储等服务信息，实现生产物资的高效调配，同时，生产性服务业企业也能依据制造业企业反馈的数据，运用人工智能进行需求预测和服务优化，使得双方的协同更为紧密且高效，产生产业结构优化效应。在此具体分维度来分析人工智能发展的产业结构优化效应。在产业结构合理化层面，制造业和生产性服务业的协同集聚能够有效避免传统产业布局中可能出现的资源错配问题（张虎等，2017）。人工智能通过对海量数据的挖掘与分析，精准分析产业间的供需关系，引导资源在二者之间合理流动，确保各个环节的生产要素都能得到充分利用，减少信息不对称或资源闲置造成的浪费，实现产业结构的协调发展。就产业结构高级化而言，人工智能放大产业协同集聚产生的知识外溢效应和技术融合效应。制造业企业得以吸收生产性服务业带来的先进技术与管理理念，加快向智能制造、绿色制造等高端制造模式转型升级（任保平、巩羽浩，2023）；生产性服务业也能围绕制造业的升级需求，不断拓展服务领域、提升服务质量，催生出如工业大数据分析、智能运维等新兴高附加值业态，推动产业结构优化，切实提升产业整体的附加值和技术含量。基于以上分析，本章提出以下假说。

假说1：人工智能存在产业结构优化效应，表现为对产业协同集聚具有积极作用。

10.2.2 产业协同集聚的空间溢出效应

产业协同集聚具有显著的空间溢出效应，能对邻近地区的产业协同集聚产生关键作用。产业高度集聚能够促进区域技术进步（陈建军、胡晨光，2008），使得新技术、新理念不断涌现。由于地理距离相近，邻近地区的产业受空间因素限制较小，能以较低成本获取这些知识成果（Pavitt，1987）。产业协同集聚将随着劳动力流动加速。集聚区域凭借成熟产业生态培养出大量熟练劳动力，随着当地生活成本上升、发展空间受限等状况出现，部分劳动力流向发展水平较低但生活成本也相对较低的邻近地区。人员跨区域流动携带的专业技能以及合作项目延伸带来的技术共享，可以促进周边地区产业快速吸收先进知识，以此推动自身产业协作方式革新，提升协同效率；同时，促进先进区域精细化的生产流程管理经验、高效的产业协同模式向周边地区普及应用，助力邻近地区企业精准调整产业配合环节，促使产业间的协作更为紧密，开启周边产业协同集聚的初步进程，促进产业链延伸。现阶段的产业竞争表现为产业链竞争（洪银兴、任保平，2023），当核心区域面临土地资源紧张、成本攀升困境时，产业链会自发向周边拓展。企业把一些生产环节或配套服务布局到邻近地区，吸引上下游关联企业跟进，逐渐形成新的产业协同集聚点，与原区域产业相互呼应，强化区域整体的产业协同网络。此外，集聚区域产业竞争力增强，会对周边市场产生虹吸效应，给邻近地区产业发展带来巨大挑战，存在竞争激励效应（黄庆华等，2020）。邻近地区企业迫于竞争压力，区域内重新整合资源，优化内部产业协作关系，加速向产业协同集聚转型，以增强自身抵御风险与参与竞争的能力。基于以上分析，本章提出以下假说。

假说2：产业协同集聚可通过空间外溢效应作用于邻近地区的产业协同集聚。

10.2.3 人工智能发展的产业集聚空间优化效应

人工智能发展对产业协同集聚的空间溢出效应产生积极且深远的影响。人工智能的知识地理溢出机制促进技术传播与共享加速（徐星等，2024）。人工智能凭借强大的数据处理和分析能力，借助大数据与智能算法，打破了地域限制，构建起高效的知识传播桥梁。企业能够通过智能研发平台实时交流创新成果，精准获取先进技术与管理经验，促进了知识的快速扩散。同时，智能研发平台汇聚了全球各地相关企业和科研机构的前沿技术成果，各地企业可在平台上实时共享研发数据、生产工艺改进经验等信息。这种知识共享效应还通过示范和经验传播，带动了周边其他企业纷纷效仿和创新，加速了技术在区域间的传播，提升了周边地区整体产业协同效率，使区域产业协同集聚的优势得以进一步拓展和深化。此外，作为推动第四次工业革命的通用技术，人工智能具有显著的基础设施外溢性特征（郭凯明，2019）。类似于交通、通信等传统基础设施对区域经济的辐射带动作用，人工智能基础设施为周边地区带来了积极影响。在人工智能产业发展较好的地区，其完善的技术设施、丰富的创新资源以及成熟的应用模式，会对周边地区产生强大的辐射效应。周边地区企业通过与核心区域企业的合作、技术引进以及人才流动等方式，逐渐吸收和借鉴人工智能技术及应用经验，推动本地人工智能产业发展。同时，人工智能发展有力地推动了产业链向周边地区的拓展和延伸（吕越等，2024）。随着人工智能技术在生产中的广泛应用，核心区域企业为降低成本、获取更丰富的资源，会将部分生产环节或配套服务向邻近地区布局。智能制造业企业在发展过程中，往往会将劳动密集型生产环节转移到周边劳动力成本较低的地区，同时将研发、销售等高附加值环节保留在核心区域，这种产业转移吸引了上下游企业跟进，逐渐在周边地区形成新的产业协同集聚点。上下游企业在地理空间上的集聚，强化了区域产业协同网络，促进了区域间产业协同发展，进一步提升了产业协同集聚的空间溢出效应。基于以上分析，本章提出以下假说。

假说3：人工智能发展可以对产业协同集聚的空间溢出效应产生正向影响。

10.2.4 人工智能发展的产业结构优化机制

人工智能通过推动城市创新能力提升，促进产业协同集聚。人工智能推动知识创造与传播的重塑。在城市创新生态系统中，企业、高校、科研机构等各类主体能够借助人工智能平台突破传统知识传播的时空局限，实现知识的即时共享与高效交流。这种知识创造与传播模式的革新，促进了不同领域知识的交叉融合，为产业协同集聚提供了丰富的智力源泉。基于共同的知识基础，产业间的互动与合作更加紧密，协同创新的可能性大幅增加，进而推动产业在地理空间上的集聚趋势形成有利于知识溢出和创新协同的产业集群（Glaeser et al.，1992）。同时，人工智能技术的广泛应用推动城市形成以其为核心的创新生态系统，涵盖智能硬件制造、算法研发、数据标注等多个细分产业领域。这些产业领域相互依存、相互促进，形成了紧密咬合的产业价值链。在这一生态系统中，制造业企业为人工智能提供了硬件基础和应用场景，服务业企业则提供了数据处理、算法优化等技术支撑服务。企业间基于生态系统的稳定性和发展需求，形成了高度的相互依存关系，促进了产业协同集聚的深化。此外，人工智能等数字技术可促进创新效率提升与创新周期压缩（赵星等，2023）。在产品研发过程中，智能软件能够模拟产品的全生命周期，从设计合理性评估到市场反馈预测，在短时间内进行多次迭代优化，大幅减少了传统研发过程中的试错成本和时间消耗。企业基于模拟结果可以同步调整生产与服务规划，实现产业间合作模式从串行向并行的转变，加快创新成果商业化的速度。在产业协同集聚区域，企业间基于快速创新的需求，加强了合作与协同，形成了高效的创新网络，促进了创新效率提升（谢子远、吴丽娟，2017），进一步加速了产业协同集聚发展，提升了产业集群的整体创新绩效。此外，人工智能技术通过促进信息流通和知识传播，加强了城市内部以及不同城市之间产业的空间互动与协同。在城市内部，基于人工智能的产业协同平台促进了企业间的实时信息共享和业务协作，打破了产业间的信息壁垒，使得企业能够更准确地把握市场需求和产业动态，优化产业协同模式。基于以上分析，本章提出以下假说。

假说4：人工智能可以通过提升城市创新能力对产业协同集聚产生积

极作用。

10.3 研究设计

10.3.1 模型构建

本章构建如下模型检验人工智能发展水平对产业协同集聚的影响。

$$co_{it} = \alpha_0 + \alpha_1 \ln AI_{it} + \alpha_2 Z_{it} + \mu_i + \delta_t + \varepsilon_{it} \tag{10-1}$$

其中，$co_{i,t}$ 为城市 i 在 t 时期的产业协同集聚程度，$\ln AI_{it}$ 为城市 i 在 t 时期的人工智能发展水平，Z_{it} 为本章所选择的城市控制变量，μ_i 和 δ_t 分别为城市固定效应和年份固定效应，ε_{it} 为随机扰动项。

为进一步讨论产业协同集聚的空间溢出效应及人工智能在其中所起作用，将模型（10-1）拓展为时空双重固定效应的空间面板误差模型：

$$co_{it} = \alpha_0 + \alpha_1 \ln AI_{it} + \alpha_2 Z_{it} + \mu_i + \delta_t + \varepsilon_{it}, \varepsilon_{it} = \lambda \boldsymbol{W} \varepsilon_{it} + \nu_{it} \tag{10-2}$$

其中，$\boldsymbol{W}$ 为空间权重矩阵，λ 为空间误差相关系数。为提高实证结果的稳健性，本章采用了距离和数量的邻接权重矩阵以及经济地理矩阵三类权重矩阵分别回归。参照赵涛等（2020）的检验思路，确定了时空双重固定效应的 SEM 模型为最优选择。但有学者提出在判断空间计量经济学模型时，不应该仅仅依据拉格朗日乘数检验结果，而是结合实际的经济学意义进行建模（姜磊，2016）。考虑到产业协同集聚可能存在的空间滞后效应，故设定时空双重固定效应的空间滞后模型（SAR）如下：

$$co_{it} = \alpha_0 + \rho \boldsymbol{W} co_{it} + \alpha_1 \ln AI_{it} + \alpha_2 Z_{it} + \mu_i + \delta_t + \varepsilon_{it} \tag{10-3}$$

其中，$\boldsymbol{W}$ 为空间权重矩阵，ρ 为空间自回归系数。

10.3.2 变量测度与说明

产业协同集聚指数（co）。参考张虎等（2017）的研究，采用如下公式测算各城市的产业协同集聚指数：

$$co_{it} = \left[1 - \frac{|LQ_{itk} - LQ_{itj}|}{LQ_{itk} + LQ_{itj}}\right] + [LQ_{itk} + LQ_{itj}] \tag{10-4}$$

其中，LQ_{itk} 和 LQ_{itj} 分别表示城市 i 第 t 年制造业和生产性服务业的区位熵。产业协同集聚指数越大，代表制造业与生产性服务业的协同集聚程度越强。该指数不仅反映了制造业与生产性服务业的发展差异，而且隐含了产业的专业化集聚程度，能综合反映城市内部制造业和生产性服务业的共聚水平与协同发展情况（崔书会等，2019）。产业协同集聚由协同质量和协同深度两部分组成，左侧为协同质量，右侧为协同深度（谭玉松等，2023）。制造业和生产性服务业的区位熵采用如下公式计算：

$$LQ_{itk} = (q_{itk}/q_{it})/(q_{tk}/q_t) \tag{10-5}$$

$$LQ_{itj} = (q_{itj}/q_{it})/(q_{tj}/q_t) \tag{10-6}$$

其中，q_{itk} 和 q_{itj} 分别表示城市 i 第 t 年制造业和生产性服务业的就业人数，q_{it} 表示城市 i 第 t 年的总就业人数，q_{tk} 和 q_{tj} 分别表示第 t 年所有城市制造业和生产性服务业的就业人数；q_t 表示第 t 年所有城市的总就业人数。选取科学研究、技术服务和地质勘查业，金融业，信息传输、计算机服务和软件业，交通运输、仓储及邮政业，租赁和商业服务业作为生产性服务业。

人工智能发展水平（ln*AI*）。参考已有研究（王林辉等，2022；孙雪等，2022），整理人工智能企业数据。依托天眼查数据库，借特征关键词提取法识别人工智能企业。以企业经营范围文本为文本分析对象，若其中出现芯片、图像识别、计算机视觉、语音识别、传感器等关键专业词，便认定该企业涉足人工智能领域。最后按照年份、地区归总获取各地级市人工智能企业的面板数据，以该年该市人工智能企业数量的对数值，衡量人工智能发展水平。

控制变量。除上述变量，为解决一部分因遗漏变量而产生的内生性问题，本章还在模型中加入一系列城市特征变量进行控制，具体如下：经济发展水平（ln*GDPP*），用人均地区生产总值的对数表示；城市规模（*Loc*），用年末总人口对数表示；产业结构（*Stru*），用第三产业增加值比地区生产总值表示；信息化程度（*Com*），用互联网用户数比年末总人口数表示；金融发展程度（*Finance*），用年末金融机构存贷款余额比地区生产总值表示；人力资本水平（*Hcl*），用普通本专科在校学生数比年末总人口数表示；城市化水平（*Urb*），用人口密度对数表示；对外开放程度（*Open*），用进出口总额比地区生产总值表示。

10.3.3 数据来源及描述性统计

本章以2010—2019年中国265个地级及以上城市为初始研究样本，剔除相关变量缺失的样本，最终得到2650个城市—年份的均衡面板观测。除人工智能发展水平利用 Python 爬虫技术进行关键词模糊匹配查询获得外，其余数据均基于《中国城市统计年鉴》获得计算，少量缺失值采用线性插值法补充。如表 10－1 所示，是本章主要变量的描述性统计结果。结果显示，产业协同集聚指数（*co*）的均值为2.364，最大值为4.213，最小值为0.629，标准差为0.527，表明不同地区间产业协同集聚程度差异较大。人工智能发展水平（ln*AI*）、机器人渗透率（ln*Robot*）特征相似。在控制变量方面，不同城市在地区经济发展水平（ln*GDPP*）、城市规模（*Loc*）、产业结构（*Stru*）、信息化程度（*Com*）、金融发展程度（*Finance*）、人力资本水平（*Hcl*）、城市化水平（*Urb*）以及对外开放程度（*Open*）等方面存在明显差异。

表 10－1　主要变量描述性统计

变量	观测数	均值	最小值	均值	最大值
co	2650	2.361	0.629	2.364	4.213
ln*AI*	2650	4.478	0.000	4.263	9.991
ln*GDPP*	2650	10.652	8.576	10.625	13.056
Loc	2650	5.924	3.784	5.956	8.136
Stru	2650	0.407	0.144	0.398	0.835
Com	2650	20.217	0.380	17.404	224.663
Finance	2650	2.386	0.588	2.030	21.302
Hcl	2650	0.019	0.000	0.010	0.131
Urb	2650	5.750	1.619	5.910	7.882
Open	2650	0.174	0.000	0.076	2.491

10.4　实证检验

10.4.1　基准回归结果

表 10－2 报告了人工智能发展产业结构优化效应的估计结果。第（1）列采用 OLS 模型的回归系数显著为正，但由于未固定时间效应和个体效应，其结果说服力较弱。第（2）列采用时间固定效应模型，加入年份固定效应，回归结果仍保持显著为正。第（3）列采用双向固定效应模型，加入年份固定效应和城市固定效应，回归结果仍保持显著为正。第（4）列加入城市控制变量，结果在 5% 的水平上显著，说明人工智能发展能够促进城市产业协同集聚水平提升，具有产业结构优化效应。具体而言，城

市人工智能发展水平每提升 1 个百分点，城市产业协同集聚水平将提升 0.0848 个百分点，假说 1 得证。

表 10－2 基准回归结果

	(1)	(2)	(3)	(4)
	co	*co*	*co*	*co*
ln*AI*	0.172***	0.229***	0.0715*	0.0848**
	(0.00538)	(0.0155)	(0.0384)	(0.0381)
年份固定		Yes	Yes	Yes
城市固定			Yes	Yes
控制变量				Yes
常数项	1.592***	1.338***	2.041***	4.556***
	(0.0256)	(0.0757)	(0.172)	(1.088)
N	2650	2650	2650	2650
R^2	0.278	0.388	0.904	0.905

注：***、**、* 分别表示在 1%、5%、10% 的水平上显著，标准误聚类至城市。

10.4.2 空间溢出效应分析

开展空间计量分析前，需检验研究对象的空间效应，聚焦于人工智能发展水平与产业协同集聚，判定其有无空间相关性。本章运用 Moran'I 指数法，基于地理距离矩阵计算，逐年剖析，观察空间效应特性。从表 10－3中可以看出，2010—2019 年城市人工智能发展水平和产业协同集聚在地理距离权重下的 Moran'I 指数均为正且达到 1% 的显著性水平，二者均存在显著的空间自相关性，即人工智能和产业协同集聚在空间分布上出现集聚现象。

表 10－3 2010—2019 年城市人工智能和产业协同集聚“蔓延”特征

年份	ln*AI*		*co*	
	Moran'I	Z 值	*Moran'I*	Z 值
2010	0.1125***	9.2208	0.1331***	10.8325
2011	0.1153***	9.4417	0.1236***	10.0896
2012	0.1152***	9.4355	0.1406***	11.4374
2013	0.1199***	9.8092	0.1369***	11.1454
2014	0.1246***	10.1791	0.1340***	10.916

续表

年份	lnAI		co	
	Moran'I	Z 值	Moran'I	Z 值
2015	0. 1189 ***	9. 7245	0. 1380 ***	11. 2338
2016	0. 1177 ***	9. 6312	0. 1447 ***	11. 7641
2017	0. 1196 ***	9. 7806	0. 1426 ***	11. 5934
2018	0. 1233 ***	10. 0756	0. 1600 ***	12. 982
2019	0. 1247 ***	10. 1851	0. 1875 ***	15. 1613

注：＊＊＊表示在1%的水平上显著，标准误聚类至城市。

产业协同集聚程度大于人工智能发展集聚程度且均为正，但集聚程度相对较低，相邻城市产业可能处于高高集聚或者低低集聚，关联程度不强，城市产业集聚程度有待提高。人工智能发展集聚整体上升，小幅波动。产业协同集聚变化趋势与之相似。产业集聚出现小幅波动，这体现了产业结构调整进入新常态。如今经济下行压力巨大，压力分布不均衡，造成各产业反弹情况各异，且反弹力度普遍偏小，进而陷入增长艰难的困境。因此，只有制造业与生产性服务业协同集聚的水平上升，才能增强抵抗风险的能力。产业集聚之所以能形成并延续，是因为存在空间集聚活动自我强化以及空间互动机制，这个过程会带来外部性，实现规模报酬递增，进而切实推动产业结构走向优化。

表10－4报告了在距离和数量的邻接权重矩阵以及经济地理矩阵等空间权重矩阵下人工智能发展对产业协同集聚空间回归模型的结果。如表10－4所示，空间误差相关系数 λ 显著大于零，说明冲击为正向，产业协同集聚的误差冲击导致有空间溢出效应，有利于相邻地区空间互动促进产业协同集聚发展。空间自回归系数 ρ 显著大于零，说明相邻地区产业协同集聚存在溢出效应。两个模型回归结果均显示产业协同集聚有空间溢出效应。但不能仅通过回归系数值确定城市产业协同集聚的空间溢出影响，需要进一步使用直接效应和间接效应解释某地区自变量对本地区以及其他地区因变量的影响，从表10－4中可以看出，变换不同空间权重矩阵，城市产业协同集聚的间接效应始终显著存在。从 ln*AI* 系数可以看出人工智能发展对产业协同集聚有显著正向影响。假说2和假说3得到验证。

表 10-4 空间模型回归结果

模型	SEM			SAR		
权重矩阵	距离邻接	数量邻接	经济地理	距离邻接	数量邻接	经济地理
	(1)	(2)	(3)	(4)	(5)	(6)
ln*AI*	0.0916*** (0.0207)	0.0866*** (0.0208)	0.0869*** (0.0207)	0.0903*** (0.0207)	0.0864*** (0.0204)	0.0900*** (0.0204)
λ	0.3570*** (0.0661)	0.2630*** (0.0276)	0.3370*** (0.0363)			
ρ				0.3470*** (0.0661)	0.2540*** (0.0275)	0.3290*** (0.0362)
控制变量	Yes	Yes	Yes	Yes	Yes	Yes
直接效应				0.0914*** (0.0213)	0.0882*** (0.0212)	0.0917*** (0.0212)
溢出效应				0.0499*** (0.0189)	0.0288*** (0.00789)	0.0440*** (0.0122)
总效应				0.1410*** (0.0361)	0.1170*** (0.0282)	0.1360*** (0.0319)
N	2650	2650	2650	2650	2650	2650
R^2	0.208	0.191	0.198	0.175	0.189	0.169

注：***表示在1%的水平上显著，标准误聚类至城市。

10.4.3 异质性分析

人工智能发展的产业结构优化效应可能由于资源禀赋差异存在地区、城市层级上的异质性。本章据此展开异质性分析。地区异质性通过将东部地区划分为发达地区，中西部地区划分为欠发达地区进行讨论，而城市异质性则分省会城市和其他城市进行讨论，回归结果如表 10-5 第（1）列至第（4）列所示。第（1）、第（2）列回归结果显示，发达地区的人工智能发展对产业协同集聚的提升作用显著，欠发达地区则在统计上不显著。由此可见，发达地区城市人工智能发展可能具有一定优势，对欠发达地区的辐射带动作用有待提升；第（3）、第（4）列结果显示，省会城市人工智能发展对产业协同集聚的提升作用显著，非省会城市则在统计上不显著。由此可见，省会城市人工智能发展可能具有一定优势，对非省会城市的辐射带动作用有待提升。总体而言，发达地区和省会城市人工智能发展对产业结构优化效应更强。另外，人工智能发展的产业结构优化效应也可能存在结构上的异质性，本章将被解释变量替换为产业协同质量和产业协同深度分别进行回归。第（5）列和第（6）列的结果显示，人工智能发展对产业协同深度促进效应显著，对产业协同质量促进效应为正但不显著。

表 10－5　异质性分析结果

项目	地区异质性		城市异质性		结构异质性	
	(1)	(2)	(3)	(4)	(5)	(6)
	co	*co*	*co*	*co*	*co_q*	*co_h*
ln*AI*	0.210*** (0.0792)	0.0155 (0.0393)	0.445** (0.202)	0.0604 (0.0377)	0.0122 (0.0238)	0.0726* (0.0380)
年份固定	Yes	Yes	Yes	Yes	Yes	Yes
城市固定	Yes	Yes	Yes	Yes	Yes	Yes
控制变量	Yes	Yes	Yes	Yes	Yes	Yes
常数项	4.027 (2.656)	3.897*** (1.274)	4.267 (3.019)	3.469** (1.420)	0.881* (0.509)	3.674*** (1.026)
N	960	1690	260	2390	2650	2650
R^2	0.917	0.879	0.886	0.903	0.760	0.915

注：*、**、***分别表示在10%、5%、1%的水平上显著，标准误聚类至城市。

10.4.4　稳健性检验

本章进行了一系列针对基准回归结果的稳健性检验，具体结果如表 10－6 所示。

表 10－6　稳健性检验结果

项目	更换聚类	排除宏观系统变化		ln*Robot*	*co*	工具变量法	
	(1)	(2)	(3)	(4)	(5)	(6)	(7)
ln*AI*	0.0848*** (0.0227)	0.0848** (0.0383)	0.1050*** (0.0379)		0.0810** (0.0386)	0.5070*** (0.1820)	0.7290* (0.3810)
ln*Robot*				4.8780* (2.5590)			
年份固定	Yes	Yes	Yes	Yes	Yes	Yes	Yes
城市固定	Yes	Yes	Yes	Yes	Yes	Yes	Yes
控制变量	Yes	Yes	Yes	Yes	Yes	Yes	Yes

续表

项目	更换聚类	排除宏观系统变化		ln*Robot*	*co*	工具变量法	
	(1)	(2)	(3)	(4)	(5)	(6)	(7)
省份固定		Yes	Yes				
省份×年份			Yes				
一阶段 F统计量						26.650 [0.0000]	6.590 [0.0108]
LM 统计量						20.313 [0.0000]	6.127 [0.0133]
Wald F 统计量						170.691 {16.380}	38.017 {16.380}
N	2650	2650	2590	2550	2550	2650	2650
R^2	0.905	0.905	0.919	0.905	0.904	-0.129	-0.331

注：*、**、***分别表示在10%、5%、1%的水平上显著；( ) 数值为稳健标准误，[ ] 数值为 p 值，{ } 数值为 Stock - Yogo 弱识别检验 10% 水平上的临界值。

首先，尝试考虑城市—年份交叉维度的聚类来估计标准误。只考虑城市维度的聚类，在估计标准误时，会根据城市内部的相关性来调整，但如果数据在时间维度上也存在显著相关性，这种调整可能不够准确。表 10 - 6 第（1）列显示，更换为城市—年份交叉维度的聚类来估计标准误，结果更加显著。

其次，尝试控制联合固定效应。产业协同集聚度高的城市，一般较为发达，人工智能产业可能也会得到优先发展，存在内生性问题。对此，本章为排除宏观系统变化带来的影响，在表 10 - 6 第（2）列中增加省份固定效应，在第（3）列中增加省份与年份交互效应。结果表明，排除宏观系统变化带来的影响后，本章之前的发现仍旧保持稳健。

再次，尝试更换核心解释变量。借鉴既有文献的通行做法（Acemoglu & Restrepo，2020；Goldsmith - Pinkham et al.，2020；魏下海等，2020），利用 IFR 数据集与第二次全国经济普查工业企业数据计算得到城市层面的机器人渗透率，用其对数作为人工智能发展的代理变量（ln*Robot*）。由于 IFR 数据中只有中国各行业层面的工业机器人安装量，无法直接获取城市层面的工业机器人安装量，因而本章通过 Bartik 工具变量法计算机器人安装密度代表机器人的技术冲击强度。计算公式如下：

$$Robot_{jt} = \sum_{s=1}^{s} \frac{employ_{s,j,t=2008}}{employ_{j,t=2008}} \cdot \frac{Robot_{st}}{employ_{s,t=2008}} \quad (10-7)$$

其中，s 为各行业的合集，$Robot_{jt}$ 为城市 j 在年份 t 的机器人安装数量，$Robot_{st}$ 为行业 s 在年份 t 的机器人安装数量，$employ_{s,t=2008}$ 为行业 s 在 2008 年的就业人数，$employ_{j,t=2008}$ 为城市 j 在 2008 年的就业人数，$employ_{s,j,t=2008}$ 为城市 j 的行业 s 在 2008 年的就业人数。

为更全面反映人工智能对产业结构优化效应的影响，人工智能企业规模数据相对更为合适，更能代表各产业的人工智能发展水平，故机器人渗透度仅作为替换变量，表 10 -6 第（4）列的结果表明，替换核心解释变量后结果依旧稳健。由于机器人渗透度部分城市数据缺失，为保证结果稳健，进行了剔除，对相同城市的原核心解释变量进行回归，如第（5）列所示，结果波动不大，稳健性检验可靠。

最后，针对内生性问题采取工具变量法进行缓解。从实证方法的角度，基准回归计量模型可能存在难以克服的"内生性"问题，人工智能发展可能同时受到一系列不可观察因素的影响，这将导致人工智能发展水平的回归系数估计有偏。为较好地避免计量识别中的内生性问题，一方面，本章借鉴 Bartik（2009）的做法进行工具变量构建，具体采用 2009 年的人工智能发展水平与全国人工智能发展水平的一阶差分进行交乘，得到工具变量 iv_Bartik 。另一方面，尝试以一个政策冲击作为工具变量控制内生性问题。为贯彻落实国家大数据战略，2015 年 9 月贵州率先启动全国首个大数据综合试验区建设工作，2016 年国家又批复了包括京津冀、珠三角、上海、河南、重庆、沈阳、内蒙古等在内的七个区域推进国家大数据综合试验区建设。试验区内汇聚了海量的多领域数据，推动了数据中心等算力基础设施的建设和发展，为人工智能的训练和推理提供了强大的计算能力，使更复杂的人工智能算法和大模型得以实现与应用。据此构造政策工具变量 $policy$ ，若地级市所在省份当年被划为国家级大数据综合试验区，则当年和之后年份取值为 1，反之取值为 0。表 10 -6 第（6）列和第（7）列的结果表明，在考虑了内生性之后，人工智能的产业结构优化效应仍旧成立，并通过了弱工具变量检验，结果均显著。

10.5 进一步分析

10.5.1 机制分析

前文的文献梳理和理论分析表明，人工智能对产业结构的影响机制主要通过促进产业协同集聚，提升创新能力，从而优化产业结构。本章从城市创新方面考察人工智能对产业结构的影响机制。具体而言，参照寇宗来和刘学悦（2017）的研究扩展城市创新指数到2019年，并调整到2020年版的行政区划。若该城市的创新指数低于中位数，记为0，反之为1。回归结果如表10－7第（1）、第（2）列所示，人工智能发展的产业结构优化效应在创新水平相对较高的城市更为显著，假说4得到验证。

10.5.2 知识产权保护

无论是对于人工智能发展，还是城市创新推进，企业所在城市对于知识产权的保护强度都至关重要，既能保障人工智能稳步发展，也能促进城市创新成果转化应用。人工智能作为数字技术的一部分，具有易模仿、易复制特性，其持续创新的关键在于提高知识产权保护以保障人工智能企业在技术创新中获取合法利益（Liu et al.，2023）。由此推测，在知识产权保护程度较高的城市，人工智能可以更有效地促进产业协同集聚水平。为此，首先按照沈国兵和黄铄珺（2019）的方法计算知识产权保护水平。其次参考黄勃等（2023）的做法，将各地级市知识产权保护水平高于当年所有城市知识产权保护水平中位数的标记为知识产权保护水平较高城市，低于当年所有城市知识产权保护水平中位数的则标记为知识产权保护水平较低城市，进行分组回归，结果如表10－7第（3）、第（4）列所示，知识产权保护较强组的回归系数显著，即在知识产权保护程度较高的城市，人工智能可以更有效地促进产业协同集聚水平。为进一步分析知识产权保护对城市创新水平这一机制的影响，将两组分组虚拟变量进行交乘，得到知识产权保护较强且创新水平较高的分组。如表10－7第（5）列和第（6）列所示，相较于第（3）列，第（5）列回归结果系数更大，若知识产权保护体系较为完善，人工智能发展通过提升城市创新水平促进产业协同集聚的机制作用则更为明显。

表 10－7　进一步分析结果

项目	城市创新机制		知识产权保护				TFP
	(1)	(2)	(3)	(4)	(5)	(6)	(7)
lnAI	0.1960** (0.0782)	0.0060 (0.0415)	0.2040*** (0.0727)	0.0323 (0.0352)	0.2430*** (0.0908)	0.0367 (0.0380)	0.0234** (0.00933)
年份固定	Yes	Yes	Yes	Yes	Yes	Yes	Yes
城市固定	Yes	Yes	Yes	Yes	Yes	Yes	Yes
控制变量	Yes	Yes	Yes	Yes	Yes	Yes	Yes
常数项	6.1770*** (1.251)	2.1040 (2.291)	5.4460*** (1.503)	4.4440** (1.996)	7.3760** (1.458)	3.0420** (1.428)	0.4940** (0.201)
N	1325	1315	1279	1322	850	1772	2650
R^2	0.882	0.869	0.920	0.896	0.908	0.884	0.823

注：**、***分别表示在5%、1%的水平上显著，标准误聚类至城市。

10.5.3　经济后果分析

人工智能发展对产业协同集聚的积极作用及其机制已相对清晰，在此对人工智能产业结构优化效应的经济后果展开分析，验证是否真的会激发区域经济活力与促进经济高质量发展。具体而言，测算人工智能发展对经济发展质量的推动作用，采用城市全要素生产率进行衡量。产出指标为实际 GDP，投入指标为用永续盘存法核算的资本存量和全社会从业人员，并进行价格指数平减处理。具体测算方法则从异质性方面对传统的 OLS 方法进行扩展，采用固定效应模型进行测算。回归结果如表 10－7 第（7）列所示，系数在 5% 的水平上显著为正，人工智能产业结构优化效应显著促进城市全要素生产率提升，存在经济效益，有利于经济发展质量提升。

10.6　结论与政策建议

本章以 2010—2019 年中国 265 个地级市及以上城市为初始研究样本，实证分析了人工智能发展的产业结构优化效应，并进一步分析了其作用机制、环境影响因素以及经济后果。基准回归结果表明，人工智能发展能够促进城市产业协同集聚水平提升，具有产业结构优化效应。城市人工智能发展水平每提升 1 个百分点，城市产业协同集聚水平将提升 0.0848 个百分点。空间溢出效应分析显示，产业协同集聚具有空间溢出效应，人工智能发展对产业协同集聚有显著正向影响并具有产业集聚空间优化效应。异质性分析发现，发达地区和省会城市人工智能发展对产业结构优化效应更强；人工智能发展对产业协同深度促进效应显著，对产业协同质量促进效应为正但不显著。稳健性检验结果证实了基准回归结果的可靠性，通过多种方法检验后，人工智能的产业结构优化效应依然成立。从机制分析来看，人工智能发展的产业结构优化效应在创新水平高的城市更为显著。进一步对环境影响因素即知识产权保护进行分析，发现知识产权保护程度较高，人工智能发展提升产业协同集聚水平的作用更为明显，人工智能发展通过提升城市创新水平促进产业协同集聚的机制作用也更为明显。经济后果分析表明，人工智能发展显著促进城市全要素生产率提升，对经济发展质量有积极推动作用。

本章研究结论具有重要的政策启示。

一是推动人工智能发展，促进产业协同集聚。一方面，加大人工智能技术研发与应用推广力度。政府应进一步增加对人工智能研发的资金投入，鼓励企业、高校和科研机构开展深度合作，集中攻克人工智能核心技术难题，加速技术成果转化与应用，提高人工智能技术在各产业中的渗透率，从而推动产业协同集聚水平提升。制定针对性的产业扶持政策，对采用人工智能技术进行生产流程优化、服务创新的企业给予税收优惠、财政补贴等支持，引导企业积极引入人工智能技术，促进制造业与生产性服务业深度融合，形成更紧密的协同发展关系。另一方面，优化人工智能产业布局，加强区域协同发展。依据不同地区的资源禀赋、产业基础和发展优势，制定差异化的人工智能产业发展规划。在人工智能发展基础较好的地区，进一步强化产业集聚效应，打造人工智能产业创新高地，形成产业协同集聚的示范引领区域。加强区域间的产业协作与资源共享，通过建立跨区域的产业合作联盟、创新合作平台等方式，促进人工智能技术、人才、资金等要素在区域间的合理流动与优化配置。鼓励发达地区向欠发达地区输出人工智能技术和产业发展经验，带动周边地区产业协同集聚发展，缩小区域间产业结构优化差距。

二是完善知识产权保护体系，激发创新活力。一方面。加大知识产权保护制度建设与执法力度。加快完善知识产权法律法规，细化人工智能相关知识产权保护条款，明确专利申请、审查、授权等流程和标准，为人工智能创新成果提供更有力的法律保障。加强知识产权执法队伍建设，提高执法人员专业素质和执法能力，加大对侵权行为的打击力度，依法严厉惩处侵犯知识产权的违法行为，维护市场公平竞争秩序，增强企业创新的积极性和安全感。另一方面，促进知识产权交易与转化，提升产业协同创新能力。建立健全知识产权交易市场，完善知识产权评估、定价、交易等服务机制，为企业提供便捷、高效的知识产权交易平台，促进人工智能专利技术等创新成果的流通与转化。鼓励企业以知识产权为纽带开展产学研合作和产业协同创新，通过专利共享、技术合作开发等方式，加速人工智能技术在产业中的应用与扩散，推动产业协同集聚向更高水平发展。

三是培育创新生态，提升城市创新能力。创新是人工智能促进产业结构优化的重要机制。一方面，加强创新载体建设，完善创新服务体系。加大对城市创新载体建设的投入，如建设科技企业孵化器、加速器、众创空间等创新创业平台，为人工智能企业提供从创业孵化到成长壮大的全生命周期服务支持；整合各类创新资源，建立一站式创新服务平台，提供技术研发、成果转化、人才招聘、市场推广等综合性服务，降低企业创新成本，提高创新效率，营造良好的创新创业生态环境，吸引更多创新要素集聚，提升城市整体创新能力，进而推动产业结构优化升级。另一方面，加强创新人才培养与引进，为人工智能发展提供智力支持。优化教育资源配置，加强高校人工智能相关学科建设，鼓励高校与企业联合培养适应产业需求的创新型人才，注重培养实践能力和创新思维，为人工智能产业发展提供源源不断的高素质人才；制定具有吸引力的人才政策，加大高端创新人才和团队的引进力度；同时，加强人才流动管理，促进人才在企业、高校、科研机构之间的合理流动，激发人才创新活力，为人工智能发展和产业结构优化注入强大动力。

11 人工智能对生产率的影响效应研究

实体经济既是国民经济的主体，也是决定国家生产力发展水平和富裕程度的主要经济形态。随着人工智能技术的快速发展和生产应用，实体经济的生产方式正在不可避免地发生巨变，推进生产制造方式的数字化与智能化发展成为大势所趋，关键问题在于如何利用以人工智能为代表的数字技术重塑实体经济的传统生产模式，实现企业生产过程的提质增效。作为人工智能技术与实体经济产业技术融合创新的代表性成果，智能制造是一种由智能机器和人类专家共同组成的人机一体化智能系统，通过人类与智能机器的深度合作去部分地强化、扩展甚至取代人类在生产制造过程中的劳动尤其是脑力劳动，具有信息深度自感知、智慧优化自决策、精准控制自执行等先进功能，将以往生产领域的自动化概念进一步更新扩展至柔性化、智能化和高度集成化的层面（李晓慧等，2019）。深入实施智能制造是数字时代构建实体经济国际竞争新优势的必然选择，《中国制造 2025》已将智能制造作为我国实体经济尤其是制造业实现高质量发展的主攻方向。本章以人工智能技术产业应用的生产率发展效应为研究主题，利用工业和信息化部于 2015—2018 年推出的智能制造试点示范专项行动作为准自然实验，从理论和实证两个层面综合考察了智能制造对实体经济企业全要素生产率的影响及其作用机制，并围绕研究结果提出针对性的政策建议，供读者和有关部门参考。

11.1 制度背景与理论分析

在人工智能技术革命浪潮的推动下，大力发展智能制造、推动制造业的数智化转型成为新时期我国实现实体经济新质化发展的必由之路，也是抢占未来经济和科技发展制高点的重要战略选择。在《智能制造发展规划（2016—2020 年)》《"十四五"智能制造发展规划》等纲领性文件的指导下，我国在国家层面逐渐形成关于推动智能制造发展的总体战略框架，并以"先试点、后推广"的方式从微观企业入手助推智能制造技术的产业应用实践。2015 年 3 月，工业和信息化部首次启动智能制造试点示范专项行动（之后简称"智能制造试点项目"）并下发实施方案，要求各地区工业和信息化的主管部门围绕离散制造、流程制造、智能服务、智能化管理、智能装备和产品、智能制造新业态新模式等六大类智能制造方面，经部门推荐、单位申请、专家评审等环节后，确立入选智能制造试点项目的企业及申报项目名单。该行动以年为周期持续开展了 4 年，最终累计确立智能制造试点项目 305 个，其中 2015—2018 年每年新确立的项目数分别为 46 个、63 个、97 个和 99 个。上述政策背景表明，智能制造试点项目是以微观企业为实施对象、分批次逐年开展的，这些特性为本章开展准自然实验研究提供了个体和时间维度的变异性，有利于采取科学的因果推断方法评估智能制造试点项目的微观效应。依据工业和信息化部网站公开的入选历年智能制造试点项目的企业名单，借助爱企查、企查查等企业信息查询平台，本章手工统计了这些企业的上市信息。截至 2024 年 10 月，确认共计 111 家上市公司曾经入选过智能制造试点项目。剔除财务状况异常、主要财务数据缺失、上市时间较晚等样本企业后（具体处理见"11.2 研究设计"部分)，本章以其中 70 家企业作为准自然实验研究的处理组样本。如图 11－1 所示统计了这些企业入选智能制造试点项目的时间批次。

全要素生产率是指在给定劳动力、资本等生产要素投入水平的约束条件下宏观经济体或微观企业能达到的额外生产效率，在生产函数中通常表现为残差项的形式，即不能被生产要素所解释的产出增加部分（蔡昉，2013)。全要素生产率的大幅提升是新质生产力的核心标志（习近平，2024)，对国家长期经济增长和人民生活水平改善具有关键意义。在微观层面，技术进步和资源配置效率改善是企业实现全要素生产率提升的两个主要机制（吴敏等，2022)，也构成分析企业全要素生产率问题的一般性框架。从技术进步的视角来看，实体企业实施智能制造的过程也是以人工智能为代表的数字技术渗透企业生产运营环节的过程，是人工智能技术与实体经济产业技术融合形成新型产业技术、推动实体企业生产运营技术进步的重要途径（黄先海、高亚兴，2023）。从资源配置效率方面来看，通过实施智能制造，实体企业可以结合具体的产业实践场景，更充分地发挥人工智能技术的信息获取、传递与处理功能，降低生产运营过程中的资源错配风险和内部管控成本（任英华等，2023），提高生产要素的配置效率。具体而言，本章认为智能制造的实施可以通过人机协同效应、供应链赋能效应和创新驱动效应的作用机制，推动实体企业全要素生产率提升。

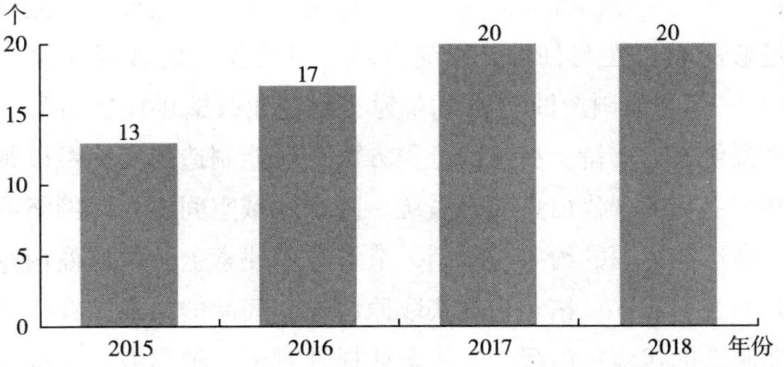

图 11-1　样本数据中入选工业和信息化部智能制造试点项目的上市公司数量

第一，智能制造的实施能够产生人机协同效应，推动实体企业全要素生产率提升。首先，实体企业可以通过实施智能制造构建智能化的生产设备系统，以大量智能机器的生产应用提升生产环节的人机协同水平。以智能制造为技术架构搭建的智能机器系统不仅可以替代劳动者承担大量低技能的重复性劳动，降低人力在生产过程中的参与程度，而且可以有效协助劳动者完成更多高技能复杂生产任务，以数据信息的高效获取与处理进一步拓展劳动者的智力范围，帮助劳动者进行复杂的生产决策，提高决策效率与决策质量。其次，实体企业可以通过实施智能制造构建智能化的组织管理系统，以管理模式的数智化转型提升组织管理环节的人机协同水平。以智能制造为技术架构搭建的智能管理系统充分集合了人工智能、大数据、工业互联网等数字技术要素，帮助管理者以极高的效率汇总和分析企业生产运营过程中产生的海量数据资源，加快组织内部资源的协调整合，降低信息不对称导致的委托代理风险和交易成本，提升管理决策的精益化水平与实施效率（刘淑春等，2021）。最后，实体企业可以通过实施智能制造构建智能化的过程控制系统，以智能检测技术的大范围应用提升控制环节的人机协同水平。智能视频监控、智能光电检测、智能超声检测等智能检测技术可以帮助生产监管与质量控制人员及时获取关于设备健康、产品质量等方面状况的数据信息，大幅提升其对企业生产运营过程的状态感知能力并进行辅助决策，有效降低设备故障发生频率和产品不合格率，提升实体企业的内部监控效率。

第二，智能制造的实施能够产生供应链赋能效应，推动实体企业全要素生产率提升。在数字经济时代，客户关于产品和服务的需求日渐个性化和多样化，实体企业面临的商业环境不稳定性提升。这要求企业供应链必须具备足够的敏捷性与韧性，以应对随时可能发生的市场变化（孙新波等，2019），而智能制造的实施可以为实体企业改造供应链过程、提升供应链效率提供有力支持。在采购流程方面，智能制造的实施可以帮助实体企业构建智能化的现代信息网络系统，降低地域空间、人际网络等现实壁垒对供应商选择范围的约束与限制，节省企业搜索上游供应商信息和进行采购谈判的交易成本，拓宽企业获取原料与中间品的渠道。在生产流程方面，智能制造的实施可以帮助实体企业提升对生产过程数据资源的整合效率，实现数据驱动的生产运营模式。工业互联网系统可以及时向企业生产人员反馈生产线状况和市场环境变化，使其能够准确掌握产品的生产信息和市场信号并模块化生产流程，实现协同高效的智能化与柔性化生产模式，在降低生产调整成本、加快库存周转的同时，实现对市场变化的快速响应。在销售流程方面，智能制造的实施进一步提升了实体企业实现精准化与精细化营销的能力（戚聿东、肖旭，2020）。相比于传统的粗放式营销模式，数字经济时代的营销模式更加强调客户的中心地位。智能制造技术可以帮助实体企业更充分地融入以数字平台为基础形成的数字生态系统。实体企业通过收集和分析系统内有关客户信息的海量数据资源，能够较为精准地刻画客户的偏好特征，提高营销活动的精准化与差异化程度。

第三，智能制造的实施能够产生创新驱动效应，推动实体企业全要素生产率提升。首先，实体企业可以通过实施智能制造提升获取和分析数据资源的能力，从而采取更加符合市场走向的研发创新策略。在传统技术条件下，企业实际能够利用的数据资源相对有限，研发创新活动受到的信息约束较强。智能制造的实施能够推动大数据、人工智能等新兴数字技术深入实体企业的研发创新环节，推动企业研发创新模式的数字化与智能化转型。实施智能制造的企业一方面可以利用大数据技术及时收集海量的市场数据资源；另一方面可以基于人工智能技术从中提取关于市场走向、用户需求等方面的重要信息，及时调整和优化研发策略以适应不断变化的市场环境，提高创新成果的实用价值和动态市场竞争力。其次，实体企业可以通过实施智能制造深度融入高度联通的数字创新生态网络，实现创新模式的开放式与互联式变革。相比于传统技术条件下的封闭式创新模式，实体企业的研发创新人员可以借助数字创新生态网络实现与大量异质性知识体的跨时空交流合作，形成开放式与互联式的新型研发创新模式，降低获取和利用海量外部知识的交易成本与跨越时空障碍，促进研发创新活动的实施绩效提升（Chesbrough & Crowther，2006）。最后，实体企业可以通过实施智能制造提高研发创新活动的组织与管理效率。与生产经营活动相类似，实体企业的研发创新活动同样牵涉人员、设备、资金等方面的组织协调工作。智能制造的实施有利于实体企业搭建数智化的信息管理系统，在加快组织内部数据信息传递、提高管理过程精准性的同时，能够提升企业研发人员和相关职能部门的沟通与协调效率（陈冬梅等，2020），赋能企业创新绩效提升。

综上所述，智能制造的实施有利于促进以人工智能为代表的新型数字技术与传统产业技术的深度融合，产生人机协同效应、供应链赋能效应和创新驱动效应推动实体企业技术进步和提升资源配置效率，最终实现全要素生产率提升。因此，本章提出如下研究假说。

假说 1：智能制造的实施可以提升实体企业的全要素生产率。

假说 2：智能制造的实施能够通过人机协同效应、供应链赋能效应和创新驱动效应的作用机制，推动实体企业全要素生产率提升。

11.2 研究设计

为从实证上考察智能制造对实体企业全要素生产率的影响效应及其作用机制，本章选取 2003—2024 年中国 A 股实体经济上市公司为研究样本，以智能制造试点项目的实施作为准自然实验评估对实体企业全要素生产率的影响。本章通过 CSMAR 和 CNRDS 数据库，获取到中国 A 股上市公司在人员结构、所属行业、产权属性、供应链关系、财务状况等方面的历年详细信息。出于研究严谨性方面的考虑，本章在 2012 年版证监会行业分类的基础上，参考 Giannetti 等（2015）的研究，对上市公司所属的行业门类进行重新划分，最终形成 23 个行业门类。依据国务院发展研究中心 2002 年发布的《中国（大陆）区域社会经济发展特征分析》，将中国内地 31 个省（自治区、直辖市）整合为八大综合经济区，并依据上市公司注册地判断其经济区归属。遵循既有的研究惯例，本章对研究样本进行以下处理：剔除处于 PT、ST、*ST 等异常状态的企业样本，剔除资不抵债的企业样本，剔除主要变量数据信息缺失的企业样本，对所有连续型变量在 1% 和 99% 的水平上进行缩尾处理。广义上的实体经济包括国民经济分类中除金融业和房地产业以外的所有其他行业（黄群慧，2017），因此剔除属于金融业和房地产业的企业样本。此外，由于智能制造试点项目的实施是 2015—2018 年，为保证选取的样本企业在政策实施前后有足够的观测值，进一步剔除晚于 2010 年上市的企业和早于 2020 年退市的企业。最终，本章得到 29870 个"企业—年份"层面的观测样本。

本章借鉴黄卓等（2024）、尹洪英和李闯（2022）等的研究，基于 DID 的实证分析框架，构建如下基准回归模型检验智能制造的实施对实体企业全要素生产率的影响效应：

$$TFP_{it} = \alpha + \beta IM_{it} + \theta X_{it} + Firm_i + City_c + IndYear_{jt} + DistYear_{dt} + \varepsilon_{it} \tag{11-1}$$

其中，下标 i 表示企业，t 表示年份，c,j,d 分别表示企业所属的城市、行业和经济区。被解释变量 TFP 表示企业的全要素生产率，参考 Giannetti 等（2015）和胡珺等（2023）的研究，利用 OLS 方法分行业—年份依次进行计算，其经济含义是 i 企业在 t 年相对于同行业、同年份样本企业的全要素生产率水平。核心解释变量 IM 是表示企业是否实施智能制造的虚拟变量，如果企业当年入选智能制造试点项目，则 IM 在当年及之后的年份取值为 1，否则为 0。X 表示一系列"企业—年份"层面的控制变量，包括企业规模、资产负债状况、盈利能力、股权集中度、现金状况、成长能力、董事会规模、产权属性等方面的衡量指标，变量的定义及说明见表 11-1。为控制时间差异和实体企业及其所属城市、行业的异质性特征，以及行业和经济区随时间变化可能产生的冲击，进一步控制企业固定效应（$Firm$）、城市固定效应（$City$）、行业—年份固定效应（$IndYear$）和经济区—年份固定效应（$DistYear$）。在基准回归模型（11-1）中，本章主要关注核

心解释变量 *IM* 的估计系数 β，其表示智能制造的实施对企业全要素生产率的影响效应。基于假说1，本章预期 β 是显著为正的，即智能制造的实施能够显著提升实体企业的全要素生产率水平。

表11－1　变量的定义及说明

变量名称	变量符号	变量定义与计算
全要素生产率	*TFP*	依据 Giannetti 等（2015）和胡珺等（2023）的研究，利用 OLS 方法分行业、分年度计算企业的全要素生产率
智能制造试点	*IM*	若企业在当年入选工业和信息化部的智能制造试点示范项目，则为处理组企业，当年和之后的年份取值为1，反之取值为0
企业规模	*Size*	企业年末员工总人数的自然对数
资产负债状况	*LEV*	企业资产负债率，即年末总负债与总资产的比值
盈利能力	*ROA*	企业资产回报率，即当年净利润与年平均总资产的比值
股权集中度	*Top5*	企业年末前五大股东的持股比例
营业现金比率	*OCR*	企业当年销售商品、提供劳务收到的现金与营业收入的比值
现金流量回报率	*AOCFR*	企业当年经营活动产生的现金流量净额与年平均总资产的比值
现金持有水平	*CashHold*	企业年末现金及现金等价物余额除以总资产
成长能力	*OpeRevGR*	企业当年营业收入增长率（%），即当年营业收入与上年营业收入之差与上年营业收入的比值
董事会规模	*DrcNum*	企业年末董事会董事数量的自然对数
产权属性	*SOE*	依据企业当年实际控制人性质判断企业的产权属性，若企业当年为国有企业则取值为1，否则为0

主要变量的描述性统计结果如表11－2所示，其中 Panel A 是对所有样本的描述性统计，Panel B 是关于处理组和控制组的分样本描述性统计。从中可以看出，处理组与控制组在企业特征方面存在显著差异，平均而言，处理组企业不仅相较于同行业企业具有更高的全要素生产率水平，而且拥有更大的规模和更强的成长能力，但也面临更高的杠杆水平。这些企业层面的差异性表明，在利用基准回归模型（11－1）进行因果关系识别时，有必要纳入上述企业特征变量，以尽可能控制实验组与控制组间的系统性差异。为检验处理组企业入选智能制造试点项目后是否确实实施了智能制造，本章利用赵宸宇等（2021）中的文本分析方法构建衡量企业数字化程度和智能制造程度的指标，将之替换为基准回归模型（11－1）中的因变量进行回归分析。表11－3结果显示，无论是否控制企业固定效应，

入选智能制造试点项目后，处理组企业的数字化程度和智能制造程度均会得到显著提高，证据支持这些企业在接受政策处理后确实实施了智能制造。一些控制组企业也会在同时期实施智能制造，进而可能对基准回归模型（11－1）的处理效应估计产生不利干扰。因此，本章不仅利用全样本数据对基准模型进行回归分析，而且进一步参考黄卓等（2024）的做法进行控制组筛选，剔除样本期内数字化程度和智能制造程度高于所在行业中位数的控制组企业，然后利用剩余的企业样本数据估计基准回归模型(11－1)并报告回归结果。

表 11－2　变量描述性统计

Panel A：全样本						
变量	观测值	均值	标准差	中位数	最小值	最大值
TFP	29870	0.005	0.286	－0.018	－0.716	0.941
IM	29870	0.016	0.126	0	0	1.000
Size	29870	7.875	1.232	7.824	4.575	11.110
LEV	29870	0.460	0.198	0.467	0.057	0.888
ROA	29870	0.035	0.062	0.033	－0.211	0.214
Top5	29870	0.514	0.153	0.511	0.191	0.882
OCR	29870	1.009	0.186	1.030	0.475	1.623
AOCFR	29870	0.053	0.073	0.050	－0.157	0.269
CashHold	29870	0.152	0.118	0.121	0.008	0.631
OpeRevGR	29870	6.708	26.310	9.235	－117.600	70.600
DrcNum	29870	2.264	0.263	2.197	1.609	2.890
SOE	29870	0.542	0.498	1.000	0	1.000

Panel B：分样本					
变量	处理组		对照组		均值差异
	标准差	均值	标准差	均值	
TFP	0.055	0.238	0.003	0.288	0.053***
Size	8.712	1.041	7.839	1.227	0.874***
LEV	0.480	0.162	0.460	0.199	0.021***
ROA	0.051	0.052	0.034	0.062	0.017***
Top5	0.523	0.147	0.514	0.153	0.009*
OCR	1.009	0.169	1.009	0.187	0.000

续表

Panel B：分样本					
变量	处理组		对照组		均值差异
	标准差	均值	标准差	均值	
AOCFR	0.066	0.066	0.053	0.073	0.013***
CashHold	0.152	0.102	0.152	0.118	-0.001
OpeRevGR	11.250	19.640	6.514	26.540	4.733***
DrcNum	2.280	0.249	2.263	0.263	0.018**
SOE	0.551	0.498	0.542	0.498	0.009

注：*、**和***分别代表10%、5%和1%的显著性水平。

表11-3　智能制造试点项目与企业数智化转型

变量	(1)	(2)	(3)	(4)
	数字化程度	数字化程度	智能制造程度	智能制造程度
IM	0.540*** (0.039)	0.361*** (0.043)	0.603*** (0.040)	0.481*** (0.041)
控制变量	Yes	Yes	Yes	Yes
企业固定效应		Yes		Yes
城市固定效应	Yes	Yes	Yes	Yes
行业—年份固定效应	Yes	Yes	Yes	Yes
区域—年份固定效应	Yes	Yes	Yes	Yes
观测值	29655	29655	29655	29655

注：***代表1%的显著性水平，括号里是稳健标准误。

11.3 基准回归结果与稳健性检验

为检验智能制造的实施与企业全要素生产率之间的关系，本章基于基准回归模型（11-1）进行回归，表11-4汇报了基准回归的估计结果。其中，表11-4第（1）列和第（2）列的估计结果显示，在使用全样本数据进行回归的情况下，无论是否控制企业层面的固定效应，核心解释变量*IM*系数的估计值始终为正并通过了1%水平的显著性检验。表11-4第（3）列和第（4）列的估计结果显示，在使用剔除高数字化程度和高智能制造程度企业样本进行回归的情况下，无论是否控制企业层面的固定效应，核心解释变量*IM*的估计系数同样始终为正并通过了1%水平的显著性检验。这些证据表明，智能制造的实施对企业全要素生产率的影响效应符合理论预期，且具有较高的统计显著性。在经济显著性方面，表 11 -4 第（3)列和第（4）列的估计结果显示，入选智能制造试点项目后，实验组企业的全要素生产率水平相较于同行业—年份的控制组企业大约额外提升了 4% ~5%。据此，本章初步认为智能制造的实施确实能对企业全要素生产率起到明显的促进作用，假说 1 得到了初步验证。

表 11 -4　基准回归结果

变量	全样本		控制组筛选	
	(1)	(2)	(3)	(4)
	TFP	*TFP*	*TFP*	*TFP*
IM	0.071 *** (0.010)	0.039 *** (0.008)	0.080 *** (0.011)	0.054 *** (0.009)
控制变量	Yes	Yes	Yes	Yes
企业固定效应		Yes		Yes
城市固定效应	Yes	Yes	Yes	Yes
行业—年份固定效应	Yes	Yes	Yes	Yes
区域—年份固定效应	Yes	Yes	Yes	Yes
观测值	29870	29870	15420	15416

注：“控制组筛选”是指剔除样本期内数字化程度或智能制造程度高于所在行业中位数水平的控制组企业样本，＊＊＊代表 1% 的显著性水平，括号里是稳健标准误。

为保证基准回归结果的可靠性，本章从替换因变量全要素生产率的计算方法和剔除特定的观测样本两个方面对基准回归结果进行稳健性检验。表 11 -5 汇总了替换全要素生产率计算方法后的稳健性检验结果。参考宋敏等（2021)、黄先海和高亚兴（2023）的计算方法，本章在对相关价格变量进行平减处理的基础上，依次利用 OP 法、经 ACF 修正的 OP 法、LP 法、经 ACF 修正的 LP 法和 WRDG 法分行业计算样本企业的全要素生产率，并以重新计算的企业全要素生产率替换基准回归模型（11 -1）中的因变量进行回归分析。结果显示，无论使用哪一种全要素生产率的计算方法，核心解释变量 *IM* 的系数估计值始终在 1% 的水平上显著为正，这表明基准回归结果显示的正向处理效应基本不会受到全要素生产率计算方式的影响。表 11 -6 汇总了剔除特定观测样本后的稳健性检验结果。一是剔除注册在北京市、上海市和广东省的企业样本。这三个地区是我国上市公司的集中分布地，如果这三个地区的企业与其他地区的企业在政策处理效应方面存在显著差异，那么可能对基准回归结果的意义普遍性产生不利影响。表 11－6 Panel A 显示，剔除位于这三个地区的企业样本后，核心解释变量 *IM* 系数的估计值依然在 1% 的水平上显著为正，且具体数值没有发生明显变化。二是剔除属于数字经济行业的企业样本。本章依据上市公司年报和文本分析方法筛选数字化程度和智能制造程度较高的企业样本，而数字经济行业企业因其特殊的行业属性通常会表现出过高的数字化程度和智能制造程度，从而可能对基准回归结果产生干扰。表 11－6 Panel B 显示，剔除属于数字经济行业的观测样本后，核心解释变量 *IM* 系数的估计值依然在 1% 的水平上显著为正，且具体数值没有发生明显变化。三是剔除行业归属不明确的企业样本。由于一些行业的样本企业数量过少，本章将其统一归并为“其他制造业”和“其他行业”，即不明确其行业分类。表 11－6 Panel C 显示，剔除行业归属不明确的观测样本后，核心解释变量 *IM* 系数的估计值依然在 1% 的水平上显著为正，且具体数值没有发生明显变化。四是改变样本的观测时间区间。为与现有研究进行对照，参考黄卓等（2024）、沈坤荣等（2024）的做法，截取 2010—2020 年的样本数据进行回归分析。表 11－6 Panel D 显示，改变样本观测时间区间后，核心解释变量 *IM* 系数的估计值依然在 1% 的水平上显著为正，且具体数值没有发生明显变化。五是仅保留属于制造业行业的企业样本。获批智能制造试点项目的企业大多是制造业企业，因此有必要在制造业行业内部考察政策处理效应。表 11－6 Panel E 显示，剔除非制造业的观测样本后，核心解释变量 *IM* 系数的估计值依然在 1% 的水平上显著为正，且具体数值没有发生明显变化。上述结果显示，本章的基准回归结果具有很强的稳健性，假说 1 得到了进一步验证。

表 11－5 稳健性检验 I：替换全要素生产率计算方法

变量	全样本		控制组筛选	
	(1)	(2)	(3)	(4)
	TFP	*TFP*	*TFP*	*TFP*
Panel A：OP 法				
IM	0.138*** (0.020)	0.058*** (0.018)	0.168*** (0.023)	0.122*** (0.021)

续表

变量	全样本		控制组筛选	
	(1)	(2)	(3)	(4)
	TFP	*TFP*	*TFP*	*TFP*
观测值	28252	28252	14473	14465
Panel B： 经 ACF 修正的 OP 法				
IM	0.183*** (0.024)	0.103*** (0.021)	0.205*** (0.029)	0.091*** (0.025)
观测值	14473	14465	8425	8421
Panel C： LP 法				
IM	0.220*** (0.027)	0.130*** (0.024)	0.177*** (0.028)	0.125*** (0.025)
观测值	8425	8421	6956	6949
Panel D：经 ACF 修正的 LP 法				
IM	0.157*** (0.030)	0.090*** (0.026)	0.151*** (0.030)	0.079*** (0.027)
观测值	6956	6949	6352	6350
Panel E：WRDG 法				
IM	0.166*** (0.029)	0.120*** (0.026)	0.166*** (0.028)	0.117*** (0.026)
观测值	6352	6350	6191	6189
共同协变量				
控制变量	Yes	Yes	Yes	Yes
企业固定效应		Yes		Yes
城市固定效应	Yes	Yes	Yes	Yes
行业—年份固定效应	Yes	Yes	Yes	Yes
区域—年份固定效应	Yes	Yes	Yes	Yes

注：***代表1%的显著性水平，括号里是稳健标准误。

表 11－6 稳健性检验Ⅱ：剔除特定的观测样本

变量	全样本		控制组筛选	
	(1)	(2)	(3)	(4)
	TFP	*TFP*	*TFP*	*TFP*
Panel A： 剔除位于北京市、上海市和广东省的观测样本				
IM	0.085*** (0.010)	0.043*** (0.009)	0.097*** (0.011)	0.054*** (0.010)
观测值	21480	21475	11407	11403
Panel B： 剔除属于数字经济行业的观测样本				
IM	0.068*** (0.010)	0.036*** (0.009)	0.072*** (0.011)	0.057*** (0.010)
观测值	25871	25869	13712	13707
Panel C： 剔除行业归属不明确的观测样本				
IM	0.069*** (0.010)	0.033*** (0.008)	0.081*** (0.011)	0.050*** (0.009)
观测值	27363	27358	14107	14100
Panel D：截取属于 2010 年至 2020 年间的观测样本				
IM	0.080*** (0.012)	0.033*** (0.009)	0.094*** (0.013)	0.039*** (0.010)
观测值	17973	17963	8394	8378
Panel E：仅保留属于制造业行业的观测样本				
IM	0.050*** (0.009)	0.028*** (0.008)	0.065*** (0.010)	0.042*** (0.009)
观测值	19497	19489	10156	10152
共同协变量				
控制变量	Yes	Yes	Yes	Yes
企业固定效应		Yes		Yes
城市固定效应	Yes	Yes	Yes	Yes
行业—年份固定效应	Yes	Yes	Yes	Yes
区域—年份固定效应	Yes	Yes	Yes	Yes

注：***代表 1% 的显著性水平，括号里是稳健标准误。

11.4 机制分析与异质性处理效应

假说2认为，智能制造的实施能够通过人机协同效应、供应链赋能效应和创新驱动效应的作用机制，推动实体企业全要素生产率提升。为检验上述影响机制，本章进一步将基准回归模型（11-1）中的因变量替换为相应的机制变量进行回归分析，结果如表11-7所示。在人机协同机制方面，本章考察了智能制造的实施对企业资本密集度和劳动者报酬的影响，其中资本密集度以企业人均固定资产净额的自然对数衡量，劳动者报酬以企业平均员工薪酬的自然对数衡量。表11-7 Panel A和Panel B显示，智能制造的实施能够显著提升企业的资本密集度和劳动者报酬，表明企业实施智能制造后的资本深化程度和劳动者价值创造能力提升，符合人机协同机制的理论预期。在供应链赋能机制方面，本章考察了智能制造的实施对企业存货周转率和专业化程度的影响，其中存货周转率以企业营业收入除以年平均存货净额衡量，企业专业化程度依据袁淳等（2021）的方法计算得到。表11-7 Panel C和Panel D显示，在控制企业固定效应和进行控制组筛选后，智能制造的实施能够显著提升实体企业的存货周转率和专业化程度，表明企业实施智能制造后的供应链效率提升，且企业愿意将更多的业务外包市场，符合供应链赋能机制的理论预期。在创新驱动机制方面，本章考察了智能制造的实施对企业申请专利总数和发明专利总数的影响，并以申请数加一后的自然对数值作为机制变量。表11-7Panel E和Panel F显示，在控制企业固定效应后，智能制造的实施对企业申请专利总数不存在显著性影响，但能够显著提升发明专利的数量。考虑到发明专利更能准确反映企业技术创新水平（王雯岚、许荣，2020），因此可以认为智能制造的实施确实促进了实体企业的技术创新活动，符合创新驱动机制的理论预期。综上所述，本章在基准回归模型（11-1）的基础上，通过选取机制因变量进一步验证智能制造的实施影响企业全要素生产率的人机协同机制、供应链赋能机制和创新驱动机制，假说2得到了经验证据的支持。

表 11-7 机制分析

变量	全样本		控制组筛选	
	(1)	(2)	(3)	(4)
Panel A：人机协同机制（以企业资本密集度为因变量）				
IM	0.161 *** (0.033)	0.044 * (0.023)	0.100 *** (0.038)	0.112 *** (0.026)
观测值	29870	29870	15420	15416
Panel B：人机协同机制（以企业劳动者报酬为因变量）				
IM	0.191 *** (0.017)	0.016 (0.016)	0.222 *** (0.019)	0.055 *** (0.017)
观测值	29857	29857	15415	15410
Panel C：供应链赋能机制（以企业存货周转率为因变量）				
IM	0.053 * (0.029)	0.014 (0.021)	0.008 (0.035)	0.048 ** (0.023)
观测值	29702	29701	15300	15297
Panel D：供应链赋能机制（以企业专业化程度为因变量）				
IM	0.002 (0.006)	0.010 ** (0.005)	0.000 (0.007)	0.017 *** (0.006)
观测值	27504	27501	14157	14149
Panel E：创新驱动机制（以企业申请专利总数为因变量）				
IM	0.724 *** (0.051)	0.002 (0.050)	0.804 *** (0.055)	0.013 (0.054)
观测值	29870	29870	15420	15416
Panel F：创新驱动机制（以企业发明专利总数为因变量）				
IM	0.772 *** (0.048)	0.181 *** (0.048)	0.891 *** (0.054)	0.233 *** (0.052)
观测值	29870	29870	15420	15416
共同协变量				
控制变量	Yes	Yes	Yes	Yes
企业固定效应		Yes		Yes
城市固定效应	Yes	Yes	Yes	Yes
行业—年份固定效应	Yes	Yes	Yes	Yes
区域—年份固定效应	Yes	Yes	Yes	Yes

注：*、**、***分别代表10%、5%、1%的显著性水平，括号里是稳健标准误。

此外，本章在基准回归模型（11－1）的基础上进一步对处理效应的异质性进行分析，检验结果如表11－8所示。首先，本章考察了不同智能制造模式的实施对实体企业全要素生产率的影响。根据工业和信息化部各年度公布的智能制造试点项目的要素条件，可以将智能制造试点的模式归为以下五类：流程型智能制造、离散型智能制造、网络协同制造、远程运维服务和大规模个性化定制。其中，流程型智能制造和离散型智能制造侧重生产设备和生产技术层面的数字化与智能化，同属于生产型智能制造；网络协同制造、远程运维服务和大规模个性化定制侧重生产过程的外部协同化、柔性化以及个性化定制，同属于协同型智能制造。本章参考黄卓等（2024）的做法识别出智能制造试点项目名单中的生产型智能制造项目（*IM_Prod*）和协同型智能制项目（*IM_Coll*），以之替换基准回归模型（11－1）中的核心解释变量*IM*进行回归分析。表11－8 Panel A显示，控制企业固定效应后，生产型智能制造对企业全要素生产率的促进作用要高于协同型智能制造，符合生产技术进步更能直接推动生产效率提升的理论逻辑。其次，本章考察了智能制造试点项目类型的明确程度对智能制造生产率提升效应的异质性影响。工业和信息化部公布的历年智能制造试点项目名单显示，一些企业申报的项目名称能够具体到智能工厂、数字化车间、远程运维服务等智能制造类型，表明这些企业对智能制造的实施有着更清晰的方向性。为检验智能制造试点项目类型明确程度是否会影响政策处理效应，本章将名称中含有“智能工厂”“智能车间”“数字化车间”“远程运维服务”“个性化”词汇的智能申报项目定义为类型确切的智能制造试点项目，以虚拟变量*Clear*表示，并将之作为调节变量在基准回归模型（11－1）的基础上构建调节效应模型进行实证检验。表11－8 Panel B显示，在控制企业固定效应和进行控制组筛选后，核心解释变量*IM*与调节变量*Clear*交互项的系数显著为正，即存在证据表明更清晰的智能制造实施规划对企业全要素生产率的提升作用更加明显。最后，本章考察了企业所有制类型对智能制造生产率提升效应的异质性影响。现有研究认为，国有企业与非国有企业相比，普遍缺乏创新能力和市场感知力，且面临更严重的政策性负担。此外，由于在一些实体经济重点领域的主导地位及其与政府部门的紧密关联，国有企业可能在缺乏技术创新能力情况下会获批智能制造试点项目。这些问题可能导致国有企业在获批智能制造试点项目后，难以很好地落实和完成智能制造发展规划，导致政策处理效应受到限制。为检验上述潜在的异质性处理效应，本章在基础回归模型（11－1）的基础上纳入虚拟变量 *SOE* 作为调节变量，用以表示企业是否为国有企业。表 11－8Panel C 显示，在控制企业固定效应后，核心解释变量 *IM* 与调节变量 *SOE* 交互项的系数显著为负，表明国有企业获批智能制造试点项目后的全要素生产率提升水平不及非国有企业，符合上述论证逻辑。

表 11－8　处理效应的异质性分析

变量	全样本		控制组筛选	
	(1)	(2)	(3)	(4)
Panel A：生产型智能制造与协同型智能制造				
IM_ Prod	0.064*** (0.010)	0.039*** (0.008)	0.074*** (0.011)	0.055*** (0.009)
IM_ Coll	0.179*** (0.022)	0.032 (0.020)	0.169*** (0.027)	0.038* (0.022)
观测值	29870	29870	15420	15416
Panel B：是否明确智能制造试点项目的确切类型				
IM	0.072*** (0.011)	0.031*** (0.010)	0.086*** (0.012)	0.044*** (0.011)
IM × *Clear*	−0.003 (0.022)	0.022 (0.016)	−0.020 (0.024)	0.029* (0.017)
观测值	29870	29870	15420	15416
Panel C：国有企业与非国有企业				
IM	0.063*** (0.015)	0.062*** (0.012)	0.066*** (0.015)	0.077*** (0.012)
IM × *SOE*	0.015 (0.019)	−0.043*** (0.015)	0.025 (0.020)	−0.042*** (0.016)
观测值	29870	29870	15420	15416
共同协变量				
控制变量	Yes	Yes	Yes	Yes
企业固定效应		Yes		Yes
城市固定效应	Yes	Yes	Yes	Yes
行业—年份固定效应	Yes	Yes	Yes	Yes

续表

变量	全样本		控制组筛选	
	(1)	(2)	(3)	(4)
区域—年份固定效应	Yes	Yes	Yes	Yes

注：*、***分别代表10%、1%的显著性水平，括号里是稳健标准误。

11.5 总结与启示

本章基于工业和信息化部的智能制造试点项目和实体经济上市公司数据，从理论分析和实证分析两个维度综合考察了以智能制造为代表的人工智能技术应用对实体企业全要素生产率的影响效应，认为人工智能技术应用可以显著提升实体企业的全要素生产率水平，其实证结果同时具备统计显著性和经济显著性。在作用机制方面，本章重点考察了智能制造的实施通过人机协同机制、供应链赋能机制和创新驱动机制影响实体企业全要素生产率的作用渠道。机制分析的实证结果显示，智能制造的实施不仅可以显著提高实体企业的资本密集度和劳动者报酬，也可以显著改善企业的供应链效率、促进企业的专业化并提高企业的创新绩效，为人机协同机制、供应链赋能机制和创新驱动机制的现实成立性提供了经验证据。此外，本章进一步考察了智能制造试点项目对实体企业全要素生产率处理效应的异质性影响，发现生产型智能制造和申报项目类型明确的智能制造试点项目更能促进实体企业全要素生产率提升，且智能制造试点项目对国有企业全要素生产率的提升作用要显著低于非国有企业。这些异质性处理效应均与相应的理论预期保持一致，进一步佐证了人工智能技术应用推动实体企业全要素生产提升的内在逻辑。

为更好地发挥人工智能对实体企业的生产率赋能作用，本章提出以下政策建议供有关部门参考。一是深入实施人工智能技术导向的创新发展战略。针对人工智能技术及其产业应用的前瞻性领域和“卡脖子”环节，充分发挥中国特色社会主义市场经济的制度优势和新型举国体制“集中力量办大事”的资源优势，加快打造人工智能技术的产学研协同创新平台，打通人工智能技术创新到产业应用的全过程，提升人工智能技术的基础创新能力和应用创新能力。二是深入实施人工智能技术导向的产业发展战略。以人工智能核心产业链的短板环节为着力点，实施强链补链行动，提升人工智能核心算法、重要电子元器件、关键算力设施的持续性供应能力，强化支持人工智能产业发展的关键产品与服务的自主保障能力。针对实体经济尤其是制造业的重点领域，以人工智能技术的深度产业应用为重点推动传统产业的数字化和智能化转型，更充分地发挥人工智能赋能传统产业生产效率提升的作用。三是深入实施人工智能技术导向的人才发展战略。以人工智能为重点调整教育教学体系，鼓励全国高等院校、中等职业学校等教育单位开设人工智能的通识课程，同时强化人工智能领域的专业人才培养，提高我国人工智能方面的人才储备。深化产教融合、校企合作的人工智能人才的联合培养模式，支持人工智能企业与科研院所、高等院校开展深度合作，提升人工智能教育教学与产业实践联系的紧密性程度，促进人工智能知识向现实生产力的转化。四是深入实施人工智能技术导向的基础设施发展战略。人工智能技术的产业应用需要依托庞大的数据资源和算力资源进行支持，必须紧密围绕实体经济的数字化和智能化转型优化与推进相关基础设施建设。加快建设国家一体化的大数据中心体系，科学布局算力网络的国家枢纽节点，推进云网协同和算网融合发展。加快建设新型信息网络基础设施，结合重要实体经济产业的分布特征推进移动网络基站的规模化部署，为人工智能技术的产业应用提供坚实的数据与算力支持。

12 人工智能对就业的影响研究

近年来，人工智能理论深度的不断突破与应用场景的快速扩展，推动了人工智能对社会经济结构的重塑，以及对人类生产生活方式的改变。2020 年，我国人工智能企业数量仅次于美国，全球占比 24.66%①，到 2022 年我国工业机器人产量超过 44 万套，装机量占全球比重超过 50%（人民日报，2024）。可见，我国人工智能迅速发展，通过融入各产业和社会再生产各个环节，推动生产要素创新性配置，而成为新一轮科技革命和产业变革的重要驱动力。党的二十届三中全会《决定》中指出，“完善推动新一代信息技术、人工智能……等战略性产业发展政策和治理体系”，将带来新一轮的劳动者技能提升、劳动资料智能化升级、劳动对象智能资源优化配置及形态拓展，成为促进新质生产力发展的重要引擎。

当然，人工智能在国民经济领域的广泛应用，在发挥优势作用的同时，其深度结合大数据与超强算法算力，逐步实现自主学习、规律识别和决策判断，对劳动力市场产生巨大冲击（王林辉等，2023）。伴随着技术进步与职业更替总是相伴而生的讨论，近年来我国的就业问题引起广泛关注，随着工业机器人渗透增加，企业对劳动力的需求将会下降（王永钦、董雯，2020），预测中国将有 19.05% 的劳动就业面临高替代风险（王林辉等，2022），而引发“机器换人”与结构性失业的担忧。从就业结构来看，智能化生产使就业出现不同程度的极化特征，既存在低技能与高技能劳动者的就业增加，中技能劳动者就业减少的两极化现象（孙早、侯玉琳，

① 数据来源于中国信息通信研究院《2020 年全球人工智能产业地图》。

2019），又存在中、低技能劳动者就业减少，而高技能劳动者就业增加的单极化现象（何小钢、刘叩明，2023）。面对这一形势，《“十四五”就业促进规划》指出，人工智能等新技术应用对劳动力的替代效应将持续显现，应重视人工智能对劳动力市场的结构性冲击。2021 年 8 月，习近平总书记在《扎实推动共同富裕》一文中更是深刻地指出，“新一轮科技革命和产业变革有力推动了经济发展，也对就业和收入分配带来深刻影响，包括一些负面影响，需要有效应对和解决”。但历次工业革命中技术进步与就业间的演变规律也显示，随着技术变革的不断深入，就业总量呈现出先下降后上升的趋势，就业结构也逐渐向新兴产业转移，就业质量也趋于改善（毛日昇，2024），受技术进步冲击的劳动力也会被重新吸收。在一定程度上，以人工智能为基础的技术创新对一国的就业需求与结构最终产生何种影响，与一国的劳动力市场状况存在密切关系（Chui et al.，2016）。在美国，中青年劳动力供给相对较多，人工智能引致的就业挤出远大于其创造的岗位（Acemoglu et al.，2020）。而在劳动力成本高、老龄化程度深的国家，人工智能的应用不会引致较大程度的就业挤出，反而会促进就业与工资的增长，也促进了劳动力从制造业部门向服务业部门的流动与重新配置（房连泉、毛冰雪，2022）。Dauth 和 Domini 也都强调了老龄化不仅没有替代较多岗位，反而促进了就业增长（Dauth et al.，2021；Domini et al.，2021）。反观中国，60 岁以上老年人口数占总人口数的 21.1%[①]，已进入深度老龄化阶段，在此情景下人工智能发展又会对就业产生何种影响？

此外，人工智能等新技术也加剧了劳动力市场的分割和就业的临时化，弱化了劳动者对组织的依附性（赵欣彤、杨燕绥，2020），并催生出大量非标准就业形式，如临时性就业、自雇、非全日制工作、多雇主雇佣行为等（房连泉、毛冰雪，2022）。虽然这种就业形式能够为雇主和劳动者提供一定的灵活性，但这种灵活性使得劳动者面临更脆弱的就业状况，而缺乏劳动权益保障（Bussolo et al.，2019）。因此，学界也关注到社会保障在人工智能与就业间起的关键作用，主张对灵活就业者给予同等的保护权利，如提供再就业培训、征收机器人税（Chand et al.，2020）、补充非

① 数据来源于民政部、全国老龄办:《2023 年度国家老龄事业发展公报》。

缴费型社会保障（Cabrales et al.，2020）、弹性退休年龄制度（高和荣，2021）等。

综上所述，通过梳理人工智能对就业影响的文献，可以发现在该领域尚存一定的研究空间，一是关于人工智能对中国就业规模的影响尚未达成共识，研究表明虽然人工智能替代了现有就业岗位，但也会催生出新的岗位需求；二是关于人工智能导致中国就业结构"极化效应"的趋势仍存争议，现有研究无法很好地解释中国在人工智能推动下就业技能结构的变化趋势；三是人口老龄化是推动人工智能发展的重要因素，而关于在老龄化背景下人工智能对中国就业的影响讨论不足；四是人工智能催生出大量新就业形态，随之而来的是新形态下劳动者如何获得劳动保护权益的问题。

基于此，本章根据已有文献梳理出人工智能与就业之间的理论机理，立足于人口老龄化背景，研究人工智能对就业规模和就业结构产生的影响，并从制度层面探讨社会保障制度在缓解人工智能时代劳动关系变革而带来一系列现实问题时发挥的作用，从而为人工智能更好地服务于中国特色社会主义现代化发展，规避对劳动力市场的冲击提供理论基础。

12.1 人工智能影响就业的理论机理

12.1.1 人工智能对就业规模的破坏性替代效应

根据 Autor 等（2003）提出的基于任务的模型分析框架，得出在其他条件不变的情况下，人工智能通过替代效应减少容易被自动化代替的常规手工劳动。当企业使用人工智能的成本低于劳动力时，人工智能在生产中的比较优势更高，就会导致大量劳动者的就业岗位被人工智能替代，尤其是简单的、重复性和创造性低的工作岗位（李磊等，2021）。此外，人工智能的使用会带来生产效率的提高，使得企业在生产过程中单位产品生产所需的劳动力数量下降，形成了对传统劳动力的间接替代（Acemoglu & Restrepo，2020）。同时，随着人工智能的进一步发展，由于深度学习能力的突破，更加智能化、创造性的技术应用，先进设备可以胜任更加复杂的工作，人工智能对劳动者就业产生的破坏性替代效应更加强烈。该现象普遍存在于不同国家，如美国，在每千名工人中增加一个机器人，就业人口比率将降低 0.18% ~0.34%，工资将会降低 0.25% ~0.5%，其中 47% 的岗位存在较高的被替代风险，包括交通运输、后勤服务、办公文员及部分生产部门岗位等，说明技术替代风险与工资水平、岗位技能需求呈负向关联（曹雅茹等，2023）。荷兰的证据也表明，人工智能增加了企业员工离职的概率，且由于工作天数的减少，雇员的累计收入也会大幅减少（Frey & Osborne，2017）。相比发达国家，发展中国家既受本国人工智能替代效应的影响，又受发达国家制造业外包回缩的影响，其就业替代风险远高于发达国家（Bessen et al.，2023），如印度69%的就业岗位、埃塞俄比亚85%的岗位，以及中国77%的岗位将会被人工智能取代（邓洲、黄娅娜，2019）。

12.1.2 人工智能对就业总量的补偿性创造效应

技术性失业与技术进步的就业创造机制总是相伴而生的（Frey et al.，2015）。人工智能对就业市场影响以替代效应为主（Pissarides & McMaster，1990），但创造效应的存在使得就业市场保持长期稳定状态（周广肃等，2021）。历次工业革命显示，新技术在使大批劳动者失业的同时又创造了新的工作岗位，如美国在1980—2010年，技术进步使得就业市场增长了一半以上的岗位（阿格拉瓦尔等，2021）。基于以上历史现象，研究表明技术进步带来创造效应的原因在于：一是先进技术的普及增强了企业竞争力，带来了产品价格降低、需求上升和生产规模扩大，而增加了对劳动力的需求；二是带来生产效率的提升，如自动化的深化与资本的积累可有效改善生产效率，进而扩大了对于非自动化环节的就业（Acemoglu & Restrepo，2018）；三是人工智能也会创造出新的具有比较优势的工作任务，如算法开发、训机师、智能设备维护等（Acemoglu & Restrepo，2020）；四是通过对常规体力劳动效率的提高，带动了剩余人工生产环节价值的提升（杨伟国等，2018）。

综上所述，人工智能对就业总量的最终影响取决于替代效应和创造效应的综合作用，即两种效应的强弱对比，只有在创造效应大于替代效应的情况下，才能对社会发展产生极大的推进作用（Kremer，1993）。同时，这种综合作用在时序上存在着阶段性差异，在技术导入期，破坏性替代效应明显；在拓展期，创造效应凸显；在衰退期，对就业的影响减弱（Acemoglu & Restrepo，2019），劳动力市场又处于基本平衡状态。基于此，本章提出以下假设。

H1：人工智能与就业总量之间存在着“U”形关系，随着人工智能水平的提升，对就业的影响以替代效应为主转变为以创造效应为主，就业总量呈现出先减少后增加的趋势。

12.1.3 人工智能对就业结构的转化性极化效应

人工智能对不同技能结构劳动者的影响存在差异，导致高技能劳动者需求增加，而中、低技能岗位需求显著减少（王君等，2017），从而形成就业极化效应。高技能岗位的增长主要源于人工智能技术本身的复杂性和其对相关产业的拉动作用。一方面，人工智能的开发、部署和维护需要高度专业化的知识、较高的教育水平与技能深度；另一方面，人工智能技术与传统业务的整合也创造出相应的技术管理岗位。而对中等技能岗位需求的减少，在于人工智能在处理重复性、规则性任务上的高效性，使中等技能岗位成为首要的替代目标，其典型任务包括数据录入、财务审计、流程化组装等（Goos et al.，2014），以及在技术进步下的机器边际成本下降，中等技能劳动者失去了相对优势，容易被机器替代。此外，人工智能的引入加速了对低技能劳动者在一些传统岗位中的替代，尤其集中在那些可以高度标准化和机械化的岗位。

极化效应的研究在中国也引起广泛讨论，部分学者认为人工智能技术的引进使得高技能劳动者就业份额提升，而中、低技能就业劳动者的就业份额降低（Brynjolfsson，2014），并形成低技能向中技能转移、中技能向高技能转化的劳动力梯度转移模式。也有观点认为，尽管不同技能劳动力都从人工智能技术应用中受益，但中等技能水平劳动力的获益程度更大（惠树鹏、朱晶莹，2021）。此外，人工智能对就业结构产生的极化现象，也受到不同区域生活成本的影响。在东部沿海与南部沿海地区过高生活成本的作用下，人工智能与就业呈现出单极化的趋势，即小学及以下教育程度的初级技能劳动力被替代（Korinek & Stiglitz，2018）。基于此，本章提出以下假设。

H2：随着人工智能的推广，中国的就业结构将呈极化趋势，高技能岗位需求增加，而中等与低等技能岗位需求将持续减少。

12.1.4 人口老龄化使人工智能对就业影响显著

在人口老龄化程度不断加深、劳动年龄人口持续下降的背景下，人工智能会对企业招聘和维持生产形成巨大影响，尤其是制造业、农业等劳动密集型行业，企业需要通过技术创新、产业升级等方式来应对这些挑战。例如，日本和德国等老龄化程度较高的国家，将机器人技术和人工智能应用于生产线，以代替部分劳动力（孙早、侯玉琳，2021）。在中国，许多制造业和服务业企业也开始引入自动化设备，降低对人力的依赖（Acemoglu & Restrepo，2018），而形成人工智能对就业的“补位式替代”。

因此，在人口老龄化程度深的地区，中高龄劳动者的比例增加，导致劳动市场的就业年龄结构发生变化。劳动者随着年龄增长会出现专业经验丰富，但体能衰退、思想倦怠的双重特征，使其参与新技能培训的意愿较小，最终成为中低技能的劳动者。而低技能劳动者退出市场的速度快于其技能化更新的速度，因此，人口老龄化程度加深，会加剧劳动力市场的就业极化效应。基于此，本章提出以下假设。

H3a：随着老龄化程度的加深，人工智能对就业的替代效应越显著。

H3b：随着老龄化程度的加深，人工智能对就业的极化效应越显著。

12.1.5 社会保障缓解了人工智能对就业的不利影响

人工智能改变了社会的生产方式，而生产方式又决定了不同时期的劳动关系，面对人工智能的冲击，社会保障作为“安全网”可以有效地缓解人工智能对就业的不利影响。一方面，社会保障通过提供职业技能培训、再教育等方式，帮助劳动者实现再就业并获得更高的技能水平，不仅减缓了技术失业的冲击，还通过提升劳动力技能，创造出新的就业机会（蔚金霞等，2024）。同时，我国人力资源社会保障部发动“技能中国行动”①，旨在为中低技能劳动者提供免费的或补贴有关人工智能和自动化领域的技能培训。另一方面，社会保障制度不断建立和完善，用工企业必须为劳动者缴纳一定的社会保险费，提升了劳动力用工成本，倒逼企业发展新技术，创新能力的激励弹性系数也在不断提高（Brynjolfsson，2023）。总之，创造性行业中高技能岗位供需的增加，在很大程度上得益于再培训政策和社会保障体系，为劳动者向新兴岗位过渡提供了必要的保障和资源支持。

人工智能带来的极化现象可能导致收入不平等的进一步加剧，而社会保障又作为“缓冲器”通过收入补贴、再分配政策、劳动保护等手段，为受人工智能影响较大的中低技能劳动者提供必要的保障，缓解因极化效应

---

① 资料来源于《人力资源社会保障部关于印发“技能中国行动”实施方案的通知》。

带来的社会矛盾（林炜，2013）。国际经验也表明，诸如基础收入补贴（Universal Basic Income，UBI）等新型社会保障方案在缓解极化效应方面具有显著成效（OECD，2019）。此外，人工智能的替代可能导致某些行业出现过剩劳动力，社会保障则通过调节劳动力的流动性，促进劳动力从低效的行业转向技术驱动的行业，减少职业和技能上的断层，促进就业市场的平衡（Brynjolfsson，2019）。基于此，本章提出以下假设。

H4a：社会保障减缓了人工智能对就业的替代效应。

H4b：社会保障减缓了人工智能对就业的极化效应。

12.2 研究设计

12.2.1 模型设定

12.2.1.1 基准回归模型

由于固定效应模型可以同时控制不随时间变化的地区固定因素与不随地区变化的宏观因素影响，有效地规避了时间与个体产生的估计偏误，适用于探索人工智能与就业之间因果关系及其变化规律。据此，本章采用固定效应模型检验人工智能与就业间的内在联系。同时，考虑到人工智能与就业规模之间可能存在的非线性关系，在此参考左马华青（2022）的做法，将人工智能的平方项纳入方程，得到基本的计量模型如下：

$$\ln emp_{it} = \gamma + \alpha_1 AI_{it} + \varepsilon AI_{it}{}^2 + \beta_1 CV_{it} + \mu_i + \gamma_i + \varepsilon_{it} \quad (12-1)$$

$$PI_{it} = \gamma + \alpha_2 AI_{it} + \beta_2 CV_{it} + \mu_i + \gamma_i + \varepsilon_{it} \quad (12-2)$$

其中，i，t 分别为各省份与时间；γ 为常数项；α、ε、β 为待估参数；$\ln emp_{it}$ 为 i 省在 t 时间内的就业水平；PI_{it} 为 i 省在 t 时间内的就业极化程度；AI_{it} 为 i 省在 t 时间内的人工智能水平；CV 为控制变量；μ 为个体固定效应，γ 为时间固定效应，ε 为随机误差项。

12.2.1.2 调节效应模型

引入调节效应不仅有助于强化变量间因果论证，还可以探讨自变量与因变量之间的关系是否受到额外变量的影响，适用于观测老龄化与社会保障在人工智能与就业中起到的作用，具体模型如下：

$$\ln emp_{it} = \gamma + \alpha_3 AI_{it} + \rho_1 ss_{it} + \rho_2 (AI \times ss)_{it} + \beta_3 CV_{it} + \mu_i + \varepsilon_i \quad (12-3)$$

$$\ln emp_{it} = \gamma + \alpha_4 AI_{it} + \rho_3 old_{it} + \rho_4 (AI \times old)_{it} + \beta_4 CV_{it} + \mu_i + \varepsilon_i \tag{12-4}$$

$$PI_{it} = \gamma + \alpha_5 AI_{it} + \rho_5 ss_{it} + \rho_6 (AI \times ss)_{it} + \beta_5 CV_{it} + \mu_i + \varepsilon_i \tag{12-5}$$

$$PI_{it} = \gamma + \alpha_6 AI_{it} + \rho_7 old_{it} + \rho_8 (AI \times old)_{it} + \beta_6 CV_{it} + \mu_i + \varepsilon_i \tag{12-6}$$

其中，ss 代表社会保障水平，old 代表老龄化水平，$AI \times old$ 代表 AI 与 old 的交互项，$AI \times ss$ 代表 AI 与 ss 的交互项，其他变量含义同式（12－1）。

12.2.2 变量选取

12.2.2.1 被解释变量

（1）就业总量

就业总量（ln*emp*）是指一个地区、行业或经济体中在特定时间内的就业人数，包括正式与非正式就业群体。本章采用年底分地区就业总量来衡量这一指标。为减少异方差、偏态分布对模型的影响，在此将该指标取对数处理。

（2）就业极化指数

就业极化指数（PI）是用于量化劳动力市场中就业极化现象的综合性指标。它通过对不同技能层级（高、中、低技能）岗位就业变化的比较，直接反映就业市场两端增长与中间缩减的特征。参考 Goos 等（2014）、汪前元等（2022）的研究，采取以下步骤计算就业极化指数：运用各省份劳动者总量乘以就业人员受教育比重，得出各省份不同技能劳动者的就业量；然后，将上述计算得到的结果代入式（12－7）中。

$$PI = \frac{(L_t^{low} - L_{t-1}^{low}) + (L_t^{high} - L_{t-1}^{high})}{L_t^{middle} - L_{t-1}^{middle}} \tag{12-7}$$

其中，L_t^{low}、L_t^{middle}、L_t^{high} 分别表示当期低、中、高技能岗位的就业总量，L_{t-1}^{low}、L_{t-1}^{middle}、L_{t-1}^{high} 分别表示前一期低、中、高技能岗位的就业总量。若两端的增长显著大于中间的下降，PI 呈现正值，表明极化现象较强。

12.2.2.2 解释变量

人工智能既依赖于计算机硬件与算法的快速发展，又强调机器学习与深度学习在处理分析非对称性数据中的作用，技术成果广泛应用于工业机器人领域。基于此，本章将人工智能水平作为核心解释变量，选取显卡进口数量来衡量人工智能算力基础，在此取对数处理。参照《战略性新兴产业与国际专利分类参照关系表（2021）》中人工智能专利分类号，在国家知识产权局网站上检索机器学习与深度学习相关专利的数量作为测量人工智能研发的代理指标。地区工业机器人渗透率作为人工智能应用的重要维度，也被加入指标构建中。然后将三个基础指标进行熵权计算，并将计算结果汇总至综合得分，作为人工智能指标的最终评价值。

12.2.2.3 调节变量

（1）社会保障

在选取社会保障（*ss*）相关指标时，需要综合考虑其在促进就业、缓解失业风险和支持劳动力转型中的多重作用，以全面反映社会保障在人工智能对就业影响中的调节作用。综合上述考虑和已有研究（杜雯翠、毛赢，2024；李东方等，2024），遴选以下指标用于衡量社会保障的基础指标，具体包括：再就业培训支出、社会保障和就业支出占财政比重、失业保险累积结余。并将基础指标的熵权计算结果作为衡量社会保障指标的依据。

（2）老龄化

老龄化（*old*）水平不仅是人口结构变化的结果，还对社会资源分配产生直接影响。而潜在支持比（*PSR*）（陈秋霖等，2018）直接反映了每位老龄人口对应的潜在工作年龄数量，能够在社会经济和劳动力可持续性的框架下，更好地揭示老龄化带来的挑战和影响。用以下公式表示：

$$PSR = \frac{P_{15\sim64}}{P_{65+}} \quad (12-8)$$

其中，$P_{15\sim64}$ 表示 15 ~ 64 岁工作年龄人口的总数，P_{65+} 代表 65 岁及以上老龄人口总数。

12.2.2.4 控制变量

为进一步排除人工智能与就业规模之间的扰动影响，选取以下控制变量：产业结构（*structure*），人工智能的渗透程度和对就业的影响因产业而异，控制产业结构可以避免由于产业分布差异对就业规模产生的偏差，选取第三产值与第二产值的比重来衡量这一指标；城镇化（*urban*），城镇化进程影响劳动力的区域分布与就业机会，控制城镇化水平可以避免因城乡差异引起的就业规模变化被误归因于人工智能；金融发展（*fiance*），该指标影响企业获取资金的能力，该能力可以对企业采用人工智能技术的能力和意愿产生影响，也可以通过就业支持间接影响就业规模，在此用金融机构贷款余额与国民生产总值的比值来表示；对外开放（*open*），该指标反映某一地区参与国际经济的深度与广度，控制对外开放水平能够避免因国际化水平不同对人工智能技术扩散和就业产生影响，采用经营单位所在地进出口总额与国内生产总值的比值表示。

当就业极化指数为被解释变量时，选取以下控制变量确保模型估计的因果关系更为准确和稳健：政府干预（*government*），政府通过政策、法规和社会保障措施影响人工智能的应用与发展，进而调节对劳动力市场和就业结构的影响，在此用地方政府一般公共预算支出与国民生产总值的比值来表示；创新水平（*innovation*），高水平的创新推动人工智能技术的快速发展和广泛应用，从而改变劳动力市场的需求结构和就业模式，运用取对数处理后的国内发明专利申请受理量来衡量；信息化（*information*），信息化程度决定了人工智能技术的普及与应用范围，进而影响劳动力市场的数字化转型和就业形式的变化，在此采用邮电业务总量与国内生产总值的比值表示；对外开放（*open*），对外开放促进技术引进、跨国合作和全球劳动力市场的竞争，从而加速人工智能技术的普及并影响就业结构的调整，采用经营单位所在地进出口总额与国内生产总值的比值表示。

12.2.3 数据来源与处理

本章采用2012—2022年中国30个省级地区（西藏除外）的面板数据，数据来源于历年《中国统计年鉴》《中国劳动统计年鉴》《中国高技术产业统计年鉴》及中国海关数据库（China Customs Database，CCD）和中国研究数据服务平台（CNRDS）等。主要变量的描述性统计如表12－1所示。由表12－1可知，就业总量（ln*emp*）的均值为3.296，标准差为0.337，进行对数处理后显示出各省份间的就业总量差距正在缩小；就业极化指数（*PI*）的均值为0.016，最大值为0.383，表明当前各地区的总体就业市场两极化趋势较为显著；人工智能水平（*AI*）的均值为0.545，人工智能平方（AI^2）的均值为0.364，表明各地区人工智能有一定的发展，但还存在发展空间。

表 12-1 主要变量的描述性统计

变量类型		变量	符号	均值	标准差	最小值	最大值	样本量
被解释变量		就业总量	ln*emp*	3.296	0.337	2.408	3.850	330
		就业极化指数	*PI*	0.016	0.094	-0.309	0.383	330
解释变量		人工智能	*AI*	0.545	0.258	0	1.000	330
		人工智能平方	AI^2	0.364	0.274	0	1.000	330
调节变量		社会保障	*ss*	0.138	0.204	0.021	0.922	330
		老龄化	*old*	6.743	1.800	3.476	11.43	330
控制变量	就业总量	产业结构	*structure*	1.128	0.658	0.494	5.297	330
		城镇化	*urban*	0.608	0.117	0.360	0.900	330
		金融发展	*fiance*	1.496	0.416	0.701	2.691	330
	就业极化	政府干预	*government*	0.249	0.101	0.106	0.643	330
		创新水平	*innovation*	9.741	1.357	5.697	12.398	330
		信息化	*information*	0.069	0.145	0.014	2.513	330
		对外开放	*open*	0.265	0.268	0.008	1.354	330

12.3 结果阐释

12.3.1 总体回归

12.3.1.1 人工智能对就业总量的影响

固定效应模型和 OLS 回归同时使用可以帮助研究者从不同视角理解数据，验证模型假设的合理性，并提供稳健的分析结果，适用于处理面板数据中复杂的组间和组内关系，以及下文对于一次项和二次项系数的分析。表 12-2 中的列（1）、列（3）和列（2）、列（4）分别报告了固定效应模型（Fe）普通最小二乘法（OLS）的解释变量估计值。在列（3）和列（4）的回归中加入人工智能的平方项以深入观测人工智能与就业总量之间的内在联系。根据 Hausman 检验，p 值小于 0.01，因此在列（3）的基础上进行讨论。观察列（3）的回归系数可得，人工智能的系数为负，其平方项的系数为正，且都通过了 1% 的显著性检验，表明人工智能与就业总量之间存在着显著的"U"形关系。根据二次项系数与一次项系数，推算出人工智能的最小值点为 -0.668。当人工智能水平小于 0.668 时，人工智能对就业的替代效应大于创造效应，表现为就业需求的萎缩；当人工智能水平等于0.668时，此时达到了“U”形曲线的极小值，就业规模也缩减至最小，替代效应等于创造效应；当人工智能水平大于0.668时，人工智能对就业的创造效应大于替代效应，表现为就业规模的扩张。列（1）和列（2）将人工智能水平的一次项系数作为解释变量。结果显示，人工智能与就业规模的回归系数均显著为正，即人工智能的发展会导致就业总量扩张，就业的创造效应大于替代效应。综上所述，H1得以证明。

表12-2 人工智能与就业规模的回归结果

变量	(1)	(2)	(3)	(4)
	Fe	*OLS*	*Fe*	*OLS*
AI	0.071***	1.139***	-0.068***	-1.280***
	(2.68)	(2.72)	(-3.52)	(-10.34)
AI^2			0.064**	0.142*
			(2.02)	(-1.76)
控制变量	YES	YES	YES	YES
地区固定效应	YES	—	YES	—
时间固定效应	YES	—	YES	—
常数项	3.203***	4.118***	3.187***	4.083***
	(5.16)	(6.72)	(5.12)	(6.01)
N	330	330	330	330
Adj. R^2	0.188	0.820	0.0479	0.820

注：括号中为*t*检验值；***表示通过了1%的显著性检验。

12.3.1.2 人工智能对就业结构的影响

人工智能与就业总量之间存在比较稳健的“U”形关系已经得到验证，且整体上呈现出创造效应大于替代效应的特征，即人工智能促进了就业增长。然而促进就业总量增长是否由就业结构转化而带来的极化效应影响尚不明晰，是靠高技能劳动者就业增长拉动，还是靠高技能、中等技能劳动者增长而低技能劳动者就业下降共同作用呢？需要做进一步的检验。接下来，将高技能、中技能、低技能劳动者的就业总量以及就业极化指数作为被解释变量，在表12-3中分别构建模型（1）至模型（4），以期从劳动力技能结构角度探索人工智能创造效应的来源。

如表12-3所示，人工智能对就业极化指数的回归系数为0.035，且通过了显著性检验，表明人工智能对就业结构产生了轻微的极化效应。同时，人工智能对高技能劳动力就业规模的回归系数为0.131，但对中技能与低技能劳动者就业规模的回归系数为负，说明人工智能发展在中国推动了高技能劳动者的就业增长，也导致了中技能劳动者与低技能劳动者就业的减少，在就业结构上呈现出单极化趋势。与Autor（2013）、Goos（2007）等针对美国情况预测的就业结构情况不同，中国就业结构的这种变化并未展现出“双极化”的特征，其原因尚需进一步深入探究。一方面，我国人工智能技术尚处于发展初期，在复杂的生产服务场景下，人工智能的替代能力还受到很大限制。同时，人工智能技术的渗透速度存在着地区与行业间的差异，在东部地区与高端制造业经历创造效应带来的高技能劳动力就业增长的同时，西部地区与部分中低端制造业尚未受到显著冲击。另一方面，不同于发达国家，我国仍有庞大的中低技能劳动者聚集在低端制造业和服务业，在劳动力技能结构转换上仍存在着路径依赖，使得“机器换人”具有长期性与滞后性的特征。此外，我国的劳动力就业市场存在着大量临时工、自由职业者和小微企业主等灵活就业者。这些非传统就业形态的广泛存在为劳动者提供了更多适应市场变化的机会，在一定程度上缓和了人工智能对中、低技能劳动者的替代，也解释了就业结构的轻微单极化趋势。综上所述，伴随着智能化技术对高技能岗位的创造与对中、低技能岗位的替代使得劳动力结构已经产生了单极化趋势，但是技术替代的渐进性和我国劳动力市场的固有属性与基本特点使得这一趋势并不是很严峻，但也验证了H2。

表12-3　人工智能对就业结构影响的回归结果

变量	(1)	(2)	(3)	(4)
	PI	高技能	中技能	低技能
AI	0.035**	0.131*	-0.084*	-0.075**
	(2.42)	(1.84)	(-1.88)	(-2.23)
控制变量	YES	YES	YES	YES
地区固定效应	YES	YES	YES	YES
时间固定效应	YES	YES	YES	YES
常数项	-0.319***	7.110***	5.728***	5.632***
	(3.11)	(4.82)	(12.87)	(14.75)

续表

变量	(1)	(2)	(3)	(4)
	PI	高技能	中技能	低技能
N	330	330	330	330
Adj. R^2	0.280	0.416	0.280	0.044

注：***、**、*分别表示通过了1%、5%和10%的显著性检验，括号中为t检验值。

12.3.2 调节效应检验

为探讨老龄化和社会保障在人工智能与就业规模中的作用，分别引入人工智能与老龄化的交互项（$AI \times old$）以及人工智能与社会保障的交互项（$AI \times ss$），以便捕捉变量间复杂的交互关系。由此，构建模型（1）至模型（4），检验结果如表12-4所示。在模型（1）中，人工智能与老龄化交互项的回归系数为-0.004，表明老龄化在人工智能与就业总量之间起到负向调节作用，即随着老龄化程度加深，人工智能将会强化就业的替代效应，H3a成立。在模型（3）中，人工智能与老龄化交互项的回归系数为0.211，且通过了1%的显著性检验，反映出老龄化在人工智能与就业结构之间起到正向调节作用，即随着老龄化程度加深，人工智能将会强化就业的极化效应，H3b得到证明。

根据模型（2）的基准回归结果，人工智能与社会保障的交互项显著为正，表明社会保障高质量发展有助于缓解人工智能带来的替代效应，既能增强劳动者适应技术变革的能力和信心进而实现就业的增长，又能为劳动者提供有效的保障以抵御风险。因此，H4a得到证明。然而，社会保障却不能有效调节人工智能的就业极化现象，模型（4）显示人工智能与社会保障的交互项并未通过显著性检验。可能的解释是，社会保障作为一项制度，其顶层设计对人工智能冲击的调节存在滞后性，对就业结构的短期影响可能被复杂的劳动力市场机制所掩盖。因此，H4b验证失败。

表12-4 老龄化/社会保障对人工智能影响就业规模的调节作用分析

变量	ln*emp*		*PI*	
	(1)	(2)	(3)	(4)
AI	0.075**	0.061**	0.187	0.041
	(2.16)	(2.30)	(0.47)	(0.48)

续表

变量	lnemp		PI	
	(1)	(2)	(3)	(4)
old	0.009 ** (2.72)		0.052 *** (6.93)	
AI × *old*	-0.004 * (-1.66)		0.211 *** (14.70)	
ss		0.020 (0.87)		0.042 (0.53)
AI × *ss*		0.062 * (1.73)		-0.046 (-0.34)
地区固定效应	YES	YES	YES	YES
时间固定效应	yes	yes	yes	yes
常数项	3.158 *** (11.65)	3.276 *** (12.81)	1.403 *** (7.49)	-0.205 (-1.17)
N	330	330	330	330
Adj. R^2	0.210		0.719	0.214

注：***、**、*分别表示通过了1%、5%和10%的显著性检验，括号中为 *t* 检验值。

12.3.3 异质性检验

进一步探讨人工智能对就业是否存在区域的异质性影响，将全国30个省份分为东部、中部、西部、东北四大区域，并进行分组回归。相较于引入交互项，分组回归独立估计每组的回归参数，直观地反映了不同区域或子组之间的截距和斜率差异，可以更灵活地解释异质性检验。为方便比较不同区域的计量结果，仅使用就业规模（ln*emp*）和极化指数（*PI*）进行回归，检验结果如表12-5所示。结果显示，人工智能对不同区域的就业总量与结构的影响呈现出较大差异。

从就业总量来看，东、西部以及东北地区的回归系数显著为正，而东部地区的创造效应要高于西部地区和东北地区，中部地区的回归系数并不显著，表明大多数地区的就业创造效应大于替代效应。其中，东部地区主要得益于：一是产业结构的优化升级，东部地区产业结构具有较高的技术含量和附加值，使其迅速从劳动密集型产业向技术和资本密集型转变，进而产生强大的创造效应；二是区域经济的协同与整合，东部地区的经济合作与区域一体化程度较高，区域内产业链上下游协同紧密，能够有效促进企业间的技术创新、生产协作与资源共享，为创造岗位注入活力；三是市场机制高效运转，促进了资源配置与创新成果转化，有利于产业结构调整与人力资源再配置。东北地区人工智能对就业的创造效应大于替代效应，是由于新中国成立后奠定的深厚工业基础、相对完善的教育体系，并拥有一定数量的高技能劳动者，人工智能的发展能够更好地实现人机协同，促进劳动者就业。西部地区得益于政府的政策倾斜，以及对基础设施的投资力度加大，人工智能在此过程中推动了基础设施建设、农业和能源产业的发展，提升生产效率的同时创造了新的就业机会。与其他地区相比，中部地区在产业结构、工业基础、政策倾斜等方面缺乏一定支撑，无法应对人工智能的技术冲击，使得智能化机器在替代部分中低技能岗位的同时，无法创造出更多的就业岗位，从而呈现出显著的替代效应。

从就业结构上，东部地区的极化指数比较大，但中部、西部、东北地区回归系数为负数，说明就业结构较为均衡。其可能的原因是，东部地区由于较高的人工智能应用速度和技术渗透率，导致了就业结构的极化。而在中部、西部和东北地区，人工智能的应用更多体现在优化和提升现有行业的生产效率上，未能大幅度改变低技能劳动力的需求结构，而使得这些地区的就业结构保持相对均衡。

表 12-5　区域异质性检验结果

变量	东部		中部		西部		东北	
	(1)	(2)	(3)	(4)	(5)	(6)	(7)	(8)
ln*emp*	0.117*** (2.210)		0.002 (0.050)		0.043*** (2.880)		0.096*** (4.390)	
PI		0.017* (1.720)		−0.119* (−1.800)		−0.102* (−1.790)		−0.062* (−1.820)
控制变量	yes	yes	yes	yes	yes	yes	yes	yes
地区	yes	yes	yes	yes	yes	yes	yes	yes
时间	yes	yes	yes	yes	yes	yes	yes	yes
常数项	3.404*** (36.120)	−0.280* (−1.700)	3.654*** (13.680)	−0.034 (−0.090)	2.804*** (24.260)	0.023* (1.940)	4.573*** (13.900)	−1.567* (−1.800)

续表

变量	东部		中部		西部		东北	
	(1)	(2)	(3)	(4)	(5)	(6)	(7)	(8)
N	110	110	66	66	121	121	33	33
Adj. R^2	0.709	0.053	0.003	0.614	0.213	0.288	0.480	0.053

注：解释变量均为人工智能水平，为了直观展示将被解释变量放在最左列；***、*分别表示通过了1%和10%的显著性检验，括号中为 *t* 检验值。

12.3.4 稳健性检验

为确保模型结果的可靠性，排除特定假设或样本特征对结论的影响，在此进行稳健性检验，结果如表 12－6 所示。首先缩短数据的观测年限，采用 2019—2022 年的样本数据再次检验人工智能对就业规模与就业极化水平的影响，模型（1）和模型（2）表明人工智能与就业规模仍是稳健的"U"形关系，对劳动力就业结构具有极化效应的推断也成立。其次更换数据模型，在此运用最小二乘虚拟变量模型（*LSDV*）进行检验，模型（3）和模型（4）也证明研究结论具有一定的稳健性。

为避免样本自选择导致的估计偏误，本章构建双重差分模型进行内生性检验。为深入推进创新驱动发展战略，加快人工智能与经济、社会、国防的深度融合，科技部自 2020 年起实施国家新一代人工智能创新发展试验区并逐年公布试点地区。本章将设立该试验区的省份标记为实验组（$treat=1$），其他省份为对照组（$treat=0$）。将该地区设立为试验区的时间标记为 year，则 $time=1$ if $time \geq year$，$times=0$ if $time<year$，由此构建以 $treat \times time$ 为核心解释变量的双重差分模型，检验人工智能试验区政策对相关变量的因果效应。其中，实验组（$treat=1$）表示政策实施的地区，$time=1$ 表示政策实施后时间，以此捕捉政策干预前后及组间差异，控制其他潜在影响因素。通过检测，模型（5）和模型（6）结果表明，人工智能对就业规模与就业结构分别具有创造效应和极化效应的结论依然成立。

表 12－6 稳健性检验结果

变量	(1)	(2)	(3)	(4)	(5)	(6)
	ln*emp*	*PI*	ln*emp*	*PI*	ln*emp*	*PI*
AI	−0.031*	0.281*	−0.115***	0.094**	0.034**	0.018*
	(1.86)	(1.73)	(−3.93)	(2.05)	(2.22)	(1.79)

续表

变量	(1)	(2)	(3)	(4)	(5)	(6)
	lnemp	PI	lnemp	PI	lnemp	PI
AI^2	0.043 * (1.94)		0.071 *** (2.68)			
控制变量	yes	yes	yes	yes	yes	yes
地区	yes	yes	yes	yes	yes	yes
时间	yes	yes	yes	yes	yes	yes
N	150	150	330	330	330	330
Adj. R^2	0.325	0.493	0.995	0.363	0.443	0.569

注：＊＊＊、＊＊、＊分别表示通过了1%、5%和10%的显著性检验，括号中为t检验值。

12.4 结论与政策建议

党的二十大报告提出的“构建新一代信息技术、人工智能、生物技术等一批新的增长引擎”将成为实现高质量发展的重要驱动力，而人工智能这种劳动节约型技术的应用，对我国就业岗位的冲击日益受到关注。基于此，本章立足于人口老龄化，探讨人工智能对就业总量、就业结构产生的影响，并通过构建以社会保障为核心的劳动者保护制度体系，缓解人工智能在这一过程中对就业的冲击和风险。通过该研究，为人工智能更好地服务于中国特色社会主义现代化发展、规避对劳动力市场的冲击提供理论支持。

12.4.1 研究结论及相应问题

本章基于2012—2022年中国30个省级地区（不包括西藏）的面板数据，采用双向固定效应模型和调节效应模型，检验了人工智能与就业总量及就业结构之间的内在关系。当前，中国人工智能与就业之间并非简单的此消彼长，而是存在着“U”形关系，在替代效应和创造效应的综合作用下，在时序上存在阶段性，并随着人工智能水平的提升，对就业的影响以创造效应为主导。随着就业总量的调整，就业结构也呈现出单极化趋势，在推动高技能劳动者就业增长的同时，中、低技能劳动者就业减少。通过进一步研究发现，人口结构的变化深刻地影响着人工智能与就业的关系，随着老龄化程度加深，人工智能将会加速“机器换人”进程，增强就业的替代效应，也会加剧不同技能劳动者的就业失衡现象，扩大就业极化效应的趋势。而面对人工智能的冲击，社会保障作为“减压阀”和“缓冲器”可以缓解人工智能对就业的不利影响以及收入分配的不平等。此外，人工智能对就业的影响存在着区域的异质性，人工智能在不同程度上增加了东部、西部和东北地区就业总量，但是东部相比于其他地区更早出现了就业极化现象。

12.4.2 政策建议

12.4.2.1 老龄化背景下保障人工智能时代下劳动力市场的供需均衡

人工智能在发展的初级阶段，会对部分地区的就业产生替代效应，创作效应较弱，使劳动力市场面临结构性失衡与供需错配的挑战，因此亟须从供给侧与需求侧着手，构建起涵盖产业转型与人才培育的多维政策体系。一方面，在人口老龄化不断加深的背景下，形成倒逼我国产业结构转型的压力，因此要继续提升人工智能水平，充分发挥对就业的创造效应，实施“技术创新—产业转型—就业扩容”三位一体的发展战略。首先，增加对人工智能核心技术研发的投入，建立国家级创新平台，支持关键领域的技术攻关，推动人工智能从技术应用向技术引领转变；其次，深化产业结构调整，鼓励传统行业与人工智能深度融合，培育新业态、新职业、新模式的智能化成果应用，激发企业的创新动力和活力，并通过自主创新、新产品的设计与开发，进一步延伸产业链，最终实现就业规模的扩容。另一方面，加强劳动力市场信息共享平台建设，保障劳动力供给和市场需求的对接与匹配，降低劳动者信息搜寻成本。首先，要保障劳动力市场岗位需求信息实时发布，提供技能与职位的精准匹配服务，促进中低技能劳动力的稳定就业与职业发展。各个地区的人工智能对不同技能劳动者的就业效应不尽相同，在按照市场效率原则优化区域内劳动力资源配置的前提下，还要兼顾公平原则。其次，应搭建全国就业信息监控平台，监控受人工智能影响较大地区就业规模、就业结构的变化，为当地政府提供就业预警，以及时实施就业政策措施，保障劳动者就业权益。

12.4.2.2 创新教育人才培育机制促进劳动力转型

人工智能冲击下的失业主要表现为结构性的，需及早促进劳动力转型，形成充足的人才和技能储备。因此，需要在政府的主导下进行系统性的顶层设计和具体政策实施，一是深化高等学校教育、科技、人才“三位一体”的人才培养体系，通过为业界培养大量人才队伍，放大人工智能对就业的创造效应，以实现科技和人才对国家战略布局和经济社会发展的有力支撑。此外，在科学研究方面，高等学校要充分发挥创新资源聚集、基础研究深厚、交叉平台广布的优势，以人工智能发展战略和目标为导向，以高校学科优势为基础，开展系统性的有组织的科研攻关，夯实智能化的科研基础，并在此过程中高校通过创新人才培养模式，构建高质量基础学科人才培养体系，培养更多高端技术人才和科学领军人才。二是加强职业教育和技能培训发展，形成终身教育机制建设。职业教育和培训作为一种长期性的人力资本投资，能够使从事不同岗位的劳动者更从容地适应科技进步的发展和应用，并形成专业化知识和技能而进一步产生递增的收益。因此，需要各地政府深化职业教育体制改革，找准未来人工智能就业方向，充分发挥职业院校和培训机构的优势，在优化职业教育和技能培训内容和模式的同时，提供优质的在线学习资源，打破时间和地域的限制，以最大限度地满足劳动力市场的技能需求，培养具有市场导向的高技能劳动力。此外，特别注意区域间的异质性问题，为适应产业结构转型，东部地区侧重对高技能劳动者的技能培育，而西部地区和东北地区，虽然人工智能也增加了就业总量，但应侧重对中低技能劳动者就业技能的培育。

12.4.2.3 构建人工智能背景下的社会保障安全网

智能化生产改变了传统的劳动对象和劳动方式，引起了新的就业形态变化，并随之涌现出碎片化的劳动时间、灵活的劳动场所和新的劳动方式，形成对传统劳动合同和社会保障制度的冲击，劳动者将面临更多的风险和不确定性。因此，应健全以社会保障为核心的劳动者保护制度体系以降低生存风险。一方面，为适应人工智能时代新需求，突破现有法律中关于劳动关系认定的局限，对新就业形态的劳动者劳动关系认定给予法律支撑，体现智能化企业对劳动者的管理职责和社会责任，加强对劳动者的权益保障。在明确劳动关系的法律和政策基础上，推动智能化企业与新就业形态劳动者签订劳动合同，并建立以计时工作为基础的新型社会保险制度，形成计时收入—即时缴费的灵活性缴费模式，延长缴费周期，同时可在多雇主之间形成社会保险关系有效衔接。在社会保险待遇上，建立待遇水平下限以保障劳动者生存权，使劳动者能够享有最低生活水平免除后顾之忧。

另一方面，针对人工智能对就业的挤出效应，优化失业保险体系。在制度设计上，加快研究和制定与之相适应的失业保险和失业救济的相关规定，对新就业形态劳动者的缴费方式、缴费水平、缴费基数、领取条件进行设计；同时通过税收优惠、政策补贴等激励手段以及加强监管、缴纳罚款和滞纳金等惩罚手段，强制智能化企业为企业内所有劳动者缴纳失业保险金，将更多非正规就业群体、灵活就业人员纳入社会保险体系。此外，加强失业保险中的失业培训和再就业服务，为失业者提供免费或低成本的职业技能培训，特别在创意、高级制造以及新兴科技产业等领域，并鼓励个人创业和灵活就业模式，搭建创新创业平台，简化注册流程，提供启动资金，帮助失业者利用人工智能技术创建新型业态或独立执业。在此过程中，政府要加强劳动保护和监管，精准识别在人工智能化过程中存在的劳动风险、行业中的组织风险和社会的系统性风险。

第二篇　人工智能赋能经济高质量发展实践篇

13 人工智能与实体经济融合的现状、问题及对策

人工智能与实体经济的深度融合备受各界瞩目，二者的融合将促使人工智能为重点领域赋能，加速产业生态的重塑，培育经济发展的全新动能。尤其是借助大模型、大数据、大算力技术，能够实现人工智能在各行各业的切实落地应用，以此提升产业自动化程度，降低成本并提高效率。人工智能代表着先进生产力，将其与实体经济发展相融合，有利于增加社会财富，创造社会价值，推动企业的智能化变革、产业结构的优化调整以及经济的转型升级，从而最大限度地造福于民众。

13.1 人工智能与实体经济融合的现状

在技术经济范式下，技术创新会推进核心产业的发展（佩雷斯，2007）。随着核心产业的发展演进，新的通用技术被应用于现有的产业之中，开启了与实体经济相互融合的进程。在人工智能的技术推动下，企业、产业以及宏观经济展现出新的范式。

13.1.1 人工智能与实体经济融合推动企业智能化

人工智能能够推动企业全要素生产率及其投资回报的提升，促使不同行业衍生出新业态与新模式，吸引资本流入实体经济，对实体企业的智能化改造起到加速作用（韩青江等，2024）。企业应用人工智能技术必将促进企业生产和管理升级，推动企业生产和管理的智能化改造进程。

13.1.1.1 推动企业生产智能化

首先，人工智能应用会改善企业产品和服务。人工智能与实体经济的

融合促进了智能产品的生产，这些产品在质量以及服务方面有较大提升，有利于刺激消费者需求。在新时代的大背景下，消费者会对产品质量提出更高的要求，需求更加多元化，催生出不同类别的产品和服务的需求，人工智能应当善于洞察需求变化，满足长尾市场需求（任保平、宋文月，2019）。人工智能应用可以优化产品和服务的供给，推动个性化定制模式发展。人工智能技术可以分析客户行为和偏好，帮助预测市场需求，实行更加周密的生产计划，避免产品积压，减少库存和资源浪费。除此之外，实体企业可以借助人工智能技术提升客户满意度，及时处理售后问题，提升客户满意度。

其次，人工智能应用会提升企业生产效率。人工智能技术与实体经济融合能够大幅提升社会生产力。人工智能与实体经济融合发展本质上将先进技术运用于经济活动，提升了劳动的复杂程度，相较于之前，虽然单位产品的价值下降，但是在相同时间内产品的总价值上升。新的技术投入会给企业带来超额利润，结合市场竞争机制，在最优化的状态下生产成本会降到最低，此时生产效率大幅提高，社会生产力得到大幅提升（何玉长、方坤，2018）。

最后，人工智能应用会提升企业创新能力。与传统产业有别，人工智能对企业创新的影响更为广泛。人工智能技术在企业中的应用带来的技术创新会改变产品和服务的特性，从而对企业的生产模式以及劳动力需求等方面产生影响。企业能够运用人工智能技术加速对生产运营流程的变革。人工智能技术应用通过增加知识多样性、打破组织惯例、提高资源配置效率三个作用机制促进企业创新，并且对企业的渐进式创新作用显著，但是对短期内突破式创新的促进作用并不显著（李玉花等，2024）。人工智能与实体经济融合发展可以为企业创新提供重要的技术支撑。

13.1.1.2 促进企业管理智能化

基于人工智能的技术优势，其从应用层面会对企业管理实践带来影响（徐鹏、徐向艺，2020）。其一，人工智能可以模仿、学习并替代人类智能，此类功能的应用有利于供应链上企业的信息交流，进行信息互换，帮助企业与供应商、客户以及供应链合作伙伴建立连接。其二，人工智能建立智能系统可以为营销人员提供决策支持，简化在复杂情况下的决策流程，对于人工智能的应用，可以增强数据分析能力，与神经网络和知识表达技术相结合，优化决策系统，帮助解决营销问题。其三，人工智能在员工管理方面可以发挥关键作用，可以优化人力资源管理工作。例如，基于现有员工行为开展离职预测、开发系统进行候选人的搜寻以及提取和筛选简历提升招聘效率等，这些举措显著提高了人力资源工作的效率。

基于人工智能的发展走向，其会从理论层面给企业管理理念造成冲击。首先，人工智能在企业中的应用冲击了传统管理理论，传统的管理方式已不适应组织形式的变化。为了适应内外部环境的变化，优化员工和组织的管理，需要改进传统管理理论，对员工的绩效评估流程进行优化以及充分考虑到人工智能的应用带来的员工与岗位的能力匹配问题，使得绩效评估更加精准。其次，人工智能应用于企业的过程中，会带来管理知识和管理技术的革新，推动管理创新，并且重塑知识管理体系，进而优化管理手段，提高管理效能。最后，由于人工智能的发展具有不确定性，人工智能与实体经济的融合衍生的伦理问题和伦理风险迫使企业加强对社会责任以及伦理问题的关注，促使企业在管理进程中深入思考人工智能应用引发的一系列问题，推动企业管理朝多元化、全面化方向发展。

13.1.2 人工智能与实体经济融合加速产业升级

人工智能技术的快速演进对产业的作用主要体现在两个方面。一方面，人工智能产业与实体经济融合，与其相关的产业也得到迅速发展，实现了上下游产业的协调发展。近年来，人工智能产业的迅猛发展，带动了芯片产业和下游机器人产业的快速发展，实现了产业链的协同发展，催生人工智能核心产业部门。另一方面，人工智能技术会与其他产业相互融合。技术只有作用于经济，带来实际生产的发展，才能体现技术价值。人工智能技术在实体经济领域的深度应用和融合发展，特别是和传统产业的融合，能够对国民经济产生有利影响，要加快人工智能技术在实体经济各环节和各领域的融合应用。随着“人工智能 +”创新应用场景和产品形态的涌现，实数融合程度将进一步加深，会壮大人工智能融合产业部门。

13.1.2.1 催生核心产业部门

人工智能技术进入稳步增长的阶段，已经初步形成产业链条。在技术创新及其应用的过程中，人工智能形成了以基础层、技术层和应用层为代表的核心产业部门。基础层是人工智能技术发展的前提，主要包括数据、算力、硬件设施等，基础层的发展水平决定了人工智能技术发展的下限，是人工智能技术持续演化的物质基础；技术层最能体现人工智能技术的发展水平，以算法模型、通用技术为代表，是人工智能产业的发展核心；应用层是指人工智能与应用场景的融合，是人工智能技术在经济领域的商业化应用，主要包括自然语言处理、机器视觉等。现阶段，人工智能产业发展主要围绕应用层展开，基础层和技术层相对薄弱（张鑫、王明辉，2020）。

13.1.2.2 壮大融合产业部门

近年来，人工智能的发展已突破技术范畴，实现跨领域融合，为传统行业注入新动能。作为新一代产业变革的关键力量，人工智能技术促使各传统行业积极探寻其深度应用路径。随着人工智能技术不断演进，其必将推动各行业数据的高效整合与深度挖掘，助力以数字化为显著特征的数字经济迈向新阶段，进一步加深实数融合的程度，借助科技力量推动人工智能与三大产业的融合。其一，人工智能有助于推动我国制造业由规模扩张迈向质量提升。其二，人工智能的应用可以推动传统农业向智慧农业的转变，改变传统生产方式，助力现代农业发展；人工智能在农业领域的广泛应用加速了农业现代化进程，为农业转型开辟了新契机；人工智能与农业部门的融合有利于提升生产效率，减少对外依赖，增强经济发展的稳定性。其三，人工智能的运用可以增强现代服务业的竞争力，提升行业整体服务能力，促进服务业的优质高效发展；人工智能融入实体经济后，生产方式会从传统依靠劳动、资本等要素投入转向增加技术投入，产业结构会从中低端迈向中高端，实现产业升级。

13.1.3 人工智能与实体经济融合促进实体经济转型

人工智能作为新基建的关键部分，对于推动经济高质量发展具有重要意义。在人工智能技术发展下孕育的新产业以及与传统产业的融合必然带来新的经济增长机会。同时，实体经济的智能化程度不断提高，带来了劳动生产率和经济效益的提升，基于产业升级与结构优化，经济增长的质量得以大幅提升，有助于实现经济的常态化增长，推动国民经济平稳运行。

13.1.3.1 维持经济增长稳定

相较于前三次工业革命，以人工智能为核心的第四次工业革命，极大地提升了全要素生产率。人工智能技术落地和成果转化，本质上就是实体经济借助智能技术实现扩大再生产。人工智能与实体经济融合发展，衍生出新产品、新模式以及新业态，成为推动经济增长的重要力量，能够推动实体经济的绿色化、智能化转型，全面提升全要素生产率，对于维持经济增长稳定意义深远。人工智能与实体经济的深度融合在于实现人工智能核心产业部门和融合产业部门的良性互动，二者间的良性互动有利于深化技术赋能效应、拓展应用场景，不断优化实数融合的效果。在此过程中实现了通用技术的专用化以及技术的互补性创新，可能会引发新一轮的颠覆性技术创新，两个产业部门之间的良性互动不断产生正反馈效应，为实体经济的智能化发展注入活力。未来，随着人工智能与实体经济深度融合发展的步伐不断加快，全要素生产效率不断提升，有望推动中国经济实现高增长与低通胀并行。

13.1.3.2 促进发展质量提升

作为先进生产力的代表，人工智能技术的深入发展意味着科技革命的持续深入，技术与经济的融合发展有利于实现社会生产力跨越发展，全面提升经济发展质量。其一，运用大数据，人工智能可快速精准处理海量信息和数据，减少因数据分析失误引发的决策错误，进而让经济发展更为平稳。人工智能技术可以敏锐捕捉外部环境变化，应对外来冲击，加速部分实体产业部门适应全球化，增强实体经济的响应速度和能力，在建设开放型经济的同时增强宏观经济的稳定性。其二，人工智能技术带来的实体经济智能化发展有利于合理安排生产，提升资源配置效率，提高经济发展质量。人工智能技术要素边际产出较高，为实体经济带来技术发展红利，促使技术要素投入不断增加，可以促进整体经济生产能力的提升。其三，人工智能技术可以促进实体经济资源的合理利用，减少碳排放，实现节能环保的目标。传统的资源要素具有边际产出递减的特性，以持续投入要素换取物质财富的增加会导致资源浪费和生态破坏；但是人工智能的应用可以优化资源配置，通过要素的合理分配提高要素的利用率，从而减少资源浪费，转变经济发展模式，推动可持续发展，提升经济发展质量。

13.2 人工智能与实体经济融合的问题

海量数据资源、算力平台建设以及算法革新促使人工智能产业迈向高速发展阶段。鉴于其在产业、社会等重要领域的颠覆性作用，各国接连出台相关发展战略与政策，力求抢占优势地位。人工智能蕴含的巨大经济价值吸引了众多企业向人工智能领域转型。同时需注意到，人工智能在发展以及为实体经济赋能时，产生了若干问题，亟待积极应对（李晓华，2022）。

13.2.1 微观要素制约企业智能化改造

由于金融业的平均利润远高于实体企业，一直以来，实体企业领域存在着严重的脱实向虚问题。人工智能技术融入实体企业，有助于优化其传统经营模式，为企业转型发展筑牢根基。在人工智能与实体经济融合进程中，企业不仅要开展多层面技术创新，还要推进商业模式创新。影响人工智能与实体经济融合发展的关键在于实体企业智能化改造的微观要素缺失，其中主要包括技术、人才、资金等，这些关键要素的缺乏大大制约了人工智能在实体企业中的应用。

13.2.1.1 关键技术缺乏

人工智能与实体经济融合发展面临关键技术缺乏的困境，这在很大程度上制约了两者融合的深度和广度，进而影响了实体经济的转型升级步伐。一是核心技术存在瓶颈。我国人工智能的一些核心技术，如在芯片、算法框架等方面，与国际先进水平仍存在差距，这可能导致我国人工智能发展受到限制，依赖进口技术也存在一定的安全风险。二是技术落地难度大。人工智能技术落地难度大是由多种因素交织而成的复杂局面，严重制约了从理论研究和实验室成果向实际应用场景的转化效率与效果。在将人工智能技术从实验室转化为实际生产力的过程中，许多企业在技术应用过程中面临技术门槛高、成本投入大、实施周期长等问题，导致一些先进技术难以在实体经济中得到广泛应用。人工智能技术落地难度大是一个系统性问题，需要制定综合性的解决方案，以促进人工智能技术在实体经济中的广泛、深入和高效应用，释放其潜在的巨大价值。

13.2.1.2 科研人才短缺

科研人才匮乏是企业智能化改造过程中亟须解决的重要问题。一是专业人才短缺。当前，人工智能专业人才的供给远不能满足市场需求，人才短缺成为制约人工智能与实体经济融合发展的重要因素。传统产业中的普通劳动力与智能化操作的要求存在较大差距。智能型劳动力不足，已成为限制中国人工智能与实体经济融合发展的瓶颈问题。人工智能是一个跨学科领域，需要具备计算机科学、数学、统计学、物理学等多学科知识的复合型人才。二是人才培养体系不完善。现有的教育体系和人才培养模式难以满足人工智能快速发展的需求，国民教育体系在人工智能人才培育方面进展迟缓，滞后于智能产业的发展速度。高校和职业教育机构在人工智能专业设置、课程体系建设、实践教学环节等方面还存在不足，导致培养出来的人才与市场需求存在脱节现象。

13. 2. 1. 3　资金投入不足

成本效益问题也是企业在采用人工智能技术时的重要考量因素。研发和部署人工智能系统需要投入大量资金，包括硬件购置、算法研发、人才招聘与培训等方面的费用，当前人工智能与实体经济的融合面临严重的资金问题。一是研发投入不足。对于许多中小企业而言，前期的高额投入可能在短期内无法带来明显的经济效益回报，尤其是在市场竞争激烈、利润空间有限的情况下，企业对投资人工智能技术持谨慎态度。此外，人工智能技术的持续维护和更新也需要一定的成本支出，这使得一些企业在权衡成本与收益后，放弃了引入人工智能技术的计划。企业资金实力有限，无力支付研发费用，导致技术创新能力不足，阻碍了企业的智能化改造进程，进一步影响了人工智能与实体经济的融合深度。二是融资渠道单一。人工智能企业在发展过程中，融资渠道相对单一，主要依赖政府资金支持和风险投资。而风险投资往往更倾向于短期回报，对于一些需要长期投入和研发的人工智能项目支持力度不够，这也限制了企业的发展和技术的推广应用。

13. 2. 2　中观产业影响实数融合效果

实数融合效果与多种因素相关，作为基础的人工智能核心产业部门是促进实数融合的支撑，人工智能融合产业部门的发展状况最能体现实数融合效果。但是当前产业规划不合理、行业标准缺失以及应用场景挖掘不够等产业发展问题严重影响了实数融合效果。

13. 2. 2. 1　产业规划不合理

首先，产业布局前瞻性不足。近年来，人工智能技术持续提升且应用广泛，但智能产业发展在规划设计与布局上仍有欠缺。例如，缺乏顶层设计和整体规划经验，导致人工智能与实体经济融合遇阻。其次，产业层次发展欠佳。因为实体经济受多方挤压，利润空间有限，所以企业难以凭借技术创新提升实力；又因为自主研发团队缺失，科技成果转化难以落地，技术引领作用不强，所以传统产业占主导。最后，产业链协同不足。人工智能产业链较长，包括芯片制造、算法研发、数据标注、应用开发等多个环节，但目前各环节之间的协同合作还不够紧密，存在着信息不对称、资源浪费等问题，影响了整个产业的发展效率。

13.2.2.2 行业标准缺失

人工智能与实体经济融合涉及多个行业和领域，目前尚未建立统一的行业标准和规范，这给技术的推广应用和市场的健康发展带来了一定的障碍，例如，不同企业的人工智能产品和服务之间的兼容性与互操作性较差。首先，缺乏统一的算力标准。对于人工智能算力的定义、度量和评估缺乏统一的标准，导致市场上对算力认知存在偏差，建设方向和需求错位，也给算力基础设施的规划、建设和运营带来了困难。其次，数据标准不统一。在数据的格式、编码、标注等方面缺乏统一的标准和规范，使得不同来源的数据难以融合和共享，增加了数据处理和管理成本与难度，也影响了人工智能模型的训练和应用效果。最后，安全和伦理标准缺失。人工智能的安全和伦理问题日益凸显，但目前尚未建立完善的安全和伦理标准及监管机制。如何确保人工智能系统的安全性、可靠性和可控性，以及如何规范人工智能的开发和应用，避免对社会和人类造成负面影响，是亟待解决的问题。

13.2.3.3 应用场景挖掘不够

当前在人工智能与实体经济融合发展的进程中，一个显著的问题是应用场景挖掘不够深入。尽管人工智能技术在过去几年取得了长足的进步，并且在一些领域已经展现出了巨大的潜力，但整体而言，其在实体经济中的应用仍然存在较大的拓展空间。在更多的实体经济领域，人工智能应用场景还需要进一步挖掘和拓展，部分企业对人工智能的应用还停留在表面，未能充分发挥其潜在价值。例如，在制造业方面，许多企业仅仅将人工智能应用于生产线上简单的质量检测或者设备故障预警，尚未充分挖掘其在生产流程优化、供应链管理以及产品设计创新等方面的潜力。在产品设计环节，利用人工智能模拟消费者的使用习惯和偏好，能够开发出更符合市场需求的产品，然而这些深层次的应用场景在实际中却较少被触及。农业领域同样存在应用场景挖掘不足的情况。虽然智能灌溉、无人机植保等技术已经开始得到应用，但在农产品品质提升、农业资源精准配置以及农业生态系统监测与管理等方面，人工智能的优势尚未得到充分发挥。此外，利用人工智能技术对农产品市场价格走势进行预测，能帮助农民合理安排种植计划，提高农业生产的经济效益，但这些应用场景目前还处于探索阶段，尚未形成成熟的模式和得到广泛的应用。

13.2.3 宏观环境制约实体经济质量提升

人工智能与实体经济的深度融合需要良好的宏观环境作为坚实支撑，然而就目前的实际状况而言，却存在着一系列亟待解决的突出问题，如数据质量和安全问题、基础设施建设落后以及相关法律法规制定延迟问题。

13.2.3.1 数据质量和安全问题

在人工智能与实体经济融合发展的过程中，数据问题日益突出。数据贯穿人工智能发展的全过程，数据问题会严重影响人工智能与实体经济的融合发展。首先，数据质量参差不齐影响人工智能训练效果。人工智能的发展依赖于大量高质量的数据来训练模型，但现实中数据往往存在噪声大、标注不准确、数据缺失等质量问题，这会影响模型的准确性和泛化能力，降低人工智能系统的性能和可靠性。其次，数据安全和隐私保护问题日益突出。数据从收集到存储、传输再到使用这一过程，面临安全和隐私保护方面严峻的挑战。人工智能系统需要处理大量个人敏感信息和企业商业机密等数据，如果这些数据被泄露、篡改或滥用，将给个人和社会带来严重的损失与风险，也会阻碍人工智能技术的推广和应用。最后，数据共享存在困难。不同机构和企业之间的数据往往难以共享，因为数据所有权、隐私政策、商业利益等因素的限制，数据孤岛现象较为普遍。所以人工智能模型难以获取更全面、丰富的数据进行训练和优化，影响了人工智能技术的创新和发展以及与实体经济的融合发展。

13.2.3.2 基础设施建设落后

人工智能发展以算力等基础设施作为基本保障。首先，算力不足严重阻碍了人工智能技术的开发。随着人工智能模型的复杂度和规模不断增加，对计算能力的需求呈爆发式增长，算力瓶颈制约了人工智能技术的发展和应用。算力资源在不同地区、行业和企业之间的分布存在较大差异。一些发达地区或大型科技企业可能拥有较为充足的算力资源，而其他地区或中小企业则面临算力匮乏的困境，这限制了人工智能技术在更广泛范围内的普及和应用。其次，网络基础设施不足严重阻碍了人工智能的融合应用。人工智能应用，特别是涉及大规模数据传输和实时交互的场景，如远程医疗、自动驾驶等，对网络带宽有较高要求。当前的网络带宽可能无法满足这些应用的需求，导致了数据传输延迟、卡顿等问题，影响了人工智能系统的实时性和响应速度。最后，基础设施建设成本高昂增加了企业负担，影响了人工智能与实体经济的融合发展。建设人工智能基础设施需要大量的资金投入来购置硬件设施，除硬件投资外，人工智能基础设施还需要投入高昂的运营维护成本，给建设者和运营者带来了较大的经济压力。

13.2.3.3 相关法律法规制定延迟

人工智能的发展引发了法律和道德问题的讨论。首先，责任界定不明确。随着人工智能在各个领域的广泛应用，如智慧医疗、自动驾驶等，一旦出现问题或事故，很难明确界定责任主体是开发者、使用者还是其他相关方。其次，知识产权保护面临挑战。人工智能生成的内容，如文本、图像、音乐等，其知识产权归属尚不明确。例如，当一个人工智能系统创作了一幅绘画或一篇文章，很难确定该作品的著作权应归属于开发者、使用者还是训练数据的提供者。这给知识产权的保护和侵权认定带来了极大的困难，也影响了创作者的积极性和创新动力。最后，伦理道德规范缺失。人工智能的一些应用可能会引发伦理道德问题，如算法偏见导致的不公平决策、人工智能在军事领域的应用可能引发的人道主义危机等，但目前缺乏相应的法律法规规范和引导人工智能的开发与应用，以确保其符合人类的伦理道德标准。人工智能应用具有共享、外部及不确定等特性，致使在应用中发生生产责任事故时，责任界定存在困难。智能产品的责任也存在模糊之处，并且还会涉及隐私权保护以及网络安全等问题，都需要加快法律法规的建设。

13.3 人工智能与实体经济融合的对策

人工智能应用领域广泛，已在多个实体经济领域得到应用。在微观企业层面，越来越多的企业开始认识到人工智能的重要性，并积极投入资源进行相关技术的研发与应用。无论是大型企业还是中小企业，都在探索如何将人工智能融入自身的业务流程，以提升竞争力和创新能力。机器学习、自然语言处理等人工智能技术的不断发展和突破，为人工智能与实体经济的融合提供了更强大的技术支撑，使得人工智能能够更好地理解和处理复杂的现实问题，从而创造出更多有价值的应用场景。但是企业囿于技术、人才、资金等要素的缺乏，人工智能技术的开发和应用受到阻碍。在中观行业层面，中国已形成覆盖基础层、框架层、模型层和应用层的完整人工智能产业体系，为实体经济各领域的智能化转型提供了丰富的产品和服务。人工智能技术与产业深度融合发展，如制造业中的生产流程优化、设备故障预测性维护，农业的精准种植、病虫害预测等，由于产业发展缺乏前瞻性布局，实数融合的效果大打折扣。在宏观经济体层面，人工智能与实体经济深度融合，深刻地改变了生产和服务模式，推动了我国实体经济转型升级，促进了实体经济效率提升和质量提高。但是由于当前包括制度在内的宏观环境的束缚，人工智能与实体经济融合发展仍有较大进步空间。对于当前人工智能与实体经济融合发展中存在的问题，需要从微观、中观、宏观三个层面加以改善。

13.3.1 企业层面满足微观发展要素

推动人工智能与实体经济在微观层面的融合以及实体企业的智能化改造，需要发挥企业关键性作用，强化人工智能对实体企业的赋能作用，逐步推动企业实现转型升级。就我国目前人工智能与实体经济深度融合的情况而言，众多企业因资金和人才匮乏等问题，在人工智能的运用与开发方面面临较大困难。为更好推进人工智能技术与实体企业融合发展，需要积极解决企业在智能化改造中面临的技术、人才、资金等要素问题。

13.3.1.1 加强技术创新

一是要加大研发投入。政府和企业应持续增加对人工智能核心技术研发的资金支持，鼓励科研机构和企业开展基础研究与关键技术攻关，提高我国在人工智能领域的自主创新能力。发挥政府的引导作用，不断加强对人工智能技术及其相关应用的研发投入，聚焦关键领域，推动人工智能与实体经济的深度融合。二是要推动技术转化。建立产学研用协同创新机制，加强高校、科研机构与企业之间的合作，加速人工智能技术从实验室到市场的转化过程，降低企业应用技术的门槛和成本；积极推动该企业对人工智能技术的应用，通过政企合作的方式，多方探寻人工智能应用的路径；不断完善科研机制，帮助建立企业和政府的联动机制，结合政策方向和市场需求加快科技成果转化，加强人工智能技术的商业化应用。

13.3.1.2　培育人才队伍

一是要加强专业人才培养。优化高校和职业教育机构的专业设置与课程体系，增加人工智能相关专业的招生规模，加强实践教学环节，培养更多适应市场需求的复合型人才。针对关键创新需求，需推动各高校开展以人工智能与实体经济融合的高水平基础研究；同时鼓励和促成各机构间的合作，如引导科研院所和高校共同开展研究，与企业进行产学研合作。二是要开展人才培训与再教育。针对现有的企业员工和专业技术人员，开展人工智能知识和技能的培训与再教育，提高其对人工智能技术的认知和应用能力，满足企业智能化转型的人才需求。人才队伍建设是一个长期过程，只有长久投入资源，创建良好的创新生态，才能确保我国在人工智能领域处于国际领先地位。三是要引进海外人才。制定优惠政策，招揽海外人工智能高端人才归国创业就业，为我国人工智能产业的发展注入新的活力。

13.3.1.3　完善资金管理

一是要拓宽融资渠道。鼓励金融机构创新金融产品和服务，为人工智能企业提供多元化的融资支持，如设立人工智能产业基金、开展知识产权质押贷款等；同时，引导社会资本加大对人工智能领域的投资力度，以缓解企业融资难题；积极探索除银行贷款外的多样化融资途径，满足企业智能化改造所需资金。二是要加强政府资金引导。政府应进一步加大对人工智能产业的资金投入，特别是在基础研究、共性技术研发、应用示范等方面，发挥财政资金的引导作用，针对长期性、基础性和高风险性的研发活动制定保障策略，带动更多社会资源投入人工智能与实体经济融合发展中。此外，政府应当完善相关政策体系引导资金流向，推动人工智能和智能制造领域企业的发展，在合理的政策激励下推动金融机构业务的拓展。

13.3.2 产业层面迎合中观发展趋势

为加快推进人工智能技术在传统产业中的应用，应当重点关注产业链和供应链发展，提升现代化水平，加速传统产业转型，不断拓展人工智能在制造业、农业和服务业的应用场景，发挥技术赋能作用，加快科技成果转化。推动人工智能与实体经济深度融合发展需要着力解决中观层面产业规划、行业标准以及应用场景的问题。

13.3.2.1 合理进行产业规划

为推进人工智能与实体经济融合发展，将先进技术转化为现实生产力，需要根据市场需求进行合理规划。要达成二者联动发展，政府应进行整体布局，明确方向，推进重大项目建设，培育行业内龙头企业，加速产业发展。政府产业规划需要因地制宜，在国家人工智能产业规划的基础上，结合区域内人工智能基础、产业发展状况以及未来发展前景，重点布控优势产业，发挥龙头企业的示范作用，建设产业园区，推动实体经济产业升级。在产业规划时注重考虑产业链协同问题，加强人工智能产业链各环节之间的沟通与合作，建立产业联盟或创新共同体，实现资源共享、优势互补，提高整个产业链的协同创新能力和发展效率。

13.3.2.2 制定行业标准

加快制定人工智能与实体经济融合的行业标准和规范，对于数据格式、技术要求等建立统一的标准，提升不同产品之间的兼容性，建立全国统一的市场规范，推动市场的健康发展。同时，需要注重行业标准的实施与推广。通过加强对人工智能与实体经济融合发展行业标准的宣传和推广，提高企业和从业人员对标准的认知度和理解度，促进标准的有效实施。选择部分具有代表性的企业或项目作为试点，率先应用行业标准，积累实践经验，供行业参考借鉴，推动标准在全行业的推广应用。为了适应人工智能技术和实体经济的动态发展，行业标准需要适时更新，建立动态更新机制，定期对行业标准进行实时修改，及时纳入新的技术和应用需求，确保标准的时效性和适应性。

13.3.2.3 深度挖掘应用场景

应用场景的挖掘要结合政策导向和市场需求。一是要加强政策解读与响应。深入研究国家和地方的产业政策，了解政府对人工智能与实体经济融合的支持方向。企业可以根据政策导向，挖掘在自己生产环节中可以应用人工智能的场景，以获得政策支持并提升自身竞争力。响应政府的重点项目和战略规划。企业可以挖掘人工智能在政府积极推进的重点项目中的应用场景，与政府合作推动人工智能的融合发展。二是要洞察市场需求与产品创新。开展市场调研，了解消费者对产品和服务智能化的需求，从市场竞争角度出发，挖掘差异化的应用场景。当竞争对手都在关注某一传统应用场景时，企业可以通过创新，寻找新的细分市场。例如，在金融服务领域，当大多数银行都在利用人工智能进行信用风险评估时，一些金融机构可以挖掘利用人工智能进行金融产品创新设计的场景，如开发基于人工智能算法的个性化理财产品，以吸引更多客户。

13.3.3 经济体层面创造宏观发展环境

数据使用、基础设施建设以及传统监管模式同人工智能与实体经济融合发展之间存在着不匹配的问题，为推动人工智能与实体经济的融合，需要通过维护数据安全、加快基础设施建设以及加强人工智能监管等措施营造良好的发展环境，建立多层次、全方位的支撑体系以推动人工智能与实体经济的有效融合。

13.3.3.1 着重维护数据安全

人工智能与实体经济融合发展需要遏制数据泄露等恶性事件的发生，促进数据要素的正常使用，防范数据安全问题，对此，要加强数据管理，建立健全数据质量管理体系，提高数据的准确性和完整性；同时，对于数据安全和隐私保护问题，应当加快法律体系建设，在技术层面运用数据保护手段，引导数据的合法、安全使用。通过政府主导健全管理机制，强化监管以及建设。政府应加快构建质量体系标准，明确准入条件，营造规范有序的联动环境；积极推进数据平台建设，推动数据采集、交易与共享一体化发展，实现各领域、各部门数据的统一管理、认证与交换，积极推动数据的自主采集与开放。

13.3.3.2 加快基础设施建设

人工智能技术应用需以网络普及和大数据运用为前提，加速基础设施建设，实现互联网全覆盖，使人工智能应用成为可能。当前，我国正在全力加快5G基站以及算力中心建设。从中心城市向全国范围拓展，尤其注重强化西部地区的网络基础设施建设；与此同时，提升全国性网络大数据中心的建设速率，遵循合理合法原则，积极推动数据中心的权限开放，拓展人工智能的应用领域，使其切实服务于实体经济发展，凭借基础设施建设推动人工智能与实体经济融合发展。

13.3.3.3 加强人工智能监管

随着人工智能与实体经济融合加深，其安全隐患也日益凸显。人工智能正在迅速融入各实体领域，但是法治建设仍然处于起步阶段并落后于技术运用，因此，需强化对人工智能产品的安全监管，对产品研发与推广进行严格的规范，对存在安全风险的人工智能产品与服务展开追责行动，同时进一步健全相关法律法规体系。构建人工智能安全指标评估体系，为企业提供明确评估指引，帮助企业等应用主体更精准地把控人工智能应用风险，从源头防范风险，也为企业的安全决策以及法院裁决相关案件提供参考依据和衡量标准。

14 中国人工智能产业竞争力评价研究

当前人工智能新技术不断涌现，技术红利的加速释放对经济社会发展产生深刻影响，产业发展由过去以单项技术应用的平面式结构转向以多个技术交互应用的空间式结构。在人工智能技术的驱动下，社交媒体、电商平台等领域生产海量文本、图像、视频等数据，数据量的爆炸式增长为人工智能模型的训练提供生产力要素，算法大模型应运而生。预训练大模型在海量数据的学习训练后具备良好的通用性和泛化性，使企业的科技研发趋于标准化，显著降低人工智能应用门槛，因此大模型成为人工智能应用落地的重要工具。深度学习是人工智能的基本算法，深度学习平台为大模型的开发与训练提供基础支撑，大模型与深度学习平台的协同作用贯穿技术研发到场景应用的人工智能全产业链，夯实产业智能化基座，将加速产业智能化升级。数据量激增与算法模型迭代对算力设施提出更高要求，算力走向多元化发展阶段。数据、算法和算力是人工智能的三大要素，三者深度融合带来场景多样化，对人工智能发展提供正向推动力。

人工智能应用规模扩大，加速产业结构升级。人工智能技术在消费互联网领域发展速度较快，生活水平的提高使消费者对个性化、智能化产品和服务的需求不断增加，这种需求推动人工智能在智能家居、电商、娱乐等领域的应用规模不断扩大，智能推荐、视觉识别、语音助手等智能技术已深度应用至电商、社交、资讯等消费互联网平台以及手机、无人机等消费终端，并加速与核心业务进行整合。智能技术已逐步向行业领域渗透，企业为提高生产效率、降低生产成本、提高企业竞争力，更偏好于积极投入人工智能技术应用。例如，在制造业中，人工智能技术可以实现智能化生产和质量监测；在金融领域，人工智能技术能够进行风险评估，为企业投资决策提供考量；在交通运输领域，智能交通系统可以提供实时交通流量，提高出行效率；在医疗领域，智能医疗诊断系统有助于提高医疗诊断的准确性和效率。人工智能技术与行业的深度融合催生了智能化产业，满足了消费者的需求，人工智能已全面覆盖社会运行的基本要素，提升了传统行业高附加值产品比重，内生化提高了全局运转效率。同时，应用规模扩大为人工智能技术的升级提供了正向激励作用，丰富了人工智能在相关领域的大规模应用场景。

14.1 文献评述

14.1.1 技术突破与人工智能产业发展

技术突破与经济发展始终协同演进，新技术的产生、应用、迭代过程引致经济发生“质变”（李海舰、李燕，2020）。每次技术革命都是由一系列相互关联的创新技术、产品和产业构成的集群式变革，技术革命推动经济社会的快速发展（佩雷斯，2007）。作为第四次工业革命的引擎，人工智能技术基于网络世界、物理世界、经济社会等多维空间互动生成数据智能，驱动万物互联智能化发展，数字经济逐渐向智能经济演进（刘刚、刘晨，2020；李海舰、李燕，2020）。人工智能是一种通用目的技术，因此其具备通用目的技术的一般特征。其一，人工智能技术能够被广泛应用于各个领域（李玉花等，2024）；其二，人工智能促进生产率提高，重塑传统生产方式（姚加权等，2024；郭凯明，2019）；其三，人工智能的自学习效应、基础设施外溢效应促进前沿技术的产生和传统技术的升级；其四，人工智能催生新业态和新模式，推动产业结构转型升级（郭凯明，2019）。从技术的产业周期来看，任何技术从研发、渐进、应用到创造价值都需要经历“概念化—商业化—产业化”三个阶段（董天宇、孟令星，2022），随智慧城市、智能制造、智慧农业等融合型应用的发展，我国人工智能技术已由初步落地的概念化阶段、应用试点的商业化阶段过渡至全面渗透的产业化阶段。人工智能产业包括人工智能技术产业与人工智能融合产业两大板块，人工智能技术产业是以人工智能技术为主导，随人工智能演进形成的“技术创新池”催生的新产业群；人工智能融合产业是人工智能渗透至各产业部门催生的融合型智能化产业。人工智能产业通过人工智能技术创新与互补式技术创新的乘数效应引致更多战略性新兴产业的产生，形成智能化现代产业体系（胡俊、杜传忠，2020）。

14.1.2 人工智能产业竞争力的评价研究

目前，关于人工智能产业竞争力的文献相对较少，现有研究主要将人工智能作为高新技术的核心内容，以高新技术产业为主体进行测度评价。已有文献主要将研究视角聚焦于高新技术产业测算与高新技术产业竞争力两个方面。一是高新技术产业测算。何郁冰等（2023）从生态效率视角搭建"同化—生长—利用"的三阶段高技术产业创新生态系统效率评价体系，指出高技术产业间存在差异化和两极化现象。杨威和王姣姣（2023）运用复杂网络分析法分析中国高技术产业区域空间关联特征，研究发现高技术产业存在明显空间溢出效应。何龙斌等（2021）使用高技术产业统计数据，分行业与区域测算我国高技术产业空间格局演变特征，得出高技术产业能够发挥其乘数效应带动区域内相关产业发展的结论。王鹏和吴思霖（2020）从全国及区域层面探讨了我国高技术产业的空间溢出效应，发现高技术产业集聚存在显著空间溢出效应，溢出方向差异引致沿海地区分散化集聚，内陆地区集中化集聚。部分学者还对我国高技术产业的省域分工地位（万科等，2024）、产业升级能力（宋晓明等，2023）、产业政策绩效（俞立平，2020）进行了测算研究。二是高新技术产业竞争力的评价研究。邱格磊和陈伟（2023）以科技研发生产要素在价值链不同环节的配置效率为基准，构建基于价值链视角的高技术产业核心竞争力评价体系，指出我国高技术产业核心竞争力在区域间、环节间存在显著差异。杨武和田雪姣（2018）构建古典循环和增长率循环合成指数，测算发现高技术产业竞争力对科技创新的影响作用整体呈倒"U"形关系。徐传谌和周渤（2014）从产业规模、生产效率、创新能力三个方面对高技术产业竞争力进行测算分析，指出我国高技术产业规模竞争力、创新竞争力逐年增强，效率竞争力是高技术产业竞争力发展中的瓶颈。倪红福和王晓星（2024）基于增加值出口的显性比较优势指数对高技术产业竞争力进行测算，研究发现电子设备与电气设备制造业的竞争力较强。

综上所述，现有相关文献包含以下三点内容：其一，技术的演进是人工智能产业的核心内容，技术特征与融合应用是人工智能产业发展的关键所在；其二，人工智能产业是一个复合概念，包含人工智能技术产业和人工智能融合产业；其三，人工智能产业及其竞争力的评价研究主要以高新技术产业为主体展开，鲜有文献界定人工智能产业的具体范围并探究其产业竞争力。人工智能是发展新质生产力的重要引擎，在当前由人工智能技术发展转向技术和产业深度融合的发展阶段，亟须解构技术特征与人工智能产业发展关系、探究人工智能产业竞争力发展现状，为"人工智能+"行动打造数字产业集群提供参考。本章在技术解构视角下对人工智能产业竞争力进行评价，丰富了现有相关研究内容。

14.2 人工智能产业竞争力的内涵与评价维度

14.2.1 人工智能产业竞争力的内涵

人工智能是引领新一轮科技革命和产业变革的战略性技术，人工智能技术的演进是人工智能产业发展的关键。布莱恩·阿瑟在《技术的本质》一书中提出了三个基本原理，即技术的组合、现象和递归。技术的组合是指任何技术均由部件、集成件或系统组件构建或组合而成；现象是指任何技术都会利用或开发某种现象；递归则是指技术的每个组件自身也是微缩的技术。根据《国家人工智能产业综合标准化体系建设指南（2024版）》，人工智能产业链包括基础层、框架层、模型层、应用层四个部分，故从技术的本质入手，人工智能产业链各部分满足组合、现象与递归特性。基础层即广义人工智能的含义，由数据、算力和算法构成，包括芯片、大数据技术、计算服务等，为人工智能产业提供算力支撑和数据服务。框架层主要为深度学习框架和工具，包含通用技术和开发平台；模型层主要为大模型技术与产品，包括自然语言处理、图谱等大模型内容，框架层与模型层是人工智能产业的核心技术，也是开发并利用技术的现象组合。应用层主要为人工智能技术在行业场景中的应用，涵盖教育、医疗、金融、制造等多个领域，是人工智能产业的直观形态。因此，从技术视角上看，可将人工智能产业界定为多元关键核心技术开发并协同作用的现象的集合，人工智能产业链上属于基础层、框架层、模型层的组织构成人工智能技术产业，而框架层、模型层、应用层的组织构成人工智能融合产业。

人工智能产业竞争力体现为人工智能产业在不同区域上的比较优势，任何一个分析对象都能够根据其所处地理位置与所属行业搭建竞争力分析矩阵（陈柳钦，2005）。从人工智能产业链来看，基础层的竞争力体现在为人工智能产业提供大数据技术、算力基础设施的能力，框架层与模型层的竞争力体现在为人工智能产业供给核心技术、生产前沿产品的能力，应用层的竞争力则体现在提高人工智能产业应用场景的能力。从技术视角上看，人工智能竞争力的深刻内涵是技术的升级；从组合特性来看，人工智能是由多种技术模块组合而成的复杂系统，其自学习效应使其可对内部的技术组合进行优化和升级，为技术间的交叉组合提供资源整合优势；从递归特性来看，人工智能的核心组件具有知识密集型特征，人工智能内部技术组件之间相互嵌套、协同作用，每个组件技术的不断创新都会带动整个人工智能系统的升级，形成人工智能产业的技术比较优势，即技术竞争力；从现象特性来看，人工智能的特性能够开发并自主迭代，通过复杂的系统结构和大量的数据训练对各种现象与效应进行挖掘，开拓新的应用场景和创造新的价值，为人工智能产业带来竞争优势。因此，人工智能产业竞争力可总结为驱动技术开发利用并拓展应用场景的能力，由人工智能技术竞争力与人工智能融合竞争力构成。

14.2.2 人工智能产业竞争力的评价维度

人工智能产业创新度。人工智能技术进步驱动人工智能技术产业竞争力的提高。熊彼特指出技术进步分为发明、创新与扩散三个阶段，“创造性毁灭”是经济持续增长的动力，故创新活动是人工智能技术产业竞争力的核心。技术创新活动可分为技术多样化与技术专一化（冉征、郑江淮，2024），技术多样化有利于企业拓展市场领域，不同技术领域之间产生的协同效应可以整合多种技术创造新产品、新服务，降低单一技术领域衰退带来的可能性风险。技术专业化则表示企业专注于某一特定技术领域，专业知识技能和资源投入均集中到特定技术领域，有利于企业提高资源配置效率。由技术多样性和技术转移性衡量的创新结构性变化能够反映产业创新的偏向，分析人工智能技术产业竞争力。因此，本章将人工智能技术多样化、人工智能技术专业化作为人工智能产业创新度的子维度。

人工智能产业复杂度。人工智能是多种智能技术组成的技术系统，人工智能融合产业由人工智能技术与各行业场景融合应用而产生。技术与应用行业的相互渗透形成交叉网络，该交叉网络即为技术与应用行业的复杂关系，因此技术复杂度与应用行业复杂度能够反映人工智能融合产业的发展现状。技术复杂度联动多个技术领域，催生更多的融合型产业与复合应用场景，提高企业技术壁垒，形成相对竞争优势。应用复杂度辐射多个行业场景，意味着人工智能技术能够满足多元市场需求，激励企业不断升级自身技术水平以满足愈加复杂的应用场景，拓展人工智能融合发展空间。由技术复杂度和应用复杂度衡量的复杂关系能够反映人工智能与实体经济的融合程度，分析人工智能融合产业竞争力。因此，本章将人工智能技术复杂度与人工智能应用复杂度作为人工智能产业复杂度的子维度。

14.3 中国人工智能产业竞争力的评价指数构建

14.3.1 数据来源与选取原则

本章使用 2010—2021 年上市公司关键核心技术专利申请授权数据、上市公司关键核心技术专利被引用数据作为代理变量构建相关指标。具体而言，使用国家知识产权局专利申请授权数据与专利被引用数据与上市公司信息进行匹配，筛选后结果根据关键核心技术进行匹配，得到上市公司关键核心技术专利申请数、专利被引用数信息。上市公司信息数据来自国泰安数据库（CSMAR），缺失信息根据企查查补充，关键核心技术分类根据《关键数字技术专利分类体系（2023）》中各一级技术分支进行编码匹配。

数据选取基于以下两点考虑。其一，人工智能是一个多元技术交互的复杂体系，是关键核心技术的相互融合。人工智能专利是人工智能产业技术创新成果的重要载体，专利数量及变化趋势可以反映人工智能产业技术的最新动态，拥有高价值专利的一方更容易占据技术优势地位（张朝辉等，2023），关键核心技术专利包含新型基础设施、前沿技术成果信息，同时能在一定程度上体现创新人才与创新资本投入，因此本章使用关键核心技术匹配专利数据，获取企业层面的人工智能专利申请授权数据。其二，前沿技术的产业联盟促进企业进行知识交流与资源交换，是推动产业提高产出、实现产业转型升级的重要途径（杨震宁等，2022）。人工智能产业间的知识交流是驱动产业发展、提高产业竞争力的重要途径。专利引用能够反映知识在不同主体间的流动，揭示产业间的技术关联程度，因此本章使用关键核心技术的专利引用数据作为人工智能产业知识交互的代理变量。

14.3.2 指标构建

人工智能产业创新度。显性技术优势指数可以反映地区技术专业化模式如何随时间的推移发生变化，因此本章使用显性技术优势指数反映人工智能产业创新。人工智能产业创新度由人工智能技术多样化与人工智能技术专业化两部分构成，这两部分指标可以由显性技术比较优势的跨期变化进行识别（冉征、郑江淮，2024）。显性技术比较优势指数为：

$$RTA_{ijt} = \frac{P_{ijt} / \sum_{j} P_{ijt}}{\sum_{i} P_{ijt} / \sum_{i,j} P_{ijt}} \tag{14-1}$$

其中，i 代表区域，j 代表专利所属技术领域，t 代表年份。P_{ijt} 为第 t 年 i 区域在 j 技术领域的专利申请授权数，RTA_{ijt} 为显性技术比较优势指数，表示第 t 年 i 区域在 j 技术领域专利中的份额与全国范围内该技术领域专利份额的比值，当一个区域某一特定技术领域没有专利时，RTA 的数值为 0，当一个区域在该技术领域拥有专利份额与全国该技术领域专利份额相等时，RTA 的数值为 1。根据现有研究（Balland P. A. et al.，2020）的跨期识别方法，当区域上一期显性技术比较优势指数小于 0.1、当期显性技术比较优势指数大于等于 1 时，该地区在该技术领域进行多样化创新活动；当区域的跨期显性技术比较优势指数均大于等于 1 时，该地区在该技术领域进行专业化创新活动。具体如下：

$$AIdiv_{ijt} = \begin{cases} 1, RTA_{ijt-1} < 0.1 \ \& \ RTA_{ijt} \geqslant 1 \\ 0, else \end{cases} \tag{14-2}$$

$$AIspe_{ijt} = \begin{cases} 1, RTA_{ijt-1} \geqslant 1 \ \& \ RTA_{ijt} \geqslant 1 \\ 0, else \end{cases} \tag{14-3}$$

其中，$AIdiv_{ijt}$ 为 i 区域 j 技术领域的多样化创新活动，$AIspe_{ijt}$ 为 i 区域 j 技术领域的专业化创新活动。因此，各年份的区域人工智能技术多样化总量 AId_{it} 与区域人工智能技术专业化总量 AIs_{it} 分别为：

$$AId_{it} = \sum_{j} AIdiv_{ijt}; AIs_{it} = \sum_{j} AIspe_{ijt} \tag{14-4}$$

人工智能产业创新度指标为 AId_{it} 与 AIs_{it} 之和，根据跨期识别条件可知，人工智能产业创新度是一个结构性概念，故人工智能产业创新的分析应以技术多样化或技术专业化的结构性变化为主。

人工智能产业复杂度。人工智能技术与各行业深度融合形成复杂关系网，因此人工智能产业复杂度反映“技术与技术联动—技术与行业融合—行业与行业互动”的三维空间作用。本章使用专利引用数据作为技术与行业间知识交流的代理变量，构建人工智能技术复杂度与人工智能应用复杂度指数。人工智能产业复杂度指数构建主要分为以下 4 步。

（1）技术参与度与应用融合度

构建“核心技术—行业应用”的模糊关系矩阵，关键核心技术集合为 $\boldsymbol{I}=\{i_1,i_2,\cdots,i_m\}$，行业应用集合为 $\boldsymbol{H}=\{h_1,h_2,\cdots,h_n\}$，则“核心技术—行业应用”之间的关系可分为技术参与度（P_{tech}）和应用融合度（P_{appl}）两个方面。技术参与度（P_{tech}）为某一特定行业在互动中涉及的关键核心技术种类占所有技术种类的份额，反映不同技术参与应用的程度；应用融合度（P_{appl}）为某一特定技术领域在互动中关联的行业种类占所有行业种类的份额，反映不同行业融合应用的程度。“核心技术—行业应用”模糊关系矩阵如表 14－1 所示。

表 14－1 “核心技术—行业应用”模糊关系矩阵

关系程度数据（P_{tech} 或 P_{appl}）		$\boldsymbol{I}$			
		i_1	i_2	…	i_m
$\boldsymbol{H}$	h_1	p_{11}	p_{21}	…	p_{m1}
	h_2	p_{21}	p_{22}	…	p_{m2}
	⋮	⋮	⋮	⋱	⋮
	h_n	p_{n1}	p_{n2}	…	p_{nm}

（2）人工智能技术复杂度

人工智能是一个复杂的技术系统，构成人工智能的每个技术元素均能够应用于多个行业，因此人工智能技术的应用具有复杂性。技术复杂性通常有两种度量方法，一种是采用反映多样性的指数近似复杂性，另一种是在系统科学范式下变换多样性指标进行测度。借鉴现有研究（李依菲、刘刚，2024）思路，构建如下人工智能技术复杂度指数：

$$TC_{ij,t}=\sum_m\left[\frac{Pcit_{mij,t}/\sum_j Pcit_{mij,t}}{\sum_m\left(Pcit_{mij,t}/\sum_j Pcit_{mij,t}\right)}\times P_{tech,mi}\right] \qquad (14-5)$$

其中，$TC_{ij,t}$ 为 t 年 i 区域 j 技术领域的技术复杂度，$Pcit_{mij,t}$ 为 t 年 i 区域 m

行业中 j 技术领域的专利引用数，$P_{tech,mi}$ 为 t 年 i 区域 m 行业的技术参与度。

（3）人工智能应用复杂度

与人工智能技术复杂度的构建思路一致，将测算视角由技术领域变换至行业层面。具体如下：

$$AC_{im,t} = \sum_j \left[\frac{Pcit_{mij,t} / \sum_m Pcit_{mij,t}}{\sum_j (Pcit_{mij,t} / \sum_m Pcit_{mij,t})} \times P_{appl,ji} \right] \tag{14-6}$$

其中，$AC_{im,t}$ 为 t 年 i 区域 m 行业的应用复杂度，$P_{appl,ji}$ 为 t 年 i 区域 j 技术领域的应用融合度。

（4）人工智能产业复杂度

人工智能产业复杂度（$AII_{i,t}$）由人工智能技术复杂度与人工智能应用复杂度构成：

$$AII_{i,t} = \sum_j TC_{ij,t} + \sum_m AC_{im,t} \tag{14-7}$$

14.4 中国人工智能产业竞争力的评价结果

14.4.1 人工智能技术产业竞争力

本章以人工智能产业创新度作为人工智能技术产业竞争力的代理变量，根据式（14－1）至式（14－4），计算2010—2021年全国及省级人工智能产业技术多样化、人工智能技术专业化、人工智能产业创新度，全国层面计算结果如表14－2所示。

表14－2　2010—2021年全国及省级人工智能产业创新度及其构成元素计算结果

年份	人工智能产业技术多样化	人工智能技术专业化	人工智能产业创新度
2010	1	1641	1642
2011	0	1698	1698
2012	2	1663	1665
2013	0	2057	2057
2014	2	2118	2119
2015	4	1886	1890
2016	3	2381	2384
2017	9	2988	2997

续表

年份	人工智能产业技术多样化	人工智能技术专业化	人工智能产业创新度
2018	3	3343	3346
2019	2	3996	3998
2020	3	4484	4487
2021	0	3079	3079

由表 14－2 可知，我国人工智能技术多样化随着时间的推移呈先上升后下降的趋势，2017 年是人工智能技术多样性的倒“U”形拐点。人工智能技术专业化的变化趋势呈“前期缓慢增长，后期快速追赶”的两阶段增长趋势。具体而言，2010—2015 年是人工智能技术专业化的缓慢增长期，这一阶段人工智能技术发展处于初步发展时期，科技公司相继成立，图形处理器、人工智能芯片等算力硬件设备开始出现，使大规模数据处理和复杂模型训练成为可能，此阶段数据规模、算力基础设施等人工智能关键部分稳步发展，推动企业进行技术专业化尝试。2016—2020 年是人工智能技术专业化的快速追赶时期，这一时期互联网、物联网等快速发展提供海量数据，为人工智能算法模型的训练提供了丰富的生产要素，人工智能算法在此阶段实现飞速发展，企业技术专业化已成为生产经营的主要创新途径。样本期内的人工智能产业创新度主要来自技术专业化活动，技术多样性对人工智能产业创新度的贡献近乎为零。技术领域关联性是出现此结果的可能性原因，人工智能是一个复杂的技术系统，其发展源于内部技术的升级与交互应用，使相关企业的每次创新活动均呈现出专业化特征。此外，2021 年的计算结果较上一年有明显下降，主要原因在于专利数据的时滞性，2021 年可收集到的专利数据可能并非当年完整专利情况，因此 2021 年作为本章分析的辅助参考。

表 14－3　2012 年、2015 年、2018 年、2021 年省级人工智能产业创新度计算结果

地区	2012 年	2015 年	2018 年	2021 年
上海	87	67	299	184
云南	10	13	11	16
内蒙古	13	8	11	11
北京	282	193	452	515
吉林	14	12	17	23

续表

地区	2012 年	2015 年	2018 年	2021 年
四川	32	96	72	53
天津	23	18	36	18
宁夏	6	6	11	4
安徽	66	69	70	120
山东	74	71	98	165
山西	12	10	14	17
广东	352	338	833	782
广西	7	11	3	10
新疆	4	13	8	17
江苏	209	353	263	391
江西	33	30	40	21
河北	23	9	54	42
河南	37	9	39	33
浙江	143	228	471	242
海南	1	3	3	3
湖北	17	60	141	71
湖南	50	70	78	69
甘肃	12	8	13	10
福建	60	39	137	125
西藏	1	2	7	2
贵州	9	10	24	10
辽宁	26	40	42	33
重庆	35	30	35	20
陕西	14	9	48	53
青海	5	6	7	4
黑龙江	8	19	9	15

由全国层面计算结果可知，技术多样性对人工智能产业创新度的贡献较小，其数值与技术专业化数值接近，故进一步分析省域层面人工智能产业创新度，考虑文章篇幅，正文中仅展示 2012 年、2015 年、2018 年、2021 年的计算结果。根据表 14 -3 结果，从发展水平上看，样本期内北京、广东、江苏、浙江的人工智能产业创新度较高，各年份数值均达到

100 以上；内蒙古、宁夏、海南、西藏、青海的人工智能产业创新度较低，各年份数值均不足发展水平较高省份的 10%。从发展变化上看，样本期内各省份人工智能产业创新度呈波动上升趋势，绝大部分省份 2021 年的人工智能产业创新度水平高于 2012 年水平。具体来看，上海、山东、广东、新疆、湖北、福建、陕西的人工智能产业创新度增长最快，增长率均达到 50% 以上；内蒙古、天津、宁夏、江西、河南、甘肃、重庆、青海的人工智能产业创新度均为负向增长。该结果的可能性原因是，人工智能产业创新度较高的省份位于京津冀区域、长三角区域及珠三角区域，经济发展较快，具有充足的创新资源与创新人才，同时该区域是科技型公司较为密集的区域，使该区域形成“人工智能创新池”，因此人工智能产业创新度较高；人工智能发展较慢的省份创新资源较匮乏，对智能企业的吸引力较弱，导致该区域人工智能创新度发展存在壁垒。

14. 4. 2 人工智能融合产业竞争力

本章以人工智能产业复杂度作为人工智能融合产业竞争力的代理变量，根据式（14 –5）至式（14 –7），计算 2010—2021 年全国及省级人工智能技术复杂度、人工智能应用复杂度、人工智能产业复杂度，全国层面计算结果如表 14 –4 所示。

表 14 –4 2010—2021 年全国及省级人工智能产业复杂度及其构成元素计算结果

年份	人工智能技术复杂度	人工智能应用复杂度	人工智能产业复杂度
2010	16. 5666	5. 5811	22. 1478
2011	15. 7232	7. 2075	22. 9307
2012	17. 1947	7. 6799	24. 8746
2013	15. 5288	7. 8331	23. 3619
2014	16. 8207	9. 4486	26. 2693
2015	16. 6513	8. 3770	25. 0282
2016	17. 3424	9. 5398	26. 8822
2017	17. 4248	10. 0306	27. 4554
2018	17. 0415	9. 8153	26. 8567
2019	18. 4369	9. 6298	28. 0668
2020	19. 1388	10. 7240	29. 8628
2021	17. 8043	8. 4621	26. 2663

由表 14－4 可知，2010—2021 年我国人工智能技术复杂度、人工智能应用复杂度、人工智能产业复杂度稳步增长。具体而言，人工智能技术复杂度呈两阶段增长趋势，2010—2015 年，人工智能技术复杂度波动变化，此阶段人工智能相关技术处于探索性创新阶段，技术的联动性集中于特定的几类技术领域内；到 2016—2020 年，人工智能技术复杂度开始平稳上升，此阶段人工智能相关技术相互渗透，构成技术网络，因此人工智能技术复杂度在此阶段开始提升。人工智能应用复杂度则呈现出先增长、后平稳的两阶段趋势，2010—2014 年，人工智能应用复杂度持续增长，这一阶段是智能技术向各行业快速渗透的阶段，技术创新的外溢性提高各行业对智能技术的需求，应用复杂度快速增长；到 2015—2020 年，智能技术已渗透至大部分行业，个别人工智能技术使用率低的行业与其行业特征相关，如卫生和社会工作行业，该行业对智能技术的需求与其他行业相比较小，故技术应用的复杂性开始呈平稳趋势。人工智能产业复杂度在样本期内呈波动上升趋势，其中人工智能应用复杂度对人工智能产业复杂度绝对水平的贡献较大，人工智能技术复杂度对人工智能产业复杂度相对增长趋势的贡献较大。

为进一步分析省域人工智能产业复杂度，考虑文章篇幅，正文中仅展示 2012 年、2015 年、2018 年、2021 年的计算结果，同上文所述，2021 年作为辅助参考年份。如表 14－5 所示，从发展水平上看，样本期内，上海、北京、广东、江苏、浙江的人工智能产业复杂度较高，四川、山东、湖北、福建紧随其后，人工智能产业复杂度平均水平均达到 16 以上；宁夏、海南、西藏、青海人工智能产业复杂度较低，平均水平均未达到 1。从增长趋势上看，广西、西藏、青海、黑龙江的人工智能产业复杂度增长最快，均达倍数增长，而云南、天津、山西的人工智能产业复杂度增长最慢，均为负向增长。人工智能产业复杂度较高的省份处于科技产业发展较快的地区，算力基础支撑、算法人才供给较充足，促进人工智能与实体经济深度融合；人工智能产业复杂度较低的省份虽绝对水平较低，但保持正向增长态势，故长远发展情况向好。

表 14－5　2012 年、2015 年、2018 年、2021 年省级人工智能产业复杂度计算结果

地区	2012 年	2015 年	2018 年	2021 年
上海	14. 5572	19. 7331	20. 0901	14. 8102
云南	1. 5744	2. 2760	1. 0709	5. 1823
内蒙古	2. 7993	3. 4080	2. 8588	0. 9668
北京	19. 8929	20. 4094	22. 2620	22. 0829
吉林	4. 3111	2. 6929	5. 7945	4. 7857
四川	12. 9335	15. 6361	18. 8012	14. 8373
天津	6. 8247	11. 1571	6. 6961	12. 4313
宁夏	0. 8247	0. 7536	1. 1501	0. 0000
安徽	7. 8264	12. 3559	16. 5043	13. 6180
山东	15. 6197	14. 6939	17. 4689	13. 8409
山西	4. 4223	2. 2070	3. 5880	3. 6324
广东	20. 2197	19. 3196	21. 1528	21. 2045
广西	0. 6743	2. 7112	2. 3895	4. 1491
新疆	1. 6600	2. 1711	3. 8608	2. 0197
江苏	13. 4011	16. 8244	18. 4300	19. 0315
江西	4. 9288	7. 2313	9. 4764	6. 7265
河北	4. 7266	7. 7738	10. 8009	7. 3847
河南	8. 3939	13. 5615	10. 2003	10. 0595
浙江	16. 2050	14. 7058	18. 0364	17. 5245
海南	0. 0000	0. 0000	0. 3135	0. 4622
湖北	15. 2638	17. 0382	17. 0569	15. 4127
湖南	11. 3457	14. 1134	13. 3838	12. 7761
甘肃	2. 3023	3. 7048	3. 1036	2. 4874
福建	14. 1220	17. 6630	16. 2792	14. 8076
西藏	0. 2265	0. 0000	2. 2371	0. 0961
贵州	3. 1197	4. 5811	6. 9434	2. 0320
辽宁	9. 1201	12. 0555	13. 5786	7. 9907
重庆	9. 2947	8. 0427	9. 8700	10. 1990
陕西	7. 7048	7. 4096	9. 9074	8. 4575
青海	0. 2529	0. 4005	2. 1745	0. 3570
黑龙江	1. 2265	6. 5744	4. 3135	3. 2006

省级人工智能技术复杂度与人工智能应用复杂度计算结果如表14－6所示。根据表14－6结果，从人工智能技术复杂度上看，北京、四川、广东、湖北、福建的人工智能技术复杂度较高，其平均数值均达到15以上，宁夏、海南、西藏、青海的人工智能技术复杂度较低，其数值均不足1。从人工智能应用复杂度上看，上海、北京、广东的人工智能应用复杂度平均数值均超过3，发展水平较高，浙江、江苏紧随其后；西藏、黑龙江的人工智能应用复杂度数值均不足0.1，发展水平较低。对比省域层面计算结果与全国层面计算结果，人工智能产业复杂度与人工智能应用复杂度同趋势变动。

表14－6　省级人工智能技术复杂度与人工智能应用复杂度计算结果

地区	2012年		2015年	
	人工智能技术复杂度	人工智能应用复杂度	人工智能技术复杂度	人工智能应用复杂度
上海	11.4986	3.0586	16.1575	3.5756
云南	1.5217	0.0526	1.9076	0.3684
内蒙古	2.7391	0.0602	3.3478	0.0602
北京	16.9695	2.9234	17.2507	3.1587
吉林	3.9455	0.3656	2.6087	0.0842
四川	12.5651	0.3684	15.4107	0.2255
天津	6.2680	0.5567	11.0870	0.0702
宁夏	0.6141	0.2105	0.5681	0.1855
安徽	7.5119	0.3145	11.0162	1.3397
山东	14.5495	1.0702	13.7937	0.9002
山西	4.0085	0.4138	1.9012	0.3058
广东	17.0262	3.1934	15.6934	3.6262
广西	0.4638	0.2105	2.4735	0.2377
新疆	1.4244	0.2356	1.8505	0.3206
江苏	11.6413	1.7598	13.4292	3.3952
江西	4.8696	0.0592	7.1739	0.0574
河北	4.4832	0.2434	7.2109	0.5629
河南	6.9548	1.4391	12.3912	1.1703
浙江	14.2002	2.0048	12.2942	2.4116

续表

地区	2012年		2015年	
	人工智能技术复杂度	人工智能应用复杂度	人工智能技术复杂度	人工智能应用复杂度
海南	0.0000	0.0000	0.0000	0.0000
湖北	14.4167	0.8470	16.6303	0.4079
湖南	10.9457	0.4000	13.6316	0.4818
甘肃	1.9531	0.3492	3.6522	0.0526
福建	13.9094	0.2127	17.4402	0.2228
西藏	0.1739	0.0526	0.0000	0.0000
贵州	2.7950	0.3246	4.2211	0.3600
辽宁	8.9302	0.1899	11.4860	0.5694
重庆	8.8737	0.4210	7.5358	0.5069
陕西	7.6522	0.0526	7.3043	0.1053
青海	0.1739	0.0789	0.3478	0.0526
黑龙江	1.1739	0.0526	6.5217	0.0526

地区	2018年		2021年	
	人工智能技术复杂度	人工智能应用复杂度	人工智能技术复杂度	人工智能应用复杂度
上海	15.7085	4.3815	12.1100	2.7002
云南	0.9130	0.1579	4.9910	0.1912
内蒙古	2.6957	0.1632	0.7826	0.1842
北京	18.2667	3.9953	17.3629	4.7200
吉林	5.5898	0.2047	4.6384	0.1473
四川	18.4210	0.3803	14.2484	0.5889
天津	5.9459	0.7502	12.2011	0.2302
宁夏	1.0870	0.0632	0.0000	0.0000
安徽	15.1548	1.3495	11.9396	1.6783
山东	16.2648	1.2041	12.4912	1.3497
山西	3.2427	0.3453	3.3819	0.2506
广东	15.5876	5.5652	17.9464	3.2581
广西	1.6319	0.7576	3.8511	0.2980
新疆	3.6020	0.2587	1.9565	0.0632
江苏	15.0244	3.4056	16.1882	2.8433

续表

地区	2018 年		2021 年	
	人工智能技术复杂度	人工智能应用复杂度	人工智能技术复杂度	人工智能应用复杂度
江西	9.2975	0.1789	6.6522	0.0743
河北	10.4257	0.3752	7.0483	0.3364
河南	9.2996	0.9007	8.8612	1.1983
浙江	14.7417	3.2947	15.4177	2.1068
海南	0.2609	0.0526	0.3043	0.1579
湖北	16.3905	0.6664	14.9884	0.4244
湖南	11.9264	1.4574	11.6018	1.1743
甘肃	3.0435	0.0602	2.4348	0.0526
福建	15.4249	0.8543	13.8071	1.0004
西藏	2.1739	0.0632	0.0435	0.0526
贵州	6.3411	0.6022	1.7402	0.2919
辽宁	13.1561	0.4226	7.8059	0.1849
重庆	9.0237	0.8464	9.5196	0.6794
陕西	9.4826	0.4249	8.3478	0.1096
青海	1.9972	0.1773	0.3043	0.0526
黑龙江	4.2609	0.0526	3.1304	0.0702

14.5 结论与政策建议

14.5.1 研究结论

本章从技术视角解构人工智能产业，使用2010—2021年上市公司关键核心技术专利申请授权数据、上市公司关键核心技术专利被引用数据，从人工智能技术产业与人工智能融合产业角度分析并测算人工智能产业竞争力，得出如下结论。

第一，我国人工智能技术多样化随着时间的推移呈先上升后下降的趋势，人工智能技术专业化的变化趋势呈“前期缓慢增长，后期快速追赶”的两阶段增长趋势，人工智能技术产业竞争力主要来自技术专业化活动。

第二，样本期内我国人工智能技术产业竞争力存在地区差异，位于东南沿海地区省份的人工智能技术产业发展水平较高，增长较平稳；位于西部偏远地区省份的人工智能技术产业发展水平较低，增长较快，人工智能技术产业竞争力提升趋势向好。

第三，我国人工智能技术复杂度、人工智能应用复杂度、人工智能产业复杂度稳步增长，人工智能技术复杂度呈“先平稳，后增长”的两阶段增长趋势，人工智能应用复杂度则呈“先增长，后平稳”的两阶段趋势。

第四，样本期内我国人工智能融合产业竞争力存在地区差异，人工智能应用复杂度对人工智能产业复杂度绝对水平的贡献较大，人工智能技术复杂度对人工智能产业复杂度相对增长趋势的贡献较大。

14.5.2 政策建议

本章提出以下政策建议。

第一，制定数据质量标准和数据安全法规，规范数据交易市场，完善数据开放共享机制，推动数据的合理开放与共享，积极整合公共数据资源，满足人工智能技术模型训练与算法优化对高质量数据的需求；加快研制人工智能领域的各类技术标准和规范，提升人工智能领域企业的国际竞争力；明确人工智能产业重点应用领域与发展规划，围绕关键核心技术领域和应用场景协同推进人工智能产业发展，提升资源利用效率。

第二，优化高等教育体系，鼓励高等院校及各类科研机构开设人工智能相关专业，形成人工智能人才培养体系；完善人才引进政策，积极引进高精尖人才与创新型人才，以“内培外引”培育一批人工智能复合型人才；构建跨学科、跨领域的人工智能研究网络，加强产学研用深度融合，打破信息壁垒，促进知识、技术、人才等要素的流通共享；建立健全人工智能技能培训体系，培育一批具有实践能力的技术型人才，为人工智能产业的发展补充人才资源。

第三，加大对人工智能关键核心技术研发的资金投入，通过设立专项科研基金、出台税收优惠等政策鼓励企业和科研机构开展关键核心技术攻关，突破技术瓶颈；全面布局智能计算、数据服务、技术平台、行业应用的人工智能全产业链，充分利用我国大市场与产业链优势，培育新兴产业与传统产业的智能化改造协同发展，打造人工智能核心生态；加快人工智能与各产业深度融合，因地制宜打造分领域的人工智能产业集群。

15 中国人工智能算力的现状、问题和未来发展路径

党的二十大报告明确提出，要“推动战略性新兴产业融合集群发展，构建新一代信息技术、人工智能、生物技术、新能源、新材料、高端装备、绿色环保等一批新的增长引擎”。在人工智能快速发展的过程中，智能算力的发展直接关系到人工智能大模型的训练效率和创新能力。新发展阶段，经济社会发展已经进入人工智能时代，人工智能业已成为新时期培育新的经济增长点的重要引擎。随着新科技革命的加速推进，如何通过发展人工智能实现生产力发展的质的跃升，推动算力转化成为数字化生产力，是人工智能时代实现经济高质量发展面临的重大机遇和挑战。人工智能算力的高质量发展将为人工智能的深入应用提供坚实的技术支撑，推动我国在全球科技竞争格局中占据有利地位，从而更好地把握人工智能时代赋予的发展潜能，实现新发展阶段科技与经济创新发展的良性循环。

15.1 人工智能算力的内涵和基本特征

15.1.1 人工智能算力的内涵

纵观人工智能发展史，1956 年达特茅斯会议提出了“人工智能”这一研究领域，对于人工智能技术而言，面对海量的数据，只有具备强大的算力，才能快速完成数据的读取、整理以及预处理等工作。人工智能的发展对传统算力技术提出了挑战，成为推动算力技术进步的强大动力。当算力不断进步，能提供更强大、高效且低成本的计算资源时，人工智能就可以开发出更为智能和实用的应用，进一步拓展算力的市场和应用范围。算力

的出现是人类对计算机、大数据、云计算、人工智能、区块链等技术不断探索并将其产业化应用的结果（章玉贵，2023）。2024年的《政府工作报告》中强调要“适度超前建设数字基础设施，加快形成全国一体化算力体系，培育算力产业生态”。算力的字面意思就是计算能力，中国信息通信研究院定义算力是以计算能力为核心，包含算力规模、经济效益和供需情况在内的综合能力①，也有学者认为算力是对综合计算与处理数据的能力、手段和工具的总称（余东华，2024）。随着新一代信息技术的迭代更新，算力的发展引领生产方式从工业化社会向智能化社会转变（米加宁、李大宇，2024）。算力是人工智能时代最根本的基础设施，包含了基础算力、智能算力、超级算力，其中智能算力就是本章探讨的人工智能算力。《2023智能算力发展白皮书》定义的人工智能算力是面向人工智能应用，提供人工智能算法模型训练与模型运行服务的计算机系统能力。综合前文分析，本章定义的人工智能算力是为了适应人工智能发展对训练与推理的需求，提供人工智能算法模型训练的计算机系统能力。人工智能算力反映一个国家前沿的计算能力，从最基础层面来说，人工智能算力就是对数据进行高速分析和处理，并通过特定的算法完成大模型训练等工作的能力体现。与传统的算力相比，人工智能算力有着更强的针对性，面对的是更为复杂的神经网络结构，以及海量数据的处理和分析等。人工智能算力是人工智能发展的重要技术保障，随着新一轮科技革命和产业变革的纵深推进，人工智能的发展已经进入与产业深度融合的新的发展阶段，人工智能算力的快速发展，可以进一步实现科技自立自强，推动人工智能技术与传统行业的深度融合，塑造人工智能时代产业发展的新的竞争优势。

15.1.2 人工智能算力的基本特征

（1）计算性能层面的扩展性

计算性能的扩展性是指面对复杂的应用场景，要求计算机系统具备更高的性能，系统可以通过改进算法或者扩展资源来提升计算性能。人工智能应用场景的不断拓展，以及应用大模型复杂度的提升，对人工智能算力的需求逐渐增加。人工智能算力是面向人工智能大模型训练和推理的计算机系统能力，其扩展性意味着算力系统可以根据不同的数据规模和模型复

① 资料来源于中国信息通信研究院《中国综合算力评价白皮书(2023年)》。

杂程度，不断扩充计算能力，以满足多样化的应用需求。例如，对于大规模的训练任务，人工智能算力可以通过构建分布式计算架构来扩展整体算力。人工智能算力在计算性能层面的扩展性体现在以下两个方面：一方面，人工智能领域会涉及对于大规模数据集的并行处理需求，在面对海量数据进行训练和推理时，可以显著提升计算速度，人工智能算力的扩展性在一定程度上依赖于其强大的并行计算能力；另一方面，在信息技术创新迭代支撑下，随着人工智能算力系统不断扩展资源，其计算性能会呈现出近线性或线性的增长，为人工智能大模型的应用提供可靠的性能保障，这也是其扩展性的显著特征。人工智能算力在计算性能层面的扩展性，可以确保人工智能技术随着数据量的指数级增长，以及模型复杂度的提升而不断进步，推动人工智能由简单的模型应用朝更智能、更高性能、更复杂的方向发展。

（2）运算精度层面的灵活性

运算精度的灵活性是指面对不同阶段以及不同应用场景，存在差异化的计算精度要求，需要提供多样化且灵活的计算精度。例如，随着大模型训练复杂度的增加，需要切换高精度的计算模式，以确保模型训练结果的准确性。人工智能算力在运算精度层面的灵活性体现在以下两个方面。一方面，随着人工智能技术的快速发展，算力规模不断增加，催生出巨大的算力需求和数据的存储需求。在人工智能发展的整个生命周期内，不同的训练阶段对运算精度有着不同要求，而人工智能算力可以灵活地调整计算模式，为不同的任务阶段提供与之适配的运算精度，从而提高人工智能大模型整体的训练速度。另一方面，现阶段人工智能发展已经进入与各行业深度融合的阶段，不同的应用场景对运算精度的侧重点有所差异，而人工智能算力可以根据不同的应用场景需要进行运算精度的权衡。人工智能算力在运算精度层面的灵活性，可以推动算力资源的优化和能效的提升，提高整体资源利用效率。通过在不同阶段和不同行业之间运算精度的权衡，可以最大限度地优化算力资源的配置，降低智能算力系统能耗，实现智能算力运算精度和资源能耗之间的有效平衡。因此，人工智能算力在运算精度层面的灵活性使得人工智能算力可以很好地适应人工智能不断变化、多样复杂的应用场景和不同的发展阶段，为人工智能与各行业的深度融合提供有力支撑。

（3）资源关联层面的协同性

资源关联层面的协同性是指人工智能算力与数据、算法的协同，通过算力和算法模型的应用，充分挖掘数据要素的潜在价值。人工智能算力在资源关联层面的协同性体现在以下两个方面：一方面，人工智能算力主要应用于人工智能大模型的训练，人工智能技术发展的核心就是通过训练不断学习和改进，拥有的数据资源越丰富，人工智能系统就能训练得越好，人工智能算力与数据紧密相连，是依赖数据资源驱动的计算能力。人工智能算力的核心作用就是处理大规模的数据，进行复杂的运算和统计分析，深度挖掘数据集背后蕴含的发展规律，进而助力人工智能大模型的深度学习和训练。算力和算法二者之间相互协同、相辅相成，推动人工智能的快速发展。人工智能时代，算力是人工智能发展的基础，算法是人工智能发展的手段，先进的算法模型可以促进算力的高效利用，同时算力的进步为算法创新提供了强有力的技术支撑，不断拓展人工智能的应用边界。另一方面，人工智能算力的高质量发展，需要与软、硬件资源的协同，构建高效的智能计算平台，提升整体计算性能，营造一个相互协同、高效稳定的智算环境，推动人工智能算力更好地融入不同的应用场景。人工智能算力与数据、算法，以及与跨领域资源的协同，能够最大限度地发挥人工智能算力的效能，促进各资源要素之间的相互优化，构建良好的生态系统，推动人工智能的可持续发展。

（4）应用场景层面的普适性

应用场景层面的普适性是指人工智能算力的发展可以满足各种各样应用场景的发展需要，确保人工智能算力与医疗、制造、金融服务等传统行业的深度融合，推动传统行业的智能化转型。人工智能算力在应用场景层面的普适性，可以确保其适配不同的任务阶段，实现多维度的应用价值，人工智能算力的普适性主要体现在以下两个方面。一方面，人工智能算力广泛应用于不同的行业领域，推动传统行业的深刻变革。在新的科技革命浪潮中，人工智能作为关键核心动力，正重塑着传统行业的发展模式，而人工智能算力作为人工智能发展的重要技术支撑，其效能直接关系到人工智能大模型的应用广度与深度。另一方面，人工智能算力可以适应不同的数据规模和不同的模型复杂度，无论是对于处理大规模数据集的计算任务，还是对于特定场景的模型训练，人工智能算力都能提供高效稳定的算力支持，确保人工智能技术和人工智能大模型能够在各种实际应用场景中充分发挥其最佳效能，实现人工智能算力价值的最大化。人工智能算力的普适性特征，保障了人工智能算力系统在政务服务、智能制造等多个新兴领域的深度应用，推动传统行业的智能化、高质量发展。同时，人工智能算力的快速发展，可以激发传统行业的创新潜能，催生出新的业态和新的发展模式，新科技革命和产业变革的纵深推进，推动人工智能算力的应用深度和应用广度进一步拓展。

15.2 中国人工智能算力发展现状

算力是人工智能发展的技术保障，是人工智能发展的动力和引擎。反过来，人工智能的发展和应用又会促进算力的技术革新（王晓云等，2020）。当前，人工智能已经成为引领全球变革的关键力量，人工智能算力是人工智能发展的重要技术保障，智能算力的快速发展不仅涉及深度学习、人工智能大模型等前沿科技领域的突破性进展，也深刻影响着传统行业的整体性变革和系统性重塑。2022 年，我国全面启动“东数西算”工程，促进算力资源的跨区域调配，进一步整合优化算力资源，随着人工智能技术的快速发展，对人工智能算力的需求逐渐增加，政策的扶持和应用场景的不断拓展，推动人工智能算力成为推动数字经济高质量发展的新引擎。

15.2.1 人工智能算力规模

随着人工智能的快速发展，对人工智能算力的需求逐渐增加，我国人工智能算力规模逐渐扩大。在规模总量方面，根据中国信息通信研究院的数据，2022 年我国人工智能算力规模达 178.5EFlops①，增速为 72%，在我国算力占比达 59%。同时，根据中国信息通信研究院的预测，到 2026 年我国人工智能算力规模将进入每秒十万亿亿次浮点计算（ZFlops）级别。②综合来看，人工智能算力逐渐成为我国算力增长的关键驱动力，人工智能算力规模的高速增长，推动人工智能在传统行业深度应用和拓展。就宏观

① 注：Flops 是算力单位，一个 MFlops 等于每秒一百万次的浮点运算，一个 GFlops 等于每秒十亿次的浮点运算，一个 TFlops 等于每秒一万亿次的浮点运算，一个 PFlops 等于每秒一千万亿次的浮点运算，一个 EFlops 等于每秒一百亿亿次的浮点运算。

② 数据来源于中国信息通信研究院《中国算力发展指数白皮书(2023 年)》。

层面而言，人工智能算力规模的扩大带动了相关产业的蓬勃发展，涵盖了从基础的数据处理、运营维护到前沿技术的研发，进一步完善了算力产业链建设。随着人工智能算力的快速发展，人工智能所能处理的数据量和训练模型的复杂度逐渐增加，催生更多具有颠覆性、创新性、突破性的应用模式。算力是推动数字经济发展的核心生产力（陈晓红等，2024），人工智能算力的发展为人工智能提供了坚实的技术保障，信息技术的不断进步与应用场景的不断拓展，驱动人工智能算力不断改进和升级。当前，中国数字经济发展已经进入人工智能时代，以人工智能为代表的新兴技术与传统行业的加速融合，对算力的智能化水平要求更高，推动人工智能算力由量向质的转变。

15.2.2 人工智能算力基础设施

人工智能算力基础设施是面向人工智能应用场景，为人工智能发展提供所需的数据服务、算力服务和算法服务的算力基础设施。2023 年，工业和信息化部等六部门联合印发《算力基础设施高质量发展行动计划》，指出算力主要通过算力基础设施向社会提供服务。算力基础设施是人工智能算力发展的基础支撑，以智算中心为代表的人工智能算力基础设施，为人工智能大模型的训练和推理提供丰富的计算资源，满足人工智能发展对算力的需求，为人工智能技术的应用提供坚实的算力保障。人工智能的发展依赖于海量数据资源，人工智能算力基础设施具备高速的数据传输和存储能力，可以提高人工智能大模型的训练效率，保障算力系统的稳定性和可靠性。从人工智能算力基础设施建设情况来看，目前我国已经初步形成了核心区域、重点区域、活力区域三级人工智能算力基础设施建设布局体系，截至 2024 年 7 月，纳入中国信息通信研究院产业与规划研究所监测的智算中心（含已建和在建）达 87 个。[①] 但从智算中心的分布来看，智算中心多半分布在我国东部地区，呈集群式发展，形成人工智能算力生态圈。随着新科技革命的加速推进，我国算力基础设施建设进程加快，数据中心、智算中心、超算中心等快速发展，为人工智能算力的发展奠定坚实的发展基础，推动人工智能技术在行业中的深度应用，为数字经济发展注入新的动能。

---

① 数据来源于中国信息通信研究院《智算基础设施发展研究报告(2024 年)》。

15.2.3 人工智能算力产业

人工智能算力产业是围绕人工智能算力的传输、存储、应用等环节形成的一系列的产业集合，包括芯片研发、智算中心建设、技术研发、基础研究等多个领域，是人工智能算力发展的基础底座。以人工智能为代表的新一代信息技术的快速迭代，为人工智能算力产业的发展提供了良好的技术支撑，推动人工智能算力产业稳健发展，不断完善我国人工智能算力产业链。数字经济发展进入人工智能时代，算力就是新的生产力，算力的快速发展推动算力产业加速升级。随着新一轮科技革命和产业变革的纵深推进，我国人工智能算力市场规模不断扩大，对智算的需求逐渐增加，根据中国信息通信研究院的相关数据，互联网行业是对人工智能算力需求最大的行业，我国计算产业规模约占电子信息制造业的20%以上，2022年我国以计算机为代表的计算产业规模达2.6万亿元。① 人工智能算力的快速发展有利于扩大算力产业的发展规模，推动传统产业的智能化转型，形成人工智能时代算力产业发展新范式。人工智能算力产业的发展就是人工智能算力的应用过程，人工智能的快速发展推动人工智能算力渗透经济社会各领域，作为一种新的生产力形式，推动传统产业的数字化转型，形成新的产业发展格局，进一步催生新的智算产业生态，通过综合现代产业发展需求，充分发挥人工智能算力的高效赋能作用。

15.2.4 人工智能算力生态

人工智能算力生态是一个复杂多元的系统，涵盖了从智算的基础设施到智算中心建设，再到行业场景应用等多要素，其目的在于通过人工智能技术、云计算、区块链等数字化和智能化手段，连接经济社会各参与主体，形成一个资源整合与行业互动的智算生态系统，促进智算资源的合理布局、充分利用。从宏观格局来看，全球科技竞争日益加剧，人工智能的发展已经逐渐成为各国科技竞争的焦点，构建自主可控、安全高效的智算生态系统，不仅关乎智算产业的持续健康发展，更是推动我国实现科技自立自强的关键举措。随着人工智能技术的发展，人工智能算力在传统行业的应用不断深化，新兴应用场景不断涌现，为构建智算生态提供了新的机

① 数据来源于中国信息通信研究院《中国算力发展指数白皮书(2023年)》。

遇，但目前我国人工智能算力生态建设有待进一步完善，需要进一步联合人工智能算力产业链上下游各参与主体，推动各创新主体之间的相互协同，形成共享开放的产业生态、技术生态。在人工智能算力发展过程中，构建人工智能算力生态可以进一步整合各类智算资源，提高算力资源的利用效率，促进人工智能技术的创新与突破，拓展人工智能的应用范围。人工智能算力生态的构建是一个复杂过程，不仅是人工智能技术层面的创新突破，更是传统生态体系和创新机制的重塑，通过构建共享开放的人工智能算力生态，推动人工智能产业的可持续发展。

15.3 中国人工智能算力发展存在的问题

算力作为人工智能的核心驱动力，大数据、硬件计算能力以及算法能力推进了人工智能的高速发展（马兆远，2020）。随着新科技革命的快速发展，新技术、新业态、新生态不断涌现，人工智能的应用场景变得更加复杂，人工智能大模型的发展对算力提出更高要求。当前，我国加快推进人工智能算力的发展，加大对于智算中心建设、智算产业发展等方面的投入，在政策的驱动下人工智能算力市场规模逐渐扩大，智算需求逐渐增加，但在人工智能算力高速发展的过程中，仍存在一些亟待解决的问题。人工智能算力的发展不仅是推动人工智能产业可持续发展的重要路径，更是提升我国在全球科技竞争格局中自主性的关键环节。

15.3.1 需求层面：人工智能算力发展供需不匹配

综观全球算力发展格局，全球范围内的算力结构都呈现出向人工智能算力集中的趋势，对人工智能算力的需求逐渐增加。随着人工智能时代的来临，应用场景变得更加丰富和复杂，以人工智能为代表的信息技术的快速发展，以及数据量的指数级增长，要求具备更高精度和更大规模的算力作为支撑。人工智能算力发展在需求层面的供需不匹配问题主要体现在以下两个方面。一方面，算力需求的动态性与算力供给的相对静态性不匹配。面向不断变化的人工智能应用场景，以人工智能大模型训练和人工智能生成内容技术为代表的人工智能应用的快速发展，需要大量的算力资源供给来处理和分析大规模的数据，但目前我国智算中心建设滞后于人工智能算力的发展，智算供给难以满足快速增长的智算需求。近年来，随着新一代信息技术的快速迭代，人工智能算力增效明显，但仍无法满足当前人工智能大模型等应用的需求。同时，受经济发展水平、新型基础设施建设和数智化转型基础等因素的限制，我国算力资源的分布不均衡，智算中心多分布于东部地区，中西部地区算力资源供给相对不足。另一方面，算力需求的多样性与算力资源供给的单一性不匹配。人工智能浪潮的冲击催生了复杂多元的应用场景，人工智能技术的发展已经进入了与行业深度融合的发展阶段，不同行业的应用场景对算力的精度、规模、运算速度等存在差异化要求，算力需求逐渐多元化。虽然目前我国人工智能算力规模在不断扩大，但智算资源更多的是应用于互联网行业，其他行业更多的还是以通用算力为主，难以满足不同行业多元化的算力需求，影响了人工智能技术与不同行业的深度应用和发展。当前，我国算力供给结构正在从以通用算力为主朝通算、智算和超算一体化的方向发展，算力的快速发展为人工智能的深度应用提供了技术保障。

15.3.2　能耗层面：人工智能算力发展的高能耗问题

随着人工智能技术的深度应用和人工智能算力规模的不断扩大，其能耗呈现出快速增长的趋势，人工智能大模型训练的能耗远高于常规计算的能耗。2024 年，中国算力大会发布《中国智算中心服务发展报告（2024 年）》的数据显示，2023 年全年我国数据中心用电量达 1500 亿千瓦时，同比增长 15.4%，占全社会用电量约 1.63%，智算中心对电量的消耗相比通用数据中心更大，人工智能算力发展用电量呈现出增长的态势，未来随着人工智能大模型训练规模的进一步扩大，人工智能算力发展的能耗问题会更为突出。人工智能算力发展在能耗层面的高能耗问题主要体现在以下两个方面：一方面，人工智能算力发展的硬件设备能耗更高。人工智能算力通常由图形处理器（GPU）、专用集成电路（ASIC）、现场可编程逻辑门阵列（FPGA）、神经网络处理器（NPU）等各类专用芯片来承担计算工作，[①] 人工智能算力强大的并行计算能力使用的 GPU 芯片的能耗要更高，且随着人工智能大模型训练对计算机芯片性能和数量要求的增加，智算硬件设备的能耗会持续上升。同时，人工智能算力与各行业的深度融合需要大量服务器作为支撑，以满足不同行业的算力需求，而服务器运行的能耗也相对较大，进一步加剧了智算发展的高能耗问题。另一方面，人工智能算力发

① 资料来源于新华三集团、中国信息通信研究院《2023 智能算力发展白皮书》。

展能源利用效率较低。GPU 芯片为人工智能算力的并行计算能力提供了支撑，但目前对于 GPU 芯片的利用率较低，在智能计算过程中有大量的能源被浪费在无效的计算过程中，导致人工智能大模型的训练周期延长，从而引发长期的能源消耗，进一步凸显了人工智能算力发展过程中的高能耗问题。

15.3.3 安全层面：人工智能算力发展的安全风险问题

当前，在我国算力资源格局中，人工智能算力业已成为我国算力资源供给的主要构成部分。随着人工智能技术与传统行业的深度融合，人工智能算力的发展为人工智能的多样化应用场景提供了强大的算力支持，使得智能算法可以更高效地挖掘数据资源的潜在价值，为人工智能的高速发展提供了坚实的技术保障。在人工智能算力快速发展的过程中，仍存在一些安全风险问题。一方面，人工智能算力发展过程中的数据安全风险问题。随着我国加快建立全国一体化算力网络，算力互联互通的发展必然存在着一定的数据安全问题。人工智能技术的发展依赖于数据资源的驱动，需要通过大量的数据资源进行训练和学习，拥有的数据量越丰富，人工智能大模型的训练效率和学习能力会越高，我国人口众多，拥有海量的数据资源和大规模的应用市场，随着数据量的不断增加和数据要素流动性的增强，数据安全风险问题也随之显现，数据资源的泄露、篡改、滥用等会严重影响人工智能大模型的准确性和可靠性。另一方面，人工智能算力发展过程中的算法安全风险问题。以人工智能为代表的新一代信息技术的快速迭代更新，使人工智能算力的应用场景变得更加复杂和多元化，智能算法的复杂度的不断增加使其对资源的需求量不断攀升，也会导致一些算法漏洞难以被发现和修复。数据量的指数级增长和算法复杂度的增加会导致人工智能大模型的训练周期逐渐延长，可能会出现计算效率低下和资源无效利用问题。同时，人工智能算力的发展需要智算中心、智能芯片、人工智能服务器等基础支撑，我国智算基础设施建设，包括智能芯片生产、服务器生产等供应环节仍依赖于全球范围内的供应链，当前国际形势复杂多变，国外个别发达国家对我国的出口限制，会影响我国智算基础设施的建设和发展，阻碍我国人工智能算力的发展。

15.3.4 效率层面：人工智能算力发展的低算效问题

人工智能算力的不断优化与快速发展，关系到我国人工智能技术体系的创新突破，以及我国在全球科技竞争格局中战略地位的提升，已然成为推动我国实现科技自立自强的核心环节之一。人工智能算力发展的低算效问题主要在于对算力资源的利用效率不高，造成算力资源的闲置与浪费。人工智能算力的发展在效率层面的低算效问题体现在以下两个方面。一方面，人工智能算力发展过程中软件算法与硬件设施协同效率较低。人工智能算法的优化程度对人工智能算力的算效具有直接影响，软件算法与硬件设施不能协同会降低计算效率，例如，软硬件设施之间的兼容问题，以及在人工智能大模型训练过程中针对硬件设施缺少与之相匹配的算法优化，会直接影响到人工智能算力的计算速度。另一方面，人工智能算力发展过程中算力资源无法实现灵活调度问题。随着人工智能大模型面对的数据量和任务的复杂度逐渐增加，不同任务阶段对算力的需求会随着训练阶段和数据规模等因素的变化而改变，这就要求算力资源可以实现灵活调度，及时调整算力资源的分配，提高算力资源配置效率和利用效率。例如，在模型训练过程中，当模型进入不同的任务阶段，需要选择与之相匹配的算力资源，但算力系统无法及时感知并调整算力资源分配，会影响算力资源的利用效率。算力资源无法实现灵活调度，使得算力资源不能随着训练阶段的动态变化及时优化配置，从而导致低算效问题。人工智能算力发展过程中的低算效问题，会导致人工智能大模型的训练周期延长，影响人工智能大模型的迭代速度和应用的更新，制约人工智能算力的可持续发展。

15.4 中国人工智能算力的未来发展路径

新发展阶段，人工智能已经成为推动我国数字经济实现跨越式发展的重要动力，人工智能、机器学习和相关新技术的经济效应源于它们具有通用技术的特征（阿格拉瓦尔等，2021）。智能算力作为人工智能发展的关键支撑要素，其发展态势关系到我国在人工智能技术前沿领域的竞争力与创新潜力。当前，新科技革命加速推进，数据资源指数级增长，模型复杂度增加，中国人工智能算力的发展面临新的机遇和挑战。

15.4.1 以应用需求为导向，加快建立和完善人工智能算力产业体系

新发展阶段，随着新一代信息技术的持续创新，人工智能加速与各行业深度融合，催生多样化的应用场景，多样化的应用场景催生多元化的算

力需求。同时，随着人工智能、大数据、云计算、边缘计算等新一代信息技术的蓬勃发展，对算力的需求也呈现出多元化的特点。人工智能算力产业是智算技术落地和应用的重要支撑，面向未来，数据量和模型复杂度逐渐提升，要以应用需求为导向，构建多层次、多类型的算力架构，实现算力资源的动态分配与高效利用，进一步建立和完善人工智能算力产业体系，推动人工智能算力产业高质量发展。第一，加快建立和完善人工智能算力平台，提升人工智能算力供需匹配能力。人工智能算力平台的建设，不仅可以提升智算资源的配置效率，还可以促进人工智能算力与各行业算力需求的精准对接，推动人工智能产业的高质量发展。在人工智能算力产业体系构建过程中，智算平台不仅是连接供给与需求的重要桥梁，也是智算技术创新与产业融合的关键载体。要充分利用云计算、大数据等前沿技术，建立高效、智能、可拓展的智算基础设施，提升人工智能算力的性能和利用效率，推动智算服务的标准化和定制化，以满足不同行业对智算的差异化需求。第二，提升算力资源整合能力，加快建设人工智能算力产业生态。要通过整合算力资源，形成全国一体化算力网络，促进人工智能算力的协作共享，推动智算产业链上下游企业构建良好的人工智能算力生态。促进产业生态内跨行业和跨领域的合作，推动人工智能算力的创新应用和拓展，实现更高的创新效率和创新质量，推动人工智能算力的高质量发展，通过构建基于人工智能技术的开放共享产业生态，促进产业协同发展。第三，深化人工智能算力与实体经济的融合，推动人工智能算力产业链优化升级。要鼓励和支持实体经济企业与智算企业的相互协作，推动智算技术在实体经济中的应用和创新，通过智算技术的不断创新升级，为实体企业提供更加高效、智能的智算资源支持，提升整个产业链的核心竞争力。

15.4.2 以绿色发展为目标，推动人工智能算力的低碳化发展

人工智能技术的不断创新，推动了经济社会的发展和变革，随着新技术的持续性创新，人工智能技术将进一步展现其发展潜力。人工智能的快速发展催生了大规模的算力需求，在人工智能算力规模扩大的同时，智算能耗也在不断增加，需要在发展人工智能算力的同时，注重其绿色、低碳化发展。人工智能算力的低碳化发展，不仅是实现我国双碳目标的必然要

求，也是推动人工智能产业高质量、可持续发展的必然选择。第一，提升人工智能算力系统对可再生能源的利用率，打造绿色人工智能算力体系。要加大可再生能源在人工智能算力发展过程中的应用，构建绿色能源供给体系，推动智算中心开展绿电直供，减少对传统能源消耗的依赖，实现人工智能算力的低碳化发展。同时，要进一步推动人工智能算力硬件设施和软件算法的优化升级，提升人工智能算力资源需求与能源供给的适配度，最大限度地减少能源浪费，构建绿色人工智能算力体系，奠定人工智能算力可持续发展的坚实基础。第二，推动绿色低碳技术的利用，降低智算中心能耗。要加大对于绿色低碳共性技术研发的支持力度，促进绿色低碳关键技术和前沿技术的发展，探索"智算+绿色电力"的创新发展模式，在降低能耗的同时提升算力资源利用效率；同时，利用大数据、云计算等技术优化智算设施的运行管理，实现智算资源的灵活调度，提高智算资源的配置效率和利用效率，进一步降低能耗。第三，优化算法和模型，全面提升智算基础设施能源利用效率。随着数字经济的快速发展，人工智能面对的数据量和模型的复杂度直线上升，要通过优化算法和模型，减少计算过程中的资源消耗，实现以更少的资源和能源投入，获得相同或更高性能的计算精度，提高人工智能算力资源的有效利用率，推动人工智能算力的高质量发展。

15.4.3 以技术融合为手段，推动人工智能算力与其他技术深度融合

当前，新科技革命加速推进，颠覆性、原创性技术创新族群涌现，人工智能算力作为驱动人工智能领域创新与变革的核心动力，正处在实现跨越式发展的新阶段。随着人工智能应用场景的不断变化，智算供给逐渐难以满足多元化的应用需求，要推动人工智能算力与其他前沿技术的深度融合，拓展人工智能算力的应用边界，提升人工智能算力的整体效能，催生全新的科技发展范式，重塑人工智能产业格局，进一步降低智算发展过程中的安全风险问题。第一，促进人工智能算力与大数据技术的深度融合。人工智能的发展依赖于数据资源的驱动，通过对海量数据资源的分析处理，深度挖掘数据资源中蕴含的发展规律和发展模式，提高人工智能模型的准确性和泛化能力。随着数据量的持续增加，数据质量有待进一步提升，通过与大数据技术的深度融合，深度挖掘和分析数据资源，识别潜在

的安全风险问题；同时，可以进一步利用大数据对于数据隐私的保护技术，在充分释放数据要素价值的同时，避免数据资源的泄露风险。第二，促进人工智能算力与区块链技术的深度融合。人工智能算力与区块链技术的深度融合，是保障数据资源安全的重要途径，在人工智能算力的应用过程中，充分利用区块链技术，确保训练数据的安全性和不可篡改，提高人工智能模型的准确性和可靠性；同时，可以利用区块链技术构建一个开放共享的智能平台，促进智算资源在平台中进行交易和协作，提高整个人工智能算力系统的安全性。第三，促进人工智能算力与边缘计算的深度融合。人工智能算力与边缘计算技术的深度融合，促进了边缘智能技术的发展，在边缘节点部署人工智能算法和模型，可以实现对于一些复杂的模型训练和推理在边缘端进行处理，从而实现数据的实时处理，降低数据传输成本和传输过程中的安全风险，为人工智能算力系统提供安全保障。

15.4.4 以智算中心建设为重点，加快构建全国一体化算力网

在当今全球科技竞争日益激烈的发展背景下，人工智能技术正以前所未有的广度和深度重塑着全球经济格局，人工智能算力作为数字经济时代的新质生产力，是人工智能发展的重要技术保障。《“十四五”数字经济发展规划》中指出：要“推动智能计算中心有序发展，打造智能算力、通用算法和开发平台一体化的新型智能基础设施”。（国家发展和改革委员会，2022）近年来，随着数字经济发展进入人工智能时代，人工智能技术的创新应用，对我国算力供给提出了更高要求，要以智算中心的建设为重点，加快构建全国一体化算力网，打造国家算力大通道（于施洋等，2024），提升算力资源的总体利用效率。第一，优化智算中心布局，促进智算资源的均衡分布。要深入推进“东数西算”工程，优化智算中心建设布局，促进东西部人工智能算力发展协同联动，充分发挥西部地区的比较优势，让西部地区的算力资源更好地支撑东部地区人工智能的发展。通过在西部地区布局智算中心，可以进一步承接东部地区算力需求的溢出，缓解东部地区算力压力，促进全国智算资源的均衡分布，实现各地区智算资源的互补和协同发展，全面提升人工智能算力资源的利用效率。第二，推动智算中心的互联互通，建立跨区域智算资源调度机制。要充分利用大数据、云计算等新技术，打造跨区域、跨数据中心的网络通道，推动数据资源在不同

智算中心之间的高效传输，实现智算中心的互联互通，进一步构建跨区域智算资源调度体系。同时，基于智能算法构建智能化的算力资源调度平台，实现人工智能算力资源的灵活调度和高效配置，提高整个算力网的资源利用效率，推动人工智能算力的快速发展和广泛应用。第三，促进智算中心技术创新，提升人工智能算力综合效能。要加大对人工智能服务器、智能芯片、数据存储等层面技术研发的投入，提升智算中心技术创新能力，提高智算中心整体计算性能。同时，推动人工智能算力与数据、算法的深度融合，建立良好的创新生态，推进人工智能技术的迭代和创新应用，以人工智能算力高质量发展支撑人工智能高质量发展。

16 人工智能算法产业的现状、问题和未来发展的支持体系完善

人工智能算法是人工智能发展的关键引擎，也是影响我国人工智能技术发展水平的重要因素之一。2017 年，国务院印发《新一代人工智能发展规划》，部署了我国人工智能领域的发展战略，其中指出“新一代人工智能关键共性技术的研发部署要以算法为核心，以数据和硬件为基础，以提升感知识别、知识计算、认知推理、运动执行、人机交互能力为重点”，强调了算法在新一代人工智能技术研发中的核心作用。这不仅指导了算法向人工智能领域拓展，促进算法产业化发展，推动我国算法产业的完善，也规划了我国人工智能算法的应用领域，不断促进人工智能算法在行业生产中的广泛应用，提升产业发展中的人工智能算法渗透率。现阶段，关于人工智能算法的经济学研究，需要在厘清人工智能算法内涵与应用现状的基础上，分析人工智能算法在产业与企业中应用的技术—经济特征，并基于我国算法产业的发展现状归纳演绎我国人工智能算法发展中存在的问题，探究我国人工智能算法的产业化发展趋势及其阻碍因素，提出我国人工智能算法与算法产业的未来发展路径。

16.1 人工智能算法的内涵与特征

16.1.1 人工智能算法的内涵及其与传统算法的区别

人工智能是未来科技发展的前沿技术方向，而人工智能算法是驱动人工智能技术发展的核心引擎。一般认为，人工智能发展的三大基石分别为算料（数据）、算力、算法：数据作为人工智能技术发展的算料为其提供

可供处理、运算、训练的“燃料”；算力为人工智能算法的实现提供计算资源；而算法是人工智能技术的引擎，通过分析并处理海量数据，利用数据对于人工智能大模型训练，进而进行分类、回归、预测等任务的输出。从人工智能内涵上看，人工智能算法就是在人工智能的技术框架下，强制给定的有限、抽象、有效、复合的控制结构（梁正，2024），用于解决输入问题的一系列清晰指令。人工智能算法是人工智能产业发展的核心要素之一，算法模型的发展不仅为庞杂数据的处理、分析与应用提供方法论的支撑，也是人工智能技术进行迭代发展的核心驱动力。人工智能算法具备自我学习和优化的能力，是模拟人类学习过程、行为模式与决策步骤的一系列指令代码，相较于传统算法，人工智能算法的复杂程度更高，具有更多种类的算法模型。人工智能算法模型的分类主要依据算法的学习方式、输出内容、应用领域以及技术架构类型等。按照人工智能的学习方式分类，人工智能算法可以分为监督学习、无监督学习、强化学习、半监督学习和深度学习算法；按照输出内容的种类分类，人工智能算法可以分为生成式人工智能算法与非生成式人工智能算法；按照应用领域分类，人工智能算法可分为自然语言处理算法、计算机视觉算法、推荐系统算法、语音识别与处理算法等；按照人工智能算法的技术架构分类，人工智能算法可以分为神经网络算法、深度学习算法、决策树算法、支持向量机、进化算法等。在数字经济时代，更多的模糊问题需要通过人工智能技术得以解决与优化，人工智能技术的应用领域也随之不断扩张，因而人工智能算法在此过程中向更加复杂化、多样化的方向发展，从传统的机器学习算法不断延伸出新的技术架构类型，这也使得人工智能算法与传统算法之间的区别不断扩大。

一般而言，针对解决问题的复杂程度，算法也存在由简单到高度复杂的变化，这使得人工智能算法与传统算法存在一定的区别：第一，从数据上看，人工智能算法可用于处理大规模和高维数据，尤其是非结构化数据，而传统算法只能处理较小的数据集；第二，从工作方式上看，人工智能算法通过从数据中学习并发现规律与关联，需要大量的数据与强大的计算能力作为训练和优化算法的保障，而传统算法不需要对算法本身进行训练；第三，从应用场景上看，人工智能算法使用机器学习、深度学习等模型方法，用于解决复杂问题和模糊问题，而传统算法的逻辑推理与规则设定依赖于算法工程师的设计与选择，适用于解决可以明确定义的问题。此外，人工智能算法的载体是灵活多变的，不需要为其设计开发新的系统，这为人工智能算法提供了拓展的基础。

16.1.2 算法推动下的人工智能技术—经济特征

人工智能技术的发展与应用是一种颠覆性的技术革新，其广泛扩展是技术变革下的技术—经济范式发展。但人工智能仍隶属于新一代信息技术，是基于计算机技术而兴起的、模拟人类智能的一种信息技术。因此，人工智能技术仍具有一般 ICT 的基本技术—经济特征，即渗透性、替代性和协同性（蔡跃洲、张钧南，2015）。此外，人工智能技术旨在模拟人脑的思维方式与人类的行为模式，以计算机程序的形式进行训练与结果的输出，因此人工智能技术还具有创造性的技术—经济特征。作为人工智能技术的重要组成部分，人工智能算法在驱动技术进步过程中起到核心作用，在人工智能的技术—经济特征演化发展过程中，人工智能算法起到的作用是值得关注的。

第一，人工智能算法在各经济部门中的广泛应用与深度扩展。作为一项通用目的技术，人工智能算法的渗透性是指其在各经济部门中的广泛应用与深度扩展，从而推动各行业全要素生产率的提高。人工智能算法是实现其应用广度与集成深度的关键因素：第一，人工智能算法降低了各行业使用人工智能的门槛，开源化的算法框架与云端人工智能服务平台等工具的出现，促进了各行业中人工智能的渗透率；第二，人工智能算法能够从大量数据中训练算法、掌握规律，并扩展至相似任务，这种泛化效应使得人工智能快速适应新的应用场景与经济部门的实际问题；第三，人工智能算法在不同行业内的运用是跨学科的交叉领域，如金融科技、智能制造等，这拓展了人工智能技术的应用广度，促进了产业链转型升级。

第二，人工智能的替代性扩展至脑力劳动领域。人工智能算法的替代性主要表现为生产任务的自动化，但在人工智能技术仍处于初级发展阶段的背景下，替代习惯主要表现为人工智能对相关资本投入和体力劳动的替代，随着生成式人工智能算法技术的发展与应用场景的扩大，人工智能的替代性会扩展至脑力劳动领域。人工智能算法的设计与优化直接决定了人工智能技术替代性的范围与替代程度。一方面，人工智能算法的进步使得在生产中能够利用人工智能技术支持高风险、高强度、高精度的工作，替代体力劳动，降低此类任务生产中的事故率；另一方面，人工智能算法能够从大量数据中分析并发现生产决策的优化方案，替代传统人工决策，优化企业资源配置，提高生产中的自动化与智能化水平。

第三，人工智能算法在产业链中要素配置作用的协同性。人工智能技术的协同性是指其在应用至各产业的过程中，通过提高人工智能技术与具体应用场景的融合发展，提升人工智能算法在产业链中的要素配置作用，促进各产业的生产率提高。其中，人工智能算法是实现人机协同、系统协同、产业协同的关键推动力。人工智能算法的泛化效应推动“人工智能+”在生产与服务领域的人机协同，算法的多样性保障人工智能技术适应各种复杂应用场景的人机需求，在辅助决策、智能生产以及定制化方面提高生产效率。人工智能算法的自适应力使得人工智能技术能够集成现有信息系统与业务流程，形成智能化的管理体系，体现在企业内部组织架构、供应链优化、要素配置等方面。人工智能算法在物联网、5G网络技术、区块链技术等领域的跨技术协同，提升现有技术的智能化水平，实现跨技术应用过程的智能控制与调度，在流程优化与需求管理方面提高人工智能的跨技术协同。

第四，算法推动下的“人工智能+”在应用中输出创造性内容推动智能化背景下的创新发展。人工智能创造性表现为人工智能不仅能规范化地执行输入任务，也能在一定程度上输出新想法、新解决方案等创造性内容，是人工智能独特的技术—经济特征。这一特征的技术基础是生成式人工智能算法，这一算法与图像识别、自然语言处理等人工智能技术的集成，在非传统计算任务中模拟人类思维方式，输出以文本、图像、音频视频、策略、代码等形式的创新性内容。生成式人工智能的应用是在模拟人类处理输入问题、基于海量数据资料学习结果的综合性过程。因此，算法推动下的“人工智能+”才能在各领域的应用中输出创造性内容，推动智能化背景下的创新发展。

16.2 中国人工智能算法产业的现状与发展问题

随着人工智能技术的快速发展，人工智能算法已经逐步从科研探索阶段转移至规模化应用领域，人工智能算法需要进一步产业化发展以拓宽其广度与深度。人工智能算法产业的发展不仅代表了国家与地区人工智能技术发展的应用水平，也是有序引导市场投资进入算法领域的必然趋势。现阶段，从产业经济学理论的角度来看，不仅需要把握人工智能算法与算法应用的两面性，促进算法模型与应用的前沿发展，也需要厘清我国人工智能算法产业的发展现状，促进人工智能产业链有序发展。

16.2.1 中国人工智能算法模型的产业应用现状

我国的人工智能算法呈现出不断发展的趋势，在基础算法与前沿算法、人工智能算法应用、产业算法渗透率等领域呈现出不同的特点，这是当下的产业经济学层面研究人工智能算法发展现状的重要前提。

在人工智能算法的众多特点中，能够模拟人类学习过程、具备学习能力的特点是其区别于规则型算法最为突出的特点。20 世纪 50 年代，这种具有学习特征的算法被提出后，相继发展出机器学习、支持向量机、深度学习、自监督学习等人工智能算法模型。目前，我国人工智能算法模型与应用的发展现状集中表现在人工智能算法模型的创新、算法的开源化以及平台化的应用等领域，并在全球人工智能领域占据重要地位。

第一，在人工智能算法模型的创新方面。近年来，在人工智能算法领域的创新成为国家间人工智能竞争力的关键，其中关于算法模型的创新是推动人工智能技术与数字技术发展的革新式发展动力。根据斯坦福大学 2024 年的人工智能指数报告，中国人工智能算法模型的数量在 2023 年已达到 20 个，仅次于美国（109 个），且在 2022 年超越欧盟与英国成为第二大人工智能基础算法模型起源地。从人工智能算法基础模型的组织来源来看，中国人工智能基础算法模型主要来自高校与研究机构：2019—2023 年，来自清华大学的模型数量为 7 个，上海人工智能实验室为 4 个，皆位于世界前列。其中，清华大学是非西方组织中发布人工智能算法模型最多的组织，代表了我国人工智能算法模型的最高水平。对比来看，美国人工智能算法模型的主要来源为企业，这表明其人工智能算法产业已经得到了较为完善的发展，对美国人工智能技术的进步与领先起到主要的推动作用。

第二，在算法的开源化方面。在全球最大的开源算法库 GitHub 中，中国贡献的人工智能算法项目占比较低，但中国企业的人工智能算法平台在开源化的贡献显著增加，包括百度的“PaddlePaddle”、阿里的“DTPAI”、腾讯的“Angel”等，这些都是中国互联网企业推出的开源人工智能框架和工具，支持人工智能算法开发者与企业进行算法体系的搭建与应用。

第三，在算法的平台化应用方面。目前，中国企业层面的算法研究正在逐步展开，人工智能技术中图像识别、语音识别、自然语言处理、推荐系统等领域的人工智能算法研究进展较快，以华为、百度、阿里巴巴、腾讯等大型科技公司以及高校科研院所为引领。中国的人工智能算法在大型互联网科技企业中首先展开，这不仅是因为头部互联网企业具有较为坚实的资金与研发实力，也与人工智能算法模型的训练需要大量的数据支撑有关。互联网科技公司能够基于其已有的大数据，在已有的平台运营中进行算法模型的训练与调试，这种人工智能算法的应用反馈是算法技术发展的重要推动力。近年来，人工智能算法的应用发展在信息技术的支撑下呈现出广度和深度双重扩张的发展趋势。从人工智能算法的应用广度上看，人工智能算法能够与各行业、各领域的场景实现不同层级的应用，进而促进社会生活的全方位渗透。目前，中国人工智能算法在智能制造、自动驾驶、金融科技、电子商务等领域的应用发展具有强劲势头，但人工智能算法在行业应用的渗透率仍处于较低水平，主要的制约条件为算法开发的难度、行业应用的技术难度以及算法应用落地的适配性等问题。从人工智能算法的应用深度上看，人工智能算法在特定领域的应用场景不断丰富，在对于既定问题与复杂问题的解决上，技术不断成熟发展的人工智能算法能够完成更加具体与复杂的任务，利用图像识别与自然语言处理的深度学习算法、自监督学习等自适应算法在复杂问题的优化、数据稀缺情况下能够提出更加高效与优化的方案。然而，在学习型算法快速发展的数字技术时代，人工智能算法的模型与应用发展仍旧依赖于信息技术支撑，特别是数据的处理与储存技术、计算能力硬件设备的支持。此外，在信息技术长久的发展与广泛的渗透下，人工智能算法可以构建于已广泛普及的个人电脑、移动设备等终端，也可以嵌入现有的企业内部管理系统、工业互联网、物联网等平台以及云端，形成算法的广泛应用与普遍渗透，加速了算法对于经济社会以及个人生活方面的重塑。

16.2.2 中国人工智能算法产业发展的趋势

“以科技创新引领现代化产业体系建设”是我国重点经济工作的第一项，反映出中央对于科技创新与产业发展的高度重视。人工智能算法作为未来我国人工智能发展水平的关键性决定因素，也是目前我国高技术产业与战略性新兴产业的核心技术方向，在“以科技创新推动产业创新发展新质生产力”的目标指引下，应进一步引导算法产业化发展，进一步形成可推广的行业算法、可复用的管理算法，扩大不同应用场景的算法池，实现算法产业对我国社会经济发展的乘数作用。随着数字经济与平台经济的发展，人工智能算法从技术研发阶段逐步向应用的商业化、规模化阶段过渡。基于此技术的发展路径，为凸显“算法经济”的加速作用，促进人工智能算法产业的发展是我国数字经济发展的必然趋势。

第一，从技术创新视角来看，人工智能算力、算法与大数据技术发展和完善推动了算法的产业化发展。大数据的累积不仅为学习型算法提供了用于训练和优化的资源，也催生了企业和政府对于数据分析的需求，使得数据挖掘与智能决策成为推动算法产业发展的关键动力。人工智能计算能力在计算机硬件性能提升、分布式计算与云计算平台的普及下不断发展与完善，加速了算法的应用，使得企业和个人能够以较低的成本使用强大的计算资源，并可在原有的终端设备上应用人工智能算法。

第二，从产业链视角来看，算法产业是人工智能产业链中的关键，也是链接上游基础层与下游应用层的重要节点。算法产业的主要作用不仅是利用基础层的大数据与算力基础设施，开发与优化人工智能算法模型，使其向更智能、更自适应的方向优化升级，提升计算效率与输出结果的准确度；也包括基于应用层的需求开发适应不同行业与应用场景的算法，扩大算法池容量，增加可供选择的算法种类，提高算法应用于具体问题时的稳健水平。

第三，从市场需求的推动视角来看，产业的智能化转型与智能决策需求是算法产业发展的重要驱动力。随着智能制造与工业 4.0 的兴起，制造业产业体系中利用人工智能算法对于生产全过程优化的渗透率逐步提升，工业机器人的推广也依赖于机器视觉、自主导航、运动控制等方面的核心算法。在零售、金融、教育等行业客订化的趋势下，个性化、定制化的算法技术辅助需求要求算法在复杂的决策过程中提供更加高效和精准的决策支持。现阶段，在算法应用领域的市场需求推动下，算法产业的发展是中国特色社会主义市场经济体制下的必然趋势。

第四，从内外技术环境的视角来看，人工智能算法产业的发展是我国人工智能领域追赶世界领先水平的战略领地。数字经济的广泛扩张使得各国在进一步布局人工智能技术的研发与应用上展开激烈竞争，各国都企图在算法模型的创新与应用上占据有利位置，因此引导算法产业的有序发展不仅是我国在数字经济领域寻求新的经济增长点，也是我国在国际人工智能领域把握话语权的核心技术突破点。

综上所述，人工智能算法的产业化是在算法技术创新的技术条件下、在人工智能产业链布局的产业发展下、在应用场景的市场需求推动下以及在国内外人工智能技术环境推动下的必然趋势。但中国人工智能算法产业的发展处于初级的发展阶段，对于算法模型的研究以及应用推广主要以头部互联网企业为主导，算法产业中关键组成部分的行业算法发展较慢，产业生态亟须完善。

16.2.3 中国人工智能算法产业发展的制约因素

人工智能算法的创新作为一种根本性的技术创新，其产业化的进程在算法技术更新迭代、人工智能产业链发展、市场需求与国内外经济环境推动下展开。但相较于人工智能技术三大基石中其余两种要素——大数据与算力——的产业化进程，我国算法产业发展起步晚、进展慢、阻力大，且产业界与学术界对于算法产业化发展重视程度不高。因此，分析我国人工智能算法产业发展的制约因素、消除发展阻碍，是推动算法产业化发展的前提。

首先，算法意识不足。算法意识的欠缺是指社会大众普遍对于人工智能算法的特点、算法模型的重要性以及算法如何应用等问题的认识水平不高。这主要在于人工智能算法是一项新型技术方法，区别于既有的互联网技术模型，前沿算法模型的构建复杂度较高，理解算法模型的运行原理与应用方法需要一定的技术门槛。相较于技术路线清晰、技术门槛较低的算力与大数据技术，算法意识的不足使得人工智能算法产业发展受到的关注度较低，在构建人工智能产业链中主要的资源与政策支持集中在计算能力与大数据分析领域。因此，目前产业界对于人工智能算法的技术特点与实际应用普遍较为陌生，对于如何构建算法团队的经验不足，算法资源以及相应的基础设施配备不完善，这使得算法产业的整体要素不完备，产业发展受阻。此外，在企业与组织中，对于人工智能算法模型的创新缺乏足够的关注，更多的资源投入现有模型的应用与市场化中，忽视了人工智能算法技术的长期发展，限制了产业整体的技术进步水平。

其次，算法资源、算法人才储备量较低。算法资源不仅包含支撑人工智能算法模型创新、算法开发以及技术应用的算力资源与数据资源，也包含算法开源生态的资源支撑。目前，算力枢纽的算法支撑资源在区域间的分布不均，高性能计算资源的应用价格高昂；云计算资源供给不足，对于高性能人工智能算法需求的支撑仍需提升；人工智能芯片自主研发与国际领先水平存在技术差距，国产芯片的开发与性能落后直接限制了算法的训练效率与产业的进步。人工智能算法的训练需要大量的数据支撑，而数据隐私与数据确权问题的限制使得数据资源的开放水平较低、数据质量参差不齐，限制了人工智能算法的开发与优化；行业间数据难以共享，物理性与逻辑性的数据孤岛问题凸显，跨行业、跨部门的数据整合难度较大，阻碍了算法产业中行业算法的开发与应用普及。此外，算法领域的人才储备不足，算法学科的设置落后，高端算法技术与复合型人才匮乏，直接阻碍了人工智能算法在研发与应用中的人力资源储备。企业与算法开发者缺乏跨学科的知识储备与思维意识，不仅难以有效将算法应用于行业场景，也限制了行业算法的开发与应用，未能实现算法价值的最大化。

再次，算法产业布局滞后。已有政策对于人工智能的产业布局及其产业链进行规划，制定了国家人工智能产业综合标准化体系建设指南，指导各地区、各部门部署人工智能技术推动下的产业变革。然而，人工智能算法产业的布局仍存在一定的滞后性。从地方算法产业政策视角来看，仅有部分经济发达地区制定了算法产业化发展的推动政策，如《上海新一代人工智能算法创新行动计划（2021—2023 年）》着重关注算法的基础突破、应用创新、生态培育、人才聚集、社区开放，《广州市海珠区建设“琶洲算谷”若干促进措施》助力琶洲建设成为全国算法产业高地。从要素整合角度来看，算法产业生态需要的开源平台、基础设施等必要条件的欠缺，导致算法产业在产业链上的要素整合能力较低，支撑算法从开发到部署应用的产业生态不完整。综合以上视角，算法产业的布局在人工智能产业链中存在一定的滞后性，这导致地方政府与市场化投资在推动布局算法领域规模化、产业化的契机不明、动力不足，进一步阻碍了算法产业在全国范围内的整体协同布局。

最后，中国算法前沿与先进水平存在一定的差距，仍处于被动追赶的状态。在算法的基础研究领域，我国的人工智能算法核心理论缺少原创性的成功，基础理论、基础算法以及关键性的算法架构主要由美国等发达国家主导，我国的人工智能算法主要集中在研究应用层面，缺少具有影响力的开源算法框架，难以在算法产业的技术生态中占据主导地位。在算法的应用场景领域，我国人工智能算法的行业普及率较低，算法应用场景集中在高频率、低复杂性的任务中，如电子商务、自媒体领域的推荐算法，而算法对于传统行业的改造、算法在尖端技术领域的应用落后于国际水平，尤其是在特定的行业算法研发、复杂场景的应用领域处于被动追赶的状态。因此，我国人工智能算法在技术创新和应用创新领域与国际领先水平具有一定的差距，难以利用人工智能算法开辟具有技术竞争力的国际市场，这种被动追赶前沿算法技术的态势是我国算法产业发展潜力受阻的重要因素。

16.3 完善中国人工智能算法产业未来发展的支持体系

在新一轮科技革命和产业变革的时代背景下，人工智能算法已经成为推动当下经济社会转型的重要因素，是新一轮人工智能技术浪潮的核心推动力。中国人工智能算法模型的创新与应用的扩展存在巨大发展潜力，算法的重要性不仅体现在促进技术革新、推动产业转型升级中发挥的重要作用，也突出表现为算法在我国培育和发展新质生产力中发挥的核心要素作用。然而，算法在人工智能技术核心三要素中的关注度较低，我国算法模型的前沿发展与先进国家存在较大差距，行业应用中的算法渗透率较低，算法的产业化发展相对滞后。因此，为进一步充分发挥算法对经济社会发展的推动力，调动“算法经济学”的改造效应，需要探讨我国人工智能算法产业的未来发展支持体系，从算法的研发与人才培养体系、算法的创新与应用体系、算法的产业政策体系、算法的市场制度体系、算法的安全保障与监管体系方面，为我国人工智能算法的技术架构与产业应用提供必要的支撑条件。

16.3.1 完善人工智能算法的研发与人才培养体系支撑

人工智能算法的研发需要经历模型架构、模型训练、测试应用三个阶段，每个阶段环环相扣，关键不仅在于算法模型能否落地应用至实际场景中，并适应应用场景的复杂问题解决，更重要的是人工智能技术创新能否生成特定的行业算法，进而突破场景的局限进化为通用算法。行业算法的开发是当下人工智能创新的关键难点，需要多元化的研发支撑体系与交叉学科背景的人才培养体系，克服行业算法在开发过程中“懂人工智能算法的不懂行业，懂行业的不懂人工智能算法”问题，有效结合人工智能算法与行业应用，搭建特定行业内部的人工智能算法体系。在算法和算子快速迭代发展的阶段，算法研发过程的创新需要克服人工智能算法开发的高门槛难点。在研发支撑领域，加大对前沿算法领域的投入，鼓励高校与科研机构的跨学科研究，以促进我国算法领域在基础研究与技术转化领域进行突破性创新。在开源生态领域，推进统一的算法开源生态建设，通过算法工具与算法框架的开源化提升国内算法研发的自主创新能力，并支持创新技术成果的快速转化。在人才培养领域，高校等研发机构需增设与人工智能相关的基础课程，培养理论知识与实践能力同步发展的算法领域人才，并开展行业与高校的合作培养计划，为行业算法研发与测试应用储备算法人力资源，提高行业从业者的算法意识。

16.3.2 完善人工智能算法的创新与应用体系支撑

人工智能算法的创新与应用需要构建政府领导下的创新与应用支撑体系为算法创新托底，通过政府、企业和科研机构的合作，建设前沿算法技术实验室，打造国家级算法研究中心，并进一步有序引导市场化投资进入人工智能算法领域，为算法创新提供活力，推进算法应用落地。人工智能算法的创新体系需要支撑算法的基础研究核心创新、推动跨学科交叉创新、支持开源协同创新：在算法的基础研究领域，重点支撑深度学习、强化学习、自然语言处理、多智能体系等领域的创新，深入挖掘算法根源的“计算机智能+”，以计算机智能为算法创新的基础推动构建更加智能、更加多元的人工智能系统，促进人机交互领域的智能化、便捷化发展，以算法的技术创新带动人工智能应用的创新式革新。在跨学科交叉领域，融合人工智能领域与数学、物理、神经科学等学科的协作创新，深化算法理论研究，探寻交叉应用领域的新型算法架构。在开源协同创新领域，构建行业共享数据库与云计算平台，通过建设高性能的计算中心与数据共享平台，支撑国内算法开源平台的优化与推广，为算法创新与应用提供标准化工具与平台。人工智能算法的应用支撑体系不仅需要攻克特定行业的算法应用难题，也应为算法的应用落地与商业化提供必要的政策支持。一方面，需要开发适用于医疗、制造、农业、物流等重点行业的定制化算法，加速人工智能算法对传统行业的智能化改造，促进场景化算法应用；另一方面，推动算法从研发落地到商业化应用的转化，通过搭建算法应用转化平台，降低行业算法的应用门槛，提高算法应用落地效率。我国人工智能算法创新与应用的目标是在核心技术领域实现自主可控，减少对国外技术的依赖；在产业融合生态领域加速行业算法的开发应用，扩大算法的应用覆盖面；在资源支撑领域实现算法开发过程的标准化与资源共享。

16.3.3 完善人工智能算法产业的产业政策体系支撑

随着人工智能技术的突破式发展，我国人工智能算法的发展需要依赖有效的产业政策体系支撑。一方面，产业政策体系应推动算法产业全方位发展。算法产业的发展需要在新兴产业发展的前提下，以算法的特性调动“算法经济学”的改造效应，将人工智能产业的发展重点逐步转移至算法产业领域。算法产业的发展需要产业政策提供必要的要素支撑，通过加大研发投入与资金支持力度，制定研发补贴、税收优惠等政策，提供算法开发必需的数据要素与算力中心，鼓励企业与科研机构在人工智能算法领域的研发投入，扩大行业算法的算法池，推动算法从科研成果转化为应用产品，实现算法产业在产业链中的核心推动作用。算法产业的发展难点与重点在于行业算法的开发与应用：行业算法是算法在不同行业深度应用与产业价值的体现，开发难度在于其不是算法技术在行业内的应用，而是将算法的通用性与行业需求紧密结合，提供定制化的开发与解决方案。因此，产业政策应倾向于行业算法的开发与商业应用，为行业算法的发展进行总体布局，聚拢算法人才。另一方面，产业政策体系应推动人工智能算法对传统行业的改造。通过产业导向型政策引导传统制造业、服务业、金融业等的智能化升级，利用算法优化生产与服务流程，以行业应用示范效应推动人工智能算法在传统行业的具体应用。通过产业融合型政策促进人工智能算法与传统产业的跨行业技术合作，鼓励垂直行业的定制化算法研发与应用，在智能制造、智慧农业、智慧城市建设等方面普及人工智能算法的改造效应。通过跨行业合作的产业政策促进算法产业生态链的建设与完善，人工智能算法的产业化需要完善的产业链支撑，包括大数据、算力、算法人才等的要素支撑与技术开发、应用试点等过程支撑，产业政策应保障算法产业链的完整性，通过跨行业的合作保障算法产业的高效运作，推动从技术研发到市场应用的快速转化。

16.3.4 人工智能算法产业发展的安全保障与监管体系支撑

人工智能技术在经历了过去几十年的快速发展与应用扩展阶段，人工智能的伦理与安全问题受到了广泛的关注，尤其是人工智能算法潜在的伦理安全、隐私安全、算法歧视、算法透明性与可解释性等问题。我国人工智能算法的未来发展道路应依托强有力的安全保障与监管体系支撑，确保人工智能技术与应用的健康发展。首先，需要明确算法安全问题的主要来源与分类，在算法内生的一元安全层级、人机交互的二元安全层级与人机共生的多元安全层级（程学旗等，2024）保障算法架构与应用过程安全。其次，在不同安全层级建构算法研发应用全过程的安全监管，规范算法架构的伦理检查，减少算法应用过程中潜在的安全问题。在算法内生的一元安全层级，增强算法的可解释性，提高算法决策过程的透明化，确保算法决策过程可被追溯、审计与监管；消除算法应用过程中的性别、种族等不公平因素的干扰，防止算法歧视。在人机交互的二元安全层级，增强智能决策的可控性，确保实时监控与记录人工智能算法计算过程和用户的交互行为，保障人机交互过程中虚拟环境与物理环境中的人类安全性。在人机共生的多元安全层级，构建遵循社会伦理规范和公共利益的人工智能算法，保障社会价值观与算法技术的协同发展。最后，在人工智能算法的监管领域，不仅要在现有的政策框架下加强对人工智能算法的监管，强化数据安全、个人信息保护等领域的法律法规，也要推动算法领域的立法进程。在法律法规方面，制定明确的人工智能算法相关法律法规，构建不同风险分级算法系统的法律框架；建立算法审查机制，在算法投入应用与商业化之前对其进行合规性评估。在技术标准与行业规范方面，制定人工智能算法的技术标准，保障算法的公平性、透明性与安全性，鼓励算法领域指定行业协会与技术组织，引导企业遵循算法设计与应用中的行业守则。在监管机制方面，建立由政府、行业、第三方评估机构组成的多层次监管体系，提高监管的执行力度。

17 人工智能对制造业高质量发展的影响研究

人工智能作为当前科技革命的关键力量，成为推动制造业高质量发展的重要引擎。本章以2009—2019年中国30个省份的面板数据为样本，进行机理分析和实证研究。基于此，本章提出深化人工智能在制造业的应用与融合发展、实施差异化的人工智能发展政策、推动要素市场化改革、促进制造业技术创新四条对策建议，进一步发挥人工智能对制造业高质量发展的作用。

17.1 引言

改革开放以来，我国制造业的发展取得了举世瞩目的成就。作为立国之本、强国之基，我国制造业规模连续十四年保持全球第一，规模以上工业增加值同比增长5.0%，但是，“大而不强”“全而不优”的问题日益凸显。由于前期采取以规模扩张为主导的经济发展模式，制造业面临成本上升、环境压力加大、资源约束强化等多重挑战，同时发达国家和发展中国家的“双重挤压”加剧（刘成坤、林明裕，2023），“推动制造业高端化、智能化、绿色化发展”迫在眉睫。为实现“中国制造”向“中国智造”再向“绿色智造”的转型升级，制造业亟须通过技术创新和管理优化，实现高质量发展。

现阶段，要实现制造业高质量发展，必须走创新驱动之路。党的二十大报告强调“推动战略性新兴产业融合集群发展，构建新一代信息技术、人工智能、生物技术、新能源、新材料、高端装备、绿色环保等一批新的增长引擎”，具有新一代通用技术属性、强溢出效应和高发展潜力的人工智能无疑是值得关注的焦点（郭凯明，2019）。2018 年 10 月 31 日，习近平总书记在中共中央政治局第九次集体学习上的讲话中指出，“人工智能是引领这一轮科技革命和产业变革的战略性技术，具有溢出带动性很强的‘头雁’效应”，作为推进第四次工业革命的关键，人工智能越来越多地应用于制造业领域（Miller，2019），对于制造业高质量发展具有显著的推动作用。然而人工智能在制造业高质量发展中的应用仍面临诸多挑战，包括技术实现的复杂性、初始投资成本高昂、数据隐私和安全问题等，致使人工智能这类颠覆性通用技术需要很长时间才能对生产力产生重大影响（Zhao et al.，2022），那么到目前为止人工智能对制造业高质量发展的促进作用是否显现？人工智能促进制造业高质量发展的作用机制是什么？为了回答以上问题，有必要对人工智能促进制造业高质量发展的作用机制进行深入研究，不仅从理论层面丰富人工智能的经济后果研究，对制造业高质量发展理论做出必要的补充，而且从实践层面探索人工智能促进制造业高质量发展的具体路径，为实现制造业高质量发展提供理论依据和政策指导。

因此，本章旨在系统探讨人工智能赋能制造业高质量发展的具体路径和实施策略，基于 2009—2019 年中国 30 个省份面板数据，通过机理分析和实证研究，以期提出相应的对策建议，为推动制造业高质量发展提供理论依据和实用指导。

17.2 文献综述

17.2.1 人工智能的定义、测度和影响效应的文献综述

人工智能是计算机科学中的一项前沿技术，目前已发展成为世界三大先进技术之一，是新一轮科技革命和产业转型的关键驱动力。关于人工智能的研究主要包括人工智能的定义、测度和影响效应。

首先，人工智能的定义包括广义和狭义两个方面，广义上认为人工智能是一种机器模仿智能人类行为的能力或智能体在复杂环境下实现目标的能力（Brynjolfsson，2019）；狭义上人工智能是计算机学科大类下的一个分支，被定义为基于机器的智能和先进的计算能力来模仿人类认知功能的一门新兴现代科学信息技术，包括机器学习、深度学习、自然语言处理等内容（Davenport，2020）。

其次，关于人工智能水平测度主要分成两个方面：第一，采用单一指标进行衡量，如工业机器人安装数量（Lee et al.，2022；杨仁发、陆瑶，2023）、工业机器人进口数量（李磊等，2021；Acemoglu & Restrepo，2022）、人工智能专利申请数（Parteka & Kordalska，2023）；第二，构建指标评价体系进行衡量（周杰琦等，2023；陈志等，2022）。

最后，现有文献从要素投入角度、经济增长、收入公平等细分角度对人工智能的影响效应展开了深入研究。人工智能作为一种新的技术投入会对劳动力市场产生影响，已有研究主要存在两种不同的观点：替代效应与互补效应。一方面，人工智能应用带来的“机器换人”会导致就业机会减少，会对劳动力产生替代效应，引发职业替代风险（王林辉等，2022），进一步影响劳动力市场结构，导致“技术性失业”现象（孔高文等，2020）。另一方面，人工智能也会创造新的就业岗位和劳动力需求，从而产生就业创造效应，对劳动力就业产生积极影响（史丹、叶云岭，2023），通过促使企业减少常规低技能劳动力需求、增加非常规高技能劳动力需求的方式调整企业劳动力技能结构（姚加权等，2024）。人工智能技术对区域经济增长具有持续、稳健的促进作用（陈楠、蔡跃洲，2023），通过提高劳动生产率和增加值促进经济增长（Graetz & Michaels，2015）。从公平角度而言，以机器替代低技能工人为主要形式的自动化会加剧劳动收入不平等，通过人工智能技术模型，人工智能技术的岗位会产生更迭效应，倾向于在低技术部门通过自动化扩张、在高技术部门以新岗位创造的方式，加剧收入不平等（王林辉等，2020）。

17.2.2 制造业高质量发展的文献综述

近年来，随着全球制造业格局发生深刻变化，制造业快速发展是发展中国家经济腾飞的必选题，制造业高质量发展是向经济强国跃升的必答题（徐建伟等，2023）。关于制造业高质量发展的研究主要包括内涵和评价体系两个方面。

第一，高质量发展的内涵研究起源于2017年习近平总书记第一次提出“高质量发展”的概念，为制造业发展提供了方向。《中国制造2025》认为制造业高质量发展应该是实现由低成本竞争优势向质量效益竞争优势转变、由要素驱动向创新驱动转变、由粗放制造向绿色制造转变、由生产型制造向服务型制造转变。关于制造业的高质量发展，现有学者认为，制造业的高质量发展涉及制造业的质量改进、发展动力的增强等多个方面（戚聿东、蔡呈伟，2020），更加注重生产效率的提高，不仅需要减少低效产出，还需要不断激发创新活力，加强技术创新。因此，本章认为制造业高质量发展不仅需要减少低效产出，还需要提升要素效率、不断激发创新活力。

第二，在制造业高质量发展的评价体系构建方面，目前的研究和实践仍处于不断探索和完善阶段。现有的评价体系多聚焦于宏观层面的区域发展，从五大发展理念和经济增长质量两大视角评估我国制造业高质量发展水平：一方面，将高质量发展的内涵定义为经济增长质量或绩效，主要采用绿色全要素生产率、产业结构优化等指标测度（陈瑾、何宁，2018）；另一方面，以五大发展理念为基础，结合全要素生产率、产业结构等指标构建多角度指标体系，综合评价制造业高质量发展水平（王山等，2023；李晓钟，2022）。

17.2.3 人工智能和制造业高质量发展关系研究的文献综述

目前，从人工智能和制造业高质量发展关系研究的角度来看，学者认可了人工智能对制造业高质量发展某一维度的推动作用（孙早、侯玉琳，2021；余玲铮等，2021）。从制造业产业结构来看，借助于互联网和大数据等现代信息技术，新型智能制造系统的应用，将有效提升制造业企业的转型升级能力（肖静华等，2016）。苏海涛（2018）认为，人工智能不仅能提高设计效率，也能对生产条件进行持续优化，有助于自动控制能力的增强，进一步增强了信息驱动对于制造系统完善的作用，推动了产业快速升级。从技术融合角度来看，Tao（2021）提出了过程工业智能制造的新模式，即工业人工智能、工业互联网与过程工业的深度融合。面临“双碳”目标的约束，将人工智能与工业物联网、大数据分析、云计算等新兴技术相结合，可以帮助制造业产生更加高效、绿色的生产操作方法。从技术创新角度而言，学者考察人工智能对于制造业技术创新的影响（Liu et al.，2020），认为人工智能等新兴信息技术有望克服制造业面临的重大问题。

综上所述，现有文献为我们理解人工智能技术和制造业高质量发展提供了一些思路与方法。学者已经认识到人工智能对制造业高质量发展的促进效应，但多数研究集中于分析其对制造业高质量发展某一维度的作用，关于两者的具体作用机制也多局限于产业结构升级、技术创新等方面，较少关注要素配置的机制分析。本章将人工智能与制造业高质量发展相结合，基于要素市场化水平和技术创新两条路径，分析人工智能对制造业高质量发展的直接和间接作用机理，并探讨人工智能对制造业高质量发展作用的异质性效果，为更深入地理解两者之间的联系提供了理论支持和对策建议。

17.3 人工智能促进制造业高质量发展的理论机理分析

如图 17－1 所示，人工智能促进制造业高质量发展的机理分析将从直接作用和间接作用两个方面进行阐述，其中间接作用包括要素市场化和技术创新两条路径。

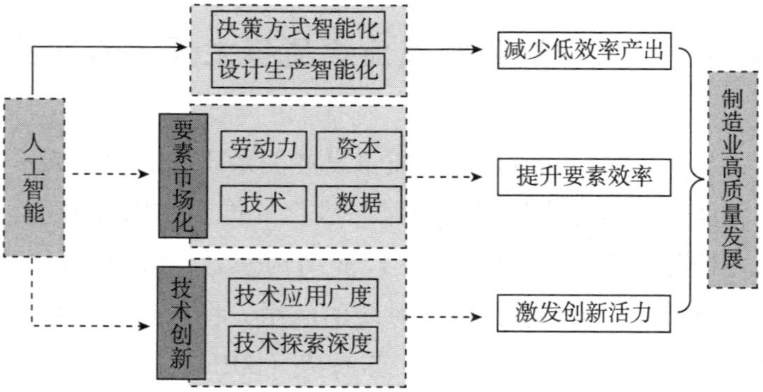

图 17－1 人工智能促进制造业高质量发展的机理分析

17.3.1 直接作用

人工智能技术的蓬勃发展和广泛应用，深刻影响了制造业的决策方式、产品设计和生产，为制造业高质量发展注入了多层次、全方位的动力。第一，人工智能有利于制造业在决策方式上实现生产管理流程的智能化，减少低效率产出。实现制造业高质量发展需要在生产制造过程优化调控，需要大量的实时信息进行决策，一方面，制造业生产过程依赖于多相多场耦合、高温高压运行等复杂环节，同时原料来源多样、成分多变、品质不一，导致生产重要参数难以精准感知和记录，造成过程信息不完备；另一方面，随着数据种类和规模迅速增加，人工无法及时学习和处理海量信息，从数据中自动高效获取知识和有价值的规律较难（钱锋、桂卫华，2018），从而导致制造业生产流程信息的智能检测不充分。而人工智能可以通过自主感知和学习生产环节信息，应对制造业生产活动的复杂性和综合性，进行实时数据分析，重构生产流程并自主提出相应的解决方案，从而提高制造业决策智能化水平，促进制造业高质量发展。

第二，在产品设计和生产层面，促进研发设计与生产制造的智能化，减少低效率产出（任保平、宋文月，2019）。一方面，制造业研发设计投入与高质量发展密切相关（Griliches，2007），人工智能通过生成模型，对自然语言、图像、音频各类信息进行加工处理，完成对话创建、文本输出、图像生成等工作（郑世林等，2024），显著提高制造业产品设计速度，生成、优化和完善制造业产品设计。另一方面，人工智能贯穿制造业全流程，实现了生产制造智能化。人工智能通过机器学习不断完善生产流程，工厂设备可以24小时自动运转，完成自动分拣、运送、配送等智慧物流作业，促使产线效能达到最大（刘鑫鑫、韩先锋，2023）。

17.3.2 间接作用

通过直接影响机制的分析，发现人工智能能够减少制造业低效率的产出，促进制造业高质量发展。在此基础上，本章从要素市场化水平和技术创新两条路径出发，阐述人工智能对于制造业高质量发展的间接作用，分析人工智能推动制造业高质量发展的中介机制。

（1）要素市场化水平

人工智能通过提升要素市场化水平，优化生产要素结构，以此带动制造业高质量发展。一方面，人工智能技术通过促进要素流动和提升要素配置效率，推动要素市场化水平提升。要素市场化水平的提升包括劳动力要素、资本要素、技术要素与数据要素四个方面。在劳动力要素方面，人工智能通过增加质优价廉的中间品供给促进劳动力在具有垂直产业链关联的行业间转移，并对下游行业劳动力就业结构优化产生显著的正溢出效应，通过促进劳动力在不同区域自由择业流动等方式提升劳动力要素市场化水平（钞小静等，2022）；在资本要素方面，人工智能有利于促进金融市场的完善，数字化、网络化的趋势提升了金融市场风险管控，减少了信息不对称和市场操纵现象（任保平、宋文月，2019）；在技术要素方面，人工智能具有深度挖掘、不断更新迭代的群体智能，人机和脑机交互的技术导向混合智能以及推理智能和自主智能无人系统，能与其他产业不断融合，促进技术的转移和应用；在数据要素方面，人工智能作为新一代信息技术的代表，能够带来信息生产、传播方式、处理手段等的革新，达到更高的运行效率、构筑新型的交互关系、产生丰富的技术成果、实现更多的社会价值（司林波、谭筱波，2023），从而提高市场环境的透明度和效率。

另一方面，要素市场化水平的提升，将会带动制造业高质量发展，有助于制造业优化资源配置。要素市场化水平的提升，意味着在更深入的市场机制作用下，制造业所需的各类关键要素——劳动力、资本、技术及数据，能够更加高效、灵活地配置与流通，显著增加了制造业发展所需的要素存量，促进了要素之间的协同作用与价值最大化。劳动力的合理有序流动，确保了制造业能够根据市场需求快速调整人力资源结构，提升了行业的劳动力素质；资本的市场化运作，则确保了资金流向更具发展潜力和创新能力的制造业领域；技术的自由流动与高效利用使制造业更容易获取到最前沿的技术成果与数据分析服务，加速产品迭代、优化生产流程；数据的市场化流动和有效利用，为制造业的智能化、数字化转型提供了强大的支撑。在这一过程中，制造业的整体投入产出效率得到显著提升，减少了制造业领域中要素紧缺、要素抵消配置、简单重复使用等问题，推动了制造业高质量发展。

（2）技术创新

一方面，人工智能通过促进技术创新，带动制造业高质量发展。有学者考察人工智能对于制造业技术创新的影响（Liu et al.，2020），认为人工智能等新兴信息技术有望克服制造业面临的重大问题。首先，人工智能不仅是一种新兴技术，更是一种强大的创新加速器。机器学习、深度学习等先进算法的广泛应用，使科研分析能力得到了质的飞跃，极大地缩短了技术研发的周期，加深了技术探索的深度。其次，人工智能的跨学科特性，打破了传统学科之间的界限，促进了多学科知识的交叉融合，为技术创新提供了更广阔的思路和可能，拓宽了技术应用的广度。

另一方面，技术创新能够促进制造业高质量发展。首先，技术创新能够显著提高制造业生产效率。通过技术创新，制造业企业可以对现有的生产流程进行优化和改进，从而提高生产效率，减少浪费、提高资源利用率，使生产过程更加高效和精益。其次，通过技术创新，企业能够减少资源消耗和污染排放，实现节能减排。技术创新使制造业能够开发和应用节能技术与清洁生产工艺，推动资源的高效利用和废弃物的再生利用，促进制造业向绿色化发展。最后，技术创新促进了制造业的产业升级与转型。制造业通过持续的技术创新，正朝着高端化、智能化和服务化的方向迈进，推动了制造业向高端制造和智能制造的转型。

17.4 模型构建与指标说明

17.4.1 变量选择与测度

（1）解释变量

人工智能：在人工智能衡量方面，目前并没有统一定论，鉴于工业机器人在制造业中被广泛使用，且其核心技术与人工智能密切相连，因此选用工业机器人安装密度作为解释变量，该指标在学界已得到广泛应用（Acemoglu & Restrepo，2020）。与人工智能专利指标相比，机器人安装密度能更准确地体现人工智能的应用情况。原始的机器人安装密度数据源自国际机器人联合会（IFR）。该联合会提供的机器人保有量数据覆盖了不同国家和行业，然而，其采用的行业分类体系与我国现行的分类标准存在差异。本章借鉴杨仁发（2023）的做法，对相关行业进行归并整理。测算省级层面机器人安装密度的公式如下：

$$AI_{it} = \sum_{j=1}^{J} \frac{L_{ijt}}{L_{it}} \times Rob_{jt} \tag{17-1}$$

其中，L_{ijt} 表示特定时期 t 内 i 省份的第 j 个制造行业的就业人数，L_{it} 表示同一时期 t 内 i 省份制造业整体的就业人数，Rob_{jt} 表示在 t 时期第 j 个制造业的工业机器人安装数量。

（2）被解释变量

制造业高质量发展：制造业高质量发展的首要任务仍旧是发展，不仅包括发展质量，还要体现发展效率，注重生产效率的提升，因此本章采用绿色全要素生产率（GTFP）进行衡量。利用超效率 SBM 模型和 Malmquist－Luenberger 生产率指数模型，构建了一个评价体系，该体系涵盖了投入指标、期望产出指标以及非期望产出指标（见表 17－1）。为评估并量化制造业高质量发展的成效及其随时间的演变，本研究采用 Rundea 软件进行测量。

表 17 -1 制造业高质量发展测算指标说明

类别		变量	指标说明	数据来源
投入		资本存量	大型企业年末固定资产价值	《中国统计年鉴》
		劳动力	生产部门年末就业人数	《中国统计年鉴》
		能源消费	生产部门能源总消耗量	《中国能源统计年鉴》
产出	期望产出	工业产值	工业增加值	《中国工业统计年鉴》
	非期望产出	工业废气产出	工业二氧化硫	《中国环境统计年鉴》
		工业废水产出	工业废水排放量	《中国环境统计年鉴》
		工业废弃物产出	固体废弃物排放量	《中国环境统计年鉴》

制造业是工业部门的重要成分，由于工业数据通常在统计和分类上更加统一，考虑到数据的可获得性，本章采用更广泛的工业数据代表制造业的数据。

（3）中介变量

市场化水平（*Market*）：参考王小鲁（2021）、许玲玲（2021）的研究，用市场化指数度量市场化水平。若该指数值越高，则反映该区域市场化水平越高。

技术创新（*Inno*）：采用规模以上工业企业 R&D 资金支出与工业企业利润的比值衡量研发强度。资金支出在一定程度上代表了企业的创新能力，投入资金越多，企业越有可能取得技术的突破性进展。

（4）控制变量

参考相关学者的研究（颜平等，2024；徐星等，2023），本部分实证模型包含的控制变量主要有：对外开放程度（*Open*），用货物进出口总额占名义 GDP 的比重来表示；消费水平（*XF*），通过社会消费品零售总额占名义 GDP 的比重来衡量；技术水平（*JS*），通过技术市场成交额占名义 GDP 的比重来衡量；城镇化水平（*Urb*），通过城镇人口占常住人口比率来衡量；政府与市场的关系（*SC*），参考王小鲁（2021）的做法，通过政府与市场的关系来衡量，包括市场分配经济资源的比重、政府干预、政府规模三个方面。

17.4.2 模型构建

构建基准回归模型来检验人工智能对制造业高质量发展的影响。在进行基准回归分析之前，执行豪斯曼检验以确定适当的模型类型。检验结果显示，豪斯曼统计量为 12，对应的 p 值为 0.045，在 5% 的水平上显著，拒绝了不存在个体效应的原假设，选择了固定效应模型进行分析。因此本章设定的回归模型为：

$$\ln GTFP_{it} = \beta_0 + \beta_1 \ln AI_{it} + \beta_2 \ln Controls_{it} + \varepsilon_{it} + \pi_i + \sigma_t \quad (17-2)$$

其中，$GTFP_{it}$ 为地区 i 在 t 年的制造业高质量发展水平；β_0、β_1、β_2 为回归方程的系数；AI_{it} 为地区 i 在 t 年的人工智能水平；$Controls_{it}$ 为可能影响制造业高质量发展的一系列控制变量；ε_{it} 为随机误差项，π_i 为个体固定效应，σ_t 为时间固定效应。

目前，机制检验的方法主要包括基于中介效应模型的逐步检验法、交互效应模型以及直接使用机制变量对解释变量进行回归三种。考虑到中介效应模型无法同时缓解解释变量、机制变量和被解释变量之间存在的内生性导致的错误识别，江艇（2022）建议停止使用中介效应的逐步检验法。此外，利用交互模型进行机制检验的前提条件之一是交互项中的机制变量不受解释变量的影响，该检验方法通常是对作用机制的间接检验或侧面验证，并不适用于本章的影响机制检验，原因在于，上述机制变量（M）“要素市场化”“技术创新”能够被准确恰当地度量，并且解释变量（AI）人工智能能够对上述机制变量（M）产生直接影响。

因此，本章选择直接使用机制变量对解释变量进行回归的方法进行机制检验：在检验因果关系的作用渠道时，应提出若干个直接且显然影响被解释变量 Y 的机制变量 M_i，且仅需考察解释变量 X 对 M_i 的影响，无须研究 M_i 到 Y 的因果关系。因此，本章将基准模型（17－2）中的被解释变量替换为机制变量（M），其他变量设置与基准模型一致，见模型（17－3），以此检验人工智能水平（AI）对机制变量（M）的影响，从而验证人工智能影响制造业高质量发展的作用路径是否成立。

$$\ln M_{it} = \mu_0 + \mu_1 \ln AI_{it} + \mu_2 \ln Controls_{it} + \varepsilon_{it} + \pi_i + \sigma_t \quad (17-3)$$

其中，M_{it} 为中介变量，μ_1 表示人工智能对机制变量的影响效应，其他变量含义与式（17－2）相同。

17.5 实证结果与分析

本章选取的样本数据来源于《中国统计年鉴》（2009—2019）和各省政府工作报告，鉴于数据的可获得性，为消除极端值对检验结果带来的影响，对于数据中的缺失值采用了插补法进行处理，各变量的描述性统计如

表 17 - 2 所示。

表 17 - 2　变量的描述性统计

变量	N	mean	sd	min	max
ln *GZL*	330	-0.042	0.206	-0.884	1.026
ln *AI*	330	7.885	1.561	3.874	11.875
ln *Open*	330	-1.780	0.959	-4.368	0.437
ln *XF*	330	-0.994	0.183	-1.492	-0.619
ln *JS*	330	-5.289	1.351	-8.592	-1.811
ln *Urb*	330	-0.586	0.219	-1.208	-0.110
ln *SC*	330	1.885	0.328	-0.173	2.497
ln *Market*	330	2.203	0.298	0.738	2.543
ln *Inno*	330	2.220	0.139	1.981	2.411

为了识别模型内变量之间可能存在的多重共线性问题，采用方差膨胀因子（*VIF*）作为检测工具。通常 *VIF* 值越大，表示多重共线性越严重，该变量与其他变量之间的线性关系越强，一般 *VIF* 值小于 10 则可接受。变量的平稳性检验结果如表 17 - 3 所示。

表 17 - 3　变量的平稳性检验结果

变量	*VIF*	1/*VIF*
ln *AI*	1.830	0.546
ln *Open*	2.300	0.435
ln *XF*	1.540	0.649
ln *JS*	1.640	0.610
ln *Urb*	2.780	0.360
ln *SC*	1.590	0.629
ln *Market*	2.010	0.498
ln *Inno*	7.370	0.136
Mean	1.950	3.460

由表 17 - 3 可知，ln *AI* 的 *VIF* 值为 1.830，1/*VIF* 值为 0.546；控制变量ln *Open*、ln *XF*、ln *JS*、ln *Urb*、ln *SC* 的 *VIF* 值同样偏低。总体来看，Mean *VIF* 值为 1.950，整体上模型中的多重共线性问题不严重。

17.5.1 基准回归

人工智能对制造业高质量发展的回归结果如表 17-4 所示。其中模型（1）未加入控制变量，模型（2）加入控制变量。核心解释变量为 ln *AI*，其在模型（1）和模型（2）中系数分别为 0.125 和 0.095，分别在 5% 和 10% 的水平上显著，意味着人工智能水平每提高 1%，制造业高质量发展平均提高 0.125% 和 0.095%，显示出人工智能对制造业高质量发展有显著的正向影响。

表 17-4 人工智能对制造业高质量发展的回归结果

变量	(1)	(2)
ln *AI*	0.125**	0.095*
	(0.054)	(0.057)
ln *Open*		0.092*
		(0.053)
ln *XF*		-0.163
		(0.120)
ln *JS*		-0.015
		(0.026)
ln *Urb*		0.107
		(0.333)
ln *SC*		-0.148**
		(0.070)
常数项	-0.909***	-0.438
	(0.338)	(0.448)
Observations	330	330
R^2	0.132	0.162
Number of id	30	30
地区固定效应	YES	YES
时间固定效应	YES	YES

注：***、**、*分别表示在 1%、5%、10% 的水平上显著。

17.5.2 内生性和稳健性检验

基于面板数据并使用双向固定效应模型，在一定程度上处理了个体异质性导致的遗漏变量问题，但仍无法获得“干净”的估计结果。原因在于，制造业的高质量发展可能也会推动人工智能的发展，如一些地区制造业基础能力较强，对人工智能技术和应用的需求较高，从而促进该地区人工智能的发展，即人工智能和制造业高质量发展水平之间可能存在双向因果关系。因此，有必要进行内生性检验，本章采用工具变量法来验证是否存在双向因果关系。

为确保工具变量与内生解释变量之间的相关性，并保证其与随机扰动项的独立性，本研究采纳了孙早和侯玉林（2021）的方法。在他们的研究中，选定的工具变量是各地区的长途光缆密度，并且通过两阶段最小二乘法（2SLS）来执行估计。选择这一工具变量的原因如下：首先，长途光缆是工业机器人不可或缺的组成部分，因此，各地区的长途光缆密度与当地人工智能的发展水平有着直接的联系；其次，从外生性的角度来看，长途光缆的布局是由外部因素决定的，它不受制造业发展水平的直接影响。基于这些考虑，长途光缆密度被选作一个合适的工具变量。具体来说，长途光缆密度是指每个省份每平方千米内的长途光缆长度。相关的回归分析结果如表 17 – 5 的模型（3）所示。在进行工具变量的相关性检验时，Kleibergen – Paap rk LM 统计量值为 6. 670，其对应的 p 值为 0. 009，低于 0. 1 的阈值，从而拒绝了工具变量识别力不足的原假设。此外，Cragg – Donald Wald F 统计量为 55. 635，这一数值超过了 Stock – Yogo 临界值 16. 38，因此也拒绝了工具变量弱相关的原假设。这些检验结果表明，所选的工具变量是恰当的。在回归分析中，工具变量对人工智能的回归系数以及人工智能对制造业高质量发展的回归系数均显著为正，这进一步证实了人工智能在推动制造业高质量发展方面的积极作用。

为检验人工智能对制造业高质量发展影响的结论是否稳健，本研究参考了吴非和徐斯旸（2022）的方法。通过分析上市公司年报中的文本资料，利用 Python 软件统计与人工智能相关的专利数量，并将其与企业所在省份相匹配，构建了一个新的衡量人工智能应用水平的指标（ZL）。这个新指标替代了原有的核心解释变量，用于进行稳健性检验。检验结果表明，在 5% 的显著性水平上，人工智能对制造业高质量发展有显著的正向影响，这验证了之前研究结果的稳健性，相关的回归分析结果如表 17 – 5 模型（4）所示。

表 17－5 内生性和稳健性检验结果

变量	(3)	(4)
	IV－2LSL	更换解释变量
ln *AI*	0.021 * (0.012)	
ln *ZL*		0.011 ** (0.005)
控制变量	YES	YES
常数项	－0.160 (0.171)	0.072 (0.089)
Observations	330	330
R^2	0.013	0.162
Number of id	30	30
地区固定效应	YES	YES
时间固定效应	YES	YES

注：＊＊、＊分别表示在5%、10%的水平上显著。

17.5.3 中介效应检验

前文的理论分析表明，人工智能不仅对制造业高质量发展有直接影响，也会从要素市场化以及技术创新两条路径对制造业高质量发展产生间接影响。基于此，本部分将考察该中介机制。

中介机制检验结果如表 17－6 所示。在要素市场化层面，模型（5）中人工智能系数为 0.048，且在 1% 的水平上显著，验证了要素市场化发展在人工智能促进制造业高质量发展中的中介作用。在技术创新层面，模型（6）中人工智能系数为 0.406，且在 1% 的水平上显著，验证了技术创新在人工智能促进制造业高质量发展中的中介作用。

表 17－6 中介机制检验结果

变量	(5)	(6)
	ln *Markt*	ln *Inno*
ln *AI*	0.048 *** (0.005)	0.406 *** (0.029)
控制变量	YES	YES

续表

变量	(5)	(6)
	ln *Markt*	ln *Inno*
常数项	1.732***	7.921***
	(0.0850)	(0.521)
Observations	330	330
Number of id	30	30
R^2	0.570	0.758

注：***表示在1%的水平上显著。

17.5.4 异质性分析

17.5.4.1 基于不同区域的异质性分析

考虑到不同区域的经济发展水平和人工智能的发展状况可能存在显著差异，这些差异会对制造业的高质量发展产生不同的影响。参考相关研究（杜建军等，2023），本章将样本划分为东部、中部和西部三个区域[①]并对这些区域分别进行回归分析，深入探究人工智能在不同地区对制造业高质量发展的影响是否存在差异（见表17－7）。

表17－7 基于不同区域的异质性回归结果

变量	(7)	(8)	(9)
	东部	中部	西部
ln *AI*	0.015*	−0.052	0.326***
	(0.008)	(0.085)	(0.120)
控制变量	控制	控制	控制
常数项	0.185	1.599*	−2.659***
	(0.154)	(0.858)	(1.031)
R^2	0.355	0.208	0.481
Observations	132	99	99
Number of id	12	9	9
地区固定效应	YES	YES	YES

① 东部地区包括北京、天津、河北、辽宁、上海、江苏、浙江、福建、山东、广东、广西、海南12个省份，中部地区包括山西、内蒙古、吉林、黑龙江、安徽、江西、河南、湖北、湖南9个省份，西部地区包括重庆、四川、贵州、云南、陕西、甘肃、宁夏、青海、新疆9个省份。

续表

变量	(7)	(8)	(9)
	东部	中部	西部
时间固定效应	YES	YES	YES

注：＊＊＊、＊分别表示在1%、10%的水平上显著。

如表17－7所示，人工智能对西部和东部地区的制造业高质量发展具有正向影响，系数分别为0.326和0.015，其对中部地区的制造业高质量发展影响则不显著，可能的原因是西部地区具有后发优势，在过去十年中由于西部大开发战略的实施，国家对西部投入了更多资源，使得人工智能在低起点上有更大的发展空间，对制造业的促进效果更显著，因而系数更大；东部地区具有区位优势，资源丰富、经济发达、科技创新能力强，使得人工智能技术更容易与制造业融合，推动制造业的高质量发展；中部地区大都为能源原材料大省，煤炭开采、金属冶炼等高能耗产业仍在制造业中占据主导地位，制造业产品仍以高耗能高污染的产业为主，产业同质性较强、产品价值链较低（李晓沛、郑春蕊，2022），制造业高质量发展水平仍有待提升。

17.5.4.2 基于制造业技术等级的异质性分析

为了详尽分析人工智能在不同技术层次制造业中的应用程度对制造业高质量发展的差异化影响，本研究依据OECD的制造业技术分类体系进行了分类。按照这一体系，样本被明确划分为三个技术层级：低技术制造业（*LD*）、中等技术制造业（*MD*）以及高技术制造业（*HD*）①。

表17－8 基于制造业技术等级的异质性回归结果

变量	(10)	(11)	(12)
	ln *LD*	ln *MD*	ln *HD*
ln *AI*	−0.177***	−0.008	0.080*
	(0.064)	(0.052)	(0.046)
控制变量	YES	YES	YES

① 本章将“食品饮料制造业”“纺织品制造业”“木材加工及家具制造业”“造纸及纸制品业”“其他制造业”划分为低技术制造业，将“橡胶和塑料制品业”“金属制品业”“金属冶炼业”“非金属矿物制品业”“通用设备制造业”划分为中等技术制造业，将“化学原料及化学制品制造业”“电子和电器设备制造业”“汽车制造业”划分为高等技术制造业。

续表

变量	(10)	(11)	(12)
	ln *LD*	ln *MD*	ln *HD*
常数项	0.595*	0.184	-0.255
	(0.336)	(0.436)	(0.369)
R^2	330	330	330
Observations	0.176	0.154	0.162
Number of id	30	30	30
地区固定效应	YES	YES	YES
时间固定效应	YES	YES	YES

注：***、*分别表示在1%、10%的水平上显著。

如表17-8所示，在高技术制造业中，人工智能对制造业高质量发展的回归系数为0.080，表明人工智能水平每提升1%，制造业高质量发展水平提升0.08%；而在低技术制造业中，人工智能对制造业高质量发展的影响呈现出负面效应；人工智能对中等技术制造业的作用则不显著。这种差异可能源于人工智能在不同类型制造业中的融合与应用程度：高技术制造业通常属于知识与技术密集型产业，对技术要素的需求较为迫切，人工智能的应用更为广泛和深入，从而对高质量发展产生了显著的推动作用。相反，在低技术制造业中，由于人工智能技术的融合程度较低，加之普及和应用成本较高，存在一定的技术门槛，初期可能会对制造业的高质量发展产生一定的负面影响。这些实证结果强调了在不同技术层次的制造业中，人工智能应用策略和推广路径需要因地制宜，以实现最佳的经济效益。

17.5.4.3 基于制造业要素密集类型的异质性分析

为深入理解人工智能在不同要素密集类型制造业中的应用水平如何影响制造业的高质量发展，本章采用了阳立高等（2014）提出的分类框架。根据这一框架，研究样本被细致地划分为三个主要类别：劳动密集型制造业（L）、资本密集型制造业（K）以及技术密集型制造业（T）①，有助于

① 本章将“食品饮料制造业”“纺织品制造业”“木材加工及家具制造业”“橡胶和塑料制品业”“金属制品业”“非金属矿物制品业”“其他制造业”划分为劳动密集型制造业，将“造纸及纸制品业”“化学原料及化学制品制造业”“金属冶炼业”“通用设备制造业”划分为资本密集型制造业，将“电子和电器设备制造业”“汽车制造业”划分为技术密集型制造业。

理解在不同生产要素密集度条件下，人工智能如何影响制造业高质量发展，从而为相关政策制定和产业升级提供依据。如表 17－9 所示，在劳动密集型、资本密集型和技术密集型制造业领域，人工智能均显著地促进了制造业高质量发展。进一步分析发现，人工智能对技术密集型制造业高质量发展的推动作用尤为突出，资本密集型制造业紧随其后，而对于劳动密集型制造业高质量发展的影响则相对较弱。具体来看，人工智能对技术密集型制造业高质量发展的回归系数为 0.023 且在 1% 的水平上显著，意味着在技术密集型制造业领域内，人工智能水平每提升 1%，将带动制造业高质量发展水平提升 0.023%。这一现象的背后原因在于，技术密集型制造业本身就集成了人工智能技术，对人工智能有着极高的需求和应用动力，需要不断更新和优化人工智能算法以生产智能化产品。这种需求反过来促进了人工智能在制造过程中的深度应用，使得人工智能不是优化生产工具，而是成为产品本身的核心要素

表 17－9　基于制造业要素密集类型的异质性回归结果

变量	(13)	(14)	(15)
	ln L	ln K	ln T
ln *AI*	0.012*	0.018**	0.023***
	(0.006)	(0.007)	(0.009)
控制变量	控制	控制	控制
常数项	0.052	0.018**	－0.063
	(0.120)	(0.007)	(0.322)
R^2	330	330	330
Observations	0.160	0.162	0.160
Number of id	30	30	30
地区固定效应	YES	YES	YES
时间固定效应	YES	YES	YES

注：＊＊＊、＊＊、＊分别表示在 1%、5%、10% 的水平上显著。

17.6　结论与政策建议

本章分析了人工智能对制造业高质量发展的作用以及影响机制，并通过实证得出以下结论。第一，人工智能技术对制造业高质量发展具有显著促进作用，在用工具变量法。替换核心解释变量后结论依旧成立。第二，中介效

应的结果表明，人工智能通过要素市场化水平和技术创新两条路径，促进制造业高质量发展。第三，针对不同地区、制造业技术等级、制造业要素密集类型的异质性回归结果表明，人工智能对制造业高质量发展的促进作用在东部地区和西部地区显著，中部地区则不显著；抑制低技术制造业高质量发展，促进高技术制造业高质量发展；相较于劳动力密集型和资本密集型制造业，人工智能促进技术密集型制造业高质量发展的作用更为突出。

鉴于上述研究发现，为了充分利用人工智能促进制造业的高质量发展，本章提出以下对策建议。

第一，深化人工智能在制造业的应用与融合发展。首先，加强政策引导和资金投入。重点支持人工智能技术在制造业中的创新应用，优先考虑那些能够显著提高生产效率、优化生产流程、提升产品质量的技术项目，同时鼓励多种形式的资金支持方式，如政府补贴、风险投资等，促进人工智能技术的商业化应用。其次，促进技术的转移和扩散。通过推动制造企业与人工智能企业、科研机构的深度合作，建设产学研协同创新平台。此外，政府可以鼓励跨行业、跨领域的合作，推动制造业与其他行业在人工智能应用上的协同发展。最后，建设智能制造示范区。在制造业集中的地区设立国家级或区域级的智能制造示范区，通过税收优惠、专项资金支持等措施，鼓励当地制造业企业率先应用人工智能技术，探索新的商业模式和管理模式。通过示范区的建设，积累经验，形成可复制、可推广的成功案例，带动全国范围内制造业的智能化转型。

第二，实施差异化的人工智能发展政策。一是加强区域协同发展。由于我国各地区在经济发展水平、产业基础和资源禀赋上存在差异，各地区因地制宜，制定符合自身实际的人工智能发展战略，避免“一刀切”：西部、东部地区的比较优势较为显著，制造业升级状况更为良好，因此应该加强区域间的协同合作，推动技术资源共享和市场互补，形成区域特色鲜明、协调发展的人工智能和制造业融合发展格局。二是根据行业特点制定具体措施。不同行业的制造企业在人工智能技术的应用上有着不同的需求，应根据行业的特定需求，制定更具针对性的政策措施：高技术制造业更需要人工智能技术来提升产品的精度和质量，而劳动密集型制造业则更关注如何通过智能化手段降低人工成本和提高生产效率。例如，针对高技术制造业，推动智能检测设备的研发和应用，引入智能检测设备识别和判断产品在生产过程中是否存在缺陷，减少人工检测的误差和成本；针对劳动密集型制造业，提供技术改造补贴和培训支持，加强对企业员工的培训，提升其操作智能设备的能力和技术水平，减少因技术升级带来的短期阵痛。

第三，推动要素市场化改革，进一步发挥人工智能对制造业高质量发展的作用。加大市场化改革力度，不仅为人工智能技术在制造业中的推广应用提供一个公平竞争的平台，也能有效提升市场透明度和竞争度，防止信息不对称导致的价格信号失真和资源配置扭曲。促进人工智能相关的高端人才在制造业中的流动，通过金融市场进一步支持人工智能创新型企业，推动制造业与人工智能技术的对接，完善人工智能技术的市场化机制。

第四，促进制造业技术创新，将技术创新与产业应用相结合。政府应加大对基础研究和前沿技术研发的支持力度，建立以市场需求为导向的技术创新体系；鼓励企业和科研机构合作，根据市场需求进行技术研发和创新，将人工智能技术更好地应用于生产实践；政府还应推动人工智能技术的产业化应用，通过示范工程、技术推广和产业联盟等方式，加速技术创新成果向实际生产力的转化。

18 人工智能赋能农业高质量发展的逻辑与路径

农业高质量发展作为我国全面建成社会主义现代化强国的基础，其实现程度也影响着我国社会主义现代化建设的品质与成色。随着人工智能与农业的深度融合，人工智能为“三农”问题提供新的解决方案，成为推进乡村振兴和农业高质量发展的新引擎。基于此，本章全面梳理人工智能赋能农业高质量发展的生成逻辑，深入解构其赋能机制与其面临的挑战，并提出具体实践路径。

18.1 人工智能赋能农业高质量发展的逻辑

实现传统农业向高质量农业的转变，是基于我国现实国情的发展需要，其实现路径必须立足我国经济发展实际。在数字化时代下，利用人工智能赋能农业高质量发展，体现了中国式现代化发展进程中理论逻辑、历史逻辑与现实逻辑的辩证统一。理论逻辑能够指导现实逻辑，并反映历史逻辑；历史逻辑是理论逻辑产生和发展的现实基础，现实逻辑是检验理论正确性和有效性的唯一标准。

18.1.1 效率优化是人工智能推动农业高质量发展的理论逻辑

从马克思主义政治经济学来看，马克思主义基本原理指出生产力决定生产关系，生产关系反作用于生产力。而就农业发展来看，农业技术创新是解放及发展农业生产力的决定性因素，人工智能作为一种高精尖技术的综合体，能够有效促进农业全要素生产率的提升，推动农业发展由资源消耗型向科技赋能型转型。此外，马克思的产业资本循环理论指出，购买、生产以及销售等环节是产业资本循环的必经过程，而农业的技术改造过程与其提出的产业资本动态循环过程及规律有一定的吻合性。首先，在农业采购环节通过人工智能的赋能，能够打破传统经济市场的时空樊篱，降低农业采购交易费用，提高农业资源生产要素的质量以及农业资源配置效率，在强化农业生产要素市场透明度的同时维护其正常市场秩序（耿子恒，2023）。其次，在农业生产环节通过人工智能的赋能，以及农业机器人、智慧农机等智能化农机装备的运用，推动种养殖业的播种、施肥、畜牧养殖以及疫病防治等传统农业生产过程的智能化转型，提高农业生产的智能化水平，且能够有效保障农产品的生产质量。最后，在销售环节通过人工智能的赋能，以及对现代化网状流通渠道的实时数据分析，有效锁定客户需求，拓展客户群体及市场范围，缓解信息不对称导致的农产品供需失衡等传统棘手难题。

从发展经济学来看，速水佑次郎和拉坦在诱致性技术变迁理论中指出，技术或制度变迁是由资源禀赋及产品需求决定的相对要求价格变化导致，乃经济发展或市场诱导的结果（速水佑次郎、拉坦，2000；Ruttan，1896）。人工智能通过将传统农业生产要素智能化，使其高效参与价值创造与分配，同时与实体产业渗透融合，以智能农业的技术进步保障粮食安全，提升农业劳动生产率与经营管理效率，农业传统经济领域的土地、劳动力、技术、知识等要素都能够与人工智能技术有机结合，进而成为新经济增长的新动能和新引擎，赋能农业高质量发展。此外，根据内生增长理论，农业进步及其经济增长动力的培育需要人力资本、知识等相对生产要素的嵌入。例如，舒尔茨指出，传统农业的基本特征是技术停滞，农业产出不会随传统农业生产要素的重新配置而显著增加，需要引入新生产要素进行传统农业改造（舒尔茨，2006）。因此，从技术进步视角来看，推动人工智能发展，从而促使农业经济发展动力由传统生产要素主导向智能要素主导转型是当前农业高质量发展的重点之一。

18.1.2 改革与发展是人工智能促进农业高质量发展的历史逻辑

党的十八大以来，以习近平同志为核心的党中央优先推动农业农村现代化，并将粮食安全和农业强国建设放在治国理政的突出位置。随着我国农业现代化水平稳步提升，为农业高质量发展打下了坚实基础。近年来，在新一代信息技术的迭代升级下，以人工智能赋能农业高质量发展便具有一定的历史必然性。

2013 年 3 月 4 日，习近平总书记在参加全国政协十二届一次会议科协、科技界委员联组讨论时的讲话中提出，"近代以来屡屡被经济总量远不如我们的国家打败。为什么会这样？我们不是输在经济规模上，而是输在科技落后上"。我们党始终重视科技创新对于经济增长的重要性，改革开放以后，农业科技体制改革带来农业科研与推广应用的快速发展。20 世纪末，种植业的科技贡献率超过 42%，林业和牧业分别达到 29% 和接近 50%（李小云。2002）。21 世纪以来，我国农业科技体制改革不断深化，农业机械技术与生物化学技术等呈现出数字化、智能化、复合型发展态势。进入 21 世纪，以大数据、机器学习以及云计算等为代表的现代信息技术与传统产业发展以及传统经济形态不断融合发展，人工智能正在成为推动农业高质量发展的新动能。

18.1.3 创新赋能是人工智能助推农业高质量发展的现实逻辑

进入新时代，农业已经被赋予新的历史方位及战略地位。党中央高度重视农业高质量发展，是强调着眼于全面建成社会主义现代化强国大局而做出的重大决策部署，也是新阶段新征程中"三农"工作的任务重点。随着全球新一轮科技变革与产业变革深入推进，抢抓人工智能带来的关键历史机遇，充分利用人工智能赋能农业高质量发展是具有重大战略意义的时代命题。

综观我国的社会主义现代化强国体系建设，虽然在农业发展上具有一定的基础，但相较于新型工业化、信息化与城镇化，农业现代化仍然存在不小的差距。特别是，在农业科技发展方面仍存在诸多不足且长期受制于人，部分高端农业装备以及核心农业技术依赖进口，农业技术创新链条存在卡点，农业科技进步贡献率有待提升。在人工智能蓬勃发展并不断向各行各业渗透的时代背景下，传统产业的智能化转型以及新型智慧产业的出现，也带动了信息技术、生物技术等领域的变革，尤其是数字智能、基因编辑等关键新型技术带动了农业的变革式发展。例如，从农业生产来看，人工智能的机器学习技术能够辅助农户完成土壤含水量智能检测、精准施肥等智慧农业生产操作，推动了农业生产的标准化管理，降低了农业生产成本；从农业经营来看，人工智能的嵌入能够极大地提升新型农业经营主体的决策分析能力，提高农业经营效率，保障农业经营体系高效运转；从农业产业来看，人工智能与传统农业的碰撞催生出智慧农业观光旅游等农业新业态，“定制农业＋创意农业＋养生农业”等新产业。因此，必须加快发展人工智能，同时利用人工智能的普惠性、高渗透性以及价值增值性等特征，加快推动农业关键核心技术的科研攻关，抢占农业科技竞争的主动权与制高点。在当前我国加快转变经济发展方式以及数字时代来临的关键历史交汇点，抓住时代赋予的历史性机遇，充分利用人工智能赋能农业高质量发展具备极大的现实逻辑及现实意义。

18.2 人工智能赋能农业高质量发展的机制

在人工智能蓬勃发展并不断向各行各业渗透的时代背景下，人工智能与传统农业之间的碰撞和融合已成为时代必然。从农业高质量发展来看，人工智能的赋能影响是全方位、多层次且多元化的，其机制主要体现在以下几个方面。

18.2.1 宏观层面：人工智能赋能农业高质量发展的效率提升机制

改革开放以来，我国创造了40余年的经济持续性高速增长奇迹。然而农业农村领域的发展短板问题始终严峻，农业农村经济发展仍处于爬坡过坎的跨越转型阶段。内生经济增长理论指出，技术进步与全要素生产率的提升是实现经济持续性增长的两大重要因素。人工智能技术通过在农业农村领域的全面渗透，能够在宏观层面重构农村经济增长动力机制，助推农村经济增长动能转换，提升农业全要素生产率，提高资源配置效率。

需求侧与供给侧为经济活动的两个基本要素，经济平稳持续运行的最优状态在于通过不断调节供需关系实现供需均衡。马克思主义政治经济学认为，生产、分配、流通以及消费互相作用形成经济循环，而其各环节之间的有机结合与周而复始进而构成完整的经济系统。第一，在生产环节，通过将以劳动对象、劳动资料以及劳动者为主的生产力实体性要素及以科学技术、企业家才能和信息为主的生产力渗透性要素智能化，实现人工智能要素与生产力要素的深度融合，进而形成智能生产力，赋能传统农业生产的智能化改造，同时为现代农业发展培育新优势，提升农业劳动生产率，催生出农村经济发展新业态及新模式。第二，在分配环节，通过将传统农业生产要素智能化，并将其与人工智能要素等全新生产要素共同纳入分配过程，进而形成智能分配力以优化分配结构，同时以知识、信息及数据要素的可复制性及共享性，促进生成农村居民收入分配的普惠性，利用人工智能的普惠效应缩小收入分配差距，实现包容性增长。第三，在流通环节，通过机器学习、专家系统等人工智能技术搭建智能平台，整合农业商品流及信息流，提高农业商品与农业生产要素的流通效率，将人工智能要素与产品流通过程有机结合形成智能流通力，利用云平台等形式推动农产品及农村土地、劳动力等传统生产要素的快速信息匹配，大幅提升资源配置效率。第四，在消费环节，通过互联网及现代仓储物流等创新消费新产品与新模式，将人工智能要素深度嵌入消费端，构成智能消费力进而推动城乡之间的消费融合，释放城乡居民的消费潜力，扩大消费需求，助推消费转型升级，推动消费新方式的形成。

18.2.2 中观层面：人工智能赋能农业高质量发展的融合机制

产业分立是中国长期以来传统产业发展形态的主要特征，由此也带来三次产业间的联动性不足以及产业链价值链的长期低端锁定等产业发展桎梏。在人工智能时代下，农业经济发展的关键点在于加快推动农业智能产业化及农业产业智能化，促进人工智能与农业经济的深度融合，重构农村产业发展逻辑。

从农业智能产业化来看，第一，农业智能产业化通过人工智能技术改造传统农业，提升农业产业结构、改善农产品质量。在农业生产的全过程借助人工智能技术，一方面，对农业生产的全过程进行干预，在选种、耕地、播种、施肥、收割、运输、销售等各个环节进行控制，实现生产过程的标准化、精细化。另一方面，通过人工智能技术控制农产品生长所需的阳光、水分等基本要素，改善农产品质量并使其具有更高的营养价值（汝刚等，2020）。第二，理性选择理论指出，人以理性的行动满足自己的偏好，并使效用最大化。人工智能产业化维度下农业经营效益的提升，增强了农民职业吸引力，能够助推农村优质劳动力在理性选择下的主动回流，这恰恰也是破解农村人才流失困境的内核。第三，根据资源优化配置理论观点，资源的合理配置能够显著提高经济效应，增强经济活力，而农业智能产业化通过推动农村数据要素发展，加快城乡要素流通，有利于资源合理配置、盘活农村经济发展，同时有助于缩小城乡数字鸿沟。

从农业产业智能化来看，农业产业智能化能够变革传统农业产业体系，推进农业产业结构升级，实现农业价值增值，加速传统农业向农业价值链中高端迈进，以现代化农业产业体系扭转农业农村弱势地位。第一，根据产业链理论可知，一系列生产经营活动之间的组合不是无序的，而是围绕某项核心价值和技术来加以优化与提升的。因而农业产业智能化转型能够通过推动农业全产业链与人工智能技术的深度融合，通过与农业生产、加工、流通、管理、服务和消费各环节的技术融合，完成对传统农业全产业链的变革，促进传统农业技术水平提升和商业模式创新，实现与多元化、高端化社会需求的有效对接，调整农业产业结构（郭凯明，2018）。第二，人工智能技术能够促进农业产业价值链创新变革，打造智能化赋能下的智慧农业新模式和现代农业新体系，突破原有的第一产业生产边界，将传统农业与智能农机装备相结合，降低农产品加工的劳动成本、提高农产品加工的质量。人工智能技术赋能农业和第三产业融合发展，改善传统农业的单一生产模式，形成智慧生态观光农业、农业电子商务等新业态，拓展农业发展的新空间。第三，农业产业智能化能够充分发挥人工智能作用于农业发展的倍增效应，推动农业关键核心技术攻关，延长农业产业链条，增加农产品附加值，丰富农业生产和盈利模式，加速传统农业向农业价值链中高端迈进，进而实现农业产业体系的优化和升级。

18.2.3 微观层面：人工智能赋能农业高质量发展的微观主体重塑机制

职业农民、农业经营主体以及村干部作为农业农村发展的重要微观主体支撑，在农业高质量发展中发挥着基础性及关键性作用。人工智能时代下，人工智能的嵌入能够唤醒并重塑农业农村发展微观主体，增强农业农村发展主体活力，在微观层面赋能农业高质量发展。

第一，培育智能化新型农村发展主体，为农业高质量发展提供复合型人才支撑。长期以来，我国都面临城乡之间教育资源分配失衡的困境，农村地区基础设施建设薄弱，人才吸引力较低，农村师资力量缺失的同时制约了人才培养。随着数字时代的来临，在人工智能技术对农村教育的赋能之下，城乡间的“教育鸿沟”逐渐弥合，能够通过云教育平台以及线上课堂等方式为农村教育提供高质量教育资源，培养出一批既懂先进信息技术又懂传统农业生产经营的综合发展人才，进而突破农村教育人才培育的瓶颈，为农业高质量发展源源不断输出高素质复合型人才。

第二，培育智能化新型农业经营主体，为农村产业发展提供人才支撑。机器人技术、计算机视觉等人工智能技术向农业领域的纵深拓展，推动了智能化新型农业经营主体的形成。一方面，提高了农业经营主体对农业生产要素的利用便捷性与准确性，强化了其对农业情报以及市场信息的掌握度，相较于传统农业经营主体，有着更为便捷的要素获取渠道以及农产品销售渠道，同时有利于生产风险的规避。另一方面，智能化新型农业经营主体通过对农业相关数据要素的搜集整合，能够进一步搭建起智慧农业决策系统，利用人工智能算法进行科学化农业生产经营决策，实现快速响应与精准决策，提高农业生产效率。此外，新型农业经营主体能够依托人工智能技术，推动农业生产经营新业态新模式的生成，化解传统农业生产经营单一发展路径的隐藏风险。

第三，培育智能化新型农村治理主体，为农村治理现代化提供人才支撑。人工智能时代下，提高新型治理主体的信息素养，有助于农村多元主体共同参与农村治理，从而形成共建共治共享的农村良性发展内生动力（姜李丹、薛澜，2022）。一方面，以村干部为主的体制内乡村精英，具有更强的基层智能治理主动性、积极性及创造性，且具备较好的信息素养基础，通过农村智能治理能力的培养能够形成高效的新型农村智能治理主体，提高乡村智能化党群教育及智能化村务管理等农村日常行政事务效能，推动农村传统科层制治理向模块化治理的转型。另一方面，人工智能技术具备高渗透力及强普惠性等特征，能够通过智能化培训以及自主实践等学习方式，培养出具备较高人工智能素养的普通村民，进而强化其以智能工具及平台的运用而提高农村治理的多元主体参与度。此外，云平台的创新应用能够赋能农村治理的透明化与公开化，有利于调动广大普通农民对于农村治理参与的积极性与主动性，拓展农村治理的领域及深度，提升农村治理效能（张铤，2022）。

18.3 人工智能赋能农业高质量发展面临的挑战

我国顺应人工智能发展的全球化浪潮，充分发挥人工智能对传统产业优化升级的引领支撑作用。但迈向新发展阶段及中国式现代化进程，人工智能赋能农业高质量发展仍面临一系列困难与挑战。

18.3.1 农业农村人工智能技术创新应用场域要求更广

农业农村人工智能技术创新是引发农业产业变革的关键驱动力，更是赋能我国农业高质量发展的核心动能，其能够提升农业产业生产效率，创新农业经营管理新模式，是推动农业生产由简单化劳动迈向复杂化劳动的初始环节及核心步骤，因此农业农村关键技术的创新与应用渠道不畅也会阻碍农业高质量发展进程。

一是农业农村人工智能技术创新滞后。我国各地区农业发展资源现状及禀赋差异甚大，土壤类型、气候条件以及种植设施等农业发展的诸多条件因素各不相同，然而智慧农业的科技研究成果则相对泛化，具有地区针对性及实际性的科技专利成果研究较少，人工智能技术在精确生产以及病虫害防治等农业相关领域的发展与应用仍处于起步阶段，现代农业发展的关键技术受到发达经济体的“卡脖子”掣肘，并且难以在国际粮食的竞争与合作新格局重塑中取得有利地位，新一代信息技术与农业农村的发展融合度水平较低，其技术创新应用滞后于农业智能化转型的市场需求，智慧农业的红利难以充分释放。

二是农业农村人工智能技术创新应用受制。一方面，农村老龄化及空心化问题的加剧造成了农业发展年轻力量的“缺场”，2020 年中国 65 岁及以上人口占总人口比重为 13.5%，相较于 2010 年上涨 4.6%（林宝，2021）。此外，根据 2018 年中国家庭追踪调查（CFPS），我国农村居民在生产资料学习等方面的数字技能掌握远低于城镇居民，城乡间的“数字鸿沟”也造成了涉农主体的数字素养不足，智慧农业技术的应用受限。另一方面，相较于发达经济体的现代大农村模式，我国农业生产方式依然以“小农经济”为主，小农户数量占比各类农业经营主体高达 98%，小农户从业人员占比农业从业人员也达到 90%，农业生产经营主体的小规模化以及以兼业为主的生产方式在根本上限制了新型农业技术生产，并且智慧农业关键技术应用的高额支出与维护费用在一定程度上也使得其大规模应用普及受限。

18.3.2 人工智能与农业农村的渗透融合要求更高

人工智能与农业经济的融合度不仅关系着人工智能的发展活跃度，也影响着农业农村现代化及农业高质量发展。当前，人工智能与农业经济的渗透融合较差以及农业产业智能化水平不高的问题不仅阻碍了人工智能的演进步伐，也制约了农业高质量发展进程。根据《中国新一代人工智能科技产业发展2023》数据，我国人工智能发展与第三产业的融合分布密度占比最高，为75.49%，其与第二产业的融合分布密度占比为23.82%，其与第一产业的融合分布密度占比仅为0.69%。然而美国的绝大部分农田已经实现农业生产全过程的智能化转型，智慧农业以及数字农业的发展是农业现代化转型的重要路径，农业产业智能化转型的滞后使得传统农业产能过剩的问题长期存在，造成农业产业链的延伸受阻，农业新业态与新模式的智能创新滞后，导致农业资源要素配置的低效，有违农业高质量发展理念。一方面，地区之间的数字鸿沟问题造成落后地区人工智能与农业经济的渗透不足。东部、中部、西部地区的农业生产信息化率分别为29.2%、33.4%、18.1%，受制于地区资源禀赋，西部地区的人工智能发展已经相对滞后，更遑论推动其与农业经济的深度融合。另一方面，农业经济内部的不同产业与人工智能的融合程度也各不相同。从畜禽养殖、设施栽培、大田种植以及水产养殖分行业来看，其信息化率分别为34.0%、25.3%、21.8%和16.6%，畜禽养殖行业的信息化率相对更高，而水产养殖方面的信息化率则相对滞后，数据要素信息分散在各个行业不同主体，农业数据要素市场的建设仍不成熟，数据孤岛化问题严重。因此，当前亟须弥合地区以及城乡之间的数字鸿沟，打破农业发展与人工智能之间的产业樊篱，全面推动农业不同行业的智能化转型，加速推动人工智能与农业经济的深度融合。

18.3.3 农业农村人工智能人才供给保障短板有待补齐

依据梅特卡夫法则，只有当新兴技术被众多人运用时，才能充分发挥其价值。人工智能技术在农业农村领域的开发应用依赖于农村高水平人工智能人才，农村人才的素养越高，越能强化其与新兴技术的匹配程度，催化人工智能技术自身价值实现跃动式提升，同时赋能人工智能发展与农业高质量发展，但当人工智能人才的供给欠缺时，其二者发展将会受到严重掣肘。

第一，农村老龄化与空心化问题导致人工智能人才供给亟须强化。据《2021年农民工监测调查报告》，2021年我国外出农民工数量达到17172

万人，占全国乡村人口的34.46%，且平均年龄为36.8岁，而40岁及以下的人口数量占比高达65.8%。农村地区的留守劳动力老龄化与弱质化问题严重，其对人工智能等新兴事物的接受及学习能力相对较弱，难以及时匹配农村数字人才的微观主体需求。此外，人工智能发展伴随的虹吸效应及马太效应，使得我国人工智能高端人才普遍集中于发达地区或城市地区，城乡之间的人才单向流动模式阻碍了农村地区的人工智能人才队伍壮大。

第二，农村地区的数字人才培养基础需要不断补强。据中国互联网信息中心发布的第47次《中国互联网络发展状况统计报告》，我国城镇居民的网民规模达到6.8亿人，占比为68.7%，但农村网民规模占比仅达到31.3%，为3.09亿人。同时，根据中国社会科学院信息化研究中心发布的《乡村振兴战略背景下中国乡村数字素养调查分析报告》，2021年我国农民群体的数字素养得分仅为18.6分，远低于全国人群的平均值43.6分。农村地区的人工智能发展滞后及其贫弱的数字资源禀赋导致了人工智能人才的培养受阻。

18.3.4 农业农村人工智能基础设施建设布局有待完善

人工智能基础设施是以网络信息链接为底层支撑，以新一代信息技术为驱动，提供智能化转型以及渗透融合等公共服务的基础设施体系，能够为经济社会发展的智能化转型及创新驱动提供动力与支撑，是人工智能赋能农业高质量发展的载体根基，发挥着重要的基础性及先导性作用。相较于城市，农村人工智能基础设施建设相对滞后且分布不均，将逐步演化为农业现代化发展以及农业高质量发展深入推进的短板。

随着农业信息化以及数字乡村等战略部署的加快推进，我国农村地区的数字基础设施建设布局已初具雏形，但总体来看仍有较大提升空间。城乡之间的数字基础设施鸿沟依然不容忽视，根据中国互联网络信息中心（CNNIC）发布的第50次《中国互联网络发展状况统计报告》，截至2022年6月，我国城镇地区的互联网普及率已达到82.9%，但农村地区的互联网普及率仅为58.8%。数字基础设施薄弱导致农业资源无法得到充分利用，资源效率配置低下，且会制约农业先进技术创新，农业方面的理论创新成果难以及时转化为先进生产力，无法满足农业智能产业化及农业产业智能化的有效需求，进而影响农业产业的生产效率与生产质量。此外，地区以及城乡之间的人工智能基础设施建设分布不均，也会加剧地区之间的经济鸿沟与数字鸿沟，不利于区域协调发展战略以及乡村振兴的全面推进。

18.4 人工智能赋能农业高质量发展的实践路径

党的二十大报告明确指出，高质量发展是全面建设社会主义现代化国家的首要任务，也是中国式现代化的本质要求。2015—2020 年，中国人工智能行业的规模从 200 亿元增长到超过 6000 亿元，年均增长率高达 50%。人工智能已经成为当下的重要经济形态，推动人工智能与农业农村发展的有机结合与良性互动，以人工智能赋能农业高质量发展是中国式现代化进程的战略要求，其具体实践路径在于以下几个方面。

18.4.1 动能培育：加快突破智慧农业关键新技术研发赋能农业高质量发展

一是针对小农经济特性强化基础性及共性化智慧农业技术研发。根据我国以小农经济为主的农业经济以及小农户数量众多的特点，一方面，要不断提升人工智能农业技术创新的原始能力，加大基础研发投入，着眼于长期利益，在基础研究领域实现突破进而在根本上突破受制于人的“卡脖子”技术困境。另一方面，要加大适合小农户农业生产经营且能够大力推广的智慧农业设施技术研究支撑力度，提升人工智能农业技术供给的适用性、实用性及自主性。此外，要在充分发挥政府作用的同时，注重在创新资源配置中市场的决定性作用，实现有为政府与有效市场的良性互动和有机结合，共同驱动人工智能农业关键技术的研发。

二是针对农业大国特点加强地区性及精准化人工智能农业技术应用。要结合我国农业大国的国情以及不同地区的省情农情，推进人工智能农业技术的研发与应用。例如，在地形平坦并具备良好机械化生产基础的平原地区，应加强地区农机装备大省与农业大省之间的互动对接，搭建智能化农机装备建设基地，推广机器人、无人机等智能装备在农业生产中的应用，提高农业生产的智能化水平；在沿海地区省份，加大智慧水产养殖技术研发力度，通过水下机器人、禽畜智能穿戴产品、智慧传感等设备加强水质检测及水产养殖，提升渔业经济效益；在内陆牧区要强化人工智能技术在畜牧养殖业中的应用，加强智慧畜牧大数据方面的技术研发，不断提升畜牧生产过程的自动化程度及产品质量（殷浩栋等，2021）。

18.4.2 结构优化：促进人工智能与农村产业深度融合赋能农业高质量发展

《全国智慧农业行动计划（2024—2028 年）》指出要加快推动智慧农业全面发展，有力支撑农业现代化建设。人工智能作为推进中国式现代化的重要力量，能够将现代化要素深度嵌入传统农业采购、生产以及销售等环节，实现农业全产业链智能化，由此推动人工智能与农业产业的深度融合是农业高质量发展的必由之路。

产业融合是指通过不同产业间产品服务、技术知识以及价值链等方面的交叉整合，使其产业边界模糊化的演进过程。人工智能与农村产业深度融合的关键点在于，首先，要推动农业要素智能化，即通过利用大数据、机器学习、计算机视觉等信息技术将农业要素（生物要素、环境要素、技术要素、社会经济要素）以及农业模型智能化的过程，其形成的农业智能资源是进行农业精准智能控制的前提，也是智慧农业的基本对象（牟少岩等，2022）。其次，要推动农业智能产业化，通过现代信息技术的市场化应用，推动农业智能产业的形成与发展，利用形成的农业智能化生产要素，不断催生农业发展新业态、新模式，最终形成农业智能产业链及农业产业集群，全面提高农业全要素生产率。最后，要推动农业产业智能化，深化人工智能技术的农业研发与应用，将人工智能技术深度嵌入农业发展，加快传统农业的智能化转型，实现传统农业的全链条、全结构、全流程智能化改造升级，拓展农业产业智能化的广度与深度，构建人工智能农业生态系统。

18.4.3 内生动力：强化农业农村领域人工智能新人才积累赋能农业高质量发展

内生经济增长理论指出，人力资本的内生增长是经济可持续增长的重要支撑。聚焦于人工智能背景下的农业高质量发展，高水平复合型的农村人工智能人才尤为重要，要推动人工智能发展与农业农村人才培养的有机结合，孕育一批高素质农业农村人工智能青年人才队伍。

首先，建立健全人工智能人才引进机制。聘请一些专职或兼职的既懂治理又懂人工智能技术的专业人才，同时，通过完善的社会保障制度、考核制度和激励机制，吸引外出的大学毕业生、农民工、企业家人才回流，为农业高质量发展提供技术支撑。其次，建立健全人工智能人才培养机制。地方政府通过与大专院校合作，定期开展信息化操作专题实践班，提高村干部和村民运用信息技术的能力，以本土化人才的培育夯实农业高质量发展的人才基础。再次，加大农村地区人工智能知识教育培训和资金投入，通过开设人工智能与农业高质量发展的专题宣讲及讲座等活动为农村居民普及人工智能方面的基础知识，提升农村居民基础素养，加快转变其自身的落后传统思想，使其自觉吸收和学习人工智能与农业高质量发展相关知识，培育良好氛围。最后，弥合城乡“经济鸿沟”缩小“数字鸿沟”，通过加强农村地区教育、住房以及医疗等基本公共服务设施建设，为高水平人才解决农村建设的后顾之忧，破解高水平复合型人才向城市单向流动的困局，吸引农村人才的回流。

18.4.4 底层支撑：完善农业人工智能基础设施配置赋能农业高质量发展

人工智能基础设施是推动农业高质量发展的必要基础和前提条件，也是弥合地区之间、城乡之间“数字鸿沟”以及实现乡村振兴的重要保障，要充分发挥有为政府和有效市场的有机互动作用，加快农村落后地区农业人工智能基础设施建设及其布局优化。

一是要加快推动传统农村基础设施的智能化转型升级，提高资源配置效率。例如，加强传统农业生产、物流设施以及农村电力交通等方面基础设施的智能化改造，减少农村传统基础设施的运管及维护成本，同时为现代化要素与其他农业生产要素的有机结合以及农村产业新业态、新模式的催生奠定基础。二是完善农业人工智能基础设施建设财政奖补以及金融支持等方面的发展政策，同时积极利用数字融资平台等多元投资模式，充分发挥有为政府和有效市场作用，加快云平台、智能计算中心以及行业应用服务平台等新型人工智能基础设施向农村地区的优化集聚进程。三是通过高标准、靶向化建设缩小地区人工智能基础设施鸿沟，通过政策引导以及财政倾斜等方式加大对中西部农村地区的人工智能基础设施建设力度，对标东部发达地区的新型人工智能技术设施，高标准推进落后地区的基础设施智能化转型，补齐农业现代化建设短板，夯实农业高质量发展根基。

19 人工智能赋能服务业高质量发展研究

服务业是提升经济发展活力的重要引擎，也是经济高质量发展的重要支撑。近年来，人工智能产业技术体系的快速发展为服务业高质量发展提供了新的动力和机遇。随着第四次工业革命的到来，以大数据和云计算为代表的人工智能技术快速发展，大力发展人工智能成为我国目前重要的经济战略之一。人工智能在各行各业的应用越来越广泛，也促使服务业发展的技术条件和内外部环境发生快速改变，成为我国服务业高质量发展的助推器。人工智能对于服务业高质量发展具有重要意义，以人工智能赋能服务业高质量发展是我国目前迫切需要解决的现实问题。本章在厘清人工智能赋能服务业高质量发展机理的基础上，探寻其路径并给出相应的政策建议。

19.1 人工智能赋能服务业高质量发展的机制

2023 年，我国服务业增加值增长到 699238 亿元，占 GDP 比重达 54.6%，连续 9 年占比超过一半；服务业对我国 GDP 的贡献率从 1978 年的 28.4%，增长到 2012 年的 45.0%，2023 年达 60.2%①。随着全球经济的发展，服务业不仅成为各国经济社会发展的主引擎，还成为吸纳就业的主渠道。人工智能在服务业的广泛应用促进了数据分析、数据挖掘、数据要素交易、机器学习等生产性服务业的持续发展（夏杰长、张雅俊，

① 资料来源于新华社．打造新动能　释放新活力：新中国成立 75 周年服务业发展成就综述［EB/OL］. https://www.gov.cn/yaowen/liebiao/202409/content_6974199.htm。

2024)。大数据、云计算、物联网和5G/6G等技术在互联网行业的渗透率已达80%以上，在金融行业的渗透率达60%以上①。

2024年,《政府工作报告》提出要深化大数据、人工智能等研发应用，开展“人工智能+”行动，打造具有国际竞争力的数字产业集群。目前，我国服务业规模不断壮大，结构持续优化，实力日益增强。随着大模型、大数据、区块链等技术的不断发展，人工智能技术在服务业的应用越来越广泛。近年来，一些学者从服务业高质量发展的指标体系构建（崔宏桥等，2022)、服务业高质量发展水平的地区差异性（燕连福、赵卉心，2024)、服务业高质量发展的内涵与推进方法（姜长云，2024)、数字经济如何赋能服务业高质量发展（叶胥等，2024）等角度研究服务业高质量发展。以人工智能赋能我国服务业高质量发展的机制主要包括扩大服务业规模、提升服务业效率、深化创新效应、促进产业融合和发挥地区辐射带动作用等五个方面。

19.1.1 人工智能通过扩大服务业规模赋能服务业高质量发展

服务业发展规模效益情况是衡量服务业高质量发展水平的重要指标之一。人工智能技术在服务业的广泛应用，促进了服务业规模扩大，成为服务业高质量发展的强劲动力。

第一，人工智能有利于扩大服务业范围和产业规模。在中国服务业总量中，商业零售业和旅游业等传统服务业比重较大，且传统服务业中人工智能技术的应用有限。人工智能技术可以通过催生新服务模式与新业态，帮助企业开拓新市场，增加市场份额，从而扩大服务业的规模。人工智能技术使大多数经济组成部分的边际成本降至接近于零，促进了生产环节和需求环节的双重规模经济，增强了供给对需求的适配性，有利于扩大市场规模。2024年，我国已初步建成较为全面的人工智能产业体系，相关企业超过4500家，核心产业规模已接近6000亿元②。以在线教育、远程医疗等行业为例，引入人工智能技术后扩大了服务范围。以大模型为代表的人

① 资料来源于中国新一代人工智能发展战略研究院《中国新一代人工智能科技产业发展报告2024》。

② 资料来源于环球网，https://3w.huanqiu.com/a/53309b/4KKnBYYjkLC，2024-11-20。

工智能普及率已达16.4%，大模型不仅将成为金融业的数字化劳动力，还将促进金融机构数字化转型，推动数字金融深度发展。截至2024年7月，我国完成备案并上线、能为公众提供服务的生成式人工智能服务大模型，如百度的文心大模型、字节跳动的豆包大模型和月之暗面的Kimi智能助手等已达190多个①。

第二，人工智能有助于优化产业结构，吸纳就业和提高服务业从业人员比重。相较于第一产业和第二产业，服务业未来可能是吸纳就业最多的产业，人工智能有助于创造新的商业模式和就业机会，推动服务业的转型升级。人工智能全面嵌入服务业生产价值体系后，会创造大量新兴服务业，扩大服务业行业规模并增加就业岗位。作为数字经济的核心技术之一，人工智能产生了一系列新产业、新业态和新模式。关于人工智能对就业的影响，普华永道早在2018年就发布报告预测，智能机器人、无人机及自动驾驶汽车等相关技术将大幅提高中国就业增长率。人工智能有助于优化产业结构，吸纳就业和提高服务业从业人员比重，一方面，服务消费是消费扩容升级的重要抓手，中国经济下一步转向依赖于服务业的发展，人工智能有利于扩大服务消费。此外，人工智能可以极大地提高服务业的交易匹配效率，支撑服务业企业针对小众化、个性化进行需求定制和生产服务产品，从而释放出长尾效应，提高相关服务企业利润（夏杰长、张雅俊，2024）。另一方面，人工智能的应用可以让企业以更低的成本开展多样化业务，不仅有利于服务企业扩大经营范围、增加产品种类，还能增加服务企业数量和营收，从而促进服务企业和服务业规模的扩大。

第三，人工智能有利于提高服务消费。人工智能技术的广泛应用有助于为服务业提供更多的岗位和高质量就业机会，促进更多的人才向现代服务业聚集，从而推动服务业的高质量发展。在人工智能技术的助力下，“互联网+”、生态旅游、休闲养老、远程教育、数字家庭、智慧社区等新的服务模式快速发展，拓宽了消费渠道。从服务供给角度来看，利用人工智能的数据分析、机器学习、智能决策等能力，能够精准把握消费者需求，实现服务的个性化定制、精准推送以及高效供给，改变传统服务业相对粗放、标准化程度低的供给模式。

---

① 资料来源于CNNIC《生成式人工智能应用发展报告（2024）》（2024年11月发布）。

19.1.2 人工智能通过提升服务业效率赋能服务业高质量发展

生产率能否有效提升是服务业高质量发展乃至经济高质量发展实现的关键之一。相比制造业，服务业劳动生产率普遍较低，人工智能为服务业发展及生产率提高带来了新的契机。美国等发达国家的生产性服务业借助信息技术实现了劳动生产率高于制造业的目标（程承坪、彭欢，2020），在我国，人工智能的发展也将存在同样的效应，人工智能对服务业劳动生产率提高的促进作用更加显著。

第一，人工智能有助于提高服务行业的生产效率。人工智能、大数据等信息技术的应用，推动了科技创新，创新成果渗透到经济活动中，促进了生产效率提升（任保平、何厚聪，2022）。人工智能提高了数据生产要素的使用效率，降低了传统生产要素的依赖程度，进而促进了资源配置效率的提升。人工智能通过智能化手段对服务业的生产流程进行重塑，从而提高了服务业的生产效率。以物流服务业为例，其借助人工智能中的机器学习、路径规划算法等技术，能够对配送路线进行智能优化，根据交通状况、订单分布等因素实时调整配送路径，极大地提高了货物配送的时效性，降低了物流成本（何玉长、方坤，2018）。人工智能不但能够解决生产性服务业的鲍莫尔“成本病”问题，还将进一步提高生产性服务业的效率（魏作磊、刘海燕，2019）。人工智能中的机器学习、自然语言处理等技术不断创新发展并在很多行业得到应用。例如，在智能客服领域，通过自然语言处理技术能够精准理解客户咨询的问题并快速给出准确答复，能够大幅缩短客户等待时间，提升服务响应效率。大模型、生成式人工智能等人工智能技术对教育、医疗、信息服务、金融服务等服务业更是影响巨大，有助于大幅推动此类服务行业的效率提升，还有可能降低贸易成本，重塑传统贸易模式。服务业企业借助机器学习、人工智能等技术构建智能决策模型，对海量数据进行深度挖掘和分析，从而提高服务业企业的整体运营效率。

第二，人工智能有助于通过提升劳动力质量和创新提高服务行业效率。劳动力质量的提升不仅有助于提高劳动者个体的生产效率，还有助于提高其他生产要素的效率，从而提高单位产出效率（马兆良、黄子豪，2024）。人工智能技术可以通过间接促进人力资本水平提升推动服务业效率提高，为服务业企业发展提供关键技术创新支持，其广泛应用可以加速科技创新的步伐，使产生的成果进一步提高生产效率。人工智能通过促进服务行业生产效率的提高，为人工智能赋能服务业高质量发展提供了有力支撑。例如，生成式人工智能大模型可以推动交通行业的转型升级，提升交通领域的出行效率，以创新技术手段助力道路交通管理向全域智能控制体系迈进。

19.1.3 人工智能通过深化创新效应赋能服务业高质量发展

创新是服务业高质量发展的核心推动力。人工智能及其应用首先通过推动科技创新与产业创新深度融合，直接引发动力变革（段雨晨，2024）。人工智能作为信息技术深度演进和创新突破的成果，在服务业迈向高质量发展进程中，凭借其创新与技术进步属性，成为关键的创新驱动力。人工智能融合计算机科学、数学、心理学等多学科前沿成果，融入服务业后，在多领域引发创新变革，有力提升了服务质量与竞争力（师博，2020）。

第一，人工智能通过研发投入和干中学的创新效应推进服务业高质量发展。随着我国服务业企业对创新重视程度加深，创新投入和产出也随之增多，综合创新能力正在不断提升。一些现代服务业呈现出科技创新力度大、创新活跃的特征，如软件研发服务业 2023 年投入强度高达 8.4%。2023 年，互联网行业研发费用投入表现尤为突出，民营企业 500 强中研发投入排名前三的企业均来自互联网行业，分别为腾讯、阿里巴巴和百度。企业引入人工智能有助于优化服务流程，相关人员在实践中学习、模仿其智能运作，积累知识经验，推动服务业企业知识与经验的持续积累，进而提升服务生产效率。

第二，人工智能通过知识溢出与技术外溢效应促进服务业高质量发展。作为引领科技革命与产业升级的战略性技术，人工智能可以扩展知识共享渠道，带动服务业各环节创新，有助于创新驱动过程中产生的新知识、技术与模式在地区和行业间迅速传播共享。借助数字技术与数据要素融入生产消费环节，人工智能与原有要素协同产生乘数效应，推动服务业发展。在服务业发展过程中采用人工智能技术进行支撑与驱动，可催生有竞争力的产业集群与创新生态，促使服务业高端化与智能化。人工智能技术知识通用性强，其应用可促进服务业技术外溢扩散，打破行业壁垒，推动协同创新、资源共享与优势互补，提升整体质量竞争力。深度学习、大模型等人工智能技术能为多领域创新提供解法，其与其他产业相融合，拓展应用场景与融合深度，有助于强化技术外溢扩散效应。同时，人工智能与相关企业的合作交流也会加速知识与技术扩散，促进服务业技术进步与创新能力提升。

19.1.4 人工智能通过促进产业融合赋能服务业高质量发展

人工智能与服务业的深度融合能够重塑传统生产模式，孕育新型服务业态，推动传统服务业向智能化转型升级，增进服务业内部及与制造业、农业的协同合作，进而提升生产效率，助力服务业迈向高质量发展的新台阶。当前，人工智能与各行各业的融合在我国正加速落地。人工智能与第一产业和第二产业的融合分布密度占比分别为 0.69% 和 23.82%，而与第三产业的融合分布密度占比高达75.49% 。服务业向农业和制造业的渗透，可以推动农业和制造业智能化发展进程，有利于优化产业布局与结构升级，也可以促进服务业自身高质量发展。

第一，人工智能助力服务业与农业的融合发展。传统行业深度融入生成式人工智能、云计算和物联网等，有助于推动产业转型升级，催生新业态与新模式。以农产品电商服务为例，借助人工智能可实现精准营销与智能物流配送，有效提升农产品销售服务的质量与效率。农业资源丰富的地区，可以发展智慧农业，通过人工智能框架和算力网络实现精细化种植、智能化养殖，提高农业生产效益和农产品质量。2024 年 7 月 15 日，中国农业大学正式发布了“神农大模型 2.0”，该模型不仅包含农业知识问答、农业文本摘要生成、农业生产决策推理等核心功能，更在支持图像、声音、视频、文件等多模态交互、智能化推理等方面取得了显著进展①。

第二，人工智能促进服务业与制造业的融合发展。制造业与人工智能的融合及智能化进程将加速产业升级与结构优化，以智能制造引领实体经济各产业的升级优化。以智能家居服务业为例，凭借物联网和大数据、智能推荐等人工智能技术整合智能家电等制造业产品，可以为消费者呈献一站式家居智能化服务体验，拓宽服务业的范畴与价值空间。以钢铁行业为

---

① 资料来源于环球网，https://tech.huanqiu.com/article/4IcS99uYdM0，2024-07-15。

例，其研究、创新、流通、物流等服务领域与制造业相融合，将在加快自身发展的同时，推动制造业的转型和生活性服务业多样化发展。

第三，人工智能深化服务业内部各行业的融合发展。服务业内部各细分领域也凭借人工智能实现融合，人工智能技术在重点行业的应用将辐射整个国民经济。人工智能与医疗、教育、金融等传统服务行业的融合程度较高，例如，旅游服务与金融服务借助人工智能平台，使用大模型、5G 和 VR 等技术能为游客打造便捷的旅游金融产品，满足其旅行中的多元化需求，采用网络安全、人工智能框架和多模态等手段全面提升服务业的整体质量与协同性。同时，人工智能广泛应用于新兴服务业，将提升服务业数智化水平，以智能服务满足居民生活与社会发展对服务消费的需求，这也是人工智能赋能服务业高质量发展的关键（何玉长、方坤，2018）。

19.1.5 人工智能通过发挥地区辐射带动作用促进区域协调发展

当前人民群众对高品质服务的需求快速增加，人民日益增长的美好生活需要和不平衡不充分的发展之间的矛盾体现为高质量教育、医疗供需等的不平衡，欠发达地区难以凭借市场机制获取优质教育与优质医疗等服务。优化区域产业结构、提升效率服务业发展水平方面存在一定程度的区域差异，当前服务业在区域间发展不均衡、不充分，提升服务业效率成为化解我国服务行业供需矛盾、实现高质量发展的关键前提。

第一，人工智能有助于缓解服务业发展水平与质量在区域间的不协调现象。区域间教育和医疗等服务的质量呈现出区域不平衡，人工智能技术的应用能有效降低服务业发展水平与质量在区域间的不协调程度，推动区域服务业迈向高质量发展阶段。人工智能赋能服务业高质量发展具有区域差异性，一部分地区在人工智能产业发展方面具备显著优势，2024 年人工智能科技产业区域竞争力评价指数前五名的地区分别是北京、广东、上海、浙江与江苏①，这类地区人工智能产业的发展将对周边区域进一步产生辐射带动作用。人工智能相关技术的应用也可以通过增进区域间服务业联动，实现优势互补与梯度布局。例如，借助人工智能、互联网技术与设

---

① 数据来源于南开大学中国式现代化研究院《中国新一代人工智能科技产业区域竞争力评价指数 2024》(2024 年 6 月发布)。

备，向教育资源匮乏、水平较低地区输送丰富教育资源，以实现个性化教学、智能辅导等，使偏远地区的学生得以获取优质教育资源，从而缩小教育资源的区域差距。医疗领域借助人工智能，可以实现医疗服务人员远程交流与操作，能够有效改善欠发达地区服务供给数量与质量的双重困境，助力这类区域的人力资本培育与积累，提升服务业高质量发展水平，缩小与发达地区经济差距，从而推动区域协调发展。

第二，人工智能产业与地区优势相结合，有利于发展具有地方特色的人工智能产业。各地在发展人工智能产业时，根据地区自身的资源禀赋，包括人才、资金、技术等方面的优势，合理布局人工智能产业，发挥地区特色，实现区域协调。各地区还可以结合自身的地域特色和文化底蕴，发展具有地方特色的人工智能产业，实现协调发展。各地在发展人工智能产业时需要重点考虑推动人工智能技术与本地优势产业的跨界融合，可以依托本地丰富的旅游资源，发展智慧旅游等相关产业，通过 VR、智能推荐等人工智能技术，实现游客导览、智能推荐、景区管理等多方面的智能化，提升游客体验，促进旅游业的发展。此外，通过推动人工智能技术与制造业、农业等传统产业相结合，可以实现产业的智能化升级，打造具有竞争力的产业集群。

19.2 人工智能赋能服务业高质量发展的路径

人工智能与服务业的深度融合有助于服务业高质量发展，具体而言，应从以下五个方面探索人工智能赋能服务业高质量发展的实践路径。

19.2.1 加大人工智能政策引导支持力度

我国政府一直高度重视人工智能的相关领域，从 2016 年以来陆续出台了一系列政策推动人工智能产业的健康有序发展。2023 年 1 月至 2024 年 9 月，全国有 16 个省份发布了标题中含有“人工智能”的产业行动计划或措施文件。从人才培养到技术创新，从税收优惠到知识产权保护，一系列政策的密集出台，为我国人工智能相关产业的发展提供了有力支持。要想推动我国人工智能赋能服务业迈向高质量发展，就需从政策引导支持、完善监管制度和优化营商与创新创业环境等方面给予有力支撑。

第一，通过政策引导促进服务行业人工智能技术的应用。在政策引导层面，应积极促进人工智能技术在服务业领域的广泛运用，制定相关政策鼓励企业采用生成式人工智能与大模型等相关技术，通过构建完善的法规体系，借助金融、人才等制度改革，为服务业智能化创新提供要素支持。目前在高新技术企业的认定过程中，由于存在对服务业行业特性考虑不足的问题，高技术服务业企业相对较少，通过设立行业标准，规范数据治理，创新政策以支持企业转型，推动多元要素融入服务业，打造转型平台，促进产业融合。

第二，构建人工智能融合发展的监管制度。目前，服务业创新的政策和监管环境还不够完善，对部分服务业新业态、新模式的监管不及时，不到位，在一定程度上制约了服务业的创新发展。针对人工智能与各产业融合的风险挑战，可以设立专门监管机构，打造安全监测预警与公开透明监管体系，创新监管方式，依服务业特性分层分类监管，严防数据滥用与算法歧视，保障融合发展的安全稳定。

第三，优化营商与创新创业环境。优质营商环境是服务业新体系的根基，各地应将其与产业配套等相结合，拓宽高质量发展路径，增强产业链供应链韧性与安全性，为人工智能赋能服务业创造良好条件。优化人工智能创新的制度环境，妥善处理其在服务业融合进程中与法律法规、道德伦理及安全监管的关系，包括创新监管形式、设立标准规范政策并优化创新创业环境等。

19.2.2 加快人工智能技术基础设施建设

人工智能相关基础设施是服务业高质量发展的根基，也是驱动服务业数智化进程的先导。加速服务业数字化与智能化基础设施布局，是人工智能助力服务业迈向高质量发展的核心路径。

第一，加强人工智能和数字基础设施建设。随着人工智能技术的快速演进，服务业集聚效应持续放大，新型基础设施建设亟待升级。人工智能和数字基础设施是服务业数字化的基石，传统基础设施数字化转型迫在眉睫，通过加强宽带网络、数据中心等建设，推进新一代信息技术在服务业的深度应用，提升运行与服务效能。鼓励政府引导基金、民间资本、大型企业加大对生成式人工智能、大模型等领域的投入，增加物联网、大模型、大数据中心等新型设施及空间信息设施供给量，构建多元投资主体参与的供给格局，从而赋能服务业高质量发展。

第二，统筹人工智能创新平台和公共信息资源布局。统筹创新平台和公共信息资源是基础设施建设的重要途径。一方面，统筹人工智能创新平台布局，搭建人工智能数智化平台，拓展其在服务业的应用维度，强化研发应用的基础支撑。另一方面，强化公共信息网络与智能公共服务体系构建，达成区域资源共享，塑造智能社会生态，整合数据资源，加速公共基础资源社会共享。

19.2.3 完善人工智能人才培养体系

人才是服务业高质量发展的核心要素，人工智能赋能服务业高质量发展需要坚持人才发展战略，重视人才建设。

第一，加大人才引进、培养与合作力度。针对人工智能重点项目，以特殊政策和专门渠道精准引进高端人才与高水平研究团队，尤其要引进全球顶尖青年人才（王小艳，2020）。同时，企业应加大人工智能领域的人才培养力度，建立相关人才库，提高现有服务业从业人员的数智化技能；此外，企业还应加强与高校合作，通过实习基地、联合培养等吸引人才，充实技术研发和应用团队。政府应鼓励教育机构与企业合作，实现产教研融合，培养专业人才。

第二，完善人工智能学科布局，健全“人工智能+”体系。目前，我国高校在人工智能相关教育中缺乏高水平的课程建设经验，根据自身的实际情况，可以在数据算力资源、专业师资力量等方面进行完善。为满足人工智能赋能服务业对人才的需求，需完善教育体系，优化学科布局。通过教育和培训提高服务业从业人员的人工智能技能素养，以跨学科合作培养复合型人才，形成“人工智能+X”培养新模式，建立人工智能技术培训体系，提升服务业人工智能的应用水平 。

19.2.4 构建人工智能融合发展体系

在人工智能与服务业融合发展进程中，构建多维度融合发展体系是关键途径。通过在服务业与制造业间、内部及企业间构建融合发展体系，借助平台经济促进服务业的规模与效率提升，强化人工智能技术与数据共享合作，进而推动服务业迈向高质量发展新台阶。

第一，推动服务业和其他产业之间的深度融合。通过现代服务业与先进制造业、现代农业深度融合，形成跨界协同格局，规范引导人工智能在各产业合理应用与高质量发展，赋能服务经济。突破大数据关键技术，培育数据全生命周期产业体系，构建大数据供应链，搭建垂直领域工业互联网平台，拓展人工智能与实体经济各领域深度融合，催生新兴业态，推动人工智能技术在服务业重点企业的应用，助力服务业高质量发展。

第二，推动服务业内部各行业的深度融合。借助人工智能等前沿技术打破要素流动障碍，推动服务业朝数智化、专业化、高端化进阶。例如，算法提供商与物流企业共研智能仓储与配送系统，软件开发商与医疗服务机构开发智能诊断和远程医疗平台，通过跨产业协作整合资源，塑造互利共赢产业生态。促进人工智能企业与传统服务企业合作，开发如基于 VR 的智慧旅游项目等新服务产品与商业模式，拓展服务业高质量发展空间。

19.2.5 加大人工智能创新投入力度

创新驱动发展是强化服务业发展动力的核心要素，提升科技创新能力是推动服务业迈向高质量发展的重中之重。借助科技创新为经济高质量发展筑牢技术支撑，需着力突破关键技术瓶颈、积极研发新型产品。

第一，政府通过加大研发资金投入增强人工智能赋能力度。各地政府可通过设立专门科研基金、出台税收优惠政策等举措，激励高校、科研机构及企业在服务业领域人工智能关键技术应用方面的研发投入热情，提供研发补贴以削减企业应用人工智能技术的壁垒等。与此同时，政府可以积极引导风险投资机构聚焦人工智能技术相关项目，为极具潜力的初创企业注入资金活力，推动相关技术成果在服务业的有效转化与落地实施。

第二，服务企业通过增加研发投入提高人工智能技术赋能效果。企业借助加强开放创新平台与科研机构及高等院校的协同合作发展模式，持续加大创新研发资源投入，为服务业高质量发展提供坚实技术保障。同时，企业可以着力构建技术创新平台。人工智能具备将多元异构数据与模型映射至信息空间并塑造数字孪生体的能力，能够加速赋能企业技术体系的数字化与智能化升级进程，进而形成创新赋能的有效路径。以开放创新平台作为战略依托的技术赋能模式，可实现企业间人工智能技术的快速传播与持续优化，使被赋能企业能够全面且高效地获取适配的技术能力，从而为服务业高质量发展奠定坚实基础。

19.3 结论与启示

近年来，随着中国整体经济进入新常态，人工智能技术在服务业中的应用正逐渐深入，对经济增长产生了积极影响。随着人工智能技术的不断成熟，其将在服务业中扮演更加重要的角色，推动相关行业的转型和效率提升。未来需要进一步深化人工智能技术在产业间以及不同服务行业间的应用和融合研究，及其对经济高质量发展的影响。

人工智能赋能服务业高质量发展，意味着借助人工智能技术在服务业领域的深度应用与融合，促使服务业在多个关键维度实现质的提升。人工智能赋能服务业高质量发展的机制主要包括扩大服务业规模、提升服务业效率、深化创新效应、促进产业融合和发挥地区辐射带动作用等五个方面。

人工智能技术在服务业的广泛应用是未来服务业发展的必然趋势。通过加大政策引导支持力度、加快基础设施建设、完善人才培养体系、构建融合发展体系以及加大创新投入力度等路径，可以有效推动人工智能技术在服务业中的应用和创新，提高服务业发展效率，创造新的商业模式和就业机会，推动服务业高质量发展。

20 人工智能赋能创新链与产业链深度融合

产业是国民经济的核心和支柱，产业发展是经济发展的有机组成部分。创新是产业发展的核心驱动力，创新为企业引入新技术、新思路和新服务，推动产业升级，还能通过提高企业生产效率、提升产品质量、促进产品迭代更新，实现产业结构优化。产业和创新的“链式”博弈正在取代单个企业间的产品和创新竞争，形成了产业链支撑创新链有序运转和优化升级，创新链带动产业链创新和价值提升的有机统一。推动人工智能赋能新质生产力，已成为我国开辟发展新赛道，塑造发展新动能、新优势的重要抓手。人工智能技术作为一种通用目的技术，具有渗透性、替代性和协同性，能够广泛应用于各个经济部门，优化生产要素组合，替代非信息资本和劳动力，提高企业生产率、促进产品更新、降低企业成本，实现产业升级和产业结构优化。除此之外，人工智能相较于其他信息技术独有的创造性，还能够实现技术或数据应用的效果倍增，促进智能系统的技术进步，产生智能化的体力和脑力输出，加速科学发现和技术创新，提升科学研究效率。人工智能在创新成果转化和价值实现、技术和产品创新、产业链主体和创新链主体的合作等方面都具有积极的推动作用。深入研究人工智能赋能产业链创新链融合的机制、路径，对于增强我国产业综合竞争力、推动我国经济发展由要素驱动转向创新驱动、实现经济高质量发展具有重要意义。

20.1 相关研究评述

20.1.1 人工智能相关文献综述

人工智能已经具有60余年的发展历史，随着信息技术的飞速发展，其基础设施、算法和应用领域不断扩展，内涵也在不断丰富。作为一种颠覆性技术创新，人工智能对经济社会发展具有革命性的变革作用。在经济学领域，对人工智能的研究可以划分为三个阶段：第一个阶段是20世纪50—60年代，经济学家Herbert Alexander Simon认为人工智能的决策和问题求解过程与人类相同，进而开始人工智能的研究，主要聚焦于人类决策过程的模拟和问题求解过程（陈永伟，2018）；第二阶段是21世纪初，随着博弈论、机制设计、行为经济学等的发展，经济学与人工智能的再次结合成为研究焦点，经济学为人工智能提供了理论基础和应用场景，人工智能被用于解决经济学领域问题；第三阶段则是近期，随着数字基础设施建设逐步完善、算力硬件设备的迭代更新、数据积累和分析能力的提升，以及数字经济与实体经济的深度融合，人工智能从基础和技术层面进入广泛的应用领域，带动产品、产业、生产模式、组织模式的深刻变革，这一变革引起了学术界关于人工智能对经济增长、产业发展、劳动力市场与就业、国家治理和企业管理等方面的关注。

人工智能通过与经济社会融合，带来跨学科、跨领域和跨产业的技术重组，形成持续推动创新和产业变革的力量。现有研究表明，人工智能在传统产业中的应用会对双链融合产生积极影响。从宏观层面来看，人工智能在实体经济中的应用能够整合不同时间、不同地点分布的信息，连接实体和虚体、数据和模型、过去和未来，实现产业链和创新的时空交互（吴晓波等，2024），缓解资源错配，促进科技人才聚集和金融发展，推动产业链和创新链的全过程整合（柳毅等，2023）。从产业层面来看，人工智能有利于产业基础能力提升，推动传统基础设施向规范化和高端化转型升级，为产业整体的数字化、网络化和智能化创造条件；智能化设备的运用有助于提升技术创新效率，突破技术创新瓶颈，为产业发展塑造创新优势（霍丽、张林玉，2024）。

同时，人工智能的过度使用也会对双链融合产生不利影响。当生产过度依赖数字应用技术，就会造成数字技术或资源短缺，影响创新链的广度和多样化；数字技术容易对小企业形成技术垄断，造成创新要素碎片化或产业链断层等问题，不利于产业链和创新链融合。

20.1.2 产业链创新链融合相关文献综述

产业链创新链的融合并非两个概念的简单叠加，而是坚持企业的主体地位，聚焦国家发展需求和战略目标，集中导入政策、资金、人才、市场等要素资源，发挥产业链“拉动”和创新链“推动”的综合优势，以创新突破关键核心技术为根本，破除产业发展瓶颈，确立领先地位的系统性、科学性的产业和创新的链式组织体系，是一个包含主体融通、要素流通、目标贯通、政策畅通和内外联通的系统融合。产业链指导创新链的研究工作，实现创新链成果的商业化转化，而创新链又为产业链提质升链提供技术支持（赵晨等，2023）。尽管产业链和创新链在内涵和结构上存在差异，但二者均围绕技术创新成果转化、产业价值创造的功能链，在实际运行中相互缠绕、动态影响，促进企业间交流互动，优化资源配置与促进知识的高效流动（吴晓波等，2024）。从融合进程来看，产业链与创新链的融合可分为多元共生、双向协同和有效融合三个阶段（吴超楠等，2024）。

产业链和创新链融合的交互机理可以从两个方面进行阐释：一方面，产业链创新链如同 DNA 双螺旋链式结构（张晓兰、黄伟熔，2023），在某一时点上形成横向协同效应和纵向协同效应，最终形成宏观的双螺旋上升式融合闭环（李雪松、龚晓倩，2021），产业链和创新链的融合表现为双链各环节的复杂互动。另一方面，产业链和创新链融合本质上是生产主体与创新主体的创新合作和资源整合，是一个掌握不同优势资源的主体，形成优势互补、协同发展的过程（王雪原、李家先，2023）。在围绕产业链部署创新链时，生产主体是主动方；在围绕创新链布局产业链时，创新主体是主动方，不同的主体定位决定了其融合动力来源不同（巫强等，2024）。但地方科研成果转化专项资金占比和创业投资强度过低造成产业链融合较低（梁文良、黄瑞玲，2024）。

现有文献在产业链创新链融合的内涵、机制等方面已经形成了丰富的研究成果，为后续研究打下坚实基础。然而，现有研究尚未从人工智能技术广泛应用于生产和创新领域的视角，探讨人工智能赋能产业链创新链融合问题，缺少人工智能赋能产业链创新链融合的机制研究，进而无法深层次探讨人工智能发展赋能下产业链创新链融合的实现路径。

基于此，本章尝试从以下方面做出边际贡献。首先，基于产业链创新链的内涵及其融合交互机理，分析产业链与创新链的融合内涵和融合层次；深入分析人工智能赋能产业链创新链融合的机制，丰富产业链与创新链融合的理论研究。其次，结合人工智能的技术—经济特征，从人工智能赋能融合主体、人工智能赋能产业链创新链横向嵌套融合和人工智能赋能产业链创新链纵向螺旋式上升融合三个方面，论证人工智能赋能产业链创新链融合的机制。最后，深入研究人工智能赋能产业链创新链融合的具体实现路径，为深入推进产业体系现代化提供参考依据。

20.2　创新链与产业链的融合层次分析

产业链的概念最早可追溯至亚当·斯密（1776）在其经典著作《国富论》中对企业内部分工和产业链的分析。斯密指出，生产一种完全制造品必要的劳动，往往由许多劳动者承担，这体现了产业链中各环节的分工和合作。后来，马歇尔将产业链定义为不同企业间的资源分配活动。随着社会经济发展，产业链关系经历了动态调整和重新组合，其内涵的界定日益丰富。

从组成部分来看，产业链是多个相关产业或临近市场之间形成的关系网络。从生产关系来看，产业链中包含作为核心主体的企业和企业之间相互连接形成的错综复杂的关系网。基于现有研究，本章认为产业链是由具有一定技术经济关系的企业，以满足用户需求为目标，以实现产品价值增值为核心，围绕产品生产、供应和销售形成的，具有明确上下游分工的链式组织。创新链与产业链类似，创新活动也具有明显的链式结构特征。熊彼特（1912）认为，创新不仅是科学技术的发明创造，更是科学技术从发明到引入企业并形成新生产能力的转化过程。创新链以创新为纽带，包含政府、企业、科研机构、中介等多个主体，各主体围绕创新思想孕育、孵化到最终产品的思维逻辑而开展一系列职能活动。这些职能活动相互联系，产生了协同向上的有序集合，进而形成了基于产业上下游关联关系的纵向创新链和基于单项产品开发的横向创新链两种形态。创新链以满足市场需求为导向，以某一或多个领域的创新主体为核心，通过创新主体间资源的传递和转化的交互协同，形成了包含实现知识经济化与创新系统化的功能链式结构。因此，将创新链定义为具有一定创新资源关联的主体，以满足市场需求为目标，以实现技术转化和价值创造为核心，围绕新思想和新发明的产生，新产品和新技术的设计、应用、产业化、商业化而形成的，具有明确上下游分工的链式组织。

20.2.1 产业链与创新链的融合内涵

伴随新一轮科技革命和产业变革，推动产业链与创新链深度融合已成为提升我国在全球价值链中的地位、实现经济高质量发展的关键策略。尽管产业链和创新链的参与主体及其间的链式结构关系存在差异，但二者均以实现创新成果转化、产品价值创造和价值增值为目的，在实际运行中相互依赖、相互支持、相互促进、协同并进实现融合。在横向上，创新链为产业链各环节提供源源不断的发展动能，支持产业链发展。产业链则为创新链成果转化提供必要支撑，促使科技成果转化为经济效益。产业链与创新链的融合表现为生产部门与技术创新部门的横向嵌套。技术创新部门形成创新理念、进行技术创新研发、孵化创新知识，进而形成新技术、新产品、新设计、新商业模式等知识创新产品。知识创新成果进入企业生产环节，实现新产品的规模化生产和销售，或通过新技术提高企业生产效率和流通效率，增强企业的市场竞争力。创新链的知识创新成果则需要与产业链相连接，将新技术、新产品、新设计投入实际生产领域，实现知识创新的成果转化和技术研发投入资本的价值增殖。

在纵向上，产业链和创新链相互促进、协同并进，创新链赋能产业链有序提升，产业链推进创新链优化升级。技术创新能够提升企业的市场竞争力，扩大企业市场份额，增加经营收益。同时，企业对于上游要素的需求增加，为下游提供优质或新型产品，提高上下游企业收益。产业链中所有企业通过链式连接，实现整体的技术进步或产品更新，提升产业链价值。一方面，产业链中部分具有资金优势的企业，以市场需求为导向，以提高自身市场竞争力为目的，需要向技术创新领域延伸，提升自主研发能力，与创新链形成连接。在创新链领域，围绕企业的技术发展需要形成相应的创新链。另一方面，随着产业链中链主企业的转型升级，其他企业也相应产生技术创新需要，促进创新意识形成，进而形成一条新的创新链。例如，生产企业为提升自身生产效率产生了对智能制造设备的需要，进而形成一条从智能制造设备的设计理念产生到智能制造设备实验，再到智能设备制造量产的全新创新链。因此，产业链与创新链的融合并非简单的链条连接，也并非链条的简单协同发展，而是表现为产业链与创新链的相互作用、螺旋式上升。

20.2.2 产业链与创新链的融合层次性

一是产业链和创新链融合主体多元化，企业研发投入不断提升，科研合作有效推进。从主体来看，产业链与创新链的融合可分为两个方面：一方面是依靠产业链中具有扩散效应的链主企业的自主创新能力培育，形成围绕企业发展的创新链；另一方面是产业链中企业与创新链中企业、科研院所和高校相结合，实现创新链和产业链的融合。第一种融合模式要求产业关联度较高的链主企业具有敏锐的市场发展趋势洞察力和较强的科研实力。企业能在明确的创新目标下，制定技术创新规划，投入研发资金和组建研发团队，确保企业的技术研发达到预期目标。我国企业持续加大研发经费投入，统计数据显示，2023 年我国上市企业研发投入合计 1.6 万亿元，企业的研发投入总和已占全社会研发投入的 70% 以上，其中 83 家企业的研发投入占营业收入比重连续三年超过 20%。

第二种融合模式的关键则在于，创新链的创新成果是否与产业链中的实际生产和服务需要相匹配。当创新成果在创新链中通过严格的检验、测试和市场分析，已验证创新成果的可行性和盈利潜力后，方可进入产业链进行实际生产和应用。而创新成果能否顺利进入生产领域，关键在于科技创新是否与企业技术革新和产业发展需要相吻合，实现从科学研究到技术应用，再到产业转化的有机衔接。另外，创新成果进入生产领域能否发挥对前向关联、后向及旁侧关联产业的扩散效应，进而推动经济增长，关键在于产品的推广和销售。产品或服务的商业化应用不仅关系着其中包含的创新成果价值能否顺利实现，也关系着创新资本的价值补偿和创新链的持续发展。2023 年，我国科研机构及从业人员数量持续增加，基础研究经费支出和从业人员占比均有所提升，技术市场成交额同比增长 28.6%，表明我国技术创新活力不断增强，科技成果转化率有效提升。在技术交易中，电子信息、先进制造、新能源等“硬科技”领域占比较大，反映出我国新兴产业正在逐渐成为产业链与创新链融合的主阵地。同年，我国高技术产品出口额同比下降 2.9%，进口额同比下降 8.82%，表明我国对外部高技术产品的依赖度有所降低，自主创新能力提升。

二是产业链创新链横向全链条融合有序推进，基础研究占比上升，创新链在超前技术领域贡献不足。从融合的耦合协同性来看，产业链与创新链的融合可以分为两个部分：一方面以产业发展需要为目的，围绕产业链部署创新链；另一方面以推动科技成果转化为目的，围绕创新链布局产业链。在围绕产业链部署创新链的过程中，创新链服务于产业链强链、补链、增链的需要，针对产业链中部分环节核心技术部署创新链，以提升产业链整体韧性和安全水平。此外，结合前沿技术对产业链中关键企业进行技术改造和产能升级，以促进整条产业链转型升级。在围绕创新链布局产业链的过程中，产业链服务于科技成果转化，将新孵化的技术和产品产业化，将前期技术研发投入资金的价值转化为商品价值，培育新兴产业，并围绕新兴产业构建系统的产业链，实现产业链的迭代更新，丰富产业体系，推进现代产业体系形成。基础研究是探索和理解自然现象，形成基本概念和基本原理，构建新的理论框架，拓展科学知识的深度和广度，为科技创新提供新的思维模式和理念。当前，我国对于研发的资金投入总量不断增加，但是从经费支出占比和人员占比来看，基础研究的比重最低。2023 年，我国基础研究投资比例为 19%，从业人员占比为 21%。基础研究关系着国家前沿技术、颠覆性技术和未来技术的原始创新能力，是创新链的上游，其投入不足限制了创新链在超前技术领域对产业链提升的贡献。我国地区经济发展分化日益加剧，高端创新要素过度集中于首位城市，城市间的“经济距离”明显，难以形成地区间有序衔接的产业链，在一定程度上阻碍了围绕创新链的产业链布局。

三是产业链与创新链纵向螺旋式上升融合模式有待加强，产业链与创新链存在结构性差异和空间错位，科技成果转化利益共享机制不健全。产业链与创新链实现相互促进、协同并进的融合效果，在宏观层面体现为两者的平衡发展，在中观层面体现为融合平台的建设，在微观层面体现为链主企业对前向企业和后向企业的影响能力及企业与创新机构的合作。我国当前产业链与创新链发展存在结构性和区域性差异，阻碍了二者的相互促进。产业链是围绕产品的生产和销售，从原材料采集、加工、制造到最终产品销售和服务的链条，其中多个环节涉及企业间、产业间的交叉。创新链则是沿创新意识形成、创新知识孵化、创新技术应用转移、产业化等多个环节形成的链条，其中涉及多个学科交叉和融合，以及链条上下游之间的循环。产业链和创新链的结构差异，导致二者在融合过程中有效衔接不足。从空间布局来看，我国创新主体主要集聚于东部沿海地区、长三角和珠三角地区，创新要素空间集中度较高，创新链与产业链布局的空间错位，造成技术供给与需求信息不对称、产业链资源调配距离长、西部地区难以融入全国产业体系等问题，阻碍产业链与创新链的相互促进。当前，我国的科技成果转化平台也集中于创新集聚地，广东、江苏、山东和浙江的国家级创新创业孵化平台总和占全国总量的41%（余建辉等，2024）。创新平台缺失造成创新成果转化效率低，中西部地区产业链发展缺少创新技术支持。创新具有风险高、投入高、经济效益产生周期长等特点，降低了企业进行自主研发的积极性。企业与创新主体间成果转化权责不清、风险分担机制不健全，导致技术成果转化主体责任不明确、产学研合作不畅，阻碍产业链与创新链的深度融合。

20.3 人工智能赋能产业链与创新链的融合机制

人工智能是基于计算机技术发展起来的信息技术或信息通信技术，其迅猛发展对经济环境乃至全社会都产生深远影响。人工智能不仅具有渗透性、替代性、协同性等技术—经济特征，还具备创造性这一独特的特征（蔡跃洲、陈楠，2019）。渗透性意味着人工智能作为一种通用目的技术，能够广泛应用于社会生产和生活的各个环节中，从而改变生产和生活方式；替代性是指人工智能技术资本对其他技术资本和劳动力的替代作用；协同性则是指人工智能在生产和生活中的应用，能够促进社会要素配置效率，降低要素摩擦成本，提高生产效率；创造性是人工智能独有的技术—经济特征，通过机器学习、深度学习技术，加快知识生产速度，改变知识生产方式，促进技术进步和经济增长。在融合主体层面，人工智能通过提升企业的自主创新能力、提高企业和创新主体的匹配效率，促进产业链与创新链融合；在横向嵌套融合中，人工智能通过独有的创造性特征提高基础研究效率，形成公平的创新主体利益分配机制，实现产业链与创新链的全链条融合；在纵向螺旋式上升融合中，人工智能有助于形成“创新—产业—数据—创新”的创新生态，加速创新链跨学科融合以形成新兴产业链，促进产业链带动创新链，创新链推动产业链的双链融合模式。

20.3.1 人工智能赋能产业链创新链主体融合

人工智能的高渗透性决定了其对创新存在两种影响：一是人工智能能

够开发一种新型研究工具，广泛提高该领域的研究效率、节约研究成本和缩短研究时间；二是人工智能能够加速新技术的应用和普及。从融合主体来看，产业链创新链融合的关键在于提升企业的创新能力和加强企业与创新主体之间的合作。人工智能在生产和研究领域的广泛应用，能够提升科研和生产效率，其对其他资本和人力资本的替代效应可以帮助企业节约生产性资本投入，增加企业研究投入资金占比，进而提升企业的自主创新能力。在技术研究领域，人工智能不仅能在海量数据中察觉和发现与过程相关的潜在新知识，还能通过关键词搜索，预测现有新知识组合能否产生新的价值。例如，人工智能为科学研究者提供利用关键词搜索科学论文并追踪科学思想演变的服务，帮助研究人员在大量文献中搜索新知识，节约科研人员的时间成本。深度学习技术能够帮助研究人员在复杂的知识体系中识别对新价值产生有益的知识组合，减少技术研发人力资本投入。机器人和自动化技术在生产领域的使用，能够提高劳动生产效率，加速企业资本周转，节约企业资本投入。

除此之外，人工智能还能激发企业的创新需求，加强企业与创新主体之间的合作。人工智能技术在生产领域的广泛应用，降低了新产品和新技术的模仿门槛，通过企业之间的相互学习加速新技术在部门内部的普及和应用。部门内部企业竞争又会诱使企业不断改进生产设备或加大研发投入，以保持自己在部门中的竞争优势，或者建立新产品生产线，以逃避已经饱和的竞争市场。市场竞争机制，在一定程度上增加了企业的创新需求，促进了企业自主创新，加强了企业与创新主体间的合作。人工智能提高了企业与创新主体之间的信息匹配效率，降低了合作风险，加速了科研成果转化。企业利用人工智能分析产品生产和销售数据，进行产品市场预测，可以为企业进一步技术革新和产品升级提供科学指导。创新主体也能利用人工智能分析商品市场信息和用户数据，指导研究方向、技术成果和专利方向，提高创新链服务于产业链需求的能力。产业链和创新链主体通过人工智能搜寻匹配研究机构和风险评估，便于企业、研究机构进行跨行业的合作交流，打破创新链和产业链的地域限制，推进产业链与创新链深度融合。

20.3.2 人工智能赋能产业链创新链形成横向嵌套的全链条融合

在产业链创新链融合中存在基础研究投入不足和创新资源过度集中的问题，造成创新链无法为产业链升级提供相应的技术支撑，产业链也无法按照创新链发展需要及时形成，阻碍产业链与创新链融合。

人工智能特有的创造性特征能广泛地改变创新过程本身，尤其是随着深度学习技术的发展，人工智能能够引起一个生产领域的广泛革新。人工智能应用于基础研究领域，拓宽了基础研究方法，通过改变基础研究的要素组合模式，创新基础理论、概念和生产方式，带动应用研究领域进行产品创新、技术创新和组织模式创新。例如，光学透镜的出现，不仅直接带来了眼镜产业的兴起，而且带来了显微镜的出现，帮助人类看清极小物体，为生物学家提供了窥探微观世界的窗口，开辟了生物学研究生命奥秘的新视角，推动了生物学和病理学的研究。人工智能的出现与光学透镜相类似，从根本上改变了科技概念和问题研究框架，为问题解决提供了全新的思路和方法。

人工智能的应用有助于建立健全创新合作主体利益分配机制，优化参与主体的利益分配，促进产业链创新链全链条融合。创新成果只有从创新链进入产业链，实行规模化生产，再到最终销售，才能实现产品价值。因此，最终商品价值中应当包含商品的创新技术价值、生产中消耗生产资料的价值、劳动力价值和生产性服务价值。在整个商品价值的形成过程中，创新部分的投入最多、时间周期最长和承担风险最大，这部分投入的价值并未在最终商品价值中得以合理体现。缺少对早期创新的激励，就会使得整个社会创新动力不足，创新活动进展缓慢，创新成果下降，进而引起创新能力不足。人工智能平台在创新活动中的应用，通过对创新工具和数据的控制，形成物理排他性的知识产权，重新塑造创新活动中价值的流动方向和规则，便于对参与创新价值分配的主体进行管理，形成早期创新的激励机制，优化不同创新参与主体的产权分配。

20.3.3 人工智能赋能产业链创新链形成纵向互促同进的螺旋式上升融合

人工智能通过形成创新生态循环，促进跨学科的创新融合催生新兴产业链，赋能产业链升级带动创新链发展，创新链发展推动产业链优化升级，形成产业链创新链螺旋式上升的融合机制。

人工智能在生产领域的广泛应用，尤其是机器人技术的进步和高度专业化，促进了生产与最终用户间的紧密联系。应用人工智能产品在生产中能够实时收集大量用户使用数据，再通过数据改进算法、软件和 GTP，进一步提高人工智能应用设备在生产中的感知、感应和控制能力。人工智能技术的提高又进一步促进产业链中技术普及和产品价值增值，促使产业链升级。人工智能技术帮助企业找寻产品生产中的技术问题，及时将信息反馈到创新链，带动创新链技术创新和技术迭代升级，更好地形成了“创新—生产—数据—创新”的创新生态循环，形成了产业链创新链之间相互促进、协同并进的融合模式。

人工智能在创新链中的应用不仅节约了创新成本，还优化了创新流程，避免创新链各环节的重复劳动，缩短创新周期。人工智能应用可以为创新提供大量数据，帮助研究人员以市场需求为目的高效率研发。人工智能为跨学科研究、跨学科技术融合提供了技术支持，使得创新链与不同学科创新链之间，以及创新链与不同行业产业链之间形成复杂的网络状链条结构。创新链结构的变化加速了创新融合和新知识的产生，同时围绕新知识形成更多新创新链。新创新链的形成必然会带动多个新兴产业链的形成，进而形成具有强大竞争力的新兴产业集群，推动产业链整体的持续优化和升级。

20.4 人工智能赋能产业链与创新链融合的实现路径

在新一轮科技革命和产业变革的背景下，以新一代信息技术、新能源技术和智能制造技术为引领，强调了先进制造业在现代产业体系建设中的基础地位，突出了基础研究在前沿技术、颠覆性技术研究领域的重要地位，体现了新兴产业在未来产业发展中的关键地位。因此，人工智能产业需要从以下几个方面赋能产业链与创新链的深度融合。

20.4.1 加强顶层设计，强化人工智能赋能产业链创新链融合的政策引导与支持

利用人工智能赋能产业链创新链的深度融合，是发展新质生产力的内在要求，也是产业创新和科技创新深度融合的必然趋势。在宏观层面，人

工智能赋能产业链创新链的深度融合不仅需要国家创新体系和产业政策的相应改革，还需要持续深化科技体制改革、科研成果转移转化政策体系改革、教育机制改革及人才机制改革，以推动原始创新和基础研究支撑现代产业体系建设。在地区层面，各地区结合在国家发展全局中的功能定位，依据自身区位条件、资源禀赋、产业基础、科研条件，因地制宜利用人工智能应用推动产业链与创新链融合。例如，东部沿海地区经济实力雄厚、科研力量强大、创新环境优越、产业数智化水平较高，可以利用现有创新优势，将人工智能应用于基础材料、基础技术、基础软件研发，实现重点产业的技术攻关和成果应用，从而提升我国产业体系底层技术和关键性技术的原始创新能力。对于产业数智化发展水平较低、传统产业占比较大、自主创新能力不足的地区，首先，应当找准产业发展弱项，在补齐短板后寻求发展；其次，政府出台积极政策，引导社会资本加速人工智能赋能地区优势产业的改造，推动传统产业的数智化转型升级。

20.4.2 加快人工智能在前沿技术领域的应用，推动战略性新兴产业和未来产业发展

统筹规划人工智能与科学研究的深度融合，紧密围绕物理、化学、数学、计算机等基础科学的关键问题，布局人工智能在生物医药、芯片、清洁能源等新兴产业发展需要前沿技术研究中的应用。一是建设人工智能在典型科研领域的应用平台，推进高校和科研机构中人工智能科技创新基地建设，加速创新主体在软件、数据、算力等基础设施方面的建设。二是加快人工智能公共算力开放平台建设，降低人工智能应用使用成本，迅速将人工智能应用于实际问题的解决中。在此过程中，一方面，推进全国一体化算力网络布局，加快推进超级算力和智能算力中心建设，提升算力资源的统筹供给能力，为人工智能发展需要提供充足的算力保障；另一方面，提升数据要素供给质量，建设国家级高质量的大规模中文、图片、音频和视频数据库，支持人工智能算法、模型优化，更好地服务于前沿技术领域科学研究。前沿技术领域科学研究效率的提升和重大技术突破催生战略性新兴产业，战略性新兴产业经历技术试错后，形成较为明确的产业形态和较为完整的产业链，孕育未来产业。

20.4.3 人工智能推动形成研产供销网络化、智能化，构建敏捷柔性产业链体系

强化产业链各环节的智能化，在基础层，加强算力、算法和数据的建设，为人工智能应用于产业链提供强大的基础支撑。在技术应用层，推进机器学习、知识图谱、机器人等人工智能应用的技术研发，促进人工智能应用在全产业链中的普及性。在应用层，不断拓展人工智能应用场景，推进智能制造、智慧医疗、智慧园区等应用，实现产业链智能化。构建智慧产业链协同平台，实现产业链内不同企业的信息共享、业务协同，快速完成采购、库存、生产、物流和销售的灵活调整，提高产业链对外部冲击的响应能力。智慧产业链协同平台还能优化产业链运行流程，缩短资本流通时间，精准预测行业市场前景，提升产销协同，构建敏捷柔性的产业链。敏捷柔性产业链的构建有利于企业加强与产业链中其他企业的联系，促进技术创新在产业链全链条中的传导，推动产业链与创新链深度融合。

20.4.4 人工智能推动行业共性技术平台建设，形成技术创新与应用的核心驱动力

行业共性技术平台是以满足企业发展的技术需要为目的，搭建的共性技术研究和应用服务平台，也是连接产业技术创新和应用的桥梁，通过鼓励行业中的大企业联合上下游企业，或者政府、研发机构和企业之间，通过合作、共享等模式构建行业共性技术平台，围绕行业发展的共性技术问题进行研发、技术开发、成果转化和市场推广。人工智能推动行业共性技术平台建设，需要构建多元的人工智能应用场景，提升应用场景的创新能力，以此形成应用场景的创新带动产业发展，产业发展促进应用场景创新的正向循环。强化企业在人工智能应用场景中的主体地位，政策鼓励创新主体参与场景创新，培育壮大应用场景研发平台。智能行业共性技术平台的建设，有利于企业高效地在平台中搜寻和筛选自己需要的专利技术，并评估专利技术资质及其应用前景。智能行业技术平台帮助企业快速实现技术设想到最终产品的转化，降低行业技术门槛，促进技术创新和应用转化，加速行业竞争，持续提升产业链发展对创新的需要，推动产业链创新链深度融合。

20.4.5 人工智能推动先进制造业体系建设，打造高端、数智、绿色的制造业集群，筑牢产业链创新链融合基础

人工智能已深度渗透到制造业的各个环节，成为推动产业创新的关键力量。制造业是国民经济的支柱产业，其发展水平决定了国家的工业化水平和经济实力。制造业的高端化、数智化和绿色化转型，不仅能促进产业链的价值提升，还能推动产业体系向更高层次演进。先进制造业体系是科技成果转化为最终商品的重要载体，能够将新技术、新工艺、新设备迅速转化为市场化的商品。人工智能与制造业的融合主要集中在生产制造、质量管控和研发设计等环节，通过在生产线上安装传感器，实时捕捉生产数据，并利用人工智能分析，及时识别生产过程中存在的潜在风险，维护产品生产的稳定性和连续性。机器人在制造领域的广泛使用，能够节约企业人力资本，提高生产效率和产品质量。此外，人工智能在生产线的应用，还能实时监控企业在生产过程中的污染物排放，确保生产性污染物排放符合环保标准，进而实现制造业绿色化发展。以人工智能推动先进制造业体系建设为主线，在工业场景中广泛应用人工智能，通过选取典型应用场景，组织链主企业进行“人工智能+”试点，加速产业智能化升级，树立行业智能化标杆，形成智能化、高级化、绿色化的先进制造业集群。

21 人工智能对职业变迁与收入差距的影响

人工智能产业正极大地改变着人类的生产和生活方式，为经济社会发展注入强劲动能。2015年，国务院印发《中国制造2025》，旨在通过信息化与工业化的融合实现中国制造业的转型升级，由此，以工业机器人应用为代表的智能制造开始快速发展。自“十三五”规划实施以来，我国人工智能产业通过持续创新和深化应用，展现出了强劲的发展态势。麦肯锡全球研究所2023年预测数据显示，生成式人工智能技术在未来可能为全球经济贡献显著的增长动力，其潜在的经济贡献范围预计介于17.1万亿美元至25.6万亿美元。其中，智能机器人产业规模实现了快速增长，年均复合增长率约达15%。除此以外，服务机器人和特种机器人也开始渗透生产生活的各个方面，在仓储物流、教育娱乐、清洁服务、安防巡检、医疗康复等多个领域实现规模化应用。随着人工智能日益朝着通用型和生成式方向迈进，智能机器人展现出的深度学习、跨界融合、人机协同、群智开放和自主操控等一系列特性必然带来对当前和未来劳动力市场格局的革新与重塑。这一过程引发对工作性质和工作环境的变迁，工作内容变得更加复杂和多样化，对员工的综合素质提出更高要求，许多低技能和重复性工作将被机器人所取代，由此也可能会产生新的社会不平等现象。在人工智能发展机遇与挑战并存的背景下，如何确保人工智能的渗透能够促进劳动部门高质量发展，让更多劳动力从中受益，实现兼顾智能技术发展与传统劳动力收入水平提升的平衡发展，成为数字时代共同富裕领域亟待关注和解决的重要议题，更是关系我国经济发展与社会稳定的重要问题。

21.1 文献综述

探讨以智能机器人为代表的人工智能与劳动力的平衡发展，首要任务是深入分析人工智能相较于传统技术进步的独特属性与特征，特别是在其对劳动部门进行深刻改造过程中展现出的特性。传统技术偏向性理论认为，数字技术的发展会率先取代传统低技能劳动，因此与前沿技术的差距是收入增长的主要障碍，这使得个人更好的技术水平成为弥合这一差距进而带来个人更高收入的有效渠道。但一般以机器人为载体的人工智能技术，更可能表现出任务偏向性特征（Prettner et al.，2020），其明显有别于一般形态的技能偏向型技术进步。较有代表性的是阿西莫格鲁总结的一个研究自动化和智能机器人渗透对劳动力、工资和就业需求影响的任务偏向性框架，认为自动化将导致工资率的下降和劳动份额的减少（Acemoglu et al.，2020），但同时在智能机器人取代过去执行的任务中的劳动力时也能通过提高生产率和创造新任务来增加劳动力需求，产生替代效应和极化效应（Acemoglu et al.，2019）。从任务偏向性技术进步的视角来看，技术成本的下降使越来越多生产任务中的机器相较于人更具有优势从而产生“极化”，这使得智能机器人的生产力提高不太可能导致工资的大幅上涨。极化效应推动劳动力市场的结构调整，反而扩大了高技能和低技能群体的劳动份额，产生“中层的消失”。一方面，人工智能导致许多简单、重复性的工作被机器人所取代，使得一些低技能劳动力面临失业的风险或被迫接受更低薪资的工作；另一方面，人工智能的发展促进了新兴职业的产生和发展，对人才掌握相关技能和知识的要求越来越高。此外，即使人工智能提高了低技能和中等员工（或在复杂任务中专业知识有限的工人）的生产力，这也可能不会转化为较低的不平等，低技能工人在某些任务中的生产力的提高反而导致更高的不平等（Jones et al.，2024），这种“中层的消失”无疑给劳动力市场的稳定性和收入分配的公平性带来了新的挑战。

在人工智能发展的早期阶段，学者更多地关注其技术变革和自动化对生产率的提升作用，普遍认为智能机器人的发展将极大地提升生产率，优化资本结构，从而促进宏观经济增长（陈彦斌等，2019；林晨等，2020）。生产活动的智能化和自动化程度使企业得以优化生产流程、降低生产成本、提高产品质量和效率，从而增加收入。随着研究的深入和视角的转变，学界逐渐关注到“中层的消失”这一问题，但出于研究视角和人工智能发展阶段的差异，当前关于智能机器人发展对劳动力市场和收入分配的实际影响仍无定论。有学者从地区或产业层面入手，探讨了智能机器人对不同部门、地区劳动收入和市场结构等方面的异质性影响，认为智能机器人的发展非对称地诱导了高、低技术部门劳动收入差距的扩大（王林辉等，2020），以及产生的“技术性失业”对低学历人员的就业挤出效应（孔高文等，2020）。这些研究大都认可智能机器人呈现出的鲜明偏向性特征，但关于人工智能对微观层面居民劳动份额和收入的实际影响依然存在争议。一种观点认为智能机器人的渗透主要增加了社会劳动力总需求（Acemoglu et al.，2018），并对不同类型劳动力产生替代效应（郭凯明等，2023），带来了劳动力份额的下降从而造成失业，但是对工资的影响并不显著（王永钦、董雯，2020）。另一种观点则认为，除智能机器人的替代效应之外，智能机器人也具有互补效应和创造效应，因而并未带来总就业人口的减少（Gregory et al.，2016；Graetz et al.，2018），而是生产率的提高和岗位结构的变迁（潘珊、郭凯明，2024），通过影响劳动时间和岗位更替带来劳动力工资性收入的变化，而这种变化具有不确定性（王林辉等，2022）。两种观点争议的背后实质上深藏着对人工智能技术带来的替代效应与创造效应间孰为主导的深刻探讨。有研究关注到上述人工智能替代效应和创造效应交叠下的不确定性（刘洋等，2023），认为自动化可能会降低对低技能劳动力的需求，从而产生不平等，而新技术也可能创造更复杂的现有任务版本，使劳动力具有比较优势，创造更多就业机会并降低技能溢价（黄浩权等，2024）。先前的研究在探讨具体微观作用机制以及如何最大化利用人工智能与劳动力优势方面，仍存在一定的不足。微观层面智能机器人技术的采纳并不能由参与生产的个人决定，个人仅能决定是否继续从事这一工作或者选择从事其他行业。智能机器人和其他形式的人工智能可能在某些情况下对微观个体产生不利影响，因此如何确保这些技术的进步能够带来包容性增长，使所有社会成员都能分享到由此带来的利益极为重要。或者说，由于智能机器人的渗透对劳动力收入和份额影响的不确定性（郭凯明，2019），如何平衡人工智能发展之路，确保人工智能的渗透不是被少数人所享有，而是能够惠及更广泛的群体并让绝大多数人从中受益，是解决“中层的消失”问题的关键。

智能机器人替代与创造的双重效应孰为主导是动态的，智能化的发展带来了生产率的提升和新兴职业的产生，但也给劳动市场和收入分配带来了更多挑战和不确定性。区别于以往研究，本章从智能机器人渗透的双重效应出发探讨智能机器人渗透对微观层面劳动部门的实际影响。在理论架构上，在沿用阿西莫格鲁任务偏向性视角的基础上，进一步考虑了智能机器人本身的技术进步并由此探讨技术渗透对居民劳动力市场份额、工资率及收入结构的综合效应。此举旨在深入剖析人工智能的发展规律，以期为应对智能化变革、保障劳动力市场稳健公平发展，并为促进经济社会的持久可持续发展和共同富裕，提供科学依据与策略支持。在实证层面，本章融合中国家庭金融调查（CHFS）的微观数据与城市统计数据，构建了2015—2019年的微观平衡面板数据集。通过这一数据集量化了智能机器人在不同城市和产业中的渗透程度，并分析了其对个人收入和劳动参与度的影响。研究发现，智能机器人渗透导致了总体收入水平的下降和传统劳动份额的减少，但同时促进了工资率的增长。同时，智能机器人的渗透加剧了技术密集型和劳动密集型部门间的收入分化，但有助于缩小部门间的产出份额差异。机制分析揭示，智能机器人渗透通过激励劳动力向高技能领域转移、促进劳动力在产业间的有效流动以及扩大就业市场的影响力，从而影响劳动力的收入和份额。深入分析还表明，渗透引发了劳动力收入的不平等，尤其在服务业领域更为突出。

21.2 人工智能渗透作用的理论框架

在 Acemoglu（2024）基于任务的技术进步框架中，所有任务开始都是由人工完成的，现有任务的自动化（人工智能的替代）则通过创建新任务抵消原有由人工完成的任务。同时，通过增加新的劳动力任务，自动化任务的份额可以保持不变。该模型将生产率的提高直接与劳动力相联系。Jones（2024）相比 Acemoglu 的模型考虑了外生技术进步的动态性并简化了对人力资本增长的考虑，参考这一思路，全部由资本体现的技术创新发生在两个方面：第一，纵向层面，资本投入在给定任务中变得更具生产力；第二，横向层面，资本投入在给定任务中替代了劳动力。由此，最终生产可以由一系列任务而完成，总产出为：

$$Y_t = \upsilon[\int_0^1 y_t(i)^{\rho}\mathrm{d}i]^{\frac{1}{\rho}}, \rho < 0 \qquad (21-1)$$

其中，$y_t(i)$ 为中间产品，ρ 为不同中间产品的替代弹性，υ 为中间产品的真实价值率，$\rho < 0$ 表明中间产品是总互补品。假定社会总产出由无数互补的中间品产出构成，中间品的生产 $y_t(i)$ 全部可以通过劳动力实现，但在 $[0,\beta_t]$ 上的中间产品可由资本生产，因此假设生产投入的要素中劳动力为 $l_t(i)$，资本为 $x_t(i)$，则有：

$$y_t(i) = \begin{cases} A\, l_t(i), & foralli \in [0,1] \\ z_t(i)^{\frac{\rho-1}{\rho}} x_t(i), & foralli \in [0,\beta_t] \end{cases} \qquad (21-2)$$

在式（21－2）中，$z_t(i)$ 为 t 时资本投入在任务 i 上的生产率，A 为劳动力所给定的技术水平，整个时期在 $[0,\beta_t]$ 上的资本生产率 Z_t 则以中间品中资本体现的技术的调和平均数来表示：

$$Z_t = \left[\frac{1}{\beta_t}\int_0^{\beta_t}\frac{1}{z_t(i)}di\right]^{-1} \qquad (21-3)$$

最终产品价格、劳动力投入和资本投入价格给定时，为实现利润最大化，根据一阶条件可得完全竞争市场下厂商对中间品的需求为：

$$p_t(i) = \upsilon^{\rho}[\frac{Y_t}{y_t(i)}]^{1-\rho} \qquad (21-4)$$

此时，式（21－2）中间品产出条件下，非自动化任务的中间价格为：

$$p_t(i) = w_t/A \qquad (21-5)$$

对于 $[0,\beta_t]$ 的任务，企业可以使用劳动投入或资本投入，在外生增长模型中，这些中间生产商竞争使得均衡状态下利润为0，此时如果企业使用资本投入，中间品价格为：

$$p_t(i) = \psi\, z_t(i)^{\frac{1-\rho}{\rho}}, i \in [0,\beta_t] \qquad (21-6)$$

为简化分析，这里认为机器在生产周期内完全折旧而被消耗（不存在残值），因此最终资本的价值率 ψ 与 υ 相等。企业出于利润最大化的目标，之所以选择增加资本投入而不选择雇用新的劳动力，是因为基于技术的自动化生产比基于劳动力非自动化生产的成本（中间品价格）更低，即自动化技术具有足够的生产力，此时根据式（21－5）、式（21－6），所有 $i \in [0,\beta_t]$ 的任务均满足式（21－7）条件时，厂商才会选择自动化生产。

$$w_t \geqslant \psi A z_t(i)^{\frac{1-\rho}{\rho}} \tag{21-7}$$

对于自动化任务，由式（21－4）、式（21－6）和式（21－2）可得，每项任务的资本分配为：

$$x_t(i) = v^{-1}\frac{Y_t}{z_t(i)}, i \in [0,\beta_t] \tag{21-8}$$

由式（21－8）和式（21－2）得中间产出为：

$$y_t(i) = v^{-1} z_t(i)^{-\frac{1}{\rho}} Y_t, i \in [0,\beta_t] \tag{21-9}$$

因此，中间部门产出在总产出的占比为：

$$p_t(i)\, y_t(i)/ Y_t = 1/ z_t(i) \tag{21-10}$$

可以看出，中间部门产出份额与资本的横向技术进步负相关，即自动化生产率的提升会增加产出并降低部门产出占比，由此可以认为，自动化程度较高的部门参与生产挤占了传统劳动力部门的生存空间。

进一步考虑资源约束，假设资本的总投资 I 和劳动力总供给 L 如式（21－11）、式（21－12）所示。

$$I_t = \int_0^1 \psi\, x_t(i)\,\mathrm{d}i \tag{21-11}$$

$$L_t = \int_0^1 l_t(i)\,\mathrm{d}i \tag{21-12}$$

由式（21－11）和式（21－8）可得：

$$I_t = Y_t \beta_t Z_t^{-1} \tag{21-13}$$

由此可得总产出中的资本份额为：

$$s_{K_t} = \frac{\psi X_t}{Y_t} = \beta_t Z_t^{-1} \tag{21-14}$$

相应地，在技术外生条件下，由式（21－12）可得劳动力产出份额占比为：

$$s_{L_t} = \frac{w_t L_t}{Y_t} = 1 - \beta_t Z_t^{-1} \tag{21-15}$$

根据式（21－1），总产出是均衡中间产出的综合，因此，均衡条件下的总产出可以表示为：

$$Y_t = vA(1-\beta_t Z_t^{-1})^{-1/\rho}(1-\beta_t)^{\frac{1-\rho}{\rho}} L_t \tag{21-16}$$

此时，由式（21－15）、式（21－16）可得均衡工资为：

$$w_t = vA(1-\beta_t Z_t^{-1})^{\frac{\rho-1}{\rho}}(1-\beta_t)^{\frac{1-\rho}{\rho}} \tag{21-17}$$

根据式（21－17）取对数得到 $\ln w_t$，可以看出，劳动力收入的变化与劳动力份额和智能机器人渗透率的变化相关。劳动力份额的变化是渗透率和技术水平的函数，由此化简得到式（21－18）的最终形式：

$$\ln w_t = \frac{(\rho-1)}{\rho}[\ln s_{L_t} - \ln(1-\beta_t)] = \frac{(\rho-1)}{\rho}[\ln(1-\beta_t Z_t^{-1}) - \ln(1-\beta_t)] \tag{21-18}$$

当渗透得以发生时，根据式（21－7），自动化任务以低于劳动力的成本生产中间产品的最低生产率 $z_t^{\min}$ 应满足：

$$w_t = \psi A z_t^{\min}(i)^{\frac{1-\rho}{\rho}} \tag{21-19}$$

此时，资本投入在中间任务上的生产率应满足：

$$z_t(i) \geqslant z_t^{\min} = \frac{1-\beta_t}{1-\beta_t Z_t^{-1}} \tag{21-20}$$

由于 Z_t 为 $z_t(i)$ 的调和平均数，存在 $Z_t \geqslant z_t^{\min} \geqslant \frac{1-\beta_t}{1-\beta_t Z_t^{-1}}$，由此可得：

$$Z_t \geqslant 1,\ \beta_t Z_t^{-1} \leqslant 1 \tag{21-21}$$

因此可以推出式（21－18）均衡工资的对数小于0，即在替代效应影响下智能机器人的渗透将会带来劳动力总收入的下降。基于此，本章提出以下假说。

假说1：当前智能机器人渗透将会带来劳动力收入的下降。

居民收入由其工资率和工作时长共同决定，进一步考虑替代效应对二者的影响。根据式（21－10），考虑长期技术进步对劳动力部门产生挤占，总产出中劳动力部门产出占比降低的同时劳动力成本（居民的工资率）反而增加，加速了智能机器人的渗透。对于家庭居民而言，如若劳动份额不发生变化，工资率的提升自然意味着个人效用水平的提升，进一步考虑劳动力份额的变化，从式（21－15）中可以看出，劳动力份额受到 β_t 和 Z_t 的影响，实际上体现了智能机器人在劳动力市场中的替代效应与创造效应的共同作用。短期内，技术水平的黏性效应使得 Z_t 保持不变，而智能机器人渗透水平 β_t 的提升将导致部分传统劳动力岗位被机器所替代，进而对劳动力的就业格局产生了不利影响。综上所述，智能机器人对劳动力的替代既增加了工资率也带来了工作时间的减少，因而具有双重性质。由此，本章提出以下假说。

假说 2a：智能机器人的渗透将会带来劳动力成本的增加。

假说 2b：智能机器人的渗透将会挤占劳动力的劳动份额。

上述分析的双重性质表明智能机器人对劳动力收入的影响可看作智能机器人渗透对工资率和劳动份额影响共同作用的结果。考虑动态特征，根据技术进步的边际效应递减规律，从式（21－10）中可以看出，当渗透率达到一定水平时，技术水平 Z_t 的提升带来的创造效应将逐渐占据主导地位，这不仅能够为劳动力创造更多新的就业机会，也能够促进劳动力素质的提升和职业技能的升级，使其更好地适应新的工作环境和需求。因此，短期来看规模定律成立，渗透率的提升挤占了劳动力份额；长期来看规模定律并不一定成立，随着人工智能技术效应的边际递减，技术水平的深化与劳动力份额之间的正相关关系将逐渐显现，从而带动劳动力份额的提升，这将成为平衡人工智能发展之路的关键。智能机器人在一定程度上具有替代效应，其渗透作用会压缩劳动力的工作份额，但有理由相信，在未来渗透率达到较高时，其技术水平的提升反而能够发挥创造效应，带动劳动力工作份额的提升。

以上是对总产出下的劳动力收入和劳动份额的动态特征考量，接下来进一步考虑不同技能部门从事中间任务 $y_t(i)$ 的异质性。对于 $i \in [0, \beta_t]$ 上的任务由于自动化而被资本所替代，劳动力投入 $i \in [\beta_t, 1]$ 上的任务，由式（21－15）劳动力约束可得均衡状态下的劳动力分配和产出：

$$l_t(i) = L_t/(1 - \beta_t) \quad (21-22)$$

$$y_t(i) = AL_t/(1 - \beta_t) \quad (21-23)$$

假设针对同一生产任务 j 内存在高（h）、低技能（l）劳动力两类部门，两个部门由于劳动力知识、技能差距仅在技术生产率上存在差异，高技能部门由于任务的复杂程度较高技术水平 A^h 大于 A^l，资本技术水平 Z_t^j 较高且增长率相对于低部门较慢，但在技术渗透水平上并不存在差异，因此生产任务中 j 类部门的工资 w_t^j 为：

$$w_t^j = v A^j (1 - \beta_t Z_t^{j-1})^{\frac{\rho-1}{\rho}} (1 - \beta_t)^{\frac{1-\rho}{\rho}} \quad (21-24)$$

此时生产任务中高、低技能部门间工资 w_t^j 的比值可以表示为：

$$\frac{w_t^h}{w_t^l} = \frac{A^h}{A^l}\left(\frac{1-\beta_t Z_t^{h-1}}{1-\beta_t Z_t^{l-1}}\right)^{\frac{\rho-1}{\rho}} \tag{21-25}$$

同理，生产任务中 j 类部门的劳动力份额 S_t^j 以及高、低技能部门的比值分别如式（21－26）、式（21－27）所示：

$$S_t^j = \frac{w_t L_t}{Y_t} = 1-\beta_t Z_t^{-1} \tag{21-26}$$

$$\frac{S_t^h}{S_t^l} = \frac{1-\beta_t Z_t^{h-1}}{1-\beta_t Z_t^{l-1}} \tag{21-27}$$

分别对式（21－25）与式（21－27）取对数后可得：

$$\ln\frac{w_t^h}{w_t^l} = \frac{\rho-1}{\rho}\ln(A^h-A^l)\left[\ln(1-\beta_t Z_t^{h-1})-\ln(1-\beta_t Z_t^{l-1})\right] > 0 \tag{21-28}$$

$$\ln\frac{S_t^h}{S_t^l} = \left[\ln(1-\beta_t Z_t^{h-1})-\ln(1-\beta_t Z_t^{l-1})\right] < 0 \tag{21-29}$$

根据上文条件判断式（21－28）大于0，式（21－29）小于0，说明考虑高低部门间技术水平的差异性，高技能部门与低技能部门间的劳动力收入差距逐渐扩大，而二者间劳动力份额差距逐渐缩小；同时，部门本身技术要求越高值越大，即技术渗透对工资和劳动力份额的影响越大。由此，本章提出以下假说。

假说3：智能机器人的渗透将拉大高低技能部门的劳动力收入差距，但也会缩小两部门劳动份额间的差距。

接下来本节讨论智能机器人对劳动力影响的传导机制。上文提到智能机器人创造效应和替代效应的双重性。首先，智能机器人技术的普及促进了在职劳动力的向上流动。以机器人为代表的人工智能具有任务重新分配和工作条件改善的双重属性，有利于取代高体力、高风险任务，推动这些工人从事体力强度较低、受伤风险较低的任务和职业，同时有助于减少工作时长、降低工作强度和优化工作环境，从而改善工作条件（何小钢、郭晓斌等，2024）。随着烦琐、沉重的工作任务被智能机器人所接管，没有被替代的员工反而得以从中解放而专注于更为核心和高级的任务，如系统的精准调校和流程的高效监管，这种转变不仅极大地提升了工作效率，更为劳动力的向上流动提供了强有力的支持。

其次，在当前的发展趋势下，人工智能显著地推动了劳动力产业的深刻变革。随着智能化浪潮的推进，传统的制造业、服务业等行业积极寻求转型，以适应不断演变的市场需求和技术革新。与过去的技术革命相比，此次数字技术的浪潮无疑具有更大的颠覆性。它不仅促进了生产过程中机器之间的紧密物理连接，还建立了人—机、人—人之间无缝的信息连接，形成了“双重连接”的新格局（胡乐明、杨虎涛，2022）。这一变革引领了制造业向服务化转变的趋势，同时服务业也表现出向制造化发展的趋势，推动“两业融合”的新模式（高翔等，2022）。产业的趋同现象不仅促使了“服务业的上浮”，还开拓了生产性服务业的广阔市场新领域。一方面，传统制造业企业生产率提升的同时带来对传统劳动力投入的替代（吕越等，2020）；另一方面，具有显著制造业特征的新兴服务业部门，如电信、电子商务以及基于平台的生活性服务业等处于产业智能化发展期和上升期的产业。传统制造业产业的更迭和新兴智能化服务产业的崛起带来了生产红利（陈东、秦子洋，2022），自然引导了劳动力的转型，为劳动结构的优化升级注入了新的动力。

此外，尽管智能机器人为经济发展带来了诸多机遇，但也不能忽视它带来的就业风险。随着科技发展的迅猛态势和应用领域的持续拓宽，智能机器人引发了广泛的职业变迁，预示着诸多工作岗位或将面临智能机器人的潜在替代。这一趋势对劳动力市场构成了显著挑战，特别是女性、低技能群体以及非正规就业群体等相对脆弱的劳动力群体，更易受到智能机器人技术带来的岗位冲击。这种冲击不仅导致了岗位转换的频次增加，而且显著提升了工作岗位的不确定性，进而加剧了整体的就业风险（王林辉等，2023）。这种风险不仅影响了劳动者的工资收入稳定性，还对他们的就业选择和职业发展路径产生了深远影响，从而对劳动力收入和就业份额产生不利影响。由此，本章提出以下假说。

假说4：智能机器人的渗透将通过激励劳动力向上流动、推动劳动力产业转变和增加就业风险的机制在提升劳动力工资率的同时挤占劳动力份额。

21.3 数据处理与模型构建

21.3.1 智能机器人行业渗透率

王永钦等（2020）的研究将 IFR 中制造业机器人与制造业分类进行匹配进而构建工业机器人的渗透率。本章借鉴这一做法，并在制造业的基础上，进一步考虑覆盖第一、第二、第三产业的各个行业，从而得到行业智能机器人渗透率。以中国的行业就业数据与 IFR 的机器人存量数据进行匹配，并以城市行业就业人口占比得出城市产业数字渗透率，与个人行业匹配作为该城市个人数字渗透率指标。具体来说，本章按照 IFR 机器人种类和功能，将机器人所属产业大类代码与 CHFS 问卷中“工作单位属于什么行业”的调查结果进行匹配，在尽量保持职业一致的前提下最终得到农、林、牧、渔业，采矿、制造业，建筑业，电力、热力、煤气及水生产和供应业，及包括教育、研究、发展等领域的第三产业五类。首先，按照每一类型根据 IFR 数据获得全国当年机器人库存量，如式（21－30）所示，计算行业层面工业机器人渗透度指标 PR_{it}^{CH}：

$$PR_{it}^{CH} = \frac{MR_{it}^{CH}}{L_{i,t=2014}^{CH}} \tag{21-30}$$

其中，MR_{it}^{CH} 为 i 行业 t 年的工业机器人存量，$L_{i,t=2014}^{CH}$ 为基期（2014 年）i 行业就业人数。在此基础上，对于 t 年在 j 市从事 i 行业的居民来说，其受所在行业数字渗透率的影响主要来源于城市行业渗透率以及自身对工作的依赖程度。因此，本章从上述两个方面入手进一步构建居民层面个人从事行业渗透率指标：

$$Cr_{jit} = \frac{E_{jit=2015}}{L_{jt=2015}} \times \frac{MR_{it}^{CH}}{L_{i,t=2014}^{CH}} \tag{21-31}$$

其中，$E_{jit=2015}$ 为基期（2015 年）j 市 i 行业的从业人数，$L_{jt=2015}$ 为基期（2015 年）j 市所有行业的从业总人数。

21.3.2 描述性统计

鉴于指标和数据的可获取性，本研究微观层面的数据取自 2015—2019 年的中国家庭金融调查（CHFS）的相关结果，出于本章对劳动力收入的关注，样本选择集中于在样本期内持续参与工作或在某一时段内参与工作并获得工资性收入的个体，以此构建微观层面的平衡面板数据集。随后，通过城市代码将个体数据与城市层面数据进行匹配，最终形成包含2015—2019年微观数据集的样本7635个。其中，核心被解释变量主要涉及以年工资性收入形式表示的总收入，以及月工资代表的工资率。此外，由于数据的限制，无法直接核算居民个人的劳动份额，但是个人工作时长的变动直接反映劳动被机器人所替代的程度，且其与部门劳动份额正相关，由此以个人劳动时长的变化作为个人参与劳动生产中份额变化的代理变量。鉴于多数居民通常以月为单位进行劳动并获得报酬，采用“一年工作月数”作为评估居民劳动时长的关键指标。此外，为确保数据的一致性和可比性，上述被解释变量均已对原始数据加1后取对数处理。

控制变量的构建从个人与城市两个维度出发。个人层面的变量设置，具体包括居民的年龄、教育程度（以受教育年限衡量）、政治身份（是否为党员）、健康状况、婚姻状况，以及工作奖金收入的量化指标（上一年工作奖金收入对数）。城市层面则选取了一系列能够反映宏观经济与社会发展状况的关键指标，包括人均地区生产总值、平均人口规模（年平均人口）、第三产业从业人员占比、第三产业增加值占GDP比重、城镇失业率，以及城市职工平均工资的量化表达（平均工资对数）。这些变量的设定旨在确保研究分析的全面性和准确性，从而更严谨、更理性地探讨智能机器人渗透对居民收入和劳动份额的影响。主要变量的描述性统计如表21－1所示。

表21－1　主要变量的描述性统计

变量	指标名	均值	方差	最小值	最大值
核心被解释变量	总收入的对数	10.279	0.982	0.000	13.816
	月工资的对数	7.947	0.899	0.000	11.331
	年工作月数的对数	2.437	0.290	0.405	2.565
核心解释变量	行业渗透率	0.013	0.042	0.000	1.000
个人控制变量	年龄	44.847	9.018	17.000	65.000
	教育程度	10.943	3.296	0.000	24.000
	政治身份	0.208	0.406	0.000	1.000
	健康状况	0.666	0.845	－2.000	2.000
	婚姻状况	0.975	0.157	0.000	1.000
	上一年工作奖金收入对数	3.317	4.352	0.000	12.612

续表

变量	指标名	均值	方差	最小值	最大值
城市控制变量	人均地区生产总值/万元	11.039	0.575	9.256	12.207
	平均人口规模/百万人	7.814	6.214	0.554	33.970
	第三产业从业人员占比	56.106	13.635	16.570	87.030
	第三产业增加值占 GDP 比重	50.322	12.237	21.900	80.980
	城镇失业率	0.850	0.619	0.044	3.800
	城市职工平均工资对数	11.132	0.308	10.211	11.917
样本量		7635			

21.3.3 基准模型设定

本章基准回归部分采用控制时间和个体特征的双向固定效应模型如式（21－32)进行估计。

$$y_{ijt} = \beta_0 + \beta_1 AI_{ijt} + X_{jt}'\xi + X_{ijt}'\sigma + \varphi_i + \varphi_t + \mu_{ijt} \qquad (21-32)$$

其中，y_{ijt} 为核心被解释变量，表示第 t 年 j 城市 i 个体的个人年收入，月工资、个人劳动份额（以年工作月数计算）。AI_{ijt} 为核心解释变量，表示居民 i 所在城市 j 第 t 年从事行业的机器人渗透率，X_{jt}' 和 X_{ijt}' 分别为城市、个人层面的控制变量，φ_i 为居民的个体效应，φ_t 为时间效应，μ_{ijt} 为其他不可观测的随机误差项。β_1 表示智能机器人渗透的影响。考虑到不同城市内经济水平、产业分布与劳动力间的相关性，因此将标准误聚类到城市层面，以减少对 β_1 估计的偏误。

21.4 基准实证分析

21.4.1 基准回归结果

采用式（21－32）基准回归模型的估计结果如表 21－2 所示。由第（1）列可以看出，工业机器人渗透率每增加 1 个单位标准差，个人的总收入反而降低了 98.42%，这一结果通过了 5% 的显著性检验。因此，可以认为现阶段智能机器人的渗透导致了劳动力收入水平的下降。据此，假说 1 得到证明。总收入由工资率和工作时间共同决定，为判断在智能机器人渗透下收入降低的来源以验证假说 2，进一步将工资率和年工作月数作为被解释变量分别代入基准模型进行估计，结果如第（2）列、第（3）列所示。由第（2）列可以看出，渗透率的提升反而增加了在岗职工的个人工资率，与理论推导部分一致，智能机器人的渗透使得劳动力成本越来越高，反映到居民层面带来工资率的提升，假说2a得到证实。由第（3）列可以看出，智能机器人渗透率的提升具有替代效应，挤占了劳动力的就业份额，由此，假说2b得到证实。以机器人为代表的人工智能的渗透挤占了以劳动时长表示的劳动份额，但也使劳动力的工资率得以提升。

表21－2　基准回归结果

变量	(1)	(2)	(3)
	总收入	月薪	工作月数
渗透率	－0.9842**	1.5770***	－1.9722***
	(－2.0169)	(3.3976)	(－12.2484)
年龄	－0.0003	－0.0043	0.0032
	(－0.0359)	(－0.5540)	(0.9739)
教育年限	0.0181*	0.0105	0.0052*
	(1.7223)	(1.0781)	(1.6971)
是否党员	0.0165	0.0110	0.0020
	(0.3711)	(0.2681)	(0.1890)
家庭成员身体状况	0.0328*	0.0214	0.0088
	(1.8885)	(1.2881)	(1.6430)
家庭成员婚姻状况	0.0715	0.0742	0.0082
	(0.5471)	(0.6213)	(0.1520)
上一年工作奖金收入	0.0008	－0.0006	0.0018**
	(0.2593)	(－0.2113)	(2.2459)
人均地区生产总值	－0.0146	0.0115	－0.0227
	(－0.1600)	(0.1317)	(－0.7140)
年平均人口	－0.0001	0.0082	－0.0055
	(－0.0105)	(0.8675)	(－1.1775)
第三产业从业人员占比	0.0044	0.0030	0.0011
	(1.4428)	(1.0405)	(1.0493)
第三产业增加值占GDP比重	－0.0020	－0.0024	－0.0000
	(－0.5234)	(－0.6811)	(－0.0352)
城镇失业率	－0.0826*	－0.0574	－0.0132
	(－1.8819)	(－1.3673)	(－0.7339)

续表

变量	(1)	(2)	(3)
	总收入	月薪	工作月数
职工平均工资	0.0287 (0.1189)	0.0657 (0.3060)	-0.0384 (-0.6470)
cons	9.7763*** (4.6034)	6.9957*** (3.5975)	2.9144*** (5.0276)
时间固定效应	YES	YES	YES
城市固定效应	YES	YES	YES
adj. R-sq	0.3451	0.3298	0.3967
N	7635	7635	7635

注：*、**、***分别代表10%、5%和1%的显著水平，括号内为t值。

21.4.2 稳健性和内生性检验

21.4.2.1 基础稳健性检验

本节对被解释变量进行双边缩尾5%的方法来排除异常值的影响，并考虑城市数字经济水平的遗漏变量问题，以此进行稳健性检验。首先，由于数据往往受到各种因素的影响，如测量误差、样本选择偏差等，本章通过将样本被解释变量分布两端5%位置处的数值替代5%内数据进行估计，以排除极端值的影响。回归结果如表21-3第（1）列至第（3）列所示，对被解释变量进行缩尾后，回归结果依然表现出稳健性。其次，考虑到城市数字经济水平的影响。城市数字经济水平不仅反映了该城市在数字化进程中的发展水平，还可能对企业的数字化程度以及员工的数字素养、工作方式和收入产生重要影响。例如，在数字经济水平较高的城市，企业可能更倾向于采用数字化工具提高生产效率和员工工作效率，从而可能导致员工工作时长和收入的变化。为控制这一潜在干扰因素，将各城市的数字经济水平数据作为一个关键控制变量加入回归模型，结果如表21-3第（4）列至第（6）列所示，回归结果并没有发生显著变化。

表 21-3 基础稳健性检验结果

变量	(1)	(2)	(3)	(4)	(5)	(6)
	总收入	月薪	工作月数	总收入	月薪	工作月数
渗透率	-0.5922***	0.8877***	-0.7455***	-0.9831**	1.5806***	-1.9747***
	(-3.1894)	(3.9591)	(-12.3573)	(-2.0126)	(3.4055)	(-12.2670)
数字经济	—	—	—	YES	YES	YES
adj. R-sq	0.5264	0.5028	0.4734	0.3450	0.3297	0.3967
N	7635	7635	7635	7635	7635	7635

注：**、***分别代表5%和1%的显著水平；括号内为 t 值；控制变量与固定效应均与基准回归一致，因篇幅问题具体回归结果不再展示。

21.4.2.2 关于加班文化的竞争性假设

此外，进一步需要考虑到“加班文化”的普遍存在。在许多企业中，加班被视为一种常态，有时甚至与员工的激励措施挂钩。这种文化可能导致员工工作时长的增加，进而与员工的收入存在一定的关联。如果那些提供加班激励的企业恰好也是工业机器人渗透率较高的企业，就会导致一个假象，即员工收入、工作时长与工业机器人渗透率之间没有真正的联系。为了控制这种潜在的干扰，本节将引入一个“有无加班费”的虚拟变量。这一变量将有助于了解加班偏好是否真正影响了员工收入和劳动份额，从而更准确地评估工业机器人渗透率与员工薪酬之间的关系。在基准模型的基础上进一步控制加班激励因素，回归结果如表 21-4 所示，可以看出，在考虑“加班激励”后，前文结论依然成立。

表 21-4 控制加班激励回归结果

变量	(1)	(2)	(3)
	总收入	月薪	工作月数
渗透率	-0.9809**	1.5768***	-1.9696***
	(-2.0085)	(3.3968)	(-12.2455)
加班激励	YES	YES	YES
adj. R-sq	0.3451	0.3297	0.3975
N	7635	7635	7635

注：**、***分别代表5%和1%的显著水平，括号内为 t 值。

21.4.2.3 关于国企、事业单位的竞争性假设

国有企业、政府机关以及事业单位等在用工和劳动等制度保障方面相

对更为健全，通常提供更稳定的就业环境，使得长期或正式职工的劳动份额不太容易被替代。这也是许多人宁愿选择国有企业等“稳定”单位的原因之一，即使这意味着牺牲一部分高薪水。按照这一策略，从两个方面证实前文机器人渗透率的真实影响。

首先，国企、事业单位负责人具有更为稳定的薪酬和劳动份额，受机器人渗透率的影响应较小，因此剔除“国企、机关团体和事业单位”的“党的机关、国家机关、群团和社会组织、企事业单位负责人”的样本后，机器人渗透率的影响应当依然显著成立，这一回归结果如表 21 – 5 第（1）列至第（3）列所示，可以看出，剔除这些样本后回归结果的显著性水平和系数符合、大小均没有明显变化，初步证实了猜想和基准回归结果的稳健性。

表 21 – 5　剔除国企、事业单位负责人后回归结果

变量	(1)	(2)	(3)
	总收入	月薪	工作月数
渗透率	–0.9971 **	1.5751 ***	–1.9795 ***
	(–2.0417)	(3.3834)	(–12.3311)
adj. R – sq	0.3341	0.3191	0.4031
N	7195	7195	7195

注：**、*** 分别代表 5% 和 1% 的显著水平，括号内为 t 值。

其次，进一步放松国企、事业单位负责人这一限制条件到全体员工，考虑国有企业及事业单位的员工同样会受到机器人渗透率的影响，与其他单位相比，这种影响更可能体现为对员工工作效率的促进，而非直接导致员工被机器人替代。这主要是国有企业及事业单位的员工享有长期合同的保障，因此在较长一段时间内，这些员工不太可能因机器人的广泛应用而被替代，也不会因此缩短法定工作时长，体现了就业单位的“稳定性”。然而，这种“稳定性”也带来了一定的局限性。例如，国有企业及事业单位员工的基础工资增长往往与单位经营状况关联度不高，且增长幅度和频率普遍低于其他单位。在机器人渗透率不断提升的背景下，生产率和工资率的提升效应可能进一步拉大这种差距。因此，在仅针对国有企业或事业单位的正式员工进行考量时，预期机器人渗透率对劳动份额的影响将不显著，而对员工收入则可能产生更为不利的影响。

基于上述竞争性假设，进一步根据员工与单位签订的合同类型（长期或固定合同）将样本分为国有企业或事业单位的正式员工和非国有企业、事业单位的正式员工两组，分别使用基准回归模型进行估计，回归结果如表21－6所示。就劳动份额而言，从第（5）列可以看出，与预期结果类似，非国企分组中智能机器人渗透率对劳动份额的影响仍然显著且方向与整体样本一致。但从第（6）列可以看出，国有企业、事业单位正式员工的劳动份额受到智能机器人渗透带来的影响并不显著。理论分析与基准回归分析可以认为，总收入的下降是劳动力工资率的提升不足以弥补智能机器人对劳动份额产生替代效应的结果，对国有企业或事业单位的正式员工进行区分后劳动份额影响上的显著差异，得以借助这一结果分离出劳动份额影响进而印证这一观点。

表21－6　划分是否为国企、事业单位员工分样本回归结果

变量	(1)	(2)	(3)	(4)	(5)	(6)
	总收入		月薪		工作月数	
	非国企	国企	非国企	国企	非国企	国企
渗透率	－0.9384*	－3.3427**	1.7922***	－3.2230*	－2.1072***	0.0021
	(－1.7986)	(－1.9676)	(3.6661)	(－1.8732)	(－13.1401)	(0.0060)
adj. $R-sq$	0.3130	0.3421	0.2834	0.3761	0.4203	0.2572
N	4156	2601	4156	2601	4156	2601

注：*、**、***分别代表10%、5%和1%的显著水平，括号内为t值。

具体来说，从第（1）、第（2）列可以看出，智能机器人的渗透率对两组样本总收入的影响均与整体样本保持一致。然而，在国有企业和事业单位的正式员工群体中，智能机器人渗透率对总收入的影响是非国有企业以及事业单位正式员工的三倍以上。从第（3）、第（4）列来看，与非国有企业以及事业单位正式员工相比，国有企业和事业单位正式员工的月薪反而随渗透率的增加而减少。可能的解释是，普通企业采用机器人替代部分低附加值工作，导致对员工的需求减少，从而降低成本。然而，国有企业和事业单位不具备随时裁撤岗位的灵活性，为了应对机器人的使用成本和降低生产成本，可能不得不延迟支付工资甚至调整员工的工资水平，这也与实际情况相符，即“稳定的代价”。综上所述，鉴于劳动份额所受影响的不显著性，国有企业和事业单位的正式员工在总收入与工资率之间呈现出明显的正向变动关系。这一特征进一步证实了总收入的下滑，确系劳动力工资率变动与智能机器人对劳动份额产生的替代效应共同作用的结果。由此，理论推导与回归分析的稳健性得到了充分印证。

21.4.2.4 工具变量法的内生性检验

在利用国内工业机器人应用数据衡量城市分产业的智能机器人渗透率时，必须考虑到可能的内生性问题。一方面，国内机器人的普及程度不仅受到行业技术进步的外部驱动，还可能与影响劳动力市场供需的其他本土因素紧密相连，这可能导致因变量遗漏而产生的估计误差；另一方面，劳动力收入和工资率作为衡量企业用工成本的关键指标，其增长可能会增强企业以机器替代人力的倾向，进而导致劳动力收入与机器人渗透之间的逆向因果关系。为更好识别劳动力与智能机器人渗透间的因果关系，我们参考王永钦和董雯（2020）的方法，采用 Bartik 工具变量法进行内生性检验（Bartik，1991）。在这一过程中，我们选择以美国机器人库存量替代中国机器人库存量渗透率作为工具变量。因为美国机器人库存量与中国机器人库存量之间存在相关性，同时又与误差项保持独立，所以采用 share 外生法得到无偏一致估计量（Goldsmith – Pinkham，2020）。在回归分析中，可以通过控制这个工具变量，排除可能存在的内生性问题。在回归分析中，我们使用这一工具变量进行了一系列的计算和检验，最终的回归结果如表 21 – 7 所示，第一阶段结果显示显著拒绝了弱工具变量的假设，第二阶段回归结果与基准回归一致，证实了结果并不存在明显的内生性问题。

表 21 – 7 工具变量二阶段估计回归结果

阶段		指标	(1)	(2)	(3)
一阶段	工具变量	美国库存量	2.6968*** (18.2011)		
	Kleibergen – Paap rk LM 检验		25.2160 [0.0000]		
	Kleibergen – Paap rk Wald 检验		331.2342 {16.3800}		
二阶段结果		被解释变量	年收入	月薪	月工作天数
		IV – 渗透率	−1.0101*** (−2.8703)	2.1332*** (3.7002)	−0.2381** (−2.8421)

注：**、***分别代表 5% 和 1% 的显著水平；括号内为 t 值；[ ] 内数值为 p 值，{ } 内数值为 Stock – Yogo 弱识别检验在 10% 水平上的临界值。

21.5 进一步分析

21.5.1 职业的异质性分析

按照调查中关于工作职业的调查将个人职业划分为党的机关、国家机关、群团和社会组织、企事业单位负责人与办事人员等行政服务人员（以下简称“负责人与行政服务人员”），包括各类社会科学和自然科学研究人员、技术人员、教学人员等在内的高级知识分子与专业技术人员，社会生产服务和生活服务人员，一般生产制造及有关人员四类。其中，高级知识分子与专业技术人员相对一般生产制造及有关人员具有更高的技能需求，从而通过二者实现高、低技能员工的划分。首先，我们利用职业进行分组按照基准模型对收入进行估计，结果如表 21 – 8 所示，仅在第（4）列中，智能机器人的渗透率显著呈现负向影响。这一结果表明，随着渗透率的提升，以中、低技能为代表的一般制造业员工的收入下降幅度更为显著，进而加剧其与其他技能水平员工之间的收入差距。

表 21 – 8　年收入分劳动类型回归结果

变量	(1) 负责人与行政服务人员	(2) 高级知识分子与专技人员	(3) 生产服务人员	(4) 一般制造业人员
渗透率	–0.0088 (–0.0085)	1.6235 (0.7051)	–0.2728 (–0.6792)	–1.3296*** (–2.6312)
adj. R – sq	0.4535	0.2736	0.2401	0.3369
N	1918	1761	1348	1432

注：*** 代表 1% 的显著水平，括号内为 t 值。

其次，进一步探讨工资率与智能机器人渗透率之间的异质性关系，回归结果如表 21 – 9 所示。从表 21 – 9 中第（2）列和第（4）列的数据可以看出，随着智能机器人渗透率的提升，高级知识分子与专技人员以及一般制造业人员的工资水平显著增加，表明智能机器人渗透的创造效应具有异质性，通过提高工资率为高技能群体和一般制造业劳动力创造了更高收入的可能性。同时，对比二者系数差异，相比一般制造业人员，高级知识分子与专技人员的系数值是其 3 倍以上，工资率得到更明显的增加，这印证了以智能机器人为代表的人工智能技术的广泛应用对高技能劳动力需求的提升，也暗含这种工资率增长上的差异可能导致了收入差距的进一步扩大，而非弥合。

表 21－9　月工资分劳动类型回归结果

变量	(1)	(2)	(3)	(4)
	负责人与行政服务人员	高级知识分子与专技人员	生产服务人员	一般制造业人员
渗透率	1.6357 (1.1818)	4.3328** (2.1130)	1.5558 (1.5126)	1.4045*** (2.9568)
adj. R－sq	0.4424	0.2520	0.2437	0.2639
N	1918	1761	1348	1432

注：**、*** 分别代表 5% 和 1% 的显著水平，括号内为 t 值。

最后，我们同样对劳动份额进行分组估计，结果如表 21－10 所示，可以观察到渗透率的影响在所有职业范畴中均显著表现为负向效应，这表明智能机器人渗透的确具有替代效应，对劳动力的劳动份额产生挤压。通过比较不同职业群体的系数差异，我们发现高技能的高级知识分子与专技人员以及低技能的一般制造业人员受到的替代效应尤为显著，结合上文工资率的差异，验证了“极化效应”的实际存在。更值得注意的是，尽管收入和工资率在二者之间呈现出显著差异，但劳动份额系数的差异相对较小，加之机器人渗透对高级知识分子与专技人员工资率提升作用远大于一般制造业人员，形成如表 21－8 所示对高级知识分子与专技人员总收入影响并不显著而对一般制造业人员总收入呈现显著不利影响的结果。综合三个回归结果可以看出，机器人渗透的影响并非仅仅作用于中、低技能劳动力，其异质性影响可能会被总收入没有变化的表象所掩盖，关注劳动力收入的同时分别探讨其对工资和劳动份额的多重影响极为重要。

表 21－10　年工作月数分劳动类型回归结果

变量	(1)	(2)	(3)	(4)
	负责人与行政服务人员	高级知识分子与专技人员	生产服务人员	一般制造业人员
渗透率	－1.3809** (－1.9941)	－2.5282*** (－5.6097)	－1.3714* (－1.8421)	－2.0115*** (－10.3458)
adj. R－sq	0.1386	0.5008	0.1570	0.5382

续表

变量	(1)	(2)	(3)	(4)
	负责人与行政服务人员	高级知识分子与专技人员	生产服务人员	一般制造业人员
N	1918	1761	1348	1432

注：*、**、***分别代表10%、5%和1%的显著水平，括号内为t值。

综上所述，经过对工资与劳动力份额异质性影响的深入剖析，我们得出以下结论：在任务型技术不断渗透的背景下，替代效应对收入与劳动份额的影响呈现出明显的偏向特征。与对收入差异的扩大作用形成鲜明对比的是，技术的渗透在某种程度上有助于缩小不同职业群体间劳动份额的差距。至此，假说3得到有效验证。

21.5.2 行业的异质性分析

异质性分组中并未充分考量职业人员从事的具体行业类型，为深入剖析机器人渗透对不同产业的具体影响，我们进一步纳入了关于样本是否属于第三产业的虚拟变量。若样本从事第三产业，则赋值为1；反之，则赋值为0。在引入交互项后，所得回归结果如表21－11所示。从第（1）列数据可见，智能机器人的渗透对总收入的影响依旧呈现出显著的负向效应。特别值得注意的是，交互项系数也显著为负，这揭示了随着渗透率的提升，对第三产业总收入的影响相较于其他产业而言，呈现出扩大的趋势。此外，根据第（2）、第（3）列的数据分析，与基准回归结果相一致，智能机器人的广泛应用导致第三产业劳动力的工资率上升，而劳动份额依然呈现出下降的趋势。工资率的交互项表现出显著的正值效应，而劳动份额的交互项则呈现出负值效应，这种交互项系数与渗透率系数同号的现象，充分表明智能机器人对第三产业的替代效应相较于其他产业更为显著。

表21－11 第三产业交互项回归结果

变量	(1)	(2)	(3)
	总收入	月薪	月工作天数
渗透率	−1.1612**	1.8995***	−2.3524***
	(−2.2486)	(3.9122)	(−17.1059)

续表

变量	(1)	(2)	(3)
	总收入	月薪	月工作天数
是否第三产业	-0.0038	-0.1022**	0.0808***
	(-0.0854)	(-2.3182)	(5.1373)
渗透率×第三产业	-1.0293***	2.9874***	-3.1170***
	(-2.8316)	(6.4532)	(-11.7797)
adj. $R-sq$	0.3459	0.3388	0.4946
N	7635	7635	7635

注：**、***分别代表5%和1%的显著水平，括号内为t值。

21.5.3 智能机器人对收入和劳动份额的作用机制分析

根据理论分析，我们进一步检验智能机器人对收入和劳动份额的作用机制。通过单位类型与职业考虑劳动力份额的变动，我们将样本按照职业进行划分，当个体职业发生由一般制造业人员、生产、行政等服务人员向高级知识分子与专技人员、负责人转变时，我们将个体赋值为1，反之则赋值为-1，以此衡量劳动力的向上流动情况，即专业深化情况。另外，我们考察劳动力产业结构的转变。类似地，构建就业产业转移情况的虚拟变量，将前一年由第一、第二产业向第三产业转变赋值为1，由第三产业向第一、第二产业转变赋值为-1，未发生转移赋值为0。最后，探讨技术渗透与个人就业风险的联系，按照是否签订就业合同构建虚拟变量，如果与用人单位签订了固定或长期就业合同，赋值为0；签订了短期就业合同或没有签订合同，赋值为1，以此衡量就业风险。

机制检验结果如表21-12所示。从第（1）、第（2）列可以看出，随着智能机器人技术的广泛应用和渗透率的持续提高，职业的向上流动和从事行业向第三产业的转型趋势越发明显。智能机器人的发展不仅推动了职业结构的优化升级，还促进了产业结构的调整与转型。一方面，智能机器人技术的普及和应用为许多职业领域带来了全新的发展机遇。例如，在医疗、金融、教育等领域，智能机器人通过精准的数据分析和高效的算法处理，极大地提升了工作效率和服务质量。这使得越来越多的从业者能够借此机会实现职业的向上流动，提升自己的社会地位和经济收益。另一方面，智能机器人技术的崛起也推动了第三产业的蓬勃发展。随着人们对高品质生活需求的不断提升，如旅游、文化、娱乐等行业的市场需求日益旺盛，而人工智能技术的应用则进一步提升了这些行业的服务水平和竞争力，吸引了更多的从业者投身于这些领域。此外，从第（3）列来看，智能机器人渗透率的提升也带来了劳动力就业风险的加剧。随着智能机器人的普及，一些传统行业和职业面临着被替代的风险。这使得部分从业者面临着失业或转行的压力，从而增加了个人就业风险。尽管如此，人工智能的发展仍然为劳动力市场带来了新的机遇和可能。通过不断提升自身的技能和素质，从业者可以更好地适应人工智能时代的需求和挑战，实现个人职业发展的跨越和提升。综上所述，智能机器人渗透率的提升显著促进了职业的向上流动和从事行业向第三产业的转型，但也带来了一定的就业风险和挑战，从而发挥创造效应和替代效应影响收入和劳动份额。至此，假说4得到充分验证。

表21－12 机器人渗透作用机制检验回归结果

变量	(1)	(2)	(3)
	职业流动	行业转变	就业风险
渗透率	0.4423***	0.8521***	0.2696***
	(2.7750)	(5.3083)	(2.8867)
adj. $R-sq$	0.2673	0.3556	0.5623
N	7635	7635	7635

注：＊＊＊代表1%的显著水平，括号内为t值。

21.5.4 关于智能机器人对收入差距影响的分析

上述讨论中智能机器人替代效应对收入和劳动份额的影响，对高低技能部门间影响的差异产生了极化效应，因此我们进一步考虑渗透率对收入差距的影响，在控制工资和劳动份额的基础上继续以渗透率为解释变量，参考郭晗和冯星源（2024）的研究，以个人工资的被剥夺函数计算居民个人收入差距作为被解释变量，对二者进行估计。根据表21－13的回归结果，我们发现智能机器人的广泛且深入应用显著加剧了收入差距，这一趋势是对社会经济结构的深刻反映，尤其体现在劳动力职业间的收入差距上。

表 21-13 收入差距回归结果

变量	(1) 全样本	(2) 负责人与行政服务人员	(3) 生产服务人员	(4) 高级知识分子与专技人员	(5) 一般制造业人员
渗透率	0.9768***	2.2965***	4.0967***	1.3526***	0.9155***
	(8.42)	(2.9564)	(5.9318)	(3.3802)	(7.7410)
月收入	(8.2203)	-0.0164**	-0.0120**	-0.0642***	-0.1718***
	-0.0676***	(-2.2543)	(-2.4608)	(-5.2520)	(-8.3986)
工作天数	(-11.7807)	-0.0147	-0.0561	0.0043	-0.0288
	-0.0301**	(-0.9996)	(-1.5118)	(0.2517)	(-0.7224)
adj. R-sq	0.6322	0.5591	0.4355	0.6251	0.6207
N	7635	1918	1348	1761	1432

注：**、***分别代表5%和1%的显著水平，括号内为t值。

从第（2）、第（3）列可以看出，在负责人与行政服务人员、生产服务人员等职业群体中，智能机器人渗透导致收入差距扩大的现象尤为突出。这背后反映的是极化效应在劳动力市场中的重要作用。随着智能机器人技术的不断普及和应用，高技能劳动力和低技能劳动力在劳动力市场中的份额呈现出显著增加的趋势。高技能劳动力能够迅速适应并驾驭新技术，从而在劳动力市场中占据更有利的位置；而低技能劳动力虽然可能受到一定程度的冲击，但他们在某些领域仍具有一定的不可替代性。而中等技能劳动力则呈现出"消失"的现象，因为许多原本需要中等技能的工作被智能机器人所取代，因为这一群体在劳动力市场中逐渐被边缘化，进而拉大了这一群体与他人的收入差距（王林辉等，2022）。随着人工智能技术的进一步发展，高技能劳动力与低技能劳动力之间的收入差距将进一步拉大，而中等技能劳动力的困境也将越发严峻。这不仅会影响社会的整体经济效率，还可能引发一系列社会问题，如社会不稳定、阶层固化等。因此，需要深刻认识到，在人工智能飞速发展的背景下，收入差距问题将越发严峻。如何破解极化效应在"中层"职业群体中的不利影响，将成为解决这一问题的关键，需要高度重视并积极应对，以建设更加公平、和谐的社会。

21.6 结论与建议

本章从机器人渗透率对居民收入和收入份额的影响入手，探讨智能机器人渗透对劳动力的创造和替代效应与作用机制，通过异质性分析验证了对高低技能劳动力的极化，并进一步分析了智能机器人渗透对收入差距的影响，由此得出以下结论。

第一，当前智能机器人的广泛应用导致了劳动力部门的收入下降现象，这主要源于智能机器人渗透对工资率和劳动份额产生的综合影响。随着渗透率的不断提升，劳动力面临成本过高的挑战，虽然工资率有所增加，但劳动力份额的严重挤压对居民总收入产生了负面影响。

第二，智能机器人的渗透将进一步拉大高低技能部门劳动力之间的收入差距，但也会缩小两部门劳动力产出份额的差距。此外，这种影响在第三产业中尤为显著，相较于其他产业具有更高的影响程度。

第三，智能机器人的广泛应用不仅促进了劳动力的向上流动，还推动了劳动力产业结构的转变，从而带来了收入和劳动份额的显著变化。然而，劳动力市场在取得积极发展的同时，也伴随着就业风险的增加，部分劳动份额因此受到挤压。

第四，智能机器人的渗透还加剧了收入不平等的现象，尤其对“中层”劳动力的影响更为显著。

本章从任务偏向性的视角构建了考虑横向技术和纵向技术进步的理论模型，并从微观视角揭示了人工智能机器人渗透对劳动部门的双重影响，是人工智能发展背景下对劳动部门现状的探索和未来的思考。诚然，智能机器人的快速发展无疑推动了生产率的显著提升，但从居民效应最大化的角度出发，其带来的影响呈现出多元化的态势。劳动力成本的增加是必然趋势，但收入的极化似乎可以被智能机器人渗透所带来的创造效应而改善。因此，我们有理由相信，实现智能机器人与居民发展的平衡，关键在于如何有效增加“中层”劳动回报和份额，即充分发挥智能机器人的创造效应。基于上述结论，本章提出以下政策建议，以期为推动人工智能与劳动部门的平衡发展提供有益参考。

首先，优化人工智能技术发展策略。智能机器人渗透率的边界决定了技术进步在生产率进一步提升中的关键地位，因此应坚持推动人工智能技术的创新与应用，并在提高人工智能普及应用的同时，重视居民权益的保障以应对人工智能对劳动保护带来的挑战，尤其是人工智能在劳动场所监控以及在招聘和考评中的使用情况，以减少其对劳动力市场的冲击。引导智能机器人技术在各个产业的均衡发展，避免某些产业过度集中而导致就业结构失衡。加强对人工智能技术的监管，确保其应用符合社会公正和公平原则，避免技术滥用和歧视。

其次，提升劳动力技能水平。政府探索创造支持终身学习和个性化培训的有利环境，转变“赋能者”角色，通过提供培训券、奖学金等方式，让工人自主选择和参与再培训，更好地满足不同工人的特定需求。政府应加大对教育和职业培训的投入，提高劳动力的整体技能水平，特别是针对就职于欠缺培训机制的中小企业和中低技能劳动力进行技能培训，以适应人工智能时代的发展需求。鼓励企业开展内部培训，提升员工技能，同时促进劳动力市场的流动性，使劳动力能够更容易适应人工智能的创造效应带来的新行业和工作岗位的需求。

最后，优化收入分配政策。探索针对人工智能和机器人的税收与再分配方案，以应对机器人渗透对传统税收调节机制的扭曲和对分配的潜在影响。一方面，避免直接对机器人进行征税以防对人工智能投资和创新的扭曲，而是建立直接针对劳动力和土地的分级累进税收机制。另一方面，加大社会保障力度，探索建立针对低收入群体特别是人工智能造成的失业或失业概率对技术进步敏感度较高群体的全民基本收入和保险政策，以定向的失业救济金或再培训补贴确保其基本生活需求和就业需求得到满足，同时提高其抵御经济风险的能力以应对极化效应的不利影响。加强政策协调与监管。加强对智能机器人应用领域的监管，建立跨部门协作机制，强化政策制定和执行过程中的沟通与协调，确保各项政策能够相互补充、形成合力，同时保护劳动者的合法权益。

22 人工智能基础设施对区域经济发展差距的影响

在新发展阶段，推动区域经济的协调发展是实现经济高质量发展和推进中国式现代化进程的内在要求。基础设施作为区域经济发展环境的重要组成部分，在区域经济发展过程中具有服务和保障功能。当前，数字经济发展正加快进入以人工智能为主导的新阶段，人工智能基础设施对于区域产业发展和区域创新体系建设的重要性日益凸显。结合新一代人工智能基础设施的特征和区域布局，探究人工智能基础设施对区域经济发展差距的影响对于推动区域经济协调发展具有重要的现实意义。

22.1 文献述评

区域经济发展是从原始的均衡状态开始的，随着经济水平提高呈现出非均衡状态，在经济高度发达之后又重新趋于均衡增长状态的过程。非均衡发展是区域经济发展的长期过程，因而区域经济发展差距成为与经济发展相伴而生的一种常态。对区域经济发展差距的成因及其影响因素的研究一直是区域经济学领域和发展经济学领域的重要主题。在早期的研究中，纲纳·缪尔达尔（1956）的循环累积因果关系理论、阿尔伯特·赫希曼（1958）的核心区与边缘区理论、约翰·弗里德曼（1966）的中心—外围理论等从不同角度解释了区域经济发展差距形成和扩大的原因，认为不同地区经济发展基础的差异以及制度变革等外部因素的干扰会使区域经济发展呈现出非均衡状态，在市场机制的作用下，地理空间上的二元经济结构会随着时间的推移不断得到强化，因而区域之间的经济发展差距会不断扩大。这些早期研究为探讨不同地区经济发展差距的成因和提出相应的发展对策提供了理论基础。20 世纪 90 年代以来，伴随我国区域之间的收入差距和发展差距逐渐拉大，我国学者在吸收区域发展差距早期理论成果的基础上，结合我国的现实情况，从区位优势（孙兵，2011）、产业发展差异（覃成林等，2011）、人口的空间分布（樊杰等，2010）、要素流动（王小鲁、樊纲，2004）、市场化水平（孙晓华等，2015）和官员政治激励（徐现祥等，2011）等角度切入并展开分析，对我国区域经济发展差距的成因和影响因素进行了深入探讨，形成了较为丰富的理论成果。

其中，许多学者的研究都肯定了完善基础设施建设对缩小区域经济发展差距和推动区域协调发展的积极作用。金凤君（2004）认为，基础设施作为区域经济发展环境的主要组成部分，对提高生产效率和促进区域经济活动的集聚与扩散具有正向作用，是区域经济增长差异的重要影响因素。张秀生和陈慧女（2008）指出，我国地区之间基础设施建设的不平衡是区域经济发展差距扩大的重要原因。李姗姗等（2024）在区分基础设施的政策属性、资本属性和产业属性基础上，进一步指出基础设施建设对区域经济协调发展和塑造空间发展格局具有差异化效应，引致了区域发展路径的分异和区域发展能力的差距。近年来，随着经济社会的数字化转型进程加快，部分学者开始关注数字基础设施对区域经济发展差距的影响，为区域经济发展差距研究提供了新的视角。孙志燕和侯永志（2019）指出，在数字化经济加速发展的大背景下，信息基础设施的落后已成为制约欠发达地区经济转型发展的瓶颈因素，而互联网基础设施的普及率在地区间的差异制约了区域经济的协调发展。张翱和孙久文（2023）通过实证检验发现，数字基础设施建设有利于提升市场机制在配置资源中的作用，促进生产要素的自由流动，对于缩小区域经济发展差距具有显著作用。陈宠等（2024）的实证研究发现，互联网基础设施在空间中的集聚提升了城市的经济发展水平，促进了城市间协同发展，对于推动区域经济发展和缩小区域经济发展差距具有正向作用。当前，数字经济发展正加快进入以人工智能为主导的新阶段，人工智能基础设施的重要性日益凸显。尽管现有研究从不同角度阐释和论证了数字基础设施影响区域经济发展差距的理论机理和现实作用，但针对人工智能基础设施以及人工智能基础设施对区域经济发展差距的影响研究还相对较少，人工智能基础设施对区域经济发展差距的效应和影响机制尚不明确。基于此，本章试图在已有文献的基础上，将数字基础设施聚焦在人工智能领域，结合新一代人工智能基础设施的特征和区域布局，研究人工智能基础设施对区域经济发展差距的效应和影响机制。

22.2 理论分析与研究假说

从长期发展的视角来看，当区域经济发展突破原始的均衡状态之后，经济发展基础的不同和发展战略导向上的差异必然引致区域经济发展路径的分异和不平衡发展。当区域不平衡发展到一定程度之后，不同地区之间的经济发展水平会呈现出明显差距。在相当长的发展时期内，区域经济发展差距在累积因果循环的作用下会随着时间的推移越来越大。这种持续扩大的区域经济发展差距可以概括为以下三个层面的差距，即发展机会的差距、发展能力的差距和发展结果的差距。首先，发展机会的差距是区域经济发展差距的深层原因。在工业化前期，我国为了充分调动社会资源，开发和扩大市场规模，推动快速的工业化以满足现代化的基础物质要求，国家发展战略和政策导向的倾斜使部分区位条件较好的地区拥有了更多更好的发展机会来参与产业分工，在广泛运用工业化技术和生产方式的基础上实现了区域经济的快速增长。而后发地区则受制于区位条件和有限的政策支持，在对发展机会的寻找和把握上开始与先发地区拉开差距。随着国家推动区域协调发展战略的逐步铺开，尽管后发地区在政策支持和先发地区的带动下，区域经济实现了跨越式发展，但由于地理空间上的二元经济结构持续强化，在探寻新的产业发展机遇和增长空间的过程中，先发地区依然比后发地区具有更好的前期积累和创新敏锐度。获得和把握发展机会的能力差异进一步使得不同地区间释放发展潜力的空间差距拉大，形成了在新发展阶段推动区域协调发展的基础性障碍。其次，发展能力的差距是区域发展差距的主导因素。在长期的非均衡发展态势下，不同地区之间在原有资源禀赋和区位条件差异的基础上，财政能力、产业基础能力、创新能力和经济治理能力等方面的差距也越来越大。极化效应和因果循环效应的叠加形成了地区间的马太效应。同时，由于路径依赖的存在，后发地区难以形成适宜的区域发展机制支撑其适时转换增长动能并实现对先发地区的赶超。地区间发展能力的差距成为缩小区域经济发展差距的核心障碍。最后，发展结果的差距是区域发展差距的现实表现。区域经济发展的长期不平衡最终会表现在区域人均收入水平差距、区域公共服务水平差距和区域经济竞争力差距等多个方面，导致经济发展的成果不能在不同地区之间合理共享，并且对国民经济的长期稳定发展产生不利影响。三个层面的发展差距并非平行并重的关系。区域经济发展差距从表面上看是发展结果的差距，但从根本上看是发展机会差距和发展能力差距的共同作用导致了发展结果差距。因此，分析人工智能基础设施对区域经济发展差距的影响可以从发展机会、发展能力和发展结果三个维度搭建理论框架。

新一代人工智能基础设施是以大模型能力输出为核心平台，集成算力资源、数据服务和云服务，用于最大限度地提升大模型和生成式人工智能应用表现，进而服务和保障智能经济发展的设施集合。人工智能基础设施主要面向产业用户，其核心功能在于为大模型研发训练、区域行业及应用孵化创新提供基座，并跟随产业落地向其他地区辐射，通过可持续运营带动区域经济的智能化发展。作为数字基础设施的重要组成部分，人工智能基础设施将进一步促使资源配置由物理空间转向数字空间，通过更加精准有效地整合空间地域上的资源分布加快生产要素的流动和保障经济循环的畅通。人工智能基础设施建设的范围展开和规模扩大不仅有助于弱化地理区位对后发地区经济发展的不利影响，为后发地区带来深度参与产业分工和发展新兴产业的机会，缩小区域之间发展机会的差距，而且能够促进区域间的技术互补和创新网络形成，为区域创新增长注入长久活力，带动后发地区摆脱路径依赖和转换增长动能，缩小区域之间发展能力的差距。区域发展机会差距的缩小和区域发展能力差距的缩小又将引导和支撑区域经济发展结果差距的逐步缩小。基于以上分析，本章提出以下假说。

假说 1：人工智能基础设施对于区域经济发展差距具有抑制作用，即随着人工智能基础设施建设的范围展开和规模扩大，区域经济发展差距将逐渐缩小。

从发展机会的角度来看，人工智能基础设施建设有利于打破地理空间上的二元经济结构，在经济智能化转型的浪潮中为后发地区带来实现区域经济发展赶超的机会。当前，我国人工智能基础设施建设的总体思路是以“大中心 + 节点”模式布局算力网络，打造地域互补、供需匹配和协同调度的算力服务体系。一方面，在区域经济中心布局“大中心”，以低成本大规模算力集群为载体支撑大模型的研发、训练和应用，为满足区域经济智能化发展的算力需求提供核心保障；另一方面，在产业基础较好的区域落地算力节点，结合长效运营满足产业训推一体的算力需求，并通过节点布局与大中心联动扩展算力网络辐射范围，跨地域支撑训推算力的协同调度。随着人工智能基础设施建设的范围展开，传统的产业水平网络集聚和垂直一体化的集聚模式将被进一步打破，经济活动的物理空间边界也将随着人工智能基础设施的逐步完善而逐渐消融，工业经济时代受限于地理区位的分割化空间结构开始加快向更加均衡化、网络化的空间结构转变（陈尧、王宝珠，2022）。相较于5G网络等连接性数字基础设施，人工智能基础设施在促进区域间协作和专业化分工方面具有更加直接的应用价值，前者解决了信息传输、要素流动和数字空间构建的基础性问题，后者则进一步打破了知识溢出的传统路径，使数字空间的覆盖范围进一步扩大并与物理空间深度融通。这在推动生产要素畅通流动和提高生产效率的同时，将有效规避经济活动中的地理中心主义，促进产业布局的空间优化和不同区域之间发展机会的平衡。基于此，本章提出以下假说。

假说2：人工智能基础设施能够有效支撑区域经济的智能化发展，通过促进物理空间与数字空间的深度融通来消除地理区位对区域经济发展的限制，引导区域间发展机会的平衡，缩小区域经济发展差距。

从发展能力的角度来看，人工智能基础设施建设有利于区域创新网络的辐射范围拓展和功能提升，在适应区域创新增长需要的同时促进区域发展能力的空间平衡。随着经济发展水平的不断提升，创新对于构筑竞争优势和培育增长新动能越发重要，创新能力日益成为区域发展能力的决定性因素。区域创新是一条从知识生产到技术创新再到产业创新的连续价值链。从知识生产的过程来看，5G网络等连接性数字基础设施等解决的是海量分散数据的传输和汇集问题；而人工智能基础设施则解决了数据的分析和应用问题，能够有效促进隐性知识的显性化，推动知识总量的指数型增长，为技术创新和产业创新提供丰富的知识源泉。从创新过程来看，基于大模型整合存量知识和调配创新资源，对创新过程进行预测和模拟，将大幅提高创新效率并降低创新成本，增强区域创新主体将原生性知识转化为技术创新成果的能力，促进区域整体创新水平的提高。与此同时，“大中心＋节点”的人工智能基础设施布局会进一步加深先发地区与后发地区之间的技术联系与创新合作，在促进技术多样化的同时扩大先发地区与后发地区间的技术互补领域，激发区域创新活力，使后发地区摆脱路径依赖并建立竞争优势，缩小与先发地区之间的发展能力差距。基于此，本章提出以下假说。

假说3：人工智能基础设施能够促进区域创新网络的辐射范围拓展和功能提升，推动区域经济增长方式转向创新驱动，通过深化地区之间的技术联系和创新合作，激发区域创新活力，弥合极化效应和因果循环效应叠加导致的发展能力差距，进而缩小区域经济发展差距。

22.3 实证设计

22.3.1 模型设定

为了检验人工智能基础设施对区域经济发展差距的影响效果，本章构建了如下双向固定效应模型：

$$CV_{i,t} = \beta_0 + \beta_1 \mathrm{DID}_{i,t} + \sum_j \beta_j Controls_{j,i,t} + v_i + u_t + \varepsilon_{i,t} \quad (22-1)$$

其中，被解释变量 $CV_{i,t}$ 为 i 城市在 t 年的城市内部区域经济发展差距；核心解释变量 $DID_{i,t}$ 为人工智能基础设施建设的政策虚拟变量；$Controls$ 为控制变量组；j 为控制变量数；v 为城市层面的固定效应；u 为年份固定效应；ε 为随机误差项；i 和 t 分别为城市和时间；β_1 为本章关注的估计系数，当 β_1 小于0时，说明人工智能基础设施建设有利于缩小区域经济发展差距。

22.3.2 变量说明

被解释变量：区域经济差距指数（CV_t）。本章采用变异系数法对区域经济差距进行衡量，通过计算各地级市内的区县人均GDP变异系数衡量城市内部的区域经济发展差距。同时，为消除部分数据偏态对实证结果可能造成的不利影响，对区域经济差距指数进行缩尾处理。变异系数计算公式为：

$$CV_t = \frac{\sqrt{\sum_{i=1}^{N} \frac{(y_i - \bar{y})^2}{N}}}{\bar{y}} \quad (22-2)$$

其中，CV_t 为 t 年 N 个区域间人均GDP变异系数，y_i 为 i 个区域单元的人均

GDP, $\bar{y}$ 为所有区域单元人均 GDP 的平均值。CV_t 越大，表明区域经济发展差距越大。

核心解释变量：人工智能基础设施建设的政策虚拟变量（$DID_{i,t}$）。由于人工智能基础设施是以大模型能力输出为核心平台，集成算力资源、数据服务和云服务的设施集合，其涵盖内容较为广泛，并且我国系统推进人工智能基础设施建设尚处于早期阶段，因而目前尚缺乏能准确表征人工智能基础设施建设水平的直接变量。自 2019 年 5 月起，工业和信息化部陆续批复了 11 个国家人工智能创新应用先导区，这一政策的出台为相关地区加快核心算法、基础软硬件等技术研发和推动人工智能基础设施建设提供了良好条件。基于此，本章借鉴冯婉昕（2024）的研究方法，选择人工智能创新应用先导区政策作为解释变量。国家人工智能创新应用先导区政策（$DID_{i,t}$）用 t 年城市是否被列入先导区表示。城市设立先导区当年及之后的年份 $\mathrm{DID}_{i,t}$ 取值为 1，否则取值为 0。

控制变量：考虑到地区经济总量、地方政府财政能力、地区人力资本积累和地区传统基础设施水平等因素可能对区域经济发展差距产生影响，拟加入区域层面的一系列控制变量，剔除相关因素对区域经济发展差距的影响。控制变量包括：GDP 的自然对数值（$\ln gdp$）、行政区域土地面积（are）、财政自给率（fin）、普通高等学校数量（col）和高速公路里程（exp）。

22.3.3 数据来源及样本处理

本章选取 2013—2022 年中国地级市为研究样本，研究使用的数据中，核心解释变量通过手工整理相关政策文件获取，其他变量均来自 CNRDS 数据库、CSMAR 数据库和《中国城市统计年鉴》。此外，参照胡晟明等（2021）的做法，从“天眼查”企业数据库中筛选出人工智能企业，以各城市人工智能企业数量表示城市人工智能水平。使用上市公司专利申请数衡量城市创新水平，数据来源为国家知识产权局。主要变量描述性统计结果如表 22－1 所示。

表 22－1 主要变量描述性统计

变量	N	Mean	SD	Min	Max
CV	3271	0.378	0.205	0.002	1.898
DID	3406	0.009	0.092	0.000	1.000
ln*gdp*	2916	16.671	0.979	13.449	19.917
are	2916	2.003	3.360	0.001	40.728
fin	2916	0.427	0.217	0.021	1.541
col	2916	8.938	14.970	1.000	93.000
exp	2916	0.050	0.037	0.003	0.826

22.4 实证结果分析

22.4.1 基准回归结果

表 22－2 报告了人工智能基础设施对区域经济发展差距影响的基准回归结果。其中，第（1）列为仅加入核心解释变量和控制固定效应的回归结果，可以发现人工智能基础设施对区域经济发展差距的影响即 *DID* 的系数在 1% 水平上显著为负。第（2）列至第（6）列为加入了 GDP 的自然对数值、行政区域土地面积、财政自给率、普通高等学校数量和高速公路里程控制变量后的回归结果，可以发现人工智能基础设施在 1% 的置信水平下显著缩小了区域经济发展差距，表明随着人工智能基础设施建设的范围展开和规模扩大，区域经济发展差距将逐渐缩小。假说 1 得到验证。

表 22－2 人工智能基础设施对区域经济发展差距影响的基准回归结果

变量	(1)	(2)	(3)	(4)	(5)	(6)
	CV	*CV*	*CV*	*CV*	*CV*	*CV*
DID	−0.0664*** (−2.9961)	−0.0665*** (−2.9926)	−0.0663*** (−2.9776)	−0.0668*** (−3.0432)	−0.0646*** (−2.8125)	−0.0645*** (−2.7766)
ln*gdp*		−0.0178 (−0.5191)	−0.0179 (−0.5223)	−0.0117 (−0.3310)	−0.0127 (−0.3589)	−0.0139 (−0.3953)
are			−0.0042 (−0.2210)	−0.0048 (−0.2527)	−0.0047 (−0.2469)	−0.0045 (−0.2394)

续表

变量	(1)	(2)	(3)	(4)	(5)	(6)
	CV	CV	CV	CV	CV	CV
fin				-0.0704 (-1.4588)	-0.0724 (-1.4910)	-0.0702 (-1.4513)
col					0.0020 (1.1980)	0.0019 (1.1708)
exp						-0.2541*** (-7.3769)
常数项	0.3680*** (60.0608)	0.6749 (1.2060)	0.6852 (1.2167)	0.6191 (1.0786)	0.6193 (1.0784)	0.6499 (1.1386)
个体固定	Yes	Yes	Yes	Yes	Yes	Yes
时间固定	Yes	Yes	Yes	Yes	Yes	Yes
N	3271	2798	2798	2798	2798	2798
R^2	0.0103	0.0122	0.0122	0.0138	0.0149	0.0178

注：括号内为聚类稳健标准误下的 t 值，***表示在1%的水平上显著。

22.4.2 稳健性检验

为保证结果的可靠性，本章进行了以下稳健性检验。

（1）平行趋势检验

本章对设立人工智能创新应用先导区的城市和未设立人工智能创新应用先导区的城市进行平行趋势检验。运用事件研究法进行平行趋势检验，以本章研究区间的初始年份2013年为基期，检验先导区政策出台前后各年度效应变化。平行趋势检验结果显示（见图22-1），在政策实施之前，核心解释变量的系数不显著，而在先导区设立当年，核心解释变量的系数显著为负，说明先导区政策带来的影响显著，符合平行趋势假设。

（2）安慰剂检验

在平行趋势检验通过的基础上，本章通过安慰剂检验进一步考察基准回归结果在多大程度上受到随机因素和遗漏变量问题的干扰。通过随机筛选实验组样本和政策出台时间，重新构造政策虚拟变量，随后将重新构造的虚假政策虚拟变量代入基准回归模型，并将上述过程重复500次。因为实验组样本及政策出台时间是随机抽取的，所以随机模拟的虚假实验组不应产生显著的区域经济发展差距缩小效应。从回归系数分布图来看（见

图22－2），虚假的回归系数集中分布在0附近，且远离本章的基准回归系数，说明本章的基准回归结论并非未观测到的偶然因素所导致。

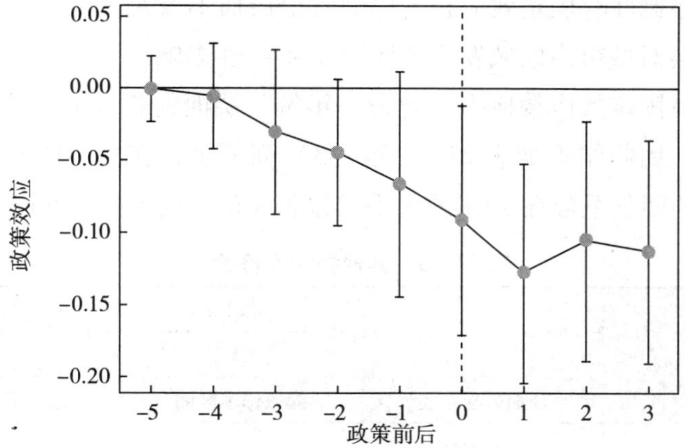

图22－1 平行趋势检验

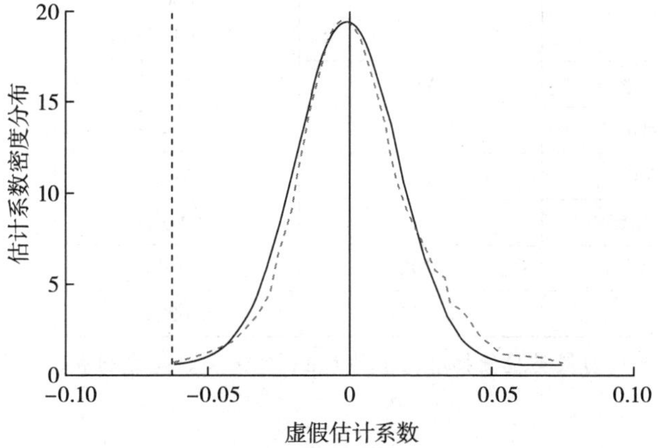

图22－2 安慰剂检验

（3）其他稳健性检验

第一，预期效应检验。为了检验本章的基准回归结果是否是其他未观测到的因素导致，本章将政策实施年份提前至2017年并进行回归。回归结果如表22－3第（1）列所示，回归系数不再显著，表明本章的基准回归结果稳健，并非其他未观测到的因素所导致。

第二，缩短样本区间。由于第一批先导区建立是在2019年，为了提高研究结果的可靠性，本章缩短了样本区间，将样本界定为2016—2022年，使政策前后的时间保持一致。回归结果如表 22 – 3 第（2）列所示，在缩短样本区间后，*DID* 的回归系数仍在 1% 的水平上显著为负。

第三，控制联合固定效应。考虑到省份层面不可观测的协调发展政策的动态变化会对城市内区域发展差距产生系统性影响，为此，本章将基准模型中的个体固定效应替换为“省份—年份”层面的联合固定效应，并重新进行回归。回归结果如表 22 – 3 第（3）列所示，在控制联合固定效应之后，*DID* 的回归系数在 10% 的水平上显著为负，仍支持基准回归结果。

表 22 – 3　其他稳健性检验

变量	(1)	(2)	(3)
	CV		
	预期效应检验	缩短样本区间	联合固定效应
DID_2	−0.0466 (−1.6405)		
DID		−0.0569*** (−3.0271)	−0.0698* (−1.7501)
控制变量	Yes	Yes	Yes
个体固定	Yes	Yes	Yes
时间固定	Yes	Yes	Yes
省份×时间固定	No	No	Yes
N	2798	1953	2798
R^2	0.0177	0.0224	0.0825

注：括号内为聚类稳健标准误下的 *t* 值，＊＊＊、＊分别表示在 1% 和 10% 的水平上显著。

23.4.3　机制检验

从理论上讲，区域经济发展结果差距的缩小是区域发展机会平衡和区域发展能力平衡共同作用的结果。本章的基准回归结果显示，随着人工智能基础设施建设的范围展开和规模扩大，区域经济发展结果差距将逐渐缩小。接下来，本章将以前文的理论分析为基础，检验以下两个问题论证人工智能基础设施对区域经济发展差距的影响机制：一是人工智能基础设施建设能否有效支撑区域经济的智能化发展，通过促进区域间发展机会的平衡缩小区域经济发展差距；二是人工智能基础设施建设能否有效推动区域创新网络的辐射范围拓展和功能提升，激发区域创新活力，通过促进区域间发展能力的平衡缩小区域经济发展差距。

（1）促进发展机会的平衡

“大中心 + 节点”的人工智能基础设施布局有利于进一步打破地理空间上的二元经济结构，提升区域经济发展的智能化水平，促进发展机会的平衡。为此，本章使用城市人工智能企业数量来反映不同地区经济发展的智能化水平。表 22 – 4 第（1）列的回归结果显示，随着人工智能基础设施建设的有序推进，区域经济发展的智能化水平显著提升。这是因为人工智能基础设施进一步扩大了数字空间的覆盖范围，加速了传统产业上下游各个环节的智能化转型，催生了大量新产业、新业态和新模式，使区域整体的智能化水平得以提升。伴随区域经济智能化水平提升的是区域间协作和专业化分工的深化，而均衡化、网络化的区域空间生产结构的形成促进了地区间发展机会的平衡，表明存在“人工智能设施建设→区域经济智能化水平提升→区域经济发展差距缩小”的正向渠道。

（2）促进发展能力的平衡

人工智能基础设施有利于提高区域创新效率并降低创新成本，增强区域创新主体将原生性知识转化为技术创新成果的能力，激发区域创新活力，促进发展能力的平衡。为此，本章使用城市内上市公司专利数量来反映不同地区的创新活力。表 22 – 4 第（2）列的回归结果显示，随着人工智能基础设施建设的范围展开，区域创新主体的创新活力显著提升，与预期结果相一致，主要原因可能有两个方面。一是人工智能基础设施有力支撑了科学研究新范式的形成，提升了区域创新体系效能。利用人工智能基础设施整合和配置创新资源，引导多部门协同和跨区域合作系统性解决重大科技难题和科技的产业化应用难题，使得创新效率大幅提升；同时，运用大模型对创新过程进行预测和模拟将有效降低区域创新主体的创新成本，提高其从事创新活动的积极性。二是人工智能基础设施进一步扩大了区域创新网络的辐射范围，有效激发了后发地区的创新潜力。“大中心 + 节点”的人工智能基础设施布局加深了先发地区与后发地区之间的技术联系和创新合作。后发地区在参与创新和建立技术竞争优势的过程中逐步摆脱路径依赖，转换增长动能，在发展能力层面上开始向先发地区赶超。因此，这一回归结果表明存在“人工智能基础设施→区域创新活力提高→区域经济发展差距缩小”的正向渠道。

表 22-4 机制检验

变量	(1)	(2)
	智能化水平	创新活力
DID	2.3798*** (6.7220)	0.2762*** (2.9974)
ln*gdp*	0.2072*** (4.0591)	0.0450** (2.5228)
控制变量	Yes	Yes
个体固定	Yes	Yes
时间固定	Yes	Yes
N	2916	2916
R^2	0.5369	0.2271

注：括号内为聚类稳健标准误下的 *t* 值，***、**分别表示在1%和5%的水平上显著。

22.4.4 异质性分析

人工智能基础设施对于区域经济发展的服务和保障功能并非独立发挥，而是与地区的产业基础和其他基础设施的完善水平等条件密切联系。因此，人工智能基础设施对区域经济发展差距缩小的正向效应在不同地区可能存在异质性，即存在城市地理分布的异质性和其他基础设施完善水平的异质性。

（1）基于城市地理分布的异质性检验

由于资源禀赋、产业基础和发展阶段的不同，无论是数字经济发展水平，还是基础设施的利用效率，在区域分布上都存在着明显的异质性特点。因此，人工智能基础设施对区域经济发展差距的影响也可能存在地区层级上的异质性。近年来，我国采取"大中心+节点"模式加大了算力枢纽节点和数据中心集群等设施的投资建设力度，有效提升了人工智能基础设施的整体水平。但是，部分地区受制于自身的产业发展水平，又缺乏任务协同和资源共享机制，导致算力节点通过网络灵活高效调配算力资源的能力不足，大量算力资源闲置，难以发挥其带动区域经济智能化发展的作用。中国数据中心产业发展联盟的统计数据，我国西部地区的数据中心资源整体空置率超过50%，部分地区机房上架率不足10%，而东部地区则面临算力资源紧张的问题。人工智能基础设施利用率的地区差异必然导致其对区域经济发展影响的地区差异。基于此，本章依据城市所在区域进行分组，进行基于城市地理分布的异质性检验。检验结果如表 22 - 5 第（1）列至第（3）列所示，东部地区和中部地区的人工智能基础设施建设对于区域经济发展差距具有显著的抑制作用，而西部地区的人工智能基础设施建设反而扩大了区域经济发展差距。可能的因素在于，西部地区调配算力资源的能力不足，其人工智能基础设施仅在建设的地区发挥作用，而没能对周边地区发挥辐射带动作用，导致人工智能基础设施建设在城市内出现极化效应。

（2）基于连接性基础设施完善水平的异质性检验

发展经济学的大推进理论认为，由于生产函数的不可分性，基础设施建设必须具有系统性，并且达到必要的规模时才能使用，否则难以发挥其对经济发展的服务和保障功能。人工智能基础设施是数字基础设施建设的集成和高级阶段，因而人工智能基础设施的高效应用必须以连接性数字基础设施的完善为基础。由于不同地区之间连接性基础设施的完善水平存在差异，人工智能基础设施对于提升区域经济智能化水平和激发区域创新活力的正向效应在不同地区之间也必然存在差异。2013 年 8 月，国务院印发了《国务院关于印发“宽带中国”战略及实施方案的通知》，我国开始分批逐步推进宽带等网络基础设施建设。到 2019 年国家人工智能创新应用先导区政策提出时，受“宽带中国”战略影响地区的宽带网络速度和网络覆盖范围已得到了显著提升，对于信息的区域间传递和知识扩散产生了积极影响。基于此，本章采用“宽带中国”试点城市进行分组，进行基于连接性基础设施完善水平的异质性检验。检验结果如表 22 - 5 第（4）、第（5）列所示，受“宽带中国”战略影响的地区，人工智能基础设施对于区域经济发展差距缩小的正向效应明显，而未受“宽带中国”战略影响的地区；人工智能基础设施对于提升区域经济智能化水平和激发区域创新活力的作用不显著，与预期结果相一致。这表明连接性基础设施的完善水平将直接影响人工智能基础设施功能的发挥。

表 22-5　异质性分析结果

变量	(1)	(2)	(3)	(4)	(5)
	CV			*CV*	
	东部	中部	西部	宽带中国城市	非宽带中国城市
DID	-0.0778*** (-3.2948)	-0.0594*** (-6.0390)	0.0834*** (5.6406)	-0.0703*** (-2.7920)	0.0507 (0.8294)
ln*gdp*	-0.0029 (-0.0534)	-0.0534 (-0.8969)	0.0366 (0.6742)	-0.0196 (-0.4723)	-0.0120 (-0.2459)
控制变量	Yes	Yes	Yes	Yes	Yes
个体固定	Yes	Yes	Yes	Yes	Yes
时间固定	Yes	Yes	Yes	Yes	Yes
N	944	955	896	1003	1795
R^2	0.0232	0.0509	0.0294	0.0382	0.0194

注：括号内为聚类稳健标准误下的 *t* 值，***表示在 1% 的水平上显著。

22.5　结论与政策建议

本章结合新一代人工智能基础设施的特征和区域布局，从发展机会、发展能力和发展结果三个维度搭建理论分析框架，实证检验了人工智能基础设施对区域经济发展差距的效应和影响机制，主要研究结论如下。第一，从总体上看，人工智能基础设施对于区域经济发展差距具有抑制作用，随着人工智能基础设施建设的范围展开和规模扩大，区域经济发展差距将逐渐缩小。第二，从影响机制来看，人工智能基础设施建设能够进一步打破地理空间上的二元经济结构，通过促进物理空间与数字空间的深度融通来消除地理区位对区域经济发展的限制，提升区域经济发展的智能化水平，促进区域发展机会的平衡。同时，人工智能基础设施建设能够促进区域创新体系的效能提升，推动区域经济增长方式转向创新驱动，通过深化地区之间的技术联系和创新合作，激发区域创新活力，促进区域发展能力的平衡。区域发展机会平衡和区域发展能力平衡共同支撑了区域经济发展结果的平衡。第三，人工智能基础设施对区域经济发展差距的影响在不同地区存在异质性，东中部地区人工智能基础设施建设的积极影响得到了有效发挥；同时，在连接性基础设施完善水平较高的地区，人工智能基础设施建设更显著地缩小了区域经济发展差距。基于上述结论，本章提出如下政策建议。

第一，以服务产业生态为导向，按照“大中心 + 节点”布局的总体思路，加大人工智能基础设施的投资建设力度，加快完善跨区域互补、供需匹配、协同调度的人工智能基础设施体系；要进一步强化人工智能基础设施建设的顶层设计，结合不同区域的要素禀赋、产业基础和算力需求，明确不同区域在推进人工智能基础设施建设过程中的优先重点和递进顺序，匹配好建设规模、经济效益、环境承载和产业带动之间的关系，确保人工智能基础设施与区域经济发展的现实条件相适应；聚焦数据供给、算力协同和安全保障等重要方面，加快制定人工智能基础设施的相关标准和规范，促进人工智能基础设施的互联互通和协同调度。

第二，着力优化网络设施建设，补齐后发地区的连接性基础设施短板，推动泛在算力依托集成网络融合发展；要加大对中西部地区网络基础设施建设的财政资金支持力度，推动全国一体化网络基础设施体系的系统完善；加快推进网络架构升级，推动光网络与 IP 网络的融合，提升网络的传输效率与带宽资源；持续优化网络资源分配，运用网络切片技术为不同的算网应用场景提供定制化网络切片，保障算网一体业务的网络服务质量；同时，针对数据中心、边缘计算节点等多种算力资源进行系统整合，打破不同算力资源之间的孤岛效应，构建智能高效、按需配置的算力服务体系（余东华，2024）。

第三，在推动人工智能基础设施建设系统完善的基础上，着力提升人工智能基础设施的运营管理水平，提高人工智能基础设施的利用效率；加快在全国范围内建立算力资源的监控与调配系统，实时掌握算力资源在不同区域的使用情况；统筹建立区域之间的算力设施协同共享机制，降低重复建设成本，完善算力生成、供给、调度、输送与应用链条，打造敏捷、高效、大带宽、高可靠、低时延的算力网络，根据不同地区的业务需求，智能调配算力资源，确保算力资源的全域覆盖和高效利用。

23 人工智能产业对碳排放的影响

“数字化、智能化、绿色化”已经成为全球经济发展的主旋律。不论是美国“工业互联网”还是德国“工业4.0”战略，都希望在新一轮科技革命中占得先机，扩大工业领域的核心竞争优势。2024年，我国《政府工作报告》中首次提出了“人工智能+”行动，旨在推动人工智能技术与各行业的深度融合，实现从“互联网时代”迭代升级到“人工智能时代”，人工智能是发展新质生产力的一个重要方面，人工智能产业本身具有高能耗、高污染、高排放等环境问题，因此，研究人工智能对碳排放的影响，设计人工智能提高能源利用效率，推动绿色技术创新，促进产业结构高级化的路径尤为重要。

23.1 文献述评

学术界已针对人工智能产业的战略方向、发展现状和路径对策等方面展开研究，且分析了其对制造业价值链分工、劳动力市场、全要素生产率、产业升级、出口等领域的影响。对于劳动力市场领域，人工智能主要通过技术进步的岗位创造效应和就业替代效应影响劳动力就业总量（程承坪、彭欢，2018），并且促进了就业向服务业集中、关键行业向少数企业集中的趋势（隆云滔等，2020），同时呈现出就业极化现象，即中等技能就业人群向低技能、高技能岗位分流，加剧了收入不平等（Acemoglu D. & Restrepo P.，2018）。何勤等（2020）研究了我国115家制造业企业，发现人工智能技术应用通过影响产品创新和改变资本偏好降低了制造业员工数量，但提高了员工技能和收入。对于制造业价值链全球分工，研究发现人工智能提升了一国行业全球价值链参与程度与分工地位（刘斌、潘彤，2020），对我国而言主要表现在加工贸易行业（吕越等，2020）；人工智能可能会抑制制造业就业（何勤等，2020），但可以提高员工技能和收入，并促进生产率增长，扩大岗位需求（蔡啸、黄旭美，2019）。对于全要素生产率，研究发现人工智能通过创新链、产业链、供应链的精准匹配提高了我国全要素生产率（黄晓凤等，2023），在纺织服装、通用设备等传统制造业较为明显（孙早、侯玉琳，2021），具有明显的空间溢出效应（邝劲松等，2024）。对于产品出口，綦建红和蔡震坤（2022）认为人工智能可以提高产品质量、降低质量衰减速度、降低贸易关系的失败概率、提高企业出口稳定性。唐青青等（2021）研究发现人工智能通过降低企业成本、优化要素配置、提高低生产率企业出口产品质量，通过促进技术创新提高高生产率企业的出口产品质量。对于产业结构升级，有学者研究发现人工智能主要通过产业结构高级化、合理化促进三大产业的结构升级（韦东明等，2021），对西部地区服务业的影响较为明显（耿子恒等，2021），且与高技能劳动融合对我国产业结构升级的促进效应更强（郭艳冰、胡立君，2022）。

尽管大量研究关注数字经济对碳排放的影响，但鲜有学者关注人工智能视角，且针对人工智能产业影响碳排放与绿色发展的作用机制尚未理顺。同时，现有研究大都借助“工业机器人安装密度”单一变量反映人工智能发展水平，难以反映以生成式人工智能为代表的人工智能真实发展水平。因此，本章拟构建一套指标体系，系统评估地区人工智能产业发展水平，并考察其对耗电量、碳排放的影响。

23.2 理论分析与研究假设

23.2.1 人工智能产业与电能消耗总量

电子计算机产业建立在集成电路，即芯片的基础上。芯片有数亿个晶体管，用来承担“开关”功能，通过改变电压，实现二进制逻辑运算。随着技术进步，单位芯片上的晶体管数量越来越多，运行总能耗量也越来越大。

算力是人工智能的底座，每个数据中心都需要大规模部署算力芯片。以 ChatGPT 为代表的大语言模型规模太大，参数过多，训练大模型需要在大数据集上反复迭代，每次迭代需要计算和调整其中数十亿、数百亿乃至数千亿个参数的值，这些计算最终会表现为晶体管的开开关关，转化为电能消耗。对于神经网络而言，规模越大，计算结果就越好，可以解决的问题就越多。更重要的是，这种计算并非一劳永逸的，而是需要不断重新训练、重新优化模型。因此，人工智能产业对电力的需求是巨大的，会促进全社会电量消耗。基于此，本章提出以下假说。

假说1：人工智能产业发展将提高电能消耗总量。

23.2.2 人工智能产业与碳排放总量

人工智能不仅可以促进技术创新，提高生产效率，而且可以改变能源结构，赋能绿色生产，实现碳排放总量下降。一方面，人工智能可以改进工艺技术，提高生产效率，推动绿色转型。借助大数据、云计算、机器学习等技术，企业可以实现对生产设备的故障预测、生产线的全流程管理，并精准识别生产过程中的高能耗低效率环节。人工智能还可以赋能供应链管理，通过实时追踪、智能仓储、需求预测等技术，优化货物运输路径，减少流通过程中的碳排放。另一方面，人工智能可以助力新型能源体系建设，推动能源结构转型，提高清洁能源占比。党的二十大报告指出“加快规划建设新型能源体系”，这将有助于确保我国能源安全、推动能源产业绿色发展。对于能源生产端，人工智能技术不仅可以促进煤的脱硫、石油加氢裂化、天然气分布式能源系统等技术进步，而且可以赋能氢能网络、储能设施、碳捕集利用与封存（CCUS）等新型技术，助力能源产业绿色化、高效化发展。能源消费端，工业制造、建筑、交通运输等行业可以尽快实施电能替代，进一步扩大风能、光伏、潮汐能、生物质能等可再生能源发电占比。基于此，本章提出以下假说。

假说2：人工智能产业可以有效抑制碳排放总量。

23.2.3 人工智能产业影响碳排放总量的机制分析

面对“双碳”目标，实现绿色发展的最有效途径是扩大清洁能源占比、提高能源使用效率、推动绿色生产。已有研究表明，数字经济提高碳绩效的路径包括促进技术多样性、提高创新能力、提高能源效率、产业结构升级、改善能源结构等（冯兰刚等，2023；杨刚强等，2023；吴传清、邓明亮，2023）。本章认为，作为数字技术发展高级形态，人工智能正在通过以下几个维度降低碳排放总量。

一是绿色技术创新。作为减少碳排放的主动能，人工智能能够孕育大量的新技术，触发互补创新的链式反应，是实现绿色技术创新的源泉。对于企业来说，人工智能可以推动产品、技术和服务的创新，拓展生产可能性边界，实现有效的绿色技术创新决策。人工智能不仅能改善生产设备，还能精准预测能耗污染，通过有偏技术进步减少能源消耗，降低环境压力。

二是产业结构升级。人工智能不仅可以对高污染、高能耗行业进行替代，减少生产损耗与产能过剩，也可以通过数字化、自动化、集成化技术高效满足市场需求，引导产业从劳动密集型转向技术密集型，实现数字化、低碳化发展，还可以提高要素资源的配置效率，使资源要素自发流向绿色高效的部门，提高数字经济的市场化水平。

三是能源利用效率。人工智能可以助力企业实时监控能源消耗情况，借助算法实现能源优化调度，并更快获取信息，精准掌握市场需求，从而优化资源配置，减少浪费。人工智能也可以促进清洁能源的开发利用，推动太阳能、风能、生物质能等清洁能源替代传统化石能源，实现能源结构优化，降低碳排放。基于此，本章提出以下假说。

假说3：人工智能产业可以通过推动绿色技术创新、促进产业结构升级、提高能源利用效率，降低碳排放总量。

23.3 实证检验

23.3.1 模型设定

一方面，为了检验人工智能产业对电能消耗总量、碳排放量的直接影响，构建如下回归方程：

$$Electricity_{it} = \beta_0 + \beta_1 AI_{it} + \sum_j \beta_j control_{it} + \mu_i + \mu_t + \varepsilon_{it} \quad (23-1)$$

$$Carbon_{it} = \beta_0 + \beta_1 AI_{it} + \sum_j \beta_j control_{it} + \mu_i + \mu_t + \varepsilon_{it} \quad (23-2)$$

其中，$Electricity_{it}$ 表示省份 i 在 t 年的全社会用电量，$Carbon_{it}$ 表示省份 i 在 t 年的碳排放总量；β_0 为截距项；β_1 为本章关注的系数，若 β_1 为正，则表明人工智能有更大的电力需求；μ_i 表示地区固定效应，μ_t 表示时间固定效应，ε_{it} 为随机误差项；AI_{it} 表示各省份人工智能发展水平；$control_{it}$ 表示所在地区省级层面的一系列控制变量。

另一方面，已有研究表明，数字经济发展通过影响能源消耗、促进技术进步和产业结构升级，抑制碳排放总量（冯兰刚等，2023；王帅龙，2023；张思思等，2022）。本章认为，上述三点也是人工智能促进碳减排在微观、中观、宏观三个维度的中介机制。因此，构建如下模型，检验中介机制：

$$Greentech_{it} = \beta_0 + \beta_1 AI_{it} + \sum_j \beta_j control_{it} + \mu_i + \mu_t + \varepsilon_{it} \quad (23-3)$$

$$\text{Ind}_{it} = \beta_0 + \beta_1 AI_{it} + \sum_j \beta_j control_{it} + \mu_i + \mu_t + \varepsilon_{it} \quad (23-4)$$

$$Power_{it} = \beta_0 + \beta_1 AI_{it} + \sum_j \beta_j control_{it} + \mu_i + \mu_t + \varepsilon_{it} \quad (23-5)$$

23.3.2 变量选取及数据来源

本章选取 2011—2022 年中国 268 个城市的数据进行研究（剔除数据缺失严重的毕节、绥化、林芝等城市）。全社会用电量、碳排放量、人工智能产业等变量的相关数据主要来源于《中国城市统计年鉴》、历年北大数字普惠金融指数、国家知识产权局网站、各省（区、市）统计年鉴以及 EPS 数据库等，个别缺失数据通过线性插值法填充。

（1）被解释变量：全社会用电量（$Electricity_{it}$）、省份碳排放量（$Carbon_{it}$）

式（23-1）中 $Electricity_{it}$ 为全社会用电量，即 i 省份在第 t 年的全年用电总量，数据来源于国家统计局历年《中国统计年鉴》。式（23-2）中 $Carbon_{it}$ 为省份碳排放总量，即 i 省份在第 t 年的全年碳排放总量，数据来源于国家能源局《中国各省份排放清单》。

（2）核心解释变量：人工智能发展水平（AI_{it}）

近年来，人工智能产业发展迅猛。学界既有研究主要采用工业机器人安装密度、人工智能专利申请数、信息技术服务收入等单个指标作为人工智能发展情况的代理变量，虽具有便捷获取实证数据的优势，但人工智能已与实体经济深度融合，不仅在生产环节参与产品的设计制造，在市场营销、生活服务领域也有广泛应用，采用单一指标法可能无法全面测度人工智能的发展水平。因此，本章参考赵涛等（2020）、霍丽和张林玉（2024）的研究，在传统数字经济的研究基础上从基础设施、创新应用、政策支持三个维度构建人工智能产业发展水平的评价指标体系，利用 Topsis - 熵权法测算变量 AI（见表 23-1）。

表 23-1 指标体系

一级指标	二级指标
基础设施	互联网普及率——每百人互联网用户数
	信息传输、计算机服务和软件业从业人员占比
	互联网相关产出——人均电信业务总量
	每百人移动电话用户数
创新应用	工业机器人安装密度
	人工智能专利数量
	人工智能企业数量
政策支持	地级市数字经济政策词频
	数字金融普惠指数

（3）控制变量

一是受教育水平（*Edu*）：地区本专科在校生人数取对数。二是人口总量（*Pop*）：年末常住人口。三是政府干预程度（*Gov*）：财政支出占地区生产总值比重。四是对外开放程度（*Fdi*）：实际利用外资占 GDP 比重。五是科技水平（*Tech*）：科技支出占地方财政一般支出水平。六是环境规制（*Ecology*）：工业固体废物综合利用率取对数。

（4）中介变量

一是能源利用效率（*Power*）：地区生产总值/能源消费总量的对数值。二是产业结构（Ind）：地区生产总值中第三产业增加值与第一产业和第二产业增加值之和占比。三是绿色技术创新（*Greentech*）：每百人绿色发明专利数量。

23.3.3 描述性统计

变量描述性统计如表 23-2 所示。

表 23-2 变量描述性统计

变量类型	变量名	符号	*N*	*Mean*	*SD*	*Min*	*Max*
被解释变量	全社会用电量	*Electricity*	3216	13.74	1.158	9.520	16.68
	省份碳排放量	*Carbon*	3216	0.000264	0.000271	2.97e-06	0.00247
解释变量	人工智能产业	*AI*	3216	0.0998	0.0927	0.00360	0.892
中介变量	绿色技术创新	*Greentech*	3216	0.00151	0.00403	0	0.0668
	能源利用效率	*Power*	3216	0.753	0.423	0.0439	4.132
	产业结构	Ind	3216	1.060	0.577	0.175	5.420

续表

变量类型	变量名	符号	*N*	*Mean*	*SD*	*Min*	*Max*
控制变量	受教育水平	*Edu*	3216	10.70	1.322	2.944	14.21
	人口总量	*Pop*	3216	15.13	0.688	12.18	17.35
	政府干预程度	*Gov*	3216	0.196	0.0905	0.0439	0.741
	对外开放程度	*Fdi*	3216	0.0151	0.0160	0	0.116
	科技水平	*Tech*	3216	0.0179	0.0182	0.000517	0.207
	环境规制	*Ecology*	3216	4.375	0.680	0	6.791

23.4 实证结果分析

23.4.1 基准回归结果分析

人工智能产业对用电量和碳排放的回归结果如表 23－3 所示。

表 23－3 基准回归结果

变量	(1)	(2)	(3)	(4)
	Electricity	*Electricity*	*Carbon*	*Carbon*
AI	1.6521***	1.3395***	−0.0001***	−0.0001***
	(0.2290)	(0.2464)	(0.0000)	(0.0000)
Edu		−0.0000*		0.0000**
		(0.0000)		(0.0000)
Pop		−0.0000		−0.0000
		(0.0000)		(0.0000)
Gov		−1.3647***		0.0009***
		(0.3728)		(0.0001)
Fdi		4.2111***		−0.0009***
		(1.1654)		(0.0002)
Tech		−1.5170		−0.0001
		(1.1906)		(0.0002)
Ecology		−0.0001		0.0000
		(0.0004)		(0.0000)
_cons	13.5728***	14.2086***	0.0003***	0.0001**
	(0.0229)	(0.2706)	(0.0000)	(0.0001)
N	3216	3216	3216	3216

续表

变量	(1)	(2)	(3)	(4)
	Electricity	*Electricity*	*Carbon*	*Carbon*
R^2	0.8927	0.8956	0.9300	0.9414

注：***、**、*分别表示在1%、5%、10%的水平上显著。

根据假说1及式（23－1）、式（23－2），对计量模型进行参数估计。表23－3第（1）列、第（2）列分别为人工智能产业影响电量消耗，是未加入控制变量和加入控制变量的双固定效应回归结果。结果显示，无论是否加入控制变量，人工智能产业（*AI*）系数都在1%的水平上显著为正，表明人工智能产业发展显著促进了全社会用电量，即人工智能的发展需要社会电力支持。假说1得到验证。

其中，第（3）列、第（4）列分别为人工智能产业影响碳排放总量，是未加入控制变量和加入控制变量的双固定效应回归结果。结果显示，无论是否加入控制变量，人工智能产业（*AI*）系数在1%的水平上显著为负，表明人工智能产业发展抑制了碳排放，具有“绿色效应”。假说2得到验证。

23.4.2 稳健性检验

为检验上述回归结果的稳健性，本章采用以下三种方式对研究结果的可靠性进行分析。

（1）替换被解释变量

借鉴邵帅等（2019）的做法，选择人均碳排放的对数值（PCO_2）作为被解释变量进行稳健性检验，进一步观察替换被解释变量后的结论是否仍然成立。回归结果如表23－4列（1）、列（2）所示，数字经济与碳排放之间具有显著负相关关系，估计结果稳健。

（2）考虑滞后一期

将核心解释变量替换为“人工智能产业”（*L.AI*）滞后一期的结果，回归结果如表23－4列（3）、列（4）所示，系数在1%的水平上显著为负。与表23－4中变量*AI*的系数符号相同，说明结论稳健。

（3）剔除直辖市

因为直辖市具有较高的经济地位、较强的数字化先发优势，可能会影响结论的稳健性，所以删除北京、天津、上海和重庆4个城市的样本后重新进行回归。结果如表23-4列（5）、列（6）所示，人工智能产业（*AI*）与碳排放（*Carbon*）之间的负相关关系依然成立，说明估计结果稳健。

表23-4　内生性与稳健性回归结果

变量	(1)	(2)	(3)	(4)	(5)	(6)
	PCO_2	PCO_2	*Carbon*	*Carbon*	*Carbon*	*Carbon*
AI	-0.0005*	-0.0006**			-0.0002***	-0.0001***
	(0.0974)	(0.1190)			(0.0000)	(0.0000)
L. AI			-0.0002***	-0.0001***		
			(0.0000)	(0.0000)		
_cons	10.2377***	10.4533***	0.0003***	0.0001**	0.0003***	0.0001***
	(0.0176)	(0.2416)	(0.0000)	(0.0000)	(0.0000)	(0.0000)
控制变量	否	是	否	是	否	是
城市固定	是	是	是	是	是	是
年份固定	是	是	是	是	是	是
N	3216	3216	3216	3216	3168	3168
R^2	0.9694	0.9702	0.9362	0.9473	0.9309	0.9420

注：***、**、*分别表示在1%、5%和10%的水平上显著。

23.4.3　机制分析

绿色技术创新有助于推动产业结构升级、提高能源利用效率，进而降低碳排放。本章的理论分析认为，作为数字经济的高级发展形态，人工智能产业也将从能源效率、产业结构、绿色创新三个维度促进碳减排。

表23-5　作用机制检验结果

变量	(1)	(2)	(3)	(4)	(5)	(6)
	Greentech	*Greentech*	Ind	Ind	*Power*	*Power*
AI	0.0225***	0.0091*	0.7516*	0.9483**	0.3489***	0.2377**
	(0.0058)	(0.0051)	(0.4275)	(0.4538)	(0.1034)	(0.1189)
_cons	-0.0006	-0.0147***	1.0050***	0.8461***	0.7178***	0.7834***
	(0.0005)	(0.0045)	(0.0312)	(0.1983)	(0.0103)	(0.1501)
控制变量	否	是	否	是	否	是
城市固定	是	是	是	是	是	是
年份固定	是	是	是	是	是	是
N	3216	3216	3216	3216	3216	3216

续表

变量	(1)	(2)	(3)	(4)	(5)	(6)
	Greentech	*Greentech*	*Ind*	*Ind*	*Power*	*Power*
R^2	0.7752	0.8156	0.8626	0.8806	0.7227	0.7344

注：***、**、*分别表示在1%、5%和10%的水平上显著。

表23-5对上述作用机理进行了检验。结果显示，人工智能产业（*AI*）与绿色技术创新（*Greentech*）、产业结构升级（*Ind*）、能源利用效率（*Power*）的相关系数均显著为正，这表明人工智能产业可以通过促进绿色技术创新、提高能源利用效率、推动产业结构升级抑制碳排放总量，假说3得到验证。

23.4.4 异质性分析

（1）区域异质性

表23-6 区域异质性分析

变量	东部		中部		西部	
	(1)	(2)	(3)	(4)	(5)	(6)
	Electricity	*Electricity*	*Electricity*	*Electricity*	*Electricity*	*Electricity*
AI	1.3007***	0.8152***	2.4149**	1.3873	1.7711***	1.4475**
	(0.2284)	(0.3030)	(1.0210)	(0.9216)	(0.6312)	(0.6655)
_cons	14.1238***	14.6728***	13.2524***	13.9775***	13.2221***	13.5655***
	(0.0304)	(0.5861)	(0.0784)	(0.5430)	(0.0535)	(0.3839)
控制变量	否	是	否	是	否	是
城市固定	是	是	是	是	是	是
年份固定	是	是	是	是	是	是
N	1188	1188	1164	1164	864	864
R^2	0.9047	0.9075	0.8523	0.8648	0.8772	0.8786
变量	东部		中部		西部	
	(7)	(8)	(9)	(10)	(11)	(12)
	Carbon	*Carbon*	*Carbon*	*Carbon*	*Carbon*	*Carbon*
AI	-0.0000	-0.0000	-0.0003***	-0.0001	-0.0003**	-0.0003**
	(0.0000)	(0.0000)	(0.0001)	(0.0001)	(0.0001)	(0.0002)
_cons	0.0002***	0.0002***	0.0003***	0.0001	0.0004***	0.0002*
	(0.0000)	(0.0001)	(0.0000)	(0.0001)	(0.0000)	(0.0001)

续表

变量	东部		中部		西部	
	(7)	(8)	(9)	(10)	(11)	(12)
	Carbon	*Carbon*	*Carbon*	*Carbon*	*Carbon*	*Carbon*
控制变量	否	是	否	是	否	是
城市固定	是	是	是	是	是	是
年份固定	是	是	是	是	是	是
N	1188	1188	1164	1164	864	864
R^2	0.9185	0.9301	0.9339	0.9538	0.9295	0.9347

注：＊＊＊、＊＊、＊分别表示在1%、5%和10%的水平上显著。

不同地区的人工智能发展水平不同，因此人工智能产业对碳排放的影响可能因为地理位置的不同而存在差异。本章将268个城市划分为东部、中部、西部三大地区，研究人工智能产业对用电量及碳排放总量的影响。如表23－6列（1）～列（6）所示，人工智能的回归系数为正值，且除中部外均通过显著性检验，表明人工智能产业需要社会电力支持的程度呈现自东向西逐渐增加的特征。这可能因为西部地区资源富集，电力供应充足、成本低，相对于东部地区更容易推动人工智能产业的发展。如表23－6列（7）～列（12）所示，人工智能产业对碳排放量的影响在西部地区显著为负，但在东部、中部地区不显著。这可能由于西部地区传统能源产业富集，人工智能、数字化助力能源高效生产利用，减碳效应明显；而东部地区数字基础设施数量大、种类多、发展快，人工智能产业耗能大，尚未完全实现“绿色化”。

（2）城市资源异质性

城市资源禀赋可能对能源消费及能源利用效率产生显著影响，因此本章参考《全国资源型城市可持续发展规划（2013—2020年）》将268个城市划分为资源型、非资源型两类分别进行回归，观察人工智能产业对不同类型城市用电量、碳排放的影响。表23－7的结果显示，在两类城市中，人工智能产业与全社会用电量均呈显著正相关，人工智能产业与碳排放量均呈显著负相关，但资源型城市回归系数的绝对值更大，这表明资源型城市人工智能产业的耗电量更大，降碳作用更加明显。可能的原因在于，作为能源产业富集区域，资源型城市的能源结构转型潜力大，更加注重构建新型能源体系，且充足的电力供应更好地助力人工智能产业发展。

表 23 - 7 资源异质性分析

变量	资源型				非资源型			
	(1)	(2)	(3)	(4)	(1)	(2)	(3)	(4)
	Electricity	*Electricity*	*Carbon*	*Carbon*	*Electricity*	*Electricity*	*Carbon*	*Carbon*
AI	3. 5397 ***	2. 7116 **	- 0. 0009 ***	- 0. 0006 **	1. 5991 ***	1. 2895 ***	- 0. 0001 ***	- 0. 0001 **
	(1. 2480)	(1. 2058)	(0. 0002)	(0. 0002)	(0. 2306)	(0. 2385)	(0. 0000)	(0. 0000)
_cons	13. 1811 ***	13. 5009 ***	0. 0004 ***	0. 0003 ***	13. 7500 ***	14. 3754 ***	0. 0002 ***	0. 0001
	(0. 0940)	(0. 8535)	(0. 0000)	(0. 0001)	(0. 0269)	(0. 3120)	(0. 0000)	(0. 0001)
控制变量	否	是	否	是	否	是	否	是
城市固定	是	是	是	是	是	是	是	是
年份固定	是	是	是	是	是	是	是	是
N	1308	1308	1308	1308	1908	1908	1908	1908
R^2	0. 8348	0. 8428	0. 9301	0. 9415	0. 9173	0. 9196	0. 9200	0. 9321

注：* * *、* * 分别表示在 1%、5% 的水平上显著。

23. 5 结论与政策建议

本章从理论层面分析了人工智能产业对耗电量、碳排放的影响激励，并基于 2011—2022 年 268 个城市的面板数据展开实证研究，考察了人工智能产业对碳排放的影响及其作用机制、异质性。研究发现：第一，人工智能产业虽提高了城市的耗电量，但降低了碳排放量，且该结论经过替换被解释变量、考虑滞后一期、剔除直辖市等稳健性检验后依然成立；第二，机制分析表明，人工智能产业通过推动绿色技术创新、促进产业结构升级、提高能源利用效率抑制碳排放总量；第三，异质性分析表明，人工智能产业的能耗及减碳效应具有非平衡特征，因城市地理位置、资源禀赋的不同呈现出显著差异。相较于中部城市，人工智能产业显著增加了东部城市和西部城市的用电量，但人工智能产业对西部城市的减碳效应更为明显。对于资源较为富集的城市，人工智能产业的能耗和减碳效应更为明显。

根据以上结论，提出以下政策建议。

一是深化人工智能赋能传统产业。尽管人工智能产业巨大的能源消耗不利于“双碳”目标的推进，但其会通过替代效应和技术进步效应赋能生产活动的迭代升级，推动传统产业全方位、全链条的绿色化转型。各地区应强化顶层设计，加快建设人工智能技术研发平台，鼓励科研机构、市场主体加大人工智能的研发投入，促进产学研应用合作，推动关键核心技术的突破创新及科技成果的转化应用；同时，应完善数字基础设施，制定人工智能赋能传统产业的中长期战略规划，推动人工智能技术在传统产业中的广泛应用。

二是加快推进能源绿色低碳转型。实现“双碳”目标，必须通过能源部门的实质性转型来实现，重点在于提高非化石能源占比，需要与更广泛的数字技术变革相结合；要坚持统筹能源安全稳定供应与绿色低碳发展，强化人工智能助力能源领域技术创新，制定提升能源利用效率、优化综合服务体系、促进能源信息共享的新机制；要加快构建清洁低碳安全高效的新型能源体系，完善以新能源为主体的新型电力系统，夯实发展根基，推动新型基础设施建设与能源基础设施的深度融合，充分释放节能增效的碳减排潜力。

三是制定差异化发展战略。政府应根据不同城市人工智能发展水平及资源分布特征，制定差异化发展战略；要强化东部地区的清洁能源供应占比，加大中部地区人工智能与传统产业融合程度，推动西部地区人工智能产业迈向“低能耗、高效率”；要将资源型城市能源结构转型的作用推行到非资源型城市，形成示范效应，助力人工智能产业降低总体碳排放量；同时，要加强城市间的协同治理，发挥人工智能产业降碳的空间效应；依托数字技术的平台优势，与邻近城市建立统一、联合的碳排放监测平台，构建精细化、多元化的碳排放监督、决策、治理体系，拓宽合作渠道。

24 人工智能发展中的风险防范

人工智能发展已经进入大模型时代，在基础研发突破涌现、行业应用纵深落地的巨大浪潮下，经济社会智能化变革的巨大福利加速释放，其安全风险也受到前所未有的关注。大数据、大算力、高智慧的通用智能深刻嵌入生产生活各个领域，激发了算法偏见、信息操纵、深度伪造、虚假内容等新一代安全威胁（薛澜、王净宇，2024）。经研究机构统计，2023 年基于人工智能的深度伪造欺诈暴增了 3000%。使用人工智能换脸、换声技术实施诈骗、使用 chatgpt 带来信息泄露、算法恶意攻击、人工智能武器化等一系列事件严重危害国家安全、公共安全甚至个人安全。党的二十届三中全会审议通过的《中共中央关于进一步全面深化改革、推进中国式现代化的决定》强调“建立人工智能安全监管制度”，这是党中央统筹发展和安全，积极应对人工智能安全风险做出的重要部署。如何实现人工智能在关键机遇期与风险易发期交叠的双重治理，有效把握其颠覆性创新效应与潜在危害的技术边界，成为当前推进人工智能与实体经济深度融合的关键问题。因此，对人工智能发展中的安全风险进行识别和判断，推进相关预警防范机制的构建具有重要意义。本章在分析人工智能发展中的安全风险及形成机制基础上，探讨其监测预警体系及防范机制构建。

24.1 文献述评

1956 年，美国达特茅斯会议以“图灵测试”为起点提出人工智能的概念，2010 年以来以深度学习为核心的机器学习技术，推动了人工智能的突破性进展与大规模应用。2023 年以来，以 Transformer 为架构的大模型发展架构生成式人工智能的技术推向顶峰。随着人工智能技术的动态演进，学界对于人工智能发展带来的潜在风险认知逐步加深，新一代人工智能类人智慧的涌现引发了大量研究对于人工智能负外部性及不可控性的监管思考，但其风险的系统监测量化仍是挑战。

人工智能发展的安全风险逻辑起点是人工智能技术的危害。诺贝尔经济学奖得主阿西莫格鲁（2021）最早系统论述了人工智能这项通用变革技术的消极面，他认为信息控制收集、劳动力市场及政治与民主三个方面的技术潜在滥用，将引发数据滥用、竞争扭曲、消费者行为操纵、过度自动化、人的科技异化、虚假信息、削弱信任等经济社会风险（Acemoglu，2021）。在此基础上，大量研究基于技术逻辑将人工智能带来的风险划分为数据、算法及产品服务本身的“技术内生风险”，以及经济、社会、生态、科技伦理方面的“技术衍生风险”（邓悦等，2024；范柏乃、盛中华，2024；任保平、张陈璇，2022）。近年来，新一代人工智能算法能力及自主性的提高引发了“技术失控风险”的关注（Jones，2023）。

面对人工智能的增长机遇与风险，学界及实践界对于变革性技术的最优监管与风险治理提出了基本框架，在制度方面，提出建立以风险为基础的监管治理体制（王钰、唐要家，2024）。在风险分析方面，应由被动的纵深防御转向主动溯因和动态监测（程承坪、彭欢，2020）。其中，风险监测预警是实现人工智能发展“事前监管”的关键措施，也是有效防范险情发生的安全基础。在实践方面，2024 年 9 月，全国网络安全标准化技术委员会发布的《人工智能安全治理框架》1.0 版，在风险分类基础上建立量化评级人工智能的基础框架。

现有研究对于人工智能的风险分类及监管治理模式进行了理论及框架层面探讨，缺乏对于风险的系统性量化及预警防范体系构建。要综合性考量人工智能发展中的风险预警防范，面临以下挑战。一是系统而非分散识别风险。人工智能发展的安全风险本质是新兴技术风险引致扩散的系统性经济风险，不能忽略其内在的技术—经济联系。二是多跨协同而非单一监测风险。人工智能发展快速迭代，形态多元复杂，需要融合国家宏观层面与个体、行业及模型研发者层面数据，实现宏观和微观之间的跨层协同监测。三是前瞻而非回溯评价风险。风险预警的关键在于判别警情与警度，传统预警基于历史数据划定警域，而人工智能风险作为新兴风险，早期风险信号较为稀疏难以识别，因此应设计先行发展、变化更快、敏感更高的感知类前瞻指标。基于以上思路，本章构建拓展的“技术—经济—安全”分析框架识别人工智能发展中的系统性安全风险，进一步基于预警分析的理论维度，从状态与感知两个方面设计前瞻性监测预警指标，构建风险预警体系，并提出相关风险防范机制。

24.2 人工智能发展中的安全风险识别

科技革命是现代化发展的动力，也是风险的温床。德国社会学家乌尔里希·贝克（2018）指出“生产力在现代化进程中的指数式增长，使风险和潜在自我威胁的释放达到了前所未有的程度”，技术风险成为后现代社会经济风险的主要来源。人工智能作为工业社会向智能社会转变的关键技术，其智慧性、通用性、渗透性带来的自动化优势能够塑造新质生产力，也引发了技术研发应用中发生内外部威胁的不确定性及危险后果。从技术架构上看，人工智能是通过搭建符合存储、运算、控制模式的基础设施层、算法层与技术层，进而获取并使用知识（数据）进行机器学习或深度学习，以模仿人类智慧，解决人类社会发展问题的计算科学技术（阿格拉瓦尔，2021）。其中，算法、数据、机器学习及类人智慧构成了人工智能技术层面的核心内容。不同于其他数字技术，人工智能赋予机器的高度智慧能力，能够使得机器进行深度学习、判断决策、快速迭代。这种高度自主性既带来了模型能力的突破性提升，也存在着技术失控、发展失序的内在可能，引发经济社会巨大变革中科技伦理及政府监管规制的刚性诉求。基于此，本研究认为人工智能的核心要点应完整归纳为算法、数据、机器学习、类人智慧、科技伦理及政府监管，人工智能的要点构成了人工智能发展中安全风险的内在源点。综上所述，人工智能发展中的安全风险是指在人工智能技术演进及应用中，在算法开发使用、获取利用数据进行学习训练、机器类人智慧应用等环节发生内外部威胁及危害，科技伦理与政府监管滞后缺位产生的一系列隐患。

人工智能发展中的安全风险分析应基于扩展的“技术—经济—安全”框架展开，这是由人工智能作为数字时代科技革命及产业变革的关键通用性技术决定的。演化经济学家佩蕾丝提出的技术—经济范式理论，阐述了技术革命带来的巨大经济变迁。技术革命爆发后，新的主导技术体系通常会伴生出新的关键要素，强烈地渗透进整个经济系统，从根本上影响生产组织形式、流通和消费方式、生活方式乃至整个经济社会的运行组织模式，从而形成相匹配的技术—经济范式（Carlota，2010）。从科技革命主导下的风险视角来看，科技革命引发的 GPT 变革和关键要素渗透，打破了原有技术—经济范式的均衡状态和路径依赖，加剧了产业结构、经济结构与社会结构的不确定性。GPT 的高渗透性、黑箱性和潜在负面性，加剧了技术、经济、社会、环境系统的风险关联性和复杂性，由此引发新范式下的经济安全风险。"技术—经济—安全"分析的本质是基于安全发展约束下，探讨 GPT 带来的经济范式变革。基于以上框架，本章在数字—技术经济范式下，通过作为关键要素的数据、作为核心驱动力的人工智能技术、新的经济业态以及监管规制变革解构人工智能发展中的安全风险，进而将其划分为四类：技术安全风险、数据安全风险、经济安全风险及监管治理安全风险。

24.2.1 技术安全风险

人工智能的技术安全风险主要来自模型算法，由于当前技术粗放式发展及模型算法内在缺陷，带来以下风险。一是技术可信性安全风险。算法鲁棒性弱与输出不可靠问题，集中体现在以深度神经网络为支撑的生成式人工智能，大模型在面对干扰、噪声及恶意攻击中模型效能大幅下降，应用过程中出现冗余性、错误性判断。这将导致在关键应用场景下系统失效，例如，在自动驾驶系统中，遇见恶劣天气出现智能操控系统失灵，造成的事故风险。二是技术可解释性安全风险。机器学习人工智能主要是采用黑箱模式，无法确切知晓其运行情况，无法解释算法自主决策结果是如何产生的，具有显著的决策模糊性和结果不可解释性。这导致在运用人工智能技术中，难以清晰识别智能工具的合规性和正确性，造成潜在的错用和滥用。三是技术对齐性安全风险。算法对齐性是指算法的目标、行为和输出与人类的价值观、意图以及社会期望相符合的程度。人工智能系统的大量训练，依靠算法形成的一系列指令进行数据的训练和学习。如果算法在数据处理、模型训练或预测决策过程中产生系统性偏差，这种偏差会导致对部分群体按种族、性别、年龄等特征划分从而不公平对待，产生算法偏见。四是技术对抗性安全风险。技术对抗性是指人工智能自身对抗安全漏洞攻击的能力，当前人工智能在信息网络使用中依然面临信息安全问题，这些问题涵盖了数据隐私泄露、算法漏洞利用以及恶意攻击等多个层面，对个人、企业乃至整个社会的稳定与发展都构成了潜在威胁。

24.2.2 数据安全风险

人工智能技术的大规模使用可能加剧数据泄露、隐私侵犯、非法合成数据等数据安全问题。作为数字经济时代的核心要素，数据作为算法与算力发展的重要资源，大规模生产、生活的细粒度微观数据为人工智能技术的发展提供支撑。人工智能技术在训练及开发过程中，对多模态大数据的广泛需求加剧数据安全问题。一是数据保密性风险。人工智能系统通常需要海量的数据进行训练和优化，这使得数据收集的范围大幅扩大。例如，智能语音助手在开发中，不仅会收集用户的语音指令数据，还可能涉及用户的位置信息、日常使用习惯等多维度数据。这种广泛的数据收集增加了数据泄露的风险点，一旦其中某个收集渠道存在安全漏洞，如手机应用程序的权限设置不合理，就会导致大量用户数据被非法获取。二是数据合规性风险。人工智能系统为追求更高的准确性和性能，倾向于收集大量的数据，这会导致企业过度收集用户信息。例如，一款智能健康应用程序可能在用户不知情的情况下收集其地理位置、通讯录等与健康无关的数据，这些过度收集的数据会被企业用于其他不相关的业务拓展或营销活动，带来隐私风险。三是数据规范性风险。在人工智能算法训练中，需要通过人工微调标注进行算法中性的平衡。但标注数据通常包含大量的原始信息，这些信息可能涉及用户的隐私，如个人身份信息、聊天记录、医疗数据等，在标注过程中，如果没有采取足够的安全措施保护这些数据，就会导致数据泄露事件的发生。

24.2.3 经济安全风险

首先，是就业结构调整风险。一方面，传统制造业及部分服务业岗位被替代，如汽车装配线上的工人岗位因机器人的使用而减少，这使得低技能劳动者面临失业困境，若无法实现向新兴岗位（如机器人维护、数据标注等）的转移，将抬高失业率，冲击经济稳定。另一方面，就业市场分化为高端技术人才供不应求、薪资高企，而中低端技能劳动者就业机会萎缩、收入差距拉大的不均衡状态，破坏经济结构稳定，削弱增长动力，危及经济安全根基。其次，是市场竞争格局变化风险。大型科技公司凭借在人工智能技术研发、数据积累和计算资源等方面的优势，会进一步巩固其市场垄断地位。例如，一些互联网巨头通过利用人工智能算法优化搜索结果、推荐系统等，吸引了大量用户和流量，从而挤压了小公司的生存空间。这种行业垄断的加剧会阻碍市场的公平竞争，抑制创新活力，并且导致消费者权益受损，如面临更高的价格、更少的选择等，从整体上影响经济的健康和安全。最后，是金融系统风险。人工智能算法在金融市场中的高频交易等活动中发挥着重要作用。这些算法可能会因为市场异常波动、自身缺陷或被恶意操纵等因素，引发大规模的交易行为，从而加剧金融市场的波动；此外，可能带来信任危机，人工智能应用会动摇社会信任基础。人工智能在经济社会活动中日益融合发展的一个重要基础是社会对人工智能的充分信任，即人们普遍相信人工智能系统的应用会提高自己的福利。因此，信任是人工智能应用发展的重要基础，但是人工智能潜在的风险一旦大规模爆发并造成严重的经济社会危害，则会严重动摇社会信任基础，从而成为产业发展的巨大隐患。

24.2.4 监管治理安全风险

新兴技术发展的监管滞后风险体现为以下几点。一是技术快速发展与监管步伐不匹配。人工智能技术呈指数级增长态势，新的算法、应用场景和商业模式不断涌现。然而，监管机构往往难以在短时间内充分理解这些新技术的内涵、潜在影响和风险特征，导致监管规则的制定和更新明显滞后于技术发展速度。例如，深度伪造技术在短时间内从实验室走向公众视野，被广泛应用于娱乐、信息传播甚至诈骗等领域，相应的监管措施却未能及时跟上，使得虚假信息泛滥，对社会信任体系和信息安全构成严重威胁。二是缺乏前瞻性的监管规划。监管部门在制定人工智能相关政策时，可能更多地关注当下已经出现的问题，而对未来潜在的风险缺乏足够的前瞻性预测和规划，这使监管体系在面对人工智能技术的长期、系统性风险时显得捉襟见肘。比如，人工智能在自主武器系统中的逐步应用，可能引发军事伦理、地缘政治冲突等深层次问题，目前尚未有完善的国际监管框架进行约束和规范，将对经济安全稳定造成难以估量的影响。

24.3 中国人工智能发展安全风险预警体系的构成

得益于算法不断突破、大模型快速发展、多模态数据深度应用，人工智能技术产业发展当前已经进入“快车道”。中国人工智能技术发展迅速，工业和信息化部统计，截至2023年年底，中国人工智能核心产业规模已经突破5000亿元，企业数量超4500家。人工智能发展背后潜藏的安全风险不容忽视，需要建立一套科学有效的风险监测预警体系，实现风险状态与趋势的事前规制。

24.3.1 中国人工智能发展安全风险预警体系的理论维度

“预警”一词的本义是“事先警告，提醒被告知人警惕”。这一概念也常常与“监测”相连，“监测”作为“预警”的基础，体现了对于事物现状以及危机形势的关注。近年来，对监测预警的研究已经广泛发展至多个领域，包括经济、气候气象的预测预报、医疗、饥荒预警、环境监测、粮食安全供给以及生态环境安全等。将“预警”思维引入经济领域，关键在于逆境和顺境交互作用于经济活动的客观现象，由此引发了评价研究向预警研究的转变，通过监测经济活动，利用设定的方式和信号对风险与危机进行预警，从而采取相应的对策措施提前应对。人工智能发展安全风险预警不同于宏观经济的冷热预警，而是对人工智能发展危机信号的预警，也是对前述四个层面安全风险中的风险点预警，可以在保障人工智能在发挥技术—经济变革作用的同时，有效控制技术风险边界，推动技术创新，统筹安全与发展。

预警体系是构成完整预警活动全部要素的集合群，是预警的指标、等级、测度、方法和全部预警活动等各要素间相互关系的总和，可进一步细分为指标体系、组织体系和工作流程体系。宏观经济监测预警系统是对宏观经济运行的波动性现象进行监测和预报的信息系统。通过对宏观经济预警指标体系分析判断经济运行的冷热程度和运行状态，从而预测经济形势，为宏观经济管理部门提供政策制定依据。参考宏观经济预警体系，人工智能安全风险预警体系是对人工智能发展的安全风险进行预警的系统，以人工智能发展中的安全风险为预警对象，以人工智能安全风险预警指标体系为中心，分析一系列由人工智能技术安全风险引发的系统性风险关键指标的变化情况，当指标数值超过预警区间则给予对应的风险提示，从而为相关部门提供决策依据，有效把控人工智能技术的监管治理。

24.3.2 中国人工智能发展安全风险预警体系的构建

立足于统筹人工智能安全风险的监管治理这一目标，以前述人工智能发展的安全风险为基础，结合人工智能发展安全风险预警体系内涵，构建人工智能发展安全风险预警体系，包括技术安全风险、数据安全风险、经济安全风险、监管安全治理风险四个维度以及预警警戒。设计先行发展、变化更快、敏感更高的感知类前瞻指标。引入研究者知识、企业认知、个体感知、政府监察、行业组织监督的微观主体感知层，同时设计宏观监测状态层。因此，需要进一步构建状态层与感知层两个层面，技术安全风险、数据安全风险、经济安全风险、监管治理安全风险四个维度以及预警警戒的综合预警体系。

（1）技术安全风险维度

一是技术可信性，通过前沿大模型的信任度指数来衡量。而基于专利文本大数据 LDA 主体分析的专利密集度可作为感知层指标，专利密集度在一定程度上反映了技术的创新活跃度和潜在的可信度，若某一领域专利密集度高，说明该领域技术研发投入大、创新成果多，前沿大模型的可信度也更高。二是技术可解释性，以前沿大模型的透明度指数来评估。模型透明度越高，用户和开发者越能理解其决策过程和依据，技术可解释性就越强，有助于增强对模型的信任和应用的可控性。三是技术对齐性，以前沿大模型的对齐度指数进行考量。前沿大模型的对齐度指数主要用于衡量模型的目标、价值观与人类社会的期望和伦理道德等是否一致，以确保人工智能的发展方向与人类的利益和社会价值相契合。四是技术对抗性，由前沿大模型的安全性指数来反映。随着人工智能技术在各领域的广泛应用，其面临的对抗性攻击风险也日益增加，如恶意篡改输入数据导致模型输出错误结果等，安全性指数能够体现模型抵御此类攻击的能力。同时，基于专利文本大数据 LDA 主体分析的专利密集度（李牧南等，2024），可作为研究者知识角度的感知层指标，研究者对于人工智能技术的研究更为前沿，通过针对人工智能大模型风险的专利文本构建风险频率与语义态度指数，识别人工智能技术风险的发生信号。

（2）数据安全风险维度

一是数据保密性，人工智能引发的隐私数据泄露数量是直接反映数据保密性的关键指标。同时，基于企业年报、媒体新闻大数据分析的数据风险集中度可作为感知层数据，若某一时期或某一领域数据风险集中度较高，说明该范围内数据保密性面临较大挑战，需重点关注相关领域的数据安全措施。二是数据合规性，以人工智能引发的数据违规事件数量作为衡量指标。数据的收集、存储、使用和共享等环节都需要遵循相关法律法规和伦理准则，数据违规事件数量的增加意味着数据合规性风险的上升，可能导致经济社会由智能化引发的数据安全风险激增。三是数据规范性，通过人工智能数据标注平均效率和平均准确率来评估，数据标注是人工智能训练数据准备的重要环节，标注的效率和准确率直接影响模型的性能和可靠性，规范的数据标注流程和高质量的标注结果有助于提高人工智能系统的整体性能和可信度。同时，基于企业年报、媒体新闻大数据分析构建数据风险集中度，可作为企业认知、社会感知角度的感知层指标，通过年报文本与新闻文本构建数据风险频率与语义态度指数，识别人工智能数据风险的发生信号。

（3）经济安全风险维度

一是就业市场分化程度，采用失业人员平均受教育年限和就业人员平均受教育年限来衡量。随着人工智能技术的发展，其对不同受教育程度人群的就业影响存在差异，通过这两个指标可以反映出就业市场的分化情况，进而评估人工智能对经济结构和社会稳定的影响。二是市场垄断程度，以市场集中度为主要衡量指标，市场集中度越高，说明少数企业或组织在市场中占据主导地位，可能导致市场竞争不充分、创新动力不足等问题，进而影响经济的可持续发展和社会公平。三是金融风险，不良贷款率是衡量金融风险的重要指标之一。人工智能在金融领域的应用虽然带来了效率提升和创新发展，但也可能引发新的风险，如信用评估模型的偏差会导致不良贷款率上升，影响金融机构的稳健运营和金融市场的稳定。四是信任风险，通过社会信任评价指数来反映。公众对人工智能的信任程度直接影响其推广和应用，若社会信任评价指数较低，会导致社会对人工智能技术的抵制和排斥，阻碍其在经济社会中的广泛应用和发展。同时，基于个体线上评论、行业组织研究报告大数据分析构建经济风险各主题维度的风险集中度，可作为个体感知、行业监督角度的感知层指标，通过评论文本与研究报告文本构建风险频率与语义态度指数，识别人工智能经济风险的发生信号。

（4）监管治理安全风险维度

一是监管前瞻性，以人工智能政策出台数量作为基础指标，政策的及时出台和更新能够体现监管部门对人工智能发展的关注和应对能力。二是监管有效性，以人工智能违法案件立案数量来衡量。立案数量的多少反映了监管部门对人工智能领域违法违规行为的打击力度和监管效果，立案数量增加说明监管部门对市场的监管更加严格，有助于维护市场秩序和保障公众利益。三是监管数字化，借助数字政府指数来评估。监管数字化水平的提高能够提升监管效率和精准度，更好地适应人工智能等新兴技术快速发展的需求，数字政府指数越高，说明监管部门在数字化建设方面的投入和应用效果越好，越有利于实现对人工智能的有效监管。同时，基于政策文本大数据分析的政策有效度可作为政府监察角度的感知层指标，通过政策文本构建政策工具指数、政策目标指数，评估政策的设计对人工智能风险的防控能力。

（5）风险预警警界的设定

预警指标体系构建完成以后，进一步参照传统的预警信号灯分析，划分警域与警界，明确风险的预警状态。传统划定警域是根据风险监测的历史数据，以及时差波动异常范围划分，由于人工智能风险作为新兴风险，早期风险信号较为稀疏难以识别，应基于先行发展、变化更快、敏感更高的感知类前瞻指标划定警情信号，进一步折算形成状态指标的警域。根据五级分类法，形成预警可视化，即正常（绿灯），表示人工智能发展在各维度均处于良好状态；关注（蓝灯），某些指标出现轻微偏离理想状态的情况，但整体风险仍在可控范围内；预警（黄灯），已经出现一些较为明显的风险迹象，需要引起重视并采取相应措施加以防范和改善；危险（橙灯），风险状况较为严重，对人工智能的发展构成较大威胁；危机（红灯），处于极度危险的状态，人工智能的发展面临严重困境。

人工智能发展的风险监测预警体系如表 24 –1 所示。

表 24 –1 人工智能发展的风险监测预警体系

风险维度	分项维度	基础维度	
		状态层	感知层
技术安全风险	技术可信性	前沿大模型的信任度指数	基于专利文本大数据 LDA 主体分析的专利密集度
	技术可解释性	前沿大模型的透明度指数	
	技术对齐性	前沿大模型的对齐度指数	
	技术对抗性	前沿大模型的安全性指数	

续表

风险维度	分项维度	基础维度	
		状态层	感知层
数据安全风险	数据保密性	人工智能引发的隐私数据泄露数量	基于企业年报、媒体新闻大数据分析的数据风险集中度
	数据合规性	人工智能引发的数据违规事件数量	
	数据规范性	人工智能数据标注平均效率、数据标注平均准确率	
经济安全风险	就业市场分化程度	失业人员平均受教育年限、就业人员平均受教育年限	基于个体线上评论、行业组织研究报告大数据分析的经济风险主题集中度
	市场垄断程度	市场集中度	
	金融风险	不良贷款率	
	信任风险	社会信任评价指数	
监管治理安全风险	监管前瞻性	人工智能政策出台数量	基于政策文本大数据分析的政策有效度
	监管有效性	人工智能违法案件立案数量	
	监管数字化	数字政府指数	

24.4 中国人工智能发展安全风险防范机制构建

人工智能发展存在一定的安全风险，需要构建安全预警体系，同时构建我国人工智能发展安全风险防范机制。

24.4.1 通过建立全面的技术评估体系构建技术安全风险防范机制

一是算法安全性评估，开发专业工具技术，检测算法漏洞，如针对对抗样本攻击的脆弱性，输入对抗样本观察输出是否被误导，评估其鲁棒性；分析不同环境和输入数据变化下算法的稳定性，像对图像识别算法在不同光照、分辨率、噪声条件下测试准确率；评估算法复杂度，防止复杂结构导致难以理解、调试维护以及资源浪费与安全隐患。二是模型可解释性评估，着力研究开发可解释性强的模型，利用特征图可视化、注意力机制可视化等技术展示模型处理数据的内在机制，让开发人员和用户明白决策过程；构建可解释性指标体系，从特征重要性、决策规则透明度、模型输出可解释性等维度打分，推动企业和机构提升模型可解释性。三是技术成熟度评估，成立专业评审团队或机构，考察技术的理论基础、实验验证情况和实际应用表现，对新兴技术如量子计算与人工智能结合技术，密切跟踪其发展，未成熟时谨慎用于关键领域；依据国际国内技术标准规范，对人工智能技术进行对标评估，如自动驾驶领域依据国际分级标准评定国内技术等级，明确其技术和安全性能阶段，为发展应用提供参考。

24.4.2 通过完备的高技术数据防护构建数据安全风险防范机制

一是隐私增强技术应用，持续改进差分隐私技术，如研究自适应算法，依数据敏感性与场景调噪声，提升隐私保护精准度；优化联邦学习技术，借助安全多方计算护模型确保参数传输安全，防止数据被窃取篡改，加快模型收敛；结合同态加密与多方安全计算，像金融联合风控，让机构在加密下共享数据计算模型，提高风险预测能力。二是数据匿名化与脱敏技术升级，开发动态匿名化技术，依使用场景和访问权限，为内部人员提供部分脱敏数据，外部则实现更高程度匿名化，并实时监测调整策略；研究可逆脱敏技术，在授权与安全控制下，为特定分析恢复原始数据，保障隐私安全。三是数据安全防护技术加强，强化数据存储安全，用全同态加密存储确保保密性，加强服务器物理防护，设访问控制、监控与灾难备份；提升网络安全防护能力，运用防火墙、IDS、IPS 等技术防黑客攻击，定期更新升级，应对多变攻击手段，全方位保障数据隐私安全。

24.4.3 通过多部门协同合作多行并举构建经济安全风险防范机制

一是就业市场风险防范。优化教育与培训体系，在各教育阶段融入人工智能知识，开展职业培训，提升劳动者技能；同时，调整就业政策，鼓励新兴产业创造岗位，建设智能就业信息平台，实现岗位与人才精准匹配。二是市场垄断风险防范。一方面，加强反垄断监管，完善法规，明确垄断行为界定与处罚，强化市场竞争审查，限制可能导致垄断的企业并购行为；另一方面，促进中小企业发展，给予技术和资金支持，降低市场准入门槛，保障公平竞争，维护中小企业权益。三是金融风险防范。完善金融监管体系，制定专门监管规则，利用技术创新提升监管能力，建立风险监测预警平台。金融机构自身要强化风险管理，建设内部风险控制机制，对模型开发与应用严格把关，确保数据质量，并制定风险应急预案，以便在风险发生时迅速应对，避免风险扩散，从而保障经济安全稳定运行。

24.4.4 通过风险导向、多元创新治理构建监管治理安全风险防范机制

一是风险导向方面，首先，构建涵盖技术、数据、经济、社会伦理等维度的风险指标体系，精准识别风险，如评估算法稳定性与数据加密程度等；其次，通过大数据和实时监测技术动态监测，一旦指标异常则预警。依据风险严重程度和概率分层分类制定防控策略，如高风险问题立即暂停应用修复，低风险问题逐步优化。同时，建立应急预案并演练，确保能应对重大风险事件。二是敏捷治理方面，监管机构要优化组织架构，成立跨部门团队，简化决策流程。实时跟踪技术发展，如关注量子计算对加密算法的影响；快速迭代监管政策，确保跟上技术步伐。三是协同效应方面，搭建信息平台共享各方数据，遇到重大风险事件时组织各方协同决策，如制定自动驾驶安全标准。每次风险处理后复盘，依反馈优化风险指标体系、监管政策和治理流程，持续提升监管治理水平，应对人工智能发展中的风险挑战。

25 人工智能产业生态的培育

近年来，面对数字化、网络化、智能化浪潮带来的历史机遇，党和政府一直高度重视人工智能对经济社会高质量发展的战略意义及人工智能产业生态的培育。创新经济学的最新研究显示，各国在战略性新兴产业中的竞争实际上是产业生态系统的竞争。当前，人工智能已经进入规模涌现阶段，构成新一轮工业革命中国家竞争力的重要来源（贾根良，2016；李寅，2024）。人工智能产业生态的培育，在以人工智能推动经济发展质量提高、增强国际竞争力的过程中起到重要作用。本章聚焦于人工智能产业生态的培育策略，从人工智能产业生态系统概念内涵的界定出发，分析这一生态系统“参与主体—结构联系—支撑环境”的构成要素，结合“技术基础—产业能力—创新生态”的功能形态分析框架，提出培育人工智能产业生态系统的针对性方案。

25.1 人工智能产业生态的概念内涵与构成要素

25.1.1 人工智能产业生态的内涵

人工智能产业生态即人工智能产业生态系统的简称。“国家创新体系”“平台生态系统”“区域创新生态”是人工智能生态系统的三个重要思想来源。

（1）人工智能产业生态的思想来源

“国家创新体系”（National Innovation System，NIS）的概念是人工智能产业生态系统的第一个思想来源。较早提出“国家创新体系”概念的创新经济学家本特－艾克·伦德瓦尔指出，创新是一个交互性的过程（learning by interacting），需要在生产者与用户之间的信息交互之中不断推进，生产者和用户发挥着不同的功能（Lundvall，1998；Lundvall，1992）。同期，演化经济学家克里斯·弗里曼等也指出，技术的发展并不是孤立的，而是与体系内的其他技术相互联系的，这使得各种技术之间相互支持，从而可以充分地利用经验、供应商的发展、消费者教育以及其他由该体系内的先行者创造的外部性（Freeman et al.，1982）。后来，学者和政策研究机构在伦德瓦尔和弗里曼的一系列重要研究基础上推进了分析，提出“国家创新体系”是由一个国家的公共和私营部门组成的组织与制度网络，其活动是为了创造、扩散和使用新的知识与技术，其中政府、企业、科研机构和大学是这一系统中最重要的要素。在最初的“国家创新体系”概念的基础上，Fukuda 和 Watanabe（2008）进一步引入了“国家创新生态系统”的概念，侧重描绘在创新中相互冲突的变量之间的平衡取得，如何促进创新的可持续创造和利用。

“平台生态系统”（Platform Ecosystem）是人工智能产业生态的另一个思想来源。创新管理学家艾姆瑞特·蒂瓦纳提出，平台生态系统是由能够增强平台功能的外部互补品构成的，包含平台本身、应用程序、生态系统、接口、架构等要素的复杂演化系统。不同主体功能的互补性及不同主体同平台之间的交互关系，定义了平台生态系统的重要特性（Tiwana，2014）。Kretschmer 等（2021）进一步提出，平台生态系统刺激了各种行业和技术部门的新产品和服务，激发了创新，并提高了经济效率。平台架构的一个显著特征是其模块化和相互依赖的系统，核心组件和互补组件通过设计规则和总体价值主张绑定在一起。

“区域创新生态”（Regional Innovation Ecosystem）的概念也有利于对人工智能产业生态系统地理空间内涵的理解。战略管理学大师迈克尔·波特提出竞争优势的“钻石模型”，强调地理集中化的企业可以通过协同与竞争形成创新生态，并且在竞争日趋复杂、知识导向和动态的经济体中日益重要（Porter，1990）。战略管理学和创新管理学家迈克尔·贝斯特和梅利莎·席林在波特的基础上进一步指出，地理位置上的近邻性在合作网络的形成和创新活动中发挥着重要作用，技术多样性和弹性专业化构成了区域创新生态系统。一些著名的区域集群，如美国硅谷的半导体企业群、曼哈顿地区的多媒体产业群等都很好地说明了这一点（Best，2018；Schilling，2023）。

（2）人工智能产业生态系统的概念内涵

总的来说，综合借鉴伦德瓦尔和弗里曼等提出的“国家创新系统”、蒂瓦纳等提出的“平台生态系统”、战略管理学家等提出的“区域创新生态系统”的概念和分析方法，我们可以提出产业生态系统的基本构成视角。将人工智能产业生态视为一个围绕人工智能技术的，由“参与主体—互动结构—支撑环境”构成的不断演化发展的产业复杂有机系统。

具体而言，人工智能产业生态系统是一个围绕人工智能技术的研发与应用，由各类主体和资源共同构成、相互作用、推动技术创新和产业发展的有机系统。它包括技术研发机构、企业、消费者、政府部门等主体，并受到政策法规、基础设施、资本投资、社会文化和国际环境等因素的支持。在这个生态中，数据、技术和资源的流动以及主体间的动态协同推动了技术的持续创新和资源的优化配置，促进了跨行业、跨地区的合作与可持续发展。人工智能产业生态系统能够灵活适应市场和技术的变化，不断推动人工智能产业的演进与健康发展，构成高质量发展的重要动力源。

25.1.2 人工智能产业生态的基本构成：“参与主体—联系结构—环境支持”

应用“参与主体—互动结构—支撑环境”的分析视角，人工智能产业生态系统的基础要素包括：第一，人工智能产业生态中多种类型的参与主体，它们在产业生态中具有不同特性、承担不同功能；第二，不同参与主体之间的互动关系，以及这种关系网络形成的结构，构成了产业生态内部数据双向流动、业务协同运作、价值共同创造的基本框架；第三，人工智能产业发展的外部支撑环境和因素，决定了产业生态系统的最大发展潜能。

（1）人工智能产业生态的参与主体

人工智能产业生态的参与主体包括各类企业和消费者等，它们在人工智能产业生态的各个环节中共同作用，推动技术进步和市场拓展。企业及其他机构（如人工智能大模型研发机构、硬件设备供应商、数据服务提供商、人工智能场景开发应用企业和平台企业）是人工智能产业生态中的核心参与者，推动产品和服务创新以及产业的智能化升级。消费者和用户则提供数据反馈支撑，并提供产业生态的消费需求和劳动力供给。这些参与主体分布在人工智能技术的研发、应用和推广的全过程中，共同构建了一个相互依存、动态演化的生态系统。具体而言，人工智能产业生态主要参与主体的具体角色与功能有如下几个方面。

一是人工智能大模型技术研发机构。人工智能大模型（通用大模型及行业垂直大模型）研发机构是产业生态的技术核心，承担着构建基础技术框架和推动前沿技术突破的关键任务。一方面，这些机构专注于通用大模型和行业垂直大模型的开发，通过机器感知、自然语言处理、机器学习等领域的研究，赋予人工智能感知、理解和学习的能力，通过提供通用算法和开发平台，可以降低下游企业的技术门槛；另一方面，大模型研发机构可优化算法性能和硬件兼容性，与硬件设备供应商、数据服务提供商形成深度协作，促进技术与行业场景的融合，实现人工智能技术的多样化应用。也就是说，人工智能大模型技术研发机构的核心作用不仅在于基础研究，还致力于与行业应用场景的深度结合，推动人工智能技术与不同领域的专业化结合，成为人工智能产业生态的重要推动力量（孙喜等，2024）。

二是硬件设备供应商和数据服务提供商。硬件设备供应商和数据服务提供商位于产业链上游，是人工智能产业生态的基础支撑力量。硬件设备供应商提供智能芯片、传感器、边缘计算设备等关键物理基础设施，为人工智能技术的实现提供计算能力和数据采集能力；不断优化技术性能，为智能化发展奠定坚实的“硬件基础”。数据服务提供商负责数据采集、存储、分析等环节，为人工智能应用提供数据支持；它们借助大数据技术和云计算基础设施，实现数据的跨领域整合和复用，提高数据的多场景适配性，提升人工智能产业生态中的数据乘数效应；与技术研发机构协作，加速人工智能技术的落地应用。这两类主体通过上下游协同，形成了人工智能产业生态的基础框架，是生态系统运行不可或缺的部分。

三是人工智能场景开发应用企业与数字平台企业。人工智能场景开发企业和数字平台企业是生态系统中技术应用与商业化的重要驱动者。人工智能场景开发应用企业专注于将人工智能技术落地到实际应用场景，如交通、医疗、金融、制造等领域，通过用户反馈构建闭环机制，推动技术迭代与优化，使人工智能技术不断满足多变的市场需求。数字平台企业在技术研发、生态构建和场景推动方面扮演多重角色。通过开放平台、技术框架和场景设计，推动创新链与产业链的融合，促进人工智能技术的规模化应用，使得上下游变成互惠共生关系，同时产业组织从产业集群转向产业生态系统（杜爽，2021）。在区域经济发展中，数字平台通过开放场景资源和构建子平台，也可以助力区域经济的“智改数转网联”转型，带动人工智能产业生态的协同发展。这些企业的创新活动和场景推动力将人工智能技术价值转化为实际社会和经济效益。

四是消费者和用户。消费者和用户是人工智能产业生态中不可或缺的参与主体，也是人工智能产业生态中最重要的需求端和反馈来源。在需求提供方面，消费者在技术采纳和市场反应中直接影响人工智能产业的商业化进程，超大规模市场和受教育的消费者成为新技术扩散和创新的重要支撑（佩雷斯，2006）。在行为反馈方面，用户需求为技术开发提供明确方向，其反馈为技术的优化和应用场景的拓展提供关键数据。用户行为数据成为人工智能算法迭代的重要“素材”，推动技术个性化和精细化发展（迪朗，2024）。

（2）人工智能产业生态的联系结构

人工智能产业生态各参与主体之间的联系结构描述的是各类参与主体的构成、层级和相互关系，包括硬件供应商、数据服务商、技术研发机构、平台企业、场景开发企业、政府、消费者等多元主体的分布与角色。联系结构与组织形态强调这些主体如何在生态中形成系统化的互动，刻画了不同类型的企业和消费者如何通过数据、技术、政策等方式进行紧密协作，以实现资源共享、技术联动和功能互补。

在具有复杂涌现和协同演化特性的人工智能产业生态系统中，不同类型的企业不再是独立运作的个体，而是在人工智能产业的上下游和横向的应用场景中共同形成了一个复杂的分工合作与协同创新网络（Nielsen et al.，2023）。硬件供应商、数据服务商、场景开发应用企业、平台企业等角色通过资源整合、技术对接和服务联动，共同构建出一个在不同层次和节点上高度协作的结构。上游硬件供应商提供计算设备和传感器等物理支撑，数据服务商通过数据采集和分析，提供关键基础资源；中游技术研发机构专注算法创新，平台企业通过开放技术和生态搭建促进技术扩散；下游场景开发企业将人工智能技术与具体行业需求相结合，推动技术落地并实现市场价值，形成数智化产业生态系统（谢富胜、江楠，2024）。这种分工不仅体现了各主体在价值链中独立的功能角色，也通过数据共享、技术标准的统一以及资源的互补性实现了共同发展。

消费者用户作为需求端的代表，在这一组织形态中的作用不仅限于被动的市场接受者。他们在反馈产品和服务使用体验的同时，也通过行为数据对技术创新提出新的需求，甚至在一定程度上决定了市场的发展方向。人工智能产业生态中的企业通过数据分析获取消费者用户的行为和需求偏好，不断迭代优化产品和服务。消费者及其他终端用户的广泛参与，使得人工智能产业生态在产品开发、技术应用上更贴近市场，进一步推动了生态系统的持续创新。

政府作为外在支撑环境的重要提供者，在这一组织形态中扮演了重要的桥梁和协调角色。通过政策支持、行业标准制定以及公共数据开放，政府不仅是资源提供者，也在积极引导人工智能产业生态中各个主体的互动。它的作用体现在通过政策引导增强主体的互信，提供规范和约束以确保产业发展方向的健康性和可持续性，维护人工智能产业生态的动态平衡。在此结构中，政府既是连接产业链各环节的枢纽，也是规范市场秩序和维护公共利益的关键力量。

总的来说，人工智能产业生态的联系结构是一种动态化、协作化、多维化的网络化体系，通过分工协作、政策引导和市场反馈，实现了技术创新与市场扩展的双轮驱动。这种组织形态的本质在于，它不是各主体在资源上的简单共享，而是实现了功能、数据、技术和市场反馈的综合联动，形成了一个在目标一致性下的多向协同系统。这一联系结构不仅提升了生态的灵活性和适应性，也为其持续发展奠定了坚实的基础。技术研发机构、设备和数据提供商、应用场景开发企业和数字平台、消费者用户等主体在其中相互依赖、相互作用，形成了一个在技术创新、资源配置和市场反馈中不断演进的生态组织。

（3）人工智能产业生态的环境支撑

人工智能产业生态作为一个复杂的系统，离不开环境支撑的多层次保障和推动作用。环境支撑不仅涉及政府等外部治理主体的积极引导，还包括制度环境和人才培育的持续支持，这些要素共同为生态系统的协同创新与可持续发展提供了基础保障。

有为政府是人工智能产业生态支撑环境的重要构成部分。根据创新型国家理论，政府不仅是政策制定者和资源提供者，还是推动高风险技术研发的关键参与者（马祖卡托，2019）。通过构建全面支持创新的体制机制，政府为人工智能大模型等核心技术的研发提供了资金与政策保障。例如，通过设立专项资金和税收优惠，发展构建耐心资本与科技金融体系，政府为企业提供了长期发展的稳定支持。在标准化建设方面，政府推动人工智能技术的规范化发展，为产业生态的健康运行奠定了基础（苏玺鉴等，2023）。同时，政府在数据开放中起到了重要的引导作用。

人工智能产业生态的良好制度环境是生态系统平稳运转的另一个重要环境支撑要素。这一环境由政策法规、行业规范以及跨领域合作框架等多方面组成，为生态系统提供了稳定性与协同性。首先，政策法规通过设定人工智能技术应用的标准和监管要求，确保技术在合法、合规的范围内运行，并在隐私保护、数据安全和伦理治理等方面发挥重要作用。其次，行业规范和标准化建设为技术研发和商业应用提供了统一的技术框架与操作准则，降低了生态系统内的沟通与协作成本，增强了多主体间的互信和协同能力。此外，跨领域合作框架为人工智能技术与各行业的深度融合提供了平台，促进了技术从基础研究到实际应用的快速转化。通过制度环境的建设，人工智能产业生态不仅实现了内部的高效协作，也在与外部环境的互动中提升了适应性和竞争力。

人才支持是人工智能产业生态可持续发展的重要保障。人工智能技术的发展离不开高质量的人才输入，消费者不仅是产品和服务的最终用户，也在人才供给中发挥了重要作用。高校、研究院和职业教育机构通过开设人工智能课程、建设实验室以及深化校企合作，持续为生态输送研发、应用和管理型人才。这种智力保障不仅满足了技术研发和产业实践的需求，也为整个生态系统提供了强大的内在驱动力。

总的来说，人工智能产业生态的环境支撑体系是多层次、多主体的协同网络。政府通过政策和资源引导奠定了发展基础，制度环境通过规范和标准化建设增强了系统协同性，人才培育通过智力供给推动了生态可持续发展。这些支撑力量共同作用，为人工智能产业生态的不断演化提供了坚实保障。

25.2 人工智能产业生态的功能形态与关键特征

25.2.1 人工智能产业生态的功能形态："技术基础—产业业态—创新生态"

探讨人工智能产业生态系统的培育问题，首先需要理解如何评价人工智能产业生态的发展动态及其质量。根据蒂瓦纳对平台生态系统演化动态的分析方法（Tiwana，2014），以及贝斯特的"生产力三元组"理论（Best，2001），可以从"技术基础—产业能力—创新生态"三大功能形态的视角，理解人工智能产业生态的发展状况。

技术基础是人工智能产业生态的核心支撑，为系统内的各个参与者提供技术保障。产业能力是指人工智能技术在各个行业中的应用和实现形式，涵盖了从技术研发、生产应用、数据服务、营销整个产业链条，产业业态的发展不仅可以推动传统行业的转型升级，也为人工智能产业提供了广阔的市场空间。创新生态则刻画了人工智能产业生态的整体创新能力。

（1）人工智能产业生态中的技术基础

数据、算法和算力是人工智能产业生态技术基础的重要构成要素。数据是算法学习和改进的核心。高质量的数据为算法提供了必要的学习基础，数据的丰富性和多样性直接影响算法的精度与泛化能力。与此同时，数据在产业生态中的流动与共享则扩大了算法的应用场景，提升了整体智能水平。算力是算法运行的基础，特别是复杂的深度学习和大模型的训练，对算力的需求更为显著。算力的提升不仅支持了复杂算法的实现，也大幅提高了模型训练和推理的速度，降低了计算成本，从而推动算法在更大范围内应用。算法在有限算力资源下的优化设计，如模型压缩和参数共享等，提升了算力利用率。同时，基于数据的调优可以优化算力资源的配置，确保资源高效分配。数据、算力与算法三者的协同创新不断推动人工智能技术进步，在图像识别和自然语言处理等领域取得突破，使人工智能系统具备更强的适应性与扩展性。

其中，算法是人工智能产业生态中最为关键的技术基础，既是连接全部基础层（包括数据、算力和算法）的核心枢纽，又是人工智能应用落地的关键支持。作为人工智能的核心技术之一，机器学习通过数据驱动的学习算法实现模式识别和预测分析，不仅增强了算法的自主学习能力，还加速了模型在多任务环境中的推广和泛化，从而推动了个性化推荐和自动化监测等广泛应用的普及。近年来，大模型技术的迅速发展为人工智能的多模态应用打开了新的空间。通过对文本、图像、音频等多类型数据的深度理解和生成，大模型构建了跨模态的智能应用生态，实现了高度的语义关联与信息整合，并具备了更强的智能交互与数据生成能力，为广泛应用场景提供了强有力的支撑。

总的来说，在人工智能产业生态中，技术基础既是创新前沿的引领者，又是推动智能系统与多样化应用相结合的关键力量。技术基础的进步不仅拓宽了产业能力的边界，更为生态系统注入了持续发展的动能，使人工智能能够从基础资源向智能产品有效转化，成为产业生态多维协同的基石。

（2）人工智能产业生态中的产业能力

技术进步和社会经济文化的演变，催生出新兴产业，并推动传统行业与人工智能技术的相互渗透，形成了独具特色的新型产业结构。这一产业业态不仅拓展了应用场景，还催生了创新的商业模式，逐渐形成了“人工智能产业化”和“产业人工智能化”两种类型的产业能力：前者强调人工智能作为独立产业的成长，后者则聚焦人工智能在各传统行业中的深度应用和产业升级（何江等，2024）。

“人工智能产业化”能力侧重将人工智能作为一个核心引领型产业（Leading Sector）进行发展，推动人工智能技术、产品和服务的创新及商业化形成的能力（Ding，2024）。这一路径强调人工智能技术直接对应的核心产业的发展，特别是在人工智能大模型、智能硬件等领域，通过技术研发和应用探索，创造出新的商业模式，如从计算机视觉到自动驾驶，从自然语言处理到智能客服。随着大模型技术、智能算法和深度学习这类最具产业化潜力技术的突破，人工智能产业化将呈现出迅猛发展的态势（王友发等，2019）。

“产业人工智能化”能力则聚焦于各传统产业通过引入人工智能技术实现数字化、智能化转型的过程。这里强调的是人工智能在不同行业中的渗透、应用和改造，尤其是在制造业、零售、医疗、金融等行业中，通过技术升级和产业重构，实现产业链的优化与价值链的提升，赋能这些领域的运营优化、生产效率提升和服务质量改进，助推生产方式变革，满足个性化、差异化需求（徐鹏、徐向艺，2020）。例如，制造业通过人工智能实现精准预测和智能调度，零售业则利用人工智能技术优化供应链和个性化推荐，人工智能在医疗健康领域的应用不仅提高了诊断精度，还优化了患者的治疗方案，提升了医疗服务质量。这一过程不仅提升了行业竞争力，也推动了整体产业结构的升级和创新模式的发展。尤其是在人工智能赋能制造业的过程中，企业不仅通过智能监控和预测维护提高了制造过程中的投入产出效率，还通过数据分析、反馈设计等方式提升了客户体验和产品的附加值。帮助传统制造业企业实现从单一产品制造向“产品 + 服务”模式的拓展，有助于从“微笑曲线”中低端开始向高增加值环节跃升（陈洪章等，2024；苗翠芬，2023）。

综上所述，人工智能的广泛应用与产业融合带来了产业业态的深层次变革，逐渐构建出一种创新驱动、技术引领的现代人工智能产业生态系统。无论是“人工智能产业化”还是“产业人工智能化”，最终目标均指向更为智能、高效、互联的人工智能产业生态，为经济发展和社会进步注入了持续的动能。

（3）人工智能产业生态中的创新生态

人工智能产业生态系统中的创新生态功能来自技术基础和产业能力，同时反过来对人工智能的技术基础和产业能力具有显著推动作用。

一是产学研合作是人工智能创新生态的基石。产学研合作在人工智能创新生态中扮演着核心角色，是技术开发与产业化的重要桥梁。高校和科研机构专注于基础理论研究和关键技术突破，为产业界提供前沿的技术储备；企业则利用其市场洞察力，将研究成果转化为满足市场需求的实际应用。通过深度合作，高校和科研机构的学术探索与企业的市场导向得以高效结合，形成技术研发与市场需求的良性循环。例如，在人工智能算法优化和行业应用场景开发中，产学研合作加速了从实验室成果到商业化产品的转化过程，显著缩短了技术落地时间，提高了创新效率。

二是技术与业务的双向互动是驱动产业创新的重要动力来源。这种协同不仅推动了人工智能技术在各行各业的深入应用，也为行业发展提供了新的增长点。例如，在制造业领域，人工智能技术通过大数据分析优化生产流程，助力制造业的智能化、柔性化、自动化、服务化转型；在医疗领域，智能诊断与精准治疗显著提高了医疗服务的效率和质量。业务需求为技术创新提供了明确方向，而技术进步又反过来激发了新的业务模式，这种双向互动形成了技术与业务协同发展的闭环，推动了人工智能的持续演进。

三是大模型与大型数字平台构成了资源整合与协作创新的引擎。人工智能大模型研发企业和数字平台企业在人工智能创新生态中具有举足轻重的地位，是生态内的核心成员，作为资源整合和开放协作的核心枢纽，可以促进生态内部成员和连接数量的增加，提高创新系统生态的整体创新能力。这些平台通过开放式资源共享体系，集聚了上游供应商、下游客户以及中小创新企业，为生态系统提供了从技术到业务的全链条支持。平台不仅降低了中小企业参与创新的门槛，还通过技术和业务的深度协同，形成了一种开放、包容的创新模式。以智能制造为例，平台主导的生态体系通过标准化技术接口和资源共享机制，推动了产业链上下游企业的协同发展，为人工智能技术的规模化应用奠定了基础；并且平台企业可以很好地进行链条内部的价值分配和内外竞合问题，在实现企业自身绩效的同时实现价值共创。

25.2.2 人工智能产业生态的关键特征：系统协同性、动态演化性、持续共享性

人工智能产业生态具有系统协同性、动态演化性、持续共享性三大特征。

（1）系统协同性

人工智能产业生态系统以多主体协同为核心特征，各参与者之间通过数据共享、技术协作和资源整合形成紧密联系。技术研发机构、企业、政府和消费者等主体在生态系统中相互依存，共同推动技术进步和应用落地。协同性不仅体现在产业链上下游的分工合作上，还通过跨行业的联动和多领域的资源共享，实现了更广泛的技术扩散和商业模式创新。

（2）动态演化性

人工智能产业生态系统是一个高度动态的复杂系统，能够随着技术进步、市场需求变化和政策调整不断演化。生态内的技术迭代、数据更新和资源流动形成了自我驱动的动态反馈机制，使系统具备适应性和创新活力。企业、开发者与消费者之间的持续互动推动了技术和应用的双向优化，确保生态系统能够快速响应外部环境变化，实现可持续发展。

（3）持续共享性

人工智能产业生态系统以资源高效利用和长期发展为目标，强调数据、技术和硬件等资源的复用与再循环。通过优化资源配置，生态系统实现了经济效益与社会效益的双重提升。同时，技术创新与伦理治理相结合，确保了人工智能技术的应用符合安全性和社会价值要求。可持续性使得生态系统在追求商业价值的同时，兼顾生态平衡和社会责任。

这三大特征构成了人工智能产业生态系统的基础逻辑，确保了生态系统内各主体的高效协作、持续演进和健康发展。

25.3 人工智能产业生态的培育策略

当前，人工智能的发展已经进入了由“技术主导”到“技术发展与应用探索交互融合”的新阶段。正如英伟达 CEO 黄仁勋在讨论产业创新机遇及其下一代计算平台“全宇宙”（Omniverse）时指出的，“过去的人工智能主要是与数码相关，而未来人工智能的机会在于同物理世界和全球上千万亿美元的实体产业相结合”①。面对人工智能产业生态发展的这一未来趋势，基于“参与主体—结构联系—支撑环境”的构成要素分解视角，应用“技术基础—产业能力—创新生态”的功能形态分析框架，本章提出以下人工智能产业生态培育的策略方案。

25.3.1 培育多重创新主体，强化产业生态核心企业引领和推动场景应用企业发展

在人工智能产业生态的培育过程中，要加快培育创新主体，强化人工智能产业生态主导型企业的引领作用，与此同时，支持推动场景应用的专精特新企业发展。

在人工智能产业生态系统中，核心主导型企业扮演着引领整个产业生态创新发展的角色，其作用不仅局限于技术研发和市场拓展，更关键在于构筑和主导整个人工智能产业生态的发展方向。这些企业通过整合资源、推动技术创新、规范产业标准、培育协作伙伴等手段，在生态系统内形成强大的控制力和影响力（盛朝迅，2022）。政府可以通过政策支持，进一

① 资料来源于参见黄仁勋接受 CNBC 的采访视频[EB/OL]. https://www.cnbc.com/video/2023/03/19/nvidia-ceo-jensen-huang-on-how-his-big-bet-on-ai-is-paying-off.html。

步提升核心企业的引领作用，这包括推动平台企业参与国际技术标准制定，加强核心技术研发投入，设立专项基金支持其在算力、算法和应用场景上的持续创新。同时，核心企业技术的开放性和互操作性至关重要，这能够促进技术资源的共享和交叉应用，使整个产业链的创新更加高效。此外，政策支持可侧重推动核心主导企业打造覆盖上游到下游的数字化、智能化生态系统，从而以人工智能为驱动力，加速全产业链的转型升级，进一步提升人工智能产业生态的可持续发展能力。

人工智能的价值不仅在于技术本身，更体现在其应用的广泛性和深度。专精特新企业在人工智能应用场景开发中发挥着重要作用。这些企业通过深耕行业需求，推动人工智能技术与产业实际的深度融合，既拓宽了人工智能的应用边界，也为生态系统注入了活力。它们具备高度的专业化能力，能够针对特定行业需求提供定制化解决方案。为了支持这些企业的发展，政府应注重资源的精准配置。例如，通过财政补贴和税收优惠减轻中小企业的成本负担；通过行业示范基地的建设推广成功案例，为企业开拓市场提供平台。此外，政府可以推动中小企业与核心平台企业合作，利用平台的技术资源和市场网络，进一步提升场景应用企业的创新能力。

25.3.2　促进创新主体联动互促，协同推进人工智能产业化和产业人工智能化

在人工智能产业生态的培育中，创新主体之间的联动与协同是推动生态系统发展的关键，通过构建核心企业、中小企业、高校科研机构以及政府和市场之间的互动网络，可以实现人工智能技术的快速产业化与传统产业的智能化转型，即所谓的“人工智能产业化”和“产业人工智能化”双向驱动模式（耿子恒，2023）。

人工智能产业化是指人工智能技术从实验室研究到商业化应用的过程。核心企业在这一过程中扮演着重要角色，它们通过技术创新、平台搭建和资源整合，为中小企业和开发者提供了必要的技术支持与市场网络。例如，互联网平台企业通过开放资源和技术接口推动技术落地，同时利用网络效应扩大生态系统的影响力。政策支持也不可或缺，例如，推动知识产权保护机制的完善，激励企业加大技术研发的投入。示范项目和试点区域建设为技术成果的快速转化提供了重要载体，显著提高了技术商业化的效率。

与此同时，产业人工智能化则关注如何利用人工智能技术赋能传统产业，实现产业结构的智能化升级。以制造业为例，人工智能技术可以通过大数据分析和优化算法提升生产效率，实现柔性制造和智能化管理。在医疗领域，人工智能的应用则表现在精准诊断和个性化治疗方面，为患者提供更高质量的医疗服务。这种转型需要的不仅是技术本身的进步，还需要跨行业协作的支持。中小企业作为场景应用的主力军，通过深耕行业需求，能够推动人工智能技术与产业实际的深度融合，进一步拓展其应用边界。

要实现这一目标，创新主体之间的协同作用尤为重要。核心企业与中小企业之间的联动能够最大限度地发挥规模效应和灵活性优势。核心企业提供技术基础和市场网络，而中小企业则通过快速响应市场需求，推动多样化的应用场景开发。同时，产学研合作也是协同创新的基石。高校和科研机构在理论研究与技术突破上占据优势，企业则具备市场洞察力和应用能力，两者的结合能够加速技术从实验室到市场的转化。此外，政府与市场的双轮驱动机制通过政策引导和资源配置营造了创新环境，而市场需求则为技术迭代提供了动态反馈。

最终，人工智能产业生态需要通过技术、资本、数据和市场资源的整合，构建一个开放式的协同网络。这种网络不仅促进了主体间的资源共享和技术流动，也增强了生态系统整体的竞争力。通过优化创新主体的联动模式，人工智能产业生态可以实现人工智能产业化与产业人工智能化的双向驱动，在持续发展的道路上迈出更加稳健的步伐。

25.3.3 协同推动“人工智能+”战略和“数据要素×”计划，构建数据反馈和人工智能技术升级的闭环体系

在数据和数据关系驱动的创新范式中，数据洞察能力和理论逻辑能力交互耦合成为创新的关键源泉（江小涓等，2024）。这一趋势深刻揭示了人工智能产业生态培育的内在逻辑：必须协同推动“人工智能+”战略与“数据要素×”计划，以构建数据反馈和人工智能技术升级的闭环体系，为新时代数字经济的高质量发展提供强大动力。

一方面，随着“海量数据”时代的到来（Hey et al.，2010），人工智能技术的发展已成为充分利用数据要素价值的重要保障。数据作为数字经济时代的“新石油”，其潜在价值巨大，但只有依托先进的人工智能技术，

才能有效挖掘和利用这些数据资源。因此，应深入实施“人工智能+”战略，着力推动人工智能技术与各行各业的深度融合，通过持续的技术创新，创造出新颖的产品、服务和商业模式。此举不仅能显著提升产业效率，还能有力催生出一系列新兴产业，为经济社会发展不断注入新活力。同时，要加强国际合作与交流，积极参与全球数据治理与人工智能规则制定工作，以更加开放包容的姿态融入全球科技创新体系，进而提升国家在国际人工智能领域的影响力与话语权。

另一方面，数据作为驱动人工智能算法优化、模型训练以及智能应用创新的关键要素，其重要性日益凸显。为了充分发挥数据要素的巨大价值，必须稳步推进“数据要素×”计划的实施。这包括不断强化数据立法与执法力度，切实保护数据产权，确保数据的安全与合规使用；同时，要积极促进数据要素市场的健康发展，努力推动数据实现跨系统、跨平台、跨行业的互联互通，有效打破数据孤岛现象，实现数据资源的广泛共享与高效利用。通过这些举措，可以为“规模涌现定律”（scaling law）作用下人工智能技术的持续优化与升级奠定坚实的数据基础，推动人工智能技术从量变向质变迈进，达到更高水平的智能化应用。

综上所述，协同推进“人工智能+”战略与“数据要素×”计划，构建数据反馈与人工智能技术迭代升级的闭环体系，是新时代推动人工智能产业高质量发展的必然要求。应深刻把握数据与智能融合发展的新趋势，以政策为引领，以制度为保障，以创新为驱动，充分激发产业潜能，不断提升国际竞争力，为构建智能、高效、安全、可持续的人工智能产业生态贡献力量，助力我国经济社会高质量发展迈上新台阶。

25.3.4 加快培育人工智能产业人才梯队，筑牢可持续发展之基

在人工智能产业生态的培育过程中，智能人才是通过推动组织变革有效解决人工智能技术发展与扩散缓慢问题的重要支撑，也是推动以人工智能形成新质生产力的关键要素。人工智能产业的可持续发展高度依赖于高素质的人才队伍，人才培养与引进在这一过程中扮演着核心角色。为构建一个持久而创新的人工智能产业生态，必须从人才培育、技能提升到引进优秀人才，逐步完善整个产业的人才保障体系，确保产业链上下游的技术与应用层面都能得到持续的人才支持，做到多渠道创新人才培养（王林辉

等，2023）。

首先，教育是人才培养的起点和基石。高等院校与科研机构在人工智能人才的培养中扮演着至关重要的角色。随着数字技术的快速发展及与制造业的深度融合，传统的人才培养模式已经无法满足数字化时代制造业发展的需求，第四次教育革命正在到来（塞尔登、阿比多耶，2024），应紧跟国际技术前沿，不断更新和优化课程体系，特别是在深度学习、自然语言处理、计算机视觉等关键技术领域，要确保学生能够掌握最新的理论知识和实践技能；同时，加强产学研合作，通过真实项目驱动的教学方式，让学生在解决实际问题的过程中提升能力，为未来的产业实践打下坚实基础。此外，鼓励跨学科教育，培养具有宽广视野和创新能力的复合型人才，以满足人工智能产业对多元化人才的需求。

其次，在职人员的技能提升是保持产业竞争力的关键。随着人工智能技术的快速发展，从业者需要不断更新知识，以适应技术变革。企业和行业协会应建立系统的培训体系，定期举办技术研讨会和培训课程，帮助从业者掌握最新技术动态和应用趋势。政府应给予政策支持和资金扶持，鼓励企业与培训机构合作开展职业培训项目，提升行业整体技能水平，推动产业升级和技术革新。

在人才引进方面，需制定具有吸引力和竞争力的政策。政府、企业、研究机构应协同作战，通过提供优厚的科研条件、生活待遇和职业发展机会，吸引国内外顶尖人才加盟。特别是对于高端技术人才和跨学科复合型人才，应给予更加灵活和个性化的支持；同时，建立完善的人才评价体系和激励机制，确保人才能够得到应有的认可和回报，从而激发他们的创新热情和工作动力。

除了人才培养和引进外，营造良好的人才发展环境同样重要。政府应完善相关政策体系，保护知识产权和创新成果，提升从业者的职业安全感和归属感；同时，构建开放包容的创新氛围，鼓励产学研协同合作，促进技术创新和成果转化。这种人才机制不仅能保持产业技术的不断突破，也能助力整个产业链在变化中保持活力，使人工智能产业在激烈的全球竞争中占据有利位置，缓解目前中国面临的“应用强、研发弱”“重引进、轻自研”“丰概念、缺实质”“发展快、乏机制”等既影响自身发展又影响经济增长的发展障碍（耿子恒等，2021）。此外，注重人才培养与产业发展的深度融合，形成以企业为主体、产学研协同的人才发展模式，为人工智能产业注入源源不断的创新活力。

综上所述，通过系统推进人才培养、技能提升和人才引进工作，并营造良好的人才发展环境，我们可以构建一个自我更新、良性循环的人才生态体系。这将为人工智能产业的持续健康发展提供坚实的人才支撑和智力保障，推动技术不断突破、产业不断升级，使中国在全球人工智能竞争中占据领先地位。

25.3.5 科学处理数据隐私和人工智能技术伦理问题，推动人工智能产业生态可持续发展

在培育人工智能产业生态的进程中，数据隐私与技术伦理问题凸显为核心议题，它们不仅关乎技术的社会认同与长远潜力，更直接影响人工智能产业生态系统的可持续性。因此，科学应对这两大挑战，构建健全的治理体系，对于推动人工智能产业生态的健康发展至关重要。因为道德、人权等问题都不是由技术本身带来的，而是人类在社会、组织和其他环境中使用技术的结果（Gibson，1977a，1977b；Norman，1999），所以关键在于建立多层次的伦理框架与社会监督机制。

在数据隐私保护方面，需平衡数据资源开发与数据隐私安全保障。政策与法规的完善是基础，通过明确数据采集、存储、使用及共享的规范，为企业与研发机构划定清晰界限。同时，强化技术手段应用，如数据脱敏、加密计算和联邦学习，既保障数据安全，又充分挖掘数据价值。企业应增强自律，建立数据治理体系，提升透明度，并引入用户授权机制，确保数据处理合法、透明，与人工智能技术发展相得益彰。

在技术伦理治理方面，应致力于构建负责任的人工智能生态。为了有效应对人工智能技术在公平性、透明性和责任性等方面的伦理风险，需构建完善的伦理框架与规范。全球性技术伦理框架可以为技术开发与应用提供统一的行为准则，明确算法偏见、决策透明和责任追踪等问题的底线。与此同时，公众参与和社会监督在技术伦理治理中发挥着独特作用。通过吸纳多方意见，推动人工智能伦理问题的解决民主化，不仅能提高人工智能决策的社会信任度，还能促使技术开发更贴近公众需求。尤其是通过公众参与，可以实现伦理治理的广泛透明性和包容性。加强技术开发者的伦理意识和责任教育也是重要一环。在人工智能开发的各个阶段，引入伦理

评估机制和责任培训课程，可以有效避免技术应用的伦理风险，并推动人工智能生态向更加健康的方向发展。

实现可持续发展，需平衡安全与发展之间的关系。在确保隐私和伦理安全的前提下，促进数据合规流通与技术开放共享，激发创新活力。同时，整合伦理与经济效益，探索符合社会价值的技术发展方向，将可持续性融入技术创新。国际合作与经验共享同样重要，通过全球化共识与协作，为地方治理提供借鉴，共同推动人工智能技术的健康发展与广泛应用。

综上所述，科学处理数据隐私与技术伦理问题，是促进人工智能产业生态可持续发展的关键。政策完善、技术创新、企业自律、国际合作等多方面协作，共同构成保护安全与推动创新的平衡机制。只有如此，才能构建一个安全、可信、可持续的人工智能产业生态系统，为经济社会高质量发展持续注入强劲动力。

26 人工智能赋能未来产业的发展

当前，全球数字经济活动进入密集活跃阶段，作为第四次工业革命和新一轮自动化技术的重要构成（Sundberg & Holmstrom，2024），人工智能应用已成为推动未来产业发展、助力生产力质态跃升的关键所在。2024年，“人工智能+”一词首次出现在《政府工作报告》中，从“人工智能”到“人工智能+”的新变化反映了我国不同发展阶段的战略需求，它意味着随着数字技术的重大突破与计算能力的显著增强，人工智能技术逐渐广泛融入区块链等各种新兴技术平台，赋能各行各业跨领域，以更加灵活高效的方式培育新产业。未来产业作为新产业的典型代表，人工智能通过技术的广泛应用与渗透以释放“智能红利”，为未来产业发展提供了坚实基础。由此演绎，本章试图探讨人工智能应用能否成为推动未来产业发展的重要驱动力量，若上述猜想得以验证，该效应产生的作用渠道及差异化影响又是如何，对这一重要命题的探究在构筑未来产业发展新优势中具有重要理论与实践意义。

26.1 人工智能应用与未来产业发展的理论基础

与本章人工智能应用、未来产业发展相关的研究主要包括以下两支文献：第一支文献重点探讨了人工智能应用的影响因素，第二支文献聚焦于未来产业发展的影响因素。

26.1.1 人工智能应用的经济效应

人工智能是一种最具破坏性和开创性的技术（Ahmad & Ghapar，2019），早期其被理解为一个模仿人类智能功能的系统（Fetzer，1990），随着技术的发展，人工智能技术的内涵与外延发生了变化，其已成为能够自我驱动，基于大数据、图像、文本等方面做出决策的系统（Luckin & Holmes，2016），形成诸如智能驾驶系统、3D 打印、嵌入式设备、聊天机器人等新兴技术，对经济社会产生变革性影响（Brynjolfsson & McAfee，2014）。虽然既有研究对人工智能应用的就业效应、数据安全与伦理问题存在争议（Whittaker et al.，2020；Edyta Golab - Andrzejak，2023），以就业为例，部分学者认为人工智能技术是一种以“机器换人”自动化方式（Acemoglu & Restrepo，2018），对劳动产生偏向的替代性，进而减少就业（郭凯明，2019），然而，部分学者将人工智能技术视为一种改进劳动生产效率的辅助性工具（Korinek & Stiglitz，2017），创造了新的岗位需求，进而增加就业（Acemoglu et al.，2022），但不容忽视的是，多数学者仍肯定了人工智能技术对技术创新、收入分配、生产力等方面带来的积极影响（陈彦斌等，2019）。从生产力来看，人工智能在生产过程的渗透与融入，促使越来越多的实证研究检验人工智能技术对企业生产力的积极影响（Alderucci et al.，2020；Rammer et al.，2023；Calvino & Fontanelli，2023；Alekseeva et al.，2021）；同时，人工智能技术的应用能够为落后公司提供新的业务重组和生产力改进的机会，缩小落后公司与领先公司的生产率差距（Igna & Venturini，2023）。Behrens 等（2021）的研究证实采用人工智能技术的公司相较于未采用人工智能技术的公司生产率平均提高 10%。从技术创新来看，人工智能应用的开源特性会进一步刺激数据驱动的学习能力提升（李玉花等，2024），进而有利于促进企业进行新颖性较高的产品创新和流程创新（Murray，2021）。

随着时间的推移，自 2022 年以来 ChatGPT、Midjourney 等生成式人工智能迅速被采用，部分研究开始关注基于大型语言模型（LLMs）的聊天机器人在商业和组织环境中的应用（Ritala et al.，2023），强调了生成式人工智能的快速增长。然而，未来产业作为前瞻性新兴产业，人工智能技术必将对未来产业产生影响。尽管如此，现有文献并未从未来产业视角切入，充分揭示人工智能的大规模应用能够为中国未来产业发展带来何种变化。

26.1.2 未来产业发展的影响因素

随着数字技术的革命性突破，产业边界逐渐模糊，不断衍生出新的产业形态——未来产业应运而生。从当前研究现状看，关于未来产业的界定存在较为一致且清晰的观点，认为未来产业是具有前瞻性、尚处于发展初期并具有很大潜力的一类产业，而关于如何推动未来产业发展，社会各界主要集中于关于未来产业相关的诸如战略性新兴产业、高新技术产业、数字产业等方面的评价或影响研究，就评价而言，已有研究主要包括高新技术产业集聚带动地区生产力的高效发展（朱喜安，2021），以及高新技术产业集聚能够产生协同集聚，有效突破市场容量制约，进而提升绿色全要素生产率（胡安军等，2018；王燕、孙超，2020）。就影响因素而言，主要分析网络基础设施（秦文晋、刘鑫鹏，2022）、CEO激励机制（王玉霞、孙治一，2018）、创新因素（朱莲美、杨以诺，2020；余振等，2024）、人力资本流动（郭丽燕等，2020）、财政支持强度（余壮雄等，2024）对上述产业的影响效果。具体来看，以高新技术产业为例，新型基础设施建设通过技术跃迁对产业结构和功能赋能，加速高新技术产业的变革（季凯文等，2023），已有研究证实了新型基础设施建设是影响高新技术产业的重要因素（刘成杰等，2024）。还有文献探究了诸如创新（余振等，2024）、人力资本要素流动，推动高新技术产业、战略性新兴产业的集聚，进而推动产业发展（刘和东、刘繁繁，2021；郭丽燕等，2020）。少部分学者以微观企业为研究对象，深入考察CEO激励机制对战略性新兴产业创新投入强度的影响（王玉霞、孙治一，2018）。除此之外，部分学者以数字产业为研究对象，深入分析贸易方式转换、中间品进口替代和信息成本缩减是数字产业韧性提升的重要机制（赵放等，2024）。同时，有学者研究发现有效市场和有为政府的配合能够提升数字产业集群的创新能力（夏杰长、刘睿仪，2024）。

通过上述分析，目前学术界已围绕人工智能、战略性新兴产业、数字产业、高新技术产业等主题展开深度研究，但直接探究人工智能应用与未来产业发展之间的影响仍存在明显缺口，主要表现为两者的理论研究与经验证据存在不足。事实上，在数字经济时代，人工智能技术作为通用技术对未来产业发展有着不可忽视的作用，鉴于此，本章密切围绕“人工智能应用赋能未来产业发展”这一关键命题，从理论与实证层面共同考察人工智能应用影响未来产业的总体效应、作用机制、异质性和长期效应等，可能的边际贡献有以下几点。第一，现阶段鲜有文献对未来产业的影响因素进行研究，而人工智能的积极效应多聚焦在技术创新、收入分配、生产力等方面（陈彦斌等，2019），鲜有学者将人工智能与未来产业纳入同一框架进行系统研究，本章重点分析人工智能与未来产业之间的关系，进一步丰富了人工智能经济效应的相关研究。第二，目前关于未来产业发展的相关文献以定性研究为主，现有的定量研究较少，因此，本章在未来产业的内涵界定基础上，基于全国土地市场交易数据测度我国各城市各年份未来产业发展水平的动态变化及空间分布，为提高未来产业发展的科学决策水平提供基本保障。第三，不同于以往文献笼统地分析人工智能应用的经济效应，本章深度聚焦于人工智能的治理与技术特征，从更细粒度探讨人工智能应用如何影响未来产业发展，并且对治理空间和技术空间的细微机制进行了经验检验，展现了人工智能应用在治理环境优化、创新边界扩展上扮演的重要角色，并基于人工智能应用的特定场景，分析其对未来产业发展的长期影响，为加快人工智能应用、推动未来产业发展提供了经验证据。

26.2 人工智能应用影响未来产业发展的作用渠道

未来产业形成于新发展格局下数字产业化的具体实践，是具有成长为新一代战略性新兴产业的潜力，但尚处于技术发展初期、孕育孵化阶段的产业，其具有典型孵化过程的不确定性、技术的多迭代性等特点。而人工智能作为一种颠覆性、破坏性的通用技术（Ahmad & Ghapar，2019），其广泛应用能够促使空间层面呈现出治理环境的优化与技术经济的关联，进而缓解未来产业孵化过程中的不确定性以及支撑技术的迭代性，从而有利于未来产业的培育与发展，因此，我们推断人工智能对未来产业发展的影响体现在治理空间与技术空间联动方面，并就其影响机制提出了待检验假说。

26.2.1 治理空间维度：人工智能与未来产业

在治理空间维度，高质量的治理环境是培育未来产业生存和发展的必要保证。治理环境是包括市场、法律、文化等方面的外部生态系统（Wang &Guo，2022），从其对未来产业的影响来看，由于未来产业在孕育阶段具有高不确定性，良好的治理环境意味着可以增强市场的资源配置（Wang et al.，2021），促使具有自然优势、增长强劲的产业能够通过不同的渠道获得资源支持（Zhang et al.，2022；Peng et al.，2021），有助于应对发展过程中的不确定性。例如，良好的治理环境能够增强投资者信心，帮助未来产业获得充足的政府补贴，以保证未来产业培育过程的高额资金需求。同时，治理环境的改善有助于提高市场参与者的活力和创造力（Jiang et al.，2020），Wang 等（2022）的研究证实了这一观点。不可否认的是，良好的治理环境可以为未来产业创造一个稳定、公平的外部环境，在这样的环境下，所处未来产业的企业会更专注于新技术的研发，提高新产品或新服务的转化率，减少与不确定性相关的风险。例如，Seok（2018）发现，治理环境的改善能够加速新技术的转化率。

已有研究证实了人工智能具有外溢性，及其在治理环境中的积极作用（郭凯明，2019；Ritala et al.，2023）。例如，元宇宙由数字双胞胎等多种平台组成，为个人用户提供沉浸式、高质量的治理环境。具体来看，一方面，随着机器学习、数据分析的迭代与升级，人工智能通过模拟人类学习、推理、解决问题等活动评估实时服务场景，扩大了其应用范围，为了成功地从人工智能应用程序中获取价值，会倒逼未来产业所处的外部环境与之相匹配。例如，人工智能在公开交流使用的算法，能够协助企业间建立信任关系，最大限度地提高透明性，进而优化产业所处的外部环境。另一方面，人工智能实质是一种具有技术支持的系统（Edyta Golab – Andrzejak，2023），其与物理空间并存交融的网络空间，可以为信息及时、高效传播提供新工具，为治理环境改善提供新驱动。例如，在法律领域中审判智能辅助系统的出现，能够为法官提供类案推送等服务，实现对偏离度过大的案件进行自动预警，提高案件审理效率，优化法治化环境。

26.2.2 技术空间维度：人工智能与未来产业

在技术空间层面，未来产业具有典型的高技术迭代特征，依赖于所处数字领域产生的创新突破与发展。一方面，密切的技术经济关联营造一个开放式创新的动态环境，吸引和留住新兴人工智能领域的人才（Subramanian et al.，2024），为未来产业发展提供了人才支持。另一方面，关键技术突破模拟的迭代性质，提供了高度以用户偏好为中心、多样化的新产品或服务（Lnenicka et al.，2024），并随着用户行为而适应和发展（Huang & Gursoy，2024），提高对市场变化的敏感性，从而更快地实现未来产业发展。此外，密切的技术经济关联能够促使创新知识和资源得以充分利用，进而降低构建和维护未来产业的成本，在这种情况下，一个国家或地区普遍以未来产业发展为核心。

人工智能的应用在扩展技术空间的创新可能性边界方面是至关重要的。首先，由于数字知识通常是稀缺的（Berbel－Vera et al.，2022），人工智能提供的虚拟、增强和扩展现实能够以不同的组合与技术空间结合，弥合不同部门与外部环境之间的信息差距，加速研发并缩短创新周期。其次，人工智能的真正优势在于它能够破译经济活动生成的海量数据，挖掘出隐藏趋势和模式（Haenlein & Kaplan，2019），放大其准确性和可靠性（Battisti et al.，2022），释放人工智能算法的全部潜力（Spilseth et al.，2022），使得超越传统创新成为可能。例如，Lee 和 Wang（2024）证实了 ChatGPT 在激发创新潜力方面的显著作用。同时，人工智能应用的开源属性也更便利地联动不同企业间的交流进而提升企业对于产业内新技术的认识，将其沉淀到新的知识资产组织（Benkraiem et al.，2021），在更广阔领域进行新的创新探索，拓宽创新边界。最后，人工智能应用能够提高创新失败的容忍度，进而有助于提高未来产业中的各个企业对多门类、新兴技术创新探索的意愿，实现更高水平的创新。

基于此，本章提出如下假说。

H1：人工智能应用能够推动未来产业发展。

26.3 人工智能应用影响未来产业发展的实证设计

26.3.1 模型构建

为了验证提出的结论，本章采用了双向固定效应模型进行人工智能应用影响未来产业发展的实证检验，基准回归设定如下：

$$furturetind_{i,t} = \alpha + \gamma artifiinte_{i,t} + \beta_i Controls_{i,t} + \theta_i + \delta_t + u_{i,t} \tag{26-1}$$

其中，$artfiinte_{i,t}$表示城市 i 在 t 年的人工智能应用水平，*furturetind* 表示城市 i 在 t 年的未来产业发展水平，*Controls* 为控制变量的向量，θ_i、δ_t 分别为城市、年份层面的固定效应，$u_{i,t}$ 为随机扰动项，γ 为核心估计系数，若人工智能应用能够有效激励未来产业发展，则 γ 的系数为正。

26.3.2 变量说明

被解释变量：未来产业发展（*furturetind*）。未来产业作为技术发展初期、孕育孵化阶段的产业，现阶段其发展更为直接地体现为与未来产业相关的土地成交数量。因此，本章将中国土地市场网中的电子监管号、项目名称、行业分类、土地级别、土地用途、行政区等信息进行解析，并将地块的经纬度进行解析，根据经纬度判断地块所处的城市，进而得到城市层面新增未来产业土地成交数量。其中，关于未来产业相关地块的确定，本章是参考工业和信息化部等七部门印发《关于推动未来产业创新发展的实施意见》以及各级省政府如江苏省出台的《关于加快培育发展未来产业的指导意见》中关于未来产业的界定，确定包含类脑智能、量子信息、基因技术、未来网络、深海空天开发等词汇在内的未来产业词库，根据项目名称中是否包含任一未来产业词库中的关键词对土地出让信息进行提取，并按照分年份分城市进行加总后加 1 取对数得到最终数据。

核心解释变量：人工智能应用（*artifiinte*）。首先，基于国家知识产权局发布的《关键数字技术专利分类体系（2023）》对专利数据库中的专利信息进行筛选，得到人工智能专利的专利分类号；其次，将专利分类号与上市公司专利信息进行匹配，得到上市公司人工智能专利数据；最后，将上市公司人工专利信息按照注册地进行分类汇总到城市层面，得到各城市人工智能专利数据，再对其进行加 1 后的对数化处理，以表征人工智能专利的应用。需要说明的是，若企业关键数字技术专利数据中存在一家公司具有多个申请和授权同时存在的专利时，则对重复专利进行剔除，以确保数据清洗的准确性。

控制变量：借鉴已有研究，本章参考沈坤荣等（2023）的研究，引入地区层面的变量作为控制变量，以控制城市特征对研究结果的影响。经济发展水平（ln*gdp*）：用国内生产总值的自然对数表示。产业结构（*inst*）：用第二产业与第三产业之比表示。教育投入（*edu*）：用教育支出/地方财政一般预算内支出表示。政府干预（*gov*）：用地方财政一般预算内支出（万元）与国内生产总值之比表示。金融水平（*fin*）：用年末金融机构各项存贷款余额的对数表示。科学投入（*sci*）：用科学支出/地方财政一般预算内支出表示。

26.3.3 数据来源与描述性统计

由于未来产业目前尚未有一致的测度研究，考虑到未来产业相关的土地出让结果对于研究未来产业发展具有较强的代表性，本章以中国土地市场网的土地出让结果为研究对象，整理了未来产业的直接数据，并将中国专利数据库中人工智能专利数据进行匹配，同时结合历年《中国城市统计年鉴》、CEIC 数据库中城市层面的基本数据，得到最终样本数据。需要说明的是，由于2008 年之前的人工智能专利申请量较少，为了更精确地体现人工智能应用的作用，本章最终确定的样本期为 2008—2022 年。主要变量的描述性统计如表 26 – 1 所示。由表 26 – 1 可知，未来产业发展（*furturetind*）的平均值为 1. 0814，最大值为 5. 3033，标准差为 1. 0420，说明未来产业发展的整体水平较低，同时，样本中人工智能应用的平均值为 1. 2057，最小值为 0. 0000，最大值为 10. 0399，标准差为 1. 8397，这说明城市间人工智能应用存在巨大差异。其他变量的描述性统计结果基本符合实际。

表 26 – 1　主要变量的描述性统计

变量	变量符号	均值	标准差	最小值	最大值	样本量
未来产业发展	*furturetind*	1. 0814	1. 0420	0. 0000	5. 3033	4230
人工智能应用	*artifiinte*	1. 2057	1. 8397	0. 0000	10. 0399	4230
经济发展水平	ln*gdp*	16. 5240	0. 9763	13. 5384	19. 9181	4230
产业结构	*inst*	1. 2471	0. 6721	0. 1764	10. 6026	4230
教育投入	*edu*	0. 1781	0. 0409	0. 0177	0. 3774	4230
政府干预	*gov*	0. 1911	0. 0965	0. 0426	0. 9174	4230
金融水平	*fin*	17. 3202	1. 1795	13. 9842	21. 8480	4230
科学投入	*sci*	0. 0166	0. 0168	0. 0005	0. 2068	4230

26. 3. 4　数据特征化事实凝练和分析

为了进一步揭示我国未来产业的空间变化，本章进一步利用标准差椭圆对其展开分析（见图 26 – 1、表 26 – 2）。从各项参数来看，椭圆大致呈“东部—中部”的空间分布格局。长轴长度由 2008 年的 861. 3767 千米波动减至 2016 年的 588. 7621 千米，之后又增至 2023 年 918. 5162 千米，说明未来产业在 2008 年以后东西向主轴上趋于集聚，2016 年之后逐渐扩散。短轴长度从 2008 年的 623. 7247 千米波动减至 2023 年的 605. 3258 千米，基本变化不大，略微呈现离散趋势。椭圆转角整体旋转幅度较大，空间分布变化明显。从图 26 – 1来看，未来产业椭圆面积自 2008 年以来有所增加，表明我国未来产业在空间上呈现分散趋势。

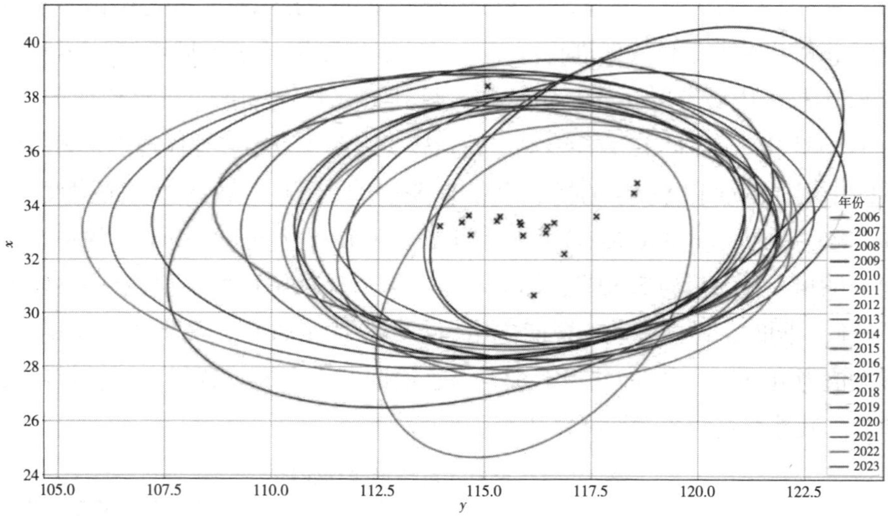

图 26－1　历年未来产业的分布情况

表 26－2　未来产业标准差椭圆的参数变化

年份	x	y	长半轴/千米	短半轴/千米	转角/度
2008	32. 9233	114. 6672	861. 3767	623. 7247	35. 7642
2009	34. 8566	118. 5614	717. 5038	420. 7634	－125. 1900
2010	34. 4788	118. 4887	693. 3848	455. 7921	－125. 0032
2011	33. 5869	117. 6162	687. 6470	545. 4959	32. 6903
2012	32. 2073	116. 8614	598. 4356	522. 3069	19. 4722
2013	33. 3572	116. 6139	583. 3991	466. 7987	－0. 4718
2014	33. 2126	116. 4600	647. 7913	493. 9692	16. 9561
2015	33. 4333	115. 2797	741. 5074	466. 7640	－7. 9431
2016	33. 3914	115. 8199	588. 7621	512. 6835	9. 0796
2017	32. 8868	115. 8910	627. 6294	555. 9517	2. 5709
2018	32. 9760	116. 4205	604. 6026	524. 7548	－1. 2873
2019	33. 2807	115. 8409	609. 6782	523. 7164	34. 3542
2020	33. 5956	115. 3588	682. 7421	568. 5102	16. 4214
2021	33. 6470	114. 6173	825. 1609	590. 5048	4. 5244
2022	33. 2360	113. 9431	930. 3948	618. 3732	2. 0182
2023	33. 3924	114. 4649	918. 5162	605. 3258	3. 9680

事实上，近年来我国未来产业的不断发展和人工智能的广泛应用并存的现象为我们研究两者的关系提供了经验证据。中国在培育未来产业发展方面制定了《关于推动未来产业创新发展的实施意见》等多个方案，在此期间，中国人工智能板块逐渐走强，如图26－2所示。据统计，"十四五"期间，对智算中心的投资可带动相关产业增长36～42倍[①]，这意味着人工智能应用在未来产业发展中具有一定的普遍性。

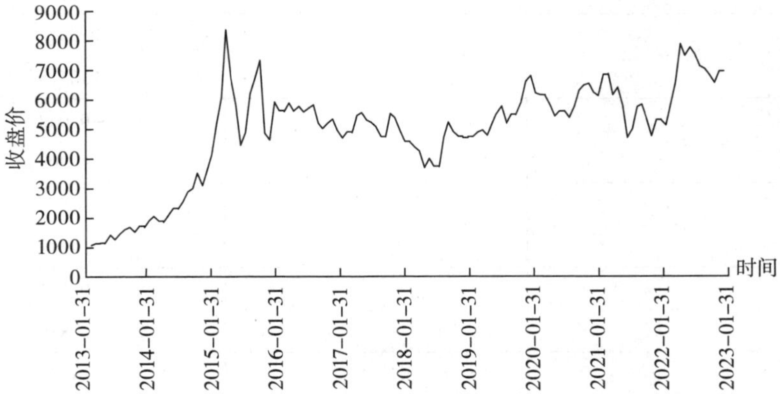

图26－2　人工智能指数变化

26.4　人工智能应用影响未来产业发展的实证结果与分析

26.4.1　人工智能应用对未来产业发展的基准回归

表26－3汇报了基于式（26－1）的双向固定模型回归结果。第（1）、第（2）列控制个体、年份固定效应，其中，第（1）列为不引入城市层面控制变量的估计结果，第（2）列为引入城市层面控制变量的结果。由回归结果可知，不引入城市层面控制变量，*artifiinte* 的回归系数为0.083，且在1%的水平上显著为正，这说明人工智能应用对未来产业发展具有显著的促进作用，这一结论也与实际情况相符合，以AppLovin为例，人工智能应用已由概念转向了落地的商业模式，2024年三季报净收入同比增长300%，对产业发展产生实质性效果。由第（2）列回归结果可知，人工智

① 数据来源于《智能计算中心创新发展指南》。

能应用的回归系数为0.077，且通过了1%的显著性水平，验证了人工智能应用对未来产业发展的促进作用是稳健的。

表26－3　基准回归结果

变量	(1) 未来产业发展	(2) 未来产业发展
artifiinte	0.083*** (4.092)	0.077*** (3.759)
ln*gdp*		0.009 (0.057)
inst		−0.042 (−1.209)
sci		4.066** (2.434)
edu		−0.541 (−0.835)
fin		0.340** (2.569)
gov		−0.442 (−1.006)
_*cons*	0.981*** (40.115)	−4.880* (−1.868)
城市固定效应	控制	控制
时间固定效应	控制	控制
N	4230	4230
Adj_R^2	0.643	0.646

注：*、**、***分别表示在10%、5%、1%的水平上显著，括号内为城市层面聚类的*t*值。

26.4.2　人工智能应用对未来产业发展的稳健性检验

一是替换被解释变量。本章进一步以未来产业词库为依据，将上市公司年报中出现未来产业任一词汇的公司筛选出来，并根据注册地所属省份进行匹配，得到地区层面人工智能应用水平，以此作为人工智能应用的替代变量（见表26－4）。通过表26－4不难发现，人工智能应用对未来产业发展的影响无论在哪种情况下回归系数均显著为正，由此验证本章核心结论是稳健的。

二是不同聚类稳健标准误。本章基准回归部分将标准误聚类到城市层面，以控制城市扰动项的相关性。为了使结果更加稳健，我们参考 Abadie 等（2023）的做法，将标准误聚类到省份维度。结果显示，人工智能应用 *artifiinte* 的回归系数依然显著为正。

表 26－4 替换被解释变量的回归结果

变量	替换被解释变量		省份聚类	
	(1)	(2)	(3)	(4)
artifiinte	0.086*** (3.924)	0.073*** (3.714)	0.083*** (3.980)	0.077*** (3.814)
ln*gdp*		0.541*** (4.382)		0.009 (0.036)
inst		0.058 (1.228)		−0.042 (−1.047)
sci		0.128 (0.099)		4.066*** (2.960)
edu		−0.884 (−1.282)		−0.541 (−0.735)
fin		0.233 (1.607)		0.340** (2.090)
gov		0.917* (1.795)		−0.442 (−0.765)
_*cons*	1.042*** (33.594)	−12.189*** (−4.637)	0.981*** (39.020)	−4.880 (−1.453)
城市固定效应	控制	控制	控制	控制
时间固定效应	控制	控制	控制	控制
N	4170	4170	4230	4230
Adj_R^2	0.645	0.648	0.643	0.646

注：*、**、***分别表示在10%、5%和1%的水平上显著，括号内为城市层面聚类的 *t* 值。

三是变更样本范围。首先，剔除直辖市的影响。本章参考 Xie 等（2024）的研究，由于中国直辖市本身在政治、经济等方面具有显著优势，与其他地区存在一定差距，为了使样本更具可比性，本章进一步剔除北京、天津、上海、重庆四个直辖市的可能干扰，如表 26 - 5 第（1）、第（2）列所示。表 26 - 5 第（1）、第（2）列的回归结果表明，人工智能应用对未来产业发展的促进效果不受直辖市因素的干扰。

其次，本章参考金祥义、张文菲（2024）的研究，考虑到中国宏观经济运行在 2020 年以后受到重大卫生事件的冲击，本章进一步对 2020 年以后的样本进行剔除，考虑在排除重大宏观事件冲击后，人工智能应用对未来产业发展的影响，如表 26 - 5 第（3）、第（4）列所示，人工智能应用的系数通过了 1% 水平上的显著性检验，且符号为正，证实了前文的稳健性。再次，考虑到 2008 年国际金融危机对原有结果的影响，因此，本章进一步剔除金融危机的影响，将样本范围变更为 2010—2022 年，回归结果如表 26 - 6 第（1）、第（2）列所示，回归结果依旧稳健。最后，2015 年《国务院关于积极推进“互联网 +”行动的指导意见》的颁布，使得人工智能的发展受到广泛关注，考虑到有些城市可能先行开展相关工作，致使模型存在预期效应，因此删除 2015—2017 年的样本（马述忠等，2023），回归结果如表 26 - 6 第（3）、第（4）列所示。

表 26 - 5 更换样本的检验结果（一）

变量	剔除直辖市		排除重大宏观事件冲击	
	(1)	(2)	(3)	(4)
artifiinte	0.085*** (4.215)	0.078*** (3.856)	0.110*** (5.260)	0.104*** (4.975)
ln*gdp*		-0.010 (-0.063)		-0.016 (-0.097)
inst		-0.036 (-1.042)		-0.030 (-0.825)
sci		3.883** (2.356)		4.337** (2.373)
edu		-0.625 (-0.964)		-0.201 (-0.306)
fin		0.330** (2.498)		0.311** (2.351)
gov		-0.466 (-1.058)		-0.280 (-0.631)

续表

变量	剔除直辖市		排除重大宏观事件冲击	
	(1)	(2)	(3)	(4)
_cons	0.977*** (42.782)	-4.376* (-1.672)	0.822*** (35.952)	-4.201 (-1.605)
城市固定效应	控制	控制	控制	控制
时间固定效应	控制	控制	控制	控制
N	4170	4170	3666	3666
Adj_R^2	0.645	0.648	0.613	0.615

注：*、**、***分别表示在10%、5%和1%的水平上显著，括号内为城市层面聚类的 t 值。

表26-6 更换样本的检验结果（二）

变量	排除金融危机的影响		排除预期效应	
	(1)	(2)	(3)	(4)
artifiinte	0.042* (1.835)	0.038* (1.679)	0.083*** (3.766)	0.077*** (3.427)
ln*gdp*		0.134 (0.793)		0.009 (0.052)
inst		-0.049 (-1.153)		-0.062 (-1.603)
sci		2.628 (1.638)		2.864 (1.492)
edu		0.085 (0.110)		-0.695 (-0.954)
fin		0.277* (1.967)		0.339** (2.387)
gov		0.308 (0.648)		-0.677 (-1.328)
_cons	1.144*** (38.509)	-5.970** (-1.992)	0.999*** (38.243)	-4.719* (-1.673)
城市固定效应	控制	控制	控制	控制
时间固定效应	控制	控制	控制	控制
N	3666	3666	3384	3384

续表

变量	排除金融危机的影响		排除预期效应	
	(1)	(2)	(3)	(4)
Adj_R^2	0.650	0.651	0.648	0.651

注：*、**、***分别表示在10%、5%、1%的水平上显著，括号内为城市层面聚类的 t 值。

四是内生性的讨论。上文的研究虽然验证了人工智能应用赋能未来产业发展的结论，但人工智能应用与未来产业发展之间可能存在互为因果、测量误差等内生性问题仍对结果产生干扰。具体地，未来产业发展越高的城市通常人工智能应用水平越高，这就会使人工智能应用与未来产业发展之间可能存在双向因果关系。此外，人工智能应用与未来产业的测度已有研究尚未形成一致论述，且未来产业的测度涵盖内容丰富、量化难度较高，其测度结果不可避免地存在一定的测量误差。对此，本章参考柏培文和张云（2021）的做法，将各城市与杭州的球面距离以及各城市平均坡度作为人工智能应用的工具变量。该变量的合理性在于：其属于地理信息，不太可能对单个城市未来产业发展产生影响，具有天然的外生性，而杭州作为机器人起步早、人工智能水平较高的城市，各城市与杭州的球面距离越近，意味着其越能惠及人工智能的便利，对此，该变量满足相关性的要求。同理，各城市平均坡度也满足上述相关性与外生性要求，由于上述变量为截面数据，进一步地，本章将各城市与杭州的球面距离以及各城市平均坡度与上一年全国互联网宽带接入端口数量自然对数的交互项作为人工智能应用的工具变量并进行 2SLS 估计，回归结果如表 26－7 所示，第（1）、第（2）列汇报了距离工具变量的 2SLS 的估计结果，第（3）、第（4）列汇报了平均坡度工具变量的 2SLS 的估计结果，由表 26－7 结果可知，第（1）、第（3）列汇报了两个工具变量第一阶段的回归结果，可以发现，其回归系数分别为－0.0004，－0.0234，且在 1% 的水平上显著，满足工具变量的相关性要求；第（2）、第（4）列为第二阶段的回归结果，结果显示通过了不可识别检验与弱工具变量的检验，且第二阶段的回归结果均在 1% 的水平上显著为正，符合本章的基本结论。

表 26－7　工具变量法的回归结果

变量	(1)	(2)	(3)	(4)
	人工智能应用	未来产业发展	人工智能应用	未来产业发展
距离工具	－0.0004*** (0.0001)			
坡度工具			－0.0234*** (0.0066)	
artifiinte		0.5379*** (0.1361)		0.6452*** (0.2459)
ln*gdp*	0.1126 (0.2008)	－0.0193 (0.1895)	0.4790** (0.2066)	－0.0532 (0.2096)
inst	0.0681 (0.0907)	－0.1159** (0.0533)	0.1325* (0.0678)	－0.1279** (0.0632)
sci	3.5890 (2.6284)	0.0008 (1.8767)	4.8265* (2.6793)	－0.6818 (2.3775)
edu	2.2991* (1.1603)	－1.5849* (0.8915)	2.9095** (1.1750)	－1.8849* (1.1114)
fin	－0.4001 (0.2336)	0.4417** (0.1765)	－0.3750 (0.2613)	0.4732** (0.2053)
gov	－0.1330 (0.9050)	0.1646 (0.5350)	－0.0733 (0.9588)	0.1770 (0.5884)
城市固定效应	是	是	是	是
年份固定效应	是	是	是	是
R^2	0.8915	－0.2412	0.8890	－0.3675
N	3948	3948	3948	3948
Kleibergen－Paap rk Wald F statistic	181.426		12.395	
Cragg－Donald Wald F statistic	19.168		88.919	
Kleibergen－Paap rk LM statistic)	23.261		11.129	

注：*、**、***分别表示在10%、5%、1%的水平上显著，括号内为城市层面聚类的 *t* 值。

26.5 人工智能应用影响未来产业发展的拓展性分析

26.5.1 人工智能应用对未来产业发展影响的机制检验

前文论述了人工智能应用对未来产业发展的促进效果，本节将从治理空间与技术空间两个视角进一步考察人工智能应用对未来产业发展的内在机制。具体模型设定如下：

$$M_{i,t} = \alpha + \gamma artifiinte_{i,t} + \beta_i Controls_{i,t} + \theta_i + \delta_t + u_{i,t} \quad (26-2)$$

其中，M 为作用机制，表示治理环境的优化与技术空间的拓展。其中，治理环境优化（Government Enironment）选用城市层面的营商环境指数表示①。同时，将该指数分解为市场、政务、法治、人文四个分维度指数，以刻画不同维度下营商环境的表现。技术空间的拓展根据前文的研究，本章参考沈坤荣等（2023）的研究，选用专利技术空间相似度、新技术空间专利申请、IPC 号新增数分别衡量技术的多样化以及技术的突破性。其中，专利技术空间相似度越高，意味着技术的多样化程度越低，而技术的突破性用新技术空间专利申请数量与 IPC 号新增数量共同反映，具体结果如表 26－8、表 26－9 所示。

在治理空间方面，由于未来产业发展容易受到治理环境的影响，而通过回归结果可知，人工智能应用对治理环境的优化在 5% 的水平上显著为正，这说明人工智能应用通过优化治理环境进而有助于提高地方对发展未来产业的预期，激励未来产业的发展，验证了理论分析的推断。进一步地，从四个分维度来看，人工智能应用对法治环境、人文环境的优化具有明显的正向作用；而对市场环境与政务环境的系数为正，但不显著，意味着人工智能应用对市场环境、政务环境的优化效果尚未显现。这是因为人工智能应用能够强化法治的执行，同时，人文与科技的博弈关系促使人工智能应用使得人文的普及更广泛，未来应进一步强化人工智能在市场环境、政务环境的潜力。

---

① 资料来源于张三保，张志学，黄敏学．中国城市营商环境评估．北京大学开放研究数据平台，2023(3). https://doi.org/10.18170/DVN/9NJDWE。

表 26-8 治理空间层面的机制检验

变量	(1)	(2)	(3)	(4)	(5)
	治理环境	市场环境	政务环境	法治环境	人文环境
artifiinte	0.372**	0.103	0.471	0.312**	0.681**
	(2.297)	(1.337)	(1.627)	(2.142)	(2.097)
控制变量	控制	控制	控制	控制	控制
_cons	-85.127**	-22.562	-108.872**	-18.476	-373.117***
	(-2.577)	(-0.999)	(-2.062)	(-0.421)	(-5.190)
城市固定效应	控制	控制	控制	控制	控制
时间固定效应	控制	控制	控制	控制	控制
N	1692	1692	1692	1692	1692
Adj_R^2	0.736	0.954	0.593	0.459	0.717

注：**、***分别表示在5%、1%的水平上显著，括号内为城市层面聚类的 *t* 值。

在技术空间方面，前文从理论层面推断人工智能的应用会拓展创新的可能性边界，带来技术空间的纵深延伸，进而有利于未来产业发展。表 26-9 第（1）列的回归结果显示，人工智能应用对专利技术空间相似度有显著的负向影响，意味着人工智能应用有助于打破专利技术空间的相似度，进而带来专利技术的多样化。第（2）列的回归结果显示，人工智能应用对新技术空间专利申请的系数为0.197，且在5%的水平上显著，这说明人工智能应用有助于提高新技术空间的专利申请，进而推动未来产业的发展。第（3）列的回归结果显示，人工智能应用对 IPC 号新增数的影响显著为正，说明人工智能应用有助于提高技术创新的质量，带来技术空间的纵深拓展。

表 26-9 技术空间层面的机制检验

变量	(1)	(2)	(3)
	专利技术空间相似度	新技术空间专利申请	IPC 号新增数
artifiinte	-0.029***	0.197**	0.151***
	(-9.516)	(2.427)	(4.145)
控制变量	控制	控制	控制
_cons	-0.970**	9.677	10.800*
	(-2.057)	(0.767)	(1.816)
城市固定效应	控制	控制	控制

续表

变量	(1)	(2)	(3)
	专利技术空间相似度	新技术空间专利申请	IPC 号新增数
时间固定效应	控制	控制	控制
N	4230	4230	4230
Adj_R^2	0.625	0.224	0.364

注：*、**、***分别表示在10%、5%、1%的水平上显著，括号内为城市层面聚类的 t 值。

26.5.2 人工智能应用对未来产业发展的异质性检验

治理环境的优化作为未来产业发展的重要支撑，在机制分析中，人工智能应用通过优化治理环境进而推动未来产业发展的作用已得到论证，但不可忽视的是，人工智能应用对市场环境的正向影响尚未显现，影响市场环境的因素是多方面的，考虑到产品市场的培育是市场环境在结果层面的重要表现，本章进一步剖析人工智能应用对未来产业发展的影响是否受产品市场发育的调节作用，以解释人工智能应用对市场环境的影响。一般而言，产业处于产品市场发育良好的地区能够缓解信息不对称性，对未来产业的布局乃至发展未来产业做出积极回应，进而激发当地对发展未来产业的意愿。而产品市场发育较差的地区与之相反。基于此，本章根据樊刚市场化指数中产品市场的发育程度作为分组变量，对人工智能应用影响未来产业发展进行回归，回归结果如表 26－10 所示。可以发现，在产品市场发育程度高的地区，人工智能应用对未来产业发展的回归系数为 0.038，且不显著，而在产品市场发育程度低的地区，人工智能应用对未来产业发展的回归系数为 0.093，且在 1% 的水平上显著，这意味着，未来产业发展依赖于产品市场发育程度，在产品市场发育程度较差的地区，人工智能应用能够弥补产品市场发育的不足，其对提高未来产业发展意愿的促进效果越明显。

本部分进一步探讨人工智能应用对未来产业发展在经济发展中的调节作用。本章以城市地区生产总值的自然对数表示经济发展水平，用其年度中位数作为分组变量，对人工智能影响未来产业发展的影响进行回归，回归结果如表 26－10 所示。可以发现，样本城市所处地区经济发展水平较高，人工智能对未来产业的影响为正但不显著，而在经济发展水平低的地区，人工智能对未来产业发展的回归系数为 0.08，且在 10% 的水平上显著，这意味着，未来产业的布局不能忽视经济发展水平较低的城市，尤其是经济发展水平较低的城市，尽管在前沿领域的优势相对不足，但在人工智能的广泛应用下其也能找到新赛道，培育未来产业。

表 26－10　异质性检验（一）

变量	按经济发展程度划分		按产品发育程度划分	
	(1)	(2)	(3)	(4)
artifiinte	0.080* (1.965)	−0.008 (−0.310)	0.093*** (3.170)	0.038 (1.335)
控制变量	控制	控制	控制	控制
_cons	−8.131** (−2.407)	0.366 (0.091)	−3.501 (−1.105)	−9.208* (−1.914)
城市固定效应	控制	控制	控制	控制
时间固定效应	控制	控制	控制	控制
N	2116	2114	2218	1967
Adj_R^2	0.498	0.669	0.642	0.659

注：*、**、***分别表示在 10%、5%、1% 的水平上显著，括号内为城市层面聚类的 *t* 值。

根据已有研究可以预判，研发投入在人工智能应用对未来产业发展的影响中起到调节作用。因此，本章选用产业所处地区的规模以上工业企业 RD 人员全时当量作为研发人员投入的代理变量，并将其按照年份中位数进行分组，得到研发人员投入低组与研发人员投入高组，对人工智能应用对未来产业发展进行回归，回归结果如表 26－11 所示。可以发现，在研发人员规模高的地区，人工智能应用对未来产业发展的回归系数为 0.026，且并不显著，而在研发人员规模低的地区，人工智能应用对未来产业发展的回归系数为 0.073，且在 5% 的水平上显著，这意味着，人工智能应用对高技能人才尤其是研发与试验人员之间存在互补效应，在高技能人才规模较低的地区，人工智能的应用能够弥补高技能人才不足的缺陷，推动未来产业发展。已有的经验事实也可以证实上述观点，例如，以 ChatGpt 为代表的生成式人工智能能够辅助于代码补全、错误检测等工作，弥补编程人员的不足。

“数据要素 ×”是决定未来产业发展的重要因素，人工智能应用对未来产业发展的影响受“数据要素×”的调节作用是有必要探究的。未来产业不同于战略性新兴产业，其处于市场发育初期，尚未形成规模化的产业，而数据要素作为新业态形成的基础，其与第一、第二、第三产业融合产生的新产业为未来产业的形成提供可能性，是培育未来产业的重要基础。因此，本章根据大数据中心采购额作为分组变量，对人工智能应用影响未来产业发展进行回归，回归结果如表26－11所示。可以发现，在数据要素采购低的地区，人工智能对未来产业发展的回归系数为0.070，在5%的水平上显著，而在数据要素采购高的地区，人工智能应用对未来产业发展的回归系数不显著，该结论证实了国家数据局等部门联合印发的《“数据要素×”三年行动计划（2024—2026年）》对未来产业培育的必要性，即以“数据要素×”行动加快培育未来产业，相应地，在数据要素本身采购薄弱的地区，需辅助与人工智能的应用以加快未来产业的培育。

表26－11　异质性检验（二）

变量	按研发人员规模划分		按数据要素投入划分	
	(1)	(2)	(3)	(4)
artifiinte	0.073** (2.260)	0.026 (0.938)	0.070** (2.165)	－0.045 (－1.089)
控制变量	控制	控制	控制	控制
_cons	－1.555 (－0.521)	－6.992 (－1.408)	－5.833* (－1.671)	－4.797 (－0.664)
城市固定效应	控制	控制	控制	控制
时间固定效应	控制	控制	控制	控制
N	2021	1927	2029	1073
Adj_R^2	0.561	0.676	0.619	0.703

注：*、**分别表示在10%、5%的水平上显著，括号内为城市层面聚类的t值。

26.5.3　人工智能应用对未来产业发展的长期效应检验

人工智能对可持续发展的影响已经成为学术界的批判性讨论（Manta，2023；Ratten & Jones，2023）。由于中国人工智能广泛应用的形成过程是长期的，前文也已经证实人工智能应用对未来产业发展具有显著的推动作用，那么人工智能应用对未来产业发展的推动效果是否也是长期、可持续的呢？为了检验人工智能应用对未来产业的发展是否有长期影响，本章还考察了人工智能应用对未来产业发展的持续影响，本章运用长差分模型衡量两个时期（2008—2014 年和 2015—2021 年）人工智能应用与未来产业发展的差异。

$$\Delta furturetind_{i,t} = \alpha + \gamma \Delta artifiinte_{i,t} + \beta_i \Delta Controls_{i,t} + \theta_i + \delta_t + u_{i,t} \tag{26-3}$$

其中，$\Delta artifiinte_{i,t}$ 表示城市 i 在两个时期（2008—2014 年和 2015—2021 年）人工智能应用水平的差异，$\Delta furturetind$ 表示城市 i 在两个时期（2008—2014 年和 2015—2021 年）未来产业发展水平的差异，$Controls$ 为在两个时期（2008—2014 年和 2015—2021 年）控制变量的向量，θ_i、δ_t 分别为城市、年份层面的固定效应，$u_{i,t}$ 为随机扰动项，γ 为核心估计系数，若人工智能应用能够在长期有效激励未来产业发展，则 γ 的系数为正。

表 26 - 12 的回归结果表明，人工智能应用的回归系数符号与基准回归的结果相一致。在控制城市、年份固定效应后，长差分估计系数并不显著，这表明人工智能应用的影响在短期具有推动未来产业发展的激励效应，但长期而言强化效应并不显著，在数字经济背景下，人工智能应用对未来产业发展的影响有限，现阶段生成性人工智能创造的价值与参与者创造的价值并不匹配，导致其对未来产业在长期的促进效果有限，例如，Ciarli 等（2021）研究发现，37 % 的公司将人工智能纳入产品和流程中，只有不到 15 % 的公司在工作中使用了基于人工智能的能力，且能够获得显著的业务收益。以亚太地区为例，企业对人工智能的应用虽显著增加，但只有 1/4 的企业对人工智能的应用是具有变革性的，究其原因，该地区一半以上（56%）企业缺乏与人工智能应用需求相匹配的数据基础设施，存在数据存储空间有限、计算能力不足以及人工智能技术与分布式数据源的稳定、可靠连接不足等问题[①]，这表明，人工智能的潜力尚未充分挖掘，只有重视数据基础设施的投资，才能有可能应对长期挑战，从而提高未来产业长期发展。因此，未来要建立人工智能应用的长效机制，只有更加关注人工智能政策的“组合拳”，将人工智能技术根植于具体的应用场景，以具备高技术能力（张建宇等，2024），才能切实实现人工智能应用对未来产业发展长期的竞争优势。

---

① 数据来源于里瑞通（Digital Realty）发布的《2024 年全球数据洞察调研》亚太地区调查结果。

表 26-12 长期影响的检验

变量	(1)	(2)
	est1	est2
artifiinte	0.024 (0.772)	0.025 (0.826)
控制变量	控制	控制
_cons	0.650*** (27.839)	0.806*** (4.204)
城市固定效应	控制	控制
时间固定效应	控制	控制
N	1974	1974
Adj_R^2	0.250	0.251

注：***表示在1%的水平上显著，括号内为城市层面聚类的 t 值。

26.6 人工智能应用推动未来产业发展的实现路径

人工智能作为一种复制人类认知以解决问题或做出决策的关键共性技术，在深化未来产业发展方面具有长远战略意义。本章研究发现，首先，人工智能应用能够赋能未来产业发展，且这一影响现阶段尚未显现长期影响，人工智能应用对未来产业发展的赋能作用有待进一步挖掘。其次，从作用渠道来看，在治理空间层面，人工智能应用通过治理环境优化进而作用于未来产业发展，尤其是人工智能应用对法治环境与人文环境起到了实际性的改善效果；在技术空间层面，人工智能应用通过技术多样化的形成、创新边界的拓展进而推动未来产业发展。最后，从异质性分析来看，人工智能应用对未来产业发展存在较为明显的异质性，主要表现为在经济发展水平较低、研发人员规模较低、产品发育程度较低、数据要素采购规模低的样本中人工智能应用对未来产业发展的促进作用更为明显。因此，本部分将从以下三个方面提出人工智能应用推动未来产业发展的实现路径。

26.6.1 塑造人工智能新优势，着力推动未来产业发展

前文提及人工智能应用可有效赋能未来产业发展。因此，相关部门应重点发展人工智能新优势，形成推动未来产业发展的新生力量。首先，相关部门应贯彻落实"人工智能+"行动，以需求为指引，针对创新痛点和

需求，充分挖掘并利用“颠覆性、破坏性”的人工智能技术，强化研发端与生产端联动协作，制订相应的产教融合计划，确保其符合各行业的特殊要求，促使其培育出更多的未来产业，形成“人工智能+未来产业发展”的新格局。其次，相关部门应着力构建以人工智能赋能未来产业发展的长效机制。上述结论表明，人工智能应用对未来产业发展的长期影响是有限的，可以发现，人工智能虽已渗透各行各业，但对于未来产业这一新兴领域来说，其与未来产业的融合程度并不深，在长期尚未产生实质性的影响。因此，需促使人工智能与未来产业的融合从“点解决方案”向“系统解决方案”转变，增强人工智能技术渗透、扩散过程中的协调性、完备性。具体地，有关政府应拓展多样化应用场景需求，在拓宽数据存储空间、提高人工智能技术与分布式数据源的稳定性与强化其连接性等方面，积极引导未来产业的培育与发展。

26.6.2 发挥人工智能的治理优化与技术赋能效应，赋能未来产业发展

前文结果表明，人工智能应用通过治理空间中治理环境优化、技术空间中创新边界拓宽推动未来产业发展。未来产业的布局与发展涉及多个部门对新业态的积极探索，必须着眼于未来数字化、智能化发展趋势，增强对未来具有发展优势的新产业的前瞻性，提高人工智能应用对未来产业发展的赋能作用。在治理空间上，人工智能应用在合理、科学的监管基础上，有关部门应充分发挥人工智能应用在法治环境、人文环境改善中的重要作用；同时，有关部门也要在市场环境以及政务环境的优化与改善上及时“补位”，缓解信息不对称，更好地发挥人工智能应用的治理效应。在技术空间上，拓展技术供给渠道，有关部门应提升量子信息、先进制造等前沿领域创新发展的保障能力，为全面加快关键核心技术突破创造有利条件，补齐破坏性技术短板。此外，有关部门应进一步开放多样化的应用场景，及时提供数据资源、算法训练瓶颈、安全监管等方面的服务指导，塑造创新生态。

26.6.3 “因地制宜”，提升未来产业整体发展水平

上述结论得出，人工智能应用赋能未来产业发展的促进作用存在经济发展、产品市场发育、研发人员投入、数据要素投入的异质性。因此，有

关政府应“因地制宜”有针对性地对不同经济发展水平、不同产品市场发育、不同研发人员投入、不同数据要素投入的区域制定相应策略，为加快人工智能应用提供基本支撑，以此实现未来产业的快速发展。对于经济发展水平较低的地区而言，由于资源配置效应不佳，更应高度重视人工智能的广泛应用，推动该地区未来产业的发展，防止发达地区和落后地区未来产业发展的差距进一步扩大。对于产品市场发育较差的地区而言，相关部门应积极培育产品市场主体，以人工智能应用强化产品市场的信息网络，为未来产业发展创造良好的市场环境。对于研发人员投入不足的地区，应对聚焦关键核心技术的前沿领域的人力资源培养专业好的人力技能，开发适当的具有良好人工智能技术知识的人类能力，并有能力预测对潜在潜力的需求，实现人工智能与人类能力的有机协同，为促进未来产业发展提供人力保障。对于数据要素投入不足的地区而言，相较于数据要素投入充足的地区在未来产业发展方面天然处于劣势的情况，应着力扩大数据的可用性，促使数据与外部数据源的结合，实现数据价值增量的提升，从而创造新的或扩大既有未来产业所在市场。

27 人工智能时代的产业政策与治理体系

近年来，随着智能科学的链式突破、集中涌现和广泛应用，以新一代人工智能引领的第四次科技革命和产业变革方兴未艾，全球加速迈向人机共生、人机共通、人机共融的人工智能时代。一方面，人工智能成为推动经济社会发展的主导力量，给人类社会带来重大历史发展机遇；另一方面，人工智能对实体经济的全面渗透也衍生出各类问题与风险，使人类社会面临诸多前所未有的挑战。党的二十届三中全会对人工智能做出重大部署，全会审议通过的《中共中央关于进一步全面深化改革、推进中国式现代化的决定》四次提及人工智能，明确提出“完善推动新一代信息技术、人工智能等战略性产业发展政策和治理体系”，并将其列于“健全推动经济高质量发展体制机制”的重要位置。这充分表明党中央已将人工智能擢升至国家战略层面，围绕人工智能产业的发展和治理已处于全面建设社会主义现代化国家新征程上，中国把握世界科技创新与产业创新主动权，提升国家竞争力，维护国家安全的战略抉择，对于当前和今后一个时期着力推动高质量发展、切实保障高水平安全具有重要的理论价值和实践意义。

学术界普遍关注人工智能及其引发的经济社会现象，现有研究围绕人工智能呈现出清晰的分野，一方面遵循技术决定论，以智能科技为着力点探讨人工智能对新质生产力、经济高质量发展的赋能效应；另一方面基于技术风险论，通过对各类治理主体、结构与机制的归纳比较阐释人工智能治理策略。然而，针对人工智能的发展和治理仍有较大研究缺口，现有文献一是仅将人工智能视为一种科学技术，忽视了人工智能作为一种创新范式引发的国家整体产业变革，研究视角具有局限性；二是普遍将人工智能的发展和治理"一刀切"式地割裂开来论析，缺乏整合性分析框架，研究主线单一；三是对人工智能变革下政府与市场在国家整体产业发展中的边界和功能定位研究不透彻，缺乏理论与实践维度的深层考量。鉴于此，本章以产业作为研究视角，全面梳理新一代人工智能引发的新变化，从技术、经济、制度层面依次剖析产业发展政策与治理体系的建构逻辑，系统搭设人工智能时代国家产业发展政策与治理体系并蓄的总体框架，深入探究二者兼容的实践策略，以期为人工智能新科技革命和产业变革下中国统筹高质量发展和高水平安全提供理论参考，为新时代新征程上建设现代化产业体系、推进国家治理体系和治理能力现代化提供实践启示。

27.1 人工智能时代的新特征、新内涵与新路向

技术是人类生存的必要条件。纵观历史，人类并非没有经历过宏壮的科技革命和产业变革，然而从根本上改变人类社会形态的技术屈指可数。与以往技术截然不同的是，人工智能很可能会改变人类社会的发展轨迹和历史进程（基辛格等，2024）。随着人工智能发展进入新阶段，在理论层面，新一代人工智能已不再是一个单纯的技术性概念，而是一个以思维模型为基础，以科技和产业为核心，呈现出高度智能化"技术—经济"范式的综合性概念。在实践层面，有别于人类的生物性自然智能，新一代人工智能作为一种未来的类人智能机器，其本质上已非传统机械意义上的具体人造物，而是集合算力、算法、数据等数字科技，用于全面、准确、深入地模拟、延伸及扩展人类大脑和躯体在理论、方法、技术及应用方面的多智能体系统，它模糊了人类世界和机器世界的边界，引发了经济社会的多维度、深层次、根本性变革。

27.1.1 人工智能时代技术创新的新特征

人工智能时代技术创新的新特征体现在五个方面。一是以深度学习挑战人类智能。人工智能基于人类神经网络的模拟算法，通过提取图像、文本、音频等不同模态的数据信息，解析人类的行为、思维和心理过程，自动学习统计特征并形成逻辑规则，对问题建模并予以解决。这使得机器有望在整体智能方面比肩甚至超越一般意义上的人类个体。二是以跨界融合促进万物互联。人工智能是一门多学科交叉科学，同时又以数字化、网络

化技术为基础，其利用物联网链接人与人、人与物、物与物，促进万物互联，产生一系列智能化应用，极大地改变了人类社会的生产方式和生活方式。三是以人机协同颠覆人机关系。人工智能利用各类数据分析和算法解析处理海量工作，为人类提供及时、准确、全面的信息支撑。并且，先进的生成式人工智能不仅囊括了分析式人工智能的计划、解析和推理功能，还具备拟人化的学习、纠错和反思功能，可基于人类设定的目标程序自发与人类联通，使人类与机器的交互方式从基于使用关系的指令型交互演变为基于平等关系的伙伴型交互，使人机关系由分立走向协同。四是以群智开放推动万众创新。人工智能通过人工神经网络将人类知识与智能机器模型相结合，通过开源性技术集结跨层级、跨学科、跨地域的各类创新组织，以群体智能驱动万众创新的新态势。五是以自主操控替代人类角色。人工智能已逐渐具备在无人干预的情况下通过自主控制系统整合感知能力、决策能力、协同能力和行动能力，根据一定的控制策略自我决策并持续执行一系列控制任务。这一方面将有效缓解人口红利消失对经济社会发展的负面影响，为全球经济发展提供新动能；另一方面预示着越来越多的人类岗位将被机器取代，导致大规模的失业问题，冲击社会整体劳动力结构。

27.1.2 人工智能时代科技革命的新内涵

重大科技革命均具有两面性，其正面价值在于通过科技进步推动经济社会发展，满足人类需求；负面价值在于利用科技手段引发经济社会问题，威胁人类生存发展。这使得人类在面对高科技时通常会产生矛盾心理，一方面知悉科技是理性和人类文化的最高成就；另一方面担忧科技成为一种超出人类控制的不道德的和无人性的工具，一架吞噬着它面前一切美与灵魂的凶残机器（瓦托夫斯基，1989）。智能科技凸显了这种两面性。一则人工智能包含了数字化、网络化、智能化的现代科技，兼具技术的专业性和多样性，能够通过突破式创新、渐进式创新和改良式创新等多元创新方式赋能各领域科技创新，再以技术簇群渗透于经济的生产、交换、分配、消费全流程，引发新产业、新业态、新模式，以科技创新引领产业创新，培育形成新质生产力，显著推动经济高质量发展。二则人工智能强大的创新能力和迭代速度使其具有高度的复杂性和不确定性，在不同研发主体、使用主体和应用场景中产生了一系列的隐私与安全问题、伦理与道德问题、就业与产业结构问题，给经济社会带来诸多负面影响。更重要的是，未来新一代人工智能具有向“超人类性”和“非可控性”演进的趋势，人工智能一旦脱离人类束缚，有可能在无人干预的情况下递归式自我改进，而人类受制于漫长的生物进化，将无法与之竞争（Stephen · Hawking，2018），这将使未来的机器智能有望全面超越人类自然智能，史无前例地打破既往纯粹由人类主宰世界的格局和在现实中独自做出决策的通例，使人类迎来一个与机器一同主导世界、一并做出决策的人机合作新时代。

27. 1. 3　人工智能时代产业演进的新路向

人类社会每一次重大变革，都根植于人类思维范式的革命性突破。人类设计开发人工智能的初衷是通过科技帮助人提高劳动效率，增加劳动价值，利用机器代替人类劳动和服务，契合人类利益。逻辑终点表现为人工智能发展的宗旨是造福人类，其带动技术进步、产业发展、经济转型不能偏离人类社会的核心价值取向，要始终朝着有利于人类文明进步的方向发展。“智能向善”在于规范人工智能，使其遵循人类社会以法律法规为代表的正式制度安排和以伦理道德为代表的非正式制度安排。国家既要以发散的思维探索人工智能对人类社会的正向激励作用，发挥人工智能对经济社会的驱动效能，又要以稳慎的态度管控人工智能引发的各种问题与风险，避免技术异化对人类社会的破坏，确保人工智能发展安全可控。产业既是科学技术实现经济社会价值的实践载体，也是连接宏观经济与微观经济的关键枢纽。产业的发展与治理作为国家产业演进的一体两面，在底层逻辑与实践进路上具有互补性。人工智能时代，中国既要通过产业发展激发智能科技对整体产业的创新效能，以培育产业动能、优化产业结构、协调产业资源、推动产业升级等方式建设现代化产业体系，推动高质量发展，又要通过产业治理规范各类涉及人工智能的产业活动，管控其对科技、经济、社会、环境等领域的影响，确保科技创新与产业创新在正确的框架下开展，保障国家经济社会稳健安全，更要发挥产业发展与治理的协同互补作用，以发展为治理提供物质基础和改革动力，以治理为发展营造稳定环境和良好秩序，不断增强人工智能时代经济社会发展的动力和韧性。

27.2 人工智能时代国家产业发展政策与治理体系的建构逻辑

新一代人工智能开启了人类逻辑和机器逻辑并立的时代，与之而来的智能“技术—经济”范式不仅在生产、分配、交换和消费方面带来新的结构性变化，合成了先进的生产力质态，而且在社会中产生深刻的质变，极大地改变了经济社会的生产方式、生活方式和治理方式。然而，在新技术革命启动的前期阶段，“技术—经济”领域和“社会—制度”领域之间往往存在互不匹配的状况，国家为促进技术与经济社会充分耦合，需要将“技术—经济”范式作为国家制度变迁的常识性基础（卡萝塔·佩雷斯，2007），建立“技术—经济—制度”的整体性分析框架，使之成为激发创新绩效、提振产业效能、推动经济发展的最佳惯性模式和最有效方式。人工智能时代的国家产业发展政策和治理体系需要在“技术—经济—制度”的逻辑框架下建构，从技术、经济、制度层面为智能变革下的产业发展与治理提供理论支撑。

27.2.1 技术层面国家产业发展政策与治理体系的建构逻辑

技术进步是一个历史的扬弃过程，新兴技术对传统技术的革命性替代源自对科学机理、规律、逻辑和方法的突破，以新的基础科学原理和技术科学知识创造出新技能、新工艺和新程序，催生众多新质化的生产资料，推动生产方式变革，以技术的产业化应用引发产业创新，并进一步通过技术的商业普及实现技术的市场化和社会化，最终推动生活方式和治理方式变革，成为“历史有力的杠杆，最高意义上的革命力量”（马克思、恩格斯，2016）。新一代人工智能是以数据、算力、算法为支撑，以生成式人工智能为代表的高新技术体系，其技术内涵有以下几点。一是具有极强颠覆性。生成式人工智能独特的拟人化技术原理、技术构成要素及要素的组合方式决定了其核心功能是模拟和延伸人类智能，而非仅通过技术辅助人类智能颠覆固有的技术逻辑，与其他技术有着本质区别。二是具有广泛引领性。人工智能凭借卓越的计算能力、学习能力、模式识别能力和智能决策能力在短时间内处理海量的数据和任务，并且高效地完成任务，技术性能极佳。同时，人工智能以数字网络为技术基础，能够营造多元应用场景，具有开阔的技术竞争空间，能够实现更宽领域、更深层次的技术突破。三是具有高度复杂性。人工智能涉及复杂的数据挖掘、算力开发和算法编程，技术门槛高，系统集成难度大。同时，爆炸式的创新方式和跳跃式的创新路径使其技术演化呈现出显著的非线性、非连续性特征。人工智能技术的创新、转化与应用对于产业的驱动方式、转型程度和结构高度至关重要。然而，具有前述特征的人工智能关键核心技术和战略性产业囿于其复杂性，往往无法通过市场机制自行突破创新，必须依托于国家整体力量，通过一系列行政措施对产业发展中的技术预见、技术选择、技术创新、技术成果转化以及技术扩散等活动明确指引、重点支撑和分类调控。选择性产业政策是基于后发国家比较优势，通过国家引导资源，对不同门类产业、不同类型企业实施差异化支援的调控政策。技术层面，选择性产业政策是人工智能时代国家产业发展与治理的逻辑主线。首先，选择性产业政策注重技术先进性，能够同时调动科技领域的市场资源和公共资源，提高创新要素的组合质量与协作质量，通过凝聚创新合力加快创新进程、提升创新质效。其次，选择性产业政策侧重战略协同性，能够最大限度地发挥国家的战略规划与统筹协调能力，通过逐层分解、细化战略需求，疏通创新机制，破除创新壁垒，促进科技和产业融合创新。最后，选择性产业政策重视政策牵引性，能够调动各级政府对国家重大科技项目与产业技术工程予以特别扶持，通过政策驱使的激励和约束机制更好发挥政府对市场的调控作用，引领人工智能关键技术及其重点产业高质量发展。

27.2.2 经济层面国家产业发展政策与治理体系的建构逻辑

经济发展的本质在于经济质态。经济高质量发展的内在要求是以新质生产力的发展形成符合新发展理念的先进生产力质态，而产业是生产力发展与社会分工的产物，生产力质态演变的集中体现是产业变革和产业结构演进（刘伟，2024）。人工智能时代，技术、知识、信息和数据成为关键生产要素，引发了产业的系统性变革。一是产业结构变革。人工智能科技的产业化过程将新技术、新业态转变为可规模化生产、可市场化交易的新产业模式。传统产业的智能化过程将新技术、新工艺赋能产业的直接生产和再生产，使科技向产业的直接转化进程加快、应用程度加深，产业的技术资本、知识资本显著增加，产业发展方式由传统粗放型转向高效集约型，导致第一产业比重下降，第二、第三产业比重上升，改变了整体产业结构。二是产业组织变革。一方面是产业分工的精细化。人工智能以自动作业代替人类完成众多重复和烦琐的工作，释放大量劳动力资源，促使人类从事更具创造性的非物质劳动；以智能制造使生产环节向专业化、标准化、规模化发展，丰富了产业分工的梯度性和层次性；以柔性制造构建多元应用场景，为用户定制产品和服务，形成更多细分市场。另一方面是产业协作的扁平化。生成式人工智能可承揽从市场信息搜寻到自主决策等一系列任务，提高了资源传递效率，打破了企业界限，简化了产业链中间环节，促使垂直产业链转变为扁平产业链，使产业的组织与协作更加灵活便捷。三是产业布局变革。数智化的网络平台促进了企业的虚拟集聚，使产业链突破了地理空间约束，扩大了产业分配空间，改变了产业分布格局。在经济层面，市场是以供求、价格和竞争等资源配置机制促进产业创新、引发产业变革的重要载体。产业政策是政府与市场关系在产业发展问题上的映射（贺俊，2022）。国家需要通过产业政策完善市场规制、维护公平竞争、改善产业生态，推动产业向着动力换挡、结构优化、提质增效的内涵式发展转型。功能性产业政策符合人工智能时代产业发展与治理的逻辑。首先，功能性产业政策能够以实施机制联结前端科技供给与终端市场需求，使产业根据市场变化快速汲取、转化和利用智能科技创新成果，获得与新技术关联的新生产函数，提升产业的高端化、智能化、绿色化、融合化发展水平，增加产业附加值，提升产业结构层级。其次，功能性产业政策能够通过规范产业准入门槛、调控行业集中度维持市场秩序；通过政府行为弥补市场失灵，防止企业在技术定价、企业准入等方面的垄断，促进良性竞争。最后，功能性产业政策能够推动算力、算法和数据的迭代创新，完善智能产业化和产业智能化的融合应用机制，优化创新资源配置效率，以现代化产业体系培育发展新质生产力，促进实体经济的新质化。

27.2.3 制度层面国家产业发展政策与治理体系的建构逻辑

产业革命往往不是由技术上的突破独自开启的，而是由一系列制度上的变化为技术革命铺平了道路。推动产业革命的技术不应出现在制度变迁之前，而应在其之后（诺思，2014）。人工智能时代，算法带来新计算框架、算力带来新计算能力、数据带来新计算料质，技术功能从计算智能进化为感知智能，并向认知智能演化，这使得以智能技术为代表的新型生产工具同时具备运算能力、学习能力、泛化能力乃至自主创造能力，导致人与生产工具的关系从农耕时代的人类主宰生产工具、工业时代的人类操控生产工具转变为智能时代的人类与生产工具协作，改变了劳动者与生产资料的结合方式，形成了人与机器交互的新型生产关系。这一方面促进了劳动资料的智能化、劳动对象的泛在化、劳动者的精益化，引发了生产要素禀赋及其组合方式的深刻变革，使产业直接生产与再生产过程朝着数智化方向发展，推动整体产业的现代化转型。另一方面生成式人工智能拟人化的交互能力形成了人类与智能机器在主体性方面的复杂关系（殷杰，2024），这意味着人工智能技术能够在产业的承载下，超出人类的控制范围，做出人类无法预测的决策或行为，以技术奇点引发技术失控风险，威胁人类社会发展。国家治理体系作为宏观治理的系统性制度安排，能够整合政府、经济、社会等多元主体，通过制度促进技术溢出的正外部性，抑制技术溢出的负外部性，调节技术对产业的溢出效应，推动经济社会健康有序发展。一是国家治理体系作为秩序系统，能够以公共目标和共同利益整合国家科研力量，围绕人工智能内生产业和赋能产业构建各方共同参与、分工协作的产业技术治理机制，应对人工智能内生安全风险和应用安全风险，使人工智能科技和产业安全可控，维护经济社会稳定。二是国家治理体系作为赋权系统，能够整合各门类产业、各链节行业、各链路企业打造全过程、全要素的产业治理链条，针对人工智能引发的科技伦理决策、数据隐私和安全、劳动力结构失衡等问题，依托政府监管、行业自律、社会监督等治理方式使智能“技术—经济”范式稳定可靠，合乎人类的价值观，保障每个公民应有的基本经济和社会权利（高奇琦，2020）。三是国家治理体系作为创新管理系统，能够通过制度、科技和产业的良性互动，建立科学化、动态化、系统化的治理范式，调和技术外溢效应引发的产业发展矛盾，协调技术变革的必要性和产业结构的适应性，使人工智能更好服务经济社会高质量、可持续发展。

27.3 人工智能时代国家产业发展政策与治理体系的总体框架

新一代人工智能作为重构国际科技力量、重塑全球产业格局、重置国家安全框架的重要战略资源，是国际竞争的新焦点。近年来，世界主要经济体高度重视人工智能，根据自身禀赋和战略取向陆续出台相关政策。美国注重人工智能在提升国家竞争力、维护国家利益方面的重要作用，以智能技术攻关和产业升级为施策重点，旨在依托科技创新优势保障本国在全球政治、经济和军事上的霸权地位。美国的治理原则侧重科技攻防安全，通过排他性立法和输出性规则维持本国智能科技策源地的战略位势。欧盟主张人工智能需遵循法律规范和伦理道德，产业政策致力于平衡人工智能对人权的影响，保障公民基本权利，旨在打造可信赖的人工智能。欧盟在治理方面以安全、权利、民主、法治为内涵，注重数据安全、隐私保护方面的法律框架构建。中国以促进人工智能与经济社会发展深度融合，推动人工智能健康发展为宗旨，2015 年，国务院印发的《中国制造 2025》初次提及智能制造，2017 年中央《政府工作报告》首次出现人工智能，2024 年《政府工作报告》正式制定“人工智能 +”行动计划。2015—2024 年，国家层面围绕新一代人工智能颁发的政策共计 42 部，主要分为三类：一是以《新一代人工智能发展规划》（2017 年 7 月）为代表的支持类政策，共计 22 部，政策取向主要为促进发展；二是以《新一代人工智能治理原则》（2019 年 6 月）为代表的监管类政策，共计 15 部，政策取向主要为推动治理；三是以《新一代人工智能伦理规范》（2021 年 9 月）为代表的规范类政策，共计 5 部，政策取向兼具发展与治理。上述政策由国务院及国家各职能部委、专业委员会制定，涵盖了法律、规章等正式制度安排和指南、倡议等非正式制度安排，既有总览政策，也有专项政策。

生成式人工智能的全面爆发正处于进一步全面深化改革、推进中国式现代化的新征程上。党的二十届三中全会审议通过的《决定》在产业发展和安全治理方面各提及人工智能 2 次，将其定位为战略层面的复合体。一方面在高质量发展战略导向下，以自主创新为前提，以产业应用为牵引，以市场需求为导向，促进人工智能与实体经济深度融合，“把新一代人工智能作为推动科技跨越发展、产业优化升级、生产力整体跃升的驱动力量”（人民日报，2019）。另一方面在高水平安全战略抉择下，针对人工智能引发的各类风险开展技术应对和综合治理，以国家治理体系和治理能力现代化实现高水平安全。为此，需要紧紧围绕推进中国式现代化，以改革的系统性、整体性、协同性为指引，构造人工智能时代国家产业发展政策与治理体系的总体框架，全面提升人工智能发展质量和水平，妥善化解问题与风险，统筹发展和安全。

27.3.1 人工智能时代国家产业发展的政策架构

人工智能时代，国家整体产业要围绕人工智能新科技革命和产业变革，依据技术、结构、组织、布局、保障五个对产业发展起关键作用的因素搭设政策架构，既要直面产业在实体经济发展中的一系列变化与挑战，也要体现产业发展过程中政府与市场的作用、边界与相互关系的调整（江飞涛、李晓萍，2018），以完整的政策架构推动现代化产业体系建设，培育发展新质生产力，促进实体经济新质化。

第一，产业技术政策。一是产业技术创新政策。首先，要集结国内高等院校、科研院所优势，围绕人工智能整合计算机科学、数学、哲学、经济学、神经科学、心理学、语言学等众多交叉学科开展基础研究，夯实源头技术创新的知识基础；其次，要强化大数据、云计算、5G 等底层数字技术，以云边端协同和算存运融合推动传统技术栈转型、系统架构升级、数据中心云化，提升人机交互、预训练模型、具身智能等共性技术水准，筑牢新兴产业和未来产业发展的技术基础；最后，要紧盯世界智能科学前沿领域，策动国家级科学实验室、高水平研究型大学和尖端科技企业组成创新共同体，联合攻关人工神经网络、专家系统、进化算法、分布式智能等前沿科技，主导人工智能的技术范式和创新模式。二是产业技术转化政策。首先，要支持企业作为科技创新主体，深度参与人工智能的项目测试、验收评估等组织流程，使智能技术紧贴市场需求；其次，要设立全国性、区域性、行业性科技交易所，联通技术转移机构、投融资机构和创新主体，积聚各类创新要素，以统一开放的技术市场推动智能科技成果的流通、共享和实践，提高科技成果产业化的质效。三是产业技术评估政策。要联合科技、工信、教育、商务等部门建立以技术创新质量、贡献、绩效为导向的评价体系，加大成果转化、技术推广、技术服务等指标权重，把对经济社会发展的贡献作为评定智能科技价值的重要依据。四是产业技术标准体系。在基础技术方面，要通过术语标准、架构标准、测试标准等规范人工智能的语义、范畴、逻辑和测度，形成标准化的智能体函数；在基础支撑方面，要通过数据服务标准、智能芯片标准、智能传感器标准等规范人工智能的训练数据、编程接口、开发框架，形成标准化的智能体程序；在关键技术方面，要通过机器学习标准、知识图谱标准、大模型标准等规范人工智能的数据处理、知识建模、模型推理，打造标准化的智能体系架构，推动产业技术迭代创新。

第二，产业结构政策。一是产业调整政策。要集合与智能技术研究、设计、开发、试验有关企业，形成具有内生技术属性的人工智能核心产业。围绕核心产业开发技术咨询、技术投产、数据集成等技术服务行业，形成具有外延属性的人工智能关联产业。进一步将人工智能科技加持于实体产业，以智慧农业改变农业生产要素的集约程度和配置方式，推进农业现代化；以智能制造实现生产工艺、工序及系统组件的智能交互，提升工业生产的柔性与韧性，推进新型工业化；以数智平台促进生产性服务业、生活性服务业在物理空间和虚拟空间的多元融合，打造多维消费矩阵，推进现代服务业，形成人工智能衍生产业，提升知识密集型和技术密集型产业占比，推动工业经济向智能经济的现代化转型，促进产业结构高级化。二是产业优化政策。首先，要利用机器学习对物理生产全流程进行动态识别、归纳和解析，整合物质流、能量流、信息流，提升生产加工效率，提高全要素生产率，转型升级传统产业。其次，要在数据要素、算力体系和算法平台的支撑下通力开展“人工智能＋”行动，将智能技术范式深度植入航空航天、新能源、新材料、高端装备、生物医药等战略性产业，凭借产业基础能力高级化催生新产业、新业态，形成数智化的产业链和产业集群，培育壮大新兴产业。最后，要以多模态大模型、具身智能等颠覆性技术重塑实体经济的生产、服务和商业形态，以全新的产业技术逻辑打造未来产业应用场景，塑造新的价值创造模式，超前布局未来制造、未来信息、未来材料、未来健康等未来产业，促进产业结构合理化。

第三，产业组织政策。一是产业链扶持政策。人工智能产业链分为上游基础层、中游技术层和下游应用层。在基础层，要全力建设人工智能向量数据库、数据集等数据基础设施，建设人工智能芯片、服务器等算力基础设施，建设人工智能模型框架等算法基础设施，以智算中心、超算中心和大数据中心为社会提供开源性创新资源，为人工智能稳链。在技术层，要明确各创新主体的任务边界，形成以深度学习、知识图谱、自然语言处理、计算机视觉等核心技术为代表的人工智能项目群，协同理论研究、技术突破和产品研发，为人工智能强链。在应用层，要加强传统产业链与智能创新链的双向互动，科学谋划智能制造、智慧城市、智能交通等人工智能下游主导产业，为公众提供多元、普惠的产品和服务，为人工智能延链。二是产业市场竞争政策。要整合市场的结构控制政策与行为控制政策，对于人工智能头部平台企业，通过事前的公平竞争引导、事中的行政执法和事后的公平竞争审查，规范企业市场竞争行为，防止少数企业滥用市场支配地位构建技术和产业壁垒，形成寡头垄断格局。对于人工智能应用企业，科学规划智能产品与服务的梯度差异，鼓励企业通过提高生产效率、产品质量和服务质效提升智能产业市场的供给质量，满足各类终端消费需求，避免垄断竞争造成产品和服务的同质化，使整体产业结构失衡。对于人工智能技术层企业，以法治经济作为市场经济的基础，统筹司法、工商、税务、科技、工信等政府部门营建公平、开放、透明的市场环境，破除价格管制、准入管制和地域管制，为国有企业和民营企业架设权力公平、机会公平、规则公平的良性竞合机制，以市场完全竞争激发产业创新创业活力，促进产业组织高效化。

第四，产业布局政策。一是产业物理空间布局政策。首先，要建立以政府政策投入为引导、企业技术投入为主体、社会资本投入为支撑的创新投入机制，将北京、上海、广州、深圳等国家科创中心的科技辐射作用和天津、江苏、浙江、广东等沿海省市的先进制造研发优势相结合，促进人工智能前沿科技在京津冀、长三角、粤港澳等区域的深度转化应用，构建完整先进的人工智能产业链，形成人工智能新兴产业、未来产业发展的城市矩阵。其次，要遵循国家区域协调发展的战略需求和生产布局的客观规律，按照东北、中部、西部地区的产业基础、资源禀赋和科教优势，差异化承接新兴产业转移，指向性实施传统产业振兴，以东北、中、西部协同推动人工智能关键产业备份，在内陆塑造新的人工智能产业增长极，加强国家战略腹地建设。最后，要探索人工智能在省、市、县三级的梯度产业化应用，推进人工智能新技术、新基建、新业态、新场景对基层地区、偏远地区、边疆地区的覆盖应用。二是产业虚拟空间布局政策。要为人工智能产业架设数字网络平台，在横向维度打破传统商业模式，围绕人工智能属地主导产业吸纳异地产业，促进人工智能产业的线上资源整合，实现网络端的全国性产业集聚，形成跨域跨界的产业集群。在纵向维度提升数据、算力、算法对特定产业领域的资源调度效能，为企业提供线上线下多种前置接入渠道，实现生产、分配、流通、消费的互联互通，提高全产业链、供应链协作效率。

第五，产业保障政策。一是产业资金保障政策。要在宏观层面扩大货币市场和资本市场的投资范畴，壮大金融资本，增加社会资金总量，形成规模化的产业资本，为人工智能全产业链融通资金。首先，以国有资本引导社会资本对国家创投基金扩容，通过风险投资基金投资种子期、初创期智能科技企业，同时以双 GP 管理模式规范企业资本运作；其次，根据股票一级市场和二级市场特点，优化发行承销、并购重组、股权激励等政策机制，重点支持业务模式规范、盈利预期良好、服务实体经济的科技型和制造型智能企业，扩大直接融资范畴；最后，以分布式开发框架推进银行业的核心系统智能化转型，提高大型商业银行业务全栈的分布式计算、缓存和调度效率，为人工智能相关产业提供灵活性、长期性、接力式耐心资本，提升人工智能企业间接融资效能，形成“科技—金融—产业”良性循环。二是产业人才保障政策。在人力资本方面，要加强国家人工智能人才梯队建设，实施人工智能领军、骨干、青年人才梯次培育工程和支撑计划，着力培养具有人工智能系统专业知识，多学科交叉应用能力，能够解决人工智能复杂工程问题的高层次人才。在高等教育方面，要在高校建立产教融合、科教融合的智能科学人才培养体系，围绕人工智能核心基础理论与底层架构，采取学科交叉方式重点培养算法研究和模型开发人才。针对智能产业化与产业智能化的细分领域，动态调整高校的基础、主干和应用课程设置，在教学中引入实际应用场景的项目训练，使学生具备智能产业技术的实践技能，为人工智能产业输送复合型人才。

27.3.2 人工智能时代国家产业治理的体系框架

人工智能时代的国家治理要在现有制度规范的基础上，以发展负责任的人工智能为原则，以产业治理为切入点，针对智能产业化和产业智能化中引发的各类问题与风险，从组织、制度、运维、价值维度系统性形塑治理框架，完善和创新产业治理规则，确保新一代人工智能的发展过程安全、可控、可靠、公平，构造符合国家产业发展规律和演进特征的治理体系，促进经济社会可持续发展，推动国家高水平安全。

第一，产业治理的组织体系。一是政府治理。在中央层面，要统合国家发展改革委、科技部、工业和信息化部、国家网信办、国家数据局等负责人工智能内生安全、应用安全的官方机构，组建人工智能监管委员会，统一治理单元，优化智能产业治理的顶层设计，一方面明晰治理主体责任，防止某些领域出现监管真空或监管重叠；另一方面建立协调机制，避免竞争性监管导致治理的利益冲突和权责博弈，提高治理执行质效。要聚合国家各科技和产业专业委员会、专家顾问组，以技术与管理同步推动技术的发展和治理。在地方层面，要加强中省市县四级数字政府建设，建立央地政府垂直化管理与跨部门横向协调机制，利用大数据多渠道收集智能产业发展指标，实时监测跨界应用模型漏洞、生产线域外网络入侵等风险，为各层级、各条线的协同治理提供数据支撑与科学依据。二是行业治理。首先，要集合国家科技领域重点实验室、工程研究中心等科研机构，设计人工智能安全指标矩阵，开发大模型的可扩展监督、可解释性研究功能，训练能胜任复杂化、开放式任务的负责任智能体，确保人工智能稳定可靠；其次，要联合人工智能科技领军行业、核心制造行业、重点应用行业组成行业协会，共同核定行业标准，建立人工智能互信机制，以行业自治提升人工智能行业的真实性和溯源性。三是企业治理。企业处于产业治理的最前沿，具有人工智能资源提供者和使用者的双重身份，要在企业积极增设人工智能治理组织架构，创新治理工具，弥合技术认知与应用鸿沟，充分评估智能技术应用于产业的目的、方式、机理和潜在风险，形成明确的监管、处置和问责机制，巩固安全防护能力，平衡企业的价值与责任。

第二，产业治理的制度体系。一是正式制度安排。要在《中华人民共和国科学技术进步法》《中华人民共和国网络安全法》《中华人民共和国数据安全法》等法律基础上，制定《中华人民共和国人工智能法》专项法案，立足人工智能理论、技术和应用中的实践问题，明确人工智能治理的权利和义务，对人工智能研发、提供、启用、使用和停用等活动提出规范性要求。同时，围绕技术、系统、基础设施、产品、服务等与智能产业发展密切相关的要素制定细分法案法规，细化人工智能各专项领域的权责利，将法律的管理性与促进性相结合，调控智能产业引发的经济正、负外部性。二是非正式制度安排。要树立以人为本、向善向实、公正透明的人工智能道德准则，通过公共教育与宣传，加强公众对新一代人工智能内涵和外延的认识，提高社会群体对人工智能伦理规范、意识形态的认知与理解。引导人工智能技术设计方、开发方对其程序和算法进行道德审查，督促产业应用方对智能机器的使用进行监督和管理，确保人工智能活动符合伦理道德标准。引导社会公众用辩证的眼光看待人工智能，通过社会监督纠正智能机器的不当行为。三是制度实施机制。在自我实施机制方面，要对标监管要求，制定具有引领示范作用的人工智能自律公约，以严谨的技术手段与管理措施确保数据和算法模型的来源合法、用途明确，确保技术、产品和服务符合伦理道德与社会价值观，形成行业、企业、个人的自律履约机制。在第三方实施机制方面，首先，要通过政府监督机制明晰制度执行部门的职责权限和责任分工，确保各环节及时准确执行制度要求，提升政策工具的有效性和指向性；其次，要出台激励与约束机制，提升制度执行的契约绩效，避免过量控制抑制技术的爆发，过寡控制导致技术的失控（D. Collingridge，1980），提高人工智能治理的制度实施效果。

第三，产业治理的运维体系。一是产业技术开发层面。在技术准备阶段，要确立人工智能获取和利用数据的规则，根据数据的类型、结构分类定级，设置合理的数据搜寻范围和处理深度，避免违规窃取数据，保障数据安全。在技术运算阶段，要将制度约束深度植入智能算法模型，严格规范算法偏见的生成原理和场域，针对模型的先天设计漏洞在算法内部进行纠正，问题发生时对智能算法溯源审查，强化算法管控。在技术生成阶段，要规范机器生成内容，明确显性、隐性标识要求，强化自动化编纂、多模态转换、创造性生成等技术功能的可解释性，准确反馈智能机器的生成过程，防止信息内容风险及侵害知识产权行为。二是产业应用层面。在生产设备方面，要通过公钥认证、密钥协商等方式对软硬件设备充分认证，同时利用密码算法协议对设备加密，设置安全路由，防范外部网络入侵风险。在生产场景方面，要在全生产线实行端到端加密技术和异构网络部署，防止恶意代码、谐振攻击、控制命令伪造攻击等对生产线的物理破坏和蓄意操控，保障工人和车间安全。在服务场景方面，要建立风险信息数据库，实施严格的数据验证，定期维护数据源，防止用户个人身份信息、金融信息、健康信息泄露；同时，针对具身智能的技术失控和技术攻击行为制定对抗性预案，防止自动驾驶的交通工具或机器人因技术中毒或认知陷阱对社会产生危害。三是产业链层面。在人工智能全产业链环节中，要加强训练框架、第三方库、操作系统、数据库、芯片等产品和服务的闭环性，通过多方安全计算、模型病毒隔离、数据可信度量化等方式阻隔产业链路传导风险，增强产业链韧性。

第四，产业治理的价值体系。人工智能时代要把“以人为本”的价值准则融入产业治理。一是在经济价值治理方面，在培育经济增长新动能的过程中要把经济规律与生态规律相结合，在技术系统加持下将经济系统与生态系统对接，注重产业发展与自然生态的协调（任保平，2015）。针对人工智能数据中心、算力中心的高能耗问题，开发低能耗算法和模型降低计算资源需求，减少资源冗余，提升能源利用效率；同时推动智能技术与能源技术融合，大规模采用可再生能源，促进智能产业荷储互补，使智能经济与环境承载相协调，改善人类生存环境，推动可持续发展。二是在社会价值治理方面，要建立灵活的就业保障机制，为被智能机器取代的劳动者提供再教育、再培训、转岗安置等实质性帮扶措施，鼓励和支持劳动力从传统岗位向智能产品测试员、智能生产运维员、数字运营师等新兴岗位转型，缓释产业转型中的劳动力结构性矛盾。要完善社会保障体系，扩充失业保险申领范畴，通过救济政策保障失业人员基本生活需求，引导其通过短视频制作、网络直播、无人机飞手等零工方式灵活就业，缓解就业失衡，促进社会和谐。三是在人类价值治理方面，要实行设计问责和应用监督并重的双层监管机制，对人工智能科技和产业全生命周期实施监管，避免人工智能完全取代人类决策造成决策让渡风险，防止人机关系取代人类关系产生情感替代问题，以人工智能价值对齐确保其遵循人类的指令和道德准则，使模型的目标和行为与人类的价值观、伦理观一致，保障人类的主体性地位。

27.4 人工智能时代国家产业发展政策与治理体系的实践策略

随着智能科技由弱人工智能转向强人工智能，并逐步向超级人工智能演进，新一代人工智能正以前所未有的广度和深度释放巨大潜能，推动生产力跃升、生产关系变迁、生产方式嬗变，并最终引发经济社会嬗变，系统形塑人类社会新形态，全面开启人类发展新阶段。中国应加快制定国家产业发展政策与治理体系的实践策略，兼顾科技规律、经济规律与治理规律，统筹科技创新、产业创新与制度创新，以政府和市场协同推动基于人工智能的发展与面向人工智能的治理，实现高质量发展和高水平安全的良性互动。

27.4.1 以科技创新与产业创新的深度融合营建人工智能时代的国家产业创新生态

人工智能时代应通过科技创新与产业创新的深度融合，凝聚政府、高校、科研机构、企业的创新合力，推动科技、知识、信息、数据等要素向深层耦合，通过创新主体协同互动、创新要素顺畅流动、创新资源高效配置构建有效生产函数，为国家整体产业营建智能化的产业创新生态。一是推动技术融合创新。模型作为人工智能的核心技术，是处理复杂数据、准确生成决策、实现智能行为的关键。应推动大小模型的深度融合，通过模型蒸馏将大模型的知识渗入小模型，使小模型在保持轻量化的同时，继承大模型的部分性能；利用知识迁移将已训练好的大模型范式移植到小模型，提高模型学习效率；根据任务需求将大模型的部分权重载入小模型，以参数共享节省存储和计算资源，形成灵活、高效的多模态模型，在与传统技术耦合后，系统提升技术范式的规模阈值、效率阈值、性能阈值，以技术融合创新推动人工智能科技从单装智能走向系统集成，从数据驱动走向知识驱动。二是促进科技创新扩散。应在创新扩散的兴趣、评估、试验和采纳阶段，联结科技创新的研究机构、开发机构、中介机构和应用机构组成创新生态链，根据市场对人工智能新发明、新业态、新产品的需求，改进技术路线，形成契合市场供需的科技创新。在横向维度拓展人工智能在各门类产业、细分行业的泛在应用，以知识系统、技术系统、网络系统协力提高产业智能化水平。在纵向维度发挥人工智能创能作用，调动各类创新要素加速攻克产业链上下游配套技术，提高全产业链、供应链智能化水平。三是促进产业创新演化。对于萌芽产业，应进一步加大对智能科创企业在科技、财税、金融、园区等方面的政策支撑力度，提高企业创业成功率和产业孵化成功率。对于成长产业，要将创新激励机制市场化，以科研人员的技术作价、科研机构的知识产权作价和企业的现金投资促进智能科技成果的利益分享机制，助力智能企业扩大发展规模，实现技术的商业化应用。对于成熟产业，要根据市场需求饱和度，通过科技创新、流程优化、绿色转型提供差异化的智能产品和服务，同时集约利用创新资源，建设优质产业集群，保持自身竞争力；对于衰退产业，要在政府指导下有序收缩、撤让、重组，通过产业融合引导其资本存量向高成长性和高技术性产业部门转移，优化产业创新环境。

27.4.2 以数字经济与社会主义市场经济的深度融合建立人工智能时代的新型政府与市场关系

数字经济与社会主义市场经济分属不同经济形态，二者深度融合的意义在于将技术和制度的功效融为一体，一方面借助数字经济的数字化、网络化、智能化手段完善社会主义市场经济体制，改进生产者与劳动对象的结合形式、企业组织形式和产业分配形式，推进高水平社会主义市场经济体制建设（洪银兴、任保平，2024）。另一方面发挥社会主义制度优越性与市场经济体制灵活性，为数字经济发展提供制度基础，矫正市场失灵，加强数字政府治理，保证数字经济健康有序发展，以此塑造数字化市场经济的新形态，建立人工智能时代的新型政府与市场关系，推动国家产业发展政策与治理体系互融互嵌。一是在政府层面，应凭借政务大模型与大数据强大的语义分析功能、数据处理功能和迅速理解功能引领政府实现数智化转型，提升政府的信息汲取能力、科层整合能力、精准决策能力、快速响应能力，通过一网统管、一网通办、一网协同使政府部门与市场经济部门全面交互，进一步深化政府各机构间与市场各主体间的开放、协同、合作和互动状态，在市场有效的情况下发挥政府促进作用，在市场失灵的情况下发挥政府修正作用，打造集管理方、引导方和服务方于一体的新型政府，使国家由单向发展与治理的非均衡状态向统筹发展与治理的新均衡状态变迁。二是在市场层面，应依托大数据、5G 有效整合市场内碎片化、离散化的信息，使市场经济活动更加透明，市场价格机制、竞争机制更加完善，降低市场经济活动的信息搜寻成本、议价成本和交易成本，活跃市场行为。三是利用数字经济衍生的智能经济、网络经济、平台经济和共享经济等新经济形态打破市场准入的组织边界，促进各类生产要素和经济主体自由进入市场，在企业间、行业间、产业间自由选择和组合，深度提升市场资源配置效率，破除各种形式的地方保护和市场分割，使市场内容更加丰富，市场范围不断扩大，推动形成全国统一大市场。此外，随着数据的要素化、资产化、资本化程度不断加剧，应更好发挥政府作用，加快制定数据分配制度，降低产业数智化转型的制度性交易成本；健全数据产权制度，细化数据的分类分级确权授权机制；建立数据交易市场规则，划定交易范畴、明晰交易权属、规范交易行为，为市场发挥决定性作用创造良性制度环境。

27.4.3 以先进制造业与现代服务业的深度融合建设人工智能时代的现代化产业体系

先进制造业与现代服务业是前沿科技深度渗透的核心产业，也是新型工业化与信息化并联的关键路径。人工智能时代，应以智能“技术—经济”范式促进先进制造业与现代服务业的场景互补、产业联动、链条延伸，通过两业的深度融合增强制造业价值创造能力应用，有效促进服务业结构高级化，建设高端化、智能化、绿色化、融合化的现代化产业体系。一是将现代服务业嵌入制造业。首先，加快原材料工业和服务业融合步伐。鼓励服务型企业利用工业互联网和智能科技为原材料企业提供定向开发服务，以虚实互动、在线设计等方式增强定制设计能力，缩短产品研发周期，促进节能环保管理，优化生产制造流程。其次，加深消费品工业和服务业融合程度。以智能手机、智慧家电等通用终端为支点，发展“产品+内容+生态”全链式智能生态服务，实现消费品与工业制造在云端与终端、中心与边缘、宏观与微观等多个层面的无缝协同，满足差异化、品质化、低碳化消费需求，促进消费更新。最后，提升装备制造业和服务业融合水平。拓展辅助设计、系统仿真、智能控制等高端技术服务，同时依托物联网、数字孪生和智能分析技术向全球用户提供高端装备的全周期工程技术管理和全托式运维管理，推动装备制造企业向整体解决方案服务商转型。二是以先进制造业带动服务业。应全面推行智能制造，以先进制造业剥离出来的服务环节和项目为中高端服务型企业提供大量市场机遇，以设计、采购、销售、消费的流程再造为服务业培育新市场。同时，应将国内生产性服务业植入先进制造业成熟的产业链、供应链网络，助力金融、法律、物流、环保等行业参与国际分工，进一步提升我国先进制造业和现代服务业的国际分工地位。此外，应引导零售、文旅、教培、医疗、房地产等生活性服务业依托智能制造的物质技术基础，充分发挥各领域创新优势，通过委托制造、品牌授权等方式向制造环节拓展，发展服务衍生制造，以行业交叉渗透、产业协同耦合催生新兴产业与未来产业，促进整体产业的现代化转型。

27.4.4 以制度型开放与数字型开放的齐驱并进开辟人工智能时代全球治理的中国进路

人工智能的机遇、风险和挑战是全球性的，围绕人工智能的治理既涉及国内层面的决策，也涉及国际层面的协调，是关乎全球利益，攸关人类命运的世界性课题。中国应在高水平对外开放战略导向下，依托更高水平开放型经济新体制，以制度型开放为重点，数字型开放为支撑，推动国内国际共商人工智能治理制度框架和技术标准，加快引领多方参与、多边合作、多元共创的人工智能治理体系建设，开辟人工智能时代全球治理的中国进路。一是在制度型开放方面，应主动汲取国际人工智能在研究、开发、部署和采用阶段实施的成熟性规则、规制、管理和标准，为国内人工智能治理预留政策空间。根据美国、欧盟等经济体的人工智能政策变化及国际标准化组织、国际电工委员会等国际组织的人工智能标准适时调整国内制度框架，保持治理的适应性、敏捷性和客观性。应以“一带一路”共建国家、金砖国家为基础，牵头搭建符合发展中国家特质的人工智能治理制度框架，打造区域性、全球性治理平台，充分整合各方关切，形成制度共识，将制度框架进一步转化为可落地、可实施、可评估的制度安排，形成具有多元治理主体的协调机制和多层治理结构的运作模式，加强人工智能治理的兼容性、普适性，破除全球人工智能治理的权力和利益垄断，使世界各国共享人工智能知识成果，开源人工智能科学技术，共惠人工智能产业红利，同时不断提升中国在全球人工智能规则制定与实际应用中的影响力和话语权。二是在数字型开放方面，应以人类社会的稳定和福祉作为治理共识，与美国等西方发达国家厘清人工智能在数据、算法、应用和伦理方面的全球性挑战，消除战略误判，挖掘技术合作需求，在模型算法、训练数据、算力设施、应用场景方面充分吸纳国际先进治理技术，同时输出国内治理技术，通过自主创新与开放创新协同研发差分隐私和学习隐私，保障数据的安全性；健全技术性能解释、事后决策解释，强化智能机器的可控性；扩充多样化数据集、机器学习框架，提高智能系统的可靠性；开发元学习、反事实推理，提高算法的公平性，以数智科技的双向开放消除人工智能在国别、地区和群体间的治理鸿沟，彰显人工智能全球治理的中国方案。

28 人工智能在金融业中的应用：前景与挑战

人工智能在金融行业展现了巨大的潜力，探讨人工智能在金融行业中的应用前景与挑战，不仅能够为行业技术升级提供参考，也对保障行业安全性和合规性具有重要意义。本章将梳理以大语言模型为代表的人工智能技术在金融行业中的应用，并深入探讨其可能面临的机遇与挑战，以期为金融从业者和监管机构提供有益的参考与借鉴。

28.1 以大语言模型为代表的人工智能

金融行业作为信息密集型行业，一直是技术革新的重要试验场（李平、付一夫、张艳芳，2017）。从传统的交易自动化到高频算法交易，再到如今的智能投顾和量化分析，每次技术变革都深刻影响了金融市场的运行方式（陈国青、任明、卫强，2022；钱海章、陶云清、曹松威，2020）。近年来，人工智能技术尤其是大语言模型的发展，使得金融行业的数字化转型迈向了新的高度（郭凯明，2019；郭凯明、潘珊、颜色，2020）。随着全球金融数据量的快速增长，传统的人工分析方法显得越发捉襟见肘。而人工智能技术，特别是基于 Transformer 架构的大语言模型（Large Language Models，LLMs），不仅具备强大的自然语言处理能力，还能在海量数据中快速提取有效信息，为金融机构的运营效率提升和创新业务开发提供前所未有的可能性（王俊豪、周晟佳，2021）。

作为目前热度最高的人工智能技术，大语言模型天然在金融行业具有广阔的应用前景（姜富伟、刘雨旻、孟令超，2024；李春涛、闫续文、张学人，2024）。从每日生成的新闻报道、分析师研究报告到政策文件和财务报表，金融数据的复杂性和多样性使得传统的人工处理和分析手段难以高效应对。而大语言模型凭借其强大的自然语言处理能力，能够快速理解和生成高质量的文本信息，不仅可以从海量数据中提取有价值的信息，还可以进行市场情绪分析、投资策略建议和风险管理等任务（姜富伟、李梦如、孟令超，2024）。与其他行业相比，金融行业对实时性和准确性的需求尤为迫切，大语言模型通过高效的数据处理和预测能力，为高频交易、智能客服、欺诈检测等应用场景提供了全新解决方案（Nie et al.，2024）。随着技术的持续进步，大语言模型正在重塑金融行业的运营方式，推动其迈向更智能化、高效化和个性化的未来（Eisfeldt & Schubert，2024）。

除了大语言模型之外，工业机器人、智能投顾等人工智能技术在金融业中也具有广泛的应用。人工智能和机器人的兴起给经济与社会带来了广泛而深远的影响（王永钦、董雯，2020）。虽然工业机器人通常与制造业相关，但在金融行业中也有其潜在应用，尤其是在自动化和流程优化方面。这些机器人能够处理客户的咨询和问题，为客户提供自动化的银行账户查询、交易记录查询、贷款申请处理等服务。智能投顾是人工智能在金融行业的另一重要应用，它利用机器学习、数据分析等技术定制投资组合，并根据客户的风险偏好、财务目标、市场动态等因素，提供智能化的资产配置方案（唐松、伍旭川、祝佳，2020）。区块链本身不是人工智能技术，但将区块链与人工智能结合可以进一步优化金融行业的许多操作，尤其在数据隐私、透明度和安全性方面（边文龙、沈艳、沈明高，2017）。

大语言模型是人工智能领域的重要技术分支，尤其在自然语言处理（NLP）领域，凭借其强大的文本生成和理解能力，展现了强大的应用潜力。它们从基础统计模型发展而来，逐步迭代至今天，显著推动了金融、医疗、教育等各领域的技术革新。本节将介绍大语言模型的产生、发展和现状。

28.1.1 大语言模型的诞生

大语言模型的诞生是 NLP 技术不断演进的结果，其基础可以追溯到 20 世纪 90 年代早期的统计语言模型和语法规则方法。

起源于统计模型与规则方法。早期的语言模型基于统计学原理，如 N－gram模型和马尔可夫链，依赖于局部上下文关系进行语言建模。这一阶段的局限性在于上下文理解能力弱，难以捕捉句子或段落中的深层语义关系。

神经网络语言模型的引入。Bengio等（2003）首次提出基于神经网络的语言模型，通过分布式词向量建模语言，显著改善了语义理解能力。神经网络的引入为大语言模型的崛起奠定了理论和技术基础。

深度学习的崛起。2010年前后，递归神经网络（RNN）和长短期记忆网络（LSTM）等技术的提出，使语言模型能够捕捉长距离上下文关系。LSTM的创新解决了传统RNN无法处理长序列依赖的问题，成为语言模型的重要里程碑。

28.1.2 大语言模型的发展历程

近年来，大语言模型得到了飞速的发展，可以归纳为以下几个关键阶段。

首先，Transformer架构的提出给大语言模型带来了革命性的进展。2017年，谷歌提出Transformer架构，彻底改变了NLP领域的发展方向。Transformer通过自注意力机制实现了对句子中所有词语关系的建模，大幅提高了模型的效率和性能。与RNN不同，Transformer能够并行处理文本，使其更适合大规模语料库的训练。

2018年，OpenAI推出GPT，首次将Transformer架构应用于语言生成任务。GPT采用预训练和微调的方法，即在大规模语料库上进行预训练以学习通用语言特性，然后针对具体任务进行微调，显著提升了模型的任务适应性和表现。

2019年，谷歌发布BERT（Bidirectional Encoder Representations from Transformers），通过双向注意力机制实现了对上下文的更深入理解。BERT引入了填空任务和下句预测，成为自然语言理解任务的经典模型。

其次，大语言模型的规模呈现出指数级增长。2020年，OpenAI发布GPT-3，参数规模达到1750亿，标志着大语言模型进入超大规模时代。随后，百度的文心一言（ERNIE）、微软的Turing-NLG等大模型相继发布，进一步推动了语言模型的发展。

2021年后，多模态模型逐渐兴起，结合文本、图像和音频处理的能力，应用场景更加多样化。例如，OpenAI的DALL-E可以生成图像，而DeepMind的Gato具备跨任务处理能力。

28.1.3 大语言模型的发展现状

如今，超大规模模型已经逐渐普及。主流大语言模型的参数规模从百亿到万亿不等，如 Google 的 PaLM 2、OpenAI 的 GPT－4 等。这些模型通过训练海量语料库，展现了强大的语言生成和理解能力。最近 OpenAI 推出的全新大语言模型 o1，通过运用关联思考技巧，大幅提升了推理能力和解决复杂问题的可靠性，在多数复杂推理任务中表现接近甚至超越人类专家。

随着行业需求的多样化，专用大语言模型也应运而生。在金融领域，已有多个金融大语言模型问世。BloomberGPT 是第一个公开发布的金融领域大语言模型，由彭博社开发并面向金融领域使用。BloomberGPT 参数量超过 500 亿，训练后的模型不仅在通用 NLP 任务上表现优异，还能够理解金融专业术语和概念，处理多种金融领域的任务，包括股票价格预测、金融事件影响分析和投资组合优化等。

在国内，也已经有多款金融大语言模型问世。例如，由度小满开源的轩辕是国内首个千亿级中文金融大模型，训练参数达 1760 亿。除此之外，聚宝盆、FinGPT、无涯等金融大语言模型也相继问世，推动大语言模型在金融业的广泛应用。除上述金融领域大模型，财富管理机构与运营商也通过合作或自研的形式，积极布局大模型。如海通证券、申万宏源和广发证券等 10 家券商宣布成为百度 ERNIE 的首批生态合作伙伴，以同花顺、东方财富为代表的财富管理运营商也公告称将重点打造人工智能投顾平台，专注于生成式人工智能和交互式人工智能技术的探究，优化内容生态的构建，提升智能化运营的效能。

28.2 人工智能在金融行业的主要应用场景

28.2.1 文本数据分析

金融行业每天生成海量的非结构化文本数据，如新闻、分析师报告、政策公告和财务报表（Cong et al.，2024）。这些数据蕴含着丰富的信息，但传统的人工分析方法难以快速、全面地提取其中的关键内容。人工智能通过快速处理和分析文本数据，为金融机构提供了重要的支持。

金融机构可以应用大语言模型生成高质量的金融市场报告、分析师评论以及其他金融领域的文章和投资建议，助力金融机构更高效地提供相关金融信息，并为投资者提供全面且准确的金融投资指导（Pelste & Val，2024；Lopez－Lira & Tang，2023；Li et al.，2024）。金融机构可以在此基础上配置相关金融数据和业务资源，研发契合金融领域需求的应用模型，提高智慧办公能力和智能服务质效。

28.2.2 风险管理

人工智能在金融风险管理领域展现了强大的能力，正在深刻改变传统的风险识别、预测和应对方式。金融行业的复杂性和高风险特性使得风险管理尤为重要。然而，传统的风控手段在面对现代金融环境下的数据复杂性和实时性需求时效率不足。大语言模型使得金融机构应用更加智能化、全面化的风险管理模式成为可能。

在风险管理方面，人工智能的作用主要体现在市场风险预测、信用风险评估和宏观经济风险监测等领域。

市场风险预测方面。市场动态和价格变动往往受新闻、政策、经济事件等多种因素影响，传统风控手段难以快速整合和分析这些非结构化数据。而大语言模型通过处理海量文本数据，能够快速提取关键信息，为市场风险预测提供支持。这种能力适用于高频交易等对时效性要求极高的场景。与此同时，大语言模型还能够通过分析新闻情绪、社交媒体动态等，量化市场情绪，为机构提供更全面的市场风险视角。

信用风险评估方面。金融机构需要对借款人或企业的偿债能力进行评估，而这一过程不仅依赖财务数据，还需要结合更多动态信息。大语言模型通过整合财务报表、企业公告、行业新闻等多种数据源，能够实时更新信用评估结果。此外，大语言模型还能够帮助银行分析贷款申请人的消费模式和社交媒体行为，预测其未来的信用表现。这种动态信用分析能力，使得信用风险评估从单一静态数据分析转向多维实时评估，大大提高了预测的准确性。

宏观经济风险监测方面。大语言模型通过对全球经济数据和政策文本的分析，为宏观风险的识别提供了智能化支持。同样地，大语言模型也可以通过分析地缘政治新闻预测可能的市场波动，为金融机构的跨国运营提供前瞻性支持。

28.2.3 欺诈检测

在欺诈检测领域，人工智能同样展现了显著的优势。金融欺诈行为往往复杂多样，从信用卡欺诈到洗钱行为，其手段不断进化，传统的规则驱动检测方法已经难以全面应对。大语言模型通过学习交易数据中的正常模式，能够快速识别异常交易行为。

洗钱行为的检测是欺诈防控中的难点，因为洗钱活动通常涉及多层交易路径且具备隐蔽性。传统的检测方法依赖规则和历史经验，很难应对新型洗钱手法。大语言模型通过分析客户交易记录、跨境转账路径以及相关的文本描述，能够揭示复杂的资金流动网络。例如，当某账户在短时间内接收大量资金并迅速分散到多个海外账户时，模型可以通过分析交易模式，识别这种行为可能涉及洗钱活动。

客户身份验证也是欺诈检测的一个重要领域。大语言模型能够通过分析多渠道数据（如聊天记录、通话内容等），验证客户身份的真实性。在与客服的对话中，伪造身份的欺诈者往往表现出与正常客户不同的语言模式。大语言模型通过捕捉这些语言特征，可以识别出潜在的欺诈风险。

28.2.4 智能客服

人工智能的快速发展，正在深刻改变金融行业的智能客服。作为客户服务的重要组成部分，智能客服不仅承担着解决客户问题、提供金融信息的任务，更是银行、证券、保险等金融机构提升用户体验和运营效率的关键工具。

在金融行业中，客户往往面临复杂的服务需求，从基础的账户查询到高级的投资建议，问题类型繁多且多样化。传统的客服系统通常依赖于规则驱动和关键词匹配，这种方式在面对客户复杂表达或模糊提问时，容易导致服务质量下降，而大语言模型的引入改变了这一局限。借助上下文理解能力，大语言模型可以处理多样化的问题并生成自然流畅的回答。这种能力使得大语言模型不仅能提供答案，还能通过指导性的语言帮助客户完成操作，大幅提升服务效率和客户满意度。

在复杂问题的解决能力上，大语言模型也展现了传统客服系统难以企及的优势。金融行业客户服务中常见的问题包括贷款政策解读、投资产品对比、风险评估等，这些问题通常需要客服具备较高的专业知识储备。传统系统在遇到类似问题时，往往需要人工介入才能解决，而大语言模型可以直接从海量数据中提取专业知识并生成答案。这种分析能力不仅加快了响应速度，还增强了服务的专业性和客户信任感。

金融行业的全球化运营使得多语言支持成为智能客服的重要能力。传统的多语言支持需要雇佣多语种客服团队或借助翻译工具，但这种方式不仅成本高昂，而且效率低下。大语言模型通过多语言训练，可以直接与客户使用不同语言进行交互，同时保持对语言语义和文化背景的深度理解。

除了大语言模型之外，工业机器人的快速发展也为智能客服提供了现实的可能性。智能客服机器人（也称为“虚拟客服”“聊天机器人”）在金融行业的应用已经非常普及，特别是在银行、保险、证券等金融机构中。这些机器人能够处理客户的咨询和问题，提供自动化的银行账户查询、交易记录查询、贷款申请处理等服务。它们能够提高客户服务效率，并减少人工客服的工作负担。

28.2.5 智能投顾

智能投顾（Robo－Advisor）是金融行业中基于人工智能的自动化财富管理服务，它能够通过算法和数据分析为客户提供个性化的投资组合建议。智能投顾的出现，不仅使财富管理服务变得更加普及，还有效降低了服务成本，提高了投资效率。

智能投顾的核心功能是根据客户的财务状况、投资目标和风险偏好，量身定制个性化的投资组合。通过一系列的问卷调查或行为分析，人工智能系统能够全面了解客户的需求，并结合市场大数据，计算出最适合客户的资产配置。与传统的人工投顾相比，智能投顾能够快速响应市场变化并自动调整投资组合，从而帮助客户优化投资收益并有效控制风险。

在大数据和机器学习的支持下，智能投顾能够在短时间内处理大量的市场信息、客户数据以及经济指标，通过算法预测市场趋势并调整投资策略。此外，智能投顾还能够为不同层次的客户提供定制化的服务。传统的财富管理服务通常只面向高净值客户，且费用昂贵，而智能投顾通过自动化和低成本的方式，使得中小投资者也能够享受到专业的投资建议。智能投顾不仅在资产配置上发挥着重要作用，还通过持续优化和自我学习提升服务质量。随着市场环境的变化，人工智能系统会不断调整其投资策略，并根据客户的反馈进行调整。

28.2.6 市场趋势预测

市场趋势预测帮助投资者把握价格波动和市场方向，而情感分析则通过捕捉市场情绪变化，为短期和中长期的投资决策提供依据。大语言模型通过对非结构化数据的深入理解和处理，将这两项关键能力提升到了一个新的高度。

市场趋势预测是金融投资的基础，而影响市场趋势的因素复杂且多样，包括经济政策、企业动态、市场情绪、地缘政治等，这些信息通常以文本形式存在。大语言模型的出现，为非结构化数据的分析提供了强大的工具。

金融市场中的许多波动源于市场情绪，而非基本面数据。例如，突发的企业丑闻、CEO 离职或科技产品发布都可能引发投资者情绪的剧烈变化，从而影响市场价格。大语言模型通过对新闻、社交媒体、论坛和公告的语义分析，能够量化市场情绪并识别其方向和强度（Chen et al.，2022；Tan et al.，2023）。这种情感分析能力为投资者提供了重要的参考信号，使他们能够更快地调整投资组合以规避风险或抓住机会。

在社交媒体对市场情绪影响日益增强的背景下，大语言模型的作用尤为突出。传统的情感分析工具往往依赖关键词匹配，无法准确捕捉复杂表达中的潜在情绪；而大语言模型通过上下文理解和语义推理，能够识别这些隐含的情绪。

28.3 人工智能在金融业中的应用前景

人工智能正在以深远的影响力重塑金融行业的未来。人工智能已经在市场预测、风险管理、客户服务等领域中展现了强大的应用能力，其未来前景远不止于此。随着技术的不断突破和行业需求的深化，人工智能将在推动金融行业的结构性变革、技术创新和全球化进程中扮演着更加关键的角色。本节将从金融行业生态优化、创新驱动、普惠金融以及新型风险管理四个角度探讨人工智能在金融领域的前景。

28.3.1 金融行业生态优化

金融行业生态正从以机构为中心的传统模式向以客户为中心的智能化体系转变。人工智能的快速发展加速了这一转型的步伐。

首先，人工智能可以通过更智能的技术生态，优化金融机构内部的运营流程。在传统的金融业务中，数据孤岛现象普遍存在，不同部门之间的信息共享效率低下；而大语言模型可以作为一个智能化的信息枢纽，将多部门的非结构化和结构化数据高效整合，为企业内部的决策支持提供统一的平台。

其次，人工智能有望在金融行业生态中扮演一个跨行业连接器的角色。随着开放银行和金融科技的快速发展，银行、保险公司、投资机构之间的协同需求越发迫切。大语言模型通过整合跨机构的数据和知识，可以形成金融行业的“智能中枢”。

28.3.2 金融服务创新开发

人工智能的显著优势在于其强大的创新能力。基于人工智能的创新能力，金融机构将推出更加智能化、定制化的金融产品，满足不断变化的市场需求。一个显著的方向是智能投顾服务的升级。虽然智能投顾已经在金融市场占据了一定的份额，但当前的智能投顾主要基于固定算法，难以充分理解和适应客户的多样化需求。大语言模型的引入，将使智能投顾更加人性化。例如，未来的智能投顾可以通过自然语言交互，主动了解客户的投资目标、风险偏好和生活习惯，从而推荐更适合的投资组合。此外，模型的多模态能力还可以帮助智能投顾整合文本、图像、视频等多类型信息，为客户提供更加直观的投资建议。

此外，人工智能有望推动新型金融服务的开发。基于实时数据分析，模型可以帮助银行设计出更加灵活的贷款产品，动态调整客户的还款期限或利率，以应对突发的经济状况变化。这种个性化的产品不仅可以提升客户体验，还可以帮助银行更好地控制风险。

28.3.3 普惠金融深入推进

普惠金融是全球金融行业关注的重点议题之一，旨在为更多边缘化人群提供金融服务。而人工智能的技术优势，使其在这一领域展现出广阔的前景。在农村金融服务中，大语言模型可以通过 NLP 能力，打破语言障碍和文化差异，促进普惠金融的发展。此外，人工智能还可以支持小微企业的金融需求。传统金融机构在为小微企业提供贷款时，往往因为数据不足或风险评估不够全面而拒绝放贷；而大语言模型通过整合企业主的社交媒体数据、交易记录、供应链信息等多维度数据，生成全面的信用评估结果，为这些企业提供更公平的贷款机会。

28.3.4 新型风险管理

人工智能将在风险管理方面发挥更强大的作用，不仅在于风险识别，还将延伸到全球化市场中的风险预警和动态响应。随着全球化进程的加速，金融机构需要处理跨区域的风险管理问题，如汇率波动、地缘政治冲突对金融资产的影响等。人工智能可以通过实时监控全球范围内的新闻、政策文件和社交媒体动态，为跨国企业和金融机构提供早期风险预警。此外，人工智能有望通过对宏观经济数据的深度分析，为政策制定者提供更加智能的决策支持。例如，在金融危机发生时，模型可以分析历史危机中的应对措施及其效果，为当前危机提供更具参考价值的解决方案。这种能力不仅对金融机构意义重大，对全球金融稳定也具有重要价值。

28.3.5 人工智能与金融监管协同发展

人工智能将在金融监管领域发挥重要作用，帮助监管机构应对不断变化的市场环境。人工智能可以通过分析金融市场数据和机构报告，实时识别可能的违规行为或市场操纵。模型还可以为监管机构提供政策文本的智能分析能力，如对新出台的金融法规进行影响评估，判断其可能对市场产生的正面或负面效应。在跨国监管协作中，大语言模型也将成为重要工具。例如，针对全球化交易中复杂的合规要求，模型可以通过自动翻译和语义分析，帮助各国监管机构快速理解彼此的法律和政策，提高国际监管合作的效率。

28.4 人工智能在金融应用中的挑战

在金融行业，人工智能的应用前景令人注目，但是也伴随着一系列不可忽视的挑战。作为一种颠覆性的技术，人工智能在提升金融行业效率、智能化服务和风险管理能力的同时，也暴露出在数据隐私、算法透明性、监管适配性等方面的问题。

28.4.1 数据隐私与安全问题

金融行业的数据高度敏感，包括个人账户信息、交易记录、信用数据以及企业财务报告等，这些数据一旦泄露将对机构和客户造成严重的经济和声誉损失。然而，大语言模型的高效性通常依赖于对大规模数据的训练和分析，这在金融领域引发了数据隐私和安全性方面的忧虑。

数据泄露风险。大语言模型在训练过程中需要接触大量的金融数据，但如果这些数据未经过严格的加密处理，就可能被不当访问或窃取。例如，在金融交易系统中，模型会处理实时交易数据，因为这些数据一旦被黑客获取，可能被用于非法交易或市场操纵。

隐私保护的技术限制。尽管技术上可以通过差分隐私和联邦学习等手段降低数据泄露风险，但这些技术在实际部署中仍存在局限。例如，联邦学习通过在本地训练模型避免数据集中，但其对算力的高需求使得中小金融机构难以广泛采用。而差分隐私技术可能在保护隐私的同时降低模型的精度，影响实际应用效果。

内部数据滥用风险。即使在模型使用过程中，金融机构内部的员工也可能滥用模型访问敏感数据。这种内部威胁增加了数据隐私保护的复杂性，要求机构在部署大语言模型时加强数据访问权限的管理。

28.4.2　算法偏见与透明性不足

大语言模型的训练数据往往来源于历史记录和公开数据，而这些数据可能包含种族、性别、地域等方面的偏见。例如，在信用评估中，如果训练数据对某些低收入地区的信用表现存在过度简化或负面认知，模型可能在无意中扩大这种偏见，从而对相关地区的客户产生不公平的信用评分。这种算法偏见会导致金融排斥，使得某些群体难以获得贷款、保险等金融服务。

大语言模型本质上是一个“黑箱”，其决策逻辑和生成内容的具体过程难以被外界完全理解。在金融行业，透明性至关重要。例如，当模型推荐某种投资组合或拒绝某一笔贷款申请时，客户和监管机构需要清楚模型的决策依据。然而，目前大多数大语言模型缺乏可解释性，这限制了其在需要高透明度金融场景中的应用，也增加了用户对技术的信任成本。

28.4.3　算力需求与经济成本高昂

大语言模型的训练和运行需要大量计算资源，这对于中小型金融机构和新兴市场国家的金融机构来说是一个重大挑战。当前，主流大语言模型的训练需要庞大的计算能力和电力支持，这种高门槛限制了技术在整个行业的普及，导致技术鸿沟的进一步扩大，即使完成了模型的初始训练，部署和维护过程中仍然需要高额投入，这些高昂的成本可能迫使中小金融机构依赖第三方模型供应商，从而面临数据安全和技术依赖的问题。

同时，训练大型人工智能模型的能源消耗引发了环境可持续性的担忧。在当前气候变化的背景下，如何在保持技术创新的同时减少碳排放，成为金融机构和技术开发者需要共同面对的问题。

28.4.4 监管与合规问题

金融行业是一个高度监管的领域，人工智能技术的快速发展已经超出了现有法律和政策框架的适配能力，这使得其在应用过程中面临诸多合规风险。

监管滞后与风险。监管的滞后使得某些人工智能在没有明确法律约束的情况下被滥用。例如，模型可能被用于生成误导性金融分析或操纵市场的虚假信息。如果监管无法快速响应，这些问题会对市场的公平性和稳定性造成冲击。

满足合规性面临技术挑战。人工智能在金融行业的应用必须满足严格的合规性要求。然而，由于大语言模型生成内容的非确定性，审计过程可能非常复杂且难以完全覆盖。此外，模型在处理跨境数据时，还需要确保符合不同国家的数据本地化要求，这进一步增加了技术的合规成本。

错误信息风险。大语言模型在生成内容时可能生成与事实不符的信息。例如，在生成投资分析报告时，模型可能错误解读某企业的财务数据或过度乐观地预测市场趋势。如果这些错误信息被直接采用，会导致投资决策的失败。

责任分配不明确。当模型生成的内容对客户或市场造成损失时，责任归属是一个重要问题。例如，如果一款由金融机构部署的大语言模型误导客户进行高风险投资，客户可能追究机构的责任，但金融机构会认为问题来源于模型的算法设计或训练数据。这种责任不明确性需要通过法律和合同条款来解决，但这无疑增加了应用的复杂性。

28.5 未来发展方向与对策建议

为了充分发挥人工智能在金融行业的潜力，同时应对应用中的挑战，以下几点发展方向和对策建议值得深入探讨。

28.5.1 研发专用模型

针对金融行业的独特需求，开发高度定制化的专用模型已成为大语言模型未来发展的关键方向。这种专用模型能够结合金融行业的特定场景和专业术语，提供更加精准和高效的服务支持。以 BloombergGPT 为例，这一专为金融市场设计的大语言模型，已经展示了在市场分析、决策辅助等领域的卓越能力。相比于通用模型，专用模型通过深度学习特定领域的数据，不仅可以更快地捕捉市场变化，还可以有效处理复杂的业务场景。

专用模型的研发重点在于提升对金融术语和复杂业务的理解能力。金融领域涉及大量专业术语，例如，与股票交易相关的技术指标（如市盈率、波动率）、与银行业务相关的信贷风险评估指标（如违约率、风险敞口），以及保险行业的精算术语等。这些术语通常具有上下文依赖性和行业特定含义，要求模型能够精确理解并做出合理的语义分析。同时，金融行业中的业务场景往往复杂且多样化，从实时市场数据的分析到跨境交易的合规性审查，都需要模型具备高水平的领域知识和动态处理能力。

专用模型的应用前景非常广阔，它不仅能显著提高分析效率，还能提升结果的可靠性和解释性。在市场分析中，专用模型能够从海量数据中快速提取关键信息，为投资者提供实时的市场趋势预测和精准的投资建议。在决策辅助中，专用模型能够生成可追溯的分析结果，通过清晰的逻辑和详细的解释帮助用户理解模型的决策依据，从而提高用户对人工智能技术的信任。

未来，随着专用模型的不断优化，其应用范围将进一步拓宽。例如，在金融监管领域，专用模型可以帮助机构实时监测异常交易，识别潜在的市场操纵行为；在财富管理中，模型可以根据客户的个性化需求提供定制化的资产配置方案。专用模型的研发不仅推动了金融行业技术的进步，也为行业的智能化转型提供了重要支持，具有深远的战略意义。

28.5.2 优化数据隐私与安全技术

人工智能在金融业中的应用引发了对数据隐私和安全的担忧。在处理金融数据时，保护数据的安全性和隐私性至关重要。

技术优化层面。首先，进一步推广和优化联邦学习技术与差分隐私技术的应用。这两项技术已在保护数据隐私方面展现出显著成效，但其实际应用仍有提升空间。其次，积极探索区块链技术与大语言模型的结合。区块链的去中心化和不可篡改特性，为金融数据的安全存储和共享提供了新的可能。

产业实践层面。在产业实践中，金融机构需要构建更加完善的数据安全管理体系，将技术手段与制度规范相结合，确保数据隐私与安全技术的有效落地。首先，建立行业数据安全联盟，推动金融机构之间的数据安全合作，共同开发和分享隐私保护技术。其次，推动隐私计算平台建设，支持行业内建立基于联邦学习和差分隐私技术的共享计算平台，为中小型金融机构提供安全、经济的模型训练和数据分析服务。最后，加强员工数据安全意识，通过开展培训和设立内部监督机制，确保金融机构员工在使用大语言模型时遵循数据隐私和安全的最佳实践。明确责任分工，避免人为疏忽导致数据泄露。

政策监管层面。为保障大语言模型在金融行业的健康发展，政府和监管机构需要从法律层面与政策层面制定明确的规范和指导意见。政府应当制定数据隐私保护法规，出台专门针对金融行业人工智能应用的数据隐私保护法规，对模型训练中涉及的敏感数据使用范围、存储要求和访问权限进行明确规定。同时，建立隐私保护技术认证体系。监管机构可引入隐私保护技术认证机制，对使用联邦学习和差分隐私技术的模型进行认证。通过认证的模型可以获得在金融场景中的优先部署资格，从而激励金融机构采用更加安全的技术方案。最后，推动全球化数据隐私保护合作。在金融全球化的大背景下，数据流动不可避免地涉及多个国家的监管要求。政府应积极参与国际数据隐私保护协定的制定，与其他国家协同建立跨境数据流通的安全机制。

技术研发创新层面。为了促进数据隐私与安全技术的持续优化，应加强对相关研发活动的激励。例如，增加研发投入，设立专项科研资金，支持高校、研究机构和金融科技公司在技术优化层面进行研发创新；推动产学研合作，通过政策激励，鼓励高校和企业合作开发更安全的大语言模型应用；建立开放数据共享平台，在符合隐私保护要求的前提下，推动建立非敏感数据的行业共享平台，为模型训练提供更多高质量数据支持。

28.5.3 提升模型透明度与解释性

人工智能模型的“黑箱”特性，使得其决策过程难以被完全理解，这对其金融行业中的应用构成了挑战。模型透明度与解释性的不足，不仅会引发用户信任危机，还会增加监管和合规的难度。因此，提升人工智能的透明度与解释性，已成为其在金融领域应用过程中亟待解决的核心问题。

技术优化层面。首先，需要开发可解释性算法。提升大语言模型的透明度，需要在技术层面开发更具可解释性的算法，使模型的预测结果和生成内容更具可追溯性。其次，提升模型输出的结构化能力。为避免大语言模型生成模糊或冗长的答案，可以优化其输出的结构化能力。

行业实践层面。制定透明度报告，金融机构应定期发布大语言模型的透明度报告，详细说明模型的数据来源、训练过程、性能指标以及潜在的局限性；设计用户友好型的解释界面，为金融从业者和客户提供直观的模型解释界面，可以显著提升用户对模型的信任；加强模型性能的独立评估，建立行业内的第三方模型评估机构，对金融机构使用的大语言模型进行独立测试和透明度评估。

政策监管层面。首先，制定模型透明度的行业标准，监管机构应推动制定大语言模型透明度的行业标准，对模型的解释性提出明确要求；其次，引入金融人工智能责任追溯机制，为增强用户对模型输出的信任，监管机构应引入责任追溯机制，明确在模型决策失误或引发市场风险时的责任归属；最后，鼓励透明技术的研发与应用，政府可以通过政策激励推动透明技术的研发。

用户教育层面。提升大语言模型的透明度与解释性，还需要通过用户教育和公众参与，增强用户对模型的认知能力和信任。例如，开展用户教育计划，金融机构可以针对不同用户群体（如客户经理、分析师、普通投资者）开展大语言模型的使用培训，帮助他们理解模型的基本原理、局限性以及解释性功能；增强公众监督与反馈机制，通过设立用户反馈通道，金融机构可以收集公众对模型解释性的意见，并据此优化模型设计。

28.5.4 建立国际化监管框架

随着大语言模型在金融业的广泛应用，其国际化部署和跨境应用日益普遍。然而，不同国家和地区在监管标准、数据隐私保护和合规性要求上的差异，导致大语言模型在全球化过程中面临诸多挑战。建立国际化监管框架，协调多国间的法律法规和技术标准，是促进大语言模型在金融领域可持续应用的关键。

推动国际合作与对话机制。建立国际化监管协作平台，设立由主要经济体（如 G20 国家）牵头的全球金融人工智能监管联盟，作为协调机构推动多边对话。定期举办国际研讨会和论坛，讨论大语言模型在金融领域的技术应用和监管议题，建立共同的监管目标。加强双边和多边合作，推动区域性金融科技合作框架，集中解决区域内的大语言模型应用问题。鼓励跨国金融机构参与国际合作试点项目，通过实际应用探索监管模式的可行性。

制定全球统一的技术标准。大语言模型在跨境应用中，常涉及客户数据的跨境流动，而各国的数据隐私法规［如欧盟的《通用数据保护条例》（GDPR）和美国的《加州消费者隐私法》（CCPA）］存在显著差异。这种不一致性可能导致模型部署复杂化，甚至产生合规风险。因此，在国际平台（如联合国国际电信联盟）推动数据隐私保护技术标准化，明确跨境数据处理的最低要求，引入国际通用的数据安全认证机制，确保大语言模型在多国应用中的数据安全性。

29 “人工智能 +”的战略意义、现实需要和未来发展思路

2024 年，国务院《政府工作报告》中提出，“深化大数据、人工智能等研发应用，开展‘人工智能 +’行动，打造具有国际竞争力的数字产业集群”。首次将“人工智能 +”写入《政府工作报告》。同年 12 月，中央经济工作会议再度点题“人工智能 +”行动，强调“以科技创新引领新质生产力发展”。“人工智能 +”是指将人工智能技术作为驱动性力量，与制造业、服务业、医疗、教育、科研、社会治理等传统领域相融合，创造出新的产业模式和服务形态，推动传统行业的转型升级和社会经济结构的变革发展。相对于人工智能技术本身，“人工智能 +”更强调技术与行业、场景的深度融合。中央层面频繁提及“人工智能 +”，将人工智能技术的突破性进展与国家产业的升级需求紧密结合，标志着我国不仅要加快人工智能技术的发展，还致力于推动人工智能技术融入传统领域，进一步催生新的经济增长点。

29.1 “人工智能 +”的战略意义

29.1.1 “人工智能 +”是提升国际竞争力的新焦点

随着国际政治格局的演变、地缘经济关系的重塑以及科技创新速度的加快，各国政府意识到，仅仅依赖传统的经济增长模式已不足以维持长期的竞争优势。这种动态变化的国际背景促使各国不断审视并调整其科技发展战略，并试图通过利用技术进步寻找解决方案。人工智能作为新一轮科技革命和产业变革的核心驱动力，其广泛应用对于提升国家的科技创新能

力、经济竞争力以及在全球治理中的话语权，具有不可替代的重要战略作用。

美国先后发布《美国将主导未来产业》《NSF 未来法案》《国家人工智能研发战略计划》等一系列战略规划，明确将人工智能作为未来产业战略布局的核心内容之一，强调人工智能在先进制造业、量子信息科学、5G 通信技术等领域的融合应用，旨在保障其全球人工智能技术领先地位的同时，通过人工智能技术的广泛应用推动经济的繁荣发展。欧盟通过全球首部人工智能综合性法案《欧盟 AI 法案》，该法案将重点推动欧盟从人工智能技术的研发中心向应用场景迈进，利用人工智能技术在制造业的应用潜力推动地区产业转型，并通过布局“人工智能工厂”，推动人工智能技术在多个行业的开发和应用，其中包括医疗保健、能源、汽车与运输、国防与航空航天、机器人与制造业等。德国积极推动人工智能技术在“工业 4.0”领域发挥重要作用，努力打造“人工智能德国制造”（AI made in Germany）产业品牌。日本于 2022 年发布《人工智能战略》，设立了利用人工智能技术强化产业竞争力的目标，提出了通过人工智能提高劳动生产率，使之达到与美国、德国等同等水平；同时，积极推动“具有国家复原力的人工智能”系统的开发，将人工智能技术融入气象、地震、洪水、滑坡等灾害预报系统的研究和开发中。中国自从 2017 年发布首个国家级的人工智能发展蓝图《新一代人工智能发展规划》以来，不断推动人工智能技术的落地应用；在 2022 年印发了《人工智能场景创新指导意见》，旨在通过提升人工智能的高水平应用促进经济高质量发展；2024 年至今，更是在《政府工作报告》、中央经济工作会议中多次提及开展“人工智能 +”行动，打造具有国际竞争力的数字产业集群。

29.1.2 “人工智能 +”是形成新质生产力的强支撑

“人工智能 +”作为推动新质生产力形成的关键力量，通过创新生产要素配置、重构产业生态网络以及促进组织管理模式变革，展现了其在数字经济时代形成新质生产力的强大支撑作用。

一是“人工智能 +”推动了生产要素创新配置。在传统工业经济时代，生产要素主要包括劳动力、资本和技术等。在数字经济时代，数据成为新的关键生产要素，与算法、算力构成了推动新质生产力的核心要素。人工智能技术的发展和应用落地，不仅实现了各领域的智能化转型，还产生了海量数据。这些数据通过收集、存储、分析和利用，为人工智能算法的训练和优化提供了丰富资源。随着算法的不断优化，人工智能的性能也随之提升，进一步推动了人工智能技术与各行各业的深度融合。这种模式加速了人工智能技术的创新和应用，促进了新质生产力发展，形成了一个正向的循环，即数据要素驱动新质生产力的形成，技术进步又反哺数据，进一步推动"人工智能+"的落地。

二是"人工智能+"重构了产业生态网络。"人工智能+"不仅是一个孤立的技术应用过程，更是一个涉及政府、企业、科研院所、个人等多方参与者共同作用的复杂网络。"人工智能+"促进了产业链的紧密合作与协同，催生了以数据共享、平台开放为特征的产业生态圈。在这个过程中，不同类型的市场主体可以根据自身优势参与不同环节，形成互补效应，共同推动整个行业的创新发展。

三是"人工智能+"促进了组织管理模式变革。随着人工智能技术的广泛落地，传统的组织管理模式正在经历深刻的变革。首先，智能化工具的应用使企业日常运营更加高效，减少了人为错误的可能性；其次，基于大数据分析的决策系统辅助管理者更快地获取信息并做出反应，增强了企业的灵活性和适应性；最后，远程办公、虚拟团队等形式更加智能，打破了时间和空间的限制，促进了全球化协作。

29.1.3 "人工智能+"是实现科技创新的新通道

传统的科学研究往往依赖科学家的经验和直觉来设计实验、收集数据并进行分析，但这种基于个人经验和有限样本的方法同时具有局限性。AI4S（Artificial Intelligence for Science）通过数据驱动、模型辅助和自动化实验等方式，从海量实验数据中自动提取关键特征，甚至预测未知的结果，在多个科学领域中展现了其强大的应用潜力。

在数学领域，人工智能被用来辅助解决复杂的数学问题，引导数学家对拓扑猜想进行证明，帮助他们寻找解决组合优化问题的新程序、发现更快的矩阵乘法和排序算法等；在物理领域，人工智能不仅用于实验数据处理和分析，还帮助科学家设计实验、优化参数，如谷歌 DeepMind 设计的 FermiNet 模型，专门用于从第一性原理计算原子和分子的能量；在化学领域，人工智能被广泛应用于分子设计和反应路径预测，MIT 研发团队利用机器学习模型，得以快速预测分子的吸收波长，显著提高了新材料发现的速度；在生物领域，人工智能已经成功地用于预测基因组中编码蛋白质的功能、基因剪切事件和调控网络等重要过程。DeepMind AlphaFold3 模型不仅能预测蛋白质的结构，还能模拟 DNA、RNA 和小分子之间的复杂相互作用，对于药物发现和疾病治疗具有重要的意义，凭借这一工具，其发明人获得 2024 年的诺贝尔奖项。

AI4S 不仅是一种全新科研范式的崛起，更标志着人工智能技术在科学研究中的应用，极大地加速了科学发现的过程，并推动科技创新赋能新质生产力发展。

29.2 “人工智能+”的特征和现实需要

人工智能与传统领域的结合是基于现实需求推动的一场深刻变革。随着社会经济的发展和技术的进步，各行业对于提高效率、降低成本、优化服务质量和探索新的商业模式有着迫切需求。人工智能技术作为一种强大的底层技术支撑，与日益增长的现实需求紧密结合，催生出“人工智能+”的融合发展态势。“人工智能+”强调了技术创新与实际应用之间的紧密联系，确保了科技成果能够快速转化为现实生产力，可以满足产业变革、社会发展的需要。

29.2.1 “人工智能+”的特征

（1）生产、消费两侧“人工智能+”发展特征各异

生产侧与消费侧在“人工智能+”的发展过程中呈现出明显的差异化特征，前者侧重通过人工智能技术优化内部管理和生产流程，追求更高的经济效益和社会价值；后者则致力于打造更加智能、便捷、个性化的消费体验，满足消费者日益增长的需求。

从生产侧来看，“人工智能+”正在成为提升生产效率、优化业务流程、降低运营成本的关键驱动力。随着人工智能技术的不断成熟，越来越多的企业将其应用于核心业务环节，以实现智能化转型。例如，在“人工智能+制造业”中，人工智能驱动的预测性维护可以提前识别设备故障，减少非计划停机时间；智能供应链管理系统则能够通过人工智能大数据分析优化库存管理，提高物流效率。此外，人工智能技术还在金融风险评估、医疗影像诊断、客户服务自动化等多个领域展现出巨大的潜力，为生产者带来显著的竞争优势。

从消费侧来看，“人工智能+”更多地聚焦于改善消费者的生活质量和消费体验。近年来，消费者对于个性化、便捷化、智能化的产品和服务有着更高的需求与期待，智能手机、智能家居设备、智能穿戴产品等终端产品成为人工智能技术的重要载体。例如，人工智能设备中，生成式人工智能的应用使手机、平板、PC不再局限为通信、娱乐、办公工具，转变成全天候的私人智慧助手。消费者通过语音指令快速获取信息、完成任务，甚至进行创意内容创作。此外，人工智能技术还在教育、健康等多个消费场景中发挥着重要作用，这些创新应用不仅丰富了消费者的日常生活，也创造出新的商业模式。

（2）产业链各环节“人工智能+”落地程度不同

人工智能技术的落地程度在产业链上同样体现出“两端翘起”的“微笑曲线”形态，科研、设计与服务等产业链两端的知识、服务密集型环节快速落地，生产制造等中间环节则相对迟缓。这种现象不仅反映出人工智能技术在不同环节的应用难度和技术成熟度的差异，也揭示了不同行业对“人工智能+”的需求特点。

对于两端环节而言，在科学研究、研发设计环节，“人工智能+”主要集中在数据分析、模拟仿真、自动化测试等方面。这些领域通常拥有大量的结构化或半结构化数据且任务目标明确，适合采用强化学习等成熟的机器学习算法进行处理。例如，在人工智能制药中，人工智能可以通过分析海量的化学分子结构数据库，预测化合物的生物活性，大大缩短新药研发周期。在人工智能设计中，人工智能通过辅助工程师优化车身造型，减少风阻系数，提升燃油效率。在运营服务环节，人工智能通过NLP、计算机视觉等技术实现智能化交互和服务流程优化。在人工智能客服中，基于NLP的聊天机器人可分流简单咨询，减轻人工客服的工作负担。同时，人工智能客服可借助情感分析功能感知客户情绪变化，提高服务质量。

对于中间环节而言，尽管人工智能技术在生产制造环节的应用已经取得了一些进展，但在实际落地过程中仍面临挑战。例如，在传统工业生产中，虽然工业人工智能可以在许多场景下达到90%甚至95%的准确率，但这样的“误差”仍然可能引发连锁反应，导致整条生产线停工。此外，制造业的生产环境、工程管理、制造设备的复杂性和不确定性强，传统算法解决方案的扩展性差、算法泛化能力不够，限制了人工智能技术在制造行业的渗透广度与价值发挥。

29.2.2 “人工智能+”是推动产业升级的需要

（1）“人工智能+制造”

制造业作为实体经济的重要支柱，正面临全球竞争加剧、消费者需求多样化、生产效率提升等多重挑战。人工智能技术的应用为制造业的转型升级提供了强大动力，从提升效率和生产力到改善产品质量，从降低营运成本到提升响应速度，人工智能正重塑制造业的核心竞争力。

制造业的核心目标之一是提高生产率，以减少单位产品的制造时间和成本。通过引入人工智能技术，如智能调度系统、自动化生产线和机器人协作等，可以实现对生产过程的精细化管理和优化。例如，海尔卡奥斯通过其工业大模型COSMO-GPT助力模具工厂实现智能化改造，自动识别并调取数百个工艺参数，生产效率提升了50%。同时，该模型还能够对设备的健康状况进行提前预警，减少设备故障，整体生产效率提升了5%。

产品质量关系到企业的品牌形象和客户满意度，人工智能技术通过图像识别算法帮助企业精确监控生产过程，及时发现潜在的质量问题，并采取预防措施。例如，华为工业人工智能质检系统可实时分析员工装配行为的规范性及配件的缺陷问题，通过引入该系统，汽车制造企业将单位缺陷数降低了80%，单台车生产工时缩短6分钟，订单交付周期缩短20%。

现代消费者多样化及个性化的需求，对制造业的响应速度提出更高要求。为更好地适应市场变化，制造企业需要具备快速调整生产力的能力。人工智能技术使得企业在不改变硬件设施的情况下实现柔性制造。例如，家具厂商尚品宅配利用人工智能系统调控生产线，实现了家居行业的定制化服务。消费者可以通过线上平台选择自己喜欢的颜色、材质、尺寸等参数，系统则自动将这些参数转化为生产指令，指导生产线生产出符合消费者需求的产品。

（2）“人工智能+金融”

金融业的核心在于管理和控制风险，人工智能技术在欺诈检测、信用评分等方面展现了巨大的潜力。通过对海量历史交易数据的学习，人工智能算法可识别出异常交易模式，及时预警潜在的风险事件。同时，基于多维数据分析，人工智能还可以构建更为精确的用户画像，为金融机构制定合理的授信策略提供依据。例如，招商银行的人工智能智能客服系统，结合了 NLP 和反欺诈算法，可在客户在线交易时监测异常行为，在发现可疑活动后采取相应安全措施；工商银行建立千亿级参数大模型，将自身积累的客户违约率和违约损失率数据进行分析处理，借助先进的风险管理系统，银行能够对信贷风险进行精确预测和有效管理。

确保合规性是金融机构应对市场监管的重要任务，人工智能技术通过实时跟踪法律法规的变化，并自动更新内部控制系统，有效提升合规管理的效率与准确性，降低违规风险。例如，德勤开发的智能合规系统，利用 NLP 和机器学习算法自动化监控与报告生成，确保金融机构符合不断变化的监管要求；IBM 的 RegTech 系统，利用人工智能技术帮助金融机构自动执行合规检查，该系统可快速识别法规的最新变化，并将其转化为具体的合规要求，随后，该系统会自动审查金融机构的业务操作，确保其符合适用的法律法规。

优化交易策略是金融机构提高交易收益、保持市场竞争力的关键手段。传统的量化交易依赖于统计学和数学模型指导交易决策，但这些模型常常难以捕捉市场的非线性特征和复杂动态。深度学习和强化学习算法等人工智能技术，可从历史交易数据中学到更为复杂的模式，识别出不易察觉的市场信号，协助交易者在变幻莫测的市场中快速响应。例如，华泰证券“MATIC”量化交易平台可在极短的时间内完成市场分析、策略制定到交易执行的全过程。通过处理海量的金融数据，“MATIC”平台可以识别出市场的细微变化，自动调整投资组合中的资产配置，以实现最佳的风险收益比。

29.2.3 “人工智能+”是提升社会服务水平的需要

（1）“人工智能+医疗健康”

临床诊断准确度是医疗机构提供高质量医疗服务的关键指标，直接关系到患者的治疗效果和安全。随着医学影像数据量的快速增长，传统的阅片方式难以满足高效、精准的要求。人工智能技术通过图像识别和深度学习算法，从海量的影像资料中快速发现微小病灶，大幅提高影像辅助诊断的精准性和诊断质量，实现关键疾病精准早筛。例如，谷歌 Deepmind 与英国国家医疗服务体系（NHS）旗下医院合作开发了一款人工智能眼部诊断工具，通过对眼部 OCT 图像的扫描，可识别出 50 多种威胁到视力的眼科疾病，准确率高达 94%，超过人类专家的表现。

新药研发面临成本高企和收益下降的双重困境，人工智能技术为其注入了新的活力。人工智能通过对大量生物医学数据的挖掘与分析，快速筛选出潜在的药物靶点，预测药物分子的活性与毒性，优化药物设计与合成路线，显著缩短药物研发周期并降低成本。例如，人工智能制药企业 Innoplexus 通过使用英伟达的人工智能推理服务简化药物研发流程，该服务支持快速生成新型分子结构，可以加速分子模拟。同时，Innoplexus 还利用 AlphaFold2 进行蛋白质结构预测，极大地提升新药研发的效率。

改善全过程就医感受、提升患者体验是医疗机构的重要目标。人工智能技术可以整合多源数据，包括电子病历、可穿戴设备监测数据等，构建全面的个人健康档案，并据此制定个性化的预防医疗措施。例如，由纽约大学与英伟达共同开发的人工智能模型——NYU Tron，用于预测患者在出院后 30 天内的再入院概率。该模型基于长达十年的电子健康记录进行预训练，涵盖近 40 万名患者的临床记录，NYU Tron 的应用将预测再入院的准确性提高了 10%。人工智能技术的应用不仅帮助医院有效分配医疗资源，还为高风险患者提供个性化的后续护理建议，以降低再入院率并改善整体医疗效果。

（2）“人工智能+教育”

传统教学模式存在个性化教育与普惠教育之间的矛盾，追求高质量的个性化教育往往意味着较高的成本和资源投入，这会影响教育的普及性和公平性。“人工智能+教育”不仅能提供大规模的优质教育资源，还能根据每个学生的特点定制个性化的学习路径，实现教育的规模化、公平化和个性化。

我国城乡教育水平差异影响教育公平化发展。教师、教学设施、教育财政投入等资源多集中在大中型城市，由此带来了教育质量的区域间不平衡。人工智能技术通过远程教育，叠加数字化教育内容，将部分有形的教育资产变为无形的教育资源，搭载“人工智能教师”功能的教育平台为学生提供针对性教学、辅学、纠错、答疑等服务，以个性化能力辅助提升教育效率，有助于缩小不同地区间的教育差距。例如，清华大学利用自主研发的千亿参数大模型——GLM4 作为平台与技术基座，开展八门课程试点工作，利用现有的教学数据、公开论文、慕课资源，在 GLM4 上通过微调形成不同课程的垂直领域模型，开发专属的人工智能助教，实现案例生成、自动出题、答疑解惑、评价指导等功能。

教育的核心目标是培养具有创新能力和实践技能的人才。人工智能技术不仅可以辅助传统教育模式下的知识传授，更重要的是，它可以促进学生创新能力的发展和个人化学习体验的提升。例如，基于讯飞星火大模型，北京邮电大学开发出智能编程教学平台——“码上”，为学生提供实时、智能、个性化、启发式的编程辅导服务。“码上”采取一对一编程辅导，当学生遇到编程难题时，可以通过平台向人工智能助教请求帮助，获得即时的解决方案。此外，平台还会记录学生的编程过程，便于教师后续查看和点评，形成完整的教学闭环。

随着人工智能技术在教育领域的应用，教师的角色正在从单纯的知识传授者向知识引导者转变。例如，智能辅导系统 Tutor. ai 可承担部分基础知识的教学任务，让教师有更多时间专注于启发式的教学活动。同时，人工智能辅助的教学工具如 Zapier 可帮助教师自动化处理日常管理事务，如考勤记录、通知发送等，从而减少不必要的工作，使教师可以更加专注于教学质量的提升。

29.3 “人工智能+”的未来发展思路和建议

29.3.1 拓展应用场景，持续挖掘“人工智能+”需求

“人工智能+”的落地离不开应用场景的打造，以需求为导向，聚焦高价值领域，推动人工智能技术与实际应用场景紧密结合，切实发挥其在提升效率、优化决策、创新商业模式等的巨大潜力。建议：一是积极运用国家科技重大专项、国家重点研发计划、战略性新兴产业专项资金等，聚焦人形机器人、生物医药、新型储能等具有巨大市场潜力和发展前景的未来产业，打造一批效果突出、带动性强、关联度高的“人工智能+”应用场景；二是围绕社会公共服务，在养老照护、公共交通、应急管理等政府主导领域，细化可操作的“人工智能+”示范应用清单和创新场景推荐目录，推动符合条件的“人工智能+”应用加快形成规模效应；三是搭建“人工智能+”创新应用大赛等面向行业的“人工智能+”揭榜挂帅平台，通过发布需求榜单、以赛代评的方式，搭建供需对接平台，评选标杆场景案例，在金融科技、人工智能制药、数字科研等垂直领域形成多层次“人工智能+”落地应用示范。

29.3.2 释放数据价值，构建垂直领域“数据飞轮”壁垒

人工智能技术的落地应用离不开机器学习和深度学习，高质量数据能够提升人工智能系统准确性，并增强人工智能技术的泛化能力。建议：一是发挥北京、上海、天津自贸区制度改革先行先试优势，建立更加细化的数据分类管理制度和可使用的负面清单领域，让数据能够真正“活”起来、“用”起来；二是大力培育复杂数据标注领域领军企业和人才团队，支持发展数据标签任务的众包模式，打造多层级应用服务生态；三是围绕数据语料共享共建，加快在金融、医疗、科研、城市治理等数据量大、数据质量高、数据多样性强的重要领域，以普惠金融、政府采购、智慧城市、AI4S 等为抓手，推动构建垂直高质量训练数据集合，强化数据开发、用户数据反哺、行业 know – how 等能力。

29.3.3 重视底层核心技术，加速模型、算力、算法等前瞻性布局

当前，中国人工智能企业已具备一定技术储备，如百度 ERNIE 已经拥有长文本生成核心技术，能够实现跨模态功能，阿里、百度、商汤已着手布局人工智能应用生态。但是，我国人工智能大模型多以 Transformer 为基础，缺乏奠基式架构以及 BERT、GPT – 3 这样能够引起领域大变革的模型，如不提前布局，当前技术跟随策略下很可能在下一个颠覆式模型变革节点被“卡脖子”。有以下几点建议。一是落实大模型创新支持计划，加强重大成果奖励，推动人工智能产业龙头跨前布局下一代模型架构和训练方法，重点围绕“基础架构—基础技术—工程能力—前瞻布局”形成体系化技术能力。二是推动普惠算力，加大“人工智能算力券”等政策服务力度，针对中小企业使用付费算力用于“人工智能+”应用落地的，给予一定的费用减免或补贴；鼓励云计算服务商提供更丰富、更具性价比的云服务方案，针对中小微企业用户和研发团队的大数据处理与人工智能训练需求，推出定制化、易用性高的云平台服务。三是加速类脑芯片、量子计算、存算一体等新一代信息技术布局，通过定价和资金扶持，使算力和模型更多向“人工智能+”领域倾斜。四是针对“算法黑箱”等全球技术治理难题，积极在算法方面建立法规框架；发挥全国各自贸区先行先试制度优势，探索人工智能“沙盒监管”，允许并鼓励算法及人工智能企业在相

对可控的环境内进行试验性的开发、测试和验证。

29.3.4 把握规则构建窗口，打造良性人工智能治理环境

欧美发达国家地区加快布局人工智能治理，2024 年 5 月全球首部人工智能法案在欧盟执行，全球人工智能治理规则“技术主权”竞争越发激烈有以下几点建议。一是加强企业合规指导。针对未来欧美可能存在的更为严格的出口限制条款以及当前开源生成式人工智能许可条款日渐复杂等问题（如 meta 的 Llama 模型许可条款对模型输出和衍生品使用存在特定限制），建议政府部门牵头，联合研究机构、龙头企业、咨询智库等多方主体，紧密跟踪美国《出口管制改革法案》、欧盟《人工智能法案》等欧美国家政策要求，详细研究和了解人工智能相关的许可条款，形成《“人工智能+”应用落地合规手册》，为我国企业在人工智能落地应用提供操作性强、符合国际规则的标准化公共产品，以避免版权和法律问题。二是制定“人工智能+”分级分类清单，出台相关风险分类、风险评估实施细则，实现事前、事中和事后的监管闭环细则与主体分工。

30 世界各国人工智能发展的政策及其启示

近十年，全球人工智能产业持续蓬勃发展，已成为推动科技创新和经济增长的核心动力。2024 年，斯坦福大学发布的《人工智能指数报告》显示，2023 年生成式人工智能的投资激增，相较 2022 年增长近 8 倍，达到了 252 亿美元。各国纷纷制定并实施人工智能发展战略，积极推动人工智能技术的研究与应用，力图抢占新一轮科技革命的制高点。

人工智能作为全球科技竞争的核心领域，正在深刻地改变经济、产业、社会结构及国际格局。从自动化生产到智能医疗、从 NLP 到无人驾驶，人工智能技术正在加速渗透到各行各业，带来巨大的技术创新和社会变革。随着全球对人工智能技术的投入不断增加，人工智能成为各国追求经济增长和科技创新的关键驱动力。人工智能技术本身也具有非常强的跨国竞争性：各国既希望在人工智能技术研发中占得先机，也希望通过人工智能推动社会发展和产业变革。尤其是在当今全球化、数字化和信息化日益加深的背景下，人工智能不仅是科技竞争的前沿，更成为国家战略竞争的重要组成部分。

因此，虽然许多国家纷纷通过政策支持、资金投入、技术研发和产业创新等手段，力图在这一领域占据领先地位，但是不同国家受到其经济结构、技术基础、政策规划以及社会需求等多方面因素的影响，发展现状各不相同。本章将深入探讨世界各国人工智能发展的政策，分析不同人工智能发展的政策演变，以期给我国人工智能的发展带来启示。

30.1 世界各国人工智能发展政策

30.1.1 美国人工智能发展政策

美国是人工智能技术最发达的国家之一，也是全球最大的投资者和创新者之一。美国的人工智能政策发展历程可以分为多个阶段，其特点是政策从科研支持逐步延展到国家安全、伦理治理、国际竞争等领域。这一历程体现了美国对人工智能技术的高度重视及其在全球竞争中的战略定位。以下是美国人工智能政策出台的详细过程。

（1）初步探索阶段（2016—2017 年）

在 2016 年，美国政府开始认识到人工智能技术对国家经济和安全的重要性。美国政府的人工智能政策初步探索可以追溯到 2016 年，当时的美国总统奥巴马（Barack Obama）政府发布了《人工智能、自动化与未来工作委员会报告》（*The White House Report on Artificial Intelligence, Automation, and the Future of Work*）。该报告对人工智能及其潜在影响进行了分析，着重关注其对劳动力市场和工作岗位的影响，并提出了相关的政策建议。

（2）国家人工智能战略框架的提出（2018 年）

2018 年，特朗普政府（Donald Trump）加强了对人工智能的关注。美国政府发布了《美国人工智能研究与发展战略计划》（*The U. S. National Artificial Intelligence Research and Development Strategic Plan*）。该计划的目标是：加大人工智能研究和开发的资金支持力度；强化人工智能的教育和培训；提高人工智能的透明度、安全性和可解释性；在人工智能的制定过程中，加强国际合作和道德考量。

2018 年 12 月，美国还成立了美国人工智能办公室（The American AI Initiative），并发布了总统行政命令，要求所有政府部门制定和实施人工智能战略，并加强人工智能领域的基础研究。

（3）国家人工智能倡议法案（2019 年）

2019 年，美国国会讨论并通过了《国家人工智能倡议法案》（*National Artificial Intelligence Initiative Act*），该法案旨在推动美国在全球人工智能领域的领导地位。法案的重点包括：设立国家人工智能办公室，协调各联邦机构的人工智能活动；增加人工智能领域的联邦投资；提升人工智能技术的透明性、道德和安全性；加强人工智能教育和培训，确保技术不对劳动力市场造成负面冲击。

（4）《人工智能研究与发展伦理保障法案》及监管框架（2020—2021年）

2020—2021年，美国政府进一步加强了人工智能伦理和法律框架的建设。美国国会讨论了《人工智能研究与发展伦理保障法案》（*Artificial Intelligence Act of* 2020），该法案专注于：确保人工智能技术的安全性、透明性和可解释性；设立独立的伦理审查委员会，评估和监督人工智能系统的合规性；推动人工智能技术与人类价值观相一致，确保不对隐私或公平产生负面影响。

同时，2021年，美国政府也发布了人工智能治理框架，强调在人工智能应用中建立清晰的法律和伦理规范，解决算法偏见、隐私保护、数据安全等问题。

（5）《人工智能全球竞争力报告》与国际合作（2021年）

在2021年及其后，美国继续强调国际合作，尤其是在全球人工智能标准和规范的制定方面。2021年9月，美国白宫发布了《人工智能全球竞争力报告》，提出美国应加强与其他国家（尤其是欧盟和日本）在人工智能研发与伦理问题上的合作，以确保全球人工智能生态系统的安全、道德和公平。

（6）近期进展与新的政策动态（2022年至今）

近年来，人工智能在美国的政策研究和制定下进入了更高层次的阶段。2023年和2024年，美国政府继续发布了与人工智能相关的指导文件、战略报告，并提出了进一步加强人工智能应用监管和伦理保障的计划。

2023年，美国政府发布了*AI Bill of Rights*，这是一个旨在保护美国公民免受人工智能系统潜在负面影响的框架，关注隐私、自由、公正和透明性等问题。

在2024年，美国国会正在讨论针对人工智能更严格的监管法规，尤其是针对生成式人工智能（如ChatGPT、DALL·E等）和自动驾驶人工智能等领域。

此外，美国政府还不断推进与其他国家和国际组织（如OECD、G7、G20等）在人工智能监管框架和伦理标准上的合作，力图在全球范围内促进人工智能技术的负责任和可持续发展。

总体而言，美国的人工智能政策从初步关注技术发展、道德伦理、安全性，到后期涉及监管、国际合作和未来社会变革的深入规划，体现了该国在全球技术竞争中的战略考量。随着技术的不断进步，美国的人工智能政策将继续随着社会需求、技术发展以及国际形势的变化而不断演化和调整。

30.1.2 中国人工智能发展政策

我国人工智能发展政策的演变经历了几个关键阶段，从初步探索到全面推进，再到目前的技术创新驱动和国家战略，反映了我国政府对人工智能技术及其产业化的重视和投入。以下是我国人工智能发展政策的主要演变脉络。

（1）初步探索阶段（2000 年年初）

2000 年年初，我国政府对人工智能的关注较少，更多的是基础研究的初步探索。此时的政策支持主要是针对科研机构和高校的基础研究经费，且缺乏系统性、长期性的战略规划。

（2）政策导向初步明确阶段（2010—2015 年）

2010 年后，随着互联网和信息技术的快速发展，我国逐渐意识到人工智能技术在经济和社会发展中的潜力。2016 年，国务院发布了《“十三五”国家科技创新规划》，其中首次明确提出“加快人工智能技术研发和产业化应用”，这标志着我国开始从宏观层面重视人工智能。

2015 年，国家发展改革委和科技部也发布了一些关于促进创新和加强人工智能研究的政策文件，强调了人工智能与大数据、云计算等技术的融合，提出要推动这些技术在制造业、医疗、金融等领域的应用。

（3）快速发展与政策布局阶段（2016—2017 年）

2015 年，国务院发布了《关于积极推进“互联网 +”行动的指导意见》，明确提出要加快“互联网 + 人工智能”融合，促进智能制造的发展。

2017 年，国务院发布了《新一代人工智能发展规划》，这标志着中国在人工智能领域进入了全面战略规划阶段。该规划明确提出，到 2030 年，我国要成为世界主要的人工智能创新中心，具备自主可控的技术体系。规划内容涵盖了基础研究、产业发展、人才培养等方面，设立了人工智能发展的战略目标。

（4）技术创新和产业应用深化阶段（2018—2020 年）

2018 年，国务院又发布了《关于促进新一代人工智能产业发展的指导意见》，进一步细化了人工智能在产业领域的应用，强调了人工智能对经济社会各领域的渗透，提出要加强人工智能技术应用示范和试点。

此外，国家还加大了对人工智能技术研发的资金投入，并在各个地方政府层面出台了相应的扶持政策。例如，北京、上海、广东等地纷纷发布地方性的人工智能发展政策，鼓励人工智能企业和创新项目的落地。

（5）深化技术创新与全球竞争阶段（2021 年及以后）

2021 年，国家发展改革委等部门联合发布了《中国人工智能产业发展报告 2021》，提出要提升全球人工智能竞争力，进一步推动人工智能技术与产业发展，并聚焦人工智能的伦理问题，建立完善的技术法规和标准体系。

此外，国家推出了“智能制造 2025”等重大工程，推动人工智能在制造业的深度应用，并进一步强化了人工智能与 5G、物联网、量子计算等技术的融合。

2022 年和 2023 年，我国政府继续加大对人工智能技术的投资力度，并推出了进一步规范行业发展的政策，如加强数据隐私保护和人工智能伦理的法规建设。同时，我国也加大了在人工智能基础设施（如数据中心、超级计算机）建设方面的投入。

（6）当前及未来发展趋势

近年来，我国人工智能政策逐步向产业化、智能化、生态化方向转型。特别是在数字经济、智能制造、自动驾驶、智慧城市、医疗健康等领域，人工智能技术的应用已经取得显著进展。我国提出了“数字中国”和“智能中国”战略，计划通过推动人工智能技术的普及应用，进一步提升国家的创新能力和国际竞争力。

未来发展趋势如下。

人工智能技术自主创新与产业化：更加注重基础研究和自主核心技术的突破，减少对外部技术的依赖。

人工智能与大数据、云计算的融合：加大对云计算、大数据、5G 等技术的支持力度，推动人工智能技术与其他先进技术的融合应用。

伦理规范与法律监管：随着人工智能技术的发展，数据隐私、伦理问题和法律监管成为重要议题；中国政府正在逐步制定相关的法律框架，以确保人工智能技术的健康发展。

总结而言，我国的人工智能政策从起初的基础研究支持到如今的国家战略推进，逐步发展成为一个涵盖技术、产业、法律、伦理等多个层面的综合性政策体系，且随着技术的进步与全球竞争态势的变化，这些政策会继续调整和完善。

30.1.3 欧盟人工智能发展政策

欧盟的人工智能政策发展历程可以追溯到多年前，经过不断的演变和改进，逐渐形成了一个综合性的政策框架，旨在推动人工智能的创新，同时确保其伦理性、安全性和合规性。以下是欧盟人工智能政策发展的重要阶段：

（1）初步阶段：战略性目标的设定（2014—2016 年）

在人工智能技术开始蓬勃发展的初期，欧盟并未专门制定人工智能政策，而是将其纳入更广泛的数字化和创新战略之中。2014 年，欧盟发布了数字单一市场战略，提出了希望通过统一数字市场来促进技术创新的发展，其中涉及的就是人工智能的应用和影响。

到 2016 年，欧盟委员会发布了《欧盟数字化未来战略》，此时人工智能作为关键技术之一开始逐步进入政策议题。这一时期，欧盟的政策主要聚焦于提高数字化能力，增强数据流通与共享，并促进与人工智能相关的基础设施建设。

（2）人工智能战略的初步制定（2018—2020 年）

2018 年，欧盟对人工智能的关注逐渐加深，特别是在美国和中国等国已经在人工智能领域取得显著进展的背景下，欧盟开始意识到人工智能的战略重要性。2018 年，欧盟委员会发布了《人工智能通讯》，提出了一系列关于人工智能的政策框架和发展目标。这一阶段的主要政策框架包括以下内容。

人工智能白皮书（2018 年）：欧盟首次提出了人工智能的伦理框架，并指出人工智能技术在保障社会公正、伦理性和透明度方面的要求。

人工智能协调计划（2018 年）：各成员国被鼓励共同合作，以加强人工智能研究，推动人才培养以及提升计算资源的共享。

这些政策的核心目标是确保人工智能的创新能带来社会和经济的益

处，同时避免技术的负面影响，如隐私侵犯、失业等。

（3）从伦理到法规：人工智能监管框架的建立（2021 年至今）

2021 年，欧盟进一步加大了对人工智能的政策投入，特别是进入了人工智能的监管和法律框架阶段。以下是该阶段的关键政策。

《人工智能法案（AI Act）》（2021 年）：这是欧盟首个系统性涵盖人工智能的法律框架，提出了明确的监管要求，分为不同风险等级，制定了人工智能的监管规则。《人工智能法案（AI Act）》的核心内容包括以下几点。

高风险人工智能应用的规定：如医疗、交通等领域的人工智能应用，需要经过严格的合规性测试和认证。

风险评估机制：对人工智能系统可能带来的风险进行全面评估。

透明度要求：用户应被告知何时与人工智能系统交互，尤其是在关键决策中。

欧盟数字战略和数据战略：在《数字战略》和《欧洲数据战略》中，欧盟进一步加强了人工智能相关的政策支持，着重强调数据的流动性、透明度和隐私保护，为人工智能的发展提供了支撑性框架。

人工智能伦理指导方针（2021 年修订）：欧盟进一步完善了伦理框架，关注人工智能应用对人权、民主价值、透明度和可解释性的影响。特别是在人工智能伦理准则中，明确了人工智能的开发和使用必须遵循的伦理要求，包括避免歧视、保证公平、保护隐私等。

（4）未来展望：人工智能发展与社会责任的平衡（2023 年以后）

随着人工智能技术的快速发展，欧盟继续加大对人工智能技术的监管力度，同时推动人工智能在社会和经济中的广泛应用。在这个阶段，欧盟政策的重点包括以下几点。

加强国际合作：欧盟加强与其他国家和地区（如美国、中国）在人工智能领域的合作，力求在全球范围内形成统一的技术和伦理标准。

人工智能与可持续发展：随着绿色技术和可持续发展的议题日益重要，欧盟在人工智能应用中更加关注其对环境和社会的长远影响。人工智能的伦理框架进一步纳入环境、社会责任等因素，提出人工智能应推动社会和环境的可持续性。

人工智能的教育与技能培训：为了应对人工智能带来的劳动市场变

化，欧盟更加注重人工智能领域的教育和技能培训，支持成员国在教育体系中整合人工智能相关课程，帮助劳动力转型。

总体而言，欧盟在人工智能发展中的政策演变展示了其从初步关注技术创新到更加注重伦理与监管的转变。未来，随着人工智能技术的不断进步，欧盟将继续努力实现技术创新与社会责任的平衡，确保人工智能在促进经济发展和增进社会福祉的同时，减少其负面影响。

30.1.4 英国人工智能发展政策

英国在人工智能领域的政策发展历程可追溯至21世纪初，随着技术进步和全球竞争的加剧，政府逐渐认识到人工智能对经济、社会和国家安全的重要性。英国的人工智能政策发展经历了几个重要阶段，从初步的战略设定，到具体的立法和监管框架的建立，最终到应对全球人工智能竞争与技术伦理挑战的深化。以下是英国人工智能政策的关键演变阶段。

（1）早期阶段：关注技术发展和基础设施建设（2000—2015年）

21世纪，英国的人工智能政策主要集中在推动基础研究、技术创新和基础设施建设方面。虽然这一时期并没有一个明确的国家级人工智能战略，但随着信息技术的快速发展，人工智能作为一种潜力巨大的技术受到了广泛的关注。此时的政府政策更多侧重以下两点。

数字化战略：2005年，英国政府推出了“数字英国战略”，提出推动数字技术创新和促进信息通信技术（ICT）普及的目标，其中涉及人工智能和数据科学。

技术研发支持：政府为人工智能研究提供资金支持，特别是在高等院校和研究机构中，加强了人工智能领域的基础研究。

（2）初步战略与框架设定（2015—2017年）

随着人工智能技术的不断发展和应用，英国开始认识到人工智能对未来经济与社会变革的潜力，进而在政策上做出初步回应。2015年，英国发布了《数字化国家：2015年的数字战略》，这一战略中开始提到人工智能和自动化等前沿技术，目标是通过支持数字创新推动经济增长。

2017年，英国政府发布了《人工智能产业战略》（*AI Industrial Strategy*），该战略标志着英国开始将人工智能作为国家科技发展与经济战略的重要组成部分。该战略的主要内容包括以下几点。

资金支持：为人工智能研究和开发提供资金支持，重点投资人工智能基础设施建设，支持人工智能初创企业和技术公司。

技术发展路线图：制定了人工智能技术发展的路线图，强调人工智能在自动驾驶、医疗保健、金融服务等多个领域的潜力。

人工智能人才培养：提到通过高等教育和职业培训，培养人工智能领域的高端人才和技术工人。

（3）人工智能伦理与监管框架的初步建立（2018—2020 年）

随着人工智能的应用日益广泛，尤其是人工智能在医疗、金融、交通等关键领域的应用，人工智能伦理和社会责任问题逐渐成为政策焦点。2018 年，英国政府发布了《人工智能道德框架》（人工智能 *Ethics Framework*），该框架强调了人工智能技术开发与应用中的伦理问题，并提出了一些指导方针。

伦理责任：要求人工智能开发和使用必须确保透明、公平和负责任的原则，特别是在数据隐私、算法透明性和社会公平等方面。

监管建议：英国政府建议建立一个独立的人工智能监管机构，负责确保人工智能技术的开发和应用符合伦理标准。

公平与透明：推动人工智能算法的透明性，确保人工智能系统能够被公众理解和接受，特别是在人类决策的关键领域，如司法、招聘和金融。

（4）人工智能政策的深化与国际合作（2021—2023 年）

2021 年，随着人工智能的迅速发展和其全球竞争的加剧，英国政府进一步加强了对人工智能的关注，并发布了一系列新的政策文件和倡议，旨在确保英国在全球人工智能竞争中处于领先地位。

《人工智能战略更新报告（2021）》：该报告强调了人工智能对英国经济和社会的重要性，并提出了加强创新、提高生产力、确保人工智能系统安全可靠等方面的目标。报告的主要内容包括以下几点。

人工智能的国家领导地位：通过增加公共投资、优化法规环境、加强创新支持等措施，确保英国在全球人工智能领域中保持竞争力。

人工智能技术与伦理的平衡：重视技术的创新，同时严格规范其应用，特别是在数据隐私和安全方面；推动人工智能在医疗、教育等领域的积极应用，同时确保其对社会的正面影响。

人工智能的伦理指导与法规建设：英国政府在这一阶段进一步完善了人工智能伦理和法律框架，强调人工智能发展必须以人为本，确保人工智能应用不会加剧社会不平等、歧视或侵犯人权。例如，2021 年，英国人工智能伦理委员会提出了对人工智能伦理的进一步建议，要求人工智能应用符合透明性、公平性、可解释性等原则。

人工智能国际合作：英国积极参与国际人工智能合作，推动全球人工智能治理体系的建设：在此背景下，英国与 OECD、G7 等国际组织和国家开展了多边合作，推动制定全球统一的人工智能标准和伦理规范。

（5）未来展望：人工智能与国家战略的融合（2024 年以后）

未来，英国人工智能政策将继续围绕推动人工智能创新、确保技术伦理和安全以及增进社会福祉的目标展开。以下几个方面可能是未来人工智能发展的重点。

加速人工智能与其他技术的融合：人工智能将与 5G、量子计算、物联网等技术深度融合，推动各行各业的数字化转型；英国将加强人工智能在制造业、金融服务、医疗健康等领域的应用。

人工智能伦理与社会责任：随着人工智能的普及，如何确保人工智能技术不会泄露隐私、引发社会不平等，或者带来其他伦理问题，将是政策的核心议题；未来的人工智能政策将更加注重人工智能的可解释性和透明度。

人工智能与就业的关系：人工智能技术的普及可能带来职业结构的变化，英国政府将进一步加强针对人工智能对就业市场影响的研究，并推动相关职业培训和再教育计划，以应对可能出现的失业问题。

人工智能国际竞争中的定位：全球人工智能竞赛愈加激烈，英国将通过进一步加强与欧盟、美国等国的合作，确保在全球人工智能领域中占据战略地位。

总体而言，英国在人工智能领域的政策演变显示了其从推动技术创新到更加注重伦理、法律和社会责任的逐步过渡。随着技术的不断进步，未来英国的人工智能政策将进一步聚焦创新、安全与伦理的平衡，并加强国际合作，确保在全球人工智能竞争中保持领先地位。

30.1.5 日本人工智能发展政策

从早期的技术发展到如今的战略布局，政府的政策支持一直是推动人工智能发展的重要因素。以下是日本人工智能发展政策的主要演变历程。

（1）早期阶段：技术探索与基础研究（20 世纪 80 年代）

技术探索阶段：20 世纪 80 年代，日本开始重视人工智能的基础研究，主要集中在机器学习、专家系统等领域；政府通过科技发展计划、大学研究以及大型企业的研发资金，推动了相关技术的基础性探索。

专家系统的兴起：20 世纪 80 年代，日本的许多大型企业（如松下、NEC 等）开始研发基于规则的专家系统，主要用于工业自动化、决策支持系统等领域。这一时期，人工智能技术的应用多集中在企业和制造业中。

（2）战略性规划与政府支持的开始（21 世纪初）

进入 21 世纪后，日本政府逐步开始出台政策，支持人工智能的技术研究和产业化发展。21 世纪初，随着计算机硬件技术的快速进步，人工智能的应用开始走向实际产业，尤其是在信息技术、自动化及机器人领域。

国家科研计划：例如，日本科学技术厅（现日本章部科学省）推出了“下一代信息技术基础研究计划”，其中涵盖了人工智能技术，目标是推进人工智能与大数据、机器人等领域的融合发展。

（3）21 世纪后期：政策与产业融合

机器人技术的发展。日本是全球机器人技术的先驱之一，尤其是在工业机器人和服务机器人领域。21 世纪后期，日本政府通过强化与产业界的合作，推动了机器人和人工智能的融合。例如，日本的机器人战略不仅关注硬件的创新，还开始着眼于人工智能技术在机器人中的应用。

人工智能技术的产业化推动。日本政府开始通过产业政策推动人工智能技术的应用，如在医疗、自动驾驶、智能制造等领域。2015 年，日本提出了以“创新驱动型经济”为核心的政策框架，将人工智能作为推动经济发展的重要驱动力。

（4）21 世纪 10 年代：人工智能政策的系统化与战略布局

人工智能技术战略化：2016 年，日本政府发布了《日本创新战略》，提出了对人工智能的未来规划，并列举了人工智能的关键应用领域，如医疗健康、交通物流、城市管理等；日本政府还强调了“人类中心的人工智能”理念，确保人工智能的发展始终以人类福祉为出发点。

人工智能研发支持：在此期间，日本政府不断加大对人工智能研究的投入，设立了相关研究资金和平台，鼓励企业和科研机构的合作；与此同时，日本的企业也开始更加注重人工智能技术的应用与创新，特别是在自动驾驶、智能家居和大数据分析等领域。

（5）21 世纪 20 年代：人工智能的政策深化与国际竞争

2020 年后日本的政策整合与国际化。

2020 年，日本政府发布了人工智能技术战略，提出了具体的行动计划，涵盖了人工智能伦理、数据共享、人工智能教育等多个方面，战略的核心目标是通过人工智能技术推动经济增长，促进社会转型，特别是在医疗、教育、交通等领域。

社会影响评估与伦理框架：为应对人工智能可能带来的社会伦理问题，日本政府还发布了人工智能伦理指导原则，强调人工智能的透明性、可解释性以及隐私保护等问题。

促进人工智能产业发展：日本政府加大了对人工智能产业的支持力度，特别是在人工智能初创企业、研发资金、人才培养等方面；并且，加强了与国际社会的合作，加入了全球人工智能领域的竞争。

日本人工智能社会应用计划。

例如，在 2021 年，日本发布了“人工智能社会转型战略”，这是一个长远的政策规划，旨在通过人工智能的普及和应用，推动社会各个层面的创新和改善，包括健康、环境、交通等多个领域。

此外，人工智能人才的培养也成为政策重点之一。政府与企业共同合作，发展了许多人工智能人才培养项目，致力于从基础教育到高等教育全方位推动人工智能技术的普及。

（6）未来发展与挑战

超智能人工智能的发展：日本政府和企业已经开始关注“超智能人工智能”的发展，即具有广泛自主能力的人工智能系统。这一方向的政策可能会对未来几十年的社会经济结构产生深远影响。

数据流通与国际合作：随着人工智能技术的全球化发展，日本的人工智能政策也在不断与国际规范接轨，尤其是在数据流通和隐私保护方面，推动人工智能技术的跨境合作与交流。

总体而言，日本的人工智能发展政策经历了从早期技术探索到如今战略性布局的全过程，政府通过持续的科研投入、产业政策支持以及国际合作，推动了人工智能技术的进步和应用。未来，日本的人工智能政策将更加注重伦理问题、社会影响以及全球竞争力的提升。

30.1.6 韩国人工智能发展政策

韩国在人工智能领域的政策发展经历了多个阶段，从初期的战略规划到现在的全球领导地位追求，韩国不断调整其人工智能政策，以推动技术创新、提升国家竞争力、应对社会挑战。以下是韩国人工智能政策发展的演变过程。

（1）早期阶段：基础设施建设（21 世纪 10 年代初期）

在 21 世纪 10 年代初期，韩国的人工智能政策主要集中在建立基础设施和为未来的技术发展打下基础。此阶段的重点是提升国家的数字化水平和 ICT 能力。

ICT 基础设施的建设：韩国早在 21 世纪就建立了世界领先的互联网和 5G 基础设施，这为人工智能的发展提供了强大的数据传输和网络支持。

智能国家战略（Smart Nation Strategy）：2013 年，韩国提出“智能国家战略”，着眼于提升国家数字化水平，并开始探索人工智能在智能制造、交通、医疗和政府服务等领域的应用。

（2）第二阶段：人工智能战略的提出与初步布局（2016—2017 年）

2016 年，韩国政府发布了《创新驱动经济发展战略》，这为后来的人工智能发展奠定了基础。2017 年，韩国正式提出了关于人工智能的政策和战略规划。

创新驱动经济发展战略：在这一战略中，韩国政府首次提到要加大人工智能等前沿技术的研发投资力度，尤其是在自动驾驶、机器人、智能医疗和金融科技等领域。

《韩国人工智能发展战略》（2017 年）：这一战略文件标志着韩国人工智能政策的正式出台，提出了三个主要目标。

成为人工智能全球领导者：韩国希望在全球范围内推动人工智能技术创新，提升国家在全球人工智能竞争中的地位。

促进人工智能技术的应用和产业化：通过推动人工智能在各行业的应用，提升韩国企业的全球竞争力。

重视人工智能人才的培养与教育：通过制定相关政策，鼓励青年才俊进入人工智能领域，加强学术与产业的合作。

在此期间，韩国政府也加强了对人工智能技术的基础研究投资，特别是在机器学习、NLP 和计算机视觉等领域。

（3）第三阶段：人工智能国家战略的深化与实施（2018—2020 年）

2018 年，韩国政府发布了更为具体的《韩国人工智能国家战略》，该战略在前期政策的基础上进行深化，涵盖了多个关键领域，提出了具体的政策目标和实施路径。

增强人工智能研发能力：大力增加对人工智能研发的投资，包括为人工智能初创企业提供资金支持。

推进人工智能在公共领域的应用：推动人工智能在公共交通、医疗、教育等领域的应用，以改善民生和增进社会福祉。

建设人工智能人才体系：计划到 2022 年培养超过 10 万名人工智能专业人才，推动高校和研究机构加强人工智能相关学科的教育和研究。

人工智能伦理与社会影响：确保人工智能技术的使用符合伦理和法律要求，避免技术滥用带来的负面社会影响。

人工智能技术的产业化：为鼓励人工智能技术的产业化，韩国政府设立了多个人工智能研究与创新中心，并推动产业界与学术界的深度合作。

人工智能初创公司支持政策：韩国政府为人工智能初创公司提供了包括资金、税收优惠和技术支持在内的政策扶持，推动人工智能技术在初创企业中的应用。

（4）第四阶段：人工智能法规与伦理框架的完善（2020—2022 年）

2020 年，随着人工智能技术的快速发展，韩国政府开始更加重视人工智能的伦理问题、法律规范和社会影响。韩国在这一阶段逐步完善了人工智能的监管框架，并推动人工智能技术的可持续发展。

人工智能伦理框架：韩国发布了人工智能伦理指导方针，提出了五项核心原则——透明性、公正性、隐私保护、责任性和可持续性。这些原则指导着人工智能技术的开发和应用，确保其不会给社会和个人权益带来负面影响。

人工智能法制建设：政府开始着手制定专门的人工智能法规，确保人工智能技术的使用符合社会和法律要求。例如，人工智能的数据治理和隐私保护措施被纳入政策重点。

（5）第五阶段：人工智能在各行业的深度融合与全球合作（2023 年至今）

进入 2023 年后，韩国的人工智能政策进入了全方位深化阶段，不仅加大了国内应用的推广力度，还加强了国际合作，并开始巩固全球人工智能领域的领导地位。

全球人工智能领导地位：韩国积极参与国际人工智能治理，加入全球人工智能伦理标准的制定，并推动国际合作。例如，韩国与欧洲、美国等国在人工智能领域的合作日益密切，分享技术成果，联合制定全球人工智能监管框架。

人工智能应用深化：韩国政府加大了对人工智能在智能医疗、智能制造、自动驾驶等行业的应用支持力度。例如，在医疗领域，韩国推出了人工智能辅助诊断系统，旨在提高医疗服务质量并降低医疗成本。

人工智能人才国际化：韩国不仅注重国内人工智能人才的培养，还通过国际合作与人才流动，吸引全球顶尖人工智能专家，为韩国的人工智能研发和应用提供强大的人才支撑。

（6）政策挑战与未来展望

尽管韩国在人工智能政策方面取得了显著进展，但依然面临一些挑战。

人工智能伦理与隐私问题：随着人工智能技术的广泛应用，如何确保其符合伦理和社会规范，避免滥用和歧视仍是一个重要议题。

人才供给与教育：尽管韩国政府已经设定了培养人工智能人才的宏大目标，但如何确保教育体系与行业需求的紧密对接，依然是一个挑战。

国际竞争与合作：全球人工智能竞争日益激烈，韩国如何在全球范围内维持和提升其人工智能领导地位，还需要更多的国际合作与政策支持。

总体而言，韩国的人工智能政策已经从单纯的技术推动发展到现在的全面战略布局。政府在人工智能技术的研发、产业化、人才培养以及伦理法规等方面的政策措施，为韩国在未来的科技竞争中奠定了坚实基础。

30.1.7 新加坡人工智能发展政策

新加坡在人工智能发展政策演变过程中，通过政府驱动、企业参与以及国际合作，逐步建立起一个完整的人工智能生态系统。以下是新加坡人工智能政策从早期到现代发展的主要阶段和特征。

（1）初期阶段：智能国家战略（2014 年）

2014 年，新加坡推出了“智能国家计划”（Smart Nation Initiative），这是推动人工智能发展的基础性战略，旨在通过数字技术提升国家的治理能力和人民的生活质量，主要有以下内容。

数字化基础设施建设：为人工智能发展奠定基础，新加坡在该阶段着力完善高带宽互联网网络、云计算平台和数据中心建设。

数据开放政策：新加坡政府推动公共数据的开放共享，为人工智能技术和应用的开发提供高质量的数据支持。

试点项目：新加坡启动了一些人工智能试点项目，如智慧交通系统和智能公共服务，以探索人工智能的潜力。

这一阶段奠定了新加坡人工智能政策的基础，使其具备了从数字化转型迈向智能化技术应用的条件。

（2）人工智能国家战略的提出（2017 年）

全球人工智能技术的发展进入快车道，新加坡政府意识到人工智能技术的潜力，开始制定更具针对性的人工智能发展战略。2017 年，新加坡正式推出了《国家人工智能计划》（*National Artificial Intelligence Strategy*），将人工智能确立为国家的关键发展技术，发展五大重点领域。智能交通：利用人工智能优化交通流量、减少拥堵。智能医疗：开发人工智能辅助诊断系统，提高医疗效率。城市管理：通过人工智能技术提升能源管理、废物处理效率。教育与学习：推动个性化学习系统，提高教育公平性。物流与供应链：利用人工智能优化物流流程，提升经济效率。

AISG 计划：成立了专门的人工智能研发机构 AISG，为企业、政府和学术界提供资金与技术支持，推动人工智能研究与应用。

通过这一政策，新加坡在全球人工智能竞争中确立了“聚焦应用”的发展思路，特别是在交通、医疗和城市管理领域积累了大量实践经验。

（3）数据与人工智能伦理的框架（2019 年）

随着人工智能技术的广泛应用，数据隐私、安全和伦理问题日益突出。新加坡在 2019 年推出了人工智能伦理框架，《人工智能治理和伦理指导原则》包括以下内容。透明性：人工智能系统的决策过程应对用户可解释。公平性：人工智能的使用不应导致歧视或不公平的结果。问责制：确保人工智能应用方为其技术决策承担责任。数据隐私保护：在《个人数据保护法》（PDPA）基础上，进一步制定针对人工智能开发和应用的数据保护措施。国际合作：新加坡推动在国际层面建立人工智能伦理标准，并与 OECD 等组织合作，设立人工智能治理的全球规则。

这一阶段确立了人工智能发展的伦理和法律框架，提升了公众对人工智能的信任，为技术的普及和应用创造了良好的环境。

（4）深化人工智能应用与产业化（2020 年后）

2020 年后，人工智能技术进入快速发展和商业化阶段。新加坡进一步深化人工智能技术在各行业的应用，并推出大量政策支持，核心政策与行动有以下几点。

人工智能产业化支持：新加坡政府通过“企业发展基金”（Enterprise Development Grant）支持人工智能初创企业，帮助它们将创新技术转化为商业价值；向传统行业推广人工智能应用，帮助企业实现数字化转型。

人才培养：推出“技能未来”（SkillsFuture）计划，为本地劳动者提供人工智能技能培训课程；在高校设立人工智能相关学科，加强跨学科人工智能研究和人才培养。

智能国家沙盒计划：通过沙盒机制，允许企业和研究机构在低风险环境中测试人工智能技术，促进创新。

行业合作：推动人工智能在物流、金融和制造等领域的深度应用。例如，人工智能被用于优化港口物流，提高海运效率。

这一阶段使人工智能技术从实验室走向市场，推动了新加坡经济的智能化转型。

（5）全球人工智能领导地位的追求（2022 年至今）

面对全球人工智能竞争加剧，新加坡致力于将自身打造为人工智能技术和政策的全球领导者。《未来经济战略》（*Future Economy Strategy*）：将人工智能列为提升经济竞争力的核心引擎之一。“超级智能国”愿景：提出到 2030 年，人工智能将深度融入新加坡的经济和社会，全面实现智能国家的转型目标。

人工智能国际标准制定：积极参与国际人工智能治理框架的制定，努力在全球人工智能伦理、隐私保护和技术标准中发挥领导作用。

区域人工智能中心建设：新加坡将自己定位为东南亚的人工智能枢纽，为邻国提供技术支持和数据共享平台。

绿色人工智能与可持续发展：推动人工智能技术在可持续发展领域的应用，如智能能源管理和环境保护。

总体而言，新加坡人工智能政策的演变可以总结为以下几个特点。系统性与前瞻性：新加坡从基础设施、应用到伦理和法规，构建了全方位的人工智能政策体系。应用导向：政策聚焦于推动人工智能技术在交通、医疗、教育等领域的实际应用。国际化与合作：通过国际合作和区域领导力，新加坡不仅推动了国内人工智能发展，还在全球人工智能治理中占据了重要地位。伦理与可持续性：确保人工智能的应用符合伦理标准，并促进绿色经济的发展。通过这些措施，新加坡已经成为全球人工智能发展的重要参与者和引领者之一。

30.2 世界各国人工智能发展政策的启示

随着人工智能技术的迅猛发展，全球各国纷纷制定相应的政策，以促进人工智能技术的创新、应用和监管。这些政策不仅反映了各国在人工智能领域的战略规划，也为全球人工智能治理和产业发展提供了宝贵的经验。通过分析世界各国的人工智能政策，我们可以提炼出一些重要的启示，帮助国家和企业在人工智能时代获得更大的竞争优势。

（1）制定长远的国家战略规划

许多国家都通过制定长远的战略规划来推动人工智能的发展。例如：美国发布了《美国人工智能倡议》（*American* 人工智能 *Initiative*），旨在加强人工智能技术的研发、应用和国际合作。美国通过加大对人工智能的基础研究投入，推动了企业的创新。中国的《新一代人工智能发展规划》提出了在2030年成为全球人工智能创新中心的目标，并通过政策引导促进人工智能技术的应用与产业化。中国在人工智能领域的政策不仅聚焦技术研发，还强调伦理和监管问题。

国家需要有清晰的战略愿景，明确人工智能发展目标和时间表，这不仅有助于集中的资源投入，也能为相关产业提供长期的政策支持。

（2）鼓励创新和研发投入

各国普遍认识到，创新是推动人工智能技术发展的核心动力，因此大量的政策和资金支持集中在研发领域。欧盟的“数字欧洲计划”和“人工智能战略”旨在提升人工智能的研究能力，强化人工智能技术与产业的结合，尤其注重数据、超级计算和人工智能算法的研发。日本通过“社会5.0”战略，将人工智能技术与社会发展相结合，推动人工智能在医疗、交通、老龄化等领域的应用。

加大对人工智能创新和研发的投入，尤其是在数据资源、计算能力和基础理论研究等关键领域，对于提升国家在全球人工智能竞争中的地位至关重要。

（3）强化跨国合作与规范

随着人工智能技术的全球化，各国逐渐认识到人工智能发展需要跨国合作和全球性规则的协调。各国通过双边和多边平台合作，如 G7、G20 等，促进人工智能技术的标准化和伦理规范的制定。联合国、OECD 等国际组织也出台了关于人工智能的伦理和治理建议，促进人工智能技术的平衡发展。伦理规范提出了对高风险人工智能应用的严格监管，要求人工智能开发者符合透明、公正和隐私保护的标准。

加强国际合作与跨国规范的制定，有助于避免技术发展中的不平衡问题，并促进人工智能技术在全球范围内的公平使用。

（4）重视人工智能伦理与监管

随着人工智能应用领域的扩展，伦理和法律问题也越发突出。如何平衡伦理与监管成为各国政策制定的重要议题。加拿大在人工智能伦理方面较为领先，提出了“全球人工智能伦理委员会”和“人工智能伦理标准”，推动全球范围内的伦理讨论。英国政府发布了“人工智能伦理框架”，强调人工智能技术的发展要注重透明度、公平性、安全性和隐私保护。

制定完善的人工智能伦理和监管框架，不仅能够保障公众的权益，还能够增强社会对人工智能技术的信任，从而推动人工智能的可持续发展。

（5）促进人工智能人才培养与技术普及

人工智能技术的快速发展不仅需要技术基础和资金支持，还需要大量的高素质人才。各国纷纷通过教育、培训等手段，推动人工智能人才的培养和普及。新加坡通过“人工智能人才培养计划”，鼓励本国高校和企业加强人工智能人才的教育与培训，为人工智能产业提供源源不断的技术人才。以色列政府通过与科技公司合作，推动人工智能技术的应用，也加强了人工智能领域的教育体系建设，培养了大量的人工智能专业人才。

重视人工智能人才的培养与教育，通过产学研结合、跨领域合作等方式，提升国家在人工智能技术领域的竞争力。

（6）推动人工智能应用与产业化

许多国家通过政策推动人工智能在各个行业的应用，从而加速人工智能产业的成熟。韩国发布了“人工智能产业化战略”，重点支持人工智能在制造业、金融、医疗等领域的应用，推动人工智能技术的产业化落地。法国政府通过“人工智能基金计划”，促进人工智能在工业、医疗、自动驾驶等领域的应用，并为初创企业提供资金支持。

推动人工智能在各行业的深度融合，不仅能够提升传统行业的效率，还能够促进人工智能产业链的完善和技术的快速应用。

（7）重视数据政策与基础设施建设

人工智能技术的发展离不开大数据的支持，因此各国纷纷加强数据政策与基础设施建设。美国通过加强大数据的开放和共享，推动人工智能技术的发展；同时，美国还注重在人工智能应用中保障数据的安全和隐私。我国出台了一系列数据开放政策，推动数据资源的共享和整合，以促进人工智能技术的研究和应用。

建立健全的数据政策与基础设施，是人工智能技术得以快速发展的重要基础。合理的数据管理与共享机制将为人工智能技术提供丰富的应用场景和研究资源。

总体而言，全球人工智能发展政策的共同趋势是通过战略规划、研发投入、跨国合作和伦理监管等手段，推动人工智能技术的创新和应用，同时注重人才培养、数据资源和产业化的支撑。对于其他国家和地区来说，从中可以吸取经验教训，通过制定适合自身国情的人工智能发展战略，促进本国的人工智能技术进步和产业升级。

参考文献

[1]任保平,等. 中国经济增长质量发展报告:2023:数字经济驱动经济结构升级[M]. 北京:中国经济出版社,2023.

[2]丁磊. 生成式人工智能:AIGC 的逻辑应用[M]. 北京:中信出版社,2023.

[3]中金研究院,中金公司. AI 经济学[M]. 北京:中信出版社,2024.

[4]林毅夫,付才辉,陈曦. 中国经济的转型升级:新结构经济学方法与应用[M]. 北京:北京大学出版社,2018.

[5]习近平. 论科技自立自强[M]. 北京:中央文献出版社,2023.

[6]耿子恒. 人工智能:数字时代产业发展的新动能[M]. 北京:社会科学文献出版社,2023.

[7][美]布莱恩·阿瑟. 技术的本质:技术是什么,它是如何进化的[M]. 曹东溟,王健,译. 杭州:浙江人民出版社,2014.

[8][美]杰里米·里夫金. 零边际成本社会:一个物联网、合作共赢的新经济时代[M]. 赛迪研究院专家组译. 北京:中信出版社,2014.

[9][英]保罗·梅森. 新经济的逻辑:个人、企业和国家如何应对未来[M]. 熊海虹,译. 北京:中信出版社,2017.

[10][英]卡萝塔·佩雷斯. 技术革命与金融资本:泡沫与黄金时代的动力学[M]. 田方萌,等译. 北京:中国人民大学出版社,2007.

[11]习近平. 习近平谈治国理政:第四卷[M]. 北京:外文出版社,2022.

[12]人民出版社. 中共中央关于进一步全面深化改革　推进中国式现代化的决定[M]. 北京:人民出版社,2024.

[13]任保平,等. 数字经济学导论[M]. 北京:科学出版社,2022.

[14]人民出版社. 中国共产党第二十届中央委员会第三次全体会议公报[M]. 北京:人民出版社,2024.

[15]蒋艳. 人工智能发展报告(2023—2024)[M]. 北京:社会科学文献出版社,2024.

[16]阿格拉瓦尔,等. 人工智能经济学[M]. 王义中,曾涛,译. 北京:中国财政经济出版社,2021.

[17]李晓慧,等. 智能制造导论[M]. 北京:机械工业出版社,2019.

[18][英]卡萝塔·佩雷斯. 技术革命与金融资本[M]. 田方萌,等译. 北京:中国人民大学出版社,2007.

[19]邢庆科. 算力:数字经济的新引擎[M]. 北京:北京大学出版社,2022.

[20]耿子恒. 人工智能时代产业发展的新动能[M]. 北京:社会科学文献出版社,2023.

[21]速水佑次郎,拉坦. 农业发展的国际分析[M]. 北京:中国社会科学出版社,2000.

[22]舒尔茨. 改造传统农业[M]. 梁小民,译. 北京:商务印书馆,2006.

[23]习近平. 习近平关于科技创新论述摘编[M]. 北京:中央文献出版社,2016.

[24]习近平. 高举中国特色社会主义伟大旗帜为全面建设社会主义现代化国家而团结奋斗:在中国共产党第二十次全国代表大会上的报告[M]. 北京:人民出版社,2022.

[25]贝克. 风险社会:新的现代性之路[M]. 张文杰,何博闻,译. 南京:译林出版社,2018.

[26]陈楠. 人工智能对经济增长的影响[M]. 北京:中国社会科学出版社,2023.

[27]迪朗. 技术封建主义[M]. 北京:中国人民大学出版社,2024.

[28]李舒沁. 人工智能的经济影响研究:以中国制造业工业机器人为例[M]. 北京:科学出版社,2020.

[29]马祖卡托. 创新型政府:构建公共与私人部门共生共赢关系[M].

李磊,等译. 北京:中信出版社,2019.

[30]曲向荣,等. 产业生态学[M]. 北京:清华大学出版社,2012.

[31]塞尔登,阿比多耶. 第四次教育革命:人工智能如何改变教育[M]. 吕晓志,译. 北京:机械工业出版社,2024.

[32]HEY T ,TANSLEY S,TOLLE K. 第四范式:数据密集型科学发现[M]. 北京:科学出版社,2012.

[33]基辛格,等. 人工智能时代与人类未来[M]. 胡利平,等译. 北京:中信出版社,2024.

[34]瓦托夫斯基. 科学思想的概念基础:科学哲学导论[M]. 范岱年,等译. 北京:求实出版社,1989.

[35]马克思,恩格斯. 德意志意识形态(节选本)[M]. 北京:人民出版社,2019.

[36]马克思,恩格斯. 马克思恩格斯全集:第1卷[M]. 北京:人民出版社,2016.

[37]习近平. 习近平谈治国理政:第三卷[M]. 北京:外文出版社,2020.

[38]诺思. 制度、制度变迁与经济绩效[M]. 杭行,译. 上海:格致出版社,2014.

[39]任保平. 经济增长质量的逻辑[M]. 北京:人民出版社,2015.

[40]任保平. 新时代中国经济从高速增长转向高质量发展:理论阐释与实践取向[J]. 学术月刊,2018,50(3).

[41]张虎,张毅,韩爱华. 我国产业链现代化的测度研究[J]. 统计研究,2022,39(11).

[42]任保平,豆渊博. “十四五”时期新经济推进我国产业结构升级的路径与政策[J]. 经济与管理评论,2021,37(1).

[43]张倩肖,段义学. 数字赋能、产业链整合与全要素生产率[J]. 经济管理,2023,45(4).

[44]钞小静,廉园梅,沈路. 中国经济高质量发展的时空差异与收敛特征研究:基于“条件—过程—结果”的三维测度[J]. 财经问题研究,2023(3).

[45]钞小静,薛志欣. 新型信息基础设施对中国经济韧性的影响:来自

中国城市的经验证据[J]. 经济学动态,2023(8).

[46]刘晓星,张旭,李守伟. 中国宏观经济韧性测度:基于系统性风险的视角[J]. 中国社会科学,2021(1).

[47]王少平,欧阳志刚. 我国城乡收入差距的度量及其对经济增长的效应[J]. 经济研究,2007,42(10).

[48]夏炎,王会娟,张凤,等. 数字经济对中国经济增长和非农就业影响研究:基于投入占用产出模型[J]. 中国科学院院刊,2018,33(7).

[49]许宪春,张美慧. 中国数字经济规模测算研究:基于国际比较的视角[J]. 中国工业经济,2020(5).

[50]刘军,杨渊鋆,张三峰. 中国数字经济测度与驱动因素研究[J]. 上海经济研究,2020(6).

[51]王军,朱杰,罗茜. 中国数字经济发展水平及演变测度[J]. 数量经济技术经济研究,2021,38(7).

[52]徐维祥,周建平,刘程军. 数字经济发展对城市碳排放影响的空间效应[J]. 地理研究,2022,41(1).

[53]盛磊,杨白冰. 新型基础设施建设的投融资模式与路径探索[J]. 改革,2020(5).

[54]张于喆. 数字经济驱动产业结构向中高端迈进的发展思路与主要任务[J]. 经济纵横,2018(9).

[55]王俊豪,周晟佳. 中国数字产业发展的现状、特征及其溢出效应[J]. 数量经济技术经济研究,2021,38(3).

[56]任保平,杜宇翔,裴昂. 数字经济背景下中国消费新变化:态势、特征及路径[J]. 消费经济,2022,38(1).

[57]柳卸林,董彩婷,丁雪辰. 数字创新时代:中国的机遇与挑战[J]. 科学学与科学技术管理,2020,41(6).

[58]钞小静,任保平. 中国经济增长质量的时序变化与地区差异分析[J]. 经济研究,2011,46(4).

[59]付华健,蒋兵,张力元. 人工智能发展水平时空差异及影响因素研究:以长江经济带三大城市群为例[J]. 长江流域资源与环境,2024,33(10).

[60]郭峰,王靖一,王芳,等. 测度中国数字普惠金融发展:指数编制与空间特征[J]. 经济学(季刊),2020,19(4).

[61]黎新伍,黎宁,谢云飞．数字经济、制造业集聚与碳生产率[J]．中南财经政法大学学报,2022(6).

[62]韩永辉,黄亮雄,王贤彬．产业政策推动地方产业结构升级了吗:基于发展型地方政府的理论解释与实证检验[J]．经济研究,2017,52(8):33－48.

[63]金培振,殷德生,金桩．城市异质性、制度供给与创新质量[J]．世界经济,2019,42(11):99－123.

[64]任保平．数实深度融合推动新型工业化的层次性及其实现机制与路径[J]．社会科学辑刊,2024(2).

[65]任保平．中国式现代化新征程中的高质量发展逻辑[J]．学术月刊,2023,55(1):48－55.

[66]孙艺．人工智能赋能新质生产力:理论逻辑、实践基础与政策路径[J]．西南民族大学学报(人文社会科学版),2024,45(2).

[67]郭凯明．人工智能发展、产业结构转型升级与劳动收入份额变动[J]．管理世界,2019,35(7).

[68]任保平,王子月．数字新质生产力推动经济高质量发展的逻辑与路径[J]．湘潭大学学报(哲学社会科学版),2023,47(6).

[69]任保平．数字经济与制造业深度融合推动新型工业化的机制与路径[J]．山东社会科学,2024(1).

[70]洪银兴．新质生产力及其培育和发展[J]．经济学动态,2024(1).

[71]陈斌开,徐翔．人工智能与社会公平:国际经验、影响机制与公共政策[J]．国际经济评论,2024(3).

[72]洪银兴．“互联网＋”市场的经济学分析[J]．教学与研究,2020(3).

[73]洪永淼,史九领．人工智能的政治经济学分析[J]．学术月刊,2024(1).

[74]江小涓．服务业增长:真实含义、多重影响和发展趋势[J]．经济研究,2011(4).

[75]庞瑞芝,李倩楠．服务业“成本病”:理论演进与新一代信息技术背景下的再审视[J]．经济学动态,2024(6).

[76]田国强,潘娜．人工智能大潮下财经学科改革与转型应对[J]．学

术月刊,2024(7).

[77]艾瑞咨询.2024 年中国人工智能产业分析报告[R].2024.

[78]程承坪,陈志.人工智能促进中国经济增长的机理:基于理论与实证研究[J].经济问题,2021(10):8-17.

[79]段雨晨.以人工智能赋能高质量发展[J].红旗文稿,2024(7):26-28.

[80]国务院关于印发新一代人工智能发展规划的通知[EB/OL].(2017-07-20)[2020-05-25].http://www.gov.cn/zhengce/content/2017-07/20/content_5211996.htm.

[81]何玉长,方坤.人工智能与实体经济融合的理论阐释[J].学术月刊,2018,50(5):56-67.

[82]洪群联.中国服务业高质量发展评价和"十四五"着力点[J].经济纵横,2021(8):61-73,137.

[83]江小涓,罗立彬.网络时代的服务全球化:新引擎、加速度和大国竞争力[J].中国社会科学,2019(2):68-91.

[84]姜长云.服务业高质量发展的内涵界定与推进策略[J].改革,2019(6):41-52.

[85]李帅娜.数字技术赋能服务业生产率:理论机制与经验证据[J].经济与管理研究,2021,42(10):51-67.

[86]刘奕,夏杰长.推动中国服务业高质量发展:主要任务与政策建议[J].国际贸易,2018(8):53-59.

[87]任保平,何厚聪.数字经济赋能高质量发展:理论逻辑、路径选择与政策取向[J].财经科学,2022(4):61-75.

[88]任保平,王昕.人工智能与实体经济深度融合形成新质生产力的框架与路径[J].社会科学,2024(7):120-127.

[89]任保平.人工智能与高质量发展新动能的培育[J].西北大学学报(哲学社会科学版),2019,49(5):5.

[90]师博.人工智能促进新时代中国经济结构转型升级的路径选择[J].西北大学学报(哲学社会科学版),2019,49(5):14-20.

[91]师博.人工智能助推经济高质量发展的机理诠释[J].改革,2020(1):30-38.

[92]魏作磊,刘海燕．服务业比重上升降低了中国经济增长速度吗[J]．经济学家,2019(11):55－63.

[93]夏杰长,张雅俊．数字化赋能服务业高质量发展的内在机理与路径[J]．社会科学战线,2024(3):41－50.

[94]燕连福,赵卉心．数字经济赋能服务业高质量发展:基于271个城市的经验证据[J]．当代经济研究,2024(8):86－96.

[95]叶胥,蔡睿堃,龙燕妮．数字经济如何有效赋能服务业高质量发展[J]．经济问题探索,2024(4):16－34.

[96]张黎明．人工智能产业高质量发展体系与测度[J]．宏观经济管理,2024(11):76－85.

[97]中国互联网络信息中心．生成式人工智能应用发展报告(2024)[R]. 2024.

[98]张涛．生成式人工智能训练数据集的法律风险与包容审慎规制[J]．比较法研究,2024(4).

[99]中国互联网络信息中心．生成式人工智能应用发展报告(2024)[R]. 2024－10.

[100]陈楠,蔡跃洲．人工智能、承接能力与中国经济增长:新"索洛悖论"和基于AI专利的实证分析[J]．经济学动态,2022(11).

[101]罗良文,陈敏,肖莹慧．人工智能与经济发展争议述评[J]．社会科学战线,2021(8).

[102]任保平,苗新宇．新经济背景下扩大新消费需求的路径与政策取向[J]．改革,2021(3).

[103]杨仁发,郑媛媛．数字经济发展对全球价值链分工演进及韧性影响研究[J]．数量经济技术经济研究,2023(8).

[104]范鑫．数字经济发展、国际贸易效率与贸易不确定性[J]．财贸经济,2020(8).

[105]权衡．世界经济增长分析框架:新变量及其创新发展[J]．学术月刊,2022(7).

[106]阳镇,陈劲,李纪珍．数字经济时代下的全球价值链:趋势、风险与应对[J]．经济学家,2022(2).

[107]何宇,陈珍珍,张建华．人工智能技术应用与全球价值链竞争

[J]. 中国工业经济,2021(10).

[108]王林辉,胡晟明,董直庆. 人工智能技术、任务属性与职业可替代风险:来自微观层面的经验证据[J]. 管理世界,2022(7).

[109]阙天舒,张纪腾. 人工智能时代背景下的国家安全治理:应用范式、风险识别与路径选择[J]. 国际安全研究,2020(1).

[110]陈琳,高悦蓬,余林徽. 人工智能如何改变企业对劳动力的需求?:来自招聘平台大数据的分析[J]. 管理世界,2024(6).

[111]张勤,仝宇. 人工智能驱动全球经济治理变革的理论逻辑及政策路径[J]. 亚太经济,2024(3).

[112]谢新水. 人工智能内容生产:功能张力、发展趋势及监管策略:以ChatGPT为分析起点[J]. 电子政务,2023(4).

[113]冯涛,董嘉昌,李佳霖. ChatGPT等生成式人工智能对我国经济高质量发展的双重影响及其应对[J]. 陕西师范大学学报(哲学社会科学版),2023,52(4).

[114]程文. 人工智能、索洛悖论与高质量发展:通用目的技术扩散的视角[J]. 经济研究,2021(10).

[115]宋马林,王舒鸿. 环境规制、技术进步与经济增长[J]. 经济研究,2013(3).

[116]金晓彤,黄蕊. 技术进步与消费需求的互动机制研究:基于供给侧改革视域下的要素配置分析[J]. 经济学家,2017(2).

[117]朱丹丹,付才辉,吕朝凤. 发展战略、内生契约制度与长期经济增长[J]. 商业经济与管理,2024,379(5).

[118]马中东,宁朝山. 数字经济、要素配置与制造业质量升级[J]. 经济体制改革,2020(3).

[119]张旭,赵颖智,蒋坦. 金融发展有效地促进了制造业结构升级吗?[J]. 宏观质量研究,2017,5(2).

[120]陈强远,赵浩云,林思彤,等. 中国高质量技术创新:情境叙事与测度体系[J]. 管理世界,2024(5).

[121]王钰,唐要家. 人工智能应用如何影响企业创新宽度?[J]. 财经问题研究,2024,483(2).

[122]工业和信息化部等七部门. 关于推动未来产业创新发展的实施意见

[EB/OL]. https://www.gov.cn/zhengce/zhengceku/202401/content_6929021.htm.

[123]习近平在江苏考察时强调在推进中国式现代化中走在前做示范谱写“强富美高”新江苏现代化建设新篇章[N]. 人民日报,2023-07-08(1).

[124]任保平,张倩. 构建科学合理的中国式现代化的评价指标体系[J]. 学术界,2022(6).

[125]中国社会科学院工业经济研究所课题组,史丹,杨丹辉,等. 现代化进程中的中国工业:发展逻辑、现实条件与政策取向[J]. 中国工业经济,2024(3).

[126]杜传忠,曹效喜,任俊慧. 人工智能影响我国全要素生产率的机制与效应研究[J]. 南开经济研究,2024(2).

[127]李克强. 协调推进城镇化是实现现代化的重大战略选择[J]. 行政管理改革,2012(11).

[128]张倩,任保平. 中国式现代化一般性与特殊性的统一[J]. 云南民族大学学报(哲学社会科学版),2023,40(5).

[129]陈潭,刘璇. 智能政务 ChatGPT 化的前景与隐忧[J]. 电子政务,2023(4).

[130]崔小燕,张长立. 生成式人工智能诱发的风险样态、生成逻辑与智慧治理策略:基于传播政治经济学的分析[J]. 宁夏社会科学,2023(4).

[131]陈彦斌,林晨,陈小亮. 人工智能、老龄化与经济增长[J]. 经济研究,2019,54(7).

[132]林晨,陈小亮,陈伟泽,等. 人工智能、经济增长与居民消费改善:资本结构优化的视角[J]. 中国工业经济,2020(2).

[133]杜传忠,曹效喜,任俊慧. 人工智能影响我国全要素生产率的机制与效应研究[J]. 南开经济研究,2024(2).

[134]柏培文,张云. 数字经济、人口红利下降与中低技能劳动者权益[J]. 经济研究,2021(5).

[135]陈楠,蔡跃洲. 人工智能、承接能力与中国经济增长:新“索洛悖论”和基于 AI 专利的实证分析[J]. 经济学动态,2022(11).

[136]蔡跃洲,陈楠. 新技术革命下人工智能与高质量增长、高质量就业[J]. 数量经济技术经济研究,2019(5).

[137]杜传忠,郭美晨. 信息技术生产率悖论评析[J]. 经济学动态,2016(4).

[138]高翔,张敏,刘仁敢. 工业机器人应用促进了“两业融合”发展吗:来自中国制造企业投入服务化的证据[J]. 金融研究,2022(11).

[139]韩民春,韩青江,夏蕾. 工业机器人应用对制造业就业的影响:基于中国地级市数据的实证研究[J]. 改革,2020(3).

[140]任保平. 新时代中国高质量发展的判断标准、决定因素与实现路径[J]. 改革,2018(4).

[141]金碚. 关于“高质量发展”的经济学研究[J]. 中国工业经济,2018(4).

[142]柏培文,喻理. 数字经济发展与企业价格加成:理论机制与经验事实[J]. 中国工业经济,2021(11).

[143]程俊杰,刘志彪. 产能过剩、要素扭曲与经济波动:来自制造业的经验证据[J]. 经济学家,2015(11).

[144]程文. 人工智能、索洛悖论与高质量发展:通用目的技术扩散的视角[J]. 经济研究,2021,56(10).

[145]曹玉平,侯迎信. 智能制造计划可以跨越“生产率悖论”吗:来自智能制造试点示范项目的准自然实验[J]. 中国软科学,2024(6).

[146]黄群慧,贺俊. 赶超后期的产业发展模式与产业政策范式[J]. 经济学动态,2023(8).

[147]黄群慧,余泳泽,张松林. 互联网发展与制造业生产率提升:内在机制与中国经验[J]. 中国工业经济,2019(8).

[148]洪银兴,任保平. 数字经济与实体经济深度融合的内涵和途径[J]. 中国工业经济,2023(2).

[150]林毅夫,巫和懋,邢亦青.“潮涌现象”与产能过剩的形成机制[J]. 经济研究,2010,45(10).

[151]马鸿佳,林樾,苏中锋,王亚婧. 人工智能可供性、智能制造平台价值共创与制造企业数字化转型绩效[J]. 中国工业经济,2024(6).

[152]牛志伟,许晨曦,武瑛. 营商环境优化、人力资本效应与企业劳动生产率[J]. 管理世界,2023(2).

[153]任保平,程至瑜,宗景辉. 新质生产力形成中制造业新质化发展

水平测度与时空演进[J]. 数量经济技术经济研究,2024,41(12).

[154]任韬,张潇潭. 产能利用率与全要素生产率提升:来自制造业上市企业的证据[J]. 经济与管理研究,2023,44(5).

[155]涂心语,严晓玲. 数字化转型、知识溢出与企业全要素生产率:来自制造业上市公司的经验证据[J]. 产业经济研究,2022(2).

[156]王林辉,姜昊,董直庆. 工业智能化会重塑企业地理格局吗[J]. 中国工业经济,2022(2).

[157]袁歌骋,潘敏,覃凤琴. 数字产业集聚与制造业企业技术创新[J]. 中南财经政法大学学报,2023(1).

[158]余明桂,范蕊,钟慧洁. 中国产业政策与企业技术创新[J]. 中国工业经济,2016(12).

[159]余淼杰,解恩泽. 企业全要素生产率估计及在国际贸易研究中的应用[J]. 经济学(季刊),2023,23(3).

[160]杨耀武,张平. 中国经济高质量发展的逻辑、测度与治理[J]. 经济研究,2021,56(1):26-42.

[161]赵宸宇,王文春,李雪松. 数字化转型如何影响企业全要素生产率[J]. 财贸经济,2021,42(7):114-129.

[162]钟娟,丁怡帆,林子昂,等. 人工智能应用与企业客户配置多元化:基于人工智能创新应用先导区的准自然实验[J/OL]. 外国经济与管理,1-20[2024-12-18].

[163]任保平,李培伟. 以全面深化改革健全推动经济高质量发展的体制机制[J]. 学习与探索,2024(10).

[164]赵志君,庄馨予,赵志君,等. 中国人工智能高质量发展:现状、问题与方略[J]. 改革,2023(9).

[165]周杰琦,陈达,等. 人工智能的绿色发展效应:技术赋能和结构优化[J]. 当代经济科学,2023(5).

[166]陈健生,任蕾. 从县域竞争走向县域竞合:县域经济高质量发展的战略选择[J]. 改革,2022(4).

[167]陈琳,李清. 会计信息可比性与企业全要素生产率提升:信息治理与同群学习效应的作用机制[J]. 现代财经(天津财经大学学报),2024(11).

[168]程文. 人工智能、索洛悖论与高质量发展:通用目的技术扩散的视角[J]. 经济研究,2021,56(10).

[169]董直庆,姜昊,王林辉."头部化"抑或"均等化":人工智能技术会改变企业规模分布吗?[J]. 数量经济技术经济研究,2023,40(2).

[170]范合君,吴婷,何思锦. 企业数字化的产业链联动效应研究[J]. 中国工业经济,2023(3).

[171]何德旭,申程程,徐子尧. 企业数字化、ESG表现与高质量发展[J]. 经济学动态,2024(7).

[172]胡海峰,白宗航,王爱萍. 供应链持股与企业高质量发展:基于全要素生产率视角[J]. 中国工业经济,2024(9).

[173]胡山,余泳泽. 数字经济与企业创新:突破性创新还是渐进性创新?[J]. 财经问题研究,2022(1).

[174]黄勃,李海彤,刘俊岐,等. 数字技术创新与中国企业高质量发展:来自企业数字专利的证据[J]. 经济研究,2023,58(3).

[175]贾凡胜,王晗笛,夏常源. 大股东"掏空"动机与企业"存贷双高"之谜[J]. 浙江工商大学学报,2023(6).

[176]江小涓,靳景. 数字技术提升经济效率:服务分工、产业协同和数实孪生[J]. 管理世界,2022,38(12).

[177]解学梅,郭潇涵. 人工智能深度学习平台如何实现开源式创新[J]. 中国工业经济,2024(8).

[178]解学梅,韩宇航,俞磊. 如何跨越平台创新鸿沟:平台生态系统超模块创新体系的价值创造机制研究[J]. 管理世界,2024,40(7).

[179]李健,张金林,董小凡. 数字经济如何影响企业创新能力:内在机制与经验证据[J]. 经济管理,2022,44(8).

[180]李小林,司登奎,王可心. 我国资本市场开放能否促进企业自主创新:基于"沪深港通"交易制度的经验证据[J]. 统计研究,2024,41(5).

[181]刘伟东,佘溪水. 减税如何赋能企业数字化转型:基于人力资本升级与稳定现金流预期的视角[J]. 贵州财经大学学报,2024(2).

[182]刘艳霞. 数字经济赋能企业高质量发展:基于企业全要素生产率的经验证据[J]. 改革,2022(9).

[183]刘志彪,凌永辉. 结构转换、全要素生产率与高质量发展[J]. 管

理世界,2020,36(7).

[184]戚聿东,刘欢欢. 数字经济下数据的生产要素属性及其市场化配置机制研究[J]. 经济纵横,2020(11).

[185]戚聿东,徐凯歌. 技术革命、生产方式变革与企业组织结构调整[J]. 管理世界,2024,40(10).

[186]任保平,李培伟. 人工智能时代新质生产力与新型生产关系的良性互动[J]. 四川大学学报(哲学社会科学版),2024(5).

[187]盛明泉,任侨,王文兵. 激励机制错位矫正与企业全要素生产率提升研究[J]. 管理学报,2021,18(6).

[188]史丹,孙光林. 数据要素与新质生产力:基于企业全要素生产率视角[J]. 经济理论与经济管理,2024,44(4).

[189]宋华,杨雨东. 中国产业链供应链现代化的内涵与发展路径探析[J]. 中国人民大学学报,2022,36(1).

[190]苏春,兰鹏飞,王攀娜. "上阵父子兵":父子共同决策与家族企业投资效率[J]. 财贸研究,2024,35(9).

[191]王林辉,周慧琳,钱圆圆,等. 机器人应用冲击、职业可迁移技能和职业—技能合意性[J]. 管理世界,2024,40(11).

[192]夏太彪,魏志华,曾爱民,等. 社会保险缴费负担与企业转型升级[J]. 经济研究,2024,59(1).

[193]邢小强,汤新慧,王珏,等. 数字平台履责与共享价值创造:基于字节跳动扶贫的案例研究[J]. 管理世界,2021,37(12).

[194]徐浩,肖毅,祝志勇,等. 人工智能赋能新质生产力的机制与效用研究:基于生产力要素新质化视角[J]. 当代财经,2024(11).

[195]杨刚强,王海森,范恒山,等. 数字经济的碳减排效应:理论分析与经验证据[J]. 中国工业经济,2023(5).

[196]郑国坚,刘溦,蔡贵龙. 上市标准与 IPO 财务操纵策略:基于科创板的经验证据[J]. 南开管理评论,2024(11).

[197]诸竹君,王芳. 来自美国的进口竞争与中国企业创新行为[J]. 财贸经济,2022,43(9).

[198]干春晖,郑若谷,余典范. 中国产业结构变迁对经济增长和波动的影响[J]. 经济研究,2011,46(5).

[199]郭凯明,潘珊,颜色. 新型基础设施投资与产业结构转型升级[J]. 中国工业经济,2020(3).

[200]孙伟增,牛冬晓,万广华. 交通基础设施建设与产业结构升级:以高铁建设为例的实证分析[J]. 管理世界,2022,38(3).

[201]徐朝阳,王韡. 部门异质性替代弹性与产业结构变迁[J]. 经济研究,2021,56(4).

[202]张建华,程文. 服务业供给侧结构性改革与跨越中等收入陷阱[J]. 中国社会科学,2019(3).

[203]郭克莎. 中国产业结构调整升级趋势与"十四五"时期政策思路[J]. 中国工业经济,2019(7).

[204]师博,阮连杰. 人工智能时代下产业链供应链的重构、风险及应对[J]. 改革,2024(11).

[205]吴思栩,李杰伟."数字经济"时代城市的未来:互联网对中国城市生产性服务业集聚的影响研究[J]. 经济学(季刊),2024,24(2).

[206]王文,孙早. 产业结构转型升级意味着去工业化吗[J]. 经济学家,2017(3).

[207]张虎,韩爱华,杨青龙. 中国制造业与生产性服务业协同集聚的空间效应分析[J]. 数量经济技术经济研究,2017,34(2).

[208]胡乐明,杨虎涛. 产业发展战略选择的内在逻辑:一个连接演进的解析框架[J]. 经济研究,2022,57(6).

[209]崔书会,李光勤,豆建民. 产业协同集聚的资源错配效应研究[J]. 统计研究,2019,36(2).

[210]任保平,巩羽浩. 数字经济发展驱动服务业转型升级的理论机理与实现路径[J]. 江汉论坛,2023(2).

[211]陈建军,胡晨光. 产业集聚的集聚效应:以长江三角洲次区域为例的理论和实证分析[J]. 管理世界,2008(6).

[212]黄庆华,时培豪,胡江峰. 产业集聚与经济高质量发展:长江经济带107个地级市例证[J]. 改革,2020(1).

[213]徐星,惠宁,韩先锋,等. 人工智能驱动制造业高质量发展的复合效应研究:基于知识创造与知识地理溢出的双重机制[J]. 中国科技论坛,2024(1).

[214]郭凯明．人工智能发展、产业结构转型升级与劳动收入份额变动[J]．管理世界,2019,35(7).

[215]吕越,张昊天,高恺琳．人工智能时代的中国产业链"延链补链"：基于制造业企业智能设备进口的微观证据[J/OL]．中国工业经济,2024(1).

[216]赵星,李若彤,贺慧圆．数字技术可以促进创新效率提升吗?[J]．科学学研究,2023,41(4).

[217]谢子远,吴丽娟．产业集聚水平与中国工业企业创新效率:基于20个工业行业2000—2012年面板数据的实证研究[J]．科研管理,2017,38(1).

[218]姜磊．空间回归模型选择的反思[J]．统计与信息论坛,2016,31(10).

[219]孙雪,宋宇,赵培雅．人工智能如何影响劳动收入:基于个人能力的微观解析与实证检验[J]．山西财经大学学报,2022,44(8).

[220]魏下海,张沛康,杜宇洪．机器人如何重塑城市劳动力市场:移民工作任务的视角[J]．经济学动态,2020(10).

[221]寇宗来,刘学悦．中国城市和产业创新力报告2017[R]．复旦大学产业发展研究中心,2017.

[222]沈国兵,黄铄珺．城市层面知识产权保护对中国企业引进外资的影响[J]．财贸经济,2019,40(12).

[223]蔡昉．中国经济增长如何转向全要素生产率驱动型[J]．中国社会科学,2013(1).

[224]陈冬梅,王俐珍,陈安霓．数字化与战略管理理论:回顾、挑战与展望[J]．管理世界,2020,36(5).

[225]胡珺,方祺,龙文滨．碳排放规制、企业减排激励与全要素生产率:基于中国碳排放权交易机制的自然实验[J]．经济研究,2023,58(4).

[226]黄群慧．论新时期中国实体经济的发展[J]．中国工业经济,2017(9).

[227]黄先海,高亚兴．数实产业技术融合与企业全要素生产率:基于中国企业专利信息的研究[J]．中国工业经济,2023(11).

[228]黄卓,陶云清,刘兆达,等．智能制造如何提升企业产能利用率:基于产销合一的视角[J]．管理世界,2024,40(5).

[229]刘淑春,闫津臣,张思雪,林汉川．企业管理数字化变革能提升投入产出效率吗?[J]．管理世界,2021,37(5).

[230]戚聿东,肖旭. 数字经济时代的企业管理变革[J]. 管理世界,2020,36(6).

[231]任英华,刘宇钊,李海彤. 人工智能技术创新与企业全要素生产率[J]. 经济管理,2023,45(9).

[232]沈坤荣,乔刚,林剑威. 智能制造政策与中国企业高质量发展[J]. 数量经济技术经济研究,2024,41(2).

[233]宋敏,周鹏,司海涛. 金融科技与企业全要素生产率:"赋能"和信贷配给的视角[J]. 中国工业经济,2021(4).

[234]孙新波,钱雨,张明超,李金柱. 大数据驱动企业供应链敏捷性的实现机理研究[J]. 管理世界,2019,35(9).

[235]王雯岚,许荣. 高校校友联结促进公司创新的效应研究[J]. 中国工业经济,2020(8).

[236]吴敏,曹婧,毛捷. 地方公共债务与企业全要素生产率:效应与机制[J]. 经济研究,2022,57(1).

[237]习近平. 发展新质生产力是推动高质量发展的内在要求和重要着力点[J]. 求是,2024(11).

[238]尹洪英,李闯. 智能制造赋能企业创新了吗:基于中国智能制造试点项目的准自然试验[J]. 金融研究,2022(10).

[239]袁淳,肖土盛,耿春晓,等. 数字化转型与企业分工:专业化还是纵向一体化[J]. 中国工业经济,2021(9).

[240]赵宸宇,王文春,李雪松. 数字化转型如何影响企业全要素生产率[J]. 财贸经济,2021,42(7).

[241]刘刚,李依菲,霍治方,等. 人工智能和实体经济深度融合:动力和机制[J]. 新经济导刊,2022(3).

[242]韩青江,李旭升,陈雁云. 人工智能与实体经济"脱虚向实":来自宏观和微观双视角的证据[J]. 产业经济评论,2024(6).

[243]任保平,宋文月. 新一代人工智能和实体经济深度融合促进高质量发展的效应与路径[J]. 西北大学学报(哲学社会科学版),2019,49(5).

[244]李玉花,林雨昕,李丹丹. 人工智能技术应用如何影响企业创新[J/OL]. 中国工业经济,2024(10).

[245]徐鹏,徐向艺. 人工智能时代企业管理变革的逻辑与分析框架

[J]. 管理世界,2020,36(1).

[246]张鑫,王明辉. 中国人工智能发展态势及其促进策略[J]. 改革,2019(9).

[247]王林辉,钱圆圆,周慧琳,等. 人工智能技术冲击和中国职业变迁方向[J]. 管理世界,2023,39(11).

[248]王永钦,董雯. 机器人的兴起如何影响中国劳动力市场:来自制造业上市公司的证据[J]. 经济研究,2020,55(10).

[249]王林辉,胡晟明,董直庆. 人工智能技术、任务属性与职业可替代风险:来自微观层面的经验证据[J]. 管理世界,2022,38(7).

[250]孙早,侯玉琳. 工业智能化如何重塑劳动力就业结构[J]. 中国工业经济,2019(5).

[251]何小钢,刘叩明. 机器人、工作任务与就业极化效应:来自中国工业企业的证据[J]. 数量经济技术经济研究,2023,40(4).

[252]毛日昇. 工业机器人应用与就业再配置[J]. 管理世界,2024,40(9).

[253]赵欣彤,杨燕绥. 人工智能时代的劳动力市场综合治理:挑战与政策工具[J]. 中国行政管理,2020(3).

[254]房连泉,毛冰雪. 人工智能时代社会保障制度的变革路径:基于就业市场新形态的研究综述[J]. 北京工业大学学报(社会科学版),2022,22(6).

[255]高和荣. 人工智能时代的社会保障:新挑战与新路径[J]. 社会保障评论,2021(3).

[256]李磊,王小霞,包群. 机器人的就业效应:机制与中国经验[J]. 管理世界,2021,37(9).

[257]曹雅茹,刘军,邵军. 替代还是创造:智能化如何影响中国制造业就业?[J]. 管理评论,2023,35(9).

[258]邓洲,黄娅娜. 人工智能发展的就业影响研究[J]. 学习与探索,2019(7).

[259]周广肃,李力行,孟岭生. 智能化对中国劳动力市场的影响:基于就业广度和强度的分析[J]. 金融研究,2021(6).

[260]杨伟国,邱子童,吴清军. 人工智能应用的就业效应研究综述[J]. 中国人口科学,2018(5).

[261]王君,张于喆,张义博,等．人工智能等新技术进步影响就业的机理与对策[J]．宏观经济研究,2017(10).

[262]孙早,侯玉琳．工业智能化与产业梯度转移:对“雁阵理论”的再检验[J]．社会科学文摘,2021(9).

[263]林炜．企业创新激励:来自中国劳动力成本上升的解释[J]．管理世界,2013(10).

[264]汪前元,魏守道,金山,等．工业智能化的就业效应研究:基于劳动者技能和性别的空间计量分析[J]．管理世界,2022,38(10).

[265]杜雯翠,毛赢．人工智能背景下环境治理与社会保障的协同推进研究[J/OL]．中国工业经济,2024(6).

[266]李东方,庞兆丰,周明．人工智能与社会保险制度:理论逻辑、现实挑战与变革路径[J]．自然辩证法通讯,2024,46(9).

[267]陈秋霖,许多,周羿．人口老龄化背景下人工智能的劳动力替代效应:基于跨国面板数据和中国省级面板数据的分析[J]．中国人口科学,2018(6).

[268]陈柳钦．产业集群与产业竞争力[J]．南京社会科学,2005(5).

[269]董天宇,孟令星．双循环战略下提升中国人工智能产业竞争力的途径[J]．科学学研究,2022,40(2).

[270]郭凯明．人工智能发展、产业结构转型升级与劳动收入份额变动[J]．管理世界,2019,35(7).

[271]胡俊,杜传忠．人工智能推动产业转型升级的机制、路径及对策[J]．经济纵横,2020(3).

[272]何龙斌,何协,杨婉楹．中国高技术产业空间格局演变特征研究[J]．中国科技论坛,2021,2(9).

[273]何郁冰,张思,林婷．中国高技术产业创新生态系统效率测度及提升路径研究[J]．系统工程理论与实践,2024,44(2).

[274]刘刚,刘晨．人工智能科技产业技术扩散机制与实现策略研究[J]．经济纵横,2020(9).

[275]李海舰,李燕．对经济新形态的认识:微观经济的视角[J]．中国工业经济,2020(12).

[276]李依菲,刘刚．数字中国建设背景下的技术跨界与场景创新:基

于智能产业复杂度视角[J]. 中国科技论坛,2024(10).

[277]倪红福,王晓星. 中国高技术产业全球价值链位置与竞争力分析[J]. 湖南大学学报(社会科学版),2024,38(6).

[278]邱格磊,陈伟. 中国高技术产业核心竞争力动态变迁:基于价值链循环视角的实证研究[J]. 福建论坛(人文社会科学版),2023(3).

[279]冉征,郑江淮. 技术范式下的创新发展:技术多样化与技术专业化的经济增长效应研究[J]. 管理世界,2024,40(9).

[280]万科,刘耀彬,陈璐. 中国高技术产业国内循环价值链省域分工地位与网络位置研究[J]. 管理评论,2024,36(9).

[281]王鹏,吴思霖. 中国高技术产业集聚的空间溢出效应及其区域差异性:基于技术距离加权的空间计量研究[J]. 经济经纬,2020,37(2).

[282]徐传谌,周渤. 中国高技术产业竞争力研究[J]. 求是学刊,2014,41(3).

[283]俞立平. 出口比重下降背景下中国高技术产业政策绩效研究[J]. 亚太经济,2020(2).

[284]杨威,王姣姣. 中国高技术产业区域空间关联及机制研究[J]. 宏观经济研究,2023(5).

[285]杨武,田雪姣. 中国高技术产业发展的科技创新驱动效应测度研究[J]. 管理学报,2018,15(8).

[286]杨震宁,杜双,侯一凡. 目标期望与实现匹配效应如何影响联盟稳定:对中国高技术产业联盟的考察[J]. 管理世界,2022,38(12).

[287]张朝辉,徐毓鸿,何新胜. 我国人工智能产业发展路径研究[J]. 科学学研究,2023,41(12).

[288]余东华. 算力:数字经济时代的新质生产力[J]. 财贸研究,2024,35(7).

[289]米加宁,李大宇,董昌其. 算力驱动的新质生产力:本质特征、基础逻辑与国家治理现代化[J]. 公共管理学报,2024,21(2).

[290]陈晓红,曹廖滢,陈姣龙,等. 我国算力发展的需求、电力能耗及绿色低碳转型对策[J]. 中国科学院院刊,2024,39(3).

[291]于施洋,马骁,郭明军,等. 国家算力大通道总体布局和推进策略研究[J]. 电子政务,2024(11).

[292]程学旗,陈薇,沈华伟,等.智能算法安全:内涵、科学问题与展望[J/OL].中国科学院院刊,1-10[2024-12-20].

[293]郭凯明.人工智能发展、产业结构转型升级与劳动收入份额变动[J].管理世界,2019,35(7).

[294]杨仁发,陆瑶.人工智能对制造业高质量发展的影响研究[J].华东经济管理,2023,37(4).

[295]李磊,王小霞,包群.机器人的就业效应:机制与中国经验[J].管理世界,2021,37(9).

[296]周杰琦,陈达,夏南新.人工智能对绿色经济增长的作用机制与赋能效果:产业结构优化视角[J].科技进步与对策,2023,40(4).

[297]陈志,程承坪,陈安琪.人工智能促进中国高质量就业研究[J].经济问题,2022(9).

[298]王林辉,胡晟明,董直庆.人工智能技术、任务属性与职业可替代风险:来自微观层面的经验证据[J].管理世界,2022,3(7).

[299]孔高文,刘莎莎,孔东民.机器人与就业:基于行业与地区异质性的探索性分析[J].中国工业经济,2020(8).

[300]史丹,叶云岭.人工智能、就业结构与高质量发展[J].当代财经,2023(5).

[301]姚加权,张锟澎,郭李鹏,冯绪.人工智能如何提升企业生产效率:基于劳动力技能结构调整的视角[J].管理世界,2024,40(2).

[302]陈楠,蔡跃洲.人工智能技术创新与区域经济协调发展:基于专利数据的技术发展状况及区域影响分析[J].经济与管理研究,2023,44(3).

[303]王林辉,胡晟明,董直庆.人工智能技术会诱致劳动收入不平等吗:模型推演与分类评估[J].中国工业经济,2020(4).

[304]徐建伟,韩晓,赵阳华.推动制造业高质量发展的时代要求、现实基础与策略选择[J].改革,2023(11).

[305]戚聿东,蔡呈伟.数字化对制造业企业绩效的多重影响及其机理研究[J].学习与探索,2020(7).

[306]王山,刘文斐,余东华.中国制造业高质量发展不平衡不充分测度及来源分解[J].科技进步与对策,2023(20).

[307]余玲铮,魏下海,孙中伟,等.工业机器人、工作任务与非常规能

力溢价:来自制造业“企业—工人”匹配调查的证据[J]. 管理世界,2021,37(1).

[308]刘鑫鑫,韩先锋. 人工智能与制造业韧性:内在机制与实证检验[J]. 经济管理,2023,45(11).

[309]钞小静,沈路,廉园梅. 人工智能技术对制造业就业的产业关联溢出效应研究[J]. 现代财经(天津财经大学学报),2022,42(12).

[310]许玲玲,杨筝,刘放. 高新技术企业认定、税收优惠与企业技术创新:市场化水平的调节作用[J]. 管理评论,2021,33(2).

[311]颜平,周闻宇,王瑞荣,等. 长三角城市群数字经济与制造业高质量发展耦合协调时空演化及影响因素[J]. 经济地理,2024,44(7).

[312]徐星,惠宁,崔若冰,等. 数字经济驱动制造业高质量发展的影响效应研究:以技术创新效率提升与技术创新地理溢出的双重视角[J]. 经济问题探索,2023(2).

[313]江艇. 因果推断经验研究中的中介效应与调节效应[J]. 中国工业经济,2022(5).

[314]吴非,徐斯旸. 人工智能技术应用与上市企业市场价值[J]. 现代经济探讨,2022(11).

[315]杜建军,章友德,刘博敏,等. 数字乡村对农业绿色全要素生产率的影响及其作用机制[J]. 中国人口·资源与环境,2023,33(2).

[316]阳立高,谢锐,贺正楚,等. 劳动力成本上升对制造业结构升级的影响研究:基于中国制造业细分行业数据的实证分析[J]. 中国软科学,2014(12).

[317]李小云. 论我国农业科技发展的方向与战略[J]. 中国农村经济,2002(11).

[318]汝刚,刘慧,沈桂龙. 用人工智能改造中国农业:理论阐释与制度创新[J]. 经济学家,2020(4).

[319]郭凯明. 人工智能发展、产业结构转型升级与劳动收入份额变动[J]. 管理世界,2018,35(7).

[320]姜李丹,薛澜. 我国新一代人工智能治理的时代挑战与范式变革[J]. 公共管理学报,2022,18(2).

[321]张铤. 人工智能嵌入社会治理的逻辑、风险与政策应对[J]. 浙江

社会科学,2022(2).

[322]林宝．积极应对人口老龄化:内涵、目标和任务[J]．中国人口科学,2021(3).

[323]殷浩栋,霍鹏,肖荣美,等．智慧农业发展的底层逻辑、现实约束与突破路径[J]．改革,2021(11).

[324]牟少岩,丁慧媛,郑满生,等．智慧农业革命影响及对策研究[J]．农业经济问题,2022(9).

[325]张晓兰,黄伟熔．我国产业链创新链融合发展的趋势特征、经验借鉴与战略要点[J]．经济纵横,2023(1).

[326]柳毅,赵轩,杨伟．数字经济对传统制造业产业链创新链融合的影响:基于中国省域经验的实证研究[J]．浙江社会科学,2023(3).

[327]霍丽,张林玉．人工智能驱动中国产业链现代化研究[J]．西北大学学报(哲学社会科学版),2024,54(4).

[328]赵晨,林晨,高中华．人才链支撑创新链产业链的融合发展路径:逻辑理路、中美比较以及政策启示[J]．中国软科学,2023(11).

[329]吴超楠,袁野,陈燕华,等．数字技术创新链与产业链的融合升级研究:以新一代人工智能为例[J]．科学管理研究,2024,42(1).

[330]李雪松,龚晓倩．地区产业链、创新链的协同发展与全要素生产率[J]．经济问题探索,2021(11).

[331]王雪原,李家先．多主体协同视角下产业链与创新链"链际融合"路径设计[J]．中国科技论坛,2023(9).

[332]巫强,胡蕾,蒋真儿．产业链与创新链融合发展:内涵、动力与路径[J]．南京社会科学,2024(2).

[333]余建辉,张文忠,李佳洺．我国创新链、产业链空间协同配置与区域经济布局研究[J]．中国科学院院刊,2024,39(4).

[334]陈东,秦子洋．人工智能与包容性增长:来自全球工业机器人使用的证据[J]．经济研究,2022,57(4).

[335]陈彦斌,林晨,陈小亮．人工智能、老龄化与经济增长[J]．经济研究,2019,54(7).

[336]高翔,张敏,刘啟仁．工业机器人应用促进了"两业融合"发展吗:来自中国制造企业投入服务化的证据[J]．金融研究,2022(11).

[337]郭晗,冯星源．多重数字鸿沟与家庭收入差距:理论与经验证据[J]．经济纵横,2024(2).

[338]郭凯明,王钰冰,龚六堂．劳动供给转变、有为政府作用与人工智能时代开启[J]．管理世界,2023,39(6).

[339]郭凯明．人工智能发展、产业结构转型升级与劳动收入份额变动[J]．管理世界,2019,35(7).

[340]何小钢,郭晓斌,刘叩明．机器人使用与职业伤害:理论机制与中国证据[J]．人口与经济,2024(2).

[341]胡乐明,杨虎涛．产业发展战略选择的内在逻辑:一个连接演进的解析框架[J]．经济研究,2022,57(6).

[342]黄浩权,戴天仕,沈军．人工智能发展、干中学效应与技能溢价:基于内生技术进步模型的分析[J]．中国工业经济,2024(2).

[343]孔高文,刘莎莎,孔东民．机器人与就业:基于行业与地区异质性的探索性分析[J]．中国工业经济,2020(8).

[344]林晨,陈小亮,陈伟泽,等．人工智能、经济增长与居民消费改善:资本结构优化的视角[J]．中国工业经济,2020,(2).

[345]刘洋,韩永辉,王贤彬．工业智能化能兼顾促增长和保民生吗?[J]．数量经济技术经济研究,2023,40(6).

[346]潘珊,郭凯明．人工智能、岗位结构变迁与服务型制造[J]．中国工业经济,2024(4).

[347]王林辉,钱圆圆,董直庆．人工智能应用对劳动工资的影响及偏向性研究[J]．中国人口科学,2022(4).

[348]王林辉,钱圆圆,宋冬林,等．机器人应用的岗位转换效应及就业敏感性群体特征:来自微观个体层面的经验证据[J]．经济研究,2023,58(7).

[349]王永钦,董雯．机器人的兴起如何影响中国劳动力市场:来自制造业上市公司的证据[J]．经济研究,2020,55(10).

[350]覃成林,张华,张技辉．中国区域发展不平衡的新趋势及成因:基于人口加权变异系数的测度及其空间和产业二重分解[J]．中国工业经济,2011(10).

[351]樊杰,陶岸君,吕晨．中国经济与人口重心的耦合态势及其对区

域发展的影响[J]. 地理科学进展,2010,29(1).

[352]王小鲁,樊纲. 中国地区差距的变动趋势和影响因素[J]. 经济研究,2004(1).

[353]孙晓华,李明珊,王昀. 市场化进程与地区经济发展差距[J]. 数量经济技术经济研究,2015,32(6).

[354]徐现祥,王贤彬,高元骅. 中国区域发展的政治经济学[J]. 世界经济文汇,2011(3).

[355]金凤君. 基础设施与区域经济发展环境[J]. 中国人口·资源与环境,2004(4).

[356]张秀生,陈慧女. 论中国区域经济发展差距的现状、成因、影响与对策[J]. 经济评论,2008(2).

[357]孙志燕,侯永志. 对我国区域不平衡发展的多视角观察和政策应对[J]. 管理世界,2019,35(8).

[358]张翱,孙久文. 数字基础设施、边界效应与区域发展差距[J]. 城市问题,2023(10).

[359]陈宠,郭明君,何理. 互联网基础设施集聚对区域经济发展的影响及机制研究[J]. 中国软科学,2024(8).

[360]陈尧,王宝珠. 以数字经济发展畅通国民经济循环:基于空间比较的视角[J]. 经济学家,2022(6).

[361]冯婉昕. 人工智能与企业金融资产配置:来自国家人工智能创新应用先导区的经验证据[J]. 当代财经,2024(4).

[362]胡晟明,王林辉,赵贺. 人工智能应用、人机协作与劳动生产率[J]. 中国人口科学,2021(5).

[363]程承坪,彭欢. 人工智能影响就业的机理及中国对策[J]. 中国软科学,2018(10).

[364]隆云滔,刘海波,蔡跃洲. 人工智能技术对劳动力就业的影响:基于文献综述的视角[J]. 中国软科学,2020(12).

[365]何勤,李雅宁,程雅馨,等. 人工智能技术应用对就业的影响及作用机制研究:来自制造业企业的微观证据[J]. 中国软科学,2020(S1).

[366]刘斌,潘彤. 人工智能对制造业价值链分工的影响效应研究[J]. 数量经济技术经济研究,2020,37(10).

［367］吕越，谷玮，包群．人工智能与中国企业参与全球价值链分工［J］．中国工业经济，2020（5）．

［368］黄晓凤，朱潇玉，王金红．人工智能提升了中国制造业企业的全要素生产率吗［J］．财经科学，2023（1）．

［369］孙早，侯玉琳．人工智能发展对产业全要素生产率的影响：一个基于中国制造业的经验研究［J］．经济学家，2021（1）．

［370］邝劲松，杨坤宇，石校菲，等．省域人工智能发展对绿色全要素生产率的空间效应［J］．经济地理，2024，44（7）．

［371］綦建红，蔡震坤．人工智能有助于增强出口稳定性吗：基于质量提升机制的视角［J］．中南财经政法大学学报，2022（6）．

［372］唐青青，白东北，王珏．人工智能对出口产品质量促进的异质效应与影响路径［J］．现代财经（天津财经大学学报），2021，41（12）．

［373］韦东明，顾乃华，韩永辉．人工智能推动了产业结构转型升级吗：基于中国工业机器人数据的实证检验［J］．财经科学，2021（10）．

［374］耿子恒，汪文祥，郭万福．人工智能与中国产业高质量发展：基于对产业升级与产业结构优化的实证分析［J］．宏观经济研究，2021（12）．

［375］郭艳冰，胡立君．人工智能、人力资本对产业结构升级的影响研究：来自中国30个省份的经验证据［J］．软科学，2022，36（5）．

［376］冯兰刚，阳文丽，王忠，等．中国数字经济与城市碳排放强度：时空演化与作用机制［J］．中国人口·资源与环境，2023，33（1）．

［377］杨刚强，王海森，范恒山，等．数字经济的碳减排效应：理论分析与经验证据［J］．中国工业经济，2023（5）．

［378］吴传清，邓明亮．数字经济发展对中国工业碳生产率的影响研究［J］．中国软科学，2023（11）．

［379］王帅龙．数字经济之于城市碳排放："加速器"抑或"减速带"？［J］．中国人口·资源与环境，2023，33（6）．

［380］张思思，崔琪，马晓钰．数字要素赋能下有偏技术进步的节能减排效应［J］．中国人口·资源与环境，2022，32（7）．

［381］赵涛，张智，梁上坤．数字经济、创业活跃度与高质量发展：来自中国城市的经验证据［J］．管理世界，2020，36（10）．

［382］霍丽，张林玉．人工智能驱动中国产业链现代化研究［J］．西北大

学学报(哲学社会科学版),2024,54(4).

[383]邵帅,张可,豆建民. 经济集聚的节能减排效应:理论与中国经验[J]. 管理世界,2019,35(1).

[384]薛澜,王净宇. 人工智能发展的前沿趋势、治理挑战与应对策略[J]. 行政管理改革,2024(8).

[385]邓悦,许弘楷,王诗菲. 人工智能风险治理:模式、工具与策略[J]. 改革,2024(1).

[386]范柏乃,盛中华. 数字风险治理:研究脉络、理论框架及未来展望[J]. 管理世界,2024,40(8).

[387]任保平,张陈璇. 中国数字经济发展的安全风险预警与防范机制构建[J]. 贵州财经大学学报,2022(2).

[388]程承坪,彭欢. 中国人工智能的经济风险及其防范[J]. 人文杂志,2020(3).

[389]李牧南,王良,赖华鹏. 基于深度学习和多源数据的自动驾驶技术风险识别[J]. 科研管理,2024,45(11).

[390]贾根良. 第三次工业革命与工业智能化[J]. 中国社会科学,2016(6).

[391]江小涓,宫建霞,李秋甫. 数据、数据关系与数字时代的创新范式[J]. 中国社会科学,2024(9).

[392]李晓华,刘峰. 产业生态系统与战略性新兴产业发展[J]. 中国工业经济,2013(3).

[393]苏玺鉴,胡安俊. 人工智能的产业与区域渗透:态势、动力、模式与挑战[J]. 经济学家,2023(2).

[394]王友发,罗建强,周献中. 基于专利地图的人工智能研究总体格局、技术热点与未来趋势[J]. 中国科技论坛,2019(10).

[395]谢富胜,江楠. 新型生产关系"新"在哪儿[N]. 学习时报,2024-12-09.

[396]徐鹏,徐向艺. 人工智能时代企业管理变革的逻辑与分析框架[J]. 管理世界,2020(1).

[397]续继,王于鹤. 数字经济中的隐私保护和数据共享:基于隐私顾虑与个人信息虚构的视角[J]. 统计研究,2022(3).

[398]余东华,李云．数字经济时代的产业组织创新:以数字技术驱动的产业链群生态体系为例[J]．改革,2021(3).

[399]张朝辉,徐毓鸿,何新胜．我国人工智能产业发展路径研究[J]．科学学研究,2023(12).

[400]中国式现代化发展研究院．中国新一代人工智能科技产业发展报告 2024[R]. 2024.

[401]中国信息通信研究院．人工智能核心技术产业白皮书[R/OL]. 2021. http://www.caict.ac.cn/kxyj/qwfb/bps/202104/P020210420614092578238.pdf.

[402]白雪洁,孟辉．新兴产业、政策支持与激励约束缺失:以新能源汽车产业为例[J]．经济学家,2018(1).

[403]柏培文,张云．数字经济、人口红利下降与中低技能劳动者权益[J]．经济研究,2021,56(5).

[404]陈彦斌,林晨,陈小亮．人工智能、老龄化与经济增长[J]．经济研究,2019,54(7).

[405]郭凯明．人工智能发展、产业结构转型升级与劳动收入份额变动[J]．管理世界,2019,35(7).

[406]郭丽燕,黄建忠,庄惠明．人力资本流动、高新技术产业集聚与经济增长[J]．南开经济研究,2020(6).

[407]胡安军,郭爱君,钟方雷,等. 高新技术产业集聚能够提高地区绿色经济效率吗?[J]. 中国人口·资源与环境,2018(9).

[408]金祥义,张文菲．间接数字化转型、供应链外溢与企业出口贸易[J]．世界经济,2024(10).

[409]凌永辉．我国新兴产业的演化增长范式与实践研究[J]．经济学家,2024(11).

[410]刘和东,刘繁繁．要素集聚提升高新技术产业绩效的黑箱解构:基于经济高质量发展的门槛效应分析[J]．科学学研究,2021,39(11).

[411]秦文晋,刘鑫鹏．网络基础设施建设对数字经济发展的影响研究:基于“宽带中国”试点政策的准自然实验[J]．经济问题探索,2022(3).

[412]沈坤荣,林剑威,傅元海．网络基础设施建设、信息可得性与企业创新边界[J]．中国工业经济,2023(1).

[413]王燕,孙超. 产业协同集聚对绿色全要素生产率的影响研究:基于高新技术产业与生产性服务业协同的视角[J]. 经济纵横,2020(3).

[414]王玉霞,孙治一. 领导权结构和CEO激励对企业创新的影响:基于战略性新兴产业上市公司的经验数据[J]. 经济问题,2019(1).

[415]杨国超,芮萌. 高新技术企业税收减免政策的激励效应与迎合效应[J]. 经济研究,2020,55(9).

[416]余振,李锦坡,蒋盛君. 高端人才空间集聚与后发国家创新发展:来自中国个体专利数据的证据[J]. 经济研究,2024,59(8).

[417]詹晓宁,欧阳永福. 数字经济下全球投资的新趋势与中国利用外资的新战略[J]. 管理世界,2018(3).

[418]张建宇,杨旭,鲁超冉,林香宇. 人工智能采用对企业竞争优势的影响研究[J]. 科研管理,2025(1):1-19.

[419]朱莲美,杨以诺. 并购商誉是否影响企业创新投入:来自中国战略性新兴产业的经验考察[J]. 经济经纬,2020,37(4).

[420]朱喜安,张秀,李浩. 中国高新技术产业集聚与城镇化发展[J]. 数量经济技术经济研究,2021,38(3).

[421]习近平向联合国贸易和发展会议成立60周年庆祝活动开幕式发表视频致辞[N]. 人民日报,2024-06-13(1).

[422]刘伟. 高质量发展的关键在于推动经济质态演进[J]. 中国高校社会科学,2024(5).

[423]贺俊. 新兴技术产业赶超中的政府作用:产业政策研究的新视角[J]. 中国社会科学,2022(11).

[424]殷杰. 生成式人工智能的主体性问题[J]. 中国社会科学,2024(8).

[425]高奇琦. 智能革命与国家治理现代化初探[J]. 中国社会科学,2020(7).

[426]习近平主持召开中央全面深化改革委员会第七次会议[N]. 人民日报,2019-03-20(1).

[427]江飞涛,李晓萍. 改革开放四十年中国产业政策演进与发展:兼论中国产业政策体系的转型[J]. 管理世界,2018(10).

[428]洪银兴,任保平. 论数字经济与社会主义市场经济的深度融合

[J]. 中国工业经济,2024(5).

[429]边文龙,沈艳,沈明高. 银行业竞争度、政策激励与中小企业贷款:来自14省90县金融机构的证据[J]. 金融研究,2017(1).

[430]陈国青,任明,卫强,等. 数智赋能:信息系统研究的新跃迁[J]. 管理世界,2022,38(1).

[431]郭凯明,潘珊,颜色. 新型基础设施投资与产业结构转型升级[J]. 中国工业经济,2020(3).

[432]姜富伟,刘雨旻,孟令超. 大语言模型、文本情绪与金融市场[J]. 管理世界,2024,40(8).

[433]姜富伟,李梦如,孟令超. 金融稳定沟通与银行系统性风险[J/OL]. 世界经济,2024(10).

[434]李春涛,闫续文,张学人. GPT在文本分析中的应用:一个基于Stata的集成命令用法介绍[J]. 数量经济技术经济研究,2024,41(5).

[435]李平,付一夫,张艳芳. 生产性服务业能成为中国经济高质量增长新动能吗[J]. 中国工业经济,2017(12).

[436]缪荣,茅宁. 中国公司声誉测量指标构建的实证研究[J]. 南开管理评论,2007(1).

[437]钱海章,陶云清,曹松威,等. 中国数字金融发展与经济增长的理论与实证[J]. 数量经济技术经济研究,2020,37(6).

[438]唐松,伍旭川,祝佳. 数字金融与企业技术创新:结构特征、机制识别与金融监管下的效应差异[J]. 管理世界,2020,36(5).

[439]王聪聪,党超,徐峰,等. 互联网金融背景下的金融创新和财富管理研究[J]. 管理世界,2018,34(12).

[440]王俊豪,周晟佳. 中国数字产业发展的现状、特征及其溢出效应[J]. 数量经济技术经济研究,2021,38(3).

[441]王永钦,董雯. 机器人的兴起如何影响中国劳动力市场:来自制造业上市公司的证据[J]. 经济研究,2020,55(10).

[442]杨东. 监管科技:金融科技的监管挑战与维度建构[J]. 中国社会科学,2018(5).

[443]美国政府网站. 美国人工智能倡议(American AI Initiative).

[444]新一代人工智能发展规划[EB/OL]. https://www.gov.cn/gong-

bao/content/2017/content_5216427. htm.

[445]欧盟《数字欧洲计划》. 欧盟官方网站.

[446]日本"社会5.0"战略. 日本政府网站.

[447]加拿大人工智能伦理委员会. 加拿大政府网站.

[448]英国AI伦理框架. 英国政府官方网站.

[449]韩国AI产业化战略. 韩国政府网站.

[450]法国AI基金计划. 法国政府官方网站.

[451]新加坡AI人才培养计划. 新加坡政府官方网站.

[452]SCHUMPETER J A. Capitalism, socialism, and democracy [M]. New York: Harper&Brothers, 1942.

[453]AGRAWALA, MCHALE J, Oettla. Finding needles inhaystacks [M]. The economics of artificial intelligence: Anagenda. Chicago: University of Chicago Press, 2019.

[454]PORTER M E. Competitive advantage of nations: Creating and sustaining superior performance[M]. London: Simon and Schuster, 2011.

[455]MARSHALL A. Principles of economics[M]. London: Macmillan, 1890.

[456]ACEMOGLU D, RESTREPO P. Artificial intelligence, automation, and work[M]. The economics of artificial intelligence: An agenda. University of Chicago Press, 2018.

[457]BRYNJOLFSSON E, MCAFEE A. The second machine age: Work, progress, and prosperity in a time of brilliant technologies [M]. WW Norton&company, 2014.

[458]GRILICHES Z. R&D and productivity: The econometric evidence [M]. University of Chicago Press, 2007.

[459]KORINEK A, STIGLITZ J E. Artificial intelligence and its implications for income distribution and unemployment[M]. The economics of artificial intelligence: An agenda. University of Chicago Press, 2018.

[460]SCHUMPETER J. The theory of economic development [M]. Cambridge: Harvard University Press, 1912.

[461]BEST M. How growth really happens: The making of economic miracles through production, governance, and skills [M]. Princeton University

Press,2018.

[462]BEST M. The new competitive advantage:The renewal of american industry[M]. Oxford University Press,2001.

[463] DING J. Technology and the rise of great powers: How diffusion shapes economic competition[M]. Princeton University Press,2024.

[464]FREEMAN C. J Clark and Soete L. Unemployment and technical innovation. A study of long waves and economic development[M]. Frances Pinter Publishers,1982.

[465]LUNDVALL B. –Å. National systems of innovation:Towards a theory of innovation and interactive learning[M]. Pinter,1992.

[466]MARKLUND G,VONORTAS N S,WESSNER C W. The innovation imperative:National innovation strategies in the global economy[M]. Edward Elgar,2009.

[467]MELISSA A,SCHILLING M A. Strategic management of technological innovation[M]. McGraw – Hill Eclucation,2023.

[468]NIELSEN M. Reinventing discovery the new era of networked science [M]. Princeton,2023.

[469] TIWANA A. Platform ecosystem: Aligning architecture, governance, and strategy[M]. Elsevier,2014.

[470] STEPHEN · HAWKING. Brief answers to the big questions [M]. Bantam Press,2018.

[471] COLLINGRIDGE D. The social control of technology[M]. London: Frances Pinter,1980.

[472]HUBER P J. Projection pursuit[J]. The Annals of Statistics,1985.

[473]FRIEDMAN J H. Exploratory projection pursuit[J]. Journal of the American statistical association,1987,82(397).

[474]BICKEL P J,KUR G,NADLER B. Projection pursuit in high dimensions [J]. Proceedings of the national academy of sciences,2018,115(37).

[475] ACEMOGLU, DARON ,PASCUAL. Robots and jobs: evidence from U. S. labor markets[J]. Journal of political economy,2020,128(6).

[476]AGHION P ,HOWITT P. A model of growth through creative destruc-

tion [J]. Econometrica,1992(60).

[477]AGHION P,BENJAMIN F ,CHARLES I . Artificial intelligence and economic growth[R]. NBER Working Paper w23928,2017.

[478]BAUMOL W J. Macroeconomics of unbalanced growth:the anatomy of urban crisis[J]. American economic review,1967,57(3).

[479]BENEDIKT ,MICHAEL A. The future of employment:how susceptible are jobs to computerisation? [J]. Technological forecasting and social change,2017(114).

[480]DUARTE M,RESTUCCIA D. The role of the structural transformation in aggregate productivity[J]. Quarterly journal of economics,2010,125(1).

[481]FREY,CARL, OSBORNE M A. The future of employment:how susceptible are jobs to computerization? [J]. Technological forecasting and social change,2017(114).

[482]KALDOR N. Capital accumulation and economic growth,In the theory of capital,ed. F. A. Lutz and D. C. Hague 177 – 222[M]. New York:St. Martins Press,1961.

[483] KORINEK, ANTON. Economic policy challenges for the age of AI [R]. NBER Working Paper No. 32980,2024.

[484]MULLAINATHAN S,SPIESS J. Machine learning:an applied econometric approach[J]. The journal of economic perspectives,2017,31(2).

[485]ROMMER P M. Endogenous technical change[J]. Journal of political economy,1990,98(5).

[486] SOLOW R. A contribution to the theory of economic growth [J]. Quarterly journal of economics,1956(70).

[487]ERIK B,LORIN,et al. Beyond computation:information technology, organizational transformation and business performance[J]. Journal of economic perspectives,2000(4).

[488]POSCHKE A C. Structural change out of agriculture:labor push versus labor pull[J]. American economic journal macroeconomics,2011(3).

[489]FOSTER C,GRAHAM M ,MANN L,et al. Digital control in value chains:challenges of connectivity for east african firms[J]. Economic geography,

2018(1).

[490] ACEMOGLU D, AUTOR D. Skills, tasks and technologies: implications for employment and earnings – science direct[J]. Handbook of labor economics,2011(4).

[491] BRYNJOLFSSON E, ROCK D, SYVERSON C. Artificial intelligence and the modern productivity paradox[J]. The economics of artificial intelligence: an agenda,2019,23(9).

[492] ANDREAS K, MICHAEL H. Siri, in my hand: who's the fairest in the land? On the interpretations, illustrations, and implications of artificial intelligence[J]. Business horizons,2019,62(1).

[493] FREY C B, OSBORNE M A. The future of employment: how susceptible are jobs to computerisation? [J]. Technological forecasting and social change,2017(114).

[494] MENA C, KARATZAS A, HANSEN C. International trade resilience and the Covid – 19 pandemic[J]. Journal of business research,2022(138).

[495] FURMAN J, SEAMANS R. AI and the economy[J]. Innovation policy and the economy,2019,19(1).

[496] BUDHWAR P, MALIK A, SILVA T D, et al. Artificial intelligence – challenges and opportunities for international HRM: a review and research agenda [J]. The international journal of human resource management,2022(6).

[497] GIL Y, GREAVES M, He d, et al. Amplify scientific discovery with artificial intelligence[J]. Science,2014,346(6206).

[498] TEKIC Z, COSIC I, KATALINIC B. Manufacturing and the rise of artificial intelligence: Innovation challenges[C]. Proceedings of the 30th DAAAM international symposium. Vienna: DAAAM International Press,2019.

[499] INTERNATIONAL ENERGY AGENCY. Electricity 2024 [R]. IEA, Paris,2024:31.

[500] UNITED NATIONS CONFERENCE ON TRADE AND DEVELOPMENT. Digital Economy Report 2024: Shaping an environmentally sustainable and inclusive digital future[R]. United Nations Publication, New York,2024:85.

[501] STANFORD INSTITUTE FOR HUMAN – CENTERED ARTIFICIAL

INTELLIGENCE. Artificial Intelligence Index Report 2024[R]. Stanford University, Stanford, CA, 2024:154.

[502]BRYNJOLFSSON E, COLLIS A. How should we measure the digital economy[J]. Harvard Business Review, 2019, 97(6).

[503]FORMAN C , GOLDFARD A, GREENSTEIN S. Agglomeration of invention in the bay area: not just ICT[J]. American economic review, 2016, 106(5).

[504]KIM T S, SOHN S Y. Machine – learning – based deep semantic analysis approach for forecasting new technology convergence [J]. Technological forecasting and social change, 2020(157).

[505]ACEMOGLU D, RESTREPO P. Demographics and automation [J]. The review of economic studies, 2022, 89(1).

[506]ACEMOGLU D, RESTREPO P. The race between man and machine: implications of technology for growth, factor shares, and employment [J]. American economic review, 2018, 108(6).

[507]AUTOR D, DORN D, KATZ L F, et al. The fall of the labor share and the rise of superstar firms [J]. The quarterly journal of economics, 2020, 135 (2).

[508]BORUSYAK K, JARAVEL X, SPIESS J. Revisiting event – study designs: robust and efficient estimation[J]. Review of economic studies, 2024.

[509]FU T, QIU Z, YANG X, et al. The impact of artificial intelligence on green technology cycles in China [J]. Technological forecasting and social change, 2024(209).

[510]LIU B, QIU Z, HU L, et al. How digital transformation facilitate synergy for pollution and carbon reduction: evidence from china[J]. Environmental research, 2024(251).

[511]PAVITT K. The objectives of technology policy[J]. Science and public policy, 1987, 14(4).

[512]GLAESER E L, KALLAL H D, SCHEINKMAN J A, et al. Growth in cities [J]. Journal of political economy, 1992, 100(6).

[513]ACEMOGLU D, RESTREPO P. Robots and jobs: evidence from US la-

bor markets[J]. Journal of political economy,2020,128(6).

[514] GOLDSMITH - PINKHAM P, SORKIN I, SWIFT H. Bartik instruments: what, when, why, and how[J]. American economic review,2020,110 (8).

[515] BARTIK T J. How do the effects of local growth on employment rates vary with initial labor market conditions? [R]. Upjohn Institute Working Paper,2009.

[516] LIU Y, DONG J, MEI L, et al. Digital innovation and performance of manufacturing firms: an affordance perspective[J]. Technovation,2023.

[517] CHESBROUGH H, CROWTHER A. Beyond high tech: early adopters of open innovation in other industries[J]. R&D management,2006,36(3).

[518] GIANNETTI M, G LIAO, X YU. The brain gain of corporate boards: evidence from China[J]. Journal of finance,2015,70(4).

[519] CHUI M, MANYIKA J, MIREMADI M. Where machines could replace humans - and where they can1(yet)[J]. The McKinsey Quarterly,2016.

[520] DAUTH W, FINDEISEN S, SUEDEKUM J, et al. The adjustment of labor markets to robots[J]. Journal of the European economic association,2021, 19(6).

[521] DOMINI G, GRAZZI M, MOSCHELLA D, et al. Threats and opportunities in the digital era: automation spikes and employment dynamics [J]. Research policy,2021,50(7).

[522] BUSSOLO M, CHECCHI D, PERAGINE V. Long - term evolution of inequality of opportunity[J]. Daniele checchi,2019.

[523] CHAND V, KOSTIC'S, REιSA. Taxing artificial intelligence and robots: critical assessment of potential policy solutions and recommendation for alternative approaches - sovereign measure? education taxes/global measure? global education tax or planetary tax[J]. World tax journal,2020(11).

[524] CABRALES A, HERNÁNDEZ P, SÁNCHEZ A. Robots, labor markets, and universal basic income[J]. Humanities and social sciences communications,2020(1).

[525] AUTOR D H, LEVY F, MURNANE R J. The skill content of recent technological change: an empirical exploration[J]. The quarterly journal of eco-

nomics,2003,118(4).

[526]FREY C B,OSBORNE M A. The future of employment:how susceptible are jobs to computerisation? [J]. Technological forecasting and social change,2017(114).

[527]BESSEN J,GOOS M,SALOMONS A,et al. What happens to workers at firms that automate? [J]. Review of economics and statistics,2023.

[528]FREY,CARL,MICHAEL. Technology at work:The future of innovation and employment. Oxford,England:Citi GPS,2015.

[528]PISSARIDES C A,MCMASTER I. Regional migration,wages and unemployment:empirical evidence and implications for policy[J]. Oxford economic papers,1990,42(4).

[529]ACEMOGLU D,RESTREPO P. The race between man and machine:implications of technology for growth,factor shares,and employment [J]. American economic review,2018,108(6).

[530]ACEMOGLU D,RESTREPO P. The wrong kind of AI? Artificial intelligence and the future of labour demand[J]. Cambridge journal of regions,economy and society,2020,13(1).

[531]KREMER M. Population growth and technological change:one million BC to 1990[J]. The quarterly journal of economics,1993,108(3).

[532]ACEMOGLU D,RESTREPO P. Automation and new tasks:how technology displaces and reinstates labor[J]. Journal of economic perspectives,2019,33(2).

[533]GOOS M,MANNING A,SALOMONS A. Explaining job polarization:routine-biased technological change and offshoring[J]. American economic review,2014,104(8).

[534]BRYNJOLFSSON E,LI D,RAYMOND L R. Generative AI at work [R]. National bureau of economic research,2023.

[535]OECD. An OECD learning framework 2030[J]. The future of education and labor,2019.

[536]BRYNJOLFSSON E,ROCK D,SYVERSON C. Artificial intelligence and the modern productivity paradox[J]. The economics of artificial intelligence:

an agenda,2019(23).

[537]AUTOR D H. Why are there still so many jobs? The history and future of workplace automation[J]. Journal of economic perspectives,2015,29(3).

[538]GOOS M,MANNING A,SALOMONS A. Explaining job polarization: routine – biased technological change and offshoring[J]. American economic review,2014,104(8).

[539]DAUTH W,FINDEISEN S,SUEDEKUM J,et al. The adjustment of labor markets to robots[J]. Journal of the european economic association,2021,19(6).

[540]AUTOR D H. The "task approach" to labor markets: an overview [J]. Journal for labour market research,2013,46(3).

[541]GOOS M,MANNING A. Lousy and lovely jobs: the rising polarization of work in Britain[J]. The review of economics and statistics,2007,89(1).

[542]MILLER T. Explanation in artificial intelligence: insights from the social sciences[J]. Artificial intelligence,2019(267).

[543]ZHAO P,GAO Y,SUN X. How does artificial intelligence affect green economic growth: Evidence from China[J]. Science of the total environment,2022(834).

[544]BRYNJOIFSSON E,ROCK D,SYVERSON C. Artificial intelligence and the modern productivity paradox[J]. The economics of artificial intelligence: an agenda,2019(23).

[545]DAVENPORT T,GUHA A,GREWAL D,et al. How artificial intelligence will change the future of marketing[J]. Journal of the academy of marketing science,2020(48).

[546]LEE C C,QIN S,LI Y. Does industrial robot application promote green technology innovation in the manufacturing industry? [J]. Technological forecasting and social change,2022(183).

[547]PARTEKA A,KORDALSKA A. Artificial intelligence and productivity: global evidence from AI patent and bibliometric data[J]. Technovation,2023(125).

[548]GRAETZ G,MICHAELS G. Robots at work: the impact on productivi-

ty and jobs[R]. Centre for Economic Performance, LSE, 2015.

[549] YANG T, YI X, LU S, et al. Intelligent manufacturing for the process industry driven by industrial artificial intelligence[J]. Engineering, 2021, 7(9).

[550] LIU J, CHANG H, FORREST J Y L, et al. Influence of artificial intelligence on technological innovation: evidence from the panel data of china's manufacturing sectors[J]. Technological forecasting and social change, 2020(158).

[551] LIU J, CHANG H, FORREST J Y L, et al. Influence of artificial intelligence on technological innovation: evidence from the panel data of China's manufacturing sectors[J]. Technological forecasting and social change, 2020(158).

[552] ACEMOGLU D, RESTREPO P. Low – skill and high – skill automation [J]. Journal of human capital, 2018, 12(2).

[553] RUTTAN V W. Induced innovation and path dependence: a reassessment with respect to agricultural development and the environment [J]. Technological forecasting and social change, 1896, 53(1).

[554] ACEMOGLU, Daron, Restrepo, et al. Automation and new tasks: how technology displaces and reinstates labor[J]. Journal of economic perspectives, 2019, 33(2).

[555] ACEMOGLU, Daron, Restrepo, et al. Robots and jobs: evidence from US labor markets[J]. Journal of political economy, 2020, 128(6).

[556] ACEMOGLU, DARON, RESTREPO, et al. The race between man and machine: Implications of technology for growth, factor shares, and employment [J]. American economic review, 2018, 108(6).

[557] ACEMOGLU, DARON. The Simple Macroeconomics of AI[R]: National Bureau of Economic Research, 2024.

[558] BARTIK, TIMOTHY J. Who benefits from state and local economic development policies? [J]. 1991.

[559] GOLDSMITH – PINKHAM, PAUL, SORKIN, et al. Bartik instruments: what, when, why, and how[J]. American economic review, 2020, 110 (8).

[560] GRAETZ, GEORG, MICHAELS, et al. Robots at work[J]. Review of economics and statistics, 2018, 100(5).

[561] GREGORY, TERRY, SALOMONS, et al. Racing with or against the

machine? Evidence from Europe[J]. Evidence from Europe (july 15,2016). Zew – centre for European economic research discussion paper, 2016, (16 – 053).

[562]JONES, BENJAMIN F, LIU, et al. A framework for economic growth with capital – embodied technical change[J]. American economic review, 2024, 114(5).

[563]PRETTNER, KLAUS, STRLKIK, et al. Innovation, automation, and inequality: policy challenges in the race against the machine[J]. Journal of monetary economics, 2020(116).

[564]ACEMOGLU D, RESTREPO P. The race between manand machine: implications of technology for growth, factorshares, and employment[J]. American economic review, 2018, 108(6).

[565]CARLOTA P. Technological revolutions and techno – economic paradigms[J]. Cambridge journal of economics, 2010, 34(1).

[566]ACEMOGLU D, RESTREPO P. The wrong kind of AI? Artificial intelligence and the future of labor demand[J]. Cambridge journal of regions, economy and society, 2020, 13(1).

[567]FUKUDA K, WATANABE C. Japanese and US perspectives on the national innovation ecosystem[J]. Technology in society, 2008, 30(1).

[568]GIBSON J J. The theory of affordances[J]. Hilldale, 1977.

[569] KRETSCHMER T , LEIPONEN A, SCHILLING M, VASUDEVS G. Platform ecosystems as meta – organizations: implications for platform strategies [J]. Strat mgmt J. 2021.

[570]NORMAN D A. Affordance, conventions, and design[J]. Interactions, 1999, 6(3).

[571]PORTER M. The competitive advantage of nations[N]. Havard Business Review, 1990 – 03 – 01.

[572]RAMMER C, FERNADEZ G P, CZARNIZKI D. Artificial intelligence and industrial innovation: evidence from german firm – level data[J]. Research policy, 2022, 51(7).

[573]ABADIE A, ATHEY S, IMBENS G W, et al. When should you adjust

standard errors for clustering? [J]. The quarterly journal of economics, 2023, 138 (1).

[574] ACEMMOGLU D, AUTOR D, HAZELL J, et al. Artificial intelligence and jobs: evidence from online vacancies[J]. Journal of labor economics, 2022, 40(S1).

[575] ACEMOGLU D, RESTREPO P. Artificial Intelligence, Automation and Work[R]. NBER Working Paper, 2018.

[576] AHMAD M F, GHAPAR W R, ABDUL G W. The era of artificial intelligence in malaysian higher education: impact and challenges in tangible mixed - reality learning system toward Self Exploration Education (SEE)[J]. Procedia computer science, 2019, 163(18).

[577] ALDERUCCI D, BRANSTETTER L, HOVY E, RUNGE A, ZOLAS N. Quantifying the impact of AI on productivity and labour demand: Evidence from US census microdata. In: Allied Social Science Associations—ASSA 2020 Annual Meeting.

[578] ALEKSEEVA L, GINE M, SAMILA S , TASKA B. AI adoption and firm performance: Management versus IT. In: Academy of Management Proceedings, 2021.

[579] BATTISTI S, AGARWAL N, BREM A. Creating new tech entrepreneurs with digital platforms: meta - organizations for shared value in data - driven retail ecosystems[J]. Technological forecasting and social change, 2022, 175(2).

[580] BEHRENS V, TRUNSCFKE M. Industry 4.0 related innovation and firm growth. ZEW - Centre for European Economic Research Discussion Paper, 2020.

[581] BENKRAIEM R, GARFATTA R, LAKHALLMEN F, et al. Economics international review of financial analysis. 2022.

[582] BERBEL - VERA J, BARRACHINA PALANCA M, GONZALEZ - SANCHEZ M B. Key CDO functions for successful digital transformation: insights from a delphi study[J]. Technological forecasting and social change, 2022(181).

[583] BRYNJOLFSSON E, MCAFEE A. The second machine age: work, progress, and prosperity in a time of brilliant technologies[J]. 2014.

[584]CALVINO F ,FONTANELLI L. Artificial intelligence,complementary assets and productivity:Evidence from french firms. LEM Papers Series 2023,35, Labouratory of Economics and Management(LEM), Sant' Anna School of Advanced Studies,Pisa,Italy.

[585]EDYTA GOLAB - ANDRZEJAKANDRZEJAK. AI - powered digital transformation:tools,benefits and challenges for marketers - case study of LPP[J]. Procedia computer science,2023(219).

[586]FETZER J H. What is artificial intelligence? 1990.

[587]FINANCIAL contagion intensity during the COVID - 19 outbreak:A copula approach.

[588]HAENLEIN M,KAPLAN A. A brief history of artificial intelligence: on the past,present,and future of artificial intelligence[J]. California management review,2019(61).

[589]HUANG Y,GURSOY D. How does AI technology integration affect employees' proactive service behaviors? A transactional theory of stress perspective[J]. Journal of retailing and consumer services,2024(77).

[590]IGNA I,Venturini F. The eterminants of AI innovation across european firms[J]. Res policy,2023,52(2).

[591]JIANG X,Fu W,Li G,Can the improvement of living environment stimulate urban innovation:analysis of high - quality innovative talents and foreign direct investment spillover effect mechanism[J]. Journal of cleaner production,2020(255).

[592]LNENICKA M,NIKIFOROVA A,LUTEREK M,et al. Identifying patterns and recommendations of and for sustainable open data initiatives:a benchmarking - driven analysis of open government data initiatives among european countries,general economics.

[593]LUCKIN R,HOLMES W. Intelligence unleashed:an argument for AI in education. 2016.

[594]MURRAY A,RHYMER J,SIRMON D G. Humans and technology: forms of conjoined agency in organizations[J]. Academy of management review,2021,46(3).

[595] PENG H, SHEN N, YING H, WANG Q. Can environmental regulation directly promote green innovation behavior: based on situation of industrial agglomeration[J]. Journal of cleaner production, 2021(314).

[596] RITALA P, RUOKONEN M, RAMAUL L. Transforming boundaries: how does ChatGPT change knowledge work? [J]. Journal of business strategy, 2023, 45(3).

[597] SEOK H K. The impact of interactivity in smart signage and flow on the engagement and memory accessibility[J]. Korea convergence society, 2018(2).

[598] SPILSETH B, MCKNIGHT C D, LI M, et al. AUR – RRA review: logistics of academic – industry partnerships in artificial intelligence[J]. Academic radiology, 2022, 29(1).

[599] SUNDBERG L, HOLMSTRM J. Innovating by prompting: how to facilitate innovation in the age of generative AI[J]. Business horizons, 2024, 67(5).

[600] WANG H, GUO J. Impacts of digital inclusive finance on CO_2 emissions from a spatial perspective: evidence from 272 cities in China [J]. Journal of cleaner production, 2022(355).

[601] WANG N, XIAO M, SAVIN I. Complementarity effect in the innovation strategy: internal R&D and acquisition of capital with embodied technology [J]. Journal of technology transformation, 2021, 46(2).

[602] WANG X, WANG X, REN X, WEN F. Can digital financial inclusion affect CO_2 emissions of China at the prefecture level? Evidence from a spatial econometric approach[J]. Energy economics, 2022(109).

[603] WHITTAKER L, KIETZMANN T C, KIETZMANN J, et al. All around me are synthetic faces: the mad world of AI – generated media[J]. IT professional, 2020, 22(5).

[604] ZHANG W, LI G, GUO F. Does carbon emissions trading promote green technology innovation in China? [J]. Applied energy, 2022.

[605] CHEN Y, KELLY B T, XIU D. Expected returns and large language models[R]. Available at SSRN 4416687, 2022.

[606] CONG L W, LIANG T, ZHANG X, et al. Textual factors: a scalable, interpretable, and data – driven approach to analyzing unstructured information

[R]. National Bureau of Economic Research,2024.

[607]EISFELDT A L,SCHUBERT G. AI and Finance[R]. National Bureau of Economic Research,2024.

[608]LI K,MAI F,SHEN R,et al. Dissecting corporate culture using generative AI - Insights from analyst reports[R]. Available at SSRN 4558295,2024.

[609]LOPEZ - LIRA A,TANG Y. Can chatgpt forecast stock price movements? return predictability and large language models[J]. arXiv preprint arXiv:2304. 07619,2023.

[610]NIE Y,KONG Y,DONG X,et al. A survey of large language models for financial applications:progress,prospects and challenges[J]. ArXiv preprint arXiv:2406. 11903,2024.

[611]PELSTER M,VAL J. Can ChatGPT assist in picking stocks? [J]. Finance Research Letters,2024(59).

[612]TAN L,WU H,ZHANG X. Large language models and return prediction in China[R]. Available at SSRN 4712248,2023.

后　记

随着数字技术的不断进步和深化应用，人工智能产业正以前所未有的速度发展，人工智能的应用场景不断拓展，人工智能技术的快速发展将助力数字经济发展再上新台阶。数字经济与人工智能紧密相连，人工智能助力数字经济数据分析、效率提升等，数字经济推动人工智能创新、普及。数字经济与人工智能融合发展，催生新业态和新模式，推动传统产业转型升级，促进经济高质量发展。人工智能不仅能推动经济的快速增长和产业的转型升级，还能为人们的生活带来前所未有的改变。

目前，数字经济已经进入以人工智能为核心驱动力的新阶段，在人机交互、IT 基础设施以及催生新业态等三个层面带来了重大变革。2024 年，人工智能产业呈现出了一系列重要的发展趋势，多模态预训练大模型的普及、高质量数据驱动的智能飞跃、智能算力的全面渗透、人工智能驱动科学研究从单点突破加速迈向平台化，人工智能在重点行业的应用不断深入，贯穿产品研发设计、生产制造、营销服务、运营管理全流程。随着人工智能赋能新型工业化向纵深发展，人工智能在实体经济中的应用场景将进一步拓展，这些趋势将重塑产业格局，加速实体经济迈向全方位、深层次智能化转型升级新阶段。为此，本报告将主题确定为人工智能赋能经济高质量发展。《中国经济增长报告 2025——人工智能赋能经济高质量发展》是“中国经济增长质量发展报告”系列的第十七本，17 年来“中国经济增长质量发展报告”系列从 2009 年开始到党的十九大主要以经济增长质量为主线，党的十九大以后到 2021 年主要以经济高质量发展为主线，2021

年至今主要集中于数字经济赋能高质量发展这一主题。到南京大学以后，“中国经济增长质量发展报告”系列成为南京大学数字经济与管理学院2025年及以后的年度报告，每年围绕数字经济与高质量发展形成一个主题，在保持经济增长质量指数测度的基础上，加上数字经济指数、江苏经济发展指数、苏州数字经济发展的测算。成员以我在各个高校工作的学生为主，也有部分数字经济与管理学院的教师参加。

本报告的主题确定以后，我和课题组的核心成员分头拿出一个大纲，最后我综合了几个人的大纲形成本报告的大纲，经过大家讨论形成最终大纲，然后分工完成。0.1部分的中国经济增长质量指数及其排序由钞小静、刘子豪完成，0.2部分中国数字经济发展指数构建及测度：2012—2013年由师博完成，0.3部分中国人工智能发展水平测度由宋雅茹、魏婕完成，0.4部分2023年江苏省数字经济发展指数及其排序由巫强完成，0.5部分2023年苏州市及其区县数字经济发展指数与情况分析由郭晗完成。其他各章分工如下。第1章：任保平。第2章：汤向俊。第3章：张雪珂。第4章：刘丽。第5章：张倩。第6章：宋文月。第7章：李培伟。第8章：许瀚阳。第9章：刘备。第10章：巩羽浩。第11章：苗新宇。第12章：朱楠、彭丹阳。第13章：刘洁。第14章：迟璐婕。第15章：豆渊博。第16章：任欣怡。第17章：王艳。第18章：李媛。第19章：高月。第20章：史歌。第21章：冯星源、郭晗。第22章：邹起浩。第23章：李诚浩。第24章：付雅梅。第25章：吴越。第26章：薛志欣。第27章：司聪。第28章：黄海涛。第29章：李童。第30章：李凯。书稿完成后，每一章经过我修改后，发给豆渊博博士进行统稿，在书稿收齐和初步的统稿中豆渊博做了大量工作，在豆渊博初步统稿的基础上，我又通读了全书，对全书整体进行了修改、加工和润色。

本报告是全体作者集体合作的成果，本书的形成首先感谢洪银兴老师的支持和鼓励，在南京大学这几年的报告研发中，洪银兴老师给予了多方面的支持，每年提出好的建议，每年参加发布会，同时每年报告的发布也得到了苏州市委宣传部的大力支持，金洁部长参加了2023年的发布会，刘伯高副部长连续两年参加发布会，南京大学的范从来教授、王宇伟教授、皮建才教授、巫强教授、陈曦教授、赵华副教授，复旦大学的高帆教授，苏州大学的冯博教授，苏州社科院王俊院长等都给予了多方面的支持。同时，南京大学主管苏州校区的索文斌副校长，以及南京大学社科处、苏州校区各位领导和各部门也给予了大力支持，在此一并表示感谢。中国经济出版社的贺静编辑陪伴我们走过了十多年，在十多年的编校中，她仔细认真的态度，给本书增色不少。本报告是我们在人工智能这一领域新的探索，可能还有很多认识不到位的地方，期望学术界在关注的同时提出批评建议。

任保平

2025 年元月于南京大学苏州校区